D1619263

Siefkes — Stil als Zeichenprozess

Martin Siefkes

Stil als Zeichenprozess

Wie Variation bei Verhalten, Artefakten
und Texten Information erzeugt

Königshausen & Neumann

Gedruckt mit Hilfe der Geschwister Boehringer Ingelheim Stiftung
für Geisteswissenschaften in Ingelheim am Rhein

Weitere Informationen zum Verfasser unter www.siefkes.de

Bibliografische Information der Deutschen Bibliothek

Die Deutsche Bibliothek verzeichnet diese Publikation in der Deutschen
Nationalbibliografie; detaillierte bibliografische Daten sind im Internet
über <http://dnb.ddb.de> abrufbar.

D 83 (zugl.: Berlin, Technische Universität, Diss., 2010)

© Verlag Königshausen & Neumann GmbH, Würzburg 2012
Gedruckt auf säurefreiem, alterungsbeständigem Papier
Umschlag: skh-softics / coverart
Umschlagabbildungen: Young couple waiting on the station; Sprint;
Modern architecture; Altes Manuskript (alle Bilder © fotolia.com)
Alle Rechte vorbehalten
Dieses Werk, einschließlich aller seiner Teile, ist urheberrechtlich geschützt.
Jede Verwertung außerhalb der engen Grenzen des Urheberrechtsgesetzes ist
ohne Zustimmung des Verlages unzulässig und strafbar. Das gilt insbesondere
für Vervielfältigungen, Übersetzungen, Mikroverfilmungen und die Einspeicherung
und Verarbeitung in elektronischen Systemen.
Printed in Germany
ISBN 978-3-8260-4695-7
www.koenigshausen-neumann.de
www.buchhandel.de
www.buchkatalog.de

Meinen Eltern

Uta Siefkes geb. Schlaich
(1940–2002)

Harm Siefkes
(1936–1989)

Zusammenfassung

Stil ist ein Phänomen, das uns täglich in vielen Bereichen begegnet: Bei Artefakten und Gebäuden, Sprache und sozialer Interaktion, beim Autofahren und im Sport, beim Verhandeln und Lernen, Argumentieren und Denken gibt es Stile. Gemeinsam ist den entsprechenden Vorgängen, dass *Variation* bei grundsätzlicher Vergleichbarkeit existiert und durch die jeweilige Auswahl *Information* entsteht: Oft können wir Schlüsse über Herkunftsort und Zweck eines Artefakts oder Texts, über Erfahrungen, Vorlieben und Können des Stilanwenders ziehen; Zuordnung zu Personen, Zeit oder Kultur sind möglich.

Die Arbeit entwickelt auf semiotischer Grundlage eine allgemeine Stiltheorie. Methodisch wird dabei zunächst eine Begriffsexplikation des natürlichsprachlichen Begriffs ‚Stil' vorgenommen (Kapitel 2) und diese durch Vergleich mit den semiotisch relevanten Schulen der Stilforschung überprüft (Kapitel 3). Auf dieser Grundlage wird in Kapitel 4 bis 7 ein Modell konstruiert. Dabei werden zwei miteinander interagierende Zeichenprozesse modelliert, der *Merkmalsprozess* (Kapitel 5) und der *Interpretationsprozess* (Kapitel 7).

Im Merkmalsprozess wird angelehnt an die strukturalistische Dichotomie *Paradigma – Syntagma* dargestellt, wie aus *Alternativenklassen* (4.4) die Elemente ausgewählt werden, die eine *Realisierung* bilden (4.5). Die Regelmäßigkeiten, die bei diesen Auswahlprozessen auftreten, werden als *Merkmalsregeln* modelliert (5.3), deren Anwendung stilistische Merkmale in der Realisierung erzeugt. Durch die Annahme von Regeln, die bei der Schemaausführung (5.2) mit Kontextfaktoren interagieren, wird die Möglichkeit erklärt, aufgrund des Stils *Vorhersagen* über weitere Realisierungen zu machen oder eine Realisierung einer Person, Gruppe oder Entstehungszeit *zuzuordnen*.

Merkmalsregeln sind aber bei der Wahrnehmung eines Stils nur der Ausgangspunkt. Auf ihrer Basis ergeben sich in einer *Stilinterpretation* (6.1) weitere Informationen, indem mit Hilfe von Hintergrundwissen durch verschiedene Operationen Interpretationsergebnisse erzeugt werden (6.2). Im Interpretationsprozess (Kapitel 7) werden aus Stilen verschiedene Arten von Interpretationsergebnissen gewonnen: Dabei kann es sich um Propositionsannahmen, aber auch um Gefühle und Eindrücke handeln (6.2.2). In Interpretationen werden logische Schlussverfahren (Deduktion, Induktion, Abduktion) angewandt; aber auch Assoziationen, die Suche nach Bedeutungen, sowie Gefühle und Eindrücke, die in Reaktion auf einen Stil entstehen, spielen eine Rolle (6.4).

Eine Reihe von Beispielen für Interpretationen aus verschiedenen Stilbereichen wird nachvollzogen (7.1), wobei demonstriert wird, dass die im formalen Modell angenommenen Operationen und Ergebnissorten zur Analyse empirisch vorkommender Interpretationen ausreichen. Modelliert werden die Abläufe bei der Stilinterpretation (7.2) sowie die allgemeineren Vorgänge des Anwendens und Wahrnehmens von Stilen (7.3). Das Modell ermöglicht die präzise Unterscheidung zwischen angewandtem und wahrgenommenem Stil (7.3.5) und erklärt die Subjektivität der Stilwahrnehmung (7.3.6).

In Kapitel 8 wird das Verhältnis der entwickelten allgemeinen Stiltheorie zu bereichsspezifischen Stiltheorien erläutert (Abschnitt 8.1), pragmatische Aspekte des Stilgebrauchs untersucht (8.2), Stil von anderen Begriffen abgegrenzt (8.3) und die Rolle von Stil in der Gesellschaft kurz dargestellt (8.4). Die Arbeit wird durch einige wissenschaftstheoretische Überlegungen abgeschlossen: Es werden Konsequenzen aus der entworfenen Theorie für den Zusammenhang zwischen Begriff und Phänomen (9.1), die Frage der mentalen Repräsentation natürlichsprachlicher Begriffe (9.2) und den Umgang mit Vagheit im Gegenstandbereich der Geisteswissenschaften (9.4) erwogen.

Inhalt

Zusammenfassung   7

Inhalt   9

Danksagung   15

Einleitung   17

Kapitel 1: Zur Methode   20
    1.1 Aufbau der Theorie   20
    1.2 Begriffsexplikation und Modellierung   22
    1.3 Zur formalen Darstellung des Stilmodells   29

Kapitel 2: Annäherung an das Stilmodell   36
    2.1 Warum muss Stil über Auswahl beschrieben werden?   38
    2.2 Verallgemeinerung auf Stil außerhalb von Zeichengebrauch   43
    2.3 Nicht alle Auswahl ist stilistische Auswahl   49
    2.4 Alternativenklasse und Realisierung   52
    2.5 Alternativenbedingungen   54
    2.6 Schemata als Grundlage von Stil   59
    2.7 Anderes Schema – anderer Stil   65
    2.8 Arten von Information in Realisierungen   71
    2.9 Information als Verhältnis von Alternativenklassen und Realisierung   76
    2.10 Regelmäßigkeiten der Auswahl   78
    2.11 Stilistische Merkmale   80
    2.12 Merkmalserzeugende Regeln (= Merkmalsregeln)   81
    2.13 Einschreiben und Auslesen von Merkmalsregeln   87
    2.14 Zwei Prozesse   89
    2.15 Die Interpretation   91
    2.16 Definition von Stil   93
    2.17 Anwenden und Wahrnehmen von Stilen   97

Kapitel 3: Ausgangspunkte in der Forschung ... 99

- 3.1 Stil als Auswahl ... 100
- 3.2 Stil als Zeichen ... 103
- 3.3 Stil als Information ... 109
- 3.4 Stil als Abweichung oder Häufigkeit ... 112
- 3.5 Stil als Regel oder Muster ... 115
- 3.6 Stil als Struktur ... 119
- 3.7 Stilinterpretation als Zeichenprozess ... 124
- 3.8 Individualität und Allgemeinheit von Stilen ... 126

Kapitel 4: Schemata und Alternativenklassen ... 131

- 4.1 Übersicht über das Stilmodell ... 131
- 4.2 Schema und Schemaort ... 133
  - 4.2.1 Der Möglichkeitsraum für Alternativen ... 133
  - 4.2.2 Schemata ... 134
  - 4.2.3 Schemaorte ... 141
  - 4.2.4 Unterschemata ... 144
  - 4.2.5 Zusammenfassende Überlegungen ... 144
  - 4.2.6 Definition von Schema und Schemaort durch Eigenschaften ... 146
  - 4.2.7 Kreativer Umgang mit Schemata ... 148
- 4.3 Eigenschaften von Elementen ... 149
  - 4.3.1 Eigenschaften aus Alternativenbedingungen ... 150
  - 4.3.2 Verlangte Eigenschaften ... 151
- 4.4 Bildung von Alternativenklassen ... 159
- 4.5 Die Realisierung ... 161
  - 4.5.1 Darstellung ... 164

Kapitel 5: Der Merkmalsprozess ... 166

- 5.1 Allgemeines ... 166
- 5.2 Vom Schema zur Realisierung: Der Ort der Stilentstehung ... 172
  - 5.2.1 Voraussetzungen ... 172
  - 5.2.2 Die Schemaausführung ... 173
- 5.3 Merkmalsregeln ... 181
  - 5.3.1 Die Variablen der Merkmalsregel ... 182

	5.3.2 Priorisierung von Merkmalsregeln	186
5.4	Einschreiben von Merkmalsregeln	188
	5.4.1 Die Funktion Merkmalsregeln_einschreiben	188
	5.4.2 Die Funktion Merkmalsregel_anwenden	190
5.5	Auslesen von Merkmalsregeln	193
	5.5.1 Allgemeines	193
	5.5.2 Berücksichtigung der zufälligen Wahrscheinlichkeit	195
	5.5.3 Die Funktion Merkmalsregeln_auslesen	199
	5.5.4 Die Disambiguierung	206
	5.5.5 Priorisierung oder globale Häufigkeit?	225
5.6	Weitere Aspekte von Merkmalsregeln	229

Kapitel 6: Interpretationsschritte — 234

6.1	Allgemeines	234
	6.1.1 Was wird untersucht?	234
	6.1.2 Übersicht über die Kapitel 6 und 7	235
	6.1.3 Definition von Interpretation	236
6.2	Grundlagen der Stilinterpretation	239
	6.2.1 Operationen	239
	6.2.2 Ergebnisse	241
	6.2.3 Hintergrundwissen	245
6.3	Erzeugung von Ergebnissen	246
	6.3.1 Aus einer Merkmalsregel	251
	6.3.1.1 Ohne frühere Ergebnisse, ohne Hintergrundwissen	251
	6.3.1.2 Ohne frühere Ergebnisse, mit Hintergrundwissen	252
	6.3.1.3 Mit früheren Ergebnissen, ohne Hintergrundwissen	255
	6.3.1.4 Mit früheren Ergebnissen, mit Hintergrundwissen	255
	6.3.2 Aus mehreren Merkmalsregeln	256
	6.3.2.1 Ohne frühere Ergebnisse, ohne Hintergrundwissen	256
	6.3.2.2 Ohne frühere Ergebnisse, mit Hintergrundwissen	260
	6.3.2.3 Mit früheren Ergebnissen, ohne Hintergrundwissen	262
	6.3.2.4 Mit früheren Ergebnissen, mit Hintergrundwissen	263
	6.3.3 Erzeugung eines Ergebnisses aus früheren Ergebnissen	265
	6.3.3.1 Ohne Hintergrundwissen	265

		6.3.3.2 Mit Hintergrundwissen	266
6.4	Operationen		267
	6.4.1	Deduktion	268
	6.4.2	Induktion	272
	6.4.3	Abduktion	273
	6.4.4	Assoziation	275
	6.4.5	Bedeutungssuche	279
	6.4.6	Gefühlsreaktion	281
	6.4.7	Eindrucksreaktion	283

Kapitel 7: Der Interpretationsprozess — 288

7.1	Beispiele für Interpretationen		288
	7.1.1	Richard Meier	288
	7.1.2	Bret Easton Ellis	295
	7.1.3	Ein Klassiker: Romanik vs. Gotik	299
	7.1.4	Relationen zwischen Merkmalsregeln (bei Spielstilen)	305
	7.1.5	Liszts Interpretation der Zigeunermusik	312
	7.1.6	Bewegungsstile	321
	7.1.7	Ein ägyptischer Bildstil	329
	7.1.8	Ein Stil bei Bankraub	331
7.2	Die Funktionen des Interpretationsprozesses		337
	7.2.1	Die Funktion Interpretation	338
	7.2.2	Relevantes Hintergrundwissen	349
	7.2.3	Die Funktion Ergebnisse	352
	7.2.4	Die Ausgabe der Interpretation	354
7.3	Anwenden und Wahrnehmen von Stilen		366
	7.3.1	Anwenden eines Stils	367
	7.3.2	Wahrnehmen eines Stils	372
	7.3.3	Die Funktion Schema	374
	7.3.4	Die Rückwirkung des Interpretationsprozesses auf den Merkmalsprozess	376
	7.3.5	Was definiert einen bestimmten Stil?	378
	7.3.6	Anwender- und Wahrnehmerstile	380

Kapitel 8: Einbettung des Stilmodells — 384

- 8.1 Semiotische Theorien zu einzelnen Stilbereichen — 384
  - 8.1.1 Semiotik als Bindeglied zwischen den Einzelwissenschaften — 384
  - 8.1.2 Anforderungen an bereichsspezifische Stiltheorien — 386
  - 8.1.3 Bereichsspezifische Stilphänomene — 387
  - 8.1.4 Klärungsbedarf durch fehlende Grundlagen — 390
- 8.2 Zum Umgang mit Stilen — 391
  - 8.2.1 Grad der Unterschiedlichkeit von Stilen — 391
  - 8.2.2 Absichtlichkeit und Bewusstheit von Stilen — 398
  - 8.2.3 Stil als Betrachtungsweise — 400
  - 8.2.4 Vorteile von Stilkompetenz — 405
- 8.3 Abgrenzungen — 407
  - 8.3.1 Gruppen- und Individualstile — 407
  - 8.3.2 Genre und Richtung — 412
  - 8.3.3 Verhaltensstile und Verhaltensergebnisstile — 413
  - 8.3.4 Soziolekte, Fachsprachen, Sprachebenen, Sprachstufen und Epochenstile — 415
  - 8.3.5 Kodes, Techniken und Methoden — 419
  - 8.3.6 Rhetorische Figuren — 421
  - 8.3.7 Stil und ästhetische Phänomene — 422
  - 8.3.8 Stile in der Natur? — 424
  - 8.3.9 Stil als normativer Begriff — 425
- 8.4 Stil in der Gesellschaft — 428
  - 8.4.1 Die Wichtigkeit von Stil in der Gesellschaft — 428
  - 8.4.2 Habitus und Identitätsbildung — 432
  - 8.4.3 Stil und Kapitalismus — 436

Kapitel 9: Wissenschaftstheoretische Überlegungen — 439

- 9.1 Begriff und Phänomen — 439
- 9.2 Überlegungen zur mentalen Repräsentation — 443
- 9.3 Sind genauere Stilanalysen möglich? — 446
- 9.4 Vagheit und Präzision in den Geisteswissenschaften — 450
- 9.5 Vagheit und Präzision bei Stil — 453

Ausblick	458
Abbildungen	461
Bildnachweis	461
Abkürzungen	462
Literatur	463
Index	493

Danksagung

Meinem Doktorvater Prof. Roland Posner danke ich für die Heranführung an die Semiotik und den Strukturalismus, für Förderung, Forderungen und Kritik, die mich weiterbrachten, für zahlreiche Anregungen und Korrekturen und nicht zuletzt für die Bereitschaft, ein schwieriges Promotionsprojekt bedingungslos zu unterstützen. Die Inspiration durch seine wissenschaftlichen Arbeiten, die tiefgehende analytische Durchdringung des Problems mit dem Anspruch empirischer Genauigkeit verbinden, hat diese Arbeit erst möglich gemacht.

Prof. Ernest W.B. Hess-Lüttich danke ich für die Bereitschaft, die Betreuung als Zweitgutachter trotz der örtlichen Distanz zu übernehmen und sich der Belastung durch den großen Umfang der Arbeit und den gegen Ende sehr engen Zeitplan auszusetzen, sowie für Hilfe und Anregungen.

Dirk Siefkes stand mir bei Aspekten der logischen Grundlegung zur Seite, Christian Siefkes bei der Überprüfung und Verbesserung der Algorithmen sowie vielen technischen und inhaltlichen Fragen, wovon insbesondere die Darstellung des Modells, die Beispielabschnitte und die Begrifflichkeit profitierten. Mit beiden führte ich lange Gespräche, die mich aus manchen Schwierigkeiten befreiten[1] und die den Fortgang der Arbeit katalysierten.

Diese Arbeit wurde durch ein Promotionsstipendium der Studienstiftung des deutschen Volkes ermöglicht.

---

[1] Beispielsweise stammt die elegante Idee der Priorisierung der Merkmalsregeln, die den unpraktischen Ansatz der globalen Anwendungshäufigkeit ersetzte (vgl. Abschnitt 5.5.5), von Christian Siefkes. Er machte sich außerdem die Mühe, die Arbeit gründlich Korrektur zu lesen, und wies dabei auf zahlreiche Verbesserungsmöglichkeiten hin.

Einleitung

Stil ist oft als ein Prozess aufgefasst worden, in dem Information übermittelt wird:[2] Wird ein Stil von einer Person angewendet und von einer anderen wahrgenommen, so erfährt die zweite oft etwas, das ihr die erste absichtlich oder unabsichtlich über sich selbst oder den Kontext der Anwendungssituation mitteilt. In semiotischer Begrifflichkeit handelt es sich dabei um einen *Zeichenprozess*. Die Semiotik hat verschiedene Typen von Zeichen und Zeichenprozessen beschrieben. Viele der für Menschen wichtigen Zeichenprozesse basieren auf Zeichensystemen (die auch Kodes genannt werden),[3] aber es gibt auch zahlreiche nichtkodierte Arten von Zeichen und Zeichenprozessen.[4]

Gibt es auch für Stil ein Zeichensystem, das ihn regelt? Manchmal kann es so erscheinen, etwa wenn wir ein Gebäude sehen und dieses aufgrund bestimmter Merkmale der Epoche „Klassizismus" zuweisen. Die Zuordnungen der Merkmale zu Epochen können wir hier in einem Kunstführer nachschlagen. Allerdings enthalten Zeichensysteme arbiträre Zuordnungen, die durch allmähliche Konventionalisierung (bei natürlichen Sprachen), Einführung per Beschluss (beim Morsekode oder bei Verkehrszeichensystemen) oder durch die Evolution (beim genetischen Kode) festgelegt sein können und für die Verwendung des Zeichensystems Voraussetzung sind. Mit Stilen kann man jedoch auch ohne Kenntnis solcher arbiträren Zuordnungen umgehen: Die Merkmale am Gebäude verweisen nicht nur auf den konventionell durch die Kunstgeschichte zugeordneten Namen „Klassizismus", sondern enthalten auch eine Reihe von Informationen über Entstehungszeit, mögliche Erbauer, technische Mittel der Zeit, gesellschaftliche Anforderungen an die Architektur und vieles mehr. Dies wäre auch dann der Fall, wenn die Kunstgeschichte nicht den Namen „Klassizismus" für diesen Stil vergeben hätte, sondern einen anderen oder gar keinen Namen.

Der Name „Klassizismus" ist hier also nicht das Entscheidende: Auch ohne die konventionelle Benennung haben wir es mit einem Zeichen zu tun, der Name erleichtert nur den Zugriff auf das Zeichen und die Informationen, die es enthält;

---

[2] Vgl. Abschnitt 3.3. Zum verwendeten Informationsbegriff vgl. Fußnote 118.

[3] Kodes (= Zeichensysteme) bestehen aus einem Zeichenrepertoire und Kombinationsregeln; formal können sie als geordnete Paare <Z, K> einer Menge von Zeichen Z und einer Menge von Kombinationsregeln K dargestellt werden. Damit fallen sie unter die Definition für Systeme, die als geordnete Paare <M, B> einer Menge M von Elementen und einer Menge B von Beziehungen (Relationen) zwischen den Elementen von M definiert sind (Boom 1983: 420). Eine Definition von Kodes ausgehend von Charles Morris gibt Posner 1997b: 221 (vgl. Morris 1946: 35f = 1971: 113). Siehe zu Kodes auch Posner 1983, Watt 1983 und Watt u.a. 1997.

[4] Vgl. Posner 1997b: 220f.

er nimmt dafür Vereinfachungen in Kauf, durch die ein Teil des Informationsgehalts des Stils verloren geht.

Stilistische Zeichen beruhen also nicht auf einem Zeichensystem (Kode).[5] Wenn wir
- bei jemandem im Auto mitfahren und aus seinem riskanten Fahrstil auf mangelnde Fahrererfahrung und/oder Egozentrik und geringe Sozialkompetenz schließen,
- jemanden gehen sehen und an seinem aufrechten und kontrollierten Gehstil erkennen, dass er/sie selbstbewusst ist und vermutlich durch Sport oder Tanz das Körperbewusstsein trainiert,
- einen Text lesen und feststellen, dass die Autorin umständliche Formulierungen und altmodische Wörter verwendet, und daraus auf ihr Alter, ihre soziale Herkunft und/oder ihre Persönlichkeit und Weltsicht schließen,

dann haben wir in all diesen Fällen die gewonnene Information nicht durch eine Zuordnung von Zeichenträger zu Bedeutung (Signifikant zu Signifikat) erlangt, wie sie bei kodierten Zeichen vorliegt.

Tatsächlich ist es alles andere als offensichtlich, woher die Information, die Stile enthalten, kommt. In den betrachteten Beispielen haben wir es mit einem Gebäude, einem Gehen, einer Autofahrt und einem Text zu tun; wo an ihnen befindet sich die von uns so mühelos extrahierte stilistische Information? Wie kommt es überhaupt dazu, dass sich in solchen Einheiten Information befindet? Und wie bekommen wir sie aus ihnen heraus? Dies sind die Fragen, denen sich die vorliegende Arbeit widmet.

Bisherige Stiltheorien waren meist bereichsspezifisch.[6] Diese Arbeit wählt einen anderen Ansatz: Sie beschreibt Stil auf einer grundlegenden Ebene, nämlich als einen bestimmten Zeichenprozesstyp, der als Prozess der Zeichenproduktion und der Zeichenrezeption ablaufen kann und der sich von anderen Zeichenprozesstypen in seiner Funktionsweise unterscheidet. Daher kann eine allgemeine Darstellung stilistischer Zeichenprozesse dazu verwendet werden, Stil auf einer grundlegenden Ebene zu modellieren. Eine verbale Definition kann dann auf der Grundlage dieser Modellierung erfolgen.[7]

---

[5] Dies heißt nicht, dass Kodes für Stile keine Rolle spielen. Folgt aber beispielsweise ein Architekt einem Kode, kann ich dies bei der Betrachtung der Realisierung nicht unmittelbar erkennen, sondern nehme zunächst nur wahr, dass an bestimmten Stellen bestimmte Lösungen gewählt wurden. Dass ein Kode diese Auswahl bestimmte, kann ich erst bei der Interpretation erkennen; andere mögliche Gründe wären freie Entscheidungen, frühere Prägungen, Beschränkungen des Wissens oder Könnens und in manchen Bereichen auch körperliche Beschränkungen; vgl. Abschnitt 7.1.6. (Zur Rolle von Kodes siehe Abschnitt 8.3.5.)

[6] Als Beispiele mit verschiedenen Ansätzen seien genannt: Wackernagel 1888, Bally 1909, Spitzer 1928, Riffaterre 1973, Anderegg 1977, Białostocki 1981, Nischik 1991 und Semino u.a. 2002.

[7] Vgl. Abschnitt 2.16.

Damit kann das hier vorgestellte Stilmodell, zusammen mit den dazu gegebenen Erläuterungen,[8] als allgemeine Stiltheorie betrachtet werden.[9] Es ist allerdings zu beachten, dass dadurch bereichsspezifische Stiltheorien nicht ersetzt werden, sondern nur eine allgemeine Grundlage geschaffen wird.[10] Das Modell dient dazu, stilistische Zeichenprozesse allgemein zu beschreiben und dadurch auch stilistische Phänomene von nicht-stilistischen abzugrenzen. Um eine kohärente Beschreibung der Funktionsweise von Stil in einem bestimmten Bereich zu erhalten, müssen zusätzlich eventuelle bereichsspezifische Phänomene und Erscheinungsformen von Stil berücksichtigt werden. Es wird also keineswegs der Anspruch erhoben, das vielfältige und komplexe Phänomen Stil vollständig zu klären; wohl aber derjenige, eine grundlegende Beschreibung zu liefern, die für alle Stilbereiche gültig ist und mit der bereichsspezifische Stiltheorien kompatibel sein müssen.

---

[8] Vgl. insbesondere die hinführenden Erläuterungen in Kapitel 2 und die Einbettung des Stilmodells in Kapitel 8.
[9] Einführungen in die Theorie finden sich in Siefkes 2009 und Siefkes 2011.
[10] „Bereich" wird hier im Sinne der Gegenstandsbereiche disziplinär etablierter Wissenschaften verwendet. Bereiche bilden bezogen auf das Phänomen Stil beispielsweise die musikalischen Stile, die sprachlichen Stile, die Bildstile oder die Bewegungsstile.

Kapitel 1: Zur Methode

1.1 Aufbau der Theorie

In dieser Arbeit wird eine allgemeine Theorie des Stils entwickelt. Sie ist folgendermaßen aufgebaut:

Im Mittelpunkt der Theorie steht das Stilmodell, das in Kapitel 4 bis 7 dargestellt wird. Die Kapitel 2 und 3 leiten zu dem Modell hin, wobei in Kapitel 2 anhand von Beispielen die Grundlagen des Modells entwickelt werden und in Kapitel 3 die Forschungsliteratur hinzugezogen wird. Kapitel 8 untersucht die Konsequenzen, die sich aus dem Modell für die Stiltheorie ergeben, indem die Relation zu bereichsspezifischen Theorien erläutert wird (Abschnitt 8.1), pragmatische Aspekte des Stilgebrauchs untersucht werden (8.2), Stil von anderen Begriffen und den dazugehörigen Phänomenen abgegrenzt wird (8.3) und Aspekte des Verhältnisses von Stil und Gesellschaft erläutert werden (8.4).

In Abschnitt 2.14 wird auf der Grundlage der im 2. Kapitel herausgearbeiteten theoretischen Entscheidungen eine Stildefinition angegeben. Diese stellt gegenüber der in Kapitel 4 bis 7 vorgenommenen Modellierung des Phänomens Stil eine Vereinfachung dar, drückt aber die in dieser Arbeit entwickelte Auffassung von Stil bereits recht genau aus.

Die Stiltheorie kann in Form zweier konzentrischer Kreise visualisiert werden: Das Stilmodell als innerer Kreis (Kapitel 4 bis 7) stellt die Prozesse des Anwendens und Wahrnehmens von Stil als Programme dar, die die Funktionsweise stilistischer Zeichenprozesse modellieren (vgl. Abschnitt 1.3). Die Erläuterungen in Kapitel 2, 3 und 8 bilden den äußeren Kreis der Theorie, worin das Stilmodell auf den natürlichsprachlichen Begriff ‚Stil‘ (Kapitel 2), die bisherige Forschungsliteratur (Kapitel 3) und verschiedene Aspekte von Stilphänomenen (Kapitel 8) bezogen wird. Dieser Teil der Theorie ist nicht formalisiert, da die verschiedenen Bereiche, die hier mit den Aussagen des Stilmodells verknüpft werden (beispielsweise andere geistes- und sozialwissenschaftliche Begriffe wie ‚Gattung‘ oder ‚Habitus‘ oder handlungstheoretische Begriffe wie ‚Absichtlichkeit‘ und ‚Bewusstheit‘), selbst nicht oder nicht einheitlich formalisiert sind. Hier erweist sich der Vorteil, dass aufgrund der semiotischen Grundlagen des Modells eine Terminologie zur Verfügung steht, die sich auf verschiedene Gegenstandsbereiche anwenden lässt und eine disziplinübergreifende Darstellung ermöglicht.

In Kapitel 9 werden wissenschaftstheoretische Überlegungen angestellt, die sich aus der Stiltheorie ergeben, aber nicht mehr zu ihr gehören.

1.1 Aufbau der Theorie

Methodische Grundlage der Theoriebildung ist die Semiotik. Diese ist als Wissenschaft von den Zeichen und Zeichenprozessen eine interdisziplinäre Grundlagenwissenschaft,[11] die in verschiedenen Relationen zu den Einzelwissenschaften steht.[12] Eine „semiotische Theorie" kann die hier entwickelte Stiltheorie insofern genannt werden, als sie auf semiotischen Beschreibungsansätzen aufbaut. Diese wurde bei der Theoriebildung allerdings mit Herangehensweisen kombiniert, die nicht nur in der Semiotik verwendet werden, nämlich mit einer Begriffsexplikation und einer formalen Modellierung. Die entwickelte Theorie benötigt zudem als Grundlage eine Schematheorie, die hier allerdings nicht genauer definiert wird, sondern deren Ergebnis (eine allgemeine Schemagliederung für Verhalten, Artefakte und Texte) als gegeben vorausgesetzt wird (vgl. 4.2).

Die vorgestellte Stiltheorie baut auf mehreren semiotischen Beschreibungsansätzen auf:

(1) Stil wird als Zeichenprozess beschrieben; dabei werden semiotische Termini wie „Zeichenträger", „Zeicheninhalt", „Anzeichen" usw. verwendet.

(2) Der Merkmalsprozess baut auf der Saussureschen Dichotomie „Paradigma – Syntagma" auf, die hier über Zeichengebrauch hinaus erweitert wird. Daher wird sie durch die erweiterte Unterscheidung „Alternativenklasse – Realisierung" ersetzt (vgl. 2.4). Die Relation beider Ordnungsprinzipien zueinander bleibt dabei jedoch bestehen. Die Theorie ist hierbei von der strukturalistischen Textinterpretation inspiriert (vgl. 3.6), deren Beschreibungsansatz für Gestaltungsweisen von Syntagmen (bzw. Realisierungen) sie übernimmt.

(3) Im Interpretationsprozess werden verschiedene Operationen definiert, mit deren Hilfe Ergebnisse erzeugt werden (vgl. 6.2.1). Darunter befinden sich Deduktion, Induktion und Abduktion als verschiedene Arten logischer Operationen, die in der hier verwendeten Form unter anderem auf Charles S. Peirce, der zusammen mit Ferdinand de Saussure als Neubegründer der Semiotik zu Beginn des 20. Jahrhunderts gilt, zurückgeht.

In welcher Funktion wird die Semiotik hier verwendet? Auf den ersten Blick scheint es plausibel, dass sie als angewandte Semiotik[13] eingesetzt wird, und zwar innerhalb der Stilforschung oder Stilistik.[14] Schließlich wird mit Modellen,[15] Methoden[16] und Begrifflichkeit der Semiotik gearbeitet, um Fragestellungen der Stilistik zu bearbeiten.

Gegen eine solche Beschreibung sprechen allerdings zwei Punkte:

---

[11] Vgl. Posner 1997a: 3 und Posner 2003b: 2367f; siehe auch Fußnote 551.
[12] Vgl. Posner 2003b: 2366ff.
[13] Vgl. Posner 1997a: 11ff, Pelc 1997: 636 und Posner 2003b: 2357ff und 2367.
[14] Die Bezeichnungen „Stilforschung" und „Stilistik" werden hier synonym für die Wissenschaft verwendet, die sich mit Stil beschäftigt. Davon ist die „Stilanalyse" zu unterscheiden; vgl. Abschnitt 9.3.
[15] Vgl. Krampen 1997.
[16] Vgl. Balzer 1997.

(1) Es wird ein bestimmter Zeichenprozesstyp, nämlich das Einschreiben und Auslesen von Information in Realisierungen auf der Basis von Schemata, modelliert. Diese Modellierung wird nur auf einer allgemeinen Ebene (siehe (A)) mit semiotischer Begrifflichkeit vollzogen und mit Mitteln der Logik und Informatik dargestellt (vgl. Abschnitt 1.3). Damit wird sowohl im beschriebenen Inhalt, der Darstellung eines auf besondere Weise funktionierenden Typus von Zeichenprozess, als auch methodisch, der Modellierung mit Hilfe von Mitteln der Informatik, Neuland betreten.

(2) Stilforschung oder Stilistik wurden bislang fast immer innerhalb einzelner Disziplinen mit einzelwissenschaftlicher Perspektive betrieben. Eine allgemein orientierte Stilforschung muss, ebenso wie die Semiotik, eine interdisziplinäre Wissenschaft sein. Diese Stilforschung existiert de facto noch nicht; es gab bislang kaum bereichsübergreifende Stildefinitionen, geschweige denn weitergehende Forschung.[17] Daher werden in der hier dargestellten Theorie auch zunächst keine Konzepte aus der bisherigen Stilforschung aufgegriffen; vielmehr wird durch eine Begriffsexplikation die Grundlage einer allgemeinen Stiltheorie gelegt (Kapitel 2), bevor ein Vergleich dieser Grundlage mit bisherigen Positionen vorgenommen wird (Kapitel 3). Danach wird wiederum zunächst das Modell konstruiert, bevor mit dessen Hilfe einzelne Fragestellungen der Stilforschung genauer untersucht werden (Kapitel 8).

Aufgrund von (1) macht es Sinn, von einer Arbeit in der theoretischen Semiotik zu sprechen, die eine Unterkategorie aller Zeichenprozesse, nämlich die stilistischen Zeichenprozesse, analytisch klärt und formal beschreibt.

Aufgrund von (2) kann von der Grundlegung einer allgemeinen Stilistik gesprochen werden, die eine Beschreibung des Zeichenprozesses liefert, der allen Stilen gemeinsam ist.[18] Zusammen mit den bereichsspezifischen Stiltheorien, die für einige Bereiche gut ausgearbeitet sind, während sie für andere bislang noch weitgehend fehlen, bildet diese allgemeine Perspektive die Stilforschung oder Stilistik.[19]

1.2 Begriffsexplikation und Modellierung

Die hier vorgestellte Stiltheorie wurde mit Hilfe von zwei methodischen Ansätzen entwickelt:

(1) *Begriffsexplikation:* Darunter wird der Anspruch verstanden, den im alltäglichen Sprechen ebenso wie in der wissenschaftlichen Fachliteratur gebräuchlichen Begriff ‚Stil' zu untersuchen und durch eine Definition zu präzisieren, die die wesentlichen Aspekte umfasst.

---

[17] Vgl. zu Ausnahmen Fußnote 150.
[18] Vgl. zur Verwendungsweise von „Bereich" Fußnote 10.
[19] Vgl. zu Anschlussmöglichkeiten zu den bereichsspezifischen Stiltheorien Abschnitt 8.1.

(2) *Modellierung*: Darunter wird der Anspruch verstanden, ein Modell zu konstruieren, das das Phänomen[20] Stil, bei dem es sich um einen bestimmten Zeichenprozesstyp handelt, in seiner Funktionsweise darstellt.

Zu (1): „Stil" ist ein Wort der deutschen Sprache, dessen Bedeutung als natürlichsprachlicher Begriff[21] aufgefasst werden kann, für den es auch in vielen anderen Sprachen Wörter gibt (engl. „style", frz. „style", ital. „stile", span. „estilo" usw.). Der Begriff ‚Stil' hat dabei eine lange und wechselvolle Geschichte, innerhalb derer zahlreiche unterschiedliche Definitionen gegeben wurden.[22] Es scheint also keineswegs klar zu sein, welche Bedeutung mit dem im Alltag verwendeten Wort „Stil" genau zu verbinden ist; in Fachdiskursen scheint sogar noch eine größere Varianz der Bedeutungen vorzuliegen als in der natürlichen Sprache.[23]

Rudolf Carnap sah es als eine der wichtigsten Aufgaben der Philosophie an, nicht ausreichend geklärte Begriffe durch eine Nachkonstruktion zu präzisieren. Dies gilt vor allem für vage oder unscharfe Begriffe; und mit einem solchen scheint man es bei ‚Stil' zu tun zu haben.[24]

> Das Explikandum kann der Sprache des Alltags oder einem frühen Stadium der Wissenschaftssprache entnommen sein. Das Explikat muß durch explizite Regeln für seine Anwendung gegeben werden. Dies kann z.B durch eine Definition geschehen, welche diesen Begriff in ein bereits vorhandenes System von logischmathematischen oder empirischen Begriffen einordnet.

---

[20] Unter „Phänomen" wird in dieser Arbeit eine abgrenzbare Erscheinung verstanden, die empirisch feststellbare Konsequenzen hat.

[21] Im Gegensatz zum fachsprachlichen Begriff, der eine Definition besitzt, die als seine Intension fungiert und seine Extension (im Idealfall) präzise und für den Benutzer transparent festlegt, ist der natürlichsprachliche Begriff nicht definiert. Seine Funktionsweise hat Frege untersucht (vgl. Frege 1892=1990); eine kurze Erläuterung aus der Sicht der modelltheoretischen Semantik gibt Robering 1997: 104.

[22] Darstellungen zur Begriffsgeschichte bieten für die linguistische Stilistik Müller 1981, Gumbrecht 1986 und Heinz 1986, für die kunstwissenschaftliche Stilistik Panofsky 1924, Gombrich 1985, Pfisterer 2002: Kap. 2 und Carqué 2004: 117-153. Das zweibändige Handbuch der HSK-Reihe bietet theoriegeschichtliche Artikel (Fix u.a. 2008–2009, Bd. 1: Art. 1 bis 14) sowie Artikel zu den Gegenwartsströmungen der Stilistik (ebd.: Art. 59 bis 66).

[23] Einer gebräuchlichen Konvention der Semiotik zufolge werden sprachliche Ausdrücke mit doppelten Anführungszeichen und sprachliche Inhalte mit einfachen Anführungszeichen angeführt. Das Wort „Stil" hat also den Inhalt ‚Stil'. (Da dies ein konventionalisierter Zeicheninhalt ist, wird er auch „Bedeutung" genannt; vgl. Fußnote 109.) Sprechen wir vom Phänomen Stil, dann handelt es sich um eine gewöhnliche Verwendung des Worts (das mittels seines Inhalts, eines natürlichsprachlichen Begriffs, auf das Phänomen referiert).
Im Text finden sich somit drei verschiedene Schreibweisen, die wie folgt zu lesen sind: „Stil" = das Wort „Stil"; ‚Stil' = Inhalt des Wortes „Stil", ein natürlichsprachlicher Begriff; Stil = das Phänomen Stil.

[24] Carnap 1959b: 12.

Die Explikation klärt also (im Gegensatz zur semantischen Analyse) nicht nur den Sprachgebrauch, sondern will den vorgefundenen Begriff, sei dies nun der Inhalt eines Worts der natürlichen Sprache oder ein Begriff früherer Fachdiskurse, präzisieren, indem sie semantische Mehrdeutigkeit und begriffliche Unschärfe beseitigt. Da das Explikat verändernd in das Explikandum eingreift, ist es nicht richtig oder falsch; es kann aber nach verschiedenen Kriterien beurteilt werden (nämlich nach seiner Ähnlichkeit zum Explikandum, seiner Exaktheit, seiner wissenschaftlichen Nützlichkeit und seiner Einfachheit).

Will man einen Begriff explizieren, arbeitet man mit Beispielen und versucht, aus diesen zu abstrahieren, was als Kern des Begriffs erscheint. Dabei kann man versuchen, mit Hilfe der Logik oder mit einer Theorie eine Nachkonstruktion des Begriffs zu erzeugen, die von subjektiven Verwendungsunterschieden, Konnotationen, Präsuppositionen usw. frei ist. Alternativ dazu kann man Beispiele konstruieren, die Grenzfälle möglicher Bedeutungen darstellen, und mit Hilfe der Erkenntnisse aus diesen Beispielen – die in eindeutigen Fällen durch das Sprachgefühl des Explizierenden, in unklaren Fällen durch empirische Studien gewonnen werden können – die notwendigen und hinreichenden Bedingungen festlegen, die die Intension des Begriffs bilden.

Im vorliegenden Fall handelt es sich nur im weiteren Sinn um eine Begriffsexplikation. Es wird nicht versucht, der *Intension* des Begriffs (= Begriffsinhalt) in seiner natürlichsprachlichen Verwendung gerecht zu werden; dies wäre auch schwierig, da die Intension des Begriffs nicht einfach mit den Vorstellungen der Menschen über Stil gleichgesetzt werden kann, und nur die letzteren lassen sich durch Befragung herausfinden. Vielmehr wird der Schwerpunkt auf die *Extension* (= Begriffsumfang) gelegt: Es werden theoretische Grundentscheidungen anhand von Beispielen und Gedankenexperimenten so getroffen, dass die Stiltheorie dieselben Phänomene erfasst wie der natürlichsprachliche Begriff.

Zu (2): Die Modellierung eines Phänomens bildet wesentliche Bestandteile und Relationen zwischen den Bestandteilen nach mit dem Anspruch, bestimmte Eigenschaften des Phänomens abbilden zu können (*Abbildungsmerkmal*). Andere Eigenschaften werden gezielt weggelassen, um die Komplexität gegenüber dem Phänomen zu reduzieren oder um die Darstellung in einem bestimmten Medium (beispielsweise einer dreidimensionalen Visualisierung, der Sprache, einem Formalismus oder einem Computerprogramm) überhaupt erst zu ermöglichen (*Verkürzungsmerkmal*).[25]

Welche Eigenschaften abgebildet[26] und auf welche verzichtet wird, wird nach Möglichkeit angegeben; der Wert eines Modells liegt teilweise aber auch

---

[25] Stachowiak 1973: 131f.
[26] „Abbildung" ist dabei nicht als „ikonische Repräsentation" zu verstehen. Modelle können ja sehr unterschiedliche Formen annehmen und von logischen Formalisierungen und mathematischen Gleichungssystemen bis zu zweidimensionalen Visualisierungen, dreidimensionalen Modellierungen und vierdimensionalen Simulationen reichen. Gemeinsam

darin, nach erfolgter Modellierung zu überprüfen, welche bekannten Eigenschaften des Phänomens modelliert wurden, und nachzuschauen, ob andere Eigenschaften des Modells möglicherweise auch am Phänomen auftreten. Ein Modell hat also nicht nur darstellende, sondern auch erkenntnisleitende Funktion.

Die Modellierung von Prozessen wird also versuchen, als wichtig erachtete Eigenschaften des Prozesses zu modellieren: Dies können quantitative Beziehungen sein, aber auch qualitative Unterscheidungen zwischen verschiedenen Verlaufsmöglichkeiten oder die Funktionsweise des Prozesses, wenn diese am Original nicht direkt wahrnehmbar oder sehr komplex ist.

Bei der hier vorgenommenen Modellierung sollen vor allem zwei Eigenschaften des Phänomens Stil modelliert werden, nämlich

(a) seine *Funktionsweise als Zeichenprozesstyp*: Wie wird bei der Auswahl aus Möglichkeiten, die bei der Realisierung eines Schemas bestehen, Information in die Realisierung eingeschrieben, und wie wird diese Information wieder ausgelesen (im Merkmalsprozess)? Wie werden aus dieser Information unter Hinzuziehung von Hintergrundwissen weitergehende Informationen, Eindrücke usw. gewonnen (im Interpretationsprozess)?

(b) seine *Extension*: Das Modell soll möglichst genau alle Phänomene und nur die Phänomene abbilden, die zum Phänomen Stil gehören. Dazu wird auf die Verwendung des alltagssprachlichen Worts „Stil" zurückgegriffen.

Verbindung der beiden methodischen Ansätze

Der Zusammenhang zwischen beiden methodischen Ansätzen ergibt sich aus der folgenden Annahme:

(A) Die verschiedenen Verwendungsweisen des Wortes „Stil", sei es in der Alltagssprache oder in den wissenschaftlichen Fachdiskursen der Stilforschung, referieren auf das Phänomen Stil. Da keine plausible Definition für die Bedeutung von „Stil" vorliegt, wird eine Verständigung überhaupt erst über die Bezugnahme auf das Phänomen Stil möglich. Das Wort „Stil" der Alltagssprache, dessen Bedeutung der natürlichsprachliche Begriff ‚Stil' ist, referiert im gewöhnlichen Gebrauch auf das Phänomen Stil. Fachsprachliche Definitionen des Begriffs ‚Stil' innerhalb der Stilforschung verfehlen zwar meist das Phänomen Stil (die durch die Definition festgelegte Intension führt zu einer Extension, die nicht mit dem Phänomen Stil übereinstimmt, sondern beispielsweise zu weit oder zu eng ist), häufig wird aber das Wort „Stil" abweichend von den gegebenen Definitionen so verwendet, dass seine Extension das Phänomen Stil richtig umfasst, was an den verwendeten Beispielen erkennbar ist.

---

ist ihnen die Zuordnung von Modell-Attributen zu Original-Attributen, die mit dem mathematischen Abbildungsbegriff erfasst werden kann (Stachowiak 1973: 132).

Begründung der Annahme (A)

Annahme (A) stellt die Verbindung zwischen Begriffsexplikation und Modellierung her. In Kapitel 2 werden Grundentscheidungen für die Modellierung anhand von Beispielen vorgenommen, die den Begriff ‚Stil' in seiner heute üblichen Verwendung zugrunde legen. Dem kann entgegengehalten werden, dass ‚Stil' gar keine feste Verwendungsweise zu haben scheint; der Begriff wurde seit der Antike immer wieder unterschiedlich definiert, wobei bestimmte Verwendungsweisen miteinander konkurrierten.[27] Stil kann dann als „Konstitutionskategorie"[28] erscheinen, als ein Begriff, der nicht auf ein unabhängig von ihm bestehendes Phänomen referiert, sondern das von ihm Bezeichnete erzeugt.

Demgegenüber wird in Annahme (A) davon ausgegangen, dass das Wort „Stil", dessen Bedeutung dabei als der natürlichsprachliche (nicht-definierte) Begriff ‚Stil' aufgefasst wird, im gewöhnlichen Gebrauch auf das Phänomen Stil referiert. *Die Explikation des Begriffs ‚Stil' kann damit zum Ausgangspunkt der Modellierung des Phänomens Stil werden.*

Die Annahme rechtfertigt sich daraus, dass wir täglich über Stil sprechen und uns dabei verstehen können. Dies gilt auch für Stiltheoretiker, die offen widersprüchliche Stildefnitionen verwenden und sich gegenseitig deshalb angreifen, sich aber bei der Nennung von Beispielen nicht in derselben Weise widersprechen.[29] Dies kann nur damit erklärt werden, dass ein intuitives Vorverständnis *des Phänomens Stil* bereits vorhanden ist; wie sonst könnte man sich trotz unterschiedlichster Definitionen (und damit Begriffsintensionen) über die Extension mehr oder minder einig sein?[30]

Gegen die Vorstellung einer Konstitution des als „Stil" Bezeichneten durch den Begriff spricht auch das Ergebnis der Begriffsexplikation in Kapitel 2. Diese ergibt, dass Stil bei der Realisierung von Schemata auftritt, die den Bereich menschlichen Verhaltens, menschlicher Artefakte und Texte gliedern; da Sche-

---

[27] Wolfgang Müller analysiert mit Hilfe der Toposforschung die unterschiedlichen Verwendungsweisen des Begriffs ‚Stil' (Müller 1981). Die wohl berühmtesten Topoi sind die seit Seneca belegbare Auffassung, Stil sei die Einkleidung der Seele oder des Gedankens (ebd.: 52ff), die von Samuel Wesley in die berühmten Worte „Style is the dress of thought" gefasst wurden (Wesley 1700; bei Pope, dem sie oft zugeschrieben werden, heißt es „Expression is the dress of thought"). Dem steht Buffons Diktum „le style est l'homme même" (Buffon 1753=1954: 503) entgegen (Müller 1981: 40ff), das allerdings auch schon Vorläufer in der Betonung der Individualität des Stils hat (etwa bei Cicero; vgl. Göttert u.a. 2004: 66). Den von diesen Topoi ausgedrückten Auffassungen lassen sich viele der seitdem entstandenen Stiltheorien zuordnen (Müller 1981: 176ff; vgl. auch Fußnote 59).
[28] Heinz 1986: 22ff.
[29] Beispiele hierfür werden in Fußnote 140 gegeben.
[30] In Abschnitt 2.2 werden Beispiele für Fälle gegeben, die unter viele Stildefinitionen fallen würden. Die Analysen der betreffenden Stiltheoretiker zeigen jedoch keine Tendenz, solche oder ähnliche Fälle einzuschließen. Die Extension des verwendeten Begriffs passt in diesen Fällen nicht zur explizit angegebenen Intension, was auf ein intuitives Vorverständnis, was unter ‚Stil' fällt und was nicht, hinweist.

mata ihre Realisierungen unterdeterminieren, entstehen bei der Erzeugung von Realisierungen Auswahlprozesse, die Information tragen können und, wenn sie von jemandem wahrgenommen werden, oft als „Stil" bezeichnet werden. – Wie dieses Phänomen durch den Begriff ‚Stil' konstituiert werden sollte, ist völlig unklar; man müsste dazu annehmen, dass ein Vorgang der Begriffsbildung, der im menschlichen Sprachgebrauch stattfindet, grundlegend in die Konstitution der Welt eingreift und beispielsweise eine Schemagliederung erzeugt, wo vorher noch keine war, dafür sorgt, dass Schemata ihre Realisierungen plötzlich unterdeterminieren, während sie es zuvor nicht taten, oder auf andere Art das Phänomen herstellt. Dies ist schwer vorstellbar. Es erscheint umgekehrt plausibel, dass Stil als Phänomen, das auf die beschriebene Weise funktioniert, auch dann existieren würde, wenn es keinen eigenen Begriff dafür gäbe, wobei es dann aufgrund des erschwerten kognitiven Zugangs wohl weniger Aufmerksamkeit erhalten würde.

Die beiden methodischen Ansätze kommen in unterschiedlichen Teilen der Theorie zum Einsatz:

(1) Begriffsexplikation

(a) *Begriffsexplikation des natürlichsprachlichen Begriffs ‚Stil':*
In Kapitel 2 werden theoretische Vorentscheidungen getroffen, die zum Stilmodell hinführen. Dabei wird wiederholt auf das Alltagsverständnis von ‚Stil' zurückgegriffen, um plausible Vorentscheidungen zu treffen.[31] Dies geschieht in der Form von Beispielen (etwa in 2.1, 2.2, 2.5) oder Gedankenexperimenten (etwa in 2.6 bis 2.8), aus denen jeweils Schlüsse gezogen werden.

(b) *Vergleich des Ergebnisses mit Hilfe der Fachliteratur:*
In Kapitel 3 wird die Fachliteratur zu Stil aus verschiedenen Disziplinen auf Ansätze gesichtet, die auf Grundlage der in Kapitel 2 getroffenen Vorentscheidungen relevant erscheinen. Die hier vorgefundenen Verwendungsweisen des Begriffs ‚Stil' werden dabei nicht umfassend dargestellt; sondern nur einzelne Aspekte herausgegriffen, die geeignet erscheinen, die in Kapitel 2 vorgenommene Explikation auf Plausibilität zu überprüfen und innerhalb der bisherigen Stilforschung zu verorten. Würde die Begriffsexplikation zu ganz anderen Ergebnissen kommen als die bisherige Stilforschung, wäre entweder die Explikation misslungen oder Annahme (A) müsste in Frage gestellt werden. Es stellt sich jedoch heraus, dass viele Ergebnisse bisheriger Auffassungen mit der hier vertretenen Stilauffassung kompatibel sind.

(2) Modellierung

In Kapitel 4 bis 7 wird ein Modell des stilistischen Zeichenprozesses konstruiert. In der Modellierung steht das Phänomen Stil im Vordergrund, von dem auf-

---

[31] Etwa bei der Auswertung der Beispiele in den Abschnitten 2.1, 2.2 und 2.5.

grund von Annahme (A) angenommen wird, dass es durch den natürlichsprachlichen Begriff und (in geringerem Maße) durch den gemeinsamen Kern der Definitionen in der Fachliteratur ungefähr erfasst wird. Daher können die Ergebnisse der Begriffsexplikation in Kapitel 2 nun zur Grundlage der Modellierung genommen werden. Ausgehend davon steht bei der Konstruktion die modellierungstechnische Machbarkeit, die Klarheit der Darstellung, die Widerspruchsfreiheit, die Vollständigkeit und Schlüssigkeit der Details und nicht zuletzt die Anwendbarkeit im Vordergrund. Das Modell wird durch die Angabe zahlreicher Beispiele überprüft.[32]

Dabei greifen die beiden Methoden ineinander:

Die Begriffsklärung wird in Kapitel 2 nicht abgeschlossen, es werden nur theoretische Vorentscheidungen getroffen; erst die Modellierung des Phänomens in Kapitel 4 bis 7 schließt die Begriffsklärung ab.

Die Modelllierung eines Phänomens stützt sich gewöhnlich auf empirische Erkenntnisse und deren Auswertungen (etwa Messwerte, Hypothesen über Korrelationen, usw.). Bei einem Phänomen wie Stil ist dies insofern nicht möglich, als es vor der Modellierung nicht einmal präzise abgrenzbar war: Bei Untersuchungen von tatsächlichen Stilen oder Befragungen von Probanden hätte man daher nicht sicher sein können, wirklich Erkenntnisse über Stil zu gewinnen. Daher baut die Modellierung auf die Grundlagen und Abgrenzungen, die in Kapitel 2 orientiert am Begriff ‚Stil' Schritt für Schritt gewonnen werden, auf.

Bei Berücksichtigung der anderen Teile der Arbeit ergibt sich folgende Einteilung:

(A) Theoriebildende Teile

(1) Kapitel 2 und 3: *Herleitung des Stilmodells ausgehend von einer Begriffsexplikation.* Hier wird gezeigt, dass es sich beim Stilmodell um eine geeignete Modellierung des natürlichsprachlichen Begriffs ‚Stil' handelt. Dabei werden die dem Modell zugrundeliegenden Entscheidungen Schritt für Schritt gerechtfertigt, wobei mit Beispielen gearbeitet wird, die den normalsprachlichen Gebrauch von Stil simulieren sollen. Auf diesem ersten Teil beruht also der Anspruch der hier vorgestellten Stiltheorie, auch eine Begriffsdefinition zu liefern (vgl. Abschnitt 2.16).

(2) Kapitel 4 bis 7: *Modellierung.* Dieser Teil liefert das Modell selbst. Nachdem in den Kapiteln 2 und 3 die wesentlichen Entscheidungen begründet wurden, kann hier nun der stilistische Zeichenprozess auf Grundlage dieser Entscheidungen ausgearbeitet werden. Für diesen Teil setzen wir somit weitgehend die Klärung dessen, was Stil ist und was es nicht ist, voraus. Weitere Entscheidungen, Einführungen von Begriffen usw. ergeben sich nun in diesem Teil als Notwen-

---

[32] In den Abschnitten 6.3, 6.4 und 7.1.

digkeiten der Darstellung und aus Gründen der Konsistenz. Das Modell enthält somit in seiner endgültigen Form einerseits die sich aus dem ersten Teil ergebenden begriffsdefinitorischen Abgrenzungseigenschaften (es sollte also in der Lage sein, zu zeigen, was Stil ist und was nicht), andererseits die sich aus dem zweiten Teil ergebenden Modellierungseigenschaften (es stellt den stilistischen Zeichenprozess in seiner grundlegenden Funktionsweise dar, geht insofern also über eine bloße Definition hinaus).

(B) Nicht theoriebildende Teile

Kapitel 1 erläutert die Methode, Kapitel 8 bettet das Stilmodell in verschiedene Zusammenhänge ein und zieht Konsequenzen daraus (gehört also auch zur Stiltheorie), während Kapitel 9 nicht mehr zur Stiltheorie gehört, sondern ausgehend von ihr Überlegungen zu wissenschaftstheoretischen Fragen anstellt.

1.3 Zur formalen Darstellung des Stilmodells

Es wird keine Formalisierung im strengen Sinn angestrebt, bei der eine Theorie in einer formalisierten Sprache dargestellt oder in letzter Konsequenz als Kalkül, ein System von Regeln, mit denen sich ausgehend von Axiomen weitere Aussagen ableiten lassen, formuliert wird.[33] Rolf Ziegler definiert in einer Grundlagenstudie zur Formalisierung in der Soziologie:[34]

> Die Formalisierung einer Theorie, wie wir sie hier verstehen, bedeutet die exakte, im Idealfall kalkülhafte Darstellung ihrer syntaktischen Struktur, d. h. die explizite Angabe der Zeichen, der Formregeln für die Bildung von Ausdrücken und der Umformungsregeln für die Transformation von Ausdrücken.

Dieses Verfahren hat beachtliche Leistungen in der präzisen Darstellung von Theorien und Beschreibungsansätzen in den Geisteswissenschaften ermöglicht. Besonders bewährt hat sie sich in der konstruktsprachlichen Beschreibung von natürlichen Sprachen; als Beispiel sei die Montague-Grammatik genannt.[35] In den Sozialwissenschaften ist die Formalisierung zu einer wichtigen Methode geworden.

Eine solche Formalisierung wurde hier nicht vorgenommen. Sie erschien für das Vorhaben einer allgemeinen Stiltheorie als zu unflexibel. Der Grund ist, dass Prozesse mit Hilfe solcher Formalisierungen zwar dargestellt werden können,

---

[33] Zur Formalisierung wissenschaftlicher Theorien siehe grundlegend Carnap 1934 und 1959a, einen Übersicht zur historischen Entwicklung des Formalisierungsgedankens gibt Krämer 1988, für eine semiotische Perspektive vgl. Pelc 1997: 621 und Robering 2003: 2380ff.
[34] Ziegler 1972: 10.
[35] Montague 1970 und 1973 (auch in Montague 1974, Kap. 7 und Kap. 8). Diese Artikel sind sehr komprimiert; eine ausführlichere Darstellung der Theorie bietet Link 1979.

das Dargestellte dann aber als Menge von Beziehungen erscheint, die (bei quantitativen Beziehungen) in Gleichungen oder (bei qualitativen Beziehungen) in logischen Formeln angegeben werden.[36] Für das Verständnis von Stil ist aber der Prozesscharakter des Phänomens entscheidend.[37]

Stil ist ein Zeichenprozesstyp und damit nicht quantitativer Natur; eine Formalisierung mit Gleichungssystemen kommt nicht in Frage. Aber auch als Menge von logischen Beziehungen kann dieser Prozess nicht befriedigend formalisiert werden; theoretisch wäre es vielleicht möglich, die hier vorgestellte Theorie in logischen Formeln (in einer Temporallogik) darzustellen, diese wären aber sehr kompliziert und würden dem Prozesscharakter nicht gerecht werden.

Es wird daher der Weg gewählt, den Prozess als Computerprogramm darzustellen. Im Interesse der Verständlichkeit wird dabei auf eine allzu formale Herangehensweise verzichtet; die Darstellung wird an einem tatsächlichen Programm in einer fiktiven Programmiersprache orientiert, die in der Regel als intuitiv verständlich vorausgesetzt wird und sich, von einigen Darstellungskonventionen abgesehen, an der Funktionsweise tatsächlicher Computersprachen orientiert. Daher kann auf einen umfangreichen formalen Apparat sowie auf Nachweise der formalen Korrektheit verzichtet werden, die nach Auffassung des Autors nichts zum Verständnis der dargestellten Prozesse beitragen würden. Dies erscheint umso mehr angeraten, als das hier vorgestellte Modell nicht als vollständige und genaue Darstellung des tatsächlichen stilistischen Zeichenprozesses beabsichtigt ist, sondern vielmehr eine vereinfachte Annäherung bieten soll, die für den Zweck einer genaueren Darstellung bei Bedarf modifiziert werden kann.[38]

---

[36] Dies wird auch in dem erwähnten Buch von Ziegler deutlich: Es zeigt sich die Tendenz, Probleme wie beispielsweise den Rüstungswettlauf im Kalten Krieg (Ziegler 1972: 84ff, die Formalisierung stammt aus Richardson 1960) oder der Zusammenhang zwischen Interaktion und Sympathie bei Individuen in Gruppen (Ziegler 1972: 207ff, die Formalisierung stammt aus Simon 1952) auf Gleichungssysteme zu reduzieren. Dies führt jedoch nur dann zu befriedigenden Ergebnissen, wenn das Verhalten eines Systems sich auf Variablen reduzieren lässt, deren Interaktion in quantitative Beziehungen übertragen werden kann, die qualitativen Aussagen zugeordnet werden können (Ziegler 1972: 207ff). Formalisierungen mit Hilfe von Logikkalkülen, die bei Ziegler nicht behandelt werden, haben ähnliche Probleme: Sie müssen das untersuchte System in eine Reihe von logischen Aussagen zerlegen.

[37] Modellierungen dynamischer Prozesse sind längst an der Tagesordnung, sie sind jedoch meist quantitativ (vgl. etwa Troitzsch 1995). Zur qualitativen Simulation siehe einführend Engel u.a. 1995: 51f. Auf der anderen Seite führt die Modellbildung mit Hilfe von Logikkalkülen zu einer Darstellung, die einzelne Systemzustände und Zustandsübergänge mit Hilfe von Formeln darstellt (vgl. als Beispiel Posner 1980a). Diese Methode ist leistungsfähig, stößt aber bei komplexen dynamischen Prozessen, wie der stilistische Zeichenprozess es ist, an ihre Grenzen. (Zur Modellbildung in der Theorieentwicklung vgl. Sneed 1971, Stachowiak 1973, Balzer 1982, Stegmüller 1979 und 1986, zur Modellbildung in der Semiotik Krampen 1997.)

[38] Vgl. beispielsweise Abschnitt 7.3.4, in dem eine solche Modifikation vorgestellt wird.

1.3 Zur formalen Darstellung des Stilmodells

In einer strengen Formalisierung müssten die hier vorgestellten Funktionen als aufwendige logische Bedingungen formuliert werden, etwa wenn verschiedene if- und for-Schleifen rekursiv aufgerufen werden. Diese Darstellung würde jedoch als statisch erscheinen. Zudem ist unklar, ob sich alle hier dargestellten Vorgänge auch in den üblichen Formalisierungssystemen mit vertretbarem Darstellungsaufwand wiedergeben lassen.

Die Darstellung mit Hilfe von Programmen ist transparenter.[39] Ein wichtiger Vorteil ist, dass sie die Prozesse bei der Stilinterpretation auch als Prozesse, nämlich als Computerprogramme, modelliert. Sie ist daher näher an der Realität des dargestellten Phänomens als eine statische Formalisierung, bei der die Prozesshaftigkeit des Anwendens und Wahrnehmens von Stil verloren gehen würde.[40]

Programme, die Probleme modellieren, können als Theorien dieser Probleme aufgefasst werden. Diese Sichtweise ist noch nicht vollständig durchdacht;[41] sicher ist jedoch, dass ebenso wie bei einem formalen Modell eine weitgehende theoretische Durchdringung eines Problems vorliegen muss, damit eine programmiertechnische Lösung gefunden werden kann. Aus wissenschaftstheoretischer Perspektive ist allerdings problematisch, dass bei tatsächlichen Computerprogrammen meist Ziele („Lösungen") hinzukommen, die mit dem modellierten Sachverhalt („Problem") auf komplexe Art interagieren.[42] Dabei vermischen sich deskriptive Komponenten (die implizit auch in solchen Programmen enthaltene Modellierung des betrachteten Phänomens) mit normativen Komponenten (bestimmten Aufgaben, die an das Programm gestellt werden und in der Regel

---

[39] Die Modellierung sozialwissenschaftlicher Problemstellungen als Computersimulation ist inzwischen etabliert (vgl. Engel u.a. 1995: 54f). Computersimulationen werden jedoch gewöhnlich so programmiert, dass man sie „laufen lassen kann"; notwendige Vereinfachungen werden dafür in Kauf genommen. Es gibt Aspekte von Stil, die man auf diese Weise simulieren kann (vgl. Tenenbaum u.a. 2000 und Freeman u.a. 2003; siehe hierzu die Erläuterung in Abschnitt 3.3), für den gesamten Zeichenprozess trifft dies derzeit nicht zu: Dazu ist das Wissen über die Schemagliederung der Welt noch zu gering. Das hier vorhandene Programm ist daher keine Computersimulation, sondern eben eine Modellierung des Prozesses, bei der es um die Abbildungseigenschaften zum modellierten Phänomen geht.

[40] Programme können natürlich auch formalisiert werden (vgl. Leeuwen 1990, Kastens u.a. 2005). Man erhält dann jedoch eine wesentlich aufwendigere Darstellung, die in der Praxis des Programmierens – wo die Funktionstüchtigkeit eines Programms über Compilieren und Testen geprüft und nicht mathematisch errechnet wird – wenig genutzt wird. Da es hier in erster Linie um eine transparente Darstellung der Abläufe geht, würde eine solche Formalisierung wenig bringen.

[41] Sie stammt von Peter Naur (Naur 1985), der als Mitentwickler der Syntax-Beschreibungssprache Backus-Naur-Form (BNF) die Informatik geprägt hat. Übrigens interessierte sich diese Programmierergeneration für stilistische Fragen; so machte sich neben Peter Naur (Naur 1975) auch John Backus Gedanken über den Einfluss von Programmiersprachen auf den Programmierstil und schlug aus diesen Überlegungen heraus die funktionale Programmierung vor (Backus 1978; vgl. auch Mahr 2006: 17f).

[42] Engel u.a. 1995: 48.

überhaupt erst der Grund für seine Existenz sind). Prinzipiell können Computerprogramme jedoch auch rein deskriptiv verwendet werden, indem der Programmcode den Ablauf bestimmter Prozesse modelliert. In diesem Fall entspricht die Entwicklung des Programms dem Aufstellen einer Theorie darüber, wie der entsprechende Prozess funktioniert. Diese Verwendungsweise wurde in der vorliegenden Theorie für die Modellierung des stilistischen Zeichenprozesses gewählt.

Die hier vorgestellte Theorie soll nicht nur für Logiker, Informatiker und formal orientierte Philosophen verständlich sein, von denen man vielleicht erwarten kann, dass sie ausreichend vertraut mit Logik und Programmierung sind, um nachvollziehen zu können, was das Programm macht. Nur so kann erkannt werden, welche Eigenschaften dem modellierten Phänomen, also dem stilistischen Zeichenprozess, durch die Modellierung zugeschrieben werden. Die hier vorgestellte Theorie muss jedoch auch für Kunstwissenschaftler, Architekturtheoretiker, Literaturwissenschaftler, Verhaltensforscher und allgemein für alle, die sich auf wissenschaftlichem Niveau mit Stil auseinandersetzen, verständlich sein. Um dies zu gewährleisten, wird jede Funktion mit ausführlichen zeilenbezogenen Erläuterungen versehen. Außerdem werden die wesentlichen Elemente der formalen Darstellung ausführlich eingeführt. Gleichzeitig werden jedoch die Grundlagen der Programmierung, insbesondere die Funktionsweise der angenommenen Programmiersprache, gar nicht behandelt; sie sollten aus den zeilenbezogenen Erläuterungen ausreichend klar werden. Weitergehende formale Erläuterungen hätten nach Ansicht des Autors nur das Verständnis erschwert und den Blick auf das Wesentliche, den modellierten Prozess, verstellt.

Die dargestellten Funktionen rufen sich gegenseitig auf und bilden somit Programme. Es handelt sich um zwei Programme, die teilweise dieselben Funktionen aufrufen: Das Programm *Schemaausführung* (vgl. Abschnitt 5.2.2) und das Programm *Stil_wahrnehmen* (vgl. Abschnitt 7.3.2). Die beiden Programme dienen dazu, die Prozesse des Anwendens und Wahrnehmens von Stil darzustellen.

(1) Das Programm *Schemaausführung* beinhaltet das Anwenden eines Stils, das mittels Einschreibung in eine Realisierung erfolgt. Es ruft die Funktion *Stil_anwenden* (7.3.1) auf, ist also bezogen auf diese Funktion eine Stufe allgemeiner, weil die Anwendung eines Stils eng mit anderen Auswahlvorgängen verzahnt ist und auf diese Weise dargestellt werden kann, wie stilistische und nichtstilistische Auswahl bei der Schemaausführung zusammenwirken.

(2) Das Programm *Stil_wahrnehmen* setzt dagegen direkt beim Wahrnehmen eines Stils an.

Beide Programme werden als Funktionen spezifiziert, da sie als von allgemeineren Verhaltensprogrammen aufrufbar verstanden werden. Um möglichst wenige Annahmen über diese allgemeineren Programme treffen zu müssen, wird die Anzahl der übergebenen Parameter so gering wie möglich gehalten.

Die wichtigsten Funktionen des Programms *Schemaausführung* sind wie folgt geschachtelt (in Klammer jeweils die Nummer des Abschnitts, in dem die Funktion dargestellt wird):

Schemaausführung (5.2.2)
   Stil_bereitstellen (7.3.1)
     Interpretation (7.2.1)
        Relevantes_Hintergrundwissen (7.2.2)
        Ergebnisse (7.2.3)
   Merkmalsregeln_einschreiben (5.4.1)
   Merkmalsregel_anwenden (5.4.2)

Die wichtigsten Funktionen des Programms *Stil_wahrnehmen* sind wie folgt geschachtelt:

Stil_wahrnehmen (7.3.2)
   Schema (7.3.3)
   Merkmalsregeln_auslesen (5.5.3)
     Disambiguierung (5.5.4)
   Interpretation (7.2.1)
     Relevantes_Hintergrundwissen (7.2.2)
     Ergebnisse (7.2.3)
        Interpretationsschritt_schreiben (7.2.4)

Die Reihenfolge der Abschnitte, in denen die Funktionen aufgerufen werden, ergibt sich aus der Darstellung: In Kapitel 5 werden die Funktionen des Merkmalsprozesses (sowie die grundlegende Funktion *Schemaausführung*, die für das Verständnis des Merkmalsprozesses nötig ist), in Kapitel 7 die des Interpretationsprozesses dargestellt. Das Anwenden und Wahrnehmen von Stilen wird in Abschnitt 7.3 dargestellt; dabei werden Merkmalsprozess und Interpretationsprozess aufgerufen (in entgegengesetzter Reihenfolge).

Es wird eine Darstellung in Pseudocode[43] gewählt, weil normale Programmiersprachen (wie etwa C, Java oder Python) auf Effizienz und einfache Anwendbarkeit ausgerichtet sind. Daher sind ihre Befehle nicht immer unmittelbar

---

[43] Pseudocode dient der Darstellung eines Algorithmus in einer Form, die für menschliches Lesen statt für maschinelle Ausführung optimiert ist. Er basiert im Gegensatz zu Code nicht auf einer der üblichen Programmiersprachen, da diese meist Syntax und Befehle enthalten, die nicht intuitiv verständlich sind, sondern kombiniert Elemente aus verschiedenen Programmiersprachen, logische und mathematische Notation mit dem Ziel größtmöglicher Transparenz. Pseudocode wird so geschrieben, dass das dem Programm zugrunde liegende Modell klar erkennbar ist (vgl. Pseudocode-Richtlinien der Cornell-Universität, Punkt 6: „It should be possible to see 'through' your pseudocode to the model below", http://www.cs.cornell.edu/Courses/cs482/2003su/handouts/pseudocode.pdf; Einsicht am 2.09.2010).

transparent.[44] Hier geht es jedoch darum, das Dargestellte auch für Leser ohne Programmierkenntnisse ohne große Einarbeitungszeit darstellbar zu machen.

Aus demselben Grund werden die mengentheoretischen und logischen Operatoren (z.B. ∧, ∨, ∩) verwendet. Tatsächliche Programmiersprachen vermeiden Sonderzeichen, die auf der Tastatur nicht vorhanden sind, und verwenden stattdessen Befehle (z.B. „and", „or", „intersect") und Syntax, die je nach Sprache unterschiedlich sein können.

Es wurde bereits angemerkt, dass es sich nicht um eine Computersimulation handelt: In der vorliegenden Form ist das Programm nicht lauffähig, aus mehreren Gründen:
– Die Programmiersprache ist so nicht vorhanden; das Programm könnte aber in jede ausreichend leistungsstarke Sprache übersetzt werden.
– Verschiedene Input-Bestandteile müssen richtig spezifiziert sein: Der Möglichkeitsraum für Alternativen,[45] Schemata,[46] Merkmalsregeln,[47] Hintergrundwissen,[48] Suchmethoden[49] und die Realisierung[50] müssen einerseits formal korrekt angegeben sein, andererseits natürlich oft inhaltliche Kriterien erfüllen, ohne die das Programm nicht zu sinnvollen Ergebnissen führen kann.
– Eine erhebliche Schwierigkeit dürfte das Fehlen einer Ontologie darstellen, die jeden Schemaort intensional definierbar macht und die dafür möglichen Zusatzbedingungen angibt.[51] Eine solche Ontologie liegt nicht vor; allerdings könnte sie für ein bestimmtes Schema zu Testzwecken sicherlich entwickelt werden.
– Eine Reihe der benötigten Funktionen sind nicht programmiert, sondern nur als Bedingungen natürlichsprachlich formuliert.[52] Dies ist darin begründet, dass die Angabe einer programmierten Version hier nach Auffassung des Verfassers eine unzulässige Einschränkung der tatsächlichen Möglichkeiten, und damit eine bezogen auf die Bandbreite von Stil zu enge Beschreibung, darstellen wür-

---

[44] Beispielsweise wird die hier häufig verwendete for-Schleife in C dargestellt als:
for (int i = 1; i <= n; i++)
Wir wählen dagegen die unmittelbar einsichtige Variante:
for i = 1 to n
Ein weiterer Nachteil sind die Abweichungen von einer logisch transparenten Schreibweise: So werden zusammengehörige Informationen häufig über zuvor definierte Objekte verwaltet und nicht als Tupel dargestellt.
[45] Vgl. die Funktion *Möglichkeitsraum_zusammenstellen* (Abschnitt 5.2.2).
[46] Vgl. die Funktion *Schemata_zusammenstellen* (Abschnitt 5.2.2).
[47] Vgl. die Funktionen *vorhandener_Stil* und *Merkmalsregeln_erzeugen* (Abschnitt 7.3.1).
[48] Vgl. die Funktion *Hintergrundwissen_zusammenstellen* (Abschnitt 7.2.1).
[49] Vgl. die Funktion *Suchmethoden_zusammenstellen* (Abschnitt 7.2.2).
[50] Vgl. die Funktion *Stil_wahrnehmen* (Abschnitt 7.3.2), die R als Parameter erhält.
[51] Vgl. Abschnitt 4.2.6.
[52] Vgl. beispielsweise die Funktion *Interesse* (Abschnitt 7.2.1) sowie mehrere von der Funktion *Stil_bereitstellen* (Abschnitt 7.3.1) aufgerufene Funktionen.

1.3 Zur formalen Darstellung des Stilmodells

de.[53] Speziellere programmierte Lösungen sind denkbar, die für eine praktische Anwendung ausreichen würden.[54]

– Ein besonderes Problem stellen die Operationsfunktionen dar.[55] Wir sind (abgesehen von der Deduktion) sehr weit davon entfernt, diese grundlegenden Operationen des menschlichen Denkens und Empfindens formalisieren zu können. Hier könnte man sich mit vereinfachten Modellierungen behelfen, die dem derzeitigen Stand der künstlichen Intelligenz entsprechen (soweit diese die Anforderungen des Modells erfüllen, also insbesondere die entsprechenden Inputsorten verarbeiten können) und auf nicht-modellierbare Operationen verzichten, die entstehende Interpretation wäre derzeit aber wohl wenig überzeugend.

---

[53] Vgl. hierzu Abschnitt 9.5.
[54] Es ist denkbar, dass es bezogen auf die genannten Funktionen Abläufe gibt, die nicht programmierbar sind. In diesem Fall wären nicht alle möglichen Verläufe des stilistischen Zeichenprozesses durch Programme modellierbar, sondern nur eine Teilmenge der möglichen Verläufe.
[55] Vgl. Abschnitt 7.2.1, Unterabschnitt *Die Funktionsmenge Op der Operationen*.

Kapitel 2: Annäherung an das Stilmodell

In Kapitel 4 bis 7 wird das Stilmodell dargestellt, das den Kern der hier vorgestellten allgemeinen Stiltheorie bildet. Die Überlegungen in diesem Kapitel führen zu diesem Modell hin. Ausgehend von allgemeinen Überlegungen und anhand von Beispielen werden einige Entscheidungen für die Modellbildung getroffen. Es wird beispielsweise begründet, warum Stil über Auswahl beschrieben werden muss, untersucht, aus welchen Möglichkeiten ausgewählt wird, und eine Darstellung entwickelt, die das Verhältnis von Stil zu Ziel oder Zweck,[56] Funktion und Inhalt beschreibt. Am Ende des Kapitels ist eine Grundlage für die Einführung des Stilmodells vorhanden. Bevor wir damit beginnen, werfen wir aber in Kapitel 3 noch einen Blick auf die Forschungsliteratur.

Es gibt verschiedene Traditionen in der Stilforschung (= Stilistik), die grundlegend unterschiedliche Auffassungen haben: Sie betrachten Stil als Auswahl, als Zeichen, als Abweichung, als Muster, Regel oder Struktur – die Liste lässt sich fortsetzen. Für die Bildung des Stilmodells lieferte die strukturalistische Textinterpretation die entscheidenden Ansätze, die hier unter „Stil als Struktur" gefasst wird.[57] In der Annäherung an das Stilmodell gehen wir jedoch davon aus, „Stil als Auswahl" zu beschreiben.[58]

Dieser Ansatz muss gerechtfertigt werden. Warum sollte Stil über Auswahl definiert werden? Alle Ansätze, die nicht auf Auswahl beruhen, haben gemeinsam, dass sie Stil über Merkmale (Muster, Regelmäßigkeiten, Eigenschaften …) beschreiben, die direkt an dem betrachteten Stilträger vorhanden sind. Gehen wir zunächst von Textstilen aus, so sagt uns die Intuition, dass wir dann eine Abgrenzung von inhaltlichen Merkmalen vornehmen müssten. Stil und Inhalt werden bereits in der Alltagssprache meist als Gegensatz gesehen.[59] Folgt man

---

[56] „Ziel" und „Zweck" werden synonym verwendet. – Ziel bzw. Zweck gibt es in erster Linie bei Handeln, das eine Unterkategorie von Verhalten ist; vgl. Fußnote 279. Zur Frage, ob auch außerhalb von Handeln Zwecke angenommen werden können, vgl. Fußnote 101.

[57] Vgl. Abschnitt 3.6.

[58] Vgl. Abschnitt 3.1. – Mit dem konstruierten Stilmodell lassen sich dann auch Aspekte der anderen Ansätze beschreiben; in den Abschnitten von Kapitel 3 sowie in Abschnitt 4.3.2 wird auf diese Bezüge eingegangen.

[59] Das Verhältnis von Stil und Inhalt wird in den meisten Stiltheorien diskutiert, seltener in der Semantik (beispielsweise in Lyons 1977, Bd. 2: 613ff). Leech u.a. (1981) untersuchen, wie die Relation zwischen Stil und Inhalt in verschiedenen Richtungen der Stiltheorie dargestellt wird. Sie unterscheiden zunächst zwischen „Dualismus", der Auffassung, dass Stil im Gegensatz zu Inhalt steht und nicht mit diesem interagiert, und „Monismus", der

1.3 Zur formalen Darstellung des Stilmodells

dieser Intuition, könnte man versuchen, Stil als Merkmale (Muster, Regelmäßigkeiten, Eigenschaften ...) der Ausdrucksebene zu beschreiben.[60] In Abschnitt 2.1 wird gezeigt, dass dieser Ansatz zu unhaltbaren Ergebnissen führt.

Bei anderen Stilen müsste man dann entsprechende Kriterien entwickeln. Wie wir später sehen werden, gibt es Stile bei Verhalten, Artefakten und Texten; nur bei letzteren kann man mit der Unterscheidung zwischen Ausdruck und Inhalt operieren. Für Verhalten und Artefakte scheinen sich jedoch ebenfalls Unterscheidungen abzuzeichnen, die für Stil relevant sind: So wird beispielsweise bei einem Fahrstil die zurückgelegte Fahrtstrecke nicht als stilistischer Aspekt angesehen, was offenbar daran liegt, dass sie die Handlung (im Normalfall) überhaupt erst bestimmt. Verallgemeinert man dies, könnte man von „Ziel" oder „Zweck" als jenem Bereich sprechen, in dem Stil nicht auftreten kann. Bei Artefakten wiederum gibt es den Bereich der „Funktion", den wir offenbar als nichtstilistisch wahrnehmen; beispielsweise wird die Festlegung, ob ein Gebäude als Wohngebäude, Bürogebäude oder Fabrik dienen soll, einschließlich der sich daraus ergebenden Planungsentscheidungen nicht dem Stil zugerechnet.

Außerhalb von Zeichengebrauch kann nicht von „Ausdrucksebene"[61] gesprochen werden; man könnte aber eine Verallgemeinerung durch „Ausführungsweise" versuchen: Stil wären dann Merkmale (Muster, Regelmäßigkeiten, Eigenschaften ...) der Ausführungsweise. In Abschnitt 2.2 wird gezeigt, dass diese Vorgehensweise zu unhaltbaren Ergebnissen führt.

Auffassung der Untrennbarkeit von Stil und Inhalt. Sie stellen verschiedene Positionen innerhalb dieser beiden Traditionen vor, denen sich die meisten Stiltheoretiker zuordnen lassen (Leech u.a. 1981: 14ff); als Beispiele für Dualisten nennen sie Wesley 1700, Bally 1909, Hockett 1958, Riffaterre 1973 und Ohmann 1964 (generative Auffassungen sind generell dualistisch, vgl. daher auch Fußnote 212); als Beispiele für Monisten Croce 1902, Wimsatt 1941 und Lodge 1966 (Buffon 1753=1954 gehört natürlich auch hierher). Den funktionalistischen Ansatz von Halliday (1971 und 1985), basierend auf Richards 1929 und Jakobson 1960, charakterisieren sie als „Pluralismus" (Leech u.a. 1981: 29ff).

[60] Es sei darauf hingewiesen, dass in der bisherigen Literatur nicht explizit die Definition „Stil besteht aus Merkmalen (Mustern, Regelmäßigkeiten, Strukturen ...) der Ausdrucksebene" verwendet wurde, die im Folgenden zurückgewiesen wird. Es geht dabei um alle Ansätze, die diesen Bereich vollständig unter Stil zählen, wobei sie oft sogar allgemeiner von Stil als „Konstellation von Eigenschaften", als „Häufigkeit linguistischer Merkmale" oder als „wiederkehrende Muster" sprechen (Beispiele für solche Auffassungen werden in Abschnitt 2.2, in den Fußnoten 75 bis 77, gegeben). Diese Definitionen sind allgemeiner als solche, die Stil nur auf der Ausdrucksebene suchen, da sie auch Aspekte des Inhalts einschließen, und werden daher auch von der Argumentation in Abschnitt 2.1 erfasst.

[61] Der Terminus „Ausdrucksebene" wurde von Hjelmslev eingeführt (vgl. Hjelmslev 1943 und Johansen 1998: 2277f) und bezeichnet die Menge der Zeichenträger eines Zeichenkomplexes einschließlich der zwischen ihnen bestehenden Relationen (insbesondere ihrer Anordnung).

2.1 Warum muss Stil über Auswahl beschrieben werden?

Ist es möglich, Stil präzise zu untersuchen, ohne einen Auswahlvorgang zu postulieren? Immerhin scheint die Darstellung über Auswahl mit vielen Schwierigkeiten verbunden zu sein, beispielsweise mit den Fragen, wie man die nicht ausgewählten Möglichkeiten rekonstruieren und wie man stilistische Auswahl von anderen Auswahlvorgängen trennen kann. Wieso hält man sich nicht einfach an die Tatsachen – an direkt feststellbare Strukturen oder Regelmäßigkeiten im Stilträger (beispielsweise in einem Text)?

Stil über Strukturen und Regelmäßigkeiten des Stilträgers zu definieren, scheint eine einfache und genaue Beschreibung zu ermöglichen und wurde daher immer wieder versucht.[62] Doch wenn man diese Methode zu einer präzisen Stiltheorie ausbauen will, ergeben sich verschiedene Probleme. Betrachten wir dazu zunächst den Bereich der sprachlichen Texte.

Nicht jede Struktur eines Textes ist stilistisch relevant. Eine allgemeine Suche nach Äquivalenzklassen[63] und den sich daraus ergebenden Strukturen kann auch inhaltliche Regelmäßigkeiten erfassen. Geht es beispielsweise in einer Strophe eines Gedichts um den häuslichen Bereich oder in einem Zeitungsartikel um Hausbau, so verwundert es nicht, wenn die Allomorphe /haus/–‚haus', /hois/– ‚haus', /hauz/–‚haus', /hoiz/–‚haus' zahlreich auftreten. Es kommt also sowohl zu einer Häufung bestimmter Segmente auf der Ausdrucksebene, die damit als Elemente klassifiziert werden können, als auch zu auffälligen phonologischen Äquivalenzen zwischen verschiedenen Elementen, in diesem Fall den Elementen /haus/, /hois/, /hauz/, /hoiz/. Beides sind Phänomene, die in einer Analyse nach Häufigkeit oder nach Äquivalenzkriterien auffallen.

Aber macht es Sinn, hier von Stil zu sprechen? Will man die Häufung gleichartiger Elemente als stilistisch relevant auffassen, dann kommt man rasch zu dem Ergebnis, dass in fast jedem Text inhaltliche Faktoren in den Bereich einer Stiluntersuchung fallen würden. Es gibt wohl keinen Text, der nicht aufgrund seines Inhalts auch auf der Ausdrucksebene erkennbare Regelmäßigkeiten aufweist, beispielsweise eben die häufige Verwendung etymologisch verwandter Wörter. Solche Phänomene können in einer Textanalyse interessant sein; in einer Stilanalyse dagegen erscheint ihre Berücksichtigung fehl am Platz.[64]

---

[62] Vgl. Abschnitt 3.5.
[63] Dies sind Klassen von Elementen, die mit Hilfe von Äquivalenzkriterien gebildet werden, die gemeinsame Eigenschaften aller Elemente der Klasse definieren; vgl. zur Erfassung von Strukturen mit Äquivalenzklassen Abschnitt 3.6.
[64] Da Stilanalysen häufig im Rahmen von Textanalysen vorgenommen werden, werden manchmal rein inhaltlich bedingte Regelmäßigkeiten zusammen mit stilistisch bedingten untersucht. In diesem Fall können jedoch erstere nicht zur Stilanalyse gezählt werden, sonst würde die Häufung dieser Segmente als Stilmerkmal erscheinen und der Stil wäre automatisch vom Inhalt abhängig. Für die Stilanalyse können sich allerdings Überlegun-

2.1 Warum muss Stil über Auswahl beschrieben werden? 39

Dies wird noch deutlicher, wenn man das obige Beispiel abändert und annimmt, dass wir den Stil einer Zeitschrift für Hausgestaltung untersuchen und mit einer Gartenzeitschrift vergleichen. Es wäre wenig plausibel, diese Stile schon aufgrund der jeweils auffällig häufigen Morpheme im Bereich der Wortfelder „Haus" und „Garten" als unterschiedlich anzusehen, auch wenn sie sich ansonsten in ihren Merkmalen (Stilebene, Satzbau, Manierismen usw.) gleichen. Mit einer solchen Stilbeschreibung ließe sich operativ wenig anfangen, da man bei einer Zeitung oder bei einer Schriftstellerin, die über ein anderes Thema schreiben, in jedem Fall einen Stilwechsel konstatieren müsste. Man könnte einer Zeitung, die über viele Themen schreibt, keinen einheitlichen Stil zuordnen.[65] Im alltäglichen Gebrauch von „Stil" nehmen wir jedoch an, dass Stil über Inhaltsunterschiede hinweg konstant bleiben kann, und untersuchen gerade die Frage, ob ein Schriftsteller oder eine Journalistin, die sich einem neuen Thema zuwenden, dabei auch ihren Stil wechseln oder nicht.

Ein zweites Beispiel soll verdeutlichen, dass Regelmäßigkeiten auf der Ausdrucksebene nicht ohne Berücksichtigung von Überlegungen zur Auswahl als stilistisch relevant angesehen werden können: Nehmen wir an, ein dialektisch gegliederter Schulaufsatz vergleicht zu einem strittigen Thema die alltägliche Auffassung (‚gesunder Menschenverstand') als These mit der juristischen Position als Gegenthese. Nehmen wir außerdem an, der Aufsatz setzt These und Gegenthese jeweils direkt nebeneinander, bevor er abschließend zur Synthese kommt. Er wird somit nach der Einleitung die Struktur $T_1 / GT_1 / T_2 / GT_2 \ldots T_n / GT_n / S$ zeigen. In diesem Fall wird man sich nicht wundern, wenn man in den Gegenthese-Abschnitten des Texts mehr juristische Fachausdrücke findet als in den These-Abschnitten. Auf den ersten Blick könnte es daher erscheinen, als sei hier ein auffälliger, regelmäßiger Stilwechsel vorhanden. Aber stimmt das?

Vermutlich würde man – in der alltagssprachlichen Verwendung des Begriffs ‚Stil' – von einem Stilwechsel sprechen, wenn der Aufsatzschreiber bei den Gegenthese-Passagen wirklich in juristische Sprachgewohnheiten verfallen wäre, so dass diese einen hypotaktischen Sprachbau, „trockene" Formulierungen oder andere als kennzeichnend empfundene Merkmale zeigen:

(1) Der Alkoholausschank an Minderjährige ist gesetzlich verboten; die Zuwiderhandlung stellt einen Straftatbestand dar. Der Beklagte hielt die Tat für eine

---

[65] gen der Art ergeben: „Hätte der Sprecher/Schreiber prinzipiell auch andere Wörter wählen können, um den entsprechenden Inhalt auszudrücken? Ist es also Kennzeichen seines geringen Wortschatzes oder einer absichtlichen Beschränkung, dass er viele Wörter mit gleichem Stamm benutzt?" Damit ist man jedoch wieder bei „Stil als Auswahl" angelangt.
Im Beispiel kann es erscheinen, als wäre dies möglich, indem man die erkennbar inhaltlich bedingten Häufigkeitsunterschiede weglässt. In der Regel kann jedoch nicht so einfach zwischen inhaltlichen und stilistischen Merkmalen getrennt werden; stellt sich etwa beim Vergleich der Gartenbauzeitschrift mit einer juristischen Fachzeitschrift heraus, dass letztere eine höhere Satzlänge hat, so wäre nicht erkennbar, inwieweit dies auf den vermutlich komplexeren Inhalt und inwieweit auf Stilunterschiede zurückzuführen ist.

bloße Ordnungswidrigkeit und befand sich somit im Verbotsirrtum, was vom Gericht jedoch nicht als strafmildernd gewertet wurde.

Doch es ist auch die folgende Passage denkbar:

(2) Das Recht sieht jeden unter 18 als Minderjährigen an; wenn man Alkohol an Minderjährige ausgibt, ist das eine Straftat. Der Wirt dachte aber, es wäre nur eine Ordnungswidrigkeit (man nennt das Verbotsirrtum), er bekam trotzdem keine Strafmilderung und muss jetzt 90 Tagessätze zahlen.

In beiden Fällen zeigt der Aufsatzmittelteil eine Struktur, in der im Wechsel mit unauffälligen Passagen solche mit stark erhöhter Frequenz juristischer Fachausdrücke auftreten. Bei einer Untersuchung mit Methoden der quantitativen Stilistik würde dies auffallen. Ist es jedoch stilistisch relevant?

Dafür müssen wir wissen, ob die Gegenthese-Abschnitte eher wie (1) oder eher wie (2) formuliert sind. Im ersten Fall würde man – wenn der Rest des Texts in gewöhnlichem Schülerdeutsch formuliert ist – einen eindeutigen Stilwechsel erkennen. Es wäre nicht überraschend, wenn die Lehrerin diesen Aufsatz mit den Worten kommentiert: „Du bist ja wirklich immer in den juristischen Stil verfallen, wenn du die Gegenthese geschrieben hast!" Dagegen würde eine solche Reaktion bei Beispiel (2) unangemessen, ja falsch wirken. Plausibel wäre dagegen ein Kommentar wie „Du hast die juristischen Fachausdrücke richtig angewandt und erklärt."

Solche Unterschiede werden häufig nicht beachtet; so schließen Ansätze der quantitativen Stilistik einfach aus der Häufung von juristischen Fachausdrücken auf einen (zumindest teilweise, nämlich in der Wortwahl) „juristischen Stil". Dass dies im alltagssprachlichen Gebrauch von „Stil" nicht der Fall ist, dürfte das Beispiel zeigen. Ein solcher Gebrauch des Wortes wäre auch schwer durchzuhalten – wie sollte man dann etwa den Stil unseres Aufsatzes mit dem eines anderen Aufsatzes desselben Verfassers, oder eines anderen Verfassers, vergleichen, sofern es dort nicht gerade um dieselbe Thematik geht? Texte oder Textabschnitte mit Themen aus unterschiedlichen Bereichen, die sich daher in der Wahl des gebrauchten Wortschatzes deutlich unterscheiden, könnten nicht stilistisch miteinander verglichen werden. Genau dies tut jedoch die Lehrerin, wenn sie den Schüler darauf hinweist, dass sein Stil sich zwischen These und Gegenthese ändert.

Wie kann man den Unterschied zwischen den Beispielen (1) und (2) erfassen, der diese unterschiedliche Sichtweise (Stilwechsel vs. kein Stilwechsel gegenüber der Normalsprache) rechtfertigt?[66] Tatsächlich kann der Schreiber für

---

[66] Häufig wird die Aussage, es handele sich bei einem erkennbaren Phänomen nicht um Stil, mit einem bestimmten Beispielfall gekontert, bei dem es sich doch um Stil handele. Im vorliegenden Fall könnte ein solcher Einwand etwa betonen, das festgestellte Muster auf der Ausdrucksebene $T_1 / GT_1 / T_2 / GT_2 \ldots T_n / GT_n / S$ sei doch auch stilistisch relevant. Der Aufsatz könne ja auch anders gegliedert sein, etwa durch komplette Darstellung der These und der Gegenthese: T / G / S. – Der Einwand bezieht sich jedoch auf die Unter-

die Fachausdrücke auf keine Alternativen zurückgreifen, sofern er über die juristische Sichtweise präzise Aussagen machen will. Er kann nicht für „Minderjähriger" „Jugendlicher" einsetzen, für „Ordnungswidrigkeit" „kleiner Ausrutscher" und für „Tagessätze" „tägliche Zahlung", ohne über etwas anderes zu reden. Dies ist das Entscheidende: Die Benutzung der juristischen Fachausdrücke ist hier keine Frage der Auswahl.

Betrachten wir zur Überprüfung dieser These ein anderes Beispiel. Angenommen, die Nachbarin einer Familie lehnt sich über den Gartenzaun und schreit:

(3a) „Ihr Minderjähriger hat eine Ordnungswidrigkeit auf meiner Liegenschaft begangen!"

(3b) „Ihr Sohn hat in meinen Garten gepinkelt!"

Tatsächlich ist die Verwendung der juristischen Fachausdrücke „Minderjähriger", „Ordnungswidrigkeit" und „Liegenschaft" in (3a) ein eindeutiges Stilmerkmal. Dies liegt offensichtlich daran, dass die Nachbarin sie in diesem Fall ohne Weiteres durch andere Wörter ersetzen könnte, wie (3b) zeigt.

Diejenigen Stiltheorien, die Auswahl nicht explizit berücksichtigen, können mit diesen Unterscheidungen nicht umgehen. Oft wird daher die Unterscheidung zwischen stilistisch relevanten und nicht relevanten Strukturen, die auf der Ausdrucksebene eines Texts sichtbar sind, intuitiv getroffen: Die Beispiele werden so gewählt, dass tatsächlich keine nur inhaltlich bedingten Strukturen der Ausdrucksebene berücksichtigt werden. Ebenso häufig wird jedoch – zumindest implizit – angenommen, *alle* Strukturen der Ausdrucksebene seien stilistisch relevant; auf den Einwand, dann könnten aber keine zwei (vom Inhalt her unterschiedlichen) Texte denselben Stil haben, wird entgegnet, dies sei bei ausreichend genauer Betrachtung auch nicht der Fall.[67]

---

scheidung verschiedener Möglichkeiten, zu argumentieren. Technisch ausgedrückt: Die Ebene, auf der die Auswahlsituationen (die in der Theorie als Alternativenklassen erfasst werden) zu bilden sind, ist eine andere. Der Einwand spricht über die Auswahl verschiedener möglicher Argumentationsmuster, also über „Argumentationsstile", im obigen Beispiel ging es jedoch um die Auswahl sprachlicher Ausdrucksvarianten, also über „sprachlichen Stil". – So wird aufgrund der Allgegenwart von Stilen häufig ein zu einem *anderen* Stil gehörender Bereich (in der Theorie als „Schemaort" erfasst; vgl. 4.2.3) als vermeintliches Gegenbeispiel dagegen angeführt, dass eine bestimmte Regelmäßigkeit nicht zu einem bestimmten Stil gehört.

[67] So kritisieren Leech u.a. (1981: 34f) am Ansatz von Halliday (Halliday 1971): „For [Halliday], even choices which are clearly dictated by subject matter are part of style: it is part of the style of a particular cookery book that it contains wods like *butter, flour, boil* and *bake*; and it is part of the style of *Animal Farm* that it contains many occurrences of *pigs, farm*, and *Napoleon*. [...] Applied to non-fictional language, this position fails to make an important discrimination. In a medical textbook, the choice between *clavicle* and *collar-bone* can justly be called a matter of stylistic variation. But if the author replaced *clavicle* by *thigh-bone*, this would no longer be a matter of stylistic variation".

Damit wird jedoch eine der interessantesten Eigenschaften des Phänomens Stil geleugnet, nämlich seine *Wiedererkennungs- und Zuordnungsfunktion* (vgl. die Abschnitte 3.8). Diese wird deutlich, wenn ein Literaturkenner ein ihm unbekanntes Buch blind aus dem Regal zieht, irgendwo aufschlägt und schon nach wenigen Sätzen den Autor des Buches erraten kann.[68] Auf ähnliche Weise basieren Gutachten über ein Kunstwerk, dessen Zuordnung fraglich ist, nicht zuletzt auch auf Stiluntersuchungen, und zwar auch dann, wenn der Inhalt des Bildes (die dargestellte Szene) im bisher bekannten Werk des Künstlers noch nicht vorkommt. Die zahlreichen aus dem neuartigen Inhalt sich ergebenden Unterschiede in der Ausdrucksebene werden hier ignoriert. Vielmehr wird nach bestimmten Merkmalen Ausschau gehalten (Pinselstrich; Darstellung des Faltenwurfs; Komposition u.ä.), für die es verschiedene Ausführungsweisen gibt, von denen einzelne für bestimmte Künstler charakteristisch sind.

Wir haben bislang nur über Stil bei Zeichengebrauch gesprochen; doch auch bei Verhalten oder bei Artefakten, bei denen kein Zeichengebrauch vorliegt, gibt es Aspekte, die nicht notwendig für die Realisierung des Verhaltens oder des Artefakts sind und die dennoch nicht zum Stil gehören. In allen drei Bereichen (Verhalten, Artefakte und Texte) gibt es *Kontextbedingungen*, die Einfluss auf die konkrete Ausführung nehmen. Beispielsweise wird sich die Fahrweise der meisten Autofahrer bei Regen verändern; trotzdem würde man nicht von einem Stilwechsel sprechen. Vielmehr ergibt sich die Veränderung daraus, dass bei Regen anders gefahren werden muss.

Bei Artefakten und Texten gibt es zusätzlich *funktionale Bedingungen*: So sieht ein Bürogebäude anders aus als ein Wohngebäude; bestimmte Veränderungen, die man an ansonsten ähnlichen Gebäuden feststellen wird – etwa das Fehlen von Balkonen am Bürogebäude –, sind hier auf die andere Funktion zurückzuführen, sie müssen beim stilistischen Vergleich zweier Gebäude mit unterschiedlichen Funktionen herausgerechnet werden. So kann ein geschulter Architekturkenner an einem neuen Gebäude häufig erkennen, von wem es entworfen wurde, auch wenn das Haus einem anderen Typ angehört als die bisherigen dieses Architekten (z.B. sein/ihr erstes Bürogebäude oder Museum ist). Auch hier werden jene Merkmale der Gestaltung, die sich in diesem Fall aus der Funktion des Gebäudes ergeben, ignoriert.

Auch bei Texten gibt es Kontextbedingungen und funktionale Bedingungen: So ist beispielsweise die Bedienungsanleitung für ein Automodell bereits

---

 Das Problem entsteht, weil stilistische Auswahl nicht von inhaltlicher Auswahl getrennt wird. Leech u.a. (1981: 35) betonen, dass alle monistischen Positionen (vgl. Fußnote 59) dieses Problem haben.
[68] Thomas Bernhard sei als Beispiel für einen Schriftsteller genannt, bei dem dies ohne Weiteres möglich ist. Zum charakteristischen Stil Bernhards, der in der österreichischen Literatur Nachahmer fand, siehe Eder 1979 und Eyckeler 1995. Vgl. auch Göttert u.a. 2004 (253ff), die den Stil Bernhards auf der Grundlage eines stilanalytischen Systems in den Vergleich mit Literaturstilen des Deutschen seit Gottfried von Straßburg stellen (ebd.: 155-258).

aufgrund ihrer Funktion notwendigerweise anders geschrieben als ein Report über dieses Automodell in einer Autozeitschrift. Hier muss allerdings darauf geachtet werden, dass funktionale Bedingungen nur jene Eigenschaften bestimmen, die *unverzichtbar* für die Funktion sind: Bei Bedienungsanleitungen ist dies etwa die Eigenschaft, die Bedienung genau zu beschreiben, aufgeteilt nach einzelnen Funktionen und ohne Bezug auf Fachliteratur oder fachliches Spezialwissen (wie es bei einer technischen Dokumentation der Fall wäre). Innerhalb dieser durch funktionale Bedingungen gesetzten Grenzen gibt es immer noch stilistische Auswahlmöglichkeiten, die auch Auswirkungen auf die Funktion haben können: So sind heute viele Bedienungsanleitungen in Form von Schritt-für-Schritt-Anleitungen anstelle von Fließtexten geschrieben, obwohl ihre Funktion beides zulassen würde.[69]

Zusätzlich gibt es bei Texten *inhaltliche Bedingungen*, die sich daraus ergeben, dass ein bestimmter Inhalt ausgedrückt werden soll. Inhaltliche Bedingungen bestimmen den Inhalt eines Texts nicht vollständig, sie beinhalten nur jene Festlegungen, die vor der stilistischen Auswahl bestehen und diese einschränken. (Kontextbedingungen, funktionale und inhaltliche Bedingungen werden in Abschnitt 2.6 genauer erläutert.)

2.2 Verallgemeinerung auf Stil außerhalb von Zeichengebrauch

Betrachten wir noch zwei Beispiele aus anderen Stilbereichen, um zu zeigen, dass das im letzten Abschnitt für sprachliche Texte gezeigte allgemein gilt. Dabei können wir die Bezeichnung „Ausdrucksebene", die uns in der bisherigen, auf Texte bezogenen Analyse gute Dienste geleistet hat, nicht mehr verwenden, da es nur bei Zeichengebrauch eine „Ausdrucksebene" gibt; wir ersetzen sie daher durch „Ausführungsweise",[70] worunter bei Verhalten, Artefakten und Texten

---

[69] Dass Schritt-für-Schritt-Anleitungen vielleicht gerade deshalb in Mode gekommen sind, weil sie als „funktionaler" gelten (nämlich eine leichtere Bedienung ermöglichen), ist nicht entscheidend. Funktionale Bedingungen legen nur die für die Funktion *unverzichtbaren* Eigenschaften fest. Ebenso wurden in der architektonischen Moderne viele Gestaltungsweisen gewählt, weil sie als besonders funktional galten (etwa der Verzicht auf Ornamente, flexible Innenraumgestaltung ohne tragende Wände, usw.); da diese Gestaltungsweisen nicht für die Funktion *notwendig* waren, sind sie dennoch stilistische Merkmale.

[70] Entsprechende Definitionen sind oft gegeben worden, beispielsweise: „Stil ist immer das Wie einer Ausführung, auf welchem Gebiet des Lebens auch immer" (Riesel u.a. 1975: 15). Michael Hoffmann bezeichnet dieses Stilverständnis als „kleinsten gemeinsamen Nenner, auf den sich Stiltheoretiker einigen können" (M. Hoffmann 2009: 1325).

jene Aspekte verstanden werden sollen, die nicht „Ziel", „Inhalt" oder „Funktion" sind.[71]

Beispiel 1: Wir gehen um das Theater einer bekannten Architektin herum. Hinter dem Bühnenturm bemerkt unser Begleiter: „Hier ändert sich der Stil! Es gibt plötzlich keine Fenster mehr, nur noch ein paar kleine ganz oben. Warum benutzt sie zwei verschiedene Stile an einem Gebäude?" In diesem Fall würde es wohl niemandem (nicht einmal einem Stiltheoretiker) einfallen, dieser Einschätzung zuzustimmen. Vermutlich würde die Reaktion einhellig darin bestehen, den Begleiter über die spezielle Aufgabe des Bühnenturms aufzuklären und den Mangel an Fenstern somit *funktional* zu erklären.

Beispiel 2: Auf dem Rückweg fahren wir bei jemandem im Auto mit, der uns in einer engen Altstadt auf dem direktesten Weg (der leider immer noch sehr kurvig ist) zum gewünschten *Ziel* bringt. Unser Begleiter, der wie wir die Örtlichkeiten durchaus kennt, flüstert uns ins Ohr: „Ich finde, unser Chauffeur fährt ziemlich oft um Kurven! Ein zweifelhafter Fahrstil ..." Würden wir dem zustimmen? Vermutlich würden wir eher an seinem Verstand zweifeln und hoffen, dass er nicht bei der nächsten Kurve ins Lenkrad greift, um den „Fahrstil" zu verbessern ...

Beispiel 3: Wir befinden uns in einer Einzelausstellung eines Malers. Unser Begleiter – wir sind ihn immer noch nicht losgeworden – wendet sich einigen Bildern zu, deren Sujets Nachtszenen sind, und bemerkt: „Merkwürdig, hier hat der Künstler einen anderen Stil! Vorher verwendete er vorwiegend helle Farben; hier verwendet er vorwiegend dunkle Farben. Offensichtlich wollte er stilistisch mal was anderes ausprobieren!" Würden wir unserem Begleiter erklären, dass man auf Bildern, die eine nächtliche Szene zeigen, dunkle Farben zu erwarten hat? Dass also die Wahl der dunkleren Farbtöne – die bei einem abstrakten Maler durchaus auf einen Stilwechsel hinweisen könnte und auch bei Darstellungen derselben Szene ein stilistisch relevanter Unterschied wäre – hier eine *inhaltlich* bedingte Regelmäßigkeit der Ausführungsweise ist?[72] Vermutlich würden wir

---

[71] Die entstehenden Unterscheidungen sollen dadurch nicht parallel gesetzt werden; sie werden hier nur als mögliche Alternativen zur Unterscheidung „Ausdruck – Inhalt", die nur bei Zeichengebrauch möglich ist, für die Bereiche Verhalten und Artefakte angenommen. Es handelt sich dabei um plausible Kandidaten, die außerhalb von Zeichengebrauch für eine entsprechende Unterscheidung in Frage kämen. Es wurde bereits für Texte gezeigt, dass Stil nicht über die Unterscheidung von Ausdruck und Inhalt definiert werden kann; wäre dies möglich, könnte angelehnt an diese Unterscheidung eine ähnliche Definition auch für Verhalten oder Artefakte versucht werden, wo dann anstelle von „Inhalt" Bezeichnungen wie „Ziel", „Zweck" oder „Funktion" infrage kämen.

[72] Etwas anderes wäre es, wenn wir nicht nur zwei Gemälde, sondern einen repräsentativen Ausschnitt des Gesamtwerks des Malers vor uns hätten und unser Begleiter feststellte, dass sich ab einem bestimmten Entstehungszeitpunkt mehr und mehr Nachtszenen darunter befinden. In diesem Fall könnte tatsächlich ein Stilwechsel vorliegen, sofern die Inhaltsauswahl als Teil des Stils angenommen wird (dies ist der Fall, wenn die vorliegenden Realisierungen einem allgemeinen Schema wie ‚ein Bild malen' zugeordnet werden, nicht aber, wenn sie dem Schema ‚ein bestimmtes Sujet malen' zugeordnet werden). Die

2.2 Verallgemeinerung auf Stil außerhalb von Zeichengebrauch 45

darauf verzichten und das nächste Mal lieber mit jemand anderem ins Museum gehen!

Die drei Beispiele zeigen, mit welcher Selbstverständlichkeit wir den offenbar schwer zu definierenden Begriff ‚Stil' vortheoretisch kohärent anwenden. Über Probleme, die in der stiltheoretischen Literatur bis heute nicht geklärt wurden, streiten wir uns im Alltag überhaupt nicht, so offensichtlich ist für uns die Lösung. Wie bereits gesagt, beziehen viele Stiltheorien alle erkennbaren Regelmäßigkeiten der Ausführungsweise (oft wird sogar nur allgemein von „Regelmäßigkeiten", „Mustern", „Charakteristika" oder ähnlichem gesprochen; inhaltliche oder funktionale Regelmäßigkeiten werden jedoch niemals unter Stil gezählt, so dass wir eine entsprechende implizite Einschränkung annehmen; vgl. Fußnote 78) in ihre Definitionen ein, wählen ihre Beispiele aber so, dass sie dabei zielbezogene, funktional oder inhaltlich bedingte Regelmäßigkeiten der Ausführungsweise nicht berücksichtigen.[73]

Intuitiv ist es für uns offensichtlich, dass die fehlenden Fenster des Bühnenturms durch die *Funktion* des Theaters, die Kurven durch das *Ziel* der Autofahrt und die dunklen Farben durch den dargestellten *Inhalt* des Bilds bedingt sind. Auf den ersten Blick könnten daher die obigen Beispiele als ‚Eulen nach Athen tragen' erscheinen – schließlich hat doch nie jemand behauptet, Funktion, Ziel oder Inhalt gehörten zum Stil!

Dies ist richtig, aber die oben dargestellten Merkmale (1) eines Artefakts, (2) eines Verhaltens und (3) eines Artefakts mit Zeichengebrauch[74] sind nicht (1) die Funktion (oder Teil der Funktion) des Artefakts, (2) Ziel (oder Teil des Ziels) des Verhaltens und (3) Inhalt (oder Teil des Inhalts) des Artefakts mit Zeichengebrauch. Sie sind vielmehr *Merkmale der Ausführungsweise, die durch Funktion, Ziel bzw. Inhalt bedingt sind*. Alle drei betrachteten Merkmale (Fensterlosigkeit einer Wand; Kurvenreichtum einer Autofahrt; dunkle Farbtöne eines Gemäldes) könnten ohne Weiteres stilistisch bedingt sein, sind es aber in den oben beschriebenen Beispielen nicht. Diese Unterscheidung treffen wir offenbar automatisch und mit großer Sicherheit.

Annahme eines Stilwechsels würde hier also die Vermutung beinhalten, dass der Maler seine Sujets aussuchen konnte; wäre beispielsweise nachweisbar, dass ein neuer Auftraggeber mehr Nachtbilder in Auftrag gegeben hätte, diese aber ansonsten ausgeführt sind wie die früheren, würde die Veränderung wohl nicht dem Stil zugerechnet.

[73] Zum Widerspruch zwischen Theorie und Analyse bei vielen Stiltheoretikern vgl. Püschel 1983: 98ff.

[74] Es gibt Bilder, die auf dem Gebrauch ikonischer Zeichen beruhen; diese wollen wir als ‚darstellende Bilder' abgrenzen. Sie sind keine Texte, weil letztere als „Zeichengebrauch auf Basis von Zeichensystemen" (vgl. Abschnitt 4.2.2) definiert sind. Alle Bilder sind somit zu den Artefakten zu rechnen.

In Definitionen, die Stil als „Konstellation von Eigenschaften",[75] als „Häufigkeit linguistischer Merkmale",[76] als „Regelmäßigkeiten" oder als „wiederkehrende Muster"[77] beschreiben, würden die drei genannten Merkmale unter Stil fallen.

Es ist also zwischen drei Fällen zu unterscheiden:

(1) Regelmäßigkeiten, Strukturen oder Häufigkeiten innerhalb des Inhalts, der Funktion oder des Ziels. (Beispiel: Zwei Häuser haben dieselbe Funktion.) Diese Regelmäßigkeiten werden nie unter Stil gerechnet.[78]

---

[75] So bei Jürgen Trabant: „Auch in Bezug auf die uns hier interessierenden Gegenstände – sprachliches Handeln historischer Individuen – ist es die hinsichtlich der mit dem betrachteten Gegenstand verglichenen Gegenstände relative und von einer Interpretationsabsicht abhängige K o n s t e l l a t i o n von Eigenschaften, die von einem Interpretierenden herausgearbeitet wird [...], die wir das *Charakteristische* oder den *Stil* dieses sprachlichen Handelns nennen wollen." (Trabant 1979: 586; Hervorh. im Orig.) Bei Definitionen wie diesen ergibt sich das in Abschnitt 2.1 besprochene Problem: Konstellationen von Eigenschaften oder Charakteristika können stets durch Kontext, Inhalt oder Funktion bedingt sein. Egal wie groß man die Anzahl der Vergleichsgegenstände wählt, die Trennung der Faktoren gelingt auf diese Art nicht.

Man müsste schon Vergleichsgegenstände zur Verfügung haben, die exakt denselben Kontext, Funktion und Inhalt haben und zudem dieselben Typen von Realisierungsstellen (Realisierungen derselben Schemaorte) aufweisen, um durch Vergleich zu einem ‚Herausrechnen' der Faktoren Kontext, Funktion und Inhalt zu gelangen. Solche Vergleichsobjekte dürften extrem selten sein. (Ausnahmen gibt es allerdings: So können an den Entwürfen eines Architekturwettbewerbs die Stile der beteiligten Architekten durch direkten Vergleich der Eigenschaften der Gebäude relativ genau abgelesen werden, da hier Kontext und Funktion durch Grundstück, Bauaufgabe und Wettbewerbsbedingungen festgelegt sind.)

Im Normalfall ist es das einzig mögliche Verfahren, Kontextbedingungen, funktionale und inhaltliche Bedingungen anzunehmen und damit Alternativenklassen zu bilden (vgl. Abschnitte 2.5 und 4.4), bevor man den Stil untersucht.

[76] So bei Bernard Bloch: „the style of a discourse is the message carried by the frequency distributions and transition probabilities of its linguistic features, especially as they differ from those of the same features in language as a whole." (Bloch 1953: 40)

[77] So bei Leonard B. Meyer: „Style is a replication of patterning, whether in human behavior or in the artifacts produced by human behavior, that results from a series of choices made within some set of constraints. [These constraints] are learned and adopted as part of the historical/cultural circumstances of individuals or groups." (Meyer 1989: 3) Meyers „constraints" entsprechen in etwa den hier angenommenen Schemaortbedingungen (vgl. Abschnitt 2.6 sowie 4.3.1, (1)); Kontextbedingungen, funktionale und inhaltliche Bedingungen (vgl. 4.3.1, (2)) enthalten sie nicht, wie die Erläuterung zeigt.

[78] Schließt man inhaltliche oder funktionale Regelmäßigkeiten, Strukturen, Häufigkeiten usw. nicht aus, müsste man annehmen, dass es eine Frage des Stils sei, welche Strukturen die Handlung eines Texts aufweist (also etwa, in welcher Reihenfolge die Personen sich kennenlernen oder sterben) oder dass Gebäude dieselbe oder unterschiedliche Funktionen haben (also etwa, dass zwei Gebäude Schulen sind). Dieser Fehler – der noch grundsätzlicher ist als der im Text beschriebene, inhaltlich oder funktional bedingte Regelmäßigkeiten der Ausdrucksebene einzubeziehen – wird jedoch in der Beispielanalyse nie

(2) Regelmäßigkeiten, Strukturen oder Häufigkeiten, die durch Inhalt, Funktion oder Ziel bedingt sind. (Siehe Beispiel 1 bis Beispiel 3 oben.) Diese Regelmäßigkeiten werden häufig nicht aus Stil ausgeschlossen, was unserem alltäglichen Gebrauch von ‚Stil' widerspricht, wie oben gezeigt wurde.

(3) Regelmäßigkeiten, Strukturen oder Häufigkeiten, die nicht durch die Festlegung von Inhalt, Funktion und/oder Ziel der Realisierung bedingt sind und daher an einer Realisierung mit abweichendem Inhalt, Funktion oder Ziel wiedererkannt werden können. Dies ist der Bereich, der im alltäglichen Gebrauch von ‚Stil' eingeschlossen ist.

Nun mag eingewandt werden, es gebe ja auch eine Funktionalstilistik,[79] die Stil in Abhängigkeit von der Textfunktion untersuche. Dies ist richtig; funktionalstilistische Ansätze untersuchen jedoch selten Regelmäßigkeiten, Strukturen oder Häufigkeiten, die unmittelbar durch die Funktion bedingt sind, sondern vielmehr stilistische Merkmale, die mit der Funktion korrelieren. Beispielsweise würde die Funktionalstilistik, die meist de facto eine Textsortenstilistik ist, in der Regel nicht darauf hinweisen, dass in der Textsorte „Liebesroman" häufig die Wörter „Frau", „Mann", „Liebe", „Hochzeit" usw. vorkommen, oder in der Textsorte „Fahrplan" häufig die Wörter „Abfahrt" und „Ankunft" – täte sie es doch, würde sie der natürlichsprachlichen Verwendung von „Stil", wie sie hier expliziert wurde, widersprechen. Meist werden in funktionalstilistischen Untersuchungen eher syntaktische Komplexität, Satzlängen, Fremdwörterhäufigkeiten usw. geprüft, also Faktoren, die nicht durch die Textfunktion festgelegt sind, aber mit ihr korrelieren können.

Zwischen funktional festgelegten Strukturen, die nicht zum Stil gehören, und mit der Funktion korrelierenden Stilmerkmalen ist also zu unterscheiden.[80]

---

[79] gemacht, auch wenn manche Definitionen versäumen, diese Arten von Regelmäßigkeiten (Strukturen, Mustern usw.) explizit auszuschließen.

Die Funktionalstilistik wurde innerhalb der Prager Schule des Strukturalismus (vgl. Albrecht 2000: 59-66 und Winner 1998) entwickelt; Beispiele sind Doležel u.a. 1972, Dubský 1972, Kraus 1987 und Chloupek u.a. 1993; vgl. auch Spillner 1974a: 56ff.

[80] Die Unterscheidung kann unter Bezug auf das Stilmodell präziser erklärt werden (unter terminologischem Vorgriff bis Abschnitt 2.12, den wir in Kauf nehmen, da wir auf diese Unterscheidung nicht mehr zurückkommen): Inhaltliche Bedingungen legen für einen Text den auszudrückenden Inhalt, funktionale Bedingungen die zu erfüllende Funktion fest (siehe 4.3.1, (2)). Beide definieren, zusammen mit den durch Schema und Schemaort festgelegten Bedingungen (siehe 4.3.1, (1)), die Alternativenklasse. Daher sind Möglichkeiten, die dem Inhalt oder der Funktion nicht gerecht werden, gar nicht erst in der Alternativenklasse enthalten: Einen Liebesroman kann man nicht ohne das Wort „Liebe", einen Fahrplan nicht ohne das Wort „Abfahrt" schreiben.

Weder inhaltliche noch funktionale Bedingungen legen jedoch eine syntaktische Komplexität oder Satzlänge fest, daher sind hier verschiedene Möglichkeiten in der Alternativenklasse verfügbar. Werden nun Regelmäßigkeiten für verschiedene Textsorten festgestellt, sind diese dennoch stilistische Merkmale, die aber mit der Funktion korrelieren, etwa wenn herausgefunden wird, dass eine bestimmte Textsorte typischerweise längere oder komplexere Sätze hat als eine andere.

Um dies zu verdeutlichen, können wir innerhalb des stilistischen Bereichs (3) eine Unterscheidung treffen zwischen

(3a) Regelmäßigkeiten, Strukturen oder Häufigkeiten, die mit Funktion, Inhalt oder Ziel korrelieren, ohne durch diese festgelegt zu sein, und

(3b) Regelmäßigkeiten, Strukturen oder Häufigkeiten, die mit Funktion, Inhalt oder Ziel nicht korrelieren.

Die Notwendigkeit, die Unterscheidung von (2) und (3) zu treffen, zeigt, dass Stil komplizierter ist, als viele Stiltheoretiker annehmen; sie verwenden relativ einfache Definitionen, passen ihre Verwendung des Begriffs aber nicht an diese an.[81] Dies spricht dafür, dass es sich bei Stil um ein objektiv existierendes Phänomen handelt (nämlich einen bestimmten Zeichenprozesstyp), auf das wir mit einem Begriff zugreifen; auch wenn dieser nun unterschiedlich definiert wird, bildet das Phänomen den gemeinsamen Bezugspunkt und verhindert allzu starke Abweichungen in der Verwendung des Begriffs.[82]

In der vorliegenden Arbeit wird davon ausgegangen, dass dem Begriff ‚Stil' ein Phänomen zugrunde liegt, nämlich ein bestimmter Zeichenprozesstyp; das Phänomen Stil würde auch existieren, wenn wir keinen Begriff dafür hätten. Diese Überlegungen helfen uns hier nicht weiter; sie werden jedoch in Abschnitt 9.2 wieder aufgegriffen.

---

[81] Stilistische Merkmale können also durchaus von der Funktion bedingt sein, wenn diese unterschiedliche Varianten in den Alternativenklassen belässt und es damit ermöglicht, dass entsprechende Merkmalsregeln eingeschrieben werden. Ein Beispiel: Wissenschaftliche Texte haben vermutlich längere und komplexere Sätze als Unterhaltungsromane. Dies hängt sicherlich mit der Funktion zusammen, aber die Funktion schließt weder kurze Sätze in wissenschaftlichen Texten noch lange in Unterhaltungsromanen aus.
Vgl. Fußnote 140.

[82] Es ist interessant, wie bei ‚Stil' manchmal wie selbstverständlich davon ausgegangen wird, dass es sich um einen Begriff handelt, dem kein Phänomen zugrunde liegt. So schreibt Jürgen Trabant: „[Bennison] Gray hat m.E. jedoch mit seiner Auffassung recht, daß Stil als ‚Phänomen' [...], als empirisch feststellbare oder [...] aus anderen empirisch feststellbaren Grundgrößen ableitbare [...] Größe nicht existiert." (Trabant 1979: 569) Für wissenschaftliches Sprechen über Stil würde es dann ausreichen, den natürlichsprachlichen Begriff zu untersuchen und zu normieren (ebd.: 573).
Manchmal dagegen wird ebenso selbstverständlich angenommen, dass ein Phänomen existiert, das man im Blick behalten muss, ohne sich von früheren Definitionen irritieren zu lassen. So schreiben Leech u.a. (1981: 10): „We must take account of the various ways in which the word 'style' has been used in the past: but we should be wary of becoming slaves to verbal definition. Definitions are useful only in so far as they encapsulate a particular conception or theory of the phenomena one wishes to study."

2.3 Nicht alle Auswahl ist stilistische Auswahl

Wir haben gesehen, dass man an einer Beschreibung von Stil über Auswahl nicht vorbeikommt. Wie kann man aber stilistische Auswahl von anderer Auswahl unterscheiden?

Dazu müssen zunächst Auswahlsituationen prinzipiell erfassbar werden. Dafür steht uns bereits ein probates Mittel zur Verfügung: das Verständnis solcher Situationen als Paradigmen. Die strukturalistische Textanalyse erfasste Strukturen im Text über die Bildung von Äquivalenzklassen.[83] Dabei handelt es sich jedoch um eine allgemeine Textanalyse; für eine Stilanalyse ist dieser Ansatz zu allgemein, da er auch nicht stilistisch relevante Phänomene erfasst. Daraus ergibt sich die Frage, welche Äquivalenzkriterien in einer Stiltheorie zur Bildung der Paradigmen herangezogen werden müssen.

Zunächst ist wichtig, dass Auswahl nicht psychologisch interpretiert wird. Gemeint ist nicht der Vorgang des Abwägens und Entscheidens, der von einem Individuum durchgeführt wird, wenn es sich mit verschiedenen Handlungsmöglichkeiten konfrontiert sieht. Solche Phänomene können in Stile einfließen, aber sie sind keineswegs notwendig. Wenn beispielsweise ein Beamter einen „bürokratischen" Stil schreibt, tut er das selten nach einem gezielten Auswahlvorgang; er hat sich einfach den Gepflogenheiten seiner Umgebung angepasst. Der Denk- und der Argumentationsstil eines Menschen werden durch seine Sozialisation bestimmt, der Laufstil einer Leichtathletin möglicherweise durch ihre Anatomie.

Auffällig ist auch, dass nicht jede Art von tatsächlicher Auswahl etwas mit Stil zu tun hat. Wenn ein Mensch aufsteht und sich entscheidet, wie er seinen Tag verbringen will, ist dies gewöhnlich keine Frage des Stils.[84] Offensichtlich sind auch nicht alle Entscheidungen, die ein Künstler im Verlauf der Herstellung eines Werks trifft, stilistisch relevant. Durch die Erweiterung auf gewissermaßen virtuelle Auswahlsituationen, das heißt auf solche, in denen theoretische Alternativen vorhanden wären, die jedoch in der konkreten Auswahlsituation – aus welchen Gründen auch immer – nicht zur Verfügung stehen, scheint die Menge an zu berücksichtigenden Fällen ins Unendliche auszuweiten.

---

[83] Vgl. Abschnitt 3.6. – Die Anwendung der Methode wurde schrittweise entwickelt in Jakobson u.a. 1962, Riffaterre 1966, Posner 1972 und 1980c. Strukturalistisch geprägt sind auch die Stiltheorien von Granger (1969) und Riffaterre (1973). Einen Überblick über strukturalistische Ansätze in der Stiltheorie geben Pankow 1998: 1613f und Kraus 2008.

[84] Geht man auf eine sehr allgemeine Ebene, kann es als Teil eines Stils untersucht werden, beispielsweise wenn verschiedene Lebensstile (wie der „Bohemien"-Lebensstil oder der „bürgerliche" Lebensstil) betrachtet werden, denen verschiedene Tagesabläufe zugeordnet werden. Auch dann muss jedoch zwischen dem allgemeinen Tagesablauf und der konkreten Tagesplanung unterschieden werden, die durch Kontextbedingungen beeinflusst wird, etwa wenn ein Langschläfer wegen eines Termins früh aufsteht. Eine Tagesplanung enthält also selbst unter dem Blickwinkel eines Lebensstils immer auch nicht-stilistische Auswahl.

In diesem Dilemma hilft uns ein Blick auf unser anfängliches Verständnis von Stil weiter (vgl. Einleitung): Stil ist ein eigenes Zeichen – er entsteht nicht nur als Nebenprodukt eines Zeichengebrauchs, wie in vielen Theorien sprachlichen Stils angenommen wurde. Dies hätte man leicht erkennen können, wenn man den Alltagssprachgebrauch ernst genommen und sich die Zeit genommen hätte, einen Seitenblick beispielsweise auf Fahrstile zu werfen: Dort liegt nämlich kein Zeichengebrauch vor, sondern zunächst nur eine einfache Handlung (Auto fahren).[85] Dennoch entstehen hier zweifellos Bedeutungen (beispielsweise ‚Der Fahrer ist verantwortungsvoll' oder ‚Der Fahrer überschätzt sich'). Kehrt man nun zu Stil bei Zeichengebrauch zurück, erkennt man, dass auch dort keine Ableitung aus der Bedeutung der verwendeten Zeichen stattfindet: Beispielsweise entsteht die Bedeutung eines Stils, ‚umständlich' zu sein, unabhängig davon, worüber gesprochen wird. Stil ist also ein Zeichenprozess, der nicht aus verwendeten Zeichen resultiert, sondern *allein aus dem Prozess der Auswahl abgeleitet werden kann.*

Damit ergeben sich jedoch auch Bedingungen für Auswahlsituationen, in denen Stil entstehen kann. Offensichtlich ist dies nur dann möglich, wenn aus dem Auswahlergebnis auf den Auswahlprozess rückgeschlossen werden kann, wofür eine gewisse Regelmäßigkeit nötig ist. Zudem muss der *Möglichkeitsraum*, also die Menge an relevanten Paradigmen, rekonstruierbar sein. Wenn man nicht weiß, woraus ausgewählt wurde, können die Prinzipien der Auswahl nicht erkannt werden.

Paradigmen jedoch lassen sich nur dann bilden, wenn es Äquivalenzkriterien gibt. Im obigen Beispiel ist die Frage, was ein Mensch an einem bestimmten Tag tut, nicht für die Erzeugung von Stil geeignet, solange wir kein Äquivalenzkriterium annehmen. Solange wir keine Hypothese dafür aufstellen, aus welchen Möglichkeiten das konkrete Verhalten ausgewählt wurde, können wir auch keine Regel aufstellen, die es spezifiziert. Nehmen wir dagegen ‚einen durchschnittlichen Tag gestalten' als Äquivalenzkriterium an, können wir Merkmale eines ‚Lebensstils' (oder auch eines ‚Zeitverwendungsstils' oder eines ‚Tagesplanungsstils', kurz: jedes Stils, der für entsprechende Paradigmen eine Auswahl spezifizieren könnte) gewinnen.

Will man einen Stil erkennen, kann man jedoch nicht blind irgendwelche Äquivalenzkriterien annehmen. Postuliert man bei Betrachtung eines Stuhls das Äquivalenzkriterium ‚ein Möbelstück herstellen', so erhält man zahlreiche Ei-

---

[85] Auch hier kommt es oftmals zu Verwirrungen, die durch die postmoderne Neigung, alles für ein Zeichen zu halten, verursacht werden: Dafür werden etwa kulturelle Zuschreibungen (für Autofahren beispielsweise ‚Individualismus' oder ‚umweltschädlich') oder Zeichen als Mittel der Handlung (Zeichen auf dem Armaturenbrett oder Zeichenprozesse beim Erlernen der Handlung) angeführt. Eine analytische Betrachtung zeigt jedoch, dass es beides auch bei Handlungen gibt, die auf Zeichengebrauch basieren, etwa beim Schreiben eines literarischen Textes, wo zusätzlich zu den gebrauchten Zeichen ebenfalls kulturelle Zuschreibungen (‚Selbstverwirklichung', ‚Zurückgezogenheit') sowie Zeichen als Mittel der Handlung (auf Tastaturen oder Computerbildschirmen) vorhanden sind.

genschaften als stilistische Eigenschaften, die tatsächlich Eigenschaften von Stühlen sind; man hat also einen völlig falschen Stil wahrgenommen, weil man nicht erkannt hat, dass die Äquivalenzkriterien, die die Auswahlmöglichkeiten bestimmten, ‚einen Stuhl herstellen' waren.

Kennen wir die Äquivalenzkriterien nicht, kann kein Zeichen bei der Auswahl und damit kein Stil wahrgenommen werden. Weiß ich nicht, was den konkreten Tagesablauf einer Person bestimmt hat, kann ich keinen Stil daraus ablesen; wenn sie spät aufsteht, könnte dies ein Merkmal ihres ‚Tagesablaufsstils' (oder allgemeiner: ihres ‚Lebensstils') sein, aber auch an einer Krankheit oder an der Notwendigkeit liegen, nach einer anstrengenden Spätschicht am Vorabend die nötige Erholung für einen anspruchsvollen Tag zu gewinnen.[86]

Anders sieht es aus, wenn wir die Äquivalenzkriterien kennen: Diese schränken den Vorgang auf die für die stilistische Auswahl gegebenen Möglichkeiten ein. Zugleich darf auch keine vollständige Bestimmtheit vorliegen, da dann kein Auswahlprozess mehr stattfindet und kein Stil auf erkennbare Weise angewendet werden kann. Ein typisches Beispiel zeigt, warum beide Bedingungen gelten müssen: Wenn heute ein Designer (oder in früheren Zeiten der Handwerker selbst) einen Stuhl gestaltet, gibt es Äquivalenzkriterien, die in diesem Fall vor allem das Endprodukt, dessen Funktion, ungefähre Größe usw. betreffen. Bei der Herstellung eines Stuhls kann Stil entstehen, weil wir bei den meisten Dingen sagen können, ob sie ein Stuhl sind oder nicht, selbst wenn wir so einen Stuhl oder Nicht-Stuhl noch nie gesehen haben – also weil wir wissen, wie wir das Wort „Stuhl" gebrauchen. Mit anderen Worten: „Stuhl" bezeichnet eine Kategorie, die genauer beschrieben werden kann, indem eine Menge von Bestandteilen (wie Lehne, Beine, Sitzfläche), Relationen zwischen den Bestandteilen (wie Anordnung und relative Maße zueinander) sowie weitere Eigenschaften (etwa Anforderungen an das Material, statische Eigenschaften usw.) spezifiziert werden. Wir werden für solche Beschreibungen die Bezeichnung „Schema" einführen (vgl. Abschnitt 2.5). Nur wenn wir Schemata zugrundelegen, können wir beurteilen, welche Entscheidungen der Handwerker oder Designer bei der Gestaltung getroffen hat: es gibt Kriterien, die ein Stuhl zu erfüllen hat, aber auch Freiheit in der konkreten Ausführung, die einen Auswahlprozess ermöglichen. Bei diesem Auswahlprozess kann dann ein Stil entstehen.

Somit schließt sich der Kreis: Wir haben oben[87] erkannt, dass nicht alle Äquivalenzen stilistisch relevant sind; nun erkennen wir, dass nicht alle Auswahlsituationen stilistisch relevant sind. Stilistische Auswahl muss von Auswahl, die durch andere Umstände bedingt ist, unterschieden werden. (Zu diesem

---

[86] Dass sich aus dem Auswahlergebnis selbst, das heißt aus dem konkret durchgeführten Verhalten selbst, Schlüsse ziehen lassen, bleibt davon natürlich unberührt. Ich weiß beispielsweise, dass die Person unter bestimmten Umständen spät aufsteht und kann über Gründe spekulieren; ich weiß aber nicht, welcher Anteil daran stilistisch bedingt ist.

[87] In Abschnitt 2.1.

Zweck nehmen wir Kontextbedingungen, funktionale Bedingungen und inhaltliche Bedingungen an; vgl. Abschnitt 4.3.1, (2).)

2.4 Alternativenklasse und Realisierung

Wir haben gesehen, dass Stil als Zeichen analysiert werden muss, das bei Auswahl entsteht. Um den Auswahlvorgang erfassen zu können, muss man eine Struktur beschreiben, aus der ausgewählt wird, und eine Struktur, die das Auswahlergebnis enthält. Es liegt nahe, hier auf die traditionsreichen Termini „Paradigma" und „Syntagma" zurückzugreifen.

Eine der vier Saussureschen Dichotomien, die das Rückgrat des Strukturalismus bilden, ist die Dichotomie „Paradigma – Syntagma".[88] Wie Jörn Albrecht anmerkt, handelt es sich bei den syntagmatischen Relationen um Relationen *in praesentia*, bei den paradigmatischen um Relationen *in absentia*. Die paradigmatischen Relationen (die bei Saussure übrigens noch „assoziativ" genannt werden; die Änderung stammt von Hjelmslev) sind von späteren Strukturalisten sehr unterschiedlich interpretiert worden. Albrecht widerspricht der (unter anderem von Chomsky und Lyons vertretenen) Auffassung, dass es sich bei den Paradigmen um Distributionsklassen handelt, also um Klassen von Elementen, die in derselben Position eines Syntagmas erscheinen können:[89]

> Ein Paradigma ist vielmehr eine Klasse von Elementen der *langue*, aus denen hinsichtlich einer bestimmten Ausdrucksabsicht eine Wahl getroffen werden muß. Eine solche Wahl kann u.U. auch im Hinblick auf gewisse syntagmatische Erfordernisse wie Kongruenz oder Rektion zu treffen sein, und so gibt es Paradigmen, deren Elemente gerade nicht in derselben Position eines Syntagmas erscheinen können, z.B. die Kasus eines Nomens.

Tatsächlich reicht die distributionalistische Auffassung von Paradigmen, die die Wohlgeformtheit des Syntagmas zum einzigen Äquivalenzkriterium macht, für unsere Zwecke nicht aus (vgl. Abschnitt 2.5). Die Albrechtsche Definition wiederum ist zu weit, da sie auch Wortklassen einschließt, also Elemente, deren Auftreten gerade durch den syntagmatischen Kontext bestimmt wird und damit sicherlich keine Frage des Stils ist.

Die strukturalistischen Termini „Paradigma" und „Syntagma" werden jedoch stets für Strukturen verwendet, die Zeichen enthalten. Stile kommen jedoch nicht nur bei Zeichengebrauch vor (etwa bei Texten), sondern können auch bei einfachen Verhaltensweisen auftreten, wie das Beispiel Fahrstil zeigt. Obwohl die Termini „Paradigma" und „Syntagma" vom Strukturalismus über den Bereich sprachlicher Texte hinaus verallgemeinert wurden, verstand man sie

---

[88] Saussure 2001: 147ff (Kap. 5). Eine Erläuterung der Dichotomie und ihrer Auffassung in den verschiedenen strukturalistischen Schulen gibt Albrecht 2000: 50ff.
[89] Albrecht 2000: 54.

2.4 Alternativenklasse und Realisierung

doch meist als Strukturen, die Zeichen enthalten (Paradigma) bzw. sich aus diesen zusammensetzen (Syntagma).

Anstatt die traditionsreichen Termini über Zeichengebrauch hinaus zu verallgemeinern, was leicht zu Missverständnissen führen könnte, wählen wir neue Bezeichnungen: „Alternativenklasse" soll als Verallgemeinerung für „Paradigma", „Realisierung" als Verallgemeinerung für „Syntagma" verwendet werden. Um eine Verallgemeinerung handelt es sich insofern, als die charakteristische Relation zwischen Syntagma und Paradigma nicht nur bei Zeichengebrauch beschrieben werden kann.

Eine *Realisierung* entsteht bei der Ausführung eines bestimmten Schemas; sie besteht aus verschiedenen *Realisierungsstellen*, die jeweils einem bestimmten Schemaort zugeordnet werden können. (Schema und Schemaort werden in Abschnitt 2.6 erläutert.)

Alternativenklassen geben die Alternativen an, die es beim Erzeugungsprozess einer Realisierung an den Realisierungsstellen jeweils gibt. Die Bezeichnung bezieht sich darauf, dass beim Anwenden eines Stils die Elemente dieser Klassen Alternativen zueinander darstellen. Jedes Element der Klasse erfüllt die an einer bestimmten Realisierungsstelle gegebenen Bedingungen, zur Erzeugung der Realisierung muss genau eines aus ihnen ausgewählt werden. In diesem Sinne sind sie alternativ zueinander.[90] Alle ausgewählten Elemente zusammen bilden die Realisierung.

Erhalten bleiben bei der Verallgemeinerung zu „Alternativenklasse – Realisierung" folgende wichtigen Eigenschaften der Saussureschen Dichotomie „Paradigma – Syntagma":
– Die Eigenschaft des Syntagmas, aus Relationen *in praesentia* zu bestehen, und des Paradigmas, aus Relationen *in absentia* zu bestehen;
– die Eigenschaft des Syntagmas, in Stellen unterteilbar zu sein, für die Paradigmen von Möglichkeiten gebildet werden können, die unter bestimmten Bedingungen Alternativen zueinander darstellen;
– das charakteristische Verhältnis von Syntagma zu Paradigma: Syntagmen können als Auswahl eines Elements aus jedem Paradigma gebildet werden.

Doch es gibt auch Veränderungen:
– Weder die Relationen *in praesentia* noch die Relationen *in absentia* müssen durch ein Zeichensystem festgelegt sein. Relationen *in praesentia* werden daher nicht mehr als nach den Regeln eines Zeichensystems (= Kodes) gebildete Anordnung von Zeichen („Zeichenkomplex"), sondern als eine Anordnung von

---

[90] „Alternativenklasse" darf daher nicht als „Klasse der Alternativen zum realisierten Element" verstanden werden: Beim Anwenden des Stils ist zunächst noch kein Element ausgewählt, und beim Wahrnehmen wird die Klasse zwar zu einem realisierten Element rekonstruiert, enthält dieses aber auch. „Alternativen" sind die Elemente der Klasse vielmehr, weil jedes der Elemente die Bedingungen erfüllt, die für diese Realisierungsstelle gelten, und genau eines von ihnen gewählt wird.

jeweils einen Schemaort realisierenden Elementen beschrieben, die „Realisierung" genannt wird.

– Die Art, wie Alternativenklassen zu einzelnen Realisierungsstellen gebildet werden können, ändert sich gegenüber Paradigmen und Syntagmen. Da man nicht mehr von einem zugrunde liegenden Zeichensystem ausgeht, das Syntax und Semantik beinhaltet und damit Äquivalenzkriterien bereitstellt (je nach Paradigmendefinition Lexemzugehörigkeit, Distribution oder Inhaltsgleichheit),[91] müssen andere Kriterien gefunden werden; diese werden als Alternativenbedingungen bezeichnet (vgl. nächster Abschnitt).

– Die Auswahl kann nicht als Vorgang bei der Verwendung eines Zeichensystems verstanden werden, sondern als Vorgang bei der Realisierung eines Schemas (dies wird in Abschnitt 2.6 genauer erläutert). Die Realisierung eines Schemas kann in der Regel auf verschiedene Arten erfolgen, weil die für die jeweilige Realisierungsstelle spezifizierte Alternativenklasse meist mehrere Elemente enthält, aus denen eines ausgewählt wird. Daher gibt es bei der Ausführung eines Schemas Auswahl.

– Syntagmen werden häufig als eindimensionale Anordnungen von Zeichen („Zeichenketten") charakterisiert, wobei allerdings verschiedene Beschreibungsebenen angenommen werden; demgegenüber können Realisierungen auch zweidimensional (etwa Bilder, Grafiken oder Pläne), dreidimensional (etwa Gebäude, Möbel oder Filme) oder vierdimensional (etwa Theateraufführungen, Feste oder Militäreinsätze) sein.

Woher weiß man jedoch, aus welchen Alternativen ausgewählt wird? Dafür müssen wir uns anschauen, welche Bedingungen jeweils gelten, damit etwas als Alternative zum konkret ausgewählten Element gilt.

2.5 Alternativenbedingungen

Stil ist ein Phänomen, das nur bei Variation entsteht. Nur wenn es verschiedene Möglichkeiten gibt, eine bestimmte Sache zu tun, kann die jeweils realisierte Ausführung stilistische Relevanz erhalten, wie wir in Abschnitt 2.1 gesehen hatten. Variation kann jedoch nur vor einem gemeinsamen Hintergrund zu einem Informationsträger werden, da sonst beliebige Ursachen für die Variation gegeben sein können.[92] Das Problem ist also, einen solchen gemeinsamen Hintergrund festzulegen. Doch da wir über Stil in vielen verschiedenen Bereichen sprechen, wollen wir keine Einzeldefinitionen dieses Hintergrunds geben. Tatsächlich verstehen Menschen den Begriff ‚Stil' ohne lange Erklärungen auch dann, wenn er auf neue Gegenstandsbereiche angewandt wird (etwa wenn man von

---

[91] Zu den letzten beiden Auffassungen vgl. Abschnitt 2.5.
[92] Stil setzt immer Variationsmöglichkeiten voraus, aber nicht alle Variation ist stilistisch. Vgl. zum Verhältnis von Stil und Variation Dittmar 2009b.

einem „Flugstil" bei Piloten sprechen würde); wir scheinen eine Gliederung der Welt im Kopf zu haben, die diesen gemeinsamen Hintergrund erzeugt.

Aus der Perspektive unseres Modells betrachtet, nimmt dasselbe Problem eine andere Form an: Unsere Herangehensweise besteht darin, die Variation in Alternativenklassen zu fassen, die beim Anwenden eines Stils vor der Erzeugung der Realisierung gebildet werden, und die beim Wahrnehmen des Stils zu einer gegebenen Realisierung rekonstruiert werden. Aber was kommt in eine solche Alternativenklasse hinein? Wo setzen wir die Grenze für die Auswahlmöglichkeiten, die gelten und die Entstehung von Stil ermöglichen?

Dafür brauchen wir eine allgemeine Beschreibung der Bildung von Alternativenklassen. Wir gehen dazu in zwei Schritten vor. Paradigmen werden mit Hilfe von Äquivalenzkriterien gebildet;[93] also können wir uns fragen, welche Äquivalenzkriterien im Strukturalismus angenommen wurden und ob eine Definition für uns verwendbar ist. Danach verallgemeinern wir unsere Erkenntnisse und gehen von Paradigma und Syntagma wieder zu Alternativenklasse und Realisierung über.

Mit welchen Äquivalenzkriterien werden Paradigmen gebildet? Zwei Möglichkeiten spielten im Strukturalismus eine wichtige Rolle und sollen daher hier kurz diskutiert werden: syntagmatische Wohlgeformtheit und Inhaltsgleichheit.

Im amerikanischen Strukturalismus wurden Paradigmen mit *Distributionsklassen* gleichgesetzt.[94] Äquivalenzkriterium ist dann einzig die syntagmatische Wohlgeformtheit; an einer bestimmten Stelle eines Syntagmas besteht das Paradigma aus allen Elementen, die hier eingesetzt werden können, ohne die syntagmatische Wohlgeformtheit zu beeinträchtigen. Die Äquivalenz aller Elemente bestünde hier nur in der Bedingung, im jeweiligen syntagmatischen Kontext einsetzbar zu sein. Zum Beispiel:

(1) Sie gibt $\begin{Bmatrix} \text{mir} \\ \text{lächelnd} \\ \text{nie} \end{Bmatrix}$ die Hand.

Die Betrachtung der Distribution von Elementen hat sich in der strukturalistischen Analyse bewährt; man kann sie sowohl für die Segmentierung eines Syntagmas verwenden (indem man betrachtet, ob ein bestimmtes Textstück auch in anderem Kontext vorkommt) als auch für die Klassifizierung (indem man prüft, welche Einheiten in einem bestimmten Kontext vorkommen können). Aber kann sie uns auch bei der Stilbeschreibung helfen?

Der Distributionalismus verwendet als Alternativenbedingungen nur die Tatsache, dass das Element an der jeweiligen Stelle des Syntagmas passen muss, also die *syntaktische und semantische Wohlgeformtheit* des entstehenden Syntagmas. Damit sind jedoch inhaltliche, funktionale und zielbezogene Gleichheit

---

[93] Posner 1972: 210.
[94] Albrecht 2000: 54.

noch gar nicht berücksichtigt; diese müsste man als zusätzliche Kritierien annehmen.

Das Kriterium der syntaktischen und semantischen Wohlgeformtheit gilt jedoch nur bei der Verwendung von Zeichensystemen, die eine Syntax und Semantik aufweisen und entsprechende Bedingungen für Syntagmen spezifizieren. Es wäre daher für Textstile verwendbar,[95] lässt sich jedoch nicht ohne Weiteres auf andere Bereiche übertragen.[96]

Nehmen wir also an, wir könnten die Methode für Textstile verwenden und müssten nun nur noch das Kriterium der *Inhaltsgleichheit* berücksichtigen. Tatsächlich wurde bei der Betrachtung von Textstilen häufig die Inhaltsgleichheit bei Wörtern (Synonymie) oder bei Sätzen (Paraphrasen) zur Bildung der Paradigmen herangezogen.[97] Dabei wird jedoch oft nicht zwischen Intension und Extension (oder Referenz) unterschieden. Nehmen wir ein Beispiel:

(2) Der { Knabe / Junge / Minderjährige } befand sich auf dem Weg nach Hause.

---

[95] Texte lassen sich als „Ergebnisse von Zeichengebrauch auf Basis von Zeichensystemen" definieren (vgl. Abschnitt 4.2.2).

[96] Es könnte versucht werden, auch für Verhalten und Artefakte Wohlgeformtheitsbedingungen zu definieren. Vorgreifend sei angemerkt, dass später ein ähnlicher Weg gewählt wird, allerdings mit einem Zwischenschritt: Die Verwendung von Zeichensystemen kann nicht auf andere Bereiche verallgemeinert werden, es werden daher als Grundlage für eine allgemeine Beschreibung Schemata postuliert, die jeweils verschiedene Schemaorte enthalten (vgl. Abschnitt 2.6). Schemaorte können sowohl spezielle Bestandteile eines Schemas festlegen (z.B. was ein ‚Fenster' ist, worin auch eine Spezifikation seiner Verwendungsmöglichkeiten enthalten ist; ein Loch in der Bodenplatte eines Hauses ist kein Fenster) als auch allgemeine Organisationsweisen (z.B. ‚Baukörper', ‚Raumkörper' oder ‚Fassadengestaltung', wobei sich aus den Bedingungen für diese Schemaorte Kombinationsregeln für die verwendbaren Elemente, etwa für ‚Fenster', ergeben). Zusammen genommen ergeben diese Schemaorte Wohlgeformtheitsbedingungen für Realisierungen des Schemas (vgl. Abschnitt 4.2.3).

[97] Die Ansätze, die (sprachlichen) Stil als Auswahl auffassten, haben meist dieses Kriterium zur Bildung der Alternativklassen angenommen, etwa Spillner (1984: 70): „Für die Autorenseite bedeutet dies, [...] diejenigen sprachlichen Alternativen zu ermitteln, die dem Autor – bei nahezu gleichem semantischen Informationsgehalt – zur Verfügung standen." Bei Leech u.a. (1981: 39) heißt es: „Stylistic choice is limited to those aspects of linguistic choice which concern alternative ways of rendering the same subject matter." Enkvist formuliert: „pragmatic choice takes place between features that have different meanings, whereas stylistic choice takes place between features which mean the same." Weitere Beispiele finden sich in Ullmann 1957: 6, Hockett 1958: 556, Riesel 1963: 40 und Michel 1968: 36ff. Nach Einschätzung Spillners unterliegt die Vorstellung inhaltsgleicher Varianten implizit oder explizit den meisten linguistischen Stilauffassungen (Spillner 1987: 275).

Die Intension ist hier eindeutig verschieden;[98] von Inhaltsgleichheit kann also nicht gesprochen werden. Auch die Extension (oder Referenz) ist nicht genau gleich. Sie stimmt jedoch hinreichend überein, um die Ausdrücke – ohne Berücksichtigung des Stils – in vielen Kontexten zu Alternativen füreinander zu machen.

Doch müssen stilistisch relevante Paradigmen nicht immer inhaltsgleich sein.[99] Wenn beispielsweise eine Schriftstellerin lange Beschreibungen der Menschen, die zum ersten Mal auftreten, liefert, eine andere dagegen gar keine, dann ist der Inhalt des Gesagten eindeutig verschieden. Dennoch wird man diesen Unterschied oft als stilistisch relevant empfinden. Offenbar können wir bestimmte Aufgaben bei der Erzeugung eines bestimmten Texts erkennen, die wir als Äquivalenzkriterien heranziehen. ‚Einführen von neuen Figuren' ist eine solche Aufgabe. Auf der Wort- und Satzebene betrachtet, kann man oft den Ausdruck des jeweiligen Inhalts (oder den Bezug auf die jeweilige Referenz) als Aufgabe betrachten, so dass in vielen Fällen das Kriterium Inhaltsgleichheit (oder Referenzgleichheit) zu plausiblen Paradigmen führt, aber eben nicht in allen.

Auch bei Verhaltensstilen lässt sich nicht ohne Weiteres Zielgleichheit als Kriterium für die Bildung von Alternativenklassen verwenden. Wenn jemand auf eine bestimmte Art Ski fährt, kann dies durchaus mit dem Ziel seines Skifahrens zusammenhängen; beispielsweise könnte dieses Ziel darin bestehen, Sprünge auszuführen, und er fährt in einer Haltung, die dafür geeignet ist und zugleich andere Ziele (etwa maximale Schnelligkeit) ausschließt. Trotzdem könnte man hier von einem Fahrstil sprechen.[100] Meldet man sich in einer Sitzung oder einem Seminar mit einem Kommentar zu Wort, den man in übertriebener Fachterminologie ausführlich und mit vielen Hypotaxen formuliert, so kann man damit vermutlich bestimmte Ziele nicht erreichen (zum Gespräch beizutragen), andere aber schon (sich bemerkbar zu machen, zu beeindrucken oder eine zielführende Diskussion zu verhindern). Stile können also Auswirkungen auf die möglichen Ziele eines Verhaltens haben. Dazu kommt das Problem, dass Ziele bereits bei intendiertem Verhalten, also bei Handlungen, nicht immer klar angegeben wer-

---

[98] Beispielsweise nimmt „Minderjähriger" auf eine juristische Definition Bezug und setzt damit eine exakte Grenze; zudem sind die Wahrheitsbedingungen des Satzes bei Verwendung dieses Ausdrucks vom festgelegten Volljährigkeitsalter abhängig.

[99] Leech u.a. (1981: 32) verdeutlichen dies anhand literarischer Beispiele von James Joyce, Mervyn Peake und William Golding; sie betonen, dass es den „mindstyle" gibt (Fowler 1977: 103ff; Nischik 1991), die Denkweise und Sichtweise auf die Welt, die sich in der Sprachverwendung ausdrückt und sich nachhaltig auf den Inhalt auswirkt. „Mindstyle" kann aus dualistischer Perspektive nicht untersucht werden (Leech u.a. 1981: 34). Sie schlagen daher eine bedarfsabhängige Kombination unterschiedlicher Ansätze vor (ebd.: 34ff).

Dass der Stil meist auch Auswirkungen auf den Inhalt hat, demonstrieren die klassischen „Stilübungen" Raymond Queneaus, in denen er eine Geschichte in 99 unterschiedlichen Stilen erzählt (Queneau 1947), und die Adaption dieser Idee für den Comic durch Matt Madden (Madden 2005).

[100] Vgl. 6.3.1.4, Beispiel 1.

den können, bei nicht-intendiertem Verhalten aber noch schwerer festzustellen sind.[101]

Ebensowenig ist Funktionsgleichheit bei Artefakten eine Voraussetzung für stilistische Auswahl. Wenn etwa ein Architekt ein Haus baut und bei der Küche zwischen verschiedenen Fenstern wählt, dann kann er Fenster ganz verschiedener Größe und Anzahl nehmen und diese unterschiedlich positionieren. Weder mit der Funktion ‚Beleuchtung' noch mit der Funktion ‚Belüftung' oder mit der Funktion ‚Ästhetische Wirkung' lässt sich hier die vollständige Alternativenklasse bilden. Zudem kann er auch eine fensterlose Küche bauen und hat damit trotzdem die entsprechende Aufgabe auf eine bestimmte, unter Umständen stilistisch relevante Art gelöst. Das Raumprogramm eines Hauses gehört zu dessen Funktion; beispielsweise wird ein Wohnhaus Wohnzimmer, Esszimmer, Schlafzimmer, Küche usw. haben. Die Entscheidung, auf Zwischenwände weitgehend zu verzichten und alle Außenwände transparent zu machen, hat sicherlich Einfluss auf die Nutzungsmöglichkeiten des Hauses und ist dennoch stilistisch relevant.[102]

Vergleichbarkeit scheint also vonnöten zu sein; Inhaltsgleichheit oder Funktionsgleichheit dagegen nicht. Damit ist die Idee, entsprechend dem Distributionalismus das reine Vorkommen in einer Realisierung, mit oder ohne zusätzliche Spezifikationen, zur Abgrenzung der stilistisch relevanten Alternativen zu verwenden, vom Tisch. Wir müssen, um Alternativenbedingungen herzustellen, über die Betrachtung der Realisierung hinausgehen.

Für die Bildung von Elementen in Alternativenklassen müssen bestimmte Voraussetzungen gemacht werden. Die wichtigste davon könnte man als ‚Digitalisierung' von Alternativen beschreiben. Kontinuierliche Unterschiede müssen als abgestuft betrachtet werden, um auf eine endliche Menge von Elementen verteilt zu werden.

Diese Annahme mag auf den ersten Blick als problematisch erscheinen, da tatsächliche Realisierungsstellen natürlich über kontinuierlich auftretende Eigenschaften verfügen, beispielsweise die Dicke einer Linie bei einer Zeichnung oder das genaue Zahlenverhältnis bei den Proportionen eines Fensters. Neben der Tatsache, dass kontinuierliche Eigenschaften für unsere Zwecke schwer zu mo-

---

[101] Sofern Zwecke nicht per definitionem auf Handlungen beschränkt werden, können manchen nicht-intendierten Verhaltensweisen, etwa unbeabsichtigem Sich-Kratzen, Revierverhalten oder einem Abwehrreflex, Zwecke zugeordnet werden (Verminderung des Juckreizes; Reviersicherung; Verteidigung). In diesem Fall ist der Zweck nicht beabsichtigt wie bei einer Handlung (vgl. Fußnote 279), die Verbindung zwischen Zweck und Verhalten kann jedoch auf eine evolutionäre Einprogrammierung des zielführenden Verhaltens zurückgeführt werden. Bei anderem Verhalten ist allerdings unklar, welcher Zweck ihm zukommt (Lachen, Weinen, Schmatzen, Sich-die-Haare-Raufen usw.).

[102] Mies van der Rohe baute so das berühmte Farnsworth-Haus (1950–1951), mit dessen Nutzungsmöglichkeiten die Auftraggeberin Edith Farnsworth, die den Architekten nicht vollständig bezahlte, unzufrieden gewesen sein soll.

dellieren sind, spricht jedoch noch etwas anderes für die ‚Digitalisierung', die Aufteilung in verschiedene Elemente, nämlich die Begrenztheit der menschlichen Sinnesorgane. Diese stoßen an einem bestimmten Punkt an die Grenze ihrer Unterscheidungsfähigkeit. So kann jemand, der Zeichnungen vergleicht, die Dicke zweier Linien nur bis zu einem gewissen Grad unterscheiden, bei geringeren Unterschieden müssen sie ihm als gleich dick erscheinen. Dasselbe gilt für die anderen Sinnesorgane und daher auch für alle anderen kontinuierlichen Eigenschaften.

Es mag eingewandt werden, dass man heutzutage mit Messinstrumenten und Computern die Unterscheidungen viel genauer treffen kann, als die Sinnesorgane es vermögen, und auch solche Unterschiede stilistisch relevant werden könnten. Das ist richtig, wird allerdings nur in sehr speziellen Fällen auftreten. Während die Glasplatten für eine komplexe Glasdachkonstruktion heute oft schon per Computer zugeschnitten werden – etwa beim Dach des Berliner Hauptbahnhofs – und dabei auf Bruchteile von Millimetern präzise gearbeitet wird, ist es schwer vorstellbar, dass diese Bruchteile von Millimetern noch einen stilistischen Unterschied machen. Und selbst wenn, findet auch jede technologisch realisierbare Unterscheidung irgendwo ihre Grenze, und unterhalb dieser Grenze kann dann auch kein stilistischer Unterschied mehr entstehen.

Für unsere Zwecke reicht eine solche prinzipielle Digitalisierbarkeit aus. Es ist nicht entscheidend, wieviele Elemente in einer Alternativenklassen sind; tatsächlich könnten es ja aufgrund der potentiell unendlichen Menge von Eigenschaften[103] auch potentiell unendlich viele sein. Egal wie klein die Unterschiede einer skalaren Eigenschaft sind, die noch stilistisch relevant werden können: Solange sie nicht unendlich klein sein können, können die verschiedenen Alternativen als einzelne Elemente einer Klasse modelliert werden.

2.6   Schemata als Grundlage von Stil

Wenn ich durch eine Straße gehe, sehe ich zunächst gar nicht bewusst einzelne Bestandteile der Fassaden. Wenn dann jedoch etwas Interessantes oder Auffälliges in mein Bewusstsein vordringt, richte ich möglicherweise meine Aufmerksamkeit auf eine bestimmte Fassade. In diesem Moment erkenne ich nun die Trennung der Stockwerke, die Gliederung der Fassade, die Unterscheidung zwi-

---

[103] Beispielsweise können in einer Alternativenklasse zum Schemaort ‚Fenster' die Elemente nach der Eigenschaft ‚herstellendes Unternehmen' unterschieden werden; daraus lässt sich die Eigenschaft ‚Größe des herstellenden Unternehmens' ableiten (die durchaus noch als Stilprinzip denkbar wäre, etwa wenn ein Architekt prinzipiell kleine Unternehmen unterstützt), ferner ‚Gründungsdatum des herstellenden Unternehmens', ‚Anzahl der Vorstände des herstellenden Unternehmens zur Zeit des Kaufs des Fensters' usw.; dies lässt sich beliebig fortsetzen. Auch wenn solche komplexen Eigenschaften zunehmend unplausibler für stilistische Merkmale werden, lässt sich doch keine prinzipielle Komplexitätsgrenze für stilistische Relevanz angeben.

schen Türen, Fenstern, Balkons und Mauer, die Dachtraufe usw. Dies gilt selbst dann, wenn das Haus einen mir unbekannten Stil hat, also tatsächlich anders gestaltet ist als alle, die ich bisher kenne.

Obwohl ich solche Fenster oder solche Türen noch nie gesehen habe, bin ich in der Lage, diese mir unbekannten Dinge als Fenster oder Türen zu kategorisieren, ein Vorgang, der in der Regel bereits in der Wahrnehmung stattfindet und keine bewusste Anstrengung verlangt. (Nur bei sehr experimentellen Häusern kann bezüglich dieser allgemeinen Kategorisierung ein Problem auftreten.) Damit habe ich bereits auf den *Möglichkeitsraum* für Alternativen Bezug genommen: Obwohl ich zu diesem Zeitpunkt noch keine Alternativenklassen (Klassen aller anderen Fenster- und Türausführungen, Fassadengestaltungen, Dachtypen usw.) gebildet habe, erkenne ich doch bereits, dass die beobachteten Elemente einem Typ angehören (z.B. ‚Fenster'), dessen Token variieren können und gleichzeitig bestimmte Grenzen der Variation nicht überschreiten dürfen. Implizit habe ich dabei die Alternativenklasse, die dafür gilt, dass etwas ein ‚Fenster' ist, bereits berücksichtigt.[104]

Wenn man im nächsten Schritt auf den Stil eines Gebäudes achtet, wird der Möglichkeitsraum genauer einbezogen, indem man anhand der Bedingungen, die ‚Tür', ‚Fenster', ‚Dach', ‚Fassadengestaltung' usw. festlegen, und der spezifischen Ausprägung dieser Elemente an diesem Gebäude Eigenschaften der konkreten Gestaltung feststellt. Dies kann man dann mit abgespeichertem Wissen vergleichen, das solche Gestaltungsweisen angibt. Jedes solche Wissenselement wird aus einer Angabe von spezifischen Eigenschaften (beispielsweise ‚quadratisch' und ‚groß'), und von einem Schemaort, für den diese Eigenschaften gelten (beispielsweise ‚Fenster') bestehen. Oft wird dieses Wissenselement anderen zugeordnet sein, die zusammen als ein bestimmter Stil wahrgenommen werden, der mit einer bestimmten Bezeichnung versehen ist (z.B. „Neugotik", „Klassizismus") oder der einer bestimmten Person zugeordnet wird (z.B. „der Stil von Richard Meier"). Solche Wissenselemente sollen „stilistische Merkmale" genannt werden.

Ein stilistisches Merkmal kann statt mit einer Bezeichnung oder einer Personenzuordnung auch mit der Erinnerung an ein oder mehrere Realisierungen (Gebäude) verbunden sein, die es besitzen. Ist eines davon der Fall, wird das am Gebäude wahrgenommene Merkmal in die gefundene Merkmalskategorie einsortiert. Andernfalls wird es als noch unbekanntes stilistisches Merkmal erkannt und (je nach Auffälligkeit und Interesse des Betrachters) kürzer oder länger gespeichert, bevor es wieder vergessen wird.

---

[104] Zu diesem Zeitpunkt müssen noch nicht die genauen Grenzen der Alternativenklasse gebildet werden, sie muss aber doch soweit präsent sein, dass das realisierte Element auf Zugehörigkeit zur Alternativenklasse überprüft werden kann. In Grenzfällen kann dieser Vorgang ins Bewusstsein vordringen, etwa wenn man sich fragt: „Ist dies (überhaupt noch) ein Fenster?"

2.6 Schemata als Grundlage von Stil

Mit etwas Übung fällt es den meisten von uns leicht, stilistische Merkmale an Gebäuden zu erkennen. Wir sehen, dass etwas auf eine bestimmte Weise gemacht wurde, obwohl es (unter den durch den Kontext gegebenen Bedingungen) auch anders hätte gemacht werden können; das ist im Prinzip schon alles. Weil uns dies so leicht fällt, erscheint es manchmal so, als würden wir ‚einfach wahrnehmen', dass beispielsweise die ‚Fenster' ‚quadratisch' und ‚groß' sind. Durch einen simplen Abgleich der Eigenschaften könnten wir nun feststellen, ob das Merkmal einem Stil angehört, den wir schon kennen.

In Wirklichkeit ist es jedoch komplizierter. Zunächst müssen wir ja feststellen, was überhaupt quadratisch ist. Wir müssen wissen, was ‚Fenster' sind und was sie von den vielen anderen wahrnehmbaren Strukturen eines Hauses unterscheidet. Zudem stellt es bereits eine Hypothese dar, die Eigenschaft allem zuzuordnen, was ein ‚Fenster' ist. Dafür müssen wir mehrere Fenster überprüft haben. Zudem müssen wir uns sicher sein, dass die Annahme auf dieser Ebene Sinn macht: Sind beispielsweise alle wahrnehmbaren Oberflächenstrukturen (Platten; Verkleidungen; Türen) quadratisch, könnte auch ein allgemeineres Merkmal angenommen werden. Es ist zwar gut möglich, dass wir dennoch ein separates Merkmal für die ‚quadratischen Fenster' formulieren; dies geschieht jedoch nur aufgrund des allgemeinen Wissens über das Schema ‚Gebäude', dass Fenster zu den wichtigsten Gestaltungsmerkmalen von Gebäuden gehören. Hätten beispielsweise die ‚Balkongeländer' die Eigenschaft ‚ist aus Stein', alle anderen massiven Bauteile wären jedoch auch aus Stein, würde vermutlich kein spezielles Merkmal nur für die Balkongeländer formuliert.

Es ist also nicht immer offensichtlich, wofür das Merkmal gelten soll. Dasselbe gilt jedoch in noch weit stärkerem Maß für die festgestellten Eigenschaften. Woher wissen wir, dass ‚groß' und ‚quadratisch' stilistische Eigenschaften sind, ‚bildet eine Öffnung in einer Wand' oder ‚zum Hindurchschauen' aber nicht? Wir kommen gar nicht darauf, dies als mögliche stilistische Eigenschaften anzusehen, weil wir wissen, dass es sich um Eigenschaften handelt, die zu einem Fenster dazugehören.

Aus diesen Überlegungen ergibt sich zweierlei:

(1) Ein stilistisches Merkmal kann offenbar durch zwei Angaben beschrieben werden: Es werden (a) ein bestimmter Typ von Realisierungsstelle und (b) eine oder mehrere Eigenschaften, die nicht notwendig bei diesem Typ von Realisierungsstelle vorhanden sein müssen, die aber an einer oder mehreren Realisierungsstellen dieses Typs beobachtet werden, genannt.

Mit Hilfe dieser beiden Angaben lassen sich daher auch Regeln spezifizieren, die stilistische Merkmale erzeugen; wir werden solche Regeln *merkmalserzeugende Regeln* oder kurz *Merkmalsregeln* nennen. Merkmalsregeln spielen in der hier vorgestellten Stiltheorie eine wichtige Rolle; sie werden in Abschnitt 2.12 genauer untersucht.

(2) Für die Beschreibung von stilistischen Merkmalen muss bekannt sein, welche Eigenschaften für verschiedene Typen von Realisierungsstelle (wie ‚Fens-

ter', ‚Tür', ‚Dach' bei einem Gebäude, aber ebenso ‚Anfahren', ‚Überholen', ‚Einparken' beim Autofahren) vorhanden sein müssen.

Realisierungen können allerdings unterschiedlichster Art sein. Um angeben zu können, welche Eigenschaften für eine beliebige Realisierungsstelle einer beliebigen Realisierung erforderlich sind, benötigen wir daher eine vollständige Gliederung des Verhaltens, der Artefakte und der Texte einer oder mehrerer Kulturen, um deren Stile es geht. Im Folgenden wird eine einfache Gliederung beschrieben, die als überindividuell gegeben angenommen wird. Dabei können die jeweiligen Schemata kulturspezifisch oder interkulturell sein; tatsächlich sind interkulturelle Stilvergleiche in vielen Bereichen möglich, aber es gibt auch Stile, die auf kulturspezifischen Schemata aufbauen, für die sich auch kein ungefähres Äquivalent in anderen Kulturen finden lässt, so dass ein Vergleich mit anderen Kulturen wenig bringt.

Für die Gliederung werden nur zwei Ebenen angenommen: Der ganze Bereich menschlichen Verhaltens soll in Schemata aufgeteilt werden, die verschiedene Schemaorte besitzen. Diese Gliederung soll als eine für die Anforderungen des Modells stark vereinfachte Gliederung des Objektbereichs verstanden werden. Da die Schemagliederung nicht zentral für Stil ist, wird darauf verzichtet, eine Unterscheidung zwischen verschiedenen Typen von Schemata und eine genauere Binnengliederung von Schemata vorzunehmen; es wird davon ausgegangen, dass eine feinere Untergliederung – die auch die unterschiedliche Komplexität verschiedener Schemata berücksichtigen würde – zwar praktische Komplexität, aber keine prinzipiellen zusätzlichen Probleme für die Theorie mit sich bringt. Beispielsweise könnten weitere Untergliederungsebenen unterhalb der Schemaorte angenommen werden. Voraussetzung für das hier vorgestellte Stilmodell ist somit nur die Annahme, dass eine Gliederung mit Schemata für das Verhalten, die Artefakte und die Texte (kodierte Zeichentoken), die von Menschen produziert werden, möglich ist. Andernfalls könnten keine Alternativenbedingungen festgelegt und Alternativenklassen gebildet werden.

Die Alternativenbedingungen unterteilen sich wie folgt:

(1) Die Angabe von Schema und Schemaort bilden einen Teil der Alternativenbedingungen: die *Schemaortbedingungen* (vgl. Abschnitt 4.3.1, (1)).

(2) Ein weiterer Teil der Alternativenbedingungen besteht in *Zusatzbedingungen* (vgl. Abschnitt 4.3.1, (2)), die genauere Voraussetzungen spezifizieren, die für Alternativen gelten müssen.

(a) Nehmen wir das Verhaltensschema ‚Autofahren' und den Schemaort ‚Überholen'. Hier müsste man Faktoren wie die Wetterbedingungen, die Sicht, die Lichtverhältnisse, die Motorleistung und Bereifung des eigenen Autos und den Verkehr auf der Gegenfahrbahn spezifizieren: Sie müssen zusätzlich angegeben sein, um zu einer realistischen Alternativenklasse zu gelangen, die die tatsächlich gegebenen Möglichkeiten in der jeweiligen Situation beschreibt. Zusatzbedingungen dieser Art sollen *Kontextbedingungen* genannt werden: sie spezifizieren genauer, welche Art von Kontext für den jeweiligen Schemaort gegeben ist. Auch Bedingungen, die sich aus Ziel bzw. Zweck einer Handlung ergeben, werden zu den Kontextbedingungen gezählt.

(b) Bei Artefakten und Texten gibt es zusätzlich *funktionale Bedingungen*, die sich aus der vorgesehenen Funktion ergeben.[105]

(c) Eine dritte Art von Zusatzbedingungen sind die *inhaltlichen Bedingungen*, die insbesondere für Texte gelten, also für Realisierungen, die durch die Verwendung von Zeichensystemen erzeugt wurden. Sie kommen allerdings auch bei anderen Realisierungen vor, an denen Zeichen beteiligt sind oder die eine Zeichenfunktion für den Betrachter erhalten sollen. Durch die Annahme von inhaltlichen Bedingungen wird die Forderung nach genauer Inhaltsgleichheit unnötig, die – wie das Beispiel (2) in Abschnitt 2.5 zeigt – selten vorhanden ist. Die in diesem Beispiel und auch sonst häufig zu beobachtende Inhaltsähnlichkeit stilistischer Varianten ergibt sich also nicht aus einer nicht genau beachteten Forderung nach Inhaltsgleichheit, sondern aus bestimmten inhaltlichen Bedingungen, die den Inhalt der Alternativen teilweise festlegen.

Die Zusatzbedingungen werden verwendet, um Kontext, Inhalt und Funktion soweit wie nötig zu spezifizieren. Dies hat auch den Vorteil, dass die Unterordnung von Inhalt unter Stil, die gerade im ästhetischen Bereich oft anzutreffen ist, damit beschreibbar wird: Wenn etwa ein Architekt ein Haus baut, das kaum mehr bewohnbar ist, weil es nur aus Glasflächen besteht, so kann er dies nur, weil die Alternativenklassen, aus denen er auswählt, nicht durch funktionale Bedingungen spezifiziert wurden, die solche Lösungen ausschließen.[106]

Wir hatten oben erwähnt, dass stilistische Merkmale mit Hilfe von Regeln zu ihrer Erzeugung beschrieben werden können, die wir Merkmalsregeln nennen. Diese Regeln können nun ebenfalls auf Kontextbedingungen, funktionale und inhaltliche Bedingungen Bezug nehmen, wenn sie spezifizieren, für welche Arten von Schemaorten sie gelten sollen. Fährt eine Autofahrer nur ‚bei Tro-

---

[105] Beim Wahrnehmen eines Stils ist es oft schwer, zu entscheiden, was auf Anforderungen beispielsweise durch die geplante Funktion und die Intention des Auftraggebers) und was auf den Stil des Künstlers zurückgeht, wie Robert Suckale (Suckale 2003: 262) betont. Hat man nur wenige Kunstwerke oder gar nur eines wie beim Architekten Peter Parler, dem nur eine Bildhauerarbeit sicher zugeordnet wurde, wird es schwierig, den Stil abzugrenzen.
Funktionale Bedingungen legen den Verwendungszweck eines Gebäudes fest; versteckte Zwecke und Absichten gehören nicht dazu. Beispielsweise hat Karl Scheffler über den Berliner Dom (1894–1905, Architekt: Julius Raschdorff) geschrieben, er diene „als eine riesenhafte Staatsreklame für einen Gedanken der Staatsdisziplin und dynastischen Machtentfaltung" (Scheffler 1908=1993: 35). Dies mag durchaus für den Staat, der ihn finanzierte, seine eigentliche Funktion sein; dem Bauwerkstyp nach handelt es sich dennoch um eine Kirche, und dies legt die funktionalen Bedingungen fest. Erst aus einer Stilinterpretation wird deutlich, dass es bei der Errichtung des Gebäudes gar nicht so sehr um seine Funktion, einen Raum für evangelische Gottesdienste bereitzustellen, ging; Scheffler betont, dass der gewählte Stil diese Funktion sogar beeinträchtigt.

[106] Dies heißt allerdings nicht, dass seine Auftraggeberin nicht davon ausgegangen ist, dass er solche funktionalen Bedingungen beachten würde; siehe Fußnote 102.

ckenheit' und ‚bei geringem Verkehr' ‚sehr schnell', hat er einen deutlich anderen Fahrstil als jemand, der unabhängig von Kontextbedingungen stets ‚sehr schnell' fährt. Sind die Hütten eines Stammes stets ‚auf der Nordseite' durch eine Reihe von Stützen verstärkt, lassen sich andere Gründe für diese Verstärkung vermuten, als wenn unabhängig vom Kontext eine Seite (etwa die der Eingangstür entgegenliegende) diese Stützen aufweisen würde. Und bei einem Erzähltext macht es einen Unterschied für den Stil, ob ein bestimmter gleichgültiger Tonfall nur ‚beim Inhalt y' oder unabhängig vom Inhalt verwendet wird.[107]

Umgekehrt gilt ebenso, dass Merkmalsregeln für das zu realisierende Element auch Eigenschaften verlangen können, die funktionale oder inhaltliche Implikationen haben oder die den Kontext beeinflussen.

Damit können wir den altgedienten Gegensatz zwischen „Inhalt" und „Stil" hinter uns lassen. Wir hatten bereits gesehen, dass Stil nicht über die Unterscheidung von „Inhalt" und „Ausdruck" definiert werden kann, indem alle Regelmäßigkeiten auf der Ausdrucksebene als stilistisch relevant betrachtet werden (vgl. 2.1 und 2.2). Aufgrund dieser Überlegungen hatten wir uns entschieden, Stil über Auswahl zu beschreiben. Zu diesem Zeitpunkt konnte es erscheinen, als ob nur die Auswahl des Ausdrucks für einen gegebenen Inhalt stilistisch relevant sei. Inzwischen haben wir gesehen, dass die Vorstellung, der bereits feststehende Inhalt gebe eine Reihe von Ausdrucksmöglichkeiten vor, aus denen dann durch den Stil ausgewählt werde, zu einfach ist: Der Stil kann durchaus auch Folgen für den Inhalt haben. Dasselbe gilt für das Ziel eines Verhaltens und die Funktion eines Gebäudes.

Tatsächlich ist die Frage, ob und inwieweit Auswahlvorgänge, die sich auch auf den Inhalt auswirken, zum Stil gehören, und wo die Grenze zu ziehen ist, die Stilforschung lange beschäftigt. Dadurch entstand manchmal erhebliche Verwirrung, wie eine Passage von Dwight Bolinger illustriert, in der er Stil zu definieren versucht:[108]

> But first, what do we mean by style? [...] Style involves a choice of form without a change of message. It involves that, but of course it is more than that. It includes the motives for the choice and its effects. Often these are impossible to distinguish from the content. [...] If all differences in form are correlated with differences in meaning, then the style of a piece of writing is simply its meaning. [... T]he author may be exceptionally skilled in finding the right words for his meaning and we take pleasure in his art, but the wrong choices would have meant something less – they would not have conveyed the meaning. Style and meaning are inseparable.

Stil wird hier in einer kurzen Passage zunächst als Wahl des Ausdrucks bei gleichbleibendem Inhalt beschrieben und am Ende als untrennbar vom Inhalt

---

[107] Vgl. Abschnitt 7.1.2 (Beispiel von Bret Easton Ellis), Merkmalsregeln B_7 und B_8.
[108] Bolinger 1975: 600f.

erklärt; zwischendurch erscheint er sogar als mit dem Inhalt identisch.[109] Dieses Durcheinander spiegelt das Hin und Her der Stilforschung der letzten Jahrhunderte, in denen einmal die Ausdrucksbezogenheit des Stils betont („Style is the dress of thought"), dann wieder auf seinen Einfluss auf den Inhalt hingewiesen wurde.[110]

In der hier vorgestellten Theorie verschwindet dieser scheinbare Gegensatz. Sie modelliert Stil als Auswahl aus Alternativenklassen, die durch Schemata definiert sind, aber auch durch Zusatzbedingungen weiter spezifiziert werden können. Der Stil eines Texts kann also ohne jede inhaltliche Vorbedingung dessen Realisierung beeinflussen; in diesem Fall kann etwa eine stilistische Regel, die die Wahl von technischem Vokabular verlangt und oft angewandt wird, den Inhalt stark beeinflussen (indem sie verhindert, dass ein nicht-technischer Inhalt ausgedrückt wird). Meist werden die Alternativenklassen allerdings durch inhaltliche Bedingungen eingeschränkt sein, bevor der Stil angewendet wird. In diesem Fall wird die stilistische Auswahl zwar immer noch den Inhalt in gewissem Maß beeinflussen (da es fast nie völlig inhaltsgleiche Ausdrucksweisen gibt), aber nur innerhalb des durch die inhaltlichen Bedingungen gelassenen Rahmens.

2.7 Anderes Schema – anderer Stil

Wenn man einer Person Blumen schenkt, um ihr seine Liebe mitzuteilen, ist dies eine Frage des Stils? Ist es stilistisch relevant, ob man die Blumen persönlich überreicht oder ob man sie zuschickt, ob es Rosen sind oder andere Blumen?

Dies ist ein Beispiel dafür, dass man genau unterscheiden muss, welches Schema man einem Stil zugrunde legt, sonst kommt man zu keinem präzisen Ergebnis.[111] Im vorliegenden Fall gibt es mehrere Möglichkeiten:

---

[109] Der Text verwendet „meaning" und „message" synonym für den Inhalt eines literarischen Texts. In der Semiotik hat es sich eingebürgert, „meaning" („Bedeutung", „Signifikat") für konventionalisierte Zeicheninhalte und „message" („Botschaft") für den Inhalt einer Nachricht, also das in einem konkreten Zeichenprozess Übermittelte, zu verwenden. Bezogen auf einen literarischen Text umfasst „meaning" also nur die kodierten Bedeutungen der Sätze und weitere konventionell dem Text zukommende Bedeutungen, während die „message" für den Zeichenempfänger (Leser) kontextabhängig entsteht und sich je nach Zeichenempfänger und Situation unterscheiden kann (vgl. Posner 1997b: 232ff).

[110] Vgl. Fußnote 27.

[111] Der Verfasser erlebte Diskussionen, bei denen jeder Analyse entgegengesetzt wurde, diese oder jene Unterscheidung könne doch auch zum Stil gezählt werden. Solche Einwände entstehen, wenn das dem Stil zugrundeliegende Schema nicht klar benannt und dann während der Analyse gewechselt wird. Beispielsweise wird bezogen auf einen Autofahrstil eingewandt, schon die Frage, ob man das Auto nehme, oder sogar ob man sich überhaupt (zu dem entsprechenden Ort oder Anlass) bewege, sei stilistisch relevant. Das ist richtig, allerdings sind dies keine Merkmale des Autofahrstils, sondern von Stilen allgemeinerer Schemata (Fortbewegungsstil bzw. Lebensstil).

(1) Es kann das Schema ‚Jemandem seine Liebe mitteilen' zugrunde gelegt werden. Zu den zu betrachtenden Varianten gehört das Schenken von Blumen, die diese Funktion übernehmen können (deshalb sind hier nur bestimmte Blumen möglich, die durch die traditionelle Kodierung bestimmt werden), aber auch das Schenken von etwas anderem (traditionell etwa bei einer Frau von Diamanten), das Schreiben eines Briefes oder die mündliche Mitteilung.

(2) Es kann das Schema ‚Jemandem mit Blumen etwas mitteilen' zugrunde gelegt werden. In diesem Fall ergeben sich logischerweise andere Auswahlmöglichkeiten. Die Mitteilung selbst gehört hier zu den inhaltlichen Bedingungen, die als Teil der Zusatzbedingungen spezifiziert werden müssen (vgl. Abschnitt 4.3.1, (2)). Der Stil bestünde hier darin, wie die Blumen gewählt werden (innerhalb der hier durch die traditionelle Kodierung der Blumen möglichen Grenzen), wieviele es sind, wie sie eingepackt sind, wie sie übermittelt werden, ob eine Karte hinzugefügt wird, usw.

(3) Es kann das spezielle Schema ‚Jemandem seine Liebe mit Blumen mitteilen' betrachtet werden. Hier erscheinen die zur Auswahl stehenden Varianten als wesentlich eingeschränkter. Tatsächlich sind jedoch die typischerweise betrachteten Möglichkeiten abhängig vom Schema; je spezifischer das Schema, desto genauer fächern sie sich auf, so dass hier nun vermutlich der Stil genauer die genaue Blumensorte, die Details der Kombination und des Arrangements der Blumen, die Gestaltung des Buketts (Schnittblumen oder Blumentopf? Mit oder ohne Plastikhülle?) und die Überreichungsmodalitäten enthalten würde.

Welcher Stil liegt aber in einem konkreten Fall nun vor? Dies wird oft eine Frage der Betrachtungsweise sein (vgl. Abschnitt 8.2.3); je nachdem, für welches Schema ich mich interessiere, werde ich verschiedene Stile konstruieren. Dies geschieht in Abhängigkeit davon, welche zukünftigen Realisierungen ich erwarte – oder bereits vorliegen habe, falls die Konstruktion des Stils im Rückblick erfolgt, wenn ich mich an eine Realisierung erinnere, um sie mit einer vorliegenden Realisierung zu vergleichen. Oft wird aber die vorhandene Information auch nur auf bestimmte Schemata beziehbar sein, für andere wird sie zur Konstruktion eines Stils nicht ausreichen.

Schließlich ist noch zu erwähnen, dass es zwar einige Flexibilität bei der Konstruktion von Schemata gibt, es aber auch viele unsinnige oder unpassende Schemata gibt, auf deren Grundlage keine sinnvollen stilistischen Merkmale erzeugt werden können. So könnte man beispielsweise einen Selbstmordstil konstruieren, da Selbstmord etwas kulturell Verankertes ist und die Annahme eines solchen Schemas keine Probleme macht. Ein solcher Stil könnte spezifizieren, dass eine Person dazu neigt, von hochgelegenen Orten herunterzuspringen. Die Betrachtung der Ausführungsweise wiederholter solcher Selbstmordversuche als ‚Selbstmordstil' wäre zwar ungewöhnlich, aber nicht sinnlos.

Einen Stil aufgrund des Schemas ‚von etwas Herunterspringen' zu konstruieren würde dagegen dazu führen, dass für die Schemaorte ‚Ort, von dem heruntergesprungen wird' und ‚Anlass des Herunterspringens' in einem bestimmten

Stil ‚Hochhaus' und ‚Selbstmord', in einem anderen ‚Flugzeug' und ‚Fallschirmsprung', in einem dritten ‚Gartenmauer' und ‚Mutprobe ' spezifiziert würde. Ein ‚Herunterspringstil' würde also beispielsweise darin bestehen, dass jemand mit einem Fallschirm aus einem Flugzeug und nicht mit Selbstmordabsicht von einem Hochhaus oder als Mutprobe von einer Gartenmauer springt. Die Annahme eines solchen Stils erscheint sinnlos, es lassen sich keine relevanten Informationen aus ihm entnehmen. Während also die Betrachtung von ‚Selbstmordstilen' durchaus Sinn machen kann, führt die Betrachtung von ‚Herunterspringstilen' zu keinem brauchbaren Ergebnis.

Dies liegt an der Wahl eines unplausiblen Schemas: ‚Von etwas Herunterspringen' ist nicht zufällig kein Schema, das üblicherweise für die Betrachtung von Realisierungen angewandt wird; es enthält zu unterschiedliche Möglichkeiten, die nicht als Varianten zueinander betrachtet werden können.[112] Dieses Schema schneidet quer durch ganz unterschiedliche Tätigkeiten, wobei es zu keinen nützlichen Informationen über die Gemeinsamkeiten dieser Tätigkeiten führt, wie es für relevante Schemata gilt (etwa wenn unterschiedliche Tätigkeiten wie ‚einen Rosenstock pflanzen' und ‚Vögel verjagen' durch die Zusammenfassung in das Schema ‚Gartenarbeit' in ihrem Zusammenhang erkennbar werden). Auf der Grundlage dieses kulturell irrelevanten Schemas definierte Stile können daher auch keine relevante Information enthalten.

Damit können wir eine wichtige Frage beantworten. Manchmal wird gegen den Versuch einer präzisen Stildefinition eingewendet, man könne doch gar nicht sagen, wo Stil anfange und aufhöre. Es heißt dann sinngemäß: „Ist beispielsweise die Frage, welche Personen auf einem Bild dargestellt werden, eine des Stils oder des Inhalts? Kann sie nicht einmal das eine, einmal das andere sein, und ist damit nicht letztlich alles Stil – oder nichts? Wird es angesichts dieser Offenheit des Stilbegriffs nicht zu einem absurden Unterfangen, Stil eindeutig definieren zu wollen?"

Dass Aspekte, die wir gewöhnlich zum Inhalt zählen – beispielsweise was auf einem Bild dargestellt wird oder womit sich ein Dichter in seinen Werken beschäftigt –, zum Stil gehören können, hat viele Stiltheoretiker irritiert. Nelson Goodman sieht sogar die Gefahr eines Paradoxes:[113]

> sometimes style *is* a matter of subject. [...] part of a poet's style as well may consist of what he says – of whether he focuses on the fragile and transcendent or the powerful and enduring, upon sensory qualities or abstract ideas, and so on. The prospect of paradox looms here.

Auf solche Einwände können wir nun eine Antwort geben: Tatsächlich können manche Aspekte einer Realisierung zum Stil gehören oder nicht – je nachdem, welches Schema man zugrunde legt. Es können jedoch nicht beliebige Schemata

---

[112] Dies gilt nicht für bestimmte speziellere Schemata, wie das Schema ‚Von einem Sprungbrett Springen'.
[113] Goodman 1978: 25f.

sinnvoll angenommen werden; daher kann auch nicht alles zur Stilfrage werden. Zudem gilt, dass man es bei der Wahl verschiedener Schemata auch mit unterschiedlichen Stilen zu tun hat; ein konkreter Stil ist also keineswegs beliebig. Für jeden konkreten Stil, der auf einem in bestimmter Weise definierten Schema beruht, ist die Frage, was Merkmal dieses Stils ist und was nicht, beantwortbar. Wechselt man das Schema, erhält man andere Merkmale eines anderen Stils.

Tatsächlich ist die Frage, welche Figuren auf einem Bild dargestellt werden, keine des Stils, wenn das Schema ‚darstellendes Bild' zugrunde gelegt wird. Da bei einer Ausführung dieses Schemas typischerweise inhaltliche Bedingungen für den Bildinhalt gelten, sind die dargestellten Figuren meist auf diese zurückzuführen. Andernfalls könnte der Stil nicht auf eine andere Ausführung des Schemas, bei der andere inhaltliche Bedingungen gelten, angewandt werden. Ein Stil, der beispielsweise Maria Magdalena als eine der dargestellten Figuren festlegt, würde bei praktisch allen Ausführungen des Schemas mit den inhaltlichen Bedingungen kollidieren und somit zu dem Schema nicht passen.

Ist das Schema dagegen ‚Darstellung des Bildmotivs „Beweinung" der christlichen Ikonographie', dann kann die genaue Figurenkonstellation, die für den darzustellenden Inhalt gewählt wird, eine des Stils sein. Bei zahlreichen christlichen Motiven haben sich ikonographische Traditionen entwickelt, die es rechtfertigen, ihre Darstellung als Schemata anzusehen („Verkündigung", „Anbetung der Könige", „Kreuzigung", „Kreuzabnahme" und „Grablegung" sind weitere Beispiele).[114] Bei solchen spezielleren Schemata[115] kann es zur Stilfrage werden, welche Personen auf dem Bild dargestellt sind; so ist bei dem Bildmotiv „Beweinung" die Anwesenheit der Gottesmutter Maria durch das Schema festgelegt, nicht aber die Anwesenheit der Maria Magdalena, die somit zu einem stilistischen Merkmal werden kann.[116] Tatsächlich bildeten sich in einzelnen künstlerischen Schulen Traditionen heraus, die in der Bibel nicht explizit erwähnte Personen hinzufügten oder die Personen in einer bestimmten Konstellation zeigten; solche Traditionen können mit anderen stilistischen Merkmalen – etwa der Ausdrucksstärke der Gesichter oder der Farbwahl – verbunden sein.

Nicht nur auf das Schema kommt es an. Beim Wahrnehmen eines Stils müssen die Alternativenklassen rekonstruiert werden (vgl. Abschnitt 5.5.3). Dafür sind aber nicht nur Schemaortbedingungen, sondern auch Zusatzbedingungen erforderlich, zu denen kontextuelle, inhaltliche und funktionale Bedingungen gehören. Um diese richtig zu vermuten, benötigt man eine gewisse Erfahrung:

---

[114] Gesamtdarstellungen der christlichen Ikonographie sind Schiller 1968–1971 und Braunfels 1968–1976. Die Erforschung der Ikonographie als Zeichensystem wird als „Ikonologie" bezeichnet, sie wurde von Aby Warburg (Warburg 1932=1998 und 2000) und Erwin Panofsky (Panofsky 1955 und 1964) begründet.

[115] Diese können als Unterschemata des allgemeineren Schemas ‚darstellendes Bild' beschrieben werden; vgl. Abschnitt 4.2.4.

[116] Siehe beispielsweise http://www.beyars.com/kunstlexikon/lexikon_1098.html sowie http://de.wikipedia.org/wiki/Beweinung_Christi, einige Beispiele sind einsehbar unter http://www.aug.edu/augusta/iconography/lamentation.html; Einsicht am 9.04.2011.

2.7 Anderes Schema – anderer Stil

Versucht jemand bei einem Gedicht ein stilistisches Merkmal dadurch zu beschreiben, das für den Schemaort ‚Wahl des Inhalts' die ‚Darstellung eines Besuchs beim Fleischer an der Ecke' spezifiziert ist, wird er den Stil vermutlich an keinem anderen Werk des Dichters wiedererkennen. Diese Erfahrung wird ihn lehren, dass diese Angaben vermutlich zumindest teilweise in den inhaltlichen Bedingungen der Alternativenklassen spezifiziert waren, also keine Frage des Stils. Formuliert er dagegen versuchsweise allgemeiner für den Schemaort ‚Themenwahl' als erforderliche Eigenschaft ‚lebensvolle Szenerie aus dem Alltag', dann könnte er genau richtig liegen, wenn die anderen Gedichte des Dichters sich mit Suppenküchen, Straßenverkäufern und U-Bahn-Erlebnissen beschäftigen. Es gibt tatsächlich nicht wenige Dichter, bei denen allgemein formulierte inhaltbezogene Merkmalsregeln dieser Art Teil ihres Stils sind; darauf bezieht sich Goodman im oben angeführten Zitat.

Derselbe Aspekt einer Realisierung kann somit zum Stil gehören oder nicht zu ihm gehören, je nachdem, welches Schema und welche kontextuellen, inhaltlichen und funktionalen Bedingungen zugrunde gelegt werden. Es ist nicht immer die Wahl jedes Schemas gleichermaßen plausibel; sind mehrere Lösungen möglich, hat man es auf jeden Fall auch mit verschiedenen Stilen zu tun. Ein allgemeiner Bildstil ist nicht dasselbe wie der Darstellungsstil ikonographischer Motive, ebenso wenig wie ein allgemeiner Stil des gesellschaftlichen Umgangs dasselbe ist wie der speziellere Stil eines Gastgebers. Immer wenn eine bestimmte Realisierung verschiedenen Schemata zugeordnet werden kann (die in der Regel verschiedene Allgemeinheitsgrade haben werden), können auch verschiedene Stile daran untersucht werden.

Ein denkbarer Einwand gegen die freie Wahl des Schemas, die hier propagiert wird, könnte lauten, dass das Schema doch der betrachteten Realisierung angemessen sein müsse. Nehmen wir zum Beispiel die Hütten eines südamerikanischen Indianerstamms. Können wir diese nach den Schemata betrachten, die für das Bauen in Europa gelten? Können wir also einfach davon ausgehen, dass sie Wände, Decken, Säulen, Dächer, Fenster und Türen haben?

Die Antwort ist ja – wir können eine solche Perspektive einnehmen, und tatsächlich wurde sie zweifellos über die Jahrhunderte von manchen naiven Reisenden aus Europa eingenommen, die sich den kulturellen Unterschied gar nicht bewusst machten und daher die Gebäude nach ihren eigenen kulturellen Schemata betrachteten (und dann möglicherweise schiefe Wände oder fehlende Fenster kritisierten). Es gehört zu den grundsätzlichen Prinzipien des Kulturkontakts, dass Realisierungen, die nach den Schemata einer Kultur erzeugt wurden, manchmal nach den Schemata einer anderen betrachtet werden.

Allerdings macht eine solche Betrachtungsweise meist nur wenig Sinn: Auf ihrer Grundlage kann der angewendete Stil nicht wahrgenommen werden. Dazu muss das Schema verwendet werden, das realisiert wurde. Im genannten Fall ist dies das Schema, nach dem die Hütten gebaut wurden. Nur wenn man dieses Schema bei der Betrachtung der Realisierung zugrunde legt, ist es möglich, den

Stil, der bei der Realisierung (absichtlich oder unabsichtlich) angewandt wurde, wahrzunehmen. Wurde beispielsweise in einem Aspekt des Hüttenbaus eine unkonventionelle Lösung gewählt, kann dies darauf hindeuten, dass die Erbauer unerfahren waren, darauf, dass ein äußerer Umstand sie zur Abweichung zwang, oder darauf, dass sie den Mut hatten, eine andere Lösung zu probieren. Aus europäischer Perspektive wäre dagegen die Abweichung von der Konvention nicht zu erkennen.

Allerdings ist die rein kulturinterne Betrachtungsweise nicht die einzig sinnvolle. Ebenso gut kann die Hütte mit derjenigen anderer Indianerstämme verglichen werden, auch wenn keinerlei Kontakt mit diesen bekannt ist: Auf der Grundlage eines allgemeineren Schemas (zum Beispiel das Artefaktschema ‚Wohnhütten in Südamerika'), das nun natürlich in seinem Repertoire an Schemaorten so angepasst werden muss, dass es die Beschreibung aller entsprechenden Hütten ermöglicht, können beispielsweise Erkenntnisse über den Technologiestand, die gesellschaftliche Position von Baumeistern, weltanschauliche und spirituelle Positionen, soziale Gruppierungen und Geschlechterverhältnisse oder den Umgang mit dem jeweiligen Ökosystem gewonnen werden.

Und schließlich ist es ebenfalls möglich, ein allgemeines Schema ‚Wohnunterkünfte' anzunehmen und darin europäische Wohngebäude mit den Indianerhütten zu vergleichen. Damit erhält man Informationen über kulturspezifische Baustile von Wohngebäuden. In einem solchen kulturübergreifenden Vergleich ergeben sich andere Merkmale, etwa wenn man die vorgesehene Dauer des Gebäudes vergleicht: So ist es zum Beispiel denkbar, dass der betrachtete Stamm die Hütten auf eine bestimmte Nutzungsdauer auslegt, die soziale Gründe (Familienverhältnisse, Migrationsverhalten oder Besitzregulierung) hat. Ist dies im Schema ‚Wohnhütten' festgelegt, kann man es in einer kulturinternen Stilanalyse nicht erkennen, weil es keine Frage des Stils ist, sondern eine des Schemas. Nimmt man dagegen das kulturübergreifende Schema ‚Wohnunterkünfte', ist die vorgesehene Nutzungsdauer nicht mehr festgelegt und wird folglich zu einem stilistischen Merkmal, das bei einer Stilanalyse erkannt werden kann.

Kulturspezifische Verhaltensweisen können als Stile beschrieben werden, wenn ein kulturübergreifendes Schema angegeben wird, was gerade dann sinnvoll ist, wenn es sich um Grundbedürfnisse des Menschen handelt. So können kulturübergreifende Schemata auch für ‚Ernährung', ‚Sexualität', ‚Familienverhältnisse', ‚Geburtspraktiken', ‚Sterbepraktiken' usw. definiert werden.

Abschließend muss betont werden: Nicht alle Phänomene, die auf Variation basieren, gehören zum Stil. So sind zum Beispiel Varianten von Zeichensystemen keine Stile (vgl. Abschnitt 8.3.4). Dasselbe gilt auch für Varianten von Schemata. Allerdings hängt diese Grenze, wie wir gesehen haben, von der Definition des Schemas ab. So können die Unterschiede zwischen Kulturen oft als Unterschiede der geltenden Schemata beschrieben werden; nimmt man dagegen ein über-

greifendes Schema an, dann können, wie gezeigt wurde, Unterschiede zwischen Kulturen als Stile beschrieben werden.[117]
(Vgl. zur Wahl des jeweils passenden Schemas auch Abschnitt 8.2.3.)

2.8 Arten von Information in Realisierungen

Bevor Stil genauer untersucht wird, muss er von anderen Arten von Informationen unterschieden werden, die in Realisierungen enthalten sind. In jeder Realisierung können mehrere Arten von Information festgestellt werden.[118] Nehmen wir drei Beispiele (in Klammern die Schemaarten,[119] denen sie angehören):

(a) Ich sehe jemanden die Straße hinunterlaufen. (Verhalten)

(b) Ich sehe ein Gebäude. (Artefakt)

(c) Ich höre eine Äußerung einer natürlichen Sprache. (Text)

Aus diesen Wahrnehmungen können folgende Informationen abgeleitet werden:
(1) *Schema und Schemaorte.* Man erkennt, dass es sich um das Verhalten ‚Gehen', um den Artefakttyp ‚Gebäude' oder um die Verwendung eines bestimmten Zeichensystems, nämlich einer bestimmten natürlichen Sprache, handelt. Einzelne Phasen oder Teile des Wahrgenommenen können nun den mir bekannten Teilen dieser Schemata zugeordnet werden: Beim ‚Gehen' kann ich ebenso verschiedene Bestandteile und Aspekte erkennen (Heben des Fußes, Vorwärtsbewegung, Aufsetzen, Synchronität beider Füße) wie beim Gebäude (Türen, Fenster, Balkon, Dach) und bei der Äußerung (Satzeinteilung, Syntax,

---

[117] Zum Verhältnis von Stil und Kultur vgl. Kroeber 1957, Irvine 2001 und Linke 2009; zur semiotischen Kulturtheorie siehe Posner 1992 (erneut als Posner 2003a) und Siefkes 2010a.

[118] Hier wird nicht der syntaktische Informationsbegriff von Shannon und Weaver gebraucht (Shannon u.a. 1949), der Information als Struktur beschreibt, die von einem Sender an einen Empfänger übertragen wird. Diese Struktur kann sogar rein zufällig sein und damit keine semantische Information enthalten, beim Übertragungsprozess, auf den es Shannon und Weaver ankam, interessiert dies nicht.
Hier soll dagegen ein semantischer Informationsbegriff verwendet werden. Aus semiotischer Sicht ist Information alles, was in einem Zeichenprozess zur „Botschaft" („message"), das heißt dem Inhalt einer Nachricht, werden kann. – Genauer braucht Information hier nicht definiert zu werden; bei Bedarf können speziellere Definitionen verwendet werden (etwa das Konzept des algorithmischen Informationsgehalts bzw. Kolmogorov-Komplexität; vgl. Kolmogorov 1963=1998 und Vitányi u.a. 1993).
Information enthält eine Realisierung, wenn bei ihrer Wahrnehmung Zeichen entstehen können. Die Menge an Information kann dann nach syntaktischen, semantischen oder pragmatischen Kriterien beurteilt werden. (Zum Verhältnis von Informationstheorie und Semiotik vgl. Frank 2003, zum semantischen Informationsbegriff Bar-Hillel u.a. 1953.)

[119] Vgl. Abschnitt 4.2.2.

Wörter, Aussprache, Intonation). – Um diese grundlegende Gliederung des Wahrnehmbaren zu erfassen, wird an geeigneter Stelle eine allgemeine Gliederung von Verhaltensweisen, Artefakten und Texten in Schemata eingeführt werden, die jeweils wieder über verschiedene Schemaorte verfügen (vgl. Abschnitt 4.2). Vorläufig kann man sich dies als die Information vorstellen, um welchen Typ von Verhalten, von Artefakt oder von Text es sich handelt, und in welche Bestandteile, die es auch bei anderen Realisierungen desselben Typs gibt, sich die vorliegende Realisierung unterteilen lässt.

(1a) Unter *Einbeziehung des Kontexts und Hintergrundwissens* kann ich zusätzliche Informationen gewinnen. Ich kann etwa (a) die Person erkennen, Vermutungen über Ziel oder Zweck ihres Gehens anstellen und überlegen, warum sie nicht eine andere Fortbewegungsart gewählt hat; (b) feststellen, dass an dieser Stelle gebaut wurde, überlegen, wann das Baugebiet ausgewiesen wurde, das Haus schön oder hässlich finden; (c) schließen, dass die Person sprechen kann, die entsprechende Sprache beherrscht, in der konkreten Situation etwas sagen will, sich an jemand Bestimmten wendet usw.

(2) *Inhalte bei Zeichengebrauch*. Werden Kodes oder andere Zeichen gebraucht, kann ich diese verstehen und daraus Informationen gewinnen. Dies gilt in den gewählten Beispielen nur für (c). Ich kann die Äußerung (unter geeigneten Bedingungen) verstehen.

(2a) Unter Einbeziehung des Kontexts können wiederum weitergehende Informationen gewonnen werden.

(3) *Information, die sich aus bestimmten Eigenschaften der Realisierungen ergibt*: Aus Eigenschaften der Realisierung, die nicht bereits durch Schema oder Schemaorte festgelegt sind, können zusätzliche Informationen gewonnen werden. (a) Ich bemerke, dass die gehende Person mehrmals stolpert und schließe daraus, dass sie wahrscheinlich müde oder abgelenkt ist. (b) Ich sehe, dass das Haus zwei Eingangstüren auf der Frontseite hat, und schließe daraus, dass es ein Zweifamilienhaus ist; ich sehe, dass es ein vermutlich zu einem Atelier gehörendes Fenster hat, und schließe daraus, dass dort ein Künstler wohnt; eine [14]Co-Datierung des Materials ergibt das Alter einer Realisierung. (c) Ich höre, dass die Äußerung laut ist, und schließe etwas über die akustischen Bedingungen oder über die Gesprächssituation und den Gefühlszsutand des Sprechers; ich nehme die konkrete Formulierungsweise wahr und schließe daraus vielleicht, dass der Sprecher aufgeregt oder verwirrt ist, usw.

(3a) Derselbe Ableitungsprozess kann wiederum, neben den direkten Eigenschaften der Realisierung, den Kontext einbeziehen. Ich kann in (a) die Bodenbeschaffenheit, in (b) die Lage des Hauses in einem Künstlerviertel und in (c) die Stellung der Hauswände an der gegebenen Stelle, die vermutlich den Schall von der Straße störend zurückwerfen, berücksichtigen.

(4) *Stil*. Stilistische Informationen ergeben sich aus dem Wissen oder der Vermutung, dass bestimmte Eigenschaften der Realisierung nicht nur einfach an dieser konkreten Realisierung vorhanden sind, sondern dass sie sich aus be-

stimmten Regelmäßigkeiten ergeben, die bei der Erzeugung der Realisierung gegolten haben. Aus diesen Regelmäßigkeiten können dann in einer Interpretation zusätzliche Informationen abgeleitet werden; vgl. Kapitel 6 und 7.

Von den hier eingeführten Kategorien sind (1) und (2), sofern man die Einführung von Schemata akzeptiert, wohl unbestreitbar. Dagegen ist die Unterscheidung von (3) und (4) erläuterungsbedürftig und zugleich entscheidend für das hier vorgeschlagene Verständnis von Stil. Daher werden wir ihr den Rest des Abschnitts widmen.

In (3) kann jede beliebige Eigenschaft der Realisierung, ohne Frage nach ihrer Ursache, zu Schlüssen Anlass geben. Tatsächlich ist jedoch die Anzahl von Schlüssen, die auf dieser Basis direkt gezogen werden können, recht begrenzt. Denn jede Realisierung, und auch jedes Teilelement und jeder Aspekt einer Realisierung (die wir später als „Realisierungsstellen" beschreiben werden; vgl. Abschnitt 4.5), hat potentiell unendlich viele Eigenschaften.[120] Die einzelnen Eigenschaften interagieren jedoch miteinander und bedingen sich in einem konkreten Fall häufig gegenseitig. Solange man nicht weiß, welche Eigenschaften als in gewisser Weise *unabhängig von der konkreten Realisierungsstelle (mit deren Kontext usw.) vorhanden* betrachtet werden kann, lassen sich bestimmte Schlüsse nicht ziehen – und zwar gerade solche, die für uns interessant sind. Denn nur längerfristige, konstante Eigenschaften bei realisierungserzeugendem Verhalten erlauben Rückschlüsse auf die Vergangenheit und Vorhersagen für die Zukunft und sind damit besonders informativ.

Nehmen wir an, ich weiß über einen Bankräuber, dass er in einem konkreten Fall Geiseln genommen hat.[121] Solange ich nicht weiß, ob sich dies nur aufgrund bestimmter äußerer Umstände ergeben hat und ob mit diesen äußeren Umständen zu rechnen war oder nicht, kann ich daraus relativ wenig entnehmen: Ich weiß nur, dass der Bankräuber in dieser konkreten Situation so vorgegangen ist, weiter nichts. Über seinen Charakter kann ich daraus nur den Schluss ziehen, dass er unter den gegebenen Umständen fähig und bereit war, Geiseln zu nehmen. Diese Information ist nicht nutzlos, aber sie ist zugleich recht banal. Aus der Existenz einer Sache oder dem Vorkommen einer Situation kann immer auf die Möglichkeit dieser Existenz oder dieses Vorkommens geschlossen werden.

Etwas weitergehende Schlüsse lassen sich ziehen, indem man den Kontext einbezieht (vgl. (3a)). Weiß ich etwa, dass gerade eine Polizeistreife in der Nachbarschaft war und der Bankräuber erst die Geiseln genommen hat, als er von dieser überrascht wurde, könnte ich annehmen, dass die Geiselnahme eine spontane Reaktion auf diese uneingeplante Störung war. Allerdings ist es möglich, dass der Bankräuber, der von der Polizeistreife überrascht wurde, sowieso Geiseln genommen hätte. Habe ich keine Informationen über entsprechende

---

[120] Vgl. Abschnitt 2.12, Unterabschnitt *Zur Formulierung von Regelmäßigkeiten der Auswahl als Regeln*.
[121] Das Beispiel des Bankraubstils wird in Abschnitt 7.1.8 genauer ausgearbeitet.

handlungsbestimmende Kontextfaktoren, auf mit denen ich die Geiselnahme in Zusammenhang bringen kann, bin ich nicht weitergekommen.

Tatsächlich lassen sich auf diese Weise also bereits einige Schlüsse ziehen. Aber für den Menschen als ein gewissermaßen von Information lebendes Tier ist es äußerst wichtig, *alle* Information, die in Realisierungen steckt, ableiten zu können. Mit der allgemeinen schemabezogenen Information (1), den sich daraus unter Hinzuziehung des Kontexts ergebenden Informationen (1a), den Inhalten von verwendeten Zeichen (2) auch unter Einbeziehung des Kontexts (2a) sowie der sich aus konkreten Eigenschaften ergebenden Information (3) auch unter Einbeziehung des Kontexts (3a) ist jedoch noch nicht alle Information erfasst. Hinzu kommt (4) Information, die sich erst aus Regelmäßigkeiten der Auswahl ergibt.

Worum handelt es sich hier? Macht es Sinn, sich von dem konkret Beobachtbaren – einer bestimmten Realisierung – ein Stück weit zu entfernen und von Regelmäßigkeiten auszugehen, die bei ihrer Erzeugung gegolten haben und die vermutlich weniger sicher abgeleitet werden können als die Information (3) und (3a), die sich aus Eigenschaften der Realisierung direkt ergibt? Und selbst wenn, warum sollte man diese Information getrennt von der in (3) und (3a) behandeln?

Als Antwort sei erneut auf das große Informationspotential von Stilen verwiesen: Viele der aus Regelmäßigkeiten der Auswahl ableitbaren Informationen ergeben sich nicht aus den unmittelbar erkennbaren Eigenschaften der Realisierung. Dies zeigen zahlreiche Beispiele für die Stilinterpretation anhand der darin erzeugten Ergebnisse, die allein aus Eigenschaften der Realisierung meist nicht erzeugbar wären und viele für den Stilwahrnehmenden relevante Informationen enthalten.[122] Überdies enthalten Stile nicht nur Informationen, sondern ermöglichen Assoziationen und lassen Gefühle und Eindrücke entstehen, bieten also ein ganzes Repertoire an Reaktionsweisen auf Realisierungen. Es macht offensichtlich Sinn, über die konkrete Realisierung hinauszudenken.

Beispielsweise ermöglicht es beim Beispiel des Bankraubstils das Denken in Stilen, davon auszugehen, welche Regelmäßigkeiten bei seinem Verhalten auftraten. Dazu gehören bewusst angewandte Regeln, etwa die Strategie der Bankräuber, aber auch solche Regelmäßigkeiten, die durch seine Fähigkeiten, früheren Prägungen usw. bedingt sind; erst wenn diese Regelmäßigkeiten erkannt wurden, kann versucht werden, auf ihre jeweiligen Ursachen zu schließen.

Die Suche nach Regelmäßigkeiten, die die Realisierungserzeugung bestimmt haben, wird wesentlich erleichtert, wenn es mehrere Vorkommnisse gibt, bei denen die Regelmäßigkeiten angewandt wurden.[123] Nimmt der Bankräuber bei einem zweiten Überfall unter anderen Umständen wieder Geiseln, so wird man eher dazu neigen, dies seinem Stil zuzuschreiben, bei weiteren Vorkommnissen

---

[122] Vgl. die Beispiele in den Abschnitten 6.3, 6.4 und 7.1.
[123] Dabei muss es sich um mehrere Realisierungen desselben Schemas (im vorliegenden Fall: Bankraub) handeln.

wird das zunehmend zur Gewissheit. Ist nur ein Vorkommnis vorhanden, so ist die Annahme einer Regelmäßigkeit dennoch möglich; sie macht allerdings nur dann Sinn, wenn man davon ausgeht, dass keine anderen Umstände für die beobachtbaren konkreten Eigenschaften verantwortlich oder diese nur zufällig aufgetreten sind. In diesem Fall können also besonders leicht Fehler entstehen, wenn die Zusatzbedingungen bei der Rekonstruktion der Alternativenklassen nicht richtig angenommen werden.

Nehmen wir als weiteres Beispiel, ich beobachte, dass jemand mit laut quietschenden Reifen um die Kurve fährt. Daraus kann ich zahlreiche Informationen entnehmen, aber keineswegs alle sind stilistischer Art. Ich kann beispielsweise Aussagen über den Straßenbelag machen oder mir überlegen, dass nun – es ist 7 Uhr morgens – vermutlich einige Leute aufgewacht und vielleicht sauer auf den Fahrer sind. All diese Informationen können durchaus relevant sein: Wenn ich beispielsweise überlegt hatte, bei einem Freund zu klingeln, hilft mir die Überlegung, dass ihn das Reifenquietschen nun sowieso geweckt haben müsste, falls er noch schlief, bei der Entscheidung zu klingeln. Außerdem könnte eine Anmerkung über das Reifenquietschen eine gute Gesprächseröffnung sein; usw. Diese Informationen fallen unter (3), aber nicht unter (4).

Ich könnte jedoch weiter gehen und das Abbiegen mit quietschenden Reifen als Merkmal des Fahrstils der am Steuer sitzenden Person betrachten. Daraus ergeben sich nun viele zusätzliche Informationen, die ich vorher noch nicht hatte, etwa über den Charakter der Person, über ihre Einschätzung der eigenen Fähigkeiten, ihre Einstellung zu anderen usw. Dies wird vor allem dann relevant, wenn ich die Person am Steuer erkannt habe oder annehme, dass mein Freund sie (aufgrund einer Beschreibung von Person und Auto) erkennen könnte. In diesem Fall handelt es sich um eine Information, die unter (4) fällt.

Was tue ich aber, wenn ich Abbiegen mit quietschenden Reifen als Merkmal eines Fahrstils betrachte? In diesem Fall habe ich (a) einen Typ von Realisierungsstelle identifiziert, der durch die Zugehörigkeit zu einem Schemaort (‚Abbiegen') gekennzeichnet ist, und (b) eine Eigenschaft der konkreten Ausführung (‚mit quietschenden Reifen') ausgesondert, von der ich annehme, dass sie dort wieder auftreten könnte. Überlegen wir, was dies voraussetzt:

– Wäre die konkrete Situation der Anlass gewesen, beispielsweise aufgrund eines unerwartet auf die Straße laufenden Fußgängers, würde der Typ von Realisierungsstelle für das beobachtete Phänomen keine besondere Rolle spielen: Vermutlich hätten die Reifen genauso gequietscht, wenn der Fußgänger auf gerader Strecke Anlass zu einem Ausweichmanöver gegeben hätte. Es gäbe also keine Verbindung zwischen dem Typ von Realisierungsstelle und der auftretenden Eigenschaft.

– Wäre die Situation der Anlass gewesen, gäbe es zudem keinen Grund, das Ereignis speziell mit dem Fahrer zu verbinden; man würde eher auf entsprechende Situationen achten (beispielsweise schlecht gesicherte Fußgängerüberwege)

und dort mit einer Wiederholung des Reifenquietschens rechnen, als bei einer Autofahrt des Fahrers.
– Die konkrete Ausführungsweise des Abbiegens hat potentiell unendlich viele Eigenschaften.[124] Sie hat nicht nur einen bestimmten Radius, Geschwindigkeit, Zeitdauer und Form auf der Straße, sie findet auch zu einer bestimmten Uhrzeit statt, mit oder ohne Mitfahrer, in einem bestimmten Fahrzeug, das wiederum ein bestimmtes Alter, technische Eigenschaften und evt. Defekte hat. Diese und viele weitere Eigenschaften der konkreten Ausführungsweise wurden beiseite gelassen, wenn die Eigenschaft ‚mit quietschenden Reifen' zur Bildung des Merkmals verwendet wird; in anderen Kontexten (etwa in einem Unfallbericht) könnten sie jedoch durchaus relevant sein.

Um ein stilistisches Merkmal zu bilden, haben wir also eine konkrete Eigenschaft als stilistisch relevant angenommen, festgelegt, auf welchen Typ von Realisierungsstelle wir diese beziehen wollen, und Faktoren ausgeschlossen, die durch die konkrete Situation bedingt sind. Um ein stilistisches Merkmal zu bestimmen, haben wir eine *Regelmäßigkeit bei der Erzeugung der Realisierung* angenommen, die die beobachtete(n) Eigenschaft(en) verursacht hat.

Wenn wir dies willkürlich tun, haben wir wenig gewonnen. Es müssen also Kriterien gefunden werden, nach denen man diese beiden Festlegungen auf eine Weise treffen kann, die nicht beliebig ist. Wie dies erfolgt, wird später erläutert (in Kapitel 4 und 5). Vorläufig reicht es, sich zweierlei klarzumachen:

(1) Das Feststellen eines stilistischen Merkmals setzt die Wahrnehmung einer Regelmäßigkeit voraus, die die an bestimmten Realisierungsstellen festgestellten Eigenschaften erzeugt hat.

(2) Nur wenn diese Regelmäßigkeit (mehr oder minder) richtig erkannt wird, können sinnvolle Schlüsse (unter anderem auf zukünftige Verhaltensweisen des Stilanwenders) gezogen werden.

Es handelt sich also bei den in (4) spezifizierten Informationen um solche, die sich erst aus Regelmäßigkeiten bei der Erzeugung einer Realisierung erklären lassen. Wir kommen darauf in Abschnitt 2.10 zurück.

2.9 Information als Verhältnis von Alternativenklassen und Realisierung

Man kann sich dem Problem der stilistischen Merkmale noch einmal von einer anderen Seite nähern, nämlich ausgehend von der Frage: Wie können Stile Informationen von einem Stilanwender zu einem Stilwahrnehmer übertragen?

Stil kann zwar bei Zeichengebrauch vorkommen (etwa im Fall von Textstilen), aber es war bereits festgestellt worden, dass die übermittelte Information

---

[124] Vgl. Fußnote 103.

2.9 Information als Verhältnis von Alternativenklassen und Realisierung

dabei nicht aus den gebrauchten Zeichen abgeleitet wird.[125] Bei Realisierungen, die überhaupt keine Zeichen enthalten, ist das Problem noch offensichtlicher. Die Frage lautet somit: Wie kommt die Information in den Stil? Dieses Problem konnte von der bisherigen stiltheoretischen Literatur nicht befriedigend gelöst werden, ja es wurde meist gar nicht erkannt.

Beim Wahrnehmen eines Stils wird nur eine Realisierung betrachtet (z.B. eine Autofahrt, ein Gebäude oder ein Zeitungsartikel). Ausgehend davon wird nun beispielsweise der Urheber des Texts identifiziert, eine Aussage über dessen soziales Milieu gemacht, über seine Haltung zu der Aufgabe, für die die Realisierung erzeugt wurde, spekuliert, und vieles mehr. Wo an der Realisierung befindet sich diese Information?

Eine denkbare Antwort wäre „in den Eigenschaften der Realisierung". Tatsächlich können Eigenschaften einer Realisierung für sich genommen zu Zeichen werden,[126] aus ihnen können jedoch nur begrenzte Informationen gewonnen werden. So kann beispielsweise beim Lesen eines Texts, der einen ‚komplizierten Satzbau' und einen ‚technischen Wortschatz' hat, nur abgeleitet werden, dass derjenige, der den Stil angewendet hat, in der Lage war, die Realisierung mit diesen Eigenschaften auszuführen. Um weitere Schlüsse ziehen zu können, muss die Ebene der Alternativenklassen mit einbezogen werden. Erst dann kann man beurteilen, ob der Inhalt auch einfacher ausgedrückt werden könnte, und gegebenenfalls Schlüsse über sprachliche Prägung und soziale Herkunft des Stilanwenders ziehen.

Die Realisierung für sich genommen kann selbstverständlich Informationen enthalten (so enthält eine Autofahrt Informationen über die Fahrtroute, ein Haus Informationen über die Anzahl und Funktion seiner Räume, ein Text seinen Inhalt als Information), doch diese sind direkt gegeben und haben mit den Alternativenklassen nichts zu tun. Sie werden auch im alltagssprachlichen Gebrauch des Begriffs nicht zu ‚Stil' gerechnet, sondern im Gegenteil meist sorgfältig davon unterschieden. Die Alternativenklassen können ebenfalls Informationen enthalten (etwa über die Vielfalt der Möglichkeiten in der jeweiligen Kultur), doch sie müssen bei der Wahrnehmung des Stils rekonstruiert werden, werden also nicht übermittelt und können damit logischerweise auch keine Information übertragen. Soll mit Hilfe der Alternativenklassen Information übertragen werden, bleibt also nur das Verhältnis der Realisierung zu den Alternativenklassen, die sich dazu bilden lassen, als Mittel der Zeichenerzeugung übrig. In diesem Verhältnis wird beim Anwenden eines Stils Information erzeugt, die beim Wahrnehmen des Stils auch wieder daraus entnommen werden kann, sofern die Alternativenklassen richtig rekonstruiert werden.

Die in der Realisierung an jeder Stelle gegebenen Elemente zusammen mit den für jede Stelle *in absentia* gegebenen Alternativen (die sowohl beim Anwenden als auch beim Wahrnehmen des Stils dazu konstruiert werden) können In-

---

[125] Vgl. Abschnitt 2.3.
[126] Vgl. Abschnitt 2.8, (3).

formationen über die Prinzipien der Auswahl enthalten. Man kann sich dies als eine Alternativenklasse vorstellen, in der ein Element als ausgewählt markiert ist.[127] Oft muss ein Auswahlprinzip bei mehreren Alternativenklassen angewandt werden, um eine bestimmte Information über die Auswahlprinzipien zu übertragen. Diese spezifische Nutzung von Alternativenklasse und Realisierung gemeinsam zur Informationsübermittlung kann alle jene Fälle abbilden, in denen umgangssprachlich von „Stil" gesprochen wird. Die Menge aller Elemente, die zu Elementen von Alternativenklassen werden können, soll *Möglichkeitsraum* genannt werden.

2.10 Regelmäßigkeiten der Auswahl

Fassen wir den Stand der bisherigen Überlegungen zusammen: Stilistische Information ergibt sich aus dem Verhältnis von Alternativenklassen und Realisierung. Dieses Verhältnis kann als Auswahl je eines Elements aus den Alternativenklassen für die Realisierung beschrieben werden.

Was für eine Art von Information ist hier überhaupt denkbar? Die Kombination einer Menge von Alternativenklassen mit der Angabe der jeweils ausgewählten Elemente kann unmittelbar nur eine Information über Regelmäßigkeiten enthalten, die bei der Auswahl der Elemente feststellbar sind. Weitergehende Informationen können vom Stilwahrnehmer nur mittelbar, nämlich aus diesen Regelmäßigkeiten der Auswahl, gewonnen werden.

In der vorliegenden Arbeit werden bestimmte Regelmäßigkeiten der Auswahl als Ursache stilistischer Merkmale betrachtet. Ein bestimmter Stil wird dabei als eine Menge von stilistisch relevanten Regelmäßigkeiten der Auswahl beschrieben (vgl. Abschnitt 2.16).

Regelmäßigkeiten der Auswahl führen zu Regelmäßigkeiten in einer Realisierung (oder einem Realisierungsstück oder mehreren Realisierungen), bei deren Erzeugung diese Regelmäßigkeiten der Auswahl galten. Eine der grundlegenden theoretischen Neuerungen der hier vorgestellten Stiltheorie besteht nun darin, das Verhältnis zwischen Regelmäßigkeiten der Auswahl bei der Erzeugung einer Realisierung und Regelmäßigkeiten in der entstehenden Realisierung als einen Zeichenprozess aufzufassen. Vergleichen mit der bisherigen Forschung, wird in dieser Arbeit erstmals

(a) konsequent zwischen Regelmäßigkeiten der Realisierung und Regelmäßigkeiten der Auswahl bei der Erzeugung einer Realisierung unterschieden,

(b) der Prozess, in dem von Regelmäßigkeiten einer Realisierung auf Regelmäßigkeiten der Auswahl bei der Erzeugung der Realisierung geschlossen wird, als Zeichenprozess beschrieben.

---

[127] Vgl. hierzu Abb. 2 in Abschnitt 5.1.

2.10 Regelmäßigkeiten der Auswahl

Auf den ersten Blick mag die in (a) vorgenommene Unterscheidung als spitzfindig erscheinen. Zweifellos führen Regelmäßigkeiten bei der Erzeugung einer Realisierung zu Regelmäßigkeiten der Realisierung; warum muss dann zwischen beiden unterschieden werden? Sind sie nicht einfach zwei Seiten derselben Medaille?

Tatsächlich sind sie in der bisherigen Forschung als zwei Beschreibungsweisen für dasselbe, nämlich für stilistische Merkmale, aufgefasst worden. Die Theorien, die Stil als Auswahl beschreiben, betrachteten jene Auswahlprozesse, die bei der Erzeugung einer Realisierung stattfinden, und trennten dort die stilistisch relevante Auswahl von anderen (beispielsweise inhaltlich bedingten) Auswahlvorgängen (vgl. Abschnitt 3.1); sie schlugen jedoch keine Lösung dafür vor, wie dem Stilwahrnehmer, der nur eine Realisierung vor sich hat, die Auswahlvorgänge überhaupt zugänglich werden. Die anderen Ansätze verzichteten auf die explizite Betrachtung des Auswahlvorgangs und untersuchten stattdessen die Realisierung selbst anhand von Häufigkeiten (3.4), Mustern (3.5), Strukturen (3.6) usw.

Die hier vorgestellte Theorie geht davon aus, dass beide Arten von Regelmäßigkeiten zwar eng miteinander zusammenhängen, aber nicht gleichgesetzt werden können. Dies liegt insbesondere daran, dass es nicht-stilistische Einschränkungen der Auswahl gibt, die ebenfalls zu Regelmäßigkeiten der Realisierung führen (beispielsweise wenn funktionale Bedingungen bestimmte Lösungen erfordern). An einer Realisierung können deshalb nicht einfach direkt die stilistisch relevanten Regelmäßigkeiten der Auswahl abgelesen werden. Aus den Regelmäßigkeiten, die sich an einer Realisierung feststellen lassen, muss zunächst unter Berücksichtigung der Bedingungen, die für die Auswahl galten, auf die Regelmäßigkeiten der Auswahl geschlossen werden.

Dies ist nur möglich, indem beim Wahrnehmen eines Stils die Auswahlvorgänge, die zu ihrer Entstehung geführt haben, rekonstruiert werden, wobei die Bedingungen des Schemas, des Kontexts, der Funktion oder des Inhalts, die vermutlich gegolten haben, zur Bildung der Alternativenklassen verwendet werden.[128] Nur die bei der Auswahl aus diesen Alternativenklassen feststellbaren Regelmäßigkeiten der Auswahl können als stilistisch relevant angesehen werden und erzeugen stilistische Merkmale in der Realisierung. Die Einschränkungen, die die Alternativenklassen durch die verschiedenen Bedingungen erfahren, führen ebenfalls zu Regelmäßigkeiten in der Realisierung, die jedoch keine stilistischen Merkmale sind.

Auch bei der Modellierung der Anwendung eines Stils bei der Erzeugung einer Realisierung sind die verschiedenen Faktoren zu berücksichtigen: Es kann nicht einfach davon ausgegangen werden, dass im Stil spezifizierte Regelmäßigkeiten der Auswahl sich eins zu eins an jeder Realisierung wiederfinden werden, bei deren Erzeugung der Stil angewendet wird. Die Einschränkungen,

---

[128] Vgl. Abschnitt 5.5.3, Funktion *Merkmalsregeln_auslesen*.

die für die stilistische Auswahl durch Bedingungen des ausgeführten Schemas, des Kontexts, der Funktion und des Inhalts erzeugt sind, werden in der vorliegenden Arbeit bei der Erzeugung der Realisierung durch eine schrittweise Modellierung der Auswahlvorgänge berücksichtigt, bei der zunächst eine Anordnung von Alternativenklassen gebildet wird.[129]

2.11 Stilistische Merkmale

Im letzten Abschnitt wurde erläutert, dass stilistische Merkmale durch Regelmäßigkeiten der Auswahl erzeugt werden, aber nicht alle Regelmäßigkeiten einer Realisierung stilistische Merkmale sind. Um stilistische Merkmale von anderen Regelmäßigkeiten einer Realisierung zu unterscheiden, müssen die Einschränkungen der Auswahlmöglichkeiten, die durch Bedingungen des Schemas, des Kontexts, der Funktion und des Inhalts entstehen, modelliert werden.

Es gibt also keine Eins-zu-eins-Zuordnung zwischen beiden Arten von Regelmäßigkeiten. Dafür zwei Beispiele:

(a) Eine bestimmte feststellbare Häufung von Wörtern in einem Text könnte auf den Inhalt, auf den Stil oder auf Einflüsse von beidem zurückzuführen sein. Was davon der Fall ist, kann nur durch eine genaue Modellierung der jeweils unter den gegebenen inhaltlichen Bedingungen noch vorhandenen Auswahlmöglichkeiten festgestellt werden.

(b) Regelmäßigkeiten der Auswahl können interagieren: Beispielsweise könnte eine Autorin für einen Text einerseits möglichst einfache Formulierungen, andererseits eine wissenschaftlich präzise Ausdruckweise anstreben; hat der Text nun in der ersten Hälfte relativ einfache, in der zweiten komplizierte Inhalte zu vermitteln, werden die Formulierungen in der ersten Hälfte einfach, in der zweiten aufgrund der Auswahl einer wissenschaftlich präzisen Ausdrucksweise wesentlich komplizierter sein. Die Interaktion zweier Regelmäßigkeiten der Auswahl führt hier im Zusammenspiel mit einer Veränderung einer Eigenschaft des Inhalts zu einer von ihnen deutlich unterschiedenen Regelmäßigkeit an der Realisierung (nämlich einem Bruch in der Komplexität der Formulierungen).

Diese und weitere denkbare Fälle zeigen, dass zwischen Regelmäßigkeiten der Auswahl und den durch sie verursachten Regelmäßigkeiten an einer Realisierung klar zu trennen ist.

Dabei ist, wie bereits im letzten Abschnitt betont wurde, die Wahrnehmung stilistischer Merkmale nicht vom Erkennen der Merkmalsregeln, die sie verursacht haben, zu trennen: Es gibt verschiedene Regelmäßigkeiten in Realisierungen; erst durch die Bildung von Alternativenklassen und die Beschreibung der verbleibenden Regelmäßigkeiten durch Merkmalsregeln ist es überhaupt möglich, die stilistisch relevanten Regelmäßigkeiten der Realisierung von solchen zu

---

[129] Vgl. Abschnitt 5.2.2, Funktion *Schemaausführung*.

trennen, die sich aus den bei der Schemaausführung geltenden Bedingungen ergeben. Nur die ersteren sind stilistische Merkmale.

Wir fassen zusammen: Als „stilistische Merkmale" (kurz: „Merkmale") werden jene Regelmäßigkeiten einer Realisierung bezeichnet, die durch jene Regelmäßigkeiten der Auswahl bedingt sind, die sich ergeben, wenn die Einschränkung der Auswahlmöglichkeiten durch Bedingungen des Schemas, des Kontexts, der Funktion oder des Inhalts berücksichtigt wird.

Die Definition des Terminus „stilistisches Merkmal" wird aus Gründen der Übersichtlichkeit und terminologischen Konsistenz in Abschnitt 2.12 gegeben, zusammen mit der Definition für „Merkmalsregel". Um diese Definitionen später nicht noch einmal ergänzen zu müssen, führen wir zunächst noch (in einem gewissen Vorgriff) den Terminus „stilistisches Zeichen" ein: Ein stilistisches Zeichen besteht aus den stilistischen Merkmalen an einer Realisierung als Zeichenträger und den Merkmalsregeln, die diese erzeugt haben, als Zeicheninhalt. Dies soll hier nur konstatiert werden; in Abschnitt 2.13 werden die Produktion und Rezeption von stilistischen Zeichen genauer untersucht, in Abschnitt 2.16 dann im Kontext der Stildefinition auch eine Definition für „stilistisches Zeichen" gegeben.

2.12 Merkmalserzeugende Regeln (= Merkmalsregeln)

Die Regelmäßigkeiten der Auswahl, die sich bei Beachtung der verschiedenen geltenden Bedingungen ergeben, werden innerhalb des Modells als ‚Merkmalsregeln' modelliert. Zur Wahl des Terminus „Merkmalsregel" ist zweierlei zu bemerken:

(1) *Merkmalsregeln modellieren nicht stilistische Merkmale, sondern Regelmäßigkeiten der Auswahl, die bei der Anwendung auf eine Realisierung stilistische Merkmale erzeugen.* Der Terminus „Merkmalsregel" ist als Abkürzung für „merkmalserzeugende Regel" zu verstehen. Da die Bezeichnung sehr häufig in der Arbeit verwendet wird, erscheint die Verwendung dieser Abkürzung als akzeptabel.

(2) *Regeln werden innerhalb des Modells verwendet, um Regelmäßigkeiten innerhalb von Prozessen zu simulieren.* Ist in dieser Arbeit von „Merkmalsregel" die Rede, dann wird damit nicht impliziert, dass es sich bei dem mit dieser Regel modellierten Phänomen auch um eine Regel handelt. Vielmehr kann es sich dabei um verschiedene Arten von Einflüssen, kulturspezifischen Normen, Begrenzungen des Wissens, Kodebefolgungen, spontanen Entscheidungen des Stilanwenders, aber auch um tatsächliche Regeln handeln, die sich der Stilanwender selbst oder die ihm sein soziales Milieu oder seine Kultur setzt. Für denjenigen, der einen Stil wahrnimmt, ist jedoch der genaue Grund für die erkennbare Regelmäßigkeit (wenn überhaupt) erst in einer Interpretation des Stils zu erschließen. Daher wird im Modell auf ihre Unterscheidung verzichtet; die Wirkung aller

dieser Faktoren, insoweit sie sich in Regelmäßigkeiten der Auswahl äußert, wird mit Hilfe von Merkmalsregeln simuliert.

Def. **Stilistisches Merkmal:** Stilistische Merkmale bilden den Zeichenträger des stilistischen Zeichens. Sie entstehen als Spuren der Anwendung einer Menge von Merkmalsregeln bei der Erzeugung einer Realisierung. Bei stilistischen Merkmalen handelt es sich also (innerhalb des Modells) um Regelanwendungsspuren. – Stilistische Merkmale treten an Realisierungen auf.

Def. **Merkmalsregel:** Merkmalsregeln bilden (innerhalb des Modells) den Zeicheninhalt des stilistischen Zeichens. Sie modellieren diejenigen bei der Erzeugung einer Realisierung vorkommenden Regelmäßigkeiten der Auswahl, die sich nicht aus Bedingungen des Schemas oder aus kontextuellen, funktionalen oder inhaltlichen Bedingungen ergeben. – Merkmalsregeln wirken bei der Erzeugung einer Realisierung, also bei der Schemaausführung.[130]

Wir benötigen also eine einheitliche Formulierung für Regelmäßigkeiten der Auswahl. Dafür müssen wir zunächst eine Darstellung von Alternativenklassen finden, die für unsere Zwecke geeignet ist. Alternativenklassen bestehen aus einer Anzahl von Elementen, die an einer bestimmten Stelle einer Realisierung eingesetzt werden können; sie werden mit Hilfe von *Alternativenbedingungen* gebildet. Wir wissen also, dass die in den Alternativenbedingungen angegebenen Eigenschaften für *alle* Elemente der Alternativenklasse gelten müssen; ein Element kann also nicht durch Bezugnahme auf diese Eigenschaften ausgewählt worden sein. Prinzipiell können alle anderen Eigenschaften, die nicht per definitionem (nämlich als Bedingung der Zugehörigkeit zur Alternativenklasse) bereits am Element vorhanden sein müssen, zur Auswahl verwendet werden.

Wir benötigen daher für jedes Element einer Alternativenklasse alle Eigenschaften, die ihm zukommen. Dabei werden die Eigenschaften, die in den Alternativenbedingungen der Alternativenklasse für deren Elemente verlangt werden, noch einmal unterteilt in (1) Eigenschaften, die Schema und Schemaort festlegen, und (2) Eigenschaften, die zusätzlich für die Alternativenklasse spezifiziert werden.

Daher sind die folgenden Arten von Eigenschaften zu unterscheiden:[131]

(1) Eigenschaften, die den Schemaort (eines bestimmten Schemas) festlegen, der einer bestimmten Alternativenklasse zugrunde liegt, im Folgenden „Schemaort-definierende Eigenschaften" genannt;

---

[130] Vgl. Abschnitt 5.2.2, Funktion *Schemaausführung*.
[131] Diese Unterteilung wird in den Abschnitten 4.3.1 und 4.3.2 genauer untersucht.

2.12 Merkmalserzeugende Regeln (= Merkmalsregeln) 83

(2) Eigenschaften, die die Alternativenklasse zusätzlich einschränken, indem sie Kontext, Ziel, Funktion oder auszudrückenden Inhalt einer Realisierung darstellen: im Folgenden „Zusatzeigenschaften" genannt;

(3) Eigenschaften, die den Elementen zukommen unabhängig von ihrer Einordnung in eine Alternativenklasse einer bestimmten Realisierung: im Folgenden „intrinsische Eigenschaften" genannt;

(4) Eigenschaften, die sich aus den Relationen des jeweiligen Elements zu anderen Elementen der Alternativenklasse ergeben: im Folgenden „vertikalrelationale Eigenschaften" genannt;

(5) Eigenschaften, die sich aus den Relationen des jeweiligen Elements zu anderen Elementen der Realisierung ergeben: im Folgenden „horizontalrelationale Eigenschaften" genannt.

Beispiel 1

Wir betrachten die Fenster eines Gebäudes, das uns stilistisch interessiert.

In diesem Fall sind (1) die Eigenschaften, die die Alternativenklasse definieren, die also alle Fenster charakterisieren. Dazu gehören Eigenschaften wie ‚gehört zu einem Gebäude', ‚verschließt eine Öffnung in einer Außenwand', ‚lichtdurchlässig' usw.

Zu (2) gehören Eigenschaften, die sich aus Kontext und Funktion der Realisierungsstelle (und eventuell aus einer ihr zugedachten Zeichenfunktion) ergeben, also beispielsweise ‚ist für ein Dach geeignet', ‚ist für ein Atelier geeignet', ‚kann wasserdicht verschlossen werden' oder ‚soll wie ein Auge wirken'.

Unter (3) fallen alle Eigenschaften, die das Fenster ohne Betrachtung seines Kontexts hat, also etwa seine Größe, seine Form, seine Proportionen, das Material des Rahmens und der Füllung, Unterteilungen, aber auch Bezüge auf Architekten- oder Epochenstile, Konnotationen, Wertungen wie ‚schön' oder ‚hässlich' in einer bestimmten Kultur, Herstellerfirma, Anbringungshöhe relativ zum Stockwerkboden und viele weitere.

(4) sind Eigenschaften, die sich im Vergleich zu den anderen Elementen der Alternativenklasse ergeben, etwa ‚wurde relativ zu anderen Fensterlösungen erst kürzlich erfunden', ‚ist vergleichsweise teuer', ‚ist (für Schemaorte dieses Typs) häufig anzutreffen', ‚ist (für Schemaorte dieses Typs) überraschend'. Häufigkeit und Kontrast fallen in diese Kategorie, wenn sie ohne Berücksichtigung der umgebenden Realisierung beurteilt werden.

(5) sind Eigenschaften wie ‚passt zur Tür', ‚ist nicht größer als die Dachgaubenfenster', ‚überrascht im Kontext der umgebenden Fenster', ‚steht im Kontrast zum umgebenden Mauermaterial', ‚kommt auch an mehreren anderen Realisierungsstellen vor', Eigenschaften also, die sich erst im Vergleich mit den Elementen, die für andere Stellen der Realisierung gewählt wurden, ergeben.[132]

---

[132] Es ist offensichtlich, dass es bei diesen Eigenschaften darauf ankommt, in welcher Reihenfolge für die verschiedenen Realisierungsstellen gewählt wird. Im vorliegenden Modell

84 Kapitel 2: Annäherung an das Stilmodell

Beispiel 2

Das Lenkrad eines Kraftfahrzeugs wird betrachtet.

(1) sind Eigenschaften, die es als Teil eines bestimmten Schemaorts eines bstimmten Schemas kennzeichnen („Bestandteil eines Fortbewegungsmittels mit Rädern'), sowie Eigenschaften, die den Schemaort kennzeichnen („zum Lenken'). Man beachte, dass dasselbe Lenkrad auch an einem Schiff befestigt sein und dort stilistisch eine andere Wirkung haben könnte. Die Merkmalsregeln müssen daher (1) nennen.

(2) Marke, Typ, Ausstattung, Tuning, manuelle Veränderungen, Zustand des Autos

(3) Größe, Form, Farbe, Material, Proportionen, Hersteller, Wertungen in einer Kultur, Verweis auf andere Stile, kulturelle Anspielungen, Preis

(4) ‚ist ähnlich den meisten anderen Lösungen [= Elementen der Alternativenklasse]', ‚ungewöhnliche Ausführung', ‚relativ zu anderen Lösungen kürzlich erfunden'

(5) ‚passt zum Armaturenbrett', ‚im Vergleich zum Innenraum edel', ‚im Kontext der übrigen Innenausstattung vorhersehbar'

Diese Aufteilung der Eigenschaften ist ausreichend genau für unsere Zwecke. Sie unterscheidet alle denkbaren Eigenschaften eines Elements einer Alternativenklasse nach ihrer Funktion in dem zu konstruierenden Modell.

Die Eigenschaften (1) und (2) werden in den Alternativenbedingungen von Alternativenklassen verwendet, um diese festzulegen.[133]

In den Merkmalsregeln werden alle fünf Arten von Eigenschaften verwendet:[134] In den *Anwendungsbedingungen* einer Merkmalsregel werden Bedingungen angegeben, die für eine Alternativenklasse gelten müssen, damit die Merkmalsregel auf sie angewandt wird. Dazu wird mit Hilfe der Eigenschaften (1) ein Schemaort eines Schemas festgelegt; es können auch genauere Festlegungen mit Hilfe der Eigenschaften (2) erfolgen. In den *verlangten Eigenschaften* wird nun festgelegt, welche Eigenschaften ein Element haben muss, um an der entsprechenden Realisierungsstelle realisiert zu werden. Dies können Eigenschaften aus (3), (4) und/oder (5) sein.[135]

---

wird dennoch keine ‚richtige' Reihenfolge für die Bearbeitung der Realisierungsstellen angegeben. Tatsächlich hängt im Fall des Fensters die Berücksichtigung anderer Teile des Gebäudes davon ab, wie weit dieses bereits geplant wurde, wenn für die jeweilige Realisierungsstelle die endgültige Auswahlentscheidung getroffen wird.

[133] Vgl. Abschnitt 4.4.
[134] Vgl. Abschnitt 5.3.1.
[135] Generell werden in den Beispielen zwar die verlangten Eigenschaften, aber nicht die Anwendungsbedingungen intensional angegeben; für letztere wird eine sprachliche Umschreibung gegeben. Andernfalls müsste man eine Ontologie verwenden, die angibt, welche Eigenschaften beispielsweise ‚Fenster' intensional definieren. Selbst wenn sich eine Ontologie finden ließe, die dies zuverlässig leistet, wäre eine solche Darstellung schwer verständlich. Es ist einfacher, ein natürlichsprachliches Wort oder eine Beschreibung an-

Die Anwendung der Merkmalsregel besteht darin, dass die Alternativenklasse reduziert wird: Sie wird definiert, indem die Elemente der reduzierten Alternativenklasse zusätzlich die Eigenschaften aus (3), (4) und (5) besitzen müssen. Die reduzierte Alternativenklasse wird also durch eine Intension gebildet, die die Eigenschaften aus den Anwendungsbedingungen ebenso wie die verlangten Eigenschaften umfasst, also in den obigen Beispielen die Eigenschaften der Arten (1) bis (5).

Merkmalsregeln regeln das Zusammenspiel von Alternativenklassen und Realisierung. Beim Anwenden eines Stils beeinflussen die Merkmalsregeln die Erzeugung der Realisierung. Beim Wahrnehmen eines Stils kann daher aus der vorliegenden Realisierung Information entnommen werden, indem (a) die Alternativenklassen rekonstruiert werden, die bei der Erzeugung der Realisierung vermutlich gegolten haben, und (b) aus dem Verhältnis zwischen den rekonstruierten Alternativenklassen – also den Möglichkeiten, die es jeweils für die Realisierung gegeben hätte – und der konkret vorliegenden Realisierung die Merkmalsregeln erzeugt werden, die angewandt wurden.

Merkmalsregeln sind also eine Art, wie Informationen mit Hilfe der Alternativenklassen in einer Realisierung untergebracht werden können. Information, die sich unmittelbar aus der Realisierung (ohne Betrachtung der Auswahl aus den Alternativenklassen) ergibt, wird nicht zum Stil gezählt, wie wir inzwischen an verschiedenen Beispielen gesehen haben. Ein Stil besteht somit aus einer Menge von Merkmalsregeln. Im weiteren Sinn können auch Informationen, die sich aus einer Menge von Merkmalsregeln erzeugen lassen, zum entsprechenden Stil gezählt werden.

Wird eine Menge von Merkmalsregeln bei der Erzeugung einer Realisierung angewandt, nennen wir dies „Einschreiben der Merkmalsregeln" in die Realisierung. Der Vorgang, in dem die angewandten Merkmalsregeln rekonstruiert werden, soll „Auslesen der Merkmalsregeln" genannt werden. (Diese Vorgänge werden im nächsten Abschnitt genauer untersucht.)

Damit eine Merkmalsregel in eine Realisierung eingeschrieben wird, müssen bestimmte Voraussetzungen gelten:

(a) Sie muss auf erkennbare Weise angewandt werden, um aus dem Anwendungsergebnis ablesbar zu sein, wobei die Erkennbarkeit von ihrer Auffälligkeit, der Häufigkeit der Anwendung, der Komplexität der Realisierung und den vorhandenen Kontextinformationen, die auf mögliche Merkmalsregeln hinweisen können, abhängt.

(b) Die Regelanwendungen müssen erkennbar bleiben; es muss gesichert sein, dass Regeln nicht parallel angewandt werden, sondern stets nacheinander,

---

zugeben, in diesem Fall das Wort „Fenster". Es wird jedoch angenommen, dass die entsprechenden Variablen die für eine intensionale Definition erforderlichen Eigenschaften enthalten. (Vgl. Abschnitt 6.3, Unterabschnitt *Zur Darstellung von Anwendungsbedingungen und verlangten Eigenschaften in den Beispielen*.)

wobei die spätere Regel nur aus dem Auswahlergebnis der früher angewandten Regeln auswählt. (Dies würde wenig Sinn machen, wenn eine Regel bei ihrer Anwendung nur ein Element auswählen würde; das Auswahlergebnis einer Regel enthält jedoch alle Elemente, die die verlangten Eigenschaften besitzen.)

Zur Formulierung von Regelmäßigkeiten der Auswahl als Regeln

Warum werden jene Regelmäßigkeiten der Auswahl bei der Erzeugung einer Realisierung, die stilistische Merkmale erzeugen, in der vorliegenden Theorie als Regeln dargestellt? Wäre es nicht ausreichend, den Typ von Realisierungsstelle, an dem die Regelmäßigkeit vorliegt, und die dort stilistisch relevanten Eigenschaften anzugeben? Eine solche Definition, beispielsweise in Form eines natürlichsprachlichen Satzes, könnte als „Auswahlbeschreibung" bezeichnet werden. Für den Stil A eines Gebäudes würde etwa gelten:

„Fenster werden immer/oft/manchmal quadratisch ausgeführt."

„Fassaden werden immer/oft/manchmal in der Farbe weiß ausgeführt."

„Dächer werden immer/oft/manchmal als Flachdächer ausgeführt."

...

Diese Beschreibungen sagen im Wesentlichen dasselbe aus wie die hier vorgeschlagenen Merkmalsregeln: Sie geben die Bereiche der Realisierung an, für die das Merkmal erzeugt werden soll („Fenster", im Modell sind dies die Anwendungsbedingungen) und spezifizieren die Eigenschaften, die dort verlangt werden („quadratisch"). Im Beispiel wird zudem noch die (ungefähre) Wahrscheinlichkeit angegeben: „Immer", „oft" oder „manchmal" wird die spezifizierte Auswahl getroffen.

Eine weitere Möglichkeit ist die Formulierung von Regelmäßigkeiten der Auswahl als logische Bedingungen. Der Stil A wurde in eine Realisierung eingeschrieben, wenn sie die Bedingungen erfüllt:

$Bed_1(A)$: $\forall x$ (Fenster$(x) \rightarrow$ quadratisch(x))

$Bed_2(A)$: $\forall x$ (Farbe der Fassaden$(x) \rightarrow$ weiß(x))

$Bed_3(A)$: $\forall x$ (Dach$(x) \rightarrow$ Flachdach(x))

...

In einer Wahrscheinlichkeitslogik könnten auch noch Wahrscheinlichkeiten hinzugefügt werden. – Bei beiden Formulierungen ergibt sich das Problem, dass die kontextuellen, funktionalen oder inhaltlichen Bedingungen, die die tatsächliche Auswahl einschränken, nicht berücksichtigt werden. Die Formulierungen könnten allerdings entsprechend abgewandelt werden, beispielsweise zu

„Fenster werden, wenn die kontextuellen, funktionalen und inhaltlichen Bedingungen dies zulassen, immer/oft/manchmal quadratisch ausgeführt."

beziehungsweise zu

Bed$_1$(A): $\forall x\ ((\Diamond(\text{Fenster}(x) \land \text{quadratisch}(x) \land \text{erfüllen}(x,y) \land (\text{kontextuelle\_Bed}(y) \lor \text{funktionale\_Bed}(y) \lor \text{inhaltliche\_Bed}(y)))) \rightarrow \text{quadratisch}(x))$

Es ergeben sich Formulierungen, die deutlich komplizierter als die Darstellung als Merkmalsregeln sind, weil sie die Anforderung, dass die verschiedenen Bedingungen erfüllt sein müssen, explizit repräsentieren. Dennoch könnten wir mit ihnen in der Praxis wenig anfangen: Kontextuelle, funktionale und inhaltliche Bedingungen können für jede Realisierungsstelle in unterschiedlichen Kombinationen auftreten, es ist nicht vorhersagbar, wie sie sich auf die jeweils zur Verfügung stehenden Möglichkeiten auswirken. Nur durch Bildung von Alternativenklassen und Anwendung der Merkmalsregeln lässt sich überprüfen, an welchen Realisierungsstellen überhaupt Varianten zur Verfügung stehen, die die Bedingungen erfüllen.

Die beiden untersuchten Darstellungsweisen enthalten prinzipiell dieselben Informationen über Regelmäßigkeiten der Auswahl wie Merkmalsregeln und sind daher als Darstellung dieser Regelmäßigkeiten ebenfalls möglich.[136] Sie helfen jedoch nicht, um von den Auswahlvorgängen zur Realisierung zu gelangen oder umgekehrt. Nur mit Hilfe von Regeln, die auf Alternativenklassen angewandt werden, kann festgestellt werden, welchen Einfluss die Regelmäßigkeiten der Auswahl tatsächlich auf die Realisierung haben.

2.13 Einschreiben und Auslesen von Merkmalsregeln

Die Bezeichnungen „Einschreiben" und „Auslesen" sind im Zusammenhang mit einem Zeichenprozess ungewöhnlich. Es muss daher definiert werden, was darunter verstanden werden soll.

Rekapitulieren wir noch einmal die Ergebnisse der letzten Abschnitte: Die Trennung zwischen Merkmalen und den Merkmalsregeln, die sie erzeugen, könnte auf den ersten Blick unnötig erscheinen. Sie ermöglicht es jedoch, die Vorhersagefähigkeit von Stil schlüssig zu beschreiben. Ein Merkmal kann damit als eine Regelmäßigkeit an einer konkreten Realisierung aufgefasst werden, während Merkmalsregeln abstrakte Auswahlregelmäßigkeiten modellieren. Dies hat auch den großen Vorteil, dass wir Merkmalsregeln als direkte Bestandteile eines

---

[136] Stilistische Merkmale, die an konkreten Realisierungen auftreten, als Bestandteile eines Stils aufzufassen, würde es unmöglich machen, in Stilen abstrakte Gestaltungsprinzipien zu sehen.

Stils auffassen können, den wir als übertragbares Gestaltungsprinzip sehen möchten, während sich Merkmale an konkreten Realisierungen befinden.

Dabei lassen sich bestimmte Merkmale durchaus auf bestimmte Merkmalsregeln beziehen: Eine Merkmalsregel modelliert eine bestimmte Regelmäßigkeit der Auswahl, die in verschiedenen Realisierungen (je nach den geltenden Bedingungen) unterschiedliche Merkmale hervorbringt.

Verwendet beispielsweise ein Architekt für ‚Fenster' die Ausführung als ‚raumhohe Flächenverglasung', kann dies bei einem Bürogebäude, an dem dies überall möglich ist, zu einer gleichmäßig gegliederten Fassade führen, während bei einem Wohngebäude bei bestimmten Fenstern (etwa der Toilette, des Bads, des Kellers oder einer Dunkelkammer) diese Lösung nicht infrage kommt; es entsteht in beiden Fällen eine durchaus unterschiedliche Fassade, die nicht als dasselbe stilistische Merkmal aufgefasst werden kann. Dennoch erhält man in beiden Fällen (bei richtiger Rekonstruktion der Alternativenklassen) dieselbe Merkmalsregel als Ursache des Merkmals und würde daher für das nächste Gebäude in diesem Stil dieselbe Vorhersage machen.

Die bei Schemaausführungen vorkommenden Regularitäten, die als Merkmalsregeln modelliert werden, können dabei ganz unterschiedliche Ursachen haben: Sie können absichtlich erzeugt werden, durch derzeitige Umweltfaktoren und frühere Einflüsse auf den Stilanwender verursacht, aber auch physiologisch bedingt sein (etwa bei Geh- und Laufstilen; vgl. Abschnitt 7.1.6); oft wird eine Mischung dieser verschiedenen Faktoren vorliegen. Merkmalsregeln sind eine einheitliche Formulierungsweise für die Regularitäten der Auswahl, die bei der Realisierung eines Schemas tatsächlich auftreten, egal wodurch diese bewirkt sind. Merkmale wiederum sind die Spuren, die durch diese Regularitäten des Auswahlvorgangs in der Realisierung erzeugt werden.

Merkmalsregeln und stilistische Merkmale sind Entitäten, die für sich genommen beschrieben werden können. Treten sie in den Zusammenhang eines Zeichenprozesses, dann entsteht ein stilistisches Zeichen. Dabei werden die Merkmalsregeln zum *Zeicheninhalt* und die durch sie in einer Realisierung erzeugten Merkmale zum *Zeichenträger*. Die Merkmale sind ein *Anzeichen* (= Index) für die angewandten Merkmalsregeln.

Dabei handelt es sich um ein Zeichen mit bestimmten Besonderheiten, die es von anderen Zeichen unterscheiden: Sein Zeicheninhalt besteht in einer Menge von Regeln, sein Zeichenträger in den Spuren, die deren Anwendung in der Realisierung hinterlassen. Für die Produktion und Rezeption dieses Zeichens definieren wir zwei Bezeichnungen, die diese Besonderheiten ausdrücken sollen:

Def. **Einschreiben von Merkmalsregeln** in eine Realisierung: Als „Einschreiben" von Merkmalsregeln soll jener Prozess bezeichnet werden, in dem Merkmalsregeln bei der Erzeugung einer Realisierung angewandt und dadurch stilistische Merkmale in der Realisierung erzeugt werden.

Def. **Auslesen von Merkmalsregeln** aus einer Realisierung: Als „Auslesen" von Merkmalsregeln soll jener Prozess bezeichnet werden, in dem stilistische Merkmale an einer bestimmten Realisierung zum Anzeichen für die Merkmalsregeln werden, deren Anwendung sie erzeugt hat.

„Einschreiben" und „Auslesen" sind somit spezielle Bezeichnungen, die für die Prozesse der Produktion und der Rezeption des stilistischen Zeichens verwendet werden. Sie beschreiben die Besonderheit dieses Zeichenprozesses, die darauf beruht, dass Regelanwendungen zu Regelanwendungsspuren führen (Einschreiben), aus denen die Regeln wiederum rekonstruiert werden können (Auslesen).

2.14 Zwei Prozesse

Merkmalsregeln spezifizieren durch die Angabe von Eigenschaften des Typs (1), auf welche Realisierungen sie prinzipiell angewandt werden sollen. Dann spezifizieren sie eine oder mehrere Eigenschaften des Typs (2) bis (4), die dem auszuwählenden Element zukommen sollen. Wenn kein solches Element vorhanden ist, bleibt die Merkmalsregel bei dieser Alternativenklasse wirkungslos. Wenn mehrere solche Elemente vorhanden sind, spezifiziert die Merkmalsregel diese Menge als reduzierte Alternativenklasse. Daher liefert die Menge der Merkmalsregeln eines Stils auch als Output keine fertige Realisierung, sondern spezifiziert nur für einige Stellen der Realisierung Elemente und für andere Elementmengen, so dass in jedem Fall noch ein weiterer Schritt zur Erzeugung der Realisierung angenommen werden muss.[137] Für die anderen Stellen der Realisierung und für die reduzierten Alternativenklassen wird angenommen, dass auf andere, nicht stilistisch relevante Art ausgewählt wird (z.B. durch Zufall oder auf eine andere Art, die zu keinen erkennbaren Regelmäßigkeiten führt). Genau genommen sind die Merkmalsregeln daher Auswahl-Beeinflussungsregeln.

Die meisten Stile bestehen aus mehreren Merkmalsregeln. Merkmalsregeln gelten immer für den gesamten betrachteten Realisierungsabschnitt. Damit haben wir das Problem vermieden, Geltungsbereiche für Merkmalsregeln festlegen zu müssen. Ändert sich die Menge der Merkmalsregeln von einem Realisierungsabschnitt zum nächsten, ändert sich unserer Definition gemäß auch der Stil, wobei sich durch teilweise Übereinstimmung der Merkmalsregeln eine Ähnlichkeit des Stils ergibt.[138]

Allerdings interessiert uns bei Stilen durchaus nicht nur, dass bestimmte Schemaorte auf eine bestimmte Weise realisiert sind (z.B. ‚Fenster' als ‚Flächenverglasung', ‚Dach' als ‚Flachdach' usw.). Die Relationen zwischen diesen einzel-

---

[137] Vgl. Abschnitt 5.2.2, Funktion *Schemaausführung*, Schritt 4.
[138] Nicht alle Ähnlichkeiten zwischen Stilen lassen sich mit übereinstimmenden Merkmalsregeln beschreiben, manche ergeben sich erst durch die Zusammenhänge zwischen verschiedenen Merkmalsregeln (vgl. Modul C).

nen Gestaltungsweisen, die Eindrücke, die sich aus ihnen ergeben, und die Bedeutungen, die sich ihnen zuordnen lassen (hier beispielsweise der Bezug auf die Prinzipien der Moderne), erscheinen uns bei der Beschäftigung mit Stilen als mindestens genauso relevant.

Im hier entwickelten Stilmodell werden alle Vorgänge, die über das Einschreiben und Auslesen der Merkmalsregeln (vgl. Abschnitt 2.13) hinausgehen, in einen zweiten Teil des Modells verlegt, die Interpretation (vgl. Abschnitt 2.15). Diese Trennung geschieht zunächst einmal aus Darstellungsgründen: In der Praxis hängt die Wahrnehmung der Merkmale oft eng mit der Wahrnehmung der Relationen, in denen sie zueinander stehen, und der Zeichenprozesse, die sie einzeln oder gemeinsam auslösen, zusammen. Die Trennung ermöglicht jedoch eine präzise Beschreibung: Für die Merkmalsregeln können wir präzise angeben, wie sie die Realisierung bei ihrer Erzeugung beeinflussen und aus dieser wieder erschlossen werden können; alle darüber hinausgehenden Aspekte eines Stils können dann in der Interpretation ausgehend von den Merkmalen erzeugt werden. (Da die Interpretation auch im Zusammenhang mit dem Anwenden eines Stils erfolgen kann, können diese Aspekte auch dort berücksichtigt werden.)

Wenn sich eine nicht offensichtliche kategorielle Trennung als nützlich für die Darstellung erweist, findet man sie oft auf den zweiten Blick auch im Gegenstandsbereich wieder. Dies gilt auch hier: Der Merkmalsprozess im Modell entspricht ungefähr jenen Vorgängen, bei denen stilistische Merkmale erzeugt oder aus stilistischen Merkmalen auf die Auswahlregelmäßigkeiten, die sie erzeugt haben, geschlossen wird. Der Interpretationsprozess entspricht ungefähr jenen Vorgängen, in denen beim Wahrnehmen eines Stils eine Interpretation stattfindet (wobei ausgehend von den Merkmalen eines Stils mögliche Gründen für diese gesucht, Beziehungen zwischen ihnen geprüft, Schlussfolgerungen angestellt, Bedeutungen erkannt, Assoziationen entwickelt, Spekulationen angestellt sowie Eindrücke und Gefühle empfunden werden).

Der Merkmalsprozess beschreibt also die Entstehung stilistischer Merkmale. Diese spielen auch beim alltäglichen Sprechen über Stil und in vielen Stiltheorien eine wichtige Rolle. Wenn bezüglich einer bestimmten Stelle einer Realisierung vom Stilwahrnehmer eine Aussage darüber gemacht wird, nach welchen Kriterien das konkret vorgefundene Element hier ausgewählt wurde, dann wird oft von einem „stilistischen Merkmal" gesprochen.

So sind die berühmt-berüchtigten stilistischen Merkmale, mit deren Hilfe zwischen einem romanischen und einem gotischen Baustil unterschieden werden kann, der Rundbogen und der Spitzbogen. Beim Autofahren könnte die riskante Durchführung eines Überholmanövers als Hinweis auf einen ‚riskanten' Fahrstil betrachtet werden. In beiden Fällen geschieht jedoch bereits bei der traditionellen Analyse mehr, als es den Anschein hat: Es wird nicht einfach auf etwas direkt Sichtbares hingewiesen; vielmehr wird

(a) eine bestimmte Stelle (oder mehrere derselben Art) einer konkreten Realisierung (eines Gebäudes; einer Autofahrt) ausgesucht, zum Beispiel der obere Abschluss der Fensteröffnungen bzw. Situationen, in denen Überholen möglich ist;

(b) es werden Eigenschaften des jeweiligen Elements angegeben, die als stilistisch relevant betrachtet werden können (nämlich ‚runde Bogenform'/‚spitze Bogenform' bzw. ‚riskant'), wobei durch die Betrachtung als stilistische Merkmale impliziert wird, dass es diese Merkmale waren, nach denen das entsprechende Element ausgesucht wurde (und nicht andere; dann wären die betrachteten Eigenschaften akzidentiell und stilistisch nicht relevant).

(c) es wird impliziert, dass beim Vorhandensein des entsprechenden Stils mit einer gewissen Wahrscheinlichkeit an den in (a) beschriebenen Stellen ein Element mit den in (b) genannten Eigenschaften zu finden ist.

Dies macht es naheliegend, stilistische Merkmale als Ergebnisse der Anwendung von Regeln zu beschreiben. Dabei sind die in (a) genannten Realisierungsstellen jene, auf die die Merkmalsregel anzuwenden ist; die in (b) genannten Eigenschaften sind die von der Merkmalsregel verlangten Eigenschaften; und (c) rechtfertigt es, von einer Regel zu sprechen, die mit einer bestimmten Wahrscheinlichkeit angewandt wird.

Den Prozess, in dem Merkmalsregeln angewandt und dadurch stilistische Merkmale in eine Realisierung eingeschrieben oder aus ihr ausgelesen werden, nennen wir „Merkmalsprozess" (vgl. Kapitel 4 und 5). Den Prozess, in dem ausgehend von den Merkmalsregeln Erkenntnisse, Eindrücke, Gefühle usw. erzeugt werden, nennen wir „Interpretationsprozess" (vgl. Kapitel 6 und 7).

Die mit Stilen verbundenen Zeichenprozesse sind in Abb. 1 dargestellt.

Realisierung R (enthält Merkmale) — B wird ausgelesen aus R / B wird eingeschrieben in R — Stil x (besteht aus einer Menge von Merkmalsregeln B) — Interpretation von B erzeugt Er — Menge der Ergebnisse Er der Interpretation

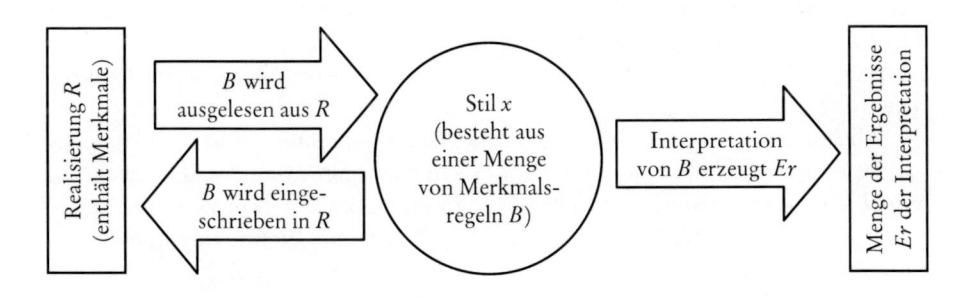

Abb. 1 Zeichenprozesse beim Anwenden und Wahrnehmen von Stil

2.15 Die Interpretation

Wir haben nun viel über stilistische Merkmale und ihr Entstehen nachgedacht. Das Wahrnehmen eines Stils geht aber tatsächlich weit über die Beobachtung von Merkmalen hinaus:

(1) Bei einer Autofahrt wird geschlossen, dass der Fahrer vorsichtig und rücksichtsvoll fährt, obwohl er in der Lage ist, schnell und effektiv zu fahren und kontrollierbare Risiken einzugehen (etwa bei Regen vorsichtig zu überholen). Es ergeben sich Rückschlüsse auf seine Persönlichkeit, die als rücksichts- und verantwortungsvoll, aber nicht ängstlich erscheint.

(2) Bei einem Gebäude wird erkannt, dass bei seinem Bau mehr auf repräsentative Wirkung geachtet wurde als auf Bequemlichkeit, Funktionsgerechtheit und günstigen Preis. Das Gebäude macht den Eindruck, seinen Nutzern gegenüber gleichgültig zu sein.

(3) Bei der Ausschilderung einer Straße wird festgestellt, dass sehr viele Verkehrszeichen aufgestellt sind, die in kurzen Abständen die Geschwindigkeit regulieren, auf mögliche Gefahren und sogar auf Sehenswürdigkeiten neben der Straße hinweisen. Dies wirkt so, dass ob die Aufmerksamkeit der Straßenbenutzer genau gelenkt und ihnen jede Entscheidung (etwa über die angemessene Geschwindigkeit) abgenommen werden soll; dies löst Ärger aus.

Die Beispiele haben gemeinsam, dass Schlüsse gezogen oder Erklärungen gesucht werden, dass Überlegungen angestellt werden, Eindrücke entstehen und mit Gefühlen reagiert wird, wobei der Ausgangspunkt für diese Vorgänge immer die Merkmale eines bestimmten Stils sind. Solche Vorgänge sollen, wenn sie bezogen auf einen Stil durchgeführt werden, als „Interpretation" dieses Stils bezeichnet werden.

Zur Interpretation gehören dabei alle Vorgänge, die über die Wahrnehmung der stilistischen Merkmale hinausgehen. Dabei können verschiedene Vorgehensweisen angewandt werden, von der logischen Schlussfolgerung über freies Assoziieren bis hin zu Gefühlsreaktionen. Es entstehen verschiedene Sorten von Ergebnissen, von sprachlich formulierten Aussagen über Eindrücke, die ohne klare Formulierung im Bewusstsein existieren, bis zu gefühlsmäßigen Reaktionen.

Viele dieser Vorgänge erfordern, dass *Hintergrundwissen* hinzugezogen wird – beispielsweise darüber, was für Persönlichkeitstypen es gibt und zu welchem Verhalten sie typischerweise führen; was unter Repräsentation zu verstehen ist und welche Reaktionen von Betrachtern repräsentative Architektur hervorrufen soll; oder dass Autofahrer auf einer gut einsehbaren Straße durchaus selbst entscheiden können, wie schnell sie eine bestimmte Passage fahren können. Auch aus bereits gewonnenen Ergebnissen können, mit oder ohne Hintergrundwissen, weitere Ergebnisse gewonnen werden.

Neben dem *Merkmalsprozess*, in dem die Merkmalsregeln eines Stils in eine Realisierung eingeschrieben oder aus ihr ausgelesen werden, existiert somit der *Interpretationsprozess*, in dem aus den Merkmalsregeln Ergebnisse abgeleitet werden.

Die beiden Prozesse werden beim Anwenden und beim Wahrnehmen von Stilen in unterschiedlicher Reihenfolge ausgeführt. Beim Anwenden eines Stils kann der Interpretationsprozess gewissermaßen zur Probe ausgeführt werden, wenn untersucht wird, welche Ergebnisse sich aus dem Stil ergeben. Eventuell werden Merkmalsregeln geändert, um die angestrebten Ergebnisse zu erreichen. Dann wird mit Hilfe des Merkmalsprozesses die sich ergebende Menge von Merkmalsregeln in eine Realisierung eingeschrieben. Diese wird damit zu einem Stilträger.

Beim Wahrnehmen eines Stils wird umgekehrt zunächst der Merkmalsprozess aufgerufen; aus der betrachteten Realisierung wird eine Menge von Merkmalsregeln ausgelesen. Aus dieser werden dann mit Hilfe des Interpretationsprozesses Ergebnisse erzeugt.

2.16 Definition von Stil

Der traditionellen Auffassung von Begriffen zufolge kann man diese definieren; oft herrscht allerdings über lange Zeit Streit darüber, wie ein Begriff zu definieren ist, und in vielen Fällen scheint eine hinreichende Definition bis heute nicht gelungen zu sein.[139] Die hier vorgestellte Theorie fasst Stil in erster Linie als ein Phänomen auf; der Begriff wird nur als eine Art Zugriffshilfe für dieses Phänomen angenommen. Nach dieser Auffassung bleibt beim menschlichen Umgang mit Stil das Phänomen maßgeblich; der Begriff kann nicht das Primat beanspruchen.[140]

---

[139] So fehlt der Bildwissenschaft überraschenderweise eine allgemein anerkannte Bilddefinition; vgl. Abschnitt 8.1.4.

[140] Dies erkennt man daran, dass die jeweils angegebenen Definitionen gar nicht allzu viel daran ändern, wie „Stil" von verschiedenen Stiltheoretikern gebraucht wird. Dies zeigt sich etwa bei Buffon und seinen Nachfolgern (vgl. Fußnote 27): Die Aussage „Stil ist der Mensch selbst" besagt sinngemäß, dass Stil wesentlich für den Menschen sei und sich nicht von ihm als Individuum trennen lasse. Dies ist oft als eine Auffassung von Stil verstanden worden, also eine Stildefinition. Dann müssten jedoch auch Charakter und Persönlichkeit, die individuelle Biographie, Erfahrungen und Erinnerungen zum Stil eines Menschen gehören; so umfassend hat jedoch kein Buffonanhänger den Begriff verwendet. Ebenso müsste die Tradition, die mit Samuel Wesley „Style is the dress of thought" annimmt (vgl. Fußnote 27), was entmetaphorisiert als „Stil ist die Art und Weise, wie ich meine Gedanken ausdrücke" wiedergegeben werden kann, darunter auch die Wahl des Zeichensystems und des Mediums verstehen: Schließlich ist auch die Frage, ob man seine Gedanken in Deutsch oder in Englisch ausdrückt und ob man sie mündlich mitteilt oder drucken lässt, eine Frage ihrer ‚Einkleidung'. Kein Anhänger Wesleys hat aber die Sprache, in der eine sprachliche Äußerung formuliert ist, oder die Tatsache, dass sie schriftlich oder mündlich vorliegt, als eine Frage des Stils dieser Äußerung aufgefasst.

Weder Buffon noch Wesley oder einer ihrer Anhänger sind also in die Fehler verfallen, die ihre Aussagen über Stil, als Definitionen verstanden, nahelegen würden. Dies zeigt, *dass sie intuitiv bereits wussten, was Stil ist*, und mit ihren Charakterisierungen nur auf bestimmte Aspekte von Stil hinweisen wollten, die ihnen wichtig waren. Beispielsweise betonte Buffon, der zur Zeit des in äußeren Formen erstarrten Ancien régime lebte, dass der Stil – und damit war nicht nur sprachlicher Stil, sondern auch gesellschaftlicher Stil gemeint – ein Aspekt der Individualität und nicht der bloßen Konventionen sei.

Es wird angenommen, dass die Bedeutung des Worts „Stil" der Alltagssprache der natürlichsprachliche Begriff ‚Stil' ist und dass dieser im gewöhnlichen Gebrauch auf das Phänomen Stil referiert.[141]

Es wird daher im Folgenden von alltagssprachlichen Verwendungsweisen des Worts „Stil" ausgegangen, die mit Hilfe des Stilmodells, dessen Grundzüge in diesem Kapitel skizziert wurden, präzisiert werden. Damit gelangen wir zu einer Definition, die gleichzeitig eine Begriffsexplikation von ‚Stil' darstellt und mit der angestrebten Modellierung des Phänomens Stil kompatibel ist.[142]

Zunächst sind zwei alltagssprachliche Verwendungsweisen des Worts „Stil" zu unterscheiden:[143] In einem allgemeinen Sinn bezeichnet „Stil" einen bestimmten Zeichenprozesstyp; in einem speziellen Sinn eine bestimmte Menge von Regeln, die auf eine bestimmte Art angewandt werden kann:

(a) $Stil_a$: Stil als Phänomen, nämlich als ein bestimmter Zeichenprozesstyp, der dadurch gekennzeichnet ist, dass stilistische Merkmale in eine Realisierung eingeschrieben oder aus ihr ausgelesen werden, wobei eine Interpretation ausgehend von diesen Merkmalen vorgenommen werden kann.

Diese Verwendungsweise findet sich in Sätzen wie „Stil ist ein sehr spannendes Phänomen" oder „Stil wird in allen Lebensbereichen immer wichtiger".

(b) $Stil_b$: Ein bestimmter Stil kann vortheoretisch als „eine bestimmte Art und Weise, ein bestimmtes Schema zu realisieren" bezeichnet werden. Es han-

---

Ein weiteres Beispiel: Der strukturalistische Stiltheoretiker Michael Riffaterre beginnt seine Überlegungen zur stilistischen Funktion (Riffaterre 1964) mit einer indirekten Stildefinition: „Stylistics studies those features of linguistic utterances that are utilized to impose the encoder's way of thinking on the decoder, i.e. it studies the act of communication not as merely producing a verbal chain, but as bearing the imprint of the speaker's personality, and as compelling the addressee's attention." (Riffaterre 1964: 316) Würde sich Riffaterre an diese Definition halten, müsste er alle Aspekte des Stils, die nicht mit der Denkweise oder Persönlichkeit des Stilanwenders zu tun haben, ausschließen.
Riffaterre fährt fort: „In short it studies the ways of linguistic efficiency (expressiveness) in carrying a high load of information." Würde Riffaterre sich an diese Zuschreibung halten, könnte er einen langatmigen bürokratischen Stil, der die Informationsdichte des Textinhalts erheblich verringert, selbst aber nur die Information ‚langatmig, bürokratisch' trägt, die diese Verringerung nicht ausgleichen kann, nicht als Stil ansehen.
Beide Aussagen enthalten eine richtige Intuition (Stile enthalten tatsächlich Informationen der genannten Art, aber auch viele andere, vgl. die Beispiele in 7.1; Stile tragen Information und vergrößern damit ceteris paribus die Gesamtinformation einer Realisierung, vgl. 2.8), würden aber wörtlich genommen zum Ausschluss ganzer Klassen von Stilen führen. Es gibt keine Hinweise darauf, dass Riffaterre dem bei der Wahl seiner Beispiele gefolgt ist.

[141] Vgl. Abschnitt 1.2, Annahme (A).
[142] Vgl. zum Verhältnis von Begriffsexplikation und Modellierung Abschnitt 1.2.
[143] Dies ist keine vollständige Liste, sondern umfasst nur die für das hier vorgestellte Modell relevanten Verwendungsweisen; davon ist insbesondere die normative Verwendungsweise von „Stil" zu unterscheiden, vgl. Abschnitt 8.3.9.

2.16 Definition von Stil

delt sich um eine beschreibbare Menge von Regelmäßigkeiten der Auswahl, die bei der Ausführung eines bestimmten Schemas vorkommen können. Eine Realisierung besitzt einen bestimmten Stil, wenn die entsprechenden Regelmäßigkeiten der Auswahl bei ihrer Erzeugung gegeben waren. In diesem Fall führen die Regelmäßigkeiten der Auswahl zu Regelmäßigkeiten in der Realisierung, die als „stilistische Merkmale" bezeichnet werden; diese werden beim Wahrnehmen des Stils zum Anzeichen (Index) für die Regelmäßigkeiten der Auswahl bei der Erzeugung der Realisierung. *Ein bestimmter Stil ist also der Zeicheninhalt des Zeichens, dessen Zeichenträger stilistische Merkmale sind.* (Je nach Stilauffassung kann auch noch eine bestimmte Interpretation oder ein Teil einer bestimmten Interpretation zum jeweiligen Stil gerechnet werden; vgl. hierzu Abschnitt 7.3.5.)

Diese Verwendungsweise findet sich in Sätzen wie: „Ihren Stil würde ich jederzeit wiedererkennen" oder „Sein Stil verrät mehr über ihn, als er ahnt".

Die erste Verwendungsweise bezieht sich allgemein auf das Phänomen Stil; die zweite Verwendungsweise bezeichnet einen bestimmten Stil. In beiden Verwendungsweisen ist Stil kein Zeichen: In der ersten Verwendungsweise bezeichnet „Stil" einen bestimmten Zeichenprozesstyp, in der zweiten Verwendungsweise eine bestimmte (mit Hilfe von Regelmäßigkeiten der Auswahl beschreibbare) Ausführungsweise eines Schemas, die bei der Ausführung eines bestimmten Schemas angewendet werden kann.

Bezüglich der zweiten Verwendungsweise könnte eingewandt werden, ein Stil beziehe auch die Merkmale an einer konkreten Realisierung mit ein. Tatsächlich ist (dem Sprachgefühl des Verfassers zufolge) der natürlichsprachliche Begriff hier nicht ganz eindeutig. Die Auffassung, dass eine bestimmte Menge an Regelmäßigkeiten einer Realisierung (= stilistische Merkmale) zusammen mit den Regelmäßigkeiten der Auswahl, auf die sie verweisen, ein Stil sei, ist sicherlich möglich.[144] Es gibt aber eine Reihe von Indizien, die dafür sprechen, dass nur der Inhalt dieses Zeichens – das als „stilistisches Zeichen" bezeichnet werden soll – ein Stil ist:

(1) Ein Stil ist etwas Abstraktes; man kann ihn sich auch überlegen, bevor man ihn bei der Erzeugung einer Realisierung anwendet. Es sind Stile möglich und auch beschreibbar, die bei der Erzeugung keiner Realisierung angewendet wurden, so dass keine Realisierung diesen Stil besitzt. Dies spricht für die Auffassung, dass ein Stil der Inhalt jenes Zeichenprozesses ist, der ausgehend von einer konkreten Realisierung stattfindet.

(2) Sätze wie „Genau denselben [nicht: einen gleichen] Stil hat auch <Pianist x>" und „Diesen Stil [nicht: einen gleichen] habe ich schon einmal gese-

---

[144] Wer dieser Auffassung folgt, kann dennoch das hier vorgestellte Stilmodell als gültig akzeptieren, müsste dann allerdings davon ausgehen, dass nicht eine Merkmalsmenge *B* ein Stil ist, sondern vielmehr eine Merkmalsmenge *B* zusammen mit den stilistischen Merkmalen, die sie bei ihrer Anwendung auf eine oder mehrere Realisierungen erzeugt hat.

hen" weisen darauf hin, dass ein Stil nur die abstrakte Ausführungsweise und nicht deren Anwendung bei einer Realisierung beinhaltet.

(3) Wir scheinen zwischen einem bestimmten Stil und seiner Ausprägung an verschiedenen Realisierungen zu unterscheiden. Sagt beispielsweise jemand „Der Stil von <Architekt y> hat sich verändert; die sonst für ihn typischen freistehenden Schornsteine fehlen hier", ist die Erwiderung denkbar: „Nein, das Baugebiet hat Fernwärme; er konnte daher keinen Schornstein bauen. Sein Stil hat sich nicht geändert". Damit ist gemeint, dass das Merkmal „freistehender Schornstein" an diesem Gebäude nicht ausgeprägt werden konnte und dennoch keine Veränderung des Stils angenommen werden muss. Würde der Stil auch die Merkmalsmenge, die durch seine Anwendung an einer bestimmten Realisierung verursacht wird, beinhalten, hätte sich der Stil des Architekten zweifellos verändert. –

Zunächst definieren wir „stilistisches Zeichen":

Def. **Stilistisches Zeichen**: „Stilistisches Zeichen"[145] soll ein bestimmter Zeichentyp genannt werden, dessen Zeicheninhalt eine bestimmte Menge von Merkmalsregeln (die Regelmäßigkeiten der Auswahl bei der Erzeugung der Realisierung modellieren) und dessen Zeichenträger eine Menge von stilistischen Merkmalen an einer (oder mehreren) Realisierungen ist: Die Merkmale werden zum Anzeichen (Index) für die Merkmalsregeln, die sie erzeugt haben. Der Prozess der Erzeugung eines stilistischen Zeichens wird „Einschreiben der Merkmalsregeln" genannt, der Prozess des Empfangs eines stilistischen Zeichens wird „Auslesen der Merkmalsregeln" genannt (vgl. Abschnitt 2.13). Die Prozesse des Einschreibens und Auslesens müssen nicht absichtlich erfolgen.[146]

Unter Berücksichtigung der beiden oben herausgearbeiteten alltagssprachlichen Verwendungsweisen von „Stil" ergibt sich die folgende Definition:[147]

---

[145] Da eine Eins-zu-eins-Zuordnung zwischen stilistischen Merkmalen und den Merkmalsregeln, die sie erzeugen, meist nicht möglich ist (vgl. Abschnitt 2.11), weshalb die Prozesse des Einschreibens und Auslesens für alle Merkmalsregeln zusammen stattfinden (vgl. 5.4.1 und 5.5.3), sprechen wir zusammenfassend von einem „stilistischen Zeichen". Da sich ein Merkmal oft überwiegend aus einer Merkmalsregel ergibt und bei einer geringen Anzahl an Merkmalsregeln sogar eine eindeutige Zuordnung möglich sein kann, ist das stilistische Zeichen ein komplexes Zeichen, das aus einer Menge mehr oder minder stark interagierender Zeichen besteht.

[146] Auch wenn ein Stil unabsichtlich eingeschrieben und von niemandem ausgelesen wird, wird er in dieser Arbeit als Zeicheninhalt und die entstehenden Merkmale als Zeichenträger eines stilistischen Zeichens betrachtet. Gewöhnlich würde in solchen Fällen allenfalls von einem potentiellen Zeichen gesprochen. Es würde hier jedoch zu viele Schwierigkeiten bereiten, diesen Fall separat zu behandeln. Daher ist die Verwendung von ‚Zeichen' in ‚stilistisches Zeichen' relativ weit. Die Information wird in jedem Fall erzeugt (vgl. Abschnitt 2.9), und diesen Vorgang wollen wir im Merkmalsprozess beschreiben.

[147] Die Definition wird in Abschnitt 7.3.6 ergänzt.

Def.   **Stil:** „Stil" bezeichnet in einer allgemeinen Verwendungsweise (Stil$_a$) einen bestimmten Zeichenprozesstyp, bei dem stilistische Zeichen (siehe obenstehende Definition) übermittelt wird. Der Zeicheninhalt stilistischer Zeichen besteht in den Regelmäßigkeiten der Auswahl bei der Erzeugung einer Realisierung eines Schemas (bezogen auf alle Möglichkeiten, die unter gegebenen Bedingungen des Schemas, des Kontexts, der Funktion und des Inhalts bestanden), der Zeichenträger besteht in den Regelmäßigkeiten an einer Realisierung, die durch diese Regelmäßigkeiten der Auswahl entstehen. Zusätzlich zur Übermittlung des stilistischen Zeichens kann eine Interpretation stattfinden, bei der ausgehend vom Zeicheninhalt des stilistischen Zeichens weitere Zeichen erzeugt werden. *Innerhalb des hier vorgestellten Stilmodells wird Stil in dieser Verwendungsweise mit Hilfe des Stilmodells (Kapitel 4 bis 7) modelliert.*

In einer spezielleren Verwendungsweise (Stil$_b$) wird der Zeicheninhalt des stilistischen Zeichens, also eine Menge von Regelmäßigkeiten der Auswahl, die bei der Erzeugung von Realisierungen eines bestimmten Schematyps auftreten können (wobei sie je nach gegebenen Bedingungen des Schemas, des Kontexts, der Funktion und des Inhalts unterschiedliche stilistische Merkmale erzeugen), als „Stil" bezeichnet. Der Zeicheninhalt eines bestimmten stilistischen Zeichens ist in dieser Verwendungsweise „ein (bestimmter) Stil". Der Zeichenträger eines stilistischen Zeichens sind die „(stilistischen) Merkmale" des dazugehörigen Stils. *Innerhalb des hier vorgestellten Stilmodells wird ein Stil in dieser Verwendungsweise als Menge von Merkmalsregeln B modelliert.*

Aus dieser Definition folgt, dass ein Stil an verschiedenen Realisierungen vorkommen kann, an denen er jeweils durch stilistische Merkmale ausgeprägt ist, die (aufgrund von Unterschieden in Kontext, Funktion oder Inhalt) bis zu einem gewissen Grad voneinander abweichen können, insbesondere in der Stärke ihrer Ausprägung. Der Stil einer konkreten Realisierung wird dementsprechend als „Vorkommen des Stils x" bezeichnet, der Stil „findet sich an der Realisierung" (oder „ist in ihr ausgeprägt") und die Realisierung „hat/besitzt Stil x".

2.17 Anwenden und Wahrnehmen von Stilen

Def.   **Anwenden eines Stils:** Wenn jemand bei der Erzeugung einer Realisierung absichtlich oder unabsichtlich einem Stil folgt, dann soll dieser Prozess als „Anwenden eines Stils" bei der Erzeugung einer Realisierung bezeichnet werden. Das Anwenden eines Stils unterscheidet sich vom Einschreiben der Merkmalsregeln dadurch, dass eine angestrebte Interpretation berücksichtigt werden kann (indem die Merkmalsregeln so verändert werden, dass diese Interpretation erzeugt wird); es können dadurch über die Merkmalsregeln hinausgehende Aspekte des Stils berücksichtigt werden. – Die Person(en), die einen Stil anwenden, werden als „Stilanwender" (SA) bezeichnet.

Aufgrund der Einbeziehung der Interpretation sprechen wir vom „Anwenden des *Stils*", aber vom „Einschreiben der *Merkmalsregeln*" (vgl. Abschnitt 2.13), wobei man beachten sollte, dass die Merkmalsregeln alle Information des Stils enthalten und deshalb als kondensierte Darstellung des Stils betrachtet wird (vgl. Abschnitt 7.3.5). Es wird dennoch nicht vom „Einschreiben des Stils" gesprochen, weil es sich um einen rein technischen Prozess handelt, bei dem alle Aspekte des Stils, die über die Merkmalsregeln hinausgehen, keine Rolle spielen.

„Anwenden eines Stils" wird somit für einen übergeordneten Prozess gebraucht, der eventuell die Berücksichtigung einer Interpretation sowie in jedem Fall das Einschreiben einer Menge von Merkmalsregeln in eine Realisierung beinhaltet (vgl. die formale Darstellung dieses Prozesses in Abschnitt 7.3.1).[148]

Das „Anwenden eines Stils" ist vom „Anwenden einer Merkmalsregel", einem wesentlich spezielleren Prozess, zu unterscheiden (vgl. Abschnitt 5.4.2).

Def. **Wahrnehmen eines Stils:** Wenn jemand einen Stil bei der Erzeugung einer Realisierung absichtlich oder unabsichtlich zur Kenntnis nimmt, dann soll dieser Prozess als „Wahrnehmen eines Stils" an einer Realisierung bezeichnet werden. Das Wahrnehmen eines Stils unterscheidet sich vom Auslesen der Merkmalsregeln dadurch, dass eine Interpretation stattfindet; es werden dadurch über die Merkmalsregeln hinausgehende Aspekte des Stils berücksichtigt. – Die Person(en), die einen Stil wahrnehmen, werden als „Stilwahrnehmer" (SW) bezeichnet.

Aufgrund der Interpretation sprechen wir daher vom „Wahrnehmen des *Stils*", aber vom „Auslesen der *Merkmalsregeln*" (vgl. Abschnitt 2.13); wiederum gilt, dass wir nicht vom „Auslesen des Stils" sprechen, weil es sich dabei einen rein technischen Prozess handelt, bei dem alle Aspekte des Stils, die über die Merkmalsregeln hinausgehen, keine Rolle spielen.

„Wahrnehmen eines Stils" wird somit für einen übergeordneten Prozess gebraucht, der das Auslesen einer Menge von Merkmalsregeln aus einer Realisierung sowie eine Interpretation ausgehend von diesen Merkmalsregeln beinhaltet (vgl. die formale Darstellung dieses Prozesses in Abschnitt 7.3.2).

---

[148] Im Grenzfall, wenn keine Berücksichtigung der Interpretation erfolgt, besteht das Anwenden des Stils nur aus dem Einschreiben der Merkmalsregeln.

Kapitel 3: Ausgangspunkte in der Forschung

Die Literatur zu Stil ist uferlos.[149] Gleichzeitig gibt es kaum Werke, die eine allgemeine Stiltheorie entwerfen oder auch nur das begriffliche Fundament für allgemeine Aussagen über Stil legen.[150] Zwar wurden immer wieder Stiltheorien entworfen, diese sind jedoch praktisch immer bereichsspezifisch. Daher wird hier darauf verzichtet, einen Überblick über die verschiedenen Forschungstraditionen zu geben, da dies für das Vorhaben wenig bringen würde.[151]

Vielversprechender ist eine systematische Auswertung, für die allerdings bereits einige Grundzüge des angestrebten Modells bekannt sein mussten, um die relevanten Punkte in den Blick nehmen zu können. Daher wurde die Annäherung an das Stilmodell vorgezogen (vgl. Kapitel 2). Im Folgenden beschränken wir uns auf einige Aspekte der Forschungsliteratur, die für das in Kapitel 4 bis 7 vorgestellte Stilmodell relevant erscheinen. Dabei wird auf die Darstellung bisheriger Ansätze weitgehend verzichtet, es werden meist nur einzelne Aspekte sol-

---

[149] Beispielsweise umfasst eine jetzt schon über 40 Jahre, thematisch auf Sprachstil und den englischen Sprachraum beschränkte Bibliographie bereits 2000 Titel (Bailey u.a. 1968), eine andere aus dieser Zeit, die sich ebenfalls auf sprachlichen Stil konzentriert, gut 700 Titel, davon allein 40 Bibliographien (Milic 1967). Hatzfeld 1953 und Hatzfeld 1966 (ergänzend ab 1953) listen 1600 und 1900 Titel für den romanischen Sprachraum. Angesichts der seitdem noch stark angewachsenen Titelzahl müsste eine heutige Bibliographie zur allgemeinen Stilistik, die außersprachliche Stilbereiche einbezieht, zehntausende von Titeln umfassen.
Eine Übersicht über germanistische Arbeiten zur Stilistik seit 1945 gibt Püschel 1991; linguistisch orientiert ist Sanders 1995. Eine weitere, thematisch geordnete Bibliographie ist Bennett 1986, dort werden allein 117 Titel mit explizit semiotischem Ansatz gelistet (Nöth 2009: 1183).

[150] Ausnahmen gibt es natürlich, etwa die bereichsübergreifende Stildefinition des Musikwissenschaftlers Leonard B. Meyer (vgl. Abschnitt 3.5).
Zudem gibt es anspruchsvolle bereichsübergreifende Ansätze der Stilforschung, die jedoch nur bestimmte Aspekte von Stil untersuchen. Beispielsweise hat die Psychologin Jane Gear (vgl. Gear 1989) ausgehend von einem einfachen Modell der behavioristisch orientierten Psychologie (dem APM-A-Modell), das Aufmerksamkeit, Wahrnehmung, Erregung (arousal) und Gedächtnis verbindet, Stile in vielen Bereichen (unter anderem soziale Interaktion, Kunst und Lernen) einer einheitlichen Perspektive unterworfen. Dabei werden bereichsübergreifend bestimmte psychologische und wahrnehmungsbezogene Aspekte von Stil betrachtet.

[151] Da sowieso fast alle Literatur bereichsspezifisch ist, sind solche Auswertungen sinnvoller bei der Entwicklung von Theorien für einzelne Stilbereiche (etwa Text-, Architektur- oder Bewegungsstile; vgl. Abschnitt 8.1).

cher Ansätze herausgegriffen, die auf das Vorhaben dieser Arbeit bezogen werden.

3.1 Stil als Auswahl

Stil ist von vielen Theoretikern über Auswahl definiert worden.[152] Einer der entschiedensten Verfechter dieser Auffassung ist Bernd Spillner. Er definiert:[153]

> Stil wird daher aufgefasst als das Resultat der Auswahl des Autors aus den konkurrierenden Möglichkeiten des Sprachsystems und der Rekonstituierung durch den textrezipierenden Leser [...]. Somit ergeben sich Stileffekte erst durch das Wechselspiel zwischen den im Text kodierten Folgen der durch den Autor getroffenen Auswahl und der Reaktion durch den Leser. Stil ist daher keine statische, ein für allemal unveränderlich festgelegte Erscheinung an Texten, sondern eine virtuelle Qualität, die im Kommunikationsprozeß (d. h. bei der Textrezeption) rekonstruiert werden muß.

Hier wird Stil über Auswahl definiert und zudem als semiotisches Phänomen beschrieben (auch wenn man nicht von „Kommunikation" sprechen sollte, da Stil unbeabsichtigt angewendet werden kann; für Kommunikation gelten zudem über die bewusste Beteiligung von Sender und Empfänger hinaus weitere Bedingungen).[154] Spillner betont zudem, dass die Autoren- und Rezipientenseite separat untersucht werden müssen:[155]

> Für die Autorenseite bedeutet dies, systematisch oder auch nur exemplarisch diejenigen sprachlichen Alternativen zu ermitteln, die dem Autor – bei nahezu gleichem semantischem Informationsgehalt – zur Verfügung standen. [...]
> Eine Stilanalyse der Leserseite kann sich auf einen intendierten oder einen tatsächlichen Leser beziehen. [...]
> Wenn der kommunikative Ansatz in der Stilanalyse ernst genommen werden soll, muß die Leserdimension mit einbezogen werden. Daraus ergibt sich aber auch, daß der Stil eines Textes je nach Lesergruppe prinzipiell unterschiedlich sein kann.

---

[152] Vgl. einführend Spillner 1974a: 45ff und Sandig 1978: 36f. Bei Spillner werden als Vertreter Marouzeau 1941, Cressot 1947, Hill 1958, Devoto 1950, Michel 1968 und Russell 1971 genannt, bei Sandig unter anderem Sanders 1973 und Asmuth u.a. 1974. Eine Übersicht über entsprechende Ansätze gibt auch Grimm 1991: 14-25.
[153] Spillner 1984: 69.
[154] In der analytischen Philosophie wurden die Bedingungen, die für Kommunikation gelten müssen, zunehmend genauer ausgearbeitet. Wichtige Stufen dieser Ausarbeitung stammen von Paul Grice (z.B. Grice 1969; alle relevanten Texte sind in Grice 1993 versammelt), Georg Meggle (Meggle 1982) und Roland Posner (Posner 1993; deutsch gekürzt als Posner 1996).
[155] Spillner 1984: 70f.

Hier wird die Notwendigkeit der Bildung von Alternativenklassen angedeutet (wobei als Alternativenbedingung die Inhaltsgleichheit vorgeschlagen wird, was sich nicht durchhalten lässt; vgl. Abschnitt 2.5). Richtig erkannt wird auch, dass mögliche Interpretationsergebnisse auf den Stilwahrnehmer durch den Stilanwender bereits vorweggenommen und für die Bildung des Stils berücksichtigt werden können (vgl. 7.3.1) und dass der wahrgenommene Stil von Leser zu Leser variiert (vgl. 7.3.6).

Spillner stellt die stilistische Auswahl in den Kontext anderer Auswahlvorgänge. Er unterscheidet zwischen Wahl der Kommunikationsintention, Wahl des Redegegenstandes, Wahl des sprachlichen Kodes, grammatischer Wahl und stilistischer Wahl.[156] Diese Einteilung ermöglicht es Spillner, die Begrenztheit stilistischer Wahl durch andere Wahlvorgänge darzustellen, was jede auf Auswahl basierende Stiltheorie leisten muss.[157]

Gerhard Tschauder kritisiert Spillners Forderung der Inhaltsgleichheit:[158]

> Eine solche Stilauffassung, welche unter Stilkonstitution eine letzte Selektion zwischen sprachlichen Varianten versteht, die undifferenziert übrig bleiben, nachdem der Rezipient eine referenzbezogene und eine grammatische Wahl bereits vollzogen hat, kann [...] nicht akzeptiert werden, stehen doch alle drei Möglichkeiten [...] in einem Relationsgefüge, dessen Relata sich gegenseitig bedingen.

Die verschiedenen Faktoren bedingen sich gegenseitig; wird zuerst inhaltlich ausgewählt, grenzt dies die stilistischen Wahlmöglichkeiten ein, und umgekehrt.[159] Im hier vorgestellten Modell wird dem durch die Annahme von inhaltlichen Bedingungen Rechnung getragen, die bei der Bildung von Alternativenklassen gelten können; wurde die inhaltliche Auswahl vor der stilistischen getroffen, wird die Festlegung durch inhaltliche Bedingungen ausgedrückt. Aber auch nach der stilistischen Wahl verbleiben noch Wahlmöglichkeiten, die nach inhaltlichen (oder nach anderen) Gesichtspunkten getroffen werden können.

Auf dieselbe Weise werden Kontextrestriktionen und funktionale Anforderungen durch Kontextbedingungen und funktionale Bedingungen dargestellt. Die stilistische Auswahl muss sich an ihnen orientieren; ist sie vollzogen, kön-

---

[156] Spillner 1974a: 47.
[157] Vgl. Abschnitt 2.3.
[158] Tschauder 1979: 156.
[159] Wird beispielsweise beschlossen, einen Artikel über eine Ingenieursaufgabe zu schreiben, stehen altmodische Wörter oder eine abstrakte Ausdrucksweise kaum mehr als Stilmerkmale zur Verfügung. Umgekehrt hat die stilistische Wahl einer ausführlichen Ausdrucksweise und eines hypotaktischen Satzbaus Konsequenzen für den Inhalt, wie man am Beginn von Thomas Manns „Joseph und seine Brüder" (Mann 1933–1943) nachvollziehen kann; um die Einfügung zahlreicher Details und die Darstellung von Verbindungen kommt man, ist ein solcher Stil angestrebt, inhaltlich nicht herum.

nen wiederum Wahlmöglichkeiten verbleiben, die nun nach Kontext und Funktion (oder nach anderen Gesichtspunkten) getroffen werden können.[160]

Auch der Kunsthistoriker Paul Frankl erkennt die Rolle der Unterspezifikation durch den Zweck der hergestellten Gegenstände – dieser lasse Raum für ästhetische Entscheidungen. Frankl betont dabei auch, dass es diese grundsätzliche Freiheit (und damit den Stil) bei allen Artefakten (= allem von Menschen Erzeugtem) gibt:[161]

> Seit den frühesten Zeiten der Vorgeschichte sind die Formen menschlicher Werke vor allem durch ihren Zweck bestimmt. Der geistige Entwurf geht stets allen Versuchen seiner Verwirklichung voraus. Aber die Zwecke können nie die Formen eindeutig ergeben. Auch wenn der Widerstand der Materialien, ökonomische Einschränkungen, die jeweiligen Grade der Geschicklichkeit des Arbeitenden hinzukommen, um die Form näher zu bestimmen, bleibt ein freier Rest für die genaue, zu wählende Größe und Gestalt, die Glättungsgrade, die Farbe und manches andere. Man konnte stets die Tilgung des freien Restes dadurch erreichen, daß man sich mit einem genügend brauchbaren Zustand des Handkeils, der Lanzenspitze, der Schale, und aller anderen Gebrauchsgegenstände begnügte, (oder aber man trachtete, den freien Rest der Form durch ästhetische Überlegungen einzuengen). Aber schon in sehr frühen Produkten der Vorzeit zeigt sich die Tendenz nach Regelmäßigkeit, Symmetrie, Glättung. Je weiter die Entwicklung sich fortsetzte, umso entschiedener und unerläßlicher wurde neben dem Zweck, sowie der Forderung nach Haltbarkeit und Wirtschaftlichkeit dieser Faktor des Ästhetischen. Im weiteren Verlaufe bezog er sich nicht nur auf Werke körperlicher Art, sondern auf gedankliche Schöpfungen des Mythos, der Poesie im weitesten Sinn, auf Kulttänze, kurz auf alles, was Menschen schufen.

Frankl betont auch, dass der freie Rest (die Variation) eine vorherige Festlegung voraussetzt: Er spricht ausgehend vom Zweck der menschlichen Werke (= Artefakte) vom „geistige[n] Entwurf", aus dem sich noch nicht die „Formen eindeutig ergeben". Sicherlich war er sich darüber im Klaren, dass dieser Entwurf zu einem mehr oder minder großen Teil auf bereits vorhandenem gesellschaftlichem Wissen und Konventionen bezüglich Funktion, Herstellungsweise und Gestaltungsmöglichkeiten der Artefakte basiert. Diesen Teil werden wir später als „Schema" definieren (vgl. Abschnitt 4.2.2). Hinzu kommt der Einfluss des jeweiligen Kontexts, der die Gestaltung des Artefakts weiter spezifiziert. Erst danach kann die stilistische Auswahl beginnen, die Frankl – da er sich hier auf künstlerische Artefakte bezieht – spezifisch als „Faktor des Ästhetischen" bezeichnet.[162] Bei diesen Auswahlprozessen kann dann ein Stil gegeben sein; dieser besteht in Regelmäßigkeiten der Auswahl, aus denen in einer Interpretation wei-

---

[160] Die Abfolge der Wahlvorgänge wird in Abschnitt 5.2.2 dargestellt.
[161] Frankl 1988: 12.
[162] Zum Verhältnis von Ästhetik und Stil vgl. Abschnitt 8.3.7.

tere Schlüsse gezogen werden können. Der „freie Rest" Frankls lässt Raum für die Variation, ohne die es keinen Stil gäbe.

3.2 Stil als Zeichen

Zu Beginn der 1970er Jahre, im Zuge der „pragmatischen Wende" und der Hinwendung zur Kommunikationswissenschaft und Semiotik, erkannten auch viele Stiltheoretiker, „daß sich mit der fakultativen Verwendung sprachlicher Mittel stilistische Bedeutungen verbinden", wie Michael Hoffmann schreibt,[163] der mehrere semiotisch orientierte Ansätze miteinander verglichen hat.[164] Wirklich geklärt erscheint ihm das Problem nicht, er sieht aber die „Heterogenität" als Chance: „Eine solche Zusammenführung der Kräfte kann der Stilistik angesichts der zu bewältigenden Probleme aber nur dienlich sein."[165] Zu der geforderten Zusammenführung ist es allerdings bislang nicht gekommen.

Hoffmann betont an anderer Stelle, dass die Inhalte stilistischer Zeichen sich auf die Kommunikationssituation des Textproduzenten beziehen:[166]

> Stil repräsentiert die Kommunikationssituation im Text. [...] Stil gibt dieser Auffassung zufolge Informationen über die Situation an den Textrezipienten weiter, d. h. insbesondere über das Situationsverständnis des Textproduzenten: dessen Einstellungen gegenüber dem Kommunikationspartner, dem Kommunikationsgegenstand und auch gegenüber dem kommunikativen Kode [...].

Dies ist richtig, aber zu eng gefasst; Stil enthält Infomationen über den Kontext, aber auch über Persönlichkeit, Erfahrungen und bewusste Entscheidungen des Stilanwenders. Dennoch wird hier ein wichtiger Aspekt angesprochen: Als Zeichen aufgefasst, unterliegen die Inhalte von Stil Beschränkungen, die sich aus der Funktionsweise des stilistischen Zeichenprozesses ergeben: Dieser kann Informationen nur über Auswahl aus in einer konkreten Situation vorhandenen Möglichkeiten übertragen. Die entstehenden Informationen beziehen sich daher meist unmittelbar auf die Situation (beispielsweise wenn ein Autofahrer zeigt, wie er in einer bestimmten Situation reagiert, oder eine Architektin, wie sie mit

---

[163] M. Hoffmann 1988: 321.
[164] ebd.: 324ff. Darunter sind die auch hier diskutierten von Thoma (1976) und Lerchner (1981 und 1984).
[165] M. Hoffmann 1988: 330. – Hoffmann selbst wählt in einem anderen Artikel die Saussuresche Dichotomie „Paradigma – Syntagma" als Ausgangspunkt, unterscheidet dann aber nur zwischen paradigmatischer und syntagmatischer Anwendung verschiedener Stilverfahren (M. Hoffmann 1987: 78) und verfehlt damit die grundlegende Relevanz der Dichotomie für Stilphänomene (vgl. Abschnitt 3.6). Hoffmanns Unterscheidung ist dennoch sinnvoll, sie entspricht ungefähr der hier vertretenen in vertikal-relationale (auf die Alternativenklasse bezogene) und horizontal-relationale (auf die Realisierung bezogene) verlangte Eigenschaften von Merkmalsregeln (siehe 4.3.2).
[166] M. Hoffmann 2009: 1328.

der Lage des Grundstücks und den funktionalen Anforderungen des Bauwerks umgeht). Stilwahrnehmer sind jedoch oft in der Lage, daraus weitergehende Informationen abzuleiten, etwa über Persönlichkeit und Fähigkeiten des Autofahrers oder über die architektonische Schule und die Einstellungen der Architektin zu menschlichen Bedürfnissen und technischen Einschränkungen. Situationsbezogene Faktoren – die wir in dieser Theorie unter Ziel (oder Zweck), Funktion und Inhalt zusammenfassen – werden also vom Stilwahrnehmer gerade herausgerechnet, um stilistische Informationen zu erhalten, die direkt nicht verfügbar sind. Denn dies sind oft die interessanteren Informationen. Würden die Inhalte stilistischer Zeichen so eng auf die Kommunikationssituation bezogen bleiben, wie Hoffmann dies annimmt, wäre Stil weniger interessant für uns.

Leider sind sogar semiotische Ansätze oft noch sprachzentrisch. So schreibt Bernd Spillner, einer der umtriebigsten und versiertesten deutschen Stiltheoretiker (vgl. Abschnitt 3.1), in einem Aufsatz mit dem vielversprechenden Titel „Stilsemiotik":[167]

> Folglich wird eine Untersuchung der Beziehungen zwischen Semiotik und Stilistik zwangsläufig aus zwei deutlich unterschiedlichen Teilen bestehen.
> Im ersten geht es um Relevanz der Semiotik für die Theorie und Praxis, für die Produktion, Rezeption und Analyse von Stil schlechthin, von Stil in sprachlichen Texten.
> Im zweiten Teil geht es um die semiotische Analyse von multimedialen Texten, um Stilsemiotik von zeichentheoretisch komplexen Texten.

Warum „Stil schlechthin" gleich sprachlichem Stil sein soll, begründet Spillner nicht.[168] Zuvor hat er die Semiotik als eine Art Hilfswissenschaft eingeführt, die dort verwendet wird, wo die Linguistik nicht mehr hinkommt:

> Zum anderen gibt es multimediale Texte, z.B. kommunikative Einheiten, in denen Sprache und Bild aufeinander bezogen sind – Texte also, die mit linguistischen Mitteln allein nicht zureichend beschrieben und nicht stilistisch analysiert werden können.

Spillner ist sich also der Tatsache bewusst, dass Stil auch außerhalb von Sprache existiert; er fragt sich jedoch nicht, ob Stil nicht ein Phänomen ist, das allgemeiner ist als das mit linguistischen Mitteln Erfassbare, so dass linguistische Mittel auch für die grundlegende Beschreibung sprachlichen Stils nicht ausreichen.

Dass sprachlicher Stil nicht nur als Ausdrucksweise betrachtet werden kann, sondern auch Aspekte des Inhalts einbezieht, betont auch Seymour Chatman,[169] geht aber nicht bis zu einer explizit semiotischen Definition des Stils als eines nicht von der Semantik des Texts abgeleiteten Zeichens.

---

[167] Spillner 1995: 63.
[168] Zum Sprachzentrismus der Stilistik vgl. Fußnote 555.
[169] Chatman 1971.

Der Tradition, Stil als Bedeutung anzusehen, wird im neuen HSK-Band „Rhetorik und Stilistik"[170] nur ein kurzer Artikel gewidmet,[171] der methodisch über die Forderung einer „konstruktivistischen" Bedeutungstheorie, mit der man die „reduktionistische" Konzentration auf einzelne Wörter und Sätze hinter sich lassen will, und Metaphern wie die der „flächigen vs. punktuellen Bedeutungsbildung" kaum hinausgeht.[172] Der Artikel zu „Stil als Zeichen" in demselben Band stellt semiotische Aspekte von Textstilen zusammen, liefert aber keinen Beschreibungsansatz für Stil als eigenständigen Zeichenprozess.[173]

Akzeptieren wir implizit semiotische Ansätze, so können wir auch die traditionelle Dualismus/Monismus-Unterscheidung[174] in die Aufteilung dieses Kapitels einordnen. Aus Sicht der vorgelegten Stiltheorie zeigt sich nämlich, dass beide Ansätze Recht hatten, allerdings den Schwerpunkt auf verschiedene Aspekte von Stil legten.

(1) Der dualistische Ansatz führt direkt zu „Stil ist Auswahl", denn wenn Stil „the dress of thought" ist, dann gibt es etwas Gegebenes (die auszudrückenden Gedanken), für die ein Ausdruck gewählt wird. Beide lassen sich trennen, so wie man seine Kleidung ausziehen kann.

(2) Der monistische Ansatz erkennt den Zeichencharakter von Stil. Die Metapher „le style est l'homme même" („der Stil ist der Mensch selbst') lässt sich entmetaphorisiert ausdrücken als „Stil hängt mit dem Menschen selbst zusammen" oder bereits semiotischer formuliert „Stil bedeutet den Menschen selbst", „Stil drückt den Menschen selbst aus". Dieser Ansatz betont, dass Stil nichts dem Menschen Äußeres ist, sondern mit seiner Persönlichkeit, seinen Erfahrungen und tatsächlich mit allem anderen, was ihn ausmacht, zusammenhängt und damit Rückschlüsse auf diese Bereiche ermöglicht. Dies ist der Zeichenaspekt von Stil. Der monistische Ansatz betont, dass es nicht auf die Oberfläche ankommt, also die konkret gewählten Varianten, und lenkt damit die Aufmerksamkeit vom Zeichenträger auf den Zeicheninhalt.

Häufig wird ohne semiotischen Hintergrund Stil als „Sprache" charakterisiert.[175] In solchen Ansätzen wird implizit ein semiotischer Ansatz verfolgt, indem Stil als Zeichen gedacht wird. Tatsächlich ist Sprache allerdings ein schlechtes Modell für Stil, da sie ein Zeichensystem (= Kode), also eine Menge kodierter Zeichen mit Kombinationsregeln, ist, während Stil in erster Linie ein nichtkodierter, nämlich indexikalischer Zeichenprozess ist, der auf Auswahl beruht (vgl. Abschnitt 5.6).[176] Solche Ansätze bleiben daher meist in Aussagen über die

---

[170] Fix u.a. 2008–2009.
[171] Gardt 2009.
[172] Gardt 2009: 1202.
[173] Nöth 2009.
[174] Siehe Fußnoten 27 und 59.
[175] Als Beispiel sei Weidlé 1962 herausgegriffen; der Kunsthistoriker Weidlé geht von Benedetto Croce aus, der eine „linguistische Methode" der Kunstanalyse entwickelt hatte (vgl. Croce 1902 und 1937).
[176] Vgl. zur Rolle von Kodes bei Stil Abschnitt 8.3.5.

Bedeutungshaltigkeit von Stil stecken und können nicht beschreiben, wie diese Bedeutungen in Realisierungen (einen Text; ein Gebäude) kommen und aus ihnen ausgelesen werden. Schließlich gibt es bei Stil keinen Kode, der zwei Kommunikationspartnern bekannt ist und zwischen ihnen die Übertragung einer Botschaft ermöglicht.

Doch auch explizit semiotische Ansätze konnten dieses Problem bislang nicht befriedigend lösen. So verweist zwar Max Bense, wie Udo Bayer erläutert, auf das Vorhandensein einer „generalisierten abstrakten Form", die allen Künsten zugrunde liege; durch ihre Analyse könne man sich einer bereichsübergreifenden Stiltheorie nähern.[177] Bayer definiert ausgehend von Benses Theorie der ästhetischen Eigenrealität Stil einerseits als ästhetische Konstitutionskategorie (wobei dann die Bezüge auf andere Kunstwerke, Traditionen usw. untersucht werden) und andererseits als Repräsentationskategorie (wobei die Bezüge zur Welt untersucht werden); beide Bezugsarten lassen sich mit semiotischer Terminologie beschreiben. Dieser Ansatz ist zwar bereichsübergreifend und semiotisch, aber es bleibt unklar, was nun das Spezifische an Stil im Vergleich mit anderen Formphänomenen ist, schließlich ist nicht jede Gestaltungsweise stilistisch. Es wird nicht erkannt, dass Stil nur vorliegt, wenn schemabasierte Auswahl zum Zeichen wird; dadurch drohen jene Probleme, die bei nicht auswahlbasierten Ansätzen generell auftreten (vgl. Abschnitt 2.1).

Nelson Goodman bezieht stilistische Merkmale auf die Zeichenfunktionen Darstellung, Exemplifizierung und Ausdruck, beschränkt dann aber die Anwendung dieser Auffassung darauf, bisherige Einteilungen[178] zurückzuweisen:[179]

> a feature of style may be a feature of what is said, of what is exemplified, or of what is expressed. Goya and El Greco characteristically differ in all three ways: in subject matter, drawing, and feeling. Features of any of these kinds may also be ways of performing one or more of the three functions. […] I am urging explicit recognition of aspects of style that, while often considered by critics, are shortchanged by traditional theory. This does not answer but only underlines the question what in general distinguishes stylistic features from others?

Goodman versucht dann eine Definition über die Zuschreibungsfunktion von Stil: Stilistisch seien jene Merkmale des Dargestellten, Exemplifizierten oder Ausgedrückten an einem bestimmten Werk, die einen Rückschluss auf den Autor, die Entstehungszeit, Region oder Schule ermöglichen.[180] Aber sind die unheilschwangere Stimmung und die Anspielungen, die die Datierung eines Gedichts in einen bestimmten Krieg ermöglichen, Aspekte des Stils? Und kann nicht auch ein Inhalt (etwa eine bestimmte Seeschlacht, die nur bei den Zeitgenossen Aufmerksamkeit fand; der Blick aus dem Atelierfenster eines Künstlers;

---

[177] Bayer 1989.
[178] Beispielsweise „Stil vs. Inhalt"; vgl. das Goodman-Zitat in Abschnitt 2.7.
[179] Goodman 1978: 32f.
[180] Goodman 1978: 34.

3.2 Stil als Zeichen

der bekannte Garten bei Nolde) eine Zuschreibung zu einer Epoche oder einem Künstler ermöglichen? Würden wir deshalb sagen, dass der Garten bei Nolde Teil seines Stils sei? Jakob Steinbrenner kritisiert daher auch diese Auffassung als zu kurzgreifend.[181]

Im Russischen Formalismus und später im Prager Strukturalismus wurde eine ästhetische Theorie entwickelt, derzufolge das Besondere des künstlerischen Zeichengebrauchs darin besteht, dass das Zeichen selbst thematisiert wird; durch „Verfremdung" wird der Zeichengebrauch „entautomatisiert".[182] Herta Schmid erläutert:[183]

> Durch die auffällige, absichtliche Organisation des Lautmaterials und den ungewohnten Gebrauch der Bedeutungskomponenten entsteht ein neues Zeichen […]. Das Strukturganze zeichnet sich durch die Spannung […] aus […] zwischen den nicht-aktualisierten, dem gewohnten Gebrauch folgenden Komponenten und den aktualisierten.

Ästhetische Zeichen werden als neue Zeichen angesehen, deren Inhalte sich aus der ungewöhnlichen Verwendungsweise sowohl auf der Ausdrucksebene („auffällige, absichtliche Organisation des Lautmaterials") als auch auf der Inhaltsebene („ungewohnten Gebrauch der Bedeutungskomponenten") ergeben. Diese Zeichen entstehen durch die „Spannung" „zwischen den nicht-aktualisierten" „und den aktualisierten" „Komponenten", also anders ausgedrückt durch die Prinzipien der Aktualisierung. Diese Theorie kann als Variante der Abweichungstheorie betrachtet werden (vgl. Abschnitt 3.4), die eine allgemeine Abweichung des ästhetischen Zeichenprozesses vom gewöhnlichen Zeichenprozess beschreibt: Während letztere auf den möglichst raschen und fehlerfreien Empfang des Inhalts der Nachricht (= der Botschaft) ausgerichtet ist, lenkt erstere die Aufmerksamkeit auf die Nachricht selbst, auf deren Ausdrucks- und Inhaltsseite sowie auf den stattfindenden Zeichenprozess insgesamt.

Diese Auffassung des ästhetischen Zeichens ähnelt der hier vorgestellten Grundkonzeption, derzufolge stilistische Zeichen nicht als Abwandlung der in einem Text verwendeten Zeichen entstehen. Es wird vielmehr davon ausgegangen, dass der Inhalt des stilistischen Zeichens in den Prinzipien der Auswahl (= Aktualisierung) besteht,[184] aus denen sich wiederum weitergehende Informationen ableiten lassen.[185] Ein Unterschied besteht darin, dass nicht nur „auffällige, abweichende Organisation" und „ungewohnte[r] Gebrauch"[186], sondern auch normentsprechender und gewohnter Gebrauch Stile erzeugt (sofern es über-

---

[181] Steinbrenner 1996: 151.
[182] Vgl. Mukařovský 1974 und Jakobson 1960.
[183] Schmid 297.
[184] Im Merkmalsprozess; vgl. Kapitel 4 und 5.
[185] Im Interpretationsprozess; vgl. Kapitel 6 und 7.
[186] Auf Stil bezogen, entspricht dies den Positionen der Abweichungsstilistik (vgl. 4.3.2, (4), „Zu (a)") und der Kontraststilistik (vgl. 4.3.2, (5), „Zu (d)").

haupt eine Norm gibt). Ein weiterer wichtiger Unterschied ergibt sich aus dem unterschiedlichen Beschreibungsgegenstand: Die ästhetische Theorie des Russischen Formalismus und Prager Strukturalismus bezieht auch Strukturen der Inhaltsebene mit ein (vgl. den ersten Satz des Zitats), während bei der Stiluntersuchung Inhalt (Funktion; Ziel) nur in Form der Bedingungen berücksichtigt wird, die die verfügbaren Alternativen einschränken.[187]

Die Gemeinsamkeiten zeigen die Herkunft des hier vorgestellten Modells aus dem Strukturalismus.[188] Die Unterschiede ergeben sich teils aus dem anderen Gegenstandsbereich (Stil vs. Ästhetik), teilweise aus unterschiedlichen Auffassungen. Tatsächlich erscheint es aus heutiger Sicht so, als ob die beschriebene formalistische Ästhetik zu speziell ist: Inhalt, Funktion und gesellschaftliche Rolle von Kunstwerken werden nicht ausreichend berücksichtigt. Diese Auffassung von Ästhetik dürfte damit zusammenhängen, dass Kunst und Literatur der Moderne das Experimentelle (die Abweichung vom gewöhnlichen Zeichensystemgebrauch) sowie formale Aspekte, Darstellungsweisen und Stile hoch bewerteten und genuin inhaltliche Aspekte zurückstuften. Dies drückte sich nicht nur in jener Experimentierfreude im formalen Bereich aus, die heute als kennzeichnend für die Moderne gilt, sondern auch in Wertungen von Literaturgattungen: So galten Fantasy- und Science fiction-Literatur, die in ihren vormodernen Anfängen (Mary Shelley, Jules Verne, H.G. Wells) durchaus respektiert worden waren, während großer Teile des 20. Jahrhunderts nicht als ernstzunehmende Literatur, da ihr Ideenreichtum und ihre Relevanz vor allem auf inhaltlicher Ebene lagen.[189]

Zusammenfassend lässt sich sagen, dass die ästhetische Theorie des Formalismus und frühen Strukturalismus auf dem besten Weg war, eine schlüssige Stiltheorie vorzulegen, aber nach Überzeugung des Autors durch die Überbetonung der Abweichungen und Verfremdungsverfahren sowie der Gliederungs-, Darstellungs- und Ausdrucksaspekte von Kunstwerken als ästhetische Theorie nur zeitgebunden (nämlich für die ästhetischen Prinzipien der Moderne) gültige Aussagen machte.[190]

---

[187] Vgl. Abschnitt 2.2.
[188] Vgl. Abschnitt 3.6.
[189] Wie gesagt, wird die inhaltliche Ebene in den genannten Theorien auch berücksichtigt, dabei werden jedoch vor allem Strukturen und Organisationsprinzipien erfasst. So sind etwa Verfahren wie inhaltliche Brüche, Parallelerzählungen, Verschachtelung von Erzählstrukturen, Rück- und Vorblenden usw. mit dem Ansatz erfassbar, also gewissermaßen die formale Ebene der inhaltlichen Darstellung.
[190] Vgl. Abschnitt 3.6 zur strukturalistischen Textanalyse der 1960er Jahre, die über das Bindeglied Roman Jakobson aus den hier untersuchten Konzeptionen hervorging.

3.3 Stil als Information

Bennison Gray hat eine großzügige Lösung des „Stilproblems" vorgeschlagen:[191] Er meint, Stil gebe es gar nicht, da der Begriff sowieso immer unterschiedlich verstanden und definiert werde. Er übersah damit allerdings das Phänomen Stil, das über die in Stilen enthaltene Information[192] erkennbar wird: Wenn beispielsweise ein Literaturkenner blindlings ein Buch aus einem Bücherregal greift und der Zufall es will, dass er zwar nicht dieses bestimmte Buch, wohl aber andere seiner Autorin kennt, so wird ihm in vielen Fällen die Zuordnung gelingen. Ebenso kann ein Architekturkenner ein ihm unbekanntes neues Gebäude einem Architekten zuordnen.[193] In der Kunstgeschichte gehören Stilanalysen zum Standardrepertoire bei der Zuordnung von Werken zu Künstlern, von Künstlern zu Schulen und zur Postulierung von Kontakten zwischen Schulen.[194] Ebenso wird in der Archäologie häufig aufgrund einer Stilanalyse von Artefakten eine Vermutung über einen Kulturkontakt gemacht, der dann durch gezielte Nachforschungen nachgewiesen wird; oder jemand schließt daraus, wie jemand anderes Auto fährt, auf deren Persönlichkeit und behält mit seinen Vermutungen recht.

Gray ist dafür zu loben, explizit auszusprechen, was eine ganze Tradition der Stilforschung implizit voraussetzt,[195] nämlich dass es kein Phänomen hinter dem Begriff ‚Stil' gibt. In diesem Fall bliebe für die Stilforschung nur die Aufgabe, die Verwendung des Worts „Stil" in verschiedenen Kontexten und Diskursen zu untersuchen und die jeweils zugrunde liegenden Stilbegriffe herauszuarbeiten.

---

[191] Gray 1969.
[192] Siehe zum hier verwendeten Informationsbegriff Fußnote 118.
[193] Bei auffälligen Stilen, etwa dem Friedensreich Hundertwassers oder Richard Meiers (vgl. Abschnitt 7.1.1), gelingt dies auch Laien meist problemlos.
[194] Meyer Schapiro betont die Zuverlässigkeit stilistischer Einordnungen (Schapiro 1961: 82): „Whenever it is possible to locate a work through nonstylistic evidence, this evidence points to the same time and place as do the formal traits, or to a culturally associated region. The unexpected appearance of the style in another region is explained by migration or trade. The style is therefore used with confidence as an independent clue to the time and place of origin of a work of art." Vermutlich liegt es an dieser alltäglichen Bestätigung des Informationswerts von Stilen, dass Kunsthistoriker und Archäologen – die weit weniger außerstilistische Information zur Verfügung haben und daher gelernt haben, sich auf Stile zu verlassen – nicht an der Existenz des Phänomens Stil zweifeln.
Dagegen haben Literaturwissenschaftler Stil nicht immer als empirisch nachweisbares Phänomen erkannt. So geht Jürgen Trabant davon aus, dass Stile keine empirisch feststellbaren Konsequenzen haben (vgl. Fußnote 82). Ein Blick in die Archäologie zeigt jedoch, dass Stil durchaus empirisch nachweisbar ist. Wird beispielsweise aufgrund stilistischer Ähnlichkeiten postuliert, dass zwei Kulturen miteinander in Verbindung standen und am wahrscheinlichen Verbindungsweg nun mit einer Grabung eine Siedlung entdeckt, so kann dies als empirischer Nachweis der Informationshaltigkeit und damit auch der Existenz von Stil dienen.
[195] Vgl. Fußnote 82.

Solche Auffassungen scheitern an der in Stilen enthaltenen Information, die sich nicht wegdiskutieren lässt.[196]

Gotthard Lerchner hat (sprachlichen) Stil als Information charakterisiert,[197] wobei systemgebundene Variabilität beseitigt und pragmatische Informationen, also solche über den Kontext des Stilvorkommens, entstünden: „[D]as Stilistische ist nach den angestellten Erwägungen nicht sprachliche Variabilität, sondern gerade Beseitigung potentieller (systemgebundener) Variabilität. Die Fakultativität sprachlicher Elemente und Mittel gehört nicht zu seinen Kennzeichen, sondern zu seinen Voraussetzungen."[198] Stil trägt „Information [...] über die konkreten Parameter eines kommunikativen Aktes".[199]

James S. Ackerman – der hier vertretend für viele Kunsthistoriker zitiert wird – betont die Wichtigkeit der in Stilen enthaltenen Information für die Kunstgeschichtsschreibung:[200]

> We use the concept of style, then, as a way of characterizing relationships among works of art that were made at the same time and/or place, or by the same person or group. [...] Because works of art are preserved for reasons other than their historical or biographical significance, they often lose all extrinsic evidence of their historical position, so that no record survives of the artist(s), era, or locale that produced them. [...] But isolated fragments of evidence may be extended into a credible historic account by conclusions based on style [...].

Ackerman beschreibt Stil hier als rein relationale Kategorie; Stile sind Markierungen, deren Gleichheit oder Ähnlichkeit Zuordnung zu Künstlern, Schulen, Epochen und Herstellungsorten ermöglicht. Dagegen übersieht er die Relevanz der in einem Stil enthaltenen Informationen, die auf einer Stilinterpretation beruht und deren Verwendung im 20. Jahrhundert zeitweilig als geradezu anrüchig galt. Frühere Generationen waren weniger schamhaft bei der Verwendung solcher Informationen; viele Hinweise auf technische Fähigkeiten, Formauffassung, Einstellungen und Ziele des Künstlers, Weltwahrnehmung und Wissen usw. wurden auf diese Weise gewonnen.

Werner Thoma nimmt eine Aufteilung der Informationsebenen in Texten vor und ordnet diesen die verschiedenen Textwissenschaften zu.[201] Dabei bekommt die Rhetorik die implizite intentionale Sekundärinformation und die

---

[196] Natürlich könnten diejenigen, die Stil den Status als Phänomen absprechen wollen, diese Information auf andere Weise erklären. Sie müssten dann allerdings zeigen, worum es sich bei dieser Information handelt, erklären, warum das Phänomen, bei dem sie entsteht, gewöhnlich „Stil" genannt wird, und darlegen, warum man es dann nicht auch weiterhin so nennen soll.
[197] Lerchner 1981 und 1984 (die mit weiteren Aufsätzen zum Stil abgedruckt sind in Lerchner 2002).
[198] Lerchner 2002: 88.
[199] Lerchner 2002: 108.
[200] Ackerman 1963: 164f.
[201] Thoma 1976: 138f.

Stilistik die implizite nicht-intentionale Sekundärinformation.[202] Diese Zuteilung ist jedoch falsch: Stile bei Zeichengebrauch können durchaus beabsichtigt sein (so kann man ganz gezielt in einem bürokratischen Stil schreiben, ohne dass eine bürokratische Rhetorik daraus wird), und außerhalb von Zeichengebrauch funktioniert die Unterscheidung noch schlechter (auch ein offensichtlich beabsichtigter, mit großer Geste auftretender Architekturstil wird immer noch „Stil" genannt). Es macht mehr Sinn, Rhetorik als *Menge spezieller Techniken für die wirkungsvolle Übermittlung einer Botschaft* zu betrachten. Solche Techniken werden meist absichtlich eingesetzt, aber nicht immer: Jemand kann auch ein großer Redner sein und alle rhetorischen Finten beherrschen, ohne sich dessen auch nur bewusst zu sein.

Ulla Fix bestimmt (sprachlichen) Stil als „bestimmten Bestandteil der sprachlichen Kommunikation" und fährt fort:[203]

> Diese Bestimmung impliziert drei Feststellungen: 1. Stil ist spezifische, auf Kommunikation bezogene Information; 2. Stil ist spezifisches, empfängerbezogenes und problemlösendes Handeln; 3. Stil ist unikale Gestaltetheit.

Die erste getroffene Unterscheidung benennt wichtige Aspekte von Stil, lässt aber ihre Bezüge zueinander offen: Weder wird überlegt, wie „unikale Gestaltetheit" Information übertragen kann, noch wird dieser Vorgang als eine bestimmte Art des Handelns, nämlich Zeichenhandeln, bestimmt. Überdies sollte besser von Verhalten (nämlich Zeichenverhalten) gesprochen werden; Stil kann ja auch ein unabsichtlicher Zeichenprozess sein, etwa wenn eine Verwaltungsbeamtin sich nach vielen Dienstjahren bürokratisch ausdrückt, ohne dies zu merken.

Ein interessanter Ansatz für die Beschreibung der Informationshaltigkeit von Stil wurde von Joshua B. Tenenbaum und William T. Freeman entwickelt.[204] Dabei werden mit Hilfe bilinearer Modelle[205] zwei Faktoren separiert. So können beispielsweise Schriftarten (die als Stile auf der graphetischen Ebene aufgefasst werden können) auf Buchstaben extrapoliert werden, die zuvor nicht gesehen wurden. Gegeben ist eine mit Labeln versehene Trainingsmenge, beispielsweise die fünf Buchstaben A bis E (Inhaltsklassen) in fünf verschiedenen Schriftarten (Stilen). Das Programm ist in der Lage, (1) Inhalt in einem neuen Stil zu klassifizieren (also zu entscheiden, um welchen der bekannten fünf Buchstaben es sich

---

[202] Ernest W.B. Hess-Lüttich (1980: 100f) kritisiert, dass die Bezeichnung „Sekundärinformation" bei Thoma zwar suggestiv sei, aber nicht geklärt werde, wie diese Information in den Text kommt. Allerdings spricht Thoma immerhin davon, dass es sich um „indexikalische" Information handelt (Thoma 1976: 138), was insofern richtig ist, als die durch Prinzipien der Auswahl (Merkmalsregeln) erzeugten Spuren auf jene Prinzipien verweisen, also eine Wirkung auf eine Ursache (vgl. Abschnitt 5.6). Dies müsste allerdings genauer expliziert werden, als es bei Thoma geschieht.

[203] Fix 1988: 335.

[204] Vgl. Tenenbaum u.a. 2000 und Freeman u.a. 2003.

[205] Mit bilinearen Modellen lassen sich Zusammenhänge zwischen Eigenschaften als Summen von Produkten ausdrücken; vgl. Wille 1991 sowie einführend Zwisler 1997.

handelt), (2) für einen neuen Stil unbekannte Inhaltsklassen zu extrapolieren (fehlende Buchstaben zu ergänzen), (3) unbekannten Inhalt in einem unbekannten Stil in bekannte Inhalts- oder Stilklassen zu übersetzen. Ähnliche Aufgaben können für andere Bereiche von Realisierungen (Vokale als Inhaltsklassen und Sprecherakzent als Stil; Gesichter als Inhaltsklassen und Kopfhaltung bzw. Blickwinkel als Stil) ausgeführt werden.[206]

Ebenfalls mit Hilfe bilinearer Modelle können beliebige aus einzelnen Linien bestehende Zeichnungen aus einem Stil 1 in einen Stil 2 übertragen werden.[207] Voraussetzung ist, dass eine Menge von Linien in verschiedenen Stilen vorliegt. Zunächst muss eine Anpassung des Bildes an Stil 1 erfolgen. Dafür sind Modelle geeignet, die lineare Kombinationen geeigneter Inhaltselemente (Linien) in Stil 1 nehmen. Diese werden dann mit den für die Kombination verwendeten Koeffizienten in Stil 2 übertragen. Es stellt sich heraus, dass für die Anpassung an Stil 1 eine Linearkombination möglichst vieler ähnlicher Linien am besten ist, die Übertragung aber umso schlechter wird, je mehr Linien kombiniert werden. Optimale Ergebnisse werden als Kompromiss zwischen den beiden Anforderungen bei Verwendung der sechs ähnlichsten Linien erzielt.

Solche Computersimulationen zeigen, dass Stil mehr ist als nur eine bestimmte Art von Eigenschaften, die man an Realisierungen wahrnehmen kann. Die (1) Klassifizierung durch Stile, die beispielsweise in der Kunstgeschichte und der Archäologie eine wichtige Rolle spielt,[208] (2) Extrapolierung neuer Realisierungen in einem bekannten Stil, die beispielsweise ein Kunstfälscher nutzt,[209] und (3) Unterscheidung von Stil und anderen die Auswahl bestimmenden Faktoren (Schema sowie Kontext, Funktion und Inhalt) an einer wahrgenommenen Realisierung (die beispielsweise erfolgt, wenn ein Gebäude wahrgenommen und erkannt wird, welche Eigenschaften stilistisch und welche durch Gebäudetyp und vorgesehene Nutzung bedingt sind), sind wichtige Kennzeichen von Stil. Die verschiedenen Arten, aus Stil Information zu gewinnen und anzuwenden, machen das Phänomen individuell und gesellschaftlich wichtig.[210]

3.4 Stil als Abweichung oder Häufigkeit

In der sprachlichen Stilistik ist Stil in verschiedenen Konzeptionen als Abweichung von einer textexternen Norm aufgefasst worden.[211] Abweichungen treten

---

[206] Tenenbaum u.a. 2000: 1249.
[207] Freeman u.a. 2003.
[208] Vgl. Fußnote 194.
[209] Vgl. Fußnote 651.
[210] Vgl. Abschnitte 8.2.4 und 8.4.1.
[211] Vgl. einführend Enkvist 1973: 98ff, Spillner 1974a: 31ff und Fix 2009. Beispiele mit oft unterschiedlichen Auffassungen von „Norm" sind Sayce 1953, Saporta 1960, Wimsatt 1967, Guiraud 1970 und Carstensen 1970. (Vgl. auch nächste Fußnote.)

3.4 Stil als Abweichung oder Häufigkeit

auf den unterschiedlichen Beschreibungsebenen (Syntax, Semantik, Phonetik usw.) auf und können im Hinblick auf die jeweils erzeugten Wirkungen untersucht werden. Dabei kann es sich jeweils um Abweichungen von Regeln des Sprachsystems (etwa den Kombinationsregeln der Syntax und den Selektionsbeschränkungen der Semantik), um Abweichungen von Konventionen und schließlich um quantitative Abweichungen handeln. Im letzten Fall ergibt sich eine Variante der quantitativen Stilistik, die Worthäufigkeiten, Satzlänge, syntaktischer Komplexität usw. mit einer textexternen Norm vergleicht, die beispielsweise aus einem Vergleichskorpus gewonnen wird.

Die Abweichungsstilistik wurde viel gescholten, weil (1) normentsprechende Stile nicht beschrieben werden können und (2) oft keine eindeutige Norm zu existieren scheint. Dennoch wurde sie immer wieder aufgegriffen, weil sie dort, wo Normen angebbar sind, Stilmerkmale präzise beschreibbar macht. Dies gilt vor allem für Abweichungen von syntaktischen und semantischen Regeln des Sprachsystems. So entstand bald nach der Einführung der Transformationsgrammatik eine entsprechende Schule der Abweichungsstilistik, die Stil als Abweichung von den dort präzise angebbaren syntaktischen und semantischen Regeln beschrieb.[212] Damit bestand erstmals eine präzise Darstellungsmöglichkeit für die Norm, und damit auch für die Abweichung, für die sogar Grade angegeben werden können.[213] Diese transformationsgrammatischen Ansätze sind nach wie vor interessant, allerdings nur als Beschreibung spezieller Stilphänomene; verallgemeinerbar sind diese abweichungsstilistischen Ansätze nicht.

Der Ansatz von Werner Abraham[214] ist pragmatisch orientiert: Er unterscheidet zwischen den Erwartungsnormen von Stilanwender und Stilwahrnehmer, die wiederum in Bezug zu Rollenstilen stehen. Das klingt vielversprechend, scheint es doch den Weg von der allgemeinen Stilnorm hin zu flexiblen situationsbezogenen Beschreibungsansätzen zu eröffnen. Stattdessen beschränkt sich Abraham dann aber auf die Postulierung stilistischer Transformationsregeln im Rahmen der Transformationsgrammatik, mit denen dann beispielsweise Sätze wie „Der Bursch das Mädchen küßt" erzeugt werden.[215] Warum diese dann die „assoziative Bedeutung [...] poetisch oder Ausländerdeutsch" wecken – so jedenfalls Abrahams intuitiv gewonnene Einschätzung –, bleibt unklar. Abweichungsstilistische Ansätze tun sich allgemein schwer damit, stilistische Bedeutungen zu erklären, da im Grunde meist die Bedeutung ‚inkorrekt' oder ‚ungewöhnlich' entstehen müsste.[216] Es gelingt gerade noch, mit Hilfe des Konzepts der „dichterischen Freiheit"[217] von ‚inkorrekt' zu ‚poetisch' zu gelangen.

---

[212] Generative Ansätze finden sich bei Levin 1963 und 1971, Ohmann 1959 und 1964, Thorne 1965 und 1970, Bierwisch 1965, Revzin 1970 und Bezzel 1970.
[213] Vgl. Steube 1968.
[214] W. Abraham 1971 und W. Abraham u.a. 1971.
[215] W. Abraham u.a. 1971: 40.
[216] Wenn man nur in Kriterien von Norm und Abweichung denkt, ist schwer erklärbar, warum eine bestimmte Abweichung eine bestimmte stilistische Bedeutung erzielen sollte;

Einen Ansatz zwischen Auswahltheorie und Abweichungsstilistik vertritt Nils Enkvist in seiner Stiltheorie.[218] Er unterscheidet zunächst zwischen stilistischer Wahl, grammatikalisch bedingter Wahl und pragmatisch bedingter Wahl.[219] Allerdings konstruiert er in seiner Stiltheorie nicht ein vollständig auf Wahl basierendes Modell, sondern bringt das Konzept der Abweichung von einer Norm hinein, was die Erklärung stilistischer Merkmale als auffällige Abweichungen vom Üblichen ermöglicht. Dafür zahlt er den Preis, normentsprechende stilistische Merkmale und ganze Stile unbeschreibbar zu machen, wie Sandig kritisiert.[220] Dass dies untragbar ist, ergibt sich daraus, dass ein stilistisches Merkmal oder ein ganzer Stil automatisch verschwinden würden, wenn Merkmal oder Stil sich soweit verbreiten, dass sie zur neuen Norm werden; ein Stil ist nach seiner allgemeinen Verbreitung jedoch immer noch auch Stil, auch wenn er ceteris paribus sicherlich weniger auffallen wird als wenn nur wenige ihn benutzen. Sandig weist zudem an Enkvists Ansatz die Vermischung von Auswahltheorie (mit Betonung quantitativer Methoden) und Abweichungstheorie, als deren weitere Zutaten sie Pragmatismus und Behaviorismus identifizieren zu können glaubt, als theoretischen Eklektizismus zurück.[221] Dagegen ist allerdings einzuwenden, dass eine Abweichungsstilistik implizit stets auf einem Auswahlmodell basiert; dass dieses mit quantitativen Methoden expliziert wird, ist als eine Stärke von Enkvists Stiltheorie anzusehen.

Ulrich Püschel verbindet die Abweichungsstilistik mit der sprachpragmatischen Stilistik Barbara Sandigs (vgl. Abschnitt 3.5), indem er „Abweichen" als ein stilerzeugendes Handlungsmuster bei der Textproduktion auffasst.[222] Dadurch vermeidet er nicht nur die Unbeschreibbarkeit normentsprechender Stile, da es auch andere „Stilmuster" gibt, sondern auch die Annahme allgegenwärtiger Normen, indem er sich auf Abweichung von den Regeln des Sprachsystems und bestimmten Gattungskonventionen konzentriert. Er kann dabei anhand eines Beispiels von Thomas Bernhard plausibel machen, dass solche Abweichungen – im Fall Bernhards von den inhaltlichen und sprachlichen Konventionen der imitierten Textgattung „Zeitungsmeldung" – tatsächlich stilistisch relevant sind.

Werner Winter[223] liefert ein Beispiel für die damals als vielversprechend gehandelte quantitative Stilistik (= statistische Stilistik),[224] wenn er Wort- und Satzlängen und grammatikalische Konstruktionen in Genres (wie Wissen-

---

akzeptiert man, dass es dafür eben doch auf die gewählte Ausführungsweise ankommt, landet man beim Ansatz „Stil als Auswahl" (vgl. Abschnitt 3.1), für den Normbefolgung und Normbruch nur spezielle Auswahlprinzipien sind.

[217] Vgl. von Wilpert 1989: 188 und Lausberg 1971: 42, siehe auch Spillner 1974a: 34.
[218] Enkvist 1973.
[219] Enkvist 1964: 31ff.
[220] Sandig 1978: 50.
[221] Sandig 1978: 36, 38.
[222] Püschel 1985.
[223] Winter 1964.
[224] Vgl. Fußnote 329.

schaftsprosa, fiktionale Prosa und Bühnendialoge) vergleicht. Solche Untersuchungen mögen damals als Fortschritt gegenüber der noch dominierenden hermeneutischen Methode gewirkt haben; aus heutiger Sicht sind sie wenig hilfreich, weil sie Häufigkeiten von Merkmalen der Ausdrucksebene für Stil halten (vgl. Abschnitt 2.1). Nehmen wir beispielsweise an, die Satzlänge eines Texts, der einen einfachen Sachverhalt erklärt, also etwa der Bedienungsanleitung eines Haushaltsgeräts, ist kürzer als die eines anderen Texts, der einen sehr komplexen Sachverhalt erklärt, also etwa einer Einführung in die Quantenphysik. Dies könnte daran liegen, dass im zweiten Fall aus inhaltlichen Gründen nicht so einfach formuliert werden kann wie im ersten; beide Texte könnten also durchaus auf den gleichen Merkmalsregeln beruhen, die beispielsweise für Formulierungen ‚klar; sachlich; präzise' und für die Gliederung des Texts ‚schrittweise erklärend' festlegen. Dies wird noch deutlicher, wenn man innerhalb desselben Texts Passagen vergleicht, die sich mit einfachen und komplexen Phänomenen beschäftigen, beispielsweise mit den einfachen Grundlagen und den schwierigsten Problemen einer bestimmten Wissenschaft: Würde dabei eine auf Klarheit und größtmögliche Vereinfachung angelegte Sprache durchgehalten, würde man wohl kaum daraus, dass sich Unterschiede in Veränderungen in Wort- und Satzlänge, in syntaktischer Komplexität, in Fremdworthäufigkeit, in Ungewöhnlichkeit des Wortschatzes usw. zeigen würden, auf eine Veränderung des Stils schließen.

Jede Art von quantitativer Stilistik und Abweichungsstilistik, die sich auf bloße Zählung von Elementen beschränkt, scheitert an diesem Problem.

3.5 Stil als Regel oder Muster

Stil ist häufig über Muster oder Regeln beschrieben worden, wobei allerdings meist der abweichungsstilistische Blickwinkel eingenommen wurde.[225] Muster wird dabei als „eine bestimmte Art der Ausführung" verstanden, von der der Stilanwender (bewusst oder unbewusst) abweicht. Allerdings bleibt dabei meist unklar, was dieses Muster denn genau ist und wieso nur Abweichungen davon Stile sein sollen, nicht aber die Befolgung des Musters. Neuere Ansätze betonen in Anpassung an kognitive Trends, dass Muster und Normen sich als Erwartungen im Kopf des Textrezipienten befinden.[226]

Tzvetan Todorov[227] weist die Auffassung von Stil als Kohärenzphänomen,[228] als Abweichung von einer Norm oder als Soziolekt zurück, um sich schließlich

---

[225] So fasst etwa der Übersichtsartikel des HSK-Handbuchs (vgl. Fußnote 555) beide Ansätze zusammen (Fix 2009).
[226] Etwa Dittgen 1989 und Fix 2007.
[227] Todorov 1970: 226.
[228] Er bezieht sich damit auf die Auffassung von Stilen als jenen Merkmalen, die den Zusammenhang eines Texts oberhalb der Satzebene garantieren; sie findet sich in der „werk-

zustimmend auf die ehrwürdige Unterscheidung zwischen hohem, mittlerem und niederem Stil zu beziehen, die zu das einzelne Texttoken übergreifenden Zusammenhängen führt: Ein Stil sollte nicht als Abweichung von etwas anderem, sondern in seiner eigenen Regelhaftigkeit untersucht werden.

Alois Hahn versucht, die regelbasierte Auffassung zu explizieren, indem er von „Regeln zweiten Grades oder von Meta-Regeln" spricht, die die Anwendung der Regeln (etwa eines Zeichensystems oder eines Spiels) regulieren. Diese Auffassung knüpft an Theoretiker wie Bourdieu oder Lotman an, die solche oft implizit bleibenden Regeln für den Umgang mit Zeichensystemen, Verhaltensnormen und künstlerischen Konventionen beschrieben haben.[229]

Die sprachpragmatische Stilistik bildet eine Tradition der Stiluntersuchung, die Stil handlungstheoretisch untersucht und somit als Zeichenprozess in den Blick nimmt, auch wenn sie oft nicht explizit semiotische Terminologie dafür verwendet. Bahnbrechend waren die Arbeiten von Barbara Sandig;[230] Sandig nimmt darin eine Beschreibung sprachlichen Handelns als Realisierung von Handlungsmustern vor, die sie auf der Sprechakttheorie fundiert. In Sandig 1986 wird „Durchführen" als allgemeines Handlungsmuster angenommen; eine allgemeine Beschreibungsweise, die sich zu der im Stilmodell angenommenen Funktion *Schemaausführung* als Grundlage des Wahrnehmens von Stilen in Beziehung setzen lässt (vgl. Abschnitt 5.2.2).

Ähnlich wie das hier vorgestellte Modell nimmt Sandig stilistische Regeln an; diese werden vom Stilanwender mit einer bestimmten Absicht angewandt und erzielen eine bestimmte Wirkung. In pragmatischer Sicht sind stilistische Regeln also Handlungsmuster, die ausgeführt werden, indem Äußerungen mit bestimmten Eigenschaften hervorgebracht werden. „Wiederholen", „Variieren" und „Fortführen" sind Beispiele für solche Regeln.[231]

Allerdings lassen sich viele stilistische Merkmale nicht mit solchen allgemeinen Regeln beschreiben; sie können nur unter Bezugnahme auf Schemaorte dargestellt werden. Bei sprachlichen Texten wurden lange Zeit bestimmte stilistische Merkmale, wie etwa Wiederholungen und Häufigkeiten, bevorzugt behandelt, weil sie präzise beschrieben werden konnten. Durch Erweiterung der Handlungsmuster ließe sich Sandigs Theorie wohl zur Beschreibung konkreter Beispiele verwenden, dafür müssten jedoch vermutlich immer wieder neue Handlungsmuster eingeführt werden.[232] Das hängt damit zusammen, dass Schemata

---

immanenten Interpretation" (z.B. Kayser 1948) und im „New Criticism" (z.B. Cleanth Brooks 1947) sowie in der zeitgleich in Russland dominierenden Linguistik (z.B. Vinogradov 1963).

[229] Vgl. Lotman 1972: 39f, Bourdieu 1976: 203ff und Bourdieu 1992.
[230] Sandig 1978, 1986 und 2006. Einen Überblick geben Püschel 2008 und Sandig 2009, im Kontext anderer pragmatischer Stilauffassungen wird der Ansatz diskutiert in M. Hoffmann 1988: 322ff.
[231] Sandig 1978: 94f.
[232] So bräuchte man für den Stil des Schriftstellers Bret Easton Ellis bereits eine Reihe zusätzlicher und teils sehr spezieller Handlungsmuster; vgl. Abschnitt 7.1.2.

und Schemaorte nicht berücksichtigt werden. Dies führt auch dazu, dass Sandigs linguistische Stiltheorie trotz ihrer handlungstheoretischen Grundlegung schwer auf andere Stilbereiche übertragbar erscheint, in denen Handlungsmuster wie „Wiederholen" und „Variieren" noch weniger für eine genaue Stilbeschreibung ausreichen. Wie soll man beispielsweise mit Hilfe allgemeiner Handlungsmuster dieser Art beschreiben, dass eine Architektin ihre Gebäude stets aus mehreren miteinander in Form und Größe kontrastierenden Baukörpern zusammensetzt? Dafür ist es nötig, auf das Schema ‚Architektur' und darin auf den Schemaort ‚Form des Gebäudes' Bezug zu nehmen, für den nun bestimmte Eigenschaften spezifiziert werden. Der Ansatz von Sandig ist, da er seine Beschreibung auf allgemeine Handlungsmuster und nicht auf spezifische, schemabezogene Merkmale setzt, einfach nicht genau genug für die meisten Stile.

Richard Ohmann setzt Stil beim Tennisspielen oder beim Klavierspielen mit der Auswahl aus allen Varianten gleich, die nicht in den Regeln des Spiels oder im zu befolgenden Notentext festgelegt sind, soweit diese Auswahl gewohnheitsbedingt und wiederkehrend ist.[233] Er nimmt also an, dass die konstitutiven Regeln eines Verhaltensbereichs (Spielregeln bzw. Ausführungsregeln durch den Notentext) den Rahmen angeben, und erkennt auch, dass die Auswahl aus den verbleibenden Möglichkeiten regelhaft sein muss, um Stil darzustellen. Barbara Sandig kritisiert dies mit dem Hinweis, dass auch Regelverstöße zu Stil gehören können, etwa wenn ein Tennisspieler in bestimmten Spielsituationen häufig das Netz berührt, was im Tennis nicht erlaubt ist; Stil kann also durchaus regelhafte Muster enthalten, die auf Verstößen gegen konstitutive Regeln basieren.[234]

Zu ergänzen ist, dass auch nicht alle Auswahl innerhalb des durch konstitutive Regeln festgelegten Bereichs stilistisch ist: Es gibt auch Auswahl aufgrund funktionaler Beschränkungen – etwa wenn ein Pianist zu einem traurigen Anlass entsprechende Stücke spielt – und aufgrund von Beschränkungen durch äußere Einflüsse (etwa wenn starker Regen die Tennisspieler zu bestimmten Anpassungen der Spieltechnik zwingt).[235] Zudem können nicht nur die konstitutiven, sondern auch die regulativen Regeln den Rahmen für stilistische Auswahl bilden; so gibt es bei Tennis verschiedene Schlagarten (Smash, Lob, Topspin usw.), die in den Regeln nicht erwähnt werden, sich aber aus den Anforderungen des Spiels heraus etabliert haben; die Definition solcher Schlagarten und ihre Anwendungsmöglichkeiten gehören zu den regulativen Regeln beim Tennis, ihre genaue Ausführungsweise gehört ebenfalls zum Stil. Und natürlich sind auch hier Verstöße gegen die regulativen Regeln (eine als inkorrekt geltende Ausführung oder

---

[233] Ohmann 1971: 218.
[234] Sandig 1978: 12.
[235] Beides würde im hier vorgestellten Modell durch die Kontextbedingungen simuliert; vgl. Abschnitt 4.3.1, (2).

situationsspezifische Anwendung) Teil des Stils, wie es Barbara Sandig für die konstitutiven Regeln betont hatte.[236]

Der Komponist und Musikwissenschaftler Leonard B. Meyer gibt eine der seltenen explizit bereichsübergreifenden Stildefinitionen:[237]

> Style is a replication of patterning, whether in human behavior or in the artifacts produced by human behavior, that results from a series of choices made within some set of constraints. An individual's style of speaking or writing, for instance, results in large part from lexical, grammatical, and syntactic choices made within the constraints of the language and dialect he has learned […]. And so it is in music, painting and the other arts. [T]he constraints […] are learned and adopted as part of the historical/cultural circumstances of individuals or groups. Since constraints allow for a variety of realizations, patterns need not be alike in *all* respects in order to be shared replications, but only in those respects that define the pattern-relationships in question.

Meyers Definition hat viele Ähnlichkeiten mit der hier vertretenen Auffassung von Stil: Seine „Constraints" entsprechen ungefähr unseren Schemaortbedingungen (vgl. die Abschnitte 2.6 sowie 4.3.1, (1)). Die Auffassung, dass Stile bei menschlichem Verhalten und Artefakten als Ergebnissen menschlichen Verhaltens auftreten, und die Verwendungsweise von „realizations" (‚Realisierungen') entsprechen genau der hier vorgestellten Theorie. Auch die Kennzeichnung eines Stils als „replication of patterning" (‚sich wiederholendes Muster') erscheint relativ nahe an der Beschreibung als Menge von Merkmalsregeln. Im letzten Satz der zitierten Passage erläutert Meyer zudem, dass Stile keine exakten Ausführungsvarianten festlegen, sondern Klassen von Ausführungsvarianten, wodurch das Vorhandensein desselben Stils bei in der konkreten Ausführung unterschiedlichen Realisierungen möglich wird.[238]

Unterschiede bestehen darin, dass aus dem „replication of patterning" nicht der Einfluss von Kontext, Funktion und Inhalt herausgerechnet wird,[239] wobei die von Meyer gemeinten Muster vielleicht so abstrakt zu verstehen sind, dass sie dadurch wenig beeinflusst werden, indem die „foreground features",[240] die sie realisieren, die erforderlichen Anpassungen vornehmen.

---

[236] Die Beschreibung mit Hilfe von Schemata umfasst beide Regeltypen; die konstitutiven Regeln spezifizieren, was überhaupt als korrekte Ausführung des Schemas gilt; regulative Regeln wie die Schlagarten beim Tennis, bestimmte Eröffnungsweisen beim Schach usw. können meist als Schemaorte beschrieben werden (vgl. Abschnitt 4.2).
[237] Meyer 1989: 3; mit kleinen Änderungen auch in Meyer 1987: 21ff.
[238] Vgl. die Abfolge von Auswahlvorgängen bei der Erzeugung einer Realisierung (Abschnitt 5.2.2): Auf Schritt 3, die stilistische Auswahl, folgt in Schritt 4 ein abschließender Auswahlvorgang, worin aus den verbleibenden Varianten, die die stilistisch verlangten Eigenschaften besitzen, eine ausgewählt wird.
[239] Vgl. Fußnote 77.
[240] Meyer 1987: 23.

3.6 Stil als Struktur

In den 1960er und 1970er Jahren wurde innerhalb des Strukturalismus eine Methode der Textanalyse entwickelt, die für die Stilanalyse relevant ist. Die Methode wurde von Roman Jakobson und Claude Lévi-Strauss vorgeschlagen und von Michael Riffaterre um eine rezeptionsanalytische Komponente erweitert.[241] Roland Posner entwickelte daraus eine Herangehensweise, die zum Ausgangspunkt der hier dargestellten Beschreibung von Stil wurde.[242]

Die strukturalistische Textanalyse kann mit Hilfe einer der vier Saussureschen Dichotomien beschrieben werden, nämlich „Paradigma – Syntagma". Sie hat jedoch Wurzeln in der russischen Linguistik, die vor Saussure zurückreichen.[243] Roman Jakobson fasste die Vorstellungen über den Texterzeugungsprozess, die sich in dieser Tradition langsam herausgebildet hatten, zusammen: Sie kann modelliert werden als Auswahl von Elementen aus Paradigmen, die zu einem Syntagma zusammengefügt werden. Dabei werden zwei unterschiedliche Prinzipien angewandt: Das Prinzip der Selektion (Auswahl) einzelner Elemente aus den Paradigmen und das Prinzip der Kombination dieser Elemente zu einem Syntagma.[244]

Daher kann der Texterzeugungsprozess mit Hilfe eines zweidimensionalen Modells mit einer vertikalen „Achse der Selektion" und einer horizontalen „Achse der Kombination" visualisiert werden (vgl. Abschnitt 5.1, Abb. 2). Dabei sind die Selektionsmöglichkeiten durch das „Prinzip der Äquivalenz" und die Kombinationsmöglichkeiten durch das „Prinzip der Kontiguität" (syntaktische Kombinationsregeln und semantische Selektionsbeschränkungen)[245] beschränkt. Paradigmen werden in diesem Modell als Äquivalenzklassen modelliert.[246]

---

[241] Vgl. Jakobson u.a. 1962 und Riffaterre 1966. Ein allgemeinerer Ansatz zur strukturalistischen Textanalyse ist Titzmann 1977.
[242] Vgl. Posner 1972, 1980c, 1982 und 1984.
[243] Bereits im Jahr 1884 führte Mikolaj Kruszewski, ein Mitglied des linguistischen Kreises von Kazan, den Prozess der Texterzeugung auf Ähnlichkeits- und Kontiguitätsrelationen zurück; vgl. Georg F. Meier im Vorwort zu Jakobson u.a. 1956 sowie Posner 1972: 238, Fußnote 25 (= Posner 1982: 155, Fußnote 16).
[244] Jakobson u.a. 1956: 58ff und Jakobson 1960: 358.
[245] Die hierfür verwendete Bezeichnung „Prinzip der Kontiguität" entstand aus der Auffassung der strukturalistischen Linguistik, syntaktische Relationen könnten über die Möglichkeit des gemeinsamen Auftretens (Kollokation), die durch die Ersetzungsprobe festgestellt wird, beschrieben werden. Seit Chomskys Einführung der generativen Syntax (Chomsky 1957) ist jedoch klar, dass von Kombinationsregeln ausgegangen werden muss, die eigenständig beschrieben werden müssen, damit ist das „Prinzip der Kontiguität" bezogen auf die Syntax veraltet; vgl. Posner 1972: 238, Fußnote 26 (= Posner 1982: 155, Fußnote 17).
Allerdings ist es bezogen auf die Semantik immer noch hilfreich, wenn es um Kollokationen geht; so kann etwa Metonymie als Projektion des Prinzips der Kontiguität von der Achse der Kombination auf die Achse der Selektion beschrieben werden, wenn beispiels-

Von diesem Modell ausgehend, formulierte Roman Jakobson die „poetische Funktion" sprachlicher Kommunikation: „The poetic function projects the principle of equivalence from the axis of selection into the axis of combination." Diese Definition ist zentral für die Literaturtheorie des Strukturalismus, da sie charakterisiert, was poetische Sprachverwendung von nicht-poetischer unterscheidet.[247] Normalerweise bestimmt das Prinzip der Äquivalenz nur die zur Verfügung stehenden Alternativen; bei der poetischen Sprachverwendung bestimmt es auch die Kriterien der Auswahl. Damit wird die Analyse von Äquivalenzrelationen zu einer literaturwissenschaftlichen Methode:[248] Zu den „vertikalen" Äquivalenzen der Paradigmen kommen nun die „horizontalen" Äquivalenzen, die durch die Projektion des Äquivalenzprinzips entstehen.

Sind es Äquivalenzrelationen, die literarische Kunstwerke auszeichnen, kann man die literarischen Eigenschaften eines poetischen Texts durch die Untersuchung der durch Äquivalenzrelationen erzeugten Strukturen erfassen. Diese ergeben sich als Korrelationen von Äquivalenzklassen. Ein Sonderfall davon sind Oppositionen, die sich als Relation zweier einander ausschließender Äquivalenzklassen, die bezüglich einer dritten übergeordneten Klasse komplementär zueinander sind, beschreiben lassen.[249]

Jakobson und Lévi-Strauss konzentrieren sich in ihrer Analyse von Baudelaires Gedicht „Les Chats" vor allem auf Korrelationen zwischen Äquivalenzklassen, die häufig verschiedenen Beschreibungsebenen (etwa der syntaktischen, semantischen, phonologischen und prosodischen Ebene) angehören: Ist beispielsweise eine Äquivalenzklasse der semantischen Ebene (z.B. „Unterwelt") koextensional mit einer der phonologischen Ebene (z.B. „dunkle Vokale"), ergibt sich dadurch eine Gliederung, die durch die Koextensionalität mit Äquivalenzklassen weiterer Ebenen (z.B. der prosodischen oder metrischen Ebene) zusätzlich gestärkt werden kann.

---

weise „Kläffer" für „Hund" oder „Flasche" für „Wein" verwendet wird; vgl. Posner 1972: 238, Fußnote 27 (= Posner 1982: 155f, Fußnote 18).

[246] Vgl. Posner 1972: 210 (= Posner 1982: 132) und Posner 1984: 198. Die Äquivalenz besteht bezüglich syntaktischer und inhaltlicher Bedingungen (beispielsweise bezüglich einem syntaktisch geforderten Kasus und einer semantisch geforderten Referenz). Wie in Abschnitt 2.4 bereits erwähnt wurde, hat es innerhalb des Strukturalismus auch andere Auffassungen des Paradigmas gegeben, die Lexemzugehörigkeit (es ergibt sich die Menge der Wortformen eines Lexems; in diesem Sinn wird noch heute von „Flexionsparadigma" gesprochen) oder reine Distribution (im amerikanischen Strukturalismus; es ergibt sich die Menge der in einem Lückentext unter Bedingung der syntaktischen und/oder semantischen Wohlgeformtheit möglichen Ergänzungen) zum Kriterium der Paradigmenbildung machten.

[247] Jakobson 1960: 358 und Jakobson 1965: 26. „Poetik" bezeichnet dabei jede Art künstlerischer Sprachverwendung; Poetik ist damit jene Unterkategorie der Ästhetik (= Kunstwissenschaft), die sich mit ästhetischer (= künstlerischer) Sprachverwendung beschäftigt (vgl. Posner 1980b).

[248] Posner 1972: 211 (= Posner 1982: 133).

[249] Posner 1972: 213 (= Posner 1982: 136).

3.6 Stil als Struktur

Roland Posner merkt zu Recht an, dass ebenso direkte vertikale Äquivalenzen zu berücksichtigen sind.[250] Zudem betont er, dass auf diese Weise stets viele Strukturen gebildet werden, deren Wichtigkeit nicht einfach aus der Anzahl der korrelierten Äquivalenzklassen erkannt werden kann, da viele wenig auffällige Äquivalenzen wenigen auffälligen gegenüberstehen können; um das Ergebnis der Analyse zu disambiguieren, müssen daher Bewertungskriterien gefunden werden. Dafür schlägt er die von Riffaterre entwickelte Methode der Rezeptionsanalyse vor, mit Hilfe der Rezeption eines literarischen Texts (die teils anhand des „Archilesers", eines fiktiven Durchschnittslesers, nur konstruiert, teils auch durch Fragebögen getestet wurde) die Kontrasterlebnisse des Lesers feststellt.[251] Erwartungen und Korrekturerlebnisse steuern die Aufmerksamkeit und bestimmen die Wahrnehmung des Gedichts; hier wird die Struktur des Gedichts festgestellt, indem die Stellen, an denen Kontrasterlebnisse stattfinden, auf Besonderheiten hin untersucht und wiederum nach Äquivalenzkriterien klassifiziert werden.

Was hat dieser Ansatz mit der hier vorgestellten Stiltheorie gemeinsam, und was unterscheidet ihn davon? Zunächst ist festzuhalten, dass es sich um eine Methode der Textanalyse handelt, während es uns hier um den stilistischen Zeichenprozess geht. Zunächst einmal scheinen die beiden Ansätze daher schon methodisch ganz verschieden: Geht es dort um eine Methode, Texte richtig zu verstehen, geht es hier um eine Theorie, das ein Phänomen (nämlich Stil) modelliert. Allerdings ist der Unterschied weniger groß als gedacht: Die strukturalistische Textanalyse beschreibt Strukturen in Texten nicht um ihrer selbst willen, sondern sie will verstehen, wie Texte bestimmte (über ihre kodierte Botschaft hinausgehende) Zeicheninhalte beim Leser erzeugen; der Ansatz Riffaterres, der den Text als Ausgangspunkt eines Zeichenprozesses (nämlich seiner Rezeption durch den Leser) auffasst, der durch geeignete Analysemethoden nachvollzogen wird, ist dabei eine Fortentwicklung des Ansatzes von Jakobson und Lévi-Strauss, der den Text noch als statisches Gebilde auffasst. Die hier entwickelte Stiltheorie ist ebenfalls die Darstellung eines Zeichenprozesses, nämlich dessen, der beim Anwenden und Wahrnehmen eines Stils stattfindet.

Unterschiede ergeben sich vor allem daraus, dass es (1) der strukturalistischen Textanalyse um den Zeichenprozess bei der gesamten Rezeption sprachlicher (vorwiegend literarischer)[252] Texte, hier dagegen um den Zeichenprozess beim Wahrnehmen eines Stils geht, und (2) Stil hier nicht nur in sprachlichen Texten, sondern allgemein beschrieben wird. Es entstehen folgende Unterschiede:

(1) Die Auswahl aus Paradigmen (die als Äquivalenzklassen beschrieben werden) wird in der strukturalistischen Textanalyse nur insofern einbezogen, als

---

[250] Posner 1972: 217 (= Posner 1982: 139f).
[251] Posner 1972: 224ff (= Posner 1982: 148ff). Vgl. zur Methode Riffaterres Fußnote 332.
[252] Die Methode kann trotz ihrer Inspiration durch die „poetische Funktion" Jakobsons auch auf nicht-literarische Texte angewandt werden.

dadurch Äquivalenzen (oder Oppositionen) in der syntagmatischen Ebene hergestellt werden. Diese werden als strukturbildend für den Text aufgefasst. Die Untersuchung bezieht sich also tatsächlich ausschließlich auf das Syntagma, dessen sich wiederholende Eigenschaften als Äquivalenzklassen beschrieben werden. – Dagegen nimmt die hier vorgestellte Stiltheorie den Auswahlvorgang selbst in den Blick, dessen sich wiederholende Eigenschaften durch Merkmalsregeln beschrieben werden.

(2) Die Erweiterung von literarischen Texten auf alle Bereiche, in denen Stil vorkommt, erfolgt durch die Erweiterung von *Paradigma* und *Syntagma* als Gliederungsebenen, die bei der Anwendung von Zeichensystemen entstehen, zu *Alternativenklasse* und *Realisierung* als Gliederungsebenen, die bei der Ausführung von Schemata entstehen. Die Relationen der Gliederungsebenen zueinander bleibt dabei im Wesentlichen gleich (vgl. Abschnitt 2.4).

Zu (1) kann dabei noch eine Überlegung ergänzt werden: Diese betrifft die Beziehung von Merkmalsregeln zu Äquivalenzklassen. Eine Merkmalsregel spezifiziert durch ihre Anwendungsbedingungen eine Alternativenklasse, auf die (und auf spezieller definierte Klassen) die Regel anzuwenden ist, und durch ihre verlangten Eigenschaften eine reduzierte Alternativenklasse, aus der ein Element für die Realisierung zu wählen ist. Dabei spezifiziert die zuerst genannte Alternativenklasse eine Äquivalenzrelation bezüglich des Schemaorts und gegebenenfalls der Zusatzbedingungen, die zweite Alternativenklasse, die eine Unterklasse der ersten ist, eine Äquivalenzrelation bezüglich des Schemaorts, der Zusatzbedingungen und der verlangten Eigenschaften. Im Vergleich zum Modell der strukturalistischen Textanalyse, bei der zwei (oder mehr) Äquivalenzklassen auf Korrelationen zueinander untersucht werden, sind die beiden Alternativenklassen zunächst einmal vertikale Äquivalenzklassen, die im Erzeugungsprozess der Realisierung eine Rolle spielen. Durch ihre Anwendung in einer Merkmalsregel erzeugen sie aber auch eine Korrelation zwischen zwei horizontalen Äquivalenzklassen. Der Korrelationsgrad wird dabei durch die Anwendungswahrscheinlichkeit w bestimmt.

Beispielsweise wird durch eine Merkmalsregel, die für die Anwendungsbedingung ‚Fenster' die verlangte Eigenschaft ‚quadratisch' spezifiziert, eine Korrelation zwischen zwei Äquivalenzklassen in der Realisierung erzeugt: Derjenigen der Fenster und derjenigen der quadratischen Fenster (nicht: aller quadratischen Elemente der Realisierung). Es handelt sich also bei Merkmalsregeln um eine Beschreibungsweise dafür, wie in Realisierungen Korrelationen von Äquivalenzklassen hergestellt werden. Für die entstehenden Korrelationen gelten allerdings zwei Besonderheiten:

(a) Eine der Äquivalenzklassen definiert einen Schemaort und gegebenenfalls Zusatzbedingungen, die andere eine zusätzliche Äquivalenz innerhalb des noch gegebenen Spielraums;

3.6 Stil als Struktur

(b) die eine Äquivalenzklasse ist eine Unterklasse der anderen.[253]

Diese beiden Besonderheiten ermöglichen es, die beschriebenen Fälle auf andere Realisierungen desselben Schemas zu übertragen. Dies ist die Besonderheit von Stil im Vergleich mit beliebigen Strukturen innerhalb von Realisierungen: Es handelt sich um Regelmäßigkeiten der Auswahl, die auf andere Realisierungen übertragbar sind. Daraus ergeben sich die interessanten Eigenschaften von Stil (Rückschlüsse auf Ursachen für die Regelmäßigkeiten, Möglichkeit zu Aussagen über noch unbekannte Realisierungen, Klassifikation von Realisierungen).

Stilistische Merkmale können also als durch die Eigenschaften (a) und (b) definierte Unterklasse aller Korrelationen von Äquivalenzen aufgefasst werden. Merkmalsregeln sind eine Darstellungsweise für die Erzeugung dieser Unterklasse von Korrelationen zwischen Äquivalenzklassen.

Wozu dann die Merkmalsregeln? Warum werden nicht einfach solche Korrelationen von Äquivalenzklassen für die Realisierung als Bedingungen für die Existenz des jeweiligen Stils definiert?

Dies ist eine ebenfalls denkbare Beschreibungsweise. Allerdings würde sie, führt man sie präzise durch, keine Vereinfachung bedeuten: Es müssen ebenfalls die verschiedenen Bedingungen für beide Klassen definiert werden, und es muss ein Korrelationsgrad angegeben werden. Gleichzeitig wäre unklar, wie die Korrelationen in die Realisierung kommen und was beim Widerspruch der Anforderungen mehrerer Korrelationsbedingungen geschieht. Solche und ähnliche Fragen können nur bei der Darstellung von Stil als Prozess berücksichtigt werden, bei dem Information in eine Realisierung eingeschrieben und aus ihr ausgelesen wird.[254] Zudem gäbe es noch einen entscheidenden Unterschied zur hier vorgenommenen Darstellung: Regelmäßigkeiten der Realisierung würden ohne Berücksichtigung der jeweiligen Auswahlprozesse zur Beschreibung eines Stil verwendet; die Auswirkung kontextueller, funktionaler und inhaltlicher Bedingungen würde nicht berücksichtigt.

Würde beispielsweise an einem Gebäude eine hundertprozentige Korrelation zwischen dem Schemaort ‚Fenster' und der Ausführungsweise ‚Fensterband; auf mittlerer Höhe; mit Klarglas' festgestellt, würde an einem anderen Gebäude ein Stilwechsel festgestellt, wenn an einigen Stellen aufgrund funktionaler Bedingungen keine solchen Fensterbänder möglich sind, beispielsweise weil sich technische Räume mit lichtempfindlichen Apparaten hinter diesen Fenstern

---

[253] Ein Beispiel: $U(B_1)$: ‚Fenster (auf der Straßenseite des Gebäudes)', $V(B_1)$: ‚quadratisch'
Hier wird durch die Anwendungsbedingungen U die Klasse aller Elemente des Gebäudes gebildet, die ‚Fenster' und ‚auf der Straßenseite des Hauses' sind. Durch die Anwendung der verlangten Eigenschaften V wird die Unterklasse dieser Elemente gebildet, die ‚quadratisch' sind.

[254] Dadurch kann der Korrelationsgrad als Anwendungswahrscheinlichkeit dargestellt und Konflikte über die Priorisierung gelöst werden (siehe Abschnitt 5.3.1, 3. und 4.; vgl. auch 5.5.5).

befinden oder weil sie zu Bädern und WCs im Erdgeschoss gehören und daher nur hochgelegene Klarglasfenster in Frage kommen. Dasselbe gälte, wenn ein Gebäude einen Schornstein bestimmter Proportionen hätte, ein anderes aufgrund eines anderen Heizungstyps jedoch keinen Schornstein oder aufgrund der Nutzung als Fabrik einen wesentlich größeren. Die Beschreibung mit Hilfe von Korrelationen von Äquivalenzklassen führt also zu einer Stilauffassung, die sich von der hier vorgestellten grundsätzlich unterscheidet. Dies liegt daran, dass Auswahl nicht berücksichtigt, sondern Regelmäßigkeiten in Realisierungen betrachtet werden. Bei der theoretischen Vorentscheidung für den einen oder den anderen Beschreibungsansatz sollte man sich über diese Unterschiede im Klaren sein.

3.7 Stilinterpretation als Zeichenprozess

Zur Stilinterpretation sind zahlreiche Werke erschienen. Heide Göttner untersucht die Methodik von literarischen Interpretationen und betont die Rolle der Deduktion und Induktion, wie sie auch in der Wissenschaft verwendet werden.[255] „Göttner rekonstruiert die Stilinterpretation als logisch-deduktive Hypothesensystematisierung, an die der induktive Prozess der Hypothesenüberprüfung gekoppelt ist."[256] Werner Strube erläutert an einem Beispiel, wie (implizit bleibendes) Hintergrundwissen in der Stilinterpretation verwendet wird, um Aussagen machen zu können,[257] und wie subjektive stilistische Eindrücke (vgl. 6.4.7) entstehen, die allerdings gern als objektiv behauptet werden.[258] Schließlich schließt er aus nur einem Beispiel, die Stilinterpretation laufe stets auf Werturteile hinaus,[259] was so allgemein natürlich nicht stimmt; schließlich können auch logische Schlussverfahren in der Interpretation verwendet werden.

Gotthard Lerchner stellt die Frage, welche objektiven Kodierungen im Text mit welchen subjektiven Reaktionen beim Leser korrelieren;[260] zu den relevanten Ergebnissen einer Interpretation rechnet er auch emotionale Reaktionen (vgl. Abschnitt 6.4.6).

---

[255] Göttner 1973.
[256] Strube 1979: 567. Göttner untersucht die werkimmanente Methode der Interpretation, die von Strube merkwürdigerweise mit „Stilinterpretation" gleichgesetzt wird. Tatsächlich beinhaltet sie traditionellerweise eine Stilinterpretation und eine Inhaltsinterpretation ohne Einbeziehung biographischer, gesellschaftlicher, zeitgeschichtlicher und mediengeschichtlicher Aspekte. Dass eine derart eingeschränkte Inhaltsinterpretation meist zu falschen Ergebnissen führt, ist klar; eine Stilinterpretation ist sie trotzdem nicht.
[257] Strube 1979: 571.
[258] Strube 1979: 570.
[259] Strube 1979: 574ff.
[260] Lerchner 2002: 107f.

3.7 Stilinterpretation als Zeichenprozess

In der hier vorgelegten Stiltheorie gibt es verschiedene Arten von Informationen, die sich durch eine Interpretation aus einem Stil ableiten lassen. Oft wurde Stil mit einer bestimmten Art von Information gleichgesetzt und in Abrede gestellt, dass die anderen existierten oder relevant seien. Einen solchen Streit gab es beispielsweise in der Kunstgeschichte bezüglich der Frage, ob äußere Gegebenheiten oder innere Form- und Entwicklungsprinzipien es seien, die Stile bestimmten und daher bei der Beschäftigung mit Stilen im Vordergrund stehen müssten. Caecilie Weissert fasst diese Auseinandersetzung zusammen:[261]

> Eine neue Deutung erfährt der Stilbegriff für Johann Joachim Winckelmann: [...] Es ist nun nicht mehr der Künstler, der perfekte Werke schafft, nun sind es die Werke selbst, die Eigenschaften der Zeit, des Klimas, der religiösen oder politischen Verfasstheit eines Landes offenbaren, Eigenschaften, die in die Denkmäler – ohne bewusstes Zutun der Künstlers – eingeflossen sind. [...]
>
> Ende des 19. Jahrhundert [sic] unterzogen Heinrich Wölfflin oder Alois Riegl dieses Konzept einer grundlegenden Kritik. Beide wenden sich dagegen, die Veränderung der Form durch äußere Bedingungen zu erklären, und suchen stattdessen nach „inneren" Gesetzen [...]. Für Wölfflin liegen die Gesetzlichkeiten der Form in den Bedingungen des Sehens. [...] Riegl spricht von einem Kunstwollen, das jedem Kunstwerk zugrunde liegt und sich durch dieses offenbart. [...] Riegl führt die Stile auf Gestaltgesetze zurück, die den Werken zugrunde liegen und Strukturen schaffen.

Ob man nun wie Winckelmann in Stilen vor allem nach äußeren Einflüssen sucht,[262] ob man wie Wölfflin die „Bedingungen des Sehens", die sich mit der Zeit verändern (was natürlich ebenfalls nur durch gesellschaftlich-kulturelle Veränderungen erklärbar ist, da der menschliche Sehsinn sich in den betrachteten Zeiträumen physisch nicht verändert hat), oder ob man wie Riegl „Gestaltgesetze" am Werk sieht: All dies sind Erklärungen für konkrete Stile, die aus den jeweiligen Stilen durch eine Interpretation erzeugt werden können, beispielsweise indem mit Hilfe einer Abduktion eine Regel postuliert wird, die den vermuteten Zusammenhang (etwa den Einfluss der „Bedingungen des Sehens" auf die „Gesetzlichkeiten der Form") postuliert, und nun das Auftreten bestimmter Merkmale mit dieser Regel erklärt.[263] Für die hier vorgestellte Theorie ist es dabei nicht wichtig, welche Interpretation plausibler ist (vermutlich erfasst jede der vertretenen Positionen einen Teil der Bedingungen, die die Ausprägung konkreter Stile verursachen). Relevant ist, dass sich die Auffassungen, nach welchen Informationen man in Stilen zu suchen habe, über die Zeit verändert haben.

---

[261] Weissert 2009: 9. Vgl. zu den besprochenen Auffassungen Winckelmann 1764, Wölfflin 1888, 1912 und 1915, sowie Riegl 1893 und 1927.

[262] Auch viele spätere Theoretiker betonten den Informationswert von Stilen für die gesellschaftlichen Bedingungen und die Lebenswelt der jeweiligen Zeit; vgl. beispielsweise Bourdieu 1970, Elias 1939, Zinserling 1984 und Möbius 1984 und 1989.

[263] Vgl. zur Abduktion Abschnitt 6.4.3.

Robert Suckale formuliert denn auch, dass die Untersuchung eines Stils, wenn sie Anspruch auf eine gewisse Vollständigkeit erheben will, unterschiedlichste Aspekte berücksichtigen muss und auch mit Hintergrundwissen aus verschiedenen Bereichen interagiert:[264]

> Den Stil eines Kunstwerks zu analysieren, heißt also, die künstlerischen Prinzipien und Normen des Verfertigers, aber auch die der ihn tragenden Gesellschaft in seiner Zeit aufzuspüren, die Prägung durch das Thema, die Nutzungsabsichten und deren Traditionen, durch die Materialien, aber auch durch die Gewohnheiten, mit ihnen umzugehen. Man käme so letztlich zu einer Stilgeschichte der allgemeinen und künstlerischen Ideale, ebenso zu einer der Wirklichkeitsvorstellungen. Sie würde übergehen in eine konkrete Geschichte der Kunst und Kultur sowie ihrer jeweiligen historischen Bedingungen.

3.8 Individualität und Allgemeinheit von Stilen

Gibt es überhaupt Individualstile? – Christian Grimm hat sich in seiner Dissertation am Beispiel Thomas Manns der Frage der Existenz von Individualstilen gestellt und meint, diese zumindest in diesem Fall zurückweisen zu können:[265]

> Sogar im gleichen Zeitraum entstandene Erzählungen können sich bei einer Vielzahl von stilistischen Mitteln in stärkerem Maße voneinander unterscheiden, als dies beim Vergleich mit dem Text eines anderen Autors der Fall ist. [...] Bei keinem einzigen Stilkriterium ist es möglich, alle Texte Thomas Manns von denen der beiden Vergleichsautoren eindeutig abzugrenzen. Ebensowenig lassen sich autorentypische Konstellationen feststellen.

Es ist gut denkbar, dass Grimm bei den meisten Schriftstellern ähnliche Ergebnisse erhalten hätte. Eine Studie, die die Wiedererkennbarkeit von Stilen geprüft hätte, würde jedoch wahrscheinlich zu dem Ergebnis kommen, dass Probanden überzufällig häufig Textausschnitte von Schriftstellern mit markanten Stilen (z.B. Heinrich Heine, Thomas Mann, Gertude Stein, Ernest Hemingway und Thomas Bernhard) einander zuordnen können. Welchen Fehler hat Grimm gemacht?

Zum einen betrachtet er nur 70 Stilmerkmale, also einen Bruchteil der potentiell relevanten; er kann daher nicht wissen, ob es sich um die für den Stil Thomas Manns wichtigen Merkmale handelt oder nicht. Zum anderen ist es offensichtlich, dass nicht einzelne Merkmale die Abgrenzung liefern; „autorentypische Konstellationen" von Merkmalen liegen zweifellos vor, diese sind jedoch vermutlich subtil und nicht ohne Weiteres erkennbar. Grimms Vorgehensweise entspricht der eines Forschers, der die Wiedererkennbarkeit einzelner Gesichter prüfen will, dafür bei einem bestimmten Gesicht verschiedene Aufnahmen aus

---

[264] Suckale 2006: 150.
[265] Grimm 1991: 272f.

verschiedenen Zeiten und bei verschiedenen Beleuchtungsverhältnissen herausgreift und nun 70 willkürlich ausgewählte Einzelmerkmale mit einigen anderen Gesichtern abgleicht, mit dem Ergebnis, dass keine Abgrenzung möglich sei. Relevanter wäre es zweifellos, zunächst zu überprüfen, ob Menschen diese Abgrenzung leisten können – sie können! – und sich dann zu fragen, wie sie es machen.[266]

Grimm vergleicht Texte Thomas Manns aus verschiedenen Textgattungen (Erzählung, Essay und Brief) miteinander und stellt erhebliche Variationen fest. Er schließt daraus, dass keine eindeutige Identifizierung von Individualstilen möglich ist:[267]

> Individualstil aus linguistischer Sicht ist eine Erscheinung, die [...] stärker als der literaturwissenschaftliche Begriff der Beeinflussung durch äußere Faktoren unterworfen ist. Dieser Einfluss besteht besonders aus den durch den jeweiligen Funktional- oder Textsortenstil geschaffenen Rahmenbedingungen; aber auch innerhalb derselben Textgattung kann sich die Entscheidungshäufigkeit bei der Wahl bestimmter sprachlicher Mittel aus den verschiedensten Gründen von Text zu Text ändern.

Grimm verwendet dabei die Methoden der quantitativen Stilistik und sieht Änderungen der Häufigkeiten von Stilmerkmalen (wie Häufigkeiten bestimmter syntaktischer Konstruktionen, Satzlängen usw.) als Änderungen des Stils an. Es wurde hier gezeigt, dass diese Auffassung, wenn sie konsequent durchgehalten wird, zu einem hochgradig kontraintuitiven Stilbegriff führt.[268] Grimm findet insofern eigentlich nur heraus, dass quantitative Stilistik, also das reine Zählen von Merkmalen auf der Ausdrucksebene des Texts, nicht funktioniert, weil sie die textgattungsspezifischen Bedingungen (die zu den funktionalen Bedingungen gehören) und die inhaltlichen Bedingungen nicht berücksichtigt. Die Frage, ob Thomas Mann in seinen Essays und Briefen denselben oder einen ähnlichen Stil wie in seinen Erzählungen schreibt, kann auf dieser Grundlage gar nicht untersucht werden.

Grimm ist sicherlich im Recht, wenn er den Versuch, mit „forensischen Textvergleichen" den Urheber eines Texts zu identifizieren und dies möglicherweise sogar für gerichtsverwertbar zu halten, zurückweist. Grimms Arbeit ist somit bezogen auf seine eigene Problemstellung durchaus erfolgreich;[269] leider

---

[266] Vgl. den Ansatz von Tenenbaum und Freeman, mit dem Gesichtserkennung für verschiedene Kopfhaltungen („Stile") möglich ist (Tenenbaum u.a. 2000: 1260ff; siehe auch Abschnitt 3.3).
[267] Grimm 1991: 274.
[268] Vgl. die Abschnitte 2.1 und 2.2.
[269] Grimm 1991: 9. Die Autoridentifikation mit Methoden der quantitativen Stilistik wurde bereits in Jöns 1982 kritisch hinterfragt und in Wolf 1989 und Brückner 1990 zurückgewiesen. Interessanterweise wurde dann jedoch festgestellt, dass er bei der Verwendung von Merkmalsbündeln und bei Textsortengleichheit des verwendeten Materials zumindest zu Wahrscheinlichkeitsaussagen führen kann (Kniffka 1992), was auf die Funktions-

erkennt er nicht, dass sein Ergebnis auf ein tieferliegendes Problem mit der gewählten Analysemethode, der quantitativen Stilistik, hinweist und dass Stile durchaus über Grenzen der Gattung und des behandelten Inhalts hinweg wiedererkannt werden können – offenbar werden diese Faktoren bei der Wahrnehmung des Stils gewissermaßen herausgerechnet, so dass ein Stil über bloßes Merkmalszählen nicht zu erfassen ist.

In der Regel wird angenommen, dass es sowohl übergreifend gültige Stile (die als Funktionalstile, Textsortenstile, milieuspezifische Stile usw. beschrieben werden) als auch Individualstile gibt, wobei oft eine Hierarchie gesehen wird. Elise Riesel beispielsweise unterscheidet für die Sprache zwischen Funktionalstilen und Individualstilen und betrachtet die letzteren als den ersteren untergeordnet; je nach dem vom Funktionalstil gelassenen Spielraum verbleibt mehr oder weniger Platz für die Eigenheit der Sprache des Individuums.[270]

Der Individualität wurde Stil seit Buffons Diktum „Le style est l'homme même", das Stil als untrennbar vom Individuum erklärt, immer wieder zugeordnet.[271] Die Gegenposition wird von Georg Simmel formuliert: „vermöge des Stiles wird die Besonderheit des einzelnen Werkes einem allgemeinen Formgesetz untertan, das auch für andere gilt, es wird sozusagen seiner absoluten Selbstverantwortlichkeit enthoben, weil es die Art oder einen Teil seiner Gestaltung mit anderen teilt".[272] Stil stellt also den Einfluss des Allgemeinen dar und scheint im Gegensatz zu künstlerischer Persönlichkeit und individuellem Ausdruck zu stehen. Simmel korrigiert jedoch wenig später diese Zuordnung und konzediert die Existenz von Individualstilen:[273]

> Hier aber scheint ein Einwurf unvermeidlich. Wir sprechen doch auch von dem Stil *Botticellis* oder *Michelangelos*, *Goethes* oder *Beethovens*. Das Recht dazu ist dies, dass diese Großen sich eine, aus ihrem ganz individuellen Genie quellende Ausdrucksweise geschaffen haben, die wir nun als das *Allgemeine in all ihren einzelnen Werken* empfinden. [...]
> In diesem Falle hat der Satz, dass der Stil der Mensch ist, seinen guten Sinn, freilich deutlicher so, dass der Mensch der Stil ist – während er in den Fällen des von außen kommenden Stiles, des mit andern und der Zeit geteilten, höchstens die Bedeutung hat, dass dieser zeigt, wo die Originalitätsgrenze des Individuums liegt.

In dieser Passage betont Simmel, dass Stil durchaus einer individuellen Persönlichkeit zukommen kann; dabei bezeichnet er die Ausdrucksweise, die verschiedene Werke eines Künstlers verbindet. Beide Fälle haben gemeinsam, dass einem einzelnen Kunstwerk kein Stil zugesprochen wird. Dagegen sind wir in der hier

---

gleichheit und häufig auch Inhaltsähnlichkeit innerhalb von Textsorten zurückzuführen sein dürfte. Vgl. zum sogenannten sprachlichen Fingerabdruck auch Breuer 2009: 1239f.
[270] Riesel 1963: 33.
[271] Buffon 1753=1954: 503. Vgl. zum Einfluss des Diktums Müller 1981: 40ff.
[272] Simmel 1908: 307.
[273] Simmel 1908: 307f.

vorgestellten Theorie davon ausgegangen, dass auch einzelne Realisierungen einen Stil haben können. Dafür sprechen verschiedene Beobachtungen: Ein Roman, ja schon eine Kurzgeschichte eines Autors kann ausreichen, um seinen/ihren individuellen Stil zu erfassen; der Stil des „Bamberger Reiters" lässt Rückschlüsse auf die Darstellungsabsichten, psychologische Genauigkeit und gestalterische Fähigkeit des Künstlers zu, ohne dass wir dazu weitere Werke desselben Künstlers bräuchten; und eine einzige Gehweise oder Autofahrt kann einen so auffälligen Stil tragen, dass wir den Stilanwender noch nach Jahren daran wiedererkennen können. Eine einzelne Realisierung reicht also in vielen Fällen völlig aus, um einen Stil auszulesen.

Richtig an den Überlegungen Simmels ist, dass eine individuelle Gestaltungs- oder Ausführungsweise uns zunächst oft gar nicht als Stil erscheint, während sie, wenn wir viele weitere Realisierungen (desselben oder eines anderen Stilanwenders) wahrgenommen haben, eindeutig als Stil erkennbar wird. Nach der hier vertretenen Auffassung ist sie jedoch immer dann ein Stil, wenn sie als Menge von Merkmalsregeln aus der Realisierung ausgelesen werden kann. Daraus ergibt sich die Bedingung:

(1) Es muss postuliert werden, welche Auswahl auf kontextuelle, funktionale oder inhaltliche Bedingungen zurückgeht.

Weitere Bedingungen für die Wahrnehmung eines Stils sind:

(2) Es muss eine ausreichende Größe der Realisierung (das heißt, ausreichend viele Realisierungsstellen) vorliegen.

(3) Der Stilwahrnehmer muss bereit und in der Lage zu einer stilistischen Betrachtungsweise der Realisierung sein.

Bei einzelnen Realisierungen ist (1) oft sehr schwierig, während viele Realisierungen (beispielsweise die Werke vieler Künstler oder viele Werke eines Künstlers) meist eine ausreichend große Streuung dieser Bedingungen aufweisen, so dass nur nach Gemeinsamkeiten über alle diese Kunstwerke hinweg gesucht werden kann, um den Stil zu erhalten.

Aber auch (2) wird einfacher, wenn mehrere Realisierungen betrachtet werden, da sich automatisch mehr Realisierungsstellen ergeben und somit die Merkmalsregeln leichter zu erkennen sind.

Und schließlich ist (3) bei einer einzelnen Realisierung nicht immer gegeben: Beispielsweise betrachtet man ein einzelnes Kunstwerk vielleicht mit der Absicht, seine Eigenschaften zu erkennen, ohne dabei stilistische Merkmale von anderen Eigenschaften trennen zu wollen. Wenn man dagegen mehrere Kunstwerke betrachtet, bieten sich – neben Zusammenhängen des Inhalts – stilistische Gemeinsamkeiten und Unterschiede als Möglichkeit an, sie in Beziehung zu setzen. Dasselbe gilt bei allen anderen Realisierungen.[274] Die Stilwahrnehmung setzt grundsätzlich die Rekonstruktion der Alternativenklassen voraus; daher

---

[274] Natürlich mit dem Unterschied, dass nicht alle Realisierungen inhaltliche und funktionale Bedingungen aufweisen; Kontextbedingungen gibt es dagegen bei allen Realisierungen; vgl. Abschnitt 4.2.2.

wird jemand, der sich auf die Realisierung konzentriert und wenig Wissen über andere Realisierungen dieses Schemas hat, häufig keinen Stil wahrnehmen. Allerdings kann man die Wahrnehmung von Stilen nicht bewusst blockieren und selbst bei der Konzentration auf eine Realisierung kann sich dem Wahrnehmenden ein Stil aufdrängen, auch wenn es ihm eigentlich um andere Aspekte der Realisierung ging.

Es gibt also keine absolute Zuordnung von Stil zum Allgemeinen und Inhalt zum Individuellen. Simmel hat jedoch insofern recht, als uns Stil meist als Bindeglied zwischen verschiedenen Realisierungen eines Stilanwenders oder zwischen Realisierungen verschiedener Stilanwender interessiert. Gründe dafür dürften in den Bedingungen (1) bis (3) liegen.

Kapitel 4: Schemata und Alternativenklassen

4.1 Übersicht über das Stilmodell

In diesem Übersichtsabschnitt wird eine kurze Übersicht über das Stilmodell gegeben, das in den Kapiteln 4 bis 7 schrittweise eingeführt wird.

Wie bereits in Kapitel 2 herausgearbeitet wurde, entsteht Stil, wenn Variationsmöglichkeiten zur Erzeugung von Zeichen gebraucht werden. Wir wollen drei Gegenstandsbereiche unterscheiden, in denen dieser Vorgang auftreten kann: die Verhaltensweisen, die Artefakte und die Texte.

Variation entsteht nur dort, wo auch etwas konstant bleibt: Bestimmte Bedingungen gelten und schränken die theoretische denkbare Gesamtmenge der Möglichkeiten auf ein übersichtliches Maß ein. Wenn es keine Bedingungen etwa dafür gäbe, dass etwas als ‚Autofahren' oder, spezieller, als ‚Überholen' gilt, könnten wir immer nur ein vollständig bestimmtes Verhalten so bezeichnen: Es wäre dann auch nicht möglich, Variation festzustellen.

Denn die Bedingungen bestimmen die konkrete Ausführung nicht vollständig: Es bleibt noch eine Wahl zwischen verschiedenen Varianten erhalten. Nur weil Verhaltensweisen, Artefakte und Texte durch Bedingungen unterdeterminiert festgelegt sind, können wir verschiedene Ausführungsweisen vergleichen.[275]

Ob wir nun mit dem Auto fahren oder jemanden grüßen, einen Text schreiben oder ein Haus bauen, ein Bild malen oder eine Party geben, reiten oder gehen: Bei all diesen und vielen weiteren Verhaltensweisen gibt es verschiedene Möglichkeiten, sie durchzuführen – selbst wenn man den jeweiligen Kontext mit einbezieht, der manche Möglichkeiten bereits ausschließt. Doch natürlich gibt es auch immer Möglichkeiten, die nicht in die jeweilige Kategorie fallen: Ich kann auf unterschiedliche Art Auto fahren, aber wenn ich stattdessen das Auto aus-

---

[275] Die hier dargestellte Unterscheidung von den (auf der Basis von Schemata gebildeten) Alternativenklassen und den Variationsmöglichkeiten innerhalb dieser Alternativenklassen hat ihre Parallele in der klassischen Unterscheidung zwischen „-emik" und „-etik", die ausgehend von Louis Hjelmslev (1936 und 1974), Leonard Bloomfield (1933), Kenneth L. Pike (1967) und anderen grundlegend für die strukturalistische Linguistik wurde. Die auf verschiedenen Beschreibungsebenen isolierbaren „-eme" (z.B. Phoneme, Grapheme, Morpheme und Sememe) sind Kategorien von unter bestimmten Bedingungen füreinander einsetzbaren Elementen. Die innerhalb dieser Kategorien vorhandenen Variationsmöglichkeiten werden von der jeweils zugehörigen Beschreibungsebene der „-etik" (z.B. Phonetik, Graphetik; weniger verbreitet sind Morphetik und Semetik) untersucht, die die konkret auftretenden Erscheinungsformen (z.B. Phon, Graph, Morph und Sem) beschreiben.

einandernehme oder verkaufe, dann tue ich eben etwas anderes, das heißt, ich führe ein anderes Verhalten aus (konkret handelt es sich hierbei um Handlungen, die als Spezialfall von Verhalten, nämlich beabsichtigtes Verhalten, betrachtet werden sollen).

Die im letzten Absatz erwähnte Gesamtmenge der Möglichkeiten soll als *Möglichkeitsraum* bezeichnet werden (vgl. Abschnitt 4.2.1). Um die Bedingungen, die für einzelne Verhaltensweisen, Artefakte oder Texte gelten, einzuschränken, werden Verhaltensschemata, Artefaktschemata und Textschemata angenommen.

Allgemein werden wir von *Schemata* (4.2.2) sprechen (die je nach Bedarf in Unterschemata (4.2.4) unterteilt werden können). Schemata spezifizieren eine Reihe von *Schemaorten* (4.2.3). So kann man Reiten in eine Anzahl von unterschiedlichen Handlungen unterteilen (in den Sattel steigen, losreiten, Schritt reiten, traben, galoppieren, das Pferd wenden, die Sporen geben, die Zügel anziehen usw.). Ebenso kann man Gebäude in unterschiedliche, immer wieder auftretende Bestandteile unterteilen (Wände, Dächer, Fenster, Türen, Erker usw.). Auch ein Musikstück einer bestimmten Gattung kann in verschiedene Teile unterteilt werden (etwa, wenn es in der Sonatensatzform steht, in Einleitung, Hauptsatz, Seitensatz, Durchführung, Reprise, Coda, die wiederum feiner unterteilt werden können). Solche durch ein Schema spezifizierten konventionellen Bestandteile werden innerhalb des Stilmodells als Schemaorte beschrieben.

Schemaorte von Schemata werden durch *Schemaortbedingungen* intensional definiert. Diese bestehen aus bestimmten Eigenschaften, die einem Element zukommen müssen, damit es dem jeweiligen Schemaort zugeordnet wird (4.3.1). Neben Schemaortbedingungen können auch noch Zusatzbedingungen gelten, die sich aus dem Kontext der Situation ergeben.

Nachdem wir auf diese Art die Festlegungen beschrieben haben, können wir uns nun der Variation zuwenden. Die verschiedenen Möglichkeiten, die bei gegebenen Schemaort- und Zusatzbedingungen bestehen, bilden Alternativen für die stilistische Auswahl; die jeweils vorhandenen Alternativen werden durch *Alternativenklassen* festgelegt (4.4). Das Ergebnis des Auswahlvorgangs ist eine *Realisierung* (4.5). Der Übergang von den Alternativenklassen zur Realisierung wird im Prozess der *Schemaausführung* (5.2.2) beschrieben.

Nur ein Teil der Schemaausführung besteht in den stilistisch wirksamen Auswahlprozessen. Wenn jemand einen Stil anwendet, dann bedeutet dies, dass bei der von ihm durchgeführten Auswahl aus den Alternativen bestimmte Regelmäßigkeiten wirksam werden. Solche Regelmäßigkeiten des Auswahlvorgangs hinterlassen Spuren im Auswahlergebnis, also der Realisierung. Die Person, die die Realisierung erzeugt hat, wird damit zum *Stilanwender*. Wenn jemand aus diesen Spuren die Prinzipien erkennt, nach denen die Auswahl stattgefunden hat, dann wird er/sie zum *Stilwahrnehmer*.

Die Regelmäßigkeiten der Auswahl werden in dieser Stiltheorie auf einheitliche Weise beschrieben, um eine allgemeine Formulierung des Anwendens und

Wahrnehmens von Stilen vornehmen zu können. Diese Beschreibung erfolgt im *Merkmalsprozess*, dessen Funktionen in Kapitel 5 dargestellt werden (Kapitel 4 liefert die Grundlegung dafür). Die *Merkmalsregel* (5.3) wird gewissermaßen als kleinste gemeinsame Einheit der Regelmäßigkeiten betrachtet, sie ermöglicht eine allgemeine Beschreibung: Der Prozess, in dem eine Realisierung einen Stil erhält, wird als *Einschreiben der Merkmalsregeln* (5.4), der Prozess des Wahrnehmens eines Stils an einer Realisierung als *Auslesen der Merkmalsregeln* (5.5) beschrieben.

Merkmalsregeln sind jedoch nur der Ausgangspunkt für die Beschäftigung mit Stilen. Die interessanteren Informationen ergeben sich erst in der Auseinandersetzung mit Merkmalsregeln, wobei mit Hilfe von Hintergrundwissen (6.2.3) und verschiedener Operationen (6.2.1) Ergebnisse erzeugt werden, bei denen es sich um Propositionsannahmen, aber auch um Gefühle und Eindrücke handeln kann (6.2.2). In diesem *Interpretationsprozess* (Kapitel 6 und 7) können interessante Informationen aus Stilen entnommen werden, die für das Individuum (8.2.4) und die Gesellschaft (8.4.1) einige Relevanz haben. Es kann jedoch auch ganz frei ausgehend von den Merkmalsregeln assoziiert und empfunden werden; allgemein ist das Element der Subjektivität beim Wahrnehmen von Stilen nicht wegzudenken (7.3.6).

Eine genauere Übersicht zum Interpretationsprozess wird in Abschnitt 6.1 gegeben.

4.2 Schema und Schemaort

4.2.1 Der Möglichkeitsraum für Alternativen

Stile entstehen, wenn Auswahl zum Zeichen wird. Dafür muss es aber verschiedene Möglichkeiten geben, aus denen ausgewählt wird. Die Gesamtheit dieser Möglichkeiten soll als „Möglichkeitsraum" bezeichnet werden. Möglichkeiten sind dadurch beschreibbar, dass sie nicht realisiert sein müssen, aber prinzipiell realisierbar sind. Bislang wissen wir aber noch nicht, um welche Klasse von Objekten es sich bei Möglichkeiten handelt.

Wenn in einem bestimmten Kontext eine Möglichkeit realisiert werden soll und zu diesem Zweck eine Klasse von geeigneten Möglichkeiten gebildet wird, wollen wir die darin enthaltenen Elemente als „Alternativen" und die Klasse als „Alternativenklasse" bezeichnen. Alternativen unterscheiden sich von Möglichkeiten darin, dass sie unter bestimmten Bedingungen füreinander eintreten können.

Um Stile beschreiben zu können, müssen wir den Möglichkeitsraum in Alternativenklassen einteilen. Dafür müssen wir Bedingungen angeben, mit denen Alternativenklassen gebildet werden. Diese Bedingungen wollen wir „Alternativenbedingungen" nennen. Um Alternativenbedingungen darstellen zu können, benötigen wir zunächst eine Einteilung des Möglichkeitsraums in Schemata und Schemaorte.

Der Möglichkeitsraum ist grundlegend für die Darstellung der Schemata. Er kann mit Hilfe von Schemata und Schemaorten gegliedert werden (vgl. nächster Abschnitt), diese Gliederung ist jedoch kein Teil des Möglichkeitsraums selbst.

Er kann grundlegend definiert werden wie folgt:[276]

Def. **Möglichkeitsraum für Alternativen:** Die Menge aller Aspekte von Verhalten, Artefakten und Texten, die durch Angabe von Eigenschaften (als notwendige und zusammen hinreichende Bedingungen dafür, dass es sich um die definierte Möglichkeit handelt) intensional definierbar sind, soll „Möglichkeitsraum für Alternativen" genannt werden.

Innerhalb des Modells wird der Möglichkeitsraum für Alternativen bei der Bildung von Alternativenklassen[277] benötigt. Dort wird er mit Hilfe der Funktion *Möglichkeitsraum_zusammenstellen* erzeugt, die wir nicht genauer spezifizieren. Es ist nicht wichtig, wie der Möglichkeitsraum gebildet ist, solange wir davon ausgehen können, dass durch abgrenzbare Aspekte von Verhalten, Artefakten und Texten eine ausreichend genaue Beschreibung dieser Entitäten erfolgt.

Ist eine logische Spezifikation erwünscht, kann der Möglichkeitsraum für Alternativen M_{Alt} definiert werden, indem für ‚x ist ein durch Eigenschaften intensional definierbarer Aspekt von y' das zweistellige Prädikat „IDA(x, y)" eingeführt wird (U = Diskursuniversum):

$$M_{Alt} := \{x \in U \mid \exists y\ (\text{IDA}(x, y) \wedge (\text{Verhalten}(y) \vee \text{Artefakt}(y) \vee \text{Text}(y)))\}$$

4.2.2 *Schemata*

Schemata haben im Modell die Funktion, eine Einteilung des Möglichkeitsraums zu liefern, auf deren Grundlage dann Alternativenklassen gebildet werden können. Dafür werden zwei Gliederungsebenen angenommen: Schema und Schemaort. Jedes Schema teilt sich in verschiedene Schemaorte ein.[278]

Def. **Schema:** Schemata gliedern den Möglichkeitsraum in Klassen von Verhalten, Artefakten und Texten, die verhaltensbiologisch und/oder kulturell fundiert sind, kognitiv als grundlegende Gliederung dieser Weltbe-

---

[276] Für das Stilmodell werden nur diejenigen Termini definiert, deren Funktion grundlegend ist und die nicht aus den angegebenen Algorithmen und Erläuterungen verständlich werden.
[277] Diese erfolgt in der Funktion *Schemaausführung*, Zeile 13 (siehe Abschnitt 5.2.2), sowie der Funktion *Merkmalsregeln_auslesen*, Zeile 17 (siehe Abschnitt 5.5.3).
[278] Zur Schematheorie vgl. Schank u.a. 1977, Arbib u.a. 1987, Arbib 2003, Lenk 1995 und 2004. Roy 2005 schlägt eine semiotische Schematheorie vor.

reiche dienen und in der Sprache und anderen Zeichensystemen meist durch eigene Bezeichnungen (für das Schema und Bestandteile davon) gekennzeichnet sind. Schemata liefern eine auf das kognitiv und/oder kulturell Wesentliche beschränkte Kategorisierung von Verhalten, Artefakten und Texten. Sie können in Bestandteile (Schemaorte) untergliedert werden, die durch die Angabe von Eigenschaften abgrenzbar sind.

Ein Schema unterdeterminiert seine Realisierungen, stellt also nur eine allgemeine Beschreibung zur Verfügung, die sich in der Welt in Form vollständig bestimmter Verhalten, Artefakte oder Texte ausdrückt und kognitiv die Einteilung des Wahrgenommenen bestimmt.

Die Aufgabe von Schemata innerhalb der Theorie besteht darin, die Welt auf eine Art zu gliedern, die über den wiederholbaren Zugriff auf eine abstrakte Gliederungsebene eine Vergleichbarkeit verschiedener konkreter Aspekte ermöglicht. Daher können viele Details (etwa die Relation zu anderen Schemata in einem bestimmten Weltbereich, die Frage nach der Existenz zusätzlicher Gliederungsebenen, also von Unterschemata; usw.) offen gelassen werden. Solange klar ist, dass eine Gliederung des fraglichen Bereichs in Schemata und ihre Bestandteile (Schemaorte) möglich ist, reicht dies auf theoretischer Ebene aus. In der Praxis führen unterschiedliche Vorstellungen über die Gliederung eines Schemas bei Stilanwender und Stilwahrnehmer allerdings zu einer ungenauen Übermittlung des Stils, einige oder alle Merkmalsregeln werden dann falsch oder gar nicht mehr ausgelesen.

Es sollen drei Arten von Schemata angenommen werden: (1) Verhaltensschemata,[279] (2) Artefaktschemata und (3) Textschemata. Es handelt sich um logisch nicht gleichgeordnete Kategorien. Bei Verhalten kann generell zwischen Ausführung und Ergebnis unterschieden werden. Wir sprechen allerdings statt von Verhaltensausführung einfach von Verhalten; die Verhaltensschemata (1) sind also Verhaltensausführungsschemata. Zu manchen Verhaltensweisen gibt es auch Verhaltensergebnisschemata:[280] Zu diesen gehören (2) Artefaktschemata und (3) Textschemata. Texte sind eine Unterkategorie von Artefakten, daher sind auch die Textschemata (3) eine Unterkategorie der Artefaktschemata (2).

Schemata werden hier nicht als ausschließlich konventionelle kulturelle Verhaltensfestlegungen verstanden, wie dies häufig der Fall ist. Tatsächlich ist die hier vorgenommene Beschreibung grundlegender. So wird etwa das Autofahren von uns als Schema beschrieben, dessen Schemaorte ‚Anfahren', ‚Beschleunigen', ‚eine Straße entlangfahren', ‚Bremsen', ‚(links/rechts) Abbiegen', ‚Überholen', ‚Anhalten', ‚Einparken' usw. sind (die Schemaorte können je nach notwen-

---

[279] „Handeln" wird entsprechend dem üblichen Gebrauch beider Bezeichnungen als Verhalten, mit dem etwas von dem Verhalten selbst Verschiedenes (= Ziel oder Zweck der Handlung) beabsichtigt wird, aufgefasst. Handeln ist somit immer eingeschlossen, wenn von „Verhalten" die Rede ist.
[280] Diese Unterscheidungen werden in Abschnitt 8.3.3 genauer untersucht.

diger Beschreibungsgenauigkeit auch weiter spezifiziert werden, etwa ‚eine Autobahn/Landstraße/Straße im Ort entlangfahren'). Durch Vergleiche mit Fortbewegungsweisen in anderen Kulturen und Zeiten wird sichtbar, dass dieses Schema viel Konventionalität enthält, doch zeigt sich bei genauerer Überlegung, dass auch logische Bedingungen in das Schema und seine Unterteilung eingehen, die mit den spezifischen Eigenschaften dieses Verhaltens (etwa ‚Anfahren' und ‚Anhalten' als mit einem Fahrzeug ausgeführte Varianten der notwendigen Anfangs- und Endpunkte einer Ortsveränderung) zu tun haben; anders sieht es bei ‚Einparken' aus, das mit den konventionellen Regeln über das Abstellen von Fahrzeugen zu tun hat (ohne Unterscheidung zwischen Park- und Fahrbereichen auf Straßen gäbe es kein ‚Einparken').

Bei Verhaltensschemata wie ‚Gehen', ‚Laufen' oder ‚Werfen' dagegen geht weniger Konventionalität in das Schema ein. So ist beispielsweise ‚Werfen' ein Vorgang, der durch bestimmte Bedingungen (ein Gegenstand wird mit einer oder beiden Händen gefasst, in Bewegung versetzt und auf eine Art losgelassen, die ihn ein Stück weit durch die Luft bewegt) gekennzeichnet ist, während alle Konventionen, die es dafür gibt, bereits als Alternativen bei der Realisierung des Schemas gelten können. Wie auch immer man wirft, man hat immer das Schema ‚Werfen' realisiert.

Das genaue Verhältnis von Konventionalität und logischer Notwendigkeit in den Schemata kann hier nicht allgemein geklärt werden, es muss für einzelne Schemabereiche untersucht werden. Wichtig ist, dass es sich bei Schemata im hier verwendeten Sinn um eine *grundlegende Beschreibung der im Bereich des menschlichen (und manchmal auch tierischen)* [281] *Verhaltens stattfindenden Prozesse* handelt, also nicht nur um eine Beschreibung von Konventionen; ja dass diese sogar nur dann eingehen, wenn sie für die grundsätzliche Beschreibung des entsprechenden Vorgangs notwendig sind, während spezifische Konventionen meist schon in den Bereich der Realisierungs- Alternativen fallen (in dem auch das Phänomen Stil auftritt).

Artefakte sind Verhaltensergebnisse in einer bestimmten Kategorie des Verhaltens, nämlich absichtlichem Verhalten,[282] und Texte sind eine bestimmte Kategorie von Artefakten. Doch diese beiden Bereiche haben eine solche Wichtigkeit im menschlichen Verhalten eingenommen, dass sie ihre eigenen Regeln

---

[281] Schemata können auch im Bereich des tierischen Verhaltens beschrieben werden. Tatsächlich wird auch im Tierreich von Stilen gesprochen, etwa vom Laufstil eines Pferdes; vgl. Abschnitt 8.3.8.

[282] „Ein Artefakt läßt sich leicht definieren, wenn man annimmt, daß das Verhalten eines Individuums begrifflich von seinen Ergebnissen getrennt und absichtliches von unabsichtlichem Verhalten unterschieden werden kann. Ein Artefakt ist dann alles, was Ergebnis absichtlichen Verhaltens ist, sei dieses Ergebnis nun selbst beabsichtigt oder nicht [...]. Artefakte können von kurzer Dauer sein wie die Geräusche, die eine Frau erzeugt, wenn sie mit Stöckelschuhen über den Gehsteig trippelt; und sie können bleibend sein wie die Fußabdrücke, die die Frau mit ihren Schuhen im Lehm hinterlässt. Entsprechend sind *momentane* von *permanenten* Artefakten zu unterscheiden" (Posner 2003a: 50f).

4.2 Schema und Schemaort

und Konventionen entwickelt haben und für ihre Schemata besondere Bedingungen gelten.

Zu (2), Artefaktschemata: Artefakte werden meist nach Schemata betrachtet, die *unabhängig vom Verhalten sind, dessen Ergebnis diese Artefakte sind:* Ein Haus wird beispielsweise unabhängig von dem genauen Bauvorgang betrachtet, dessen Ergebnis es ist. Allerdings können natürlich auch bei anderen Verhaltensweisen (z.B. Gehen) Verhaltensergebnisse betrachtet werden (z.B. Fußstapfen), die wiederum Rückschlüsse auf das Gehen erlauben (z.B. Schrittlänge; Gewicht), während andere Eigenschaften der Verhaltensweise sich nicht im Ergebnis abbilden (z.B. die genaue Bewegung des Beins, während es nicht den Boden berührt). Doch die gewöhnlich vorgenommene Schematisierung ist hier die des Verhaltens selbst (des Gehens).

Dagegen ist beim Hausbau die gewöhnlich vorgenommene Schematisierung die des Verhaltensergebnisses, wobei also bestimmte Teile des Verhaltens selbst bereits verloren gegangen sind (z.B. das Tempo und die Reihenfolge der Bauausführung, besondere Vorkommnisse auf der Baustelle, Abweichungen zwischen Plan und Ausführung, verwendete Instrumente usw. – all dies natürlich nur, insoweit es nicht das Verhaltensergebnis beeinflusst und damit aus diesem ablesbar ist). Zwar kann man auch das Verhalten schematisieren, doch ist dies weniger üblich: Mit den dabei auftretenden Stilen, die man „Bauausführungsstile" oder „Baustellenstile" nennen könnte, beschäftigen wir uns weit seltener als mit „Baustilen", worunter wir Stile verstehen, die an einem Ergebnis des Verhaltens ‚Bauen' feststellbar sind. Schon die Bezeichnung „Baustil" deutet dabei an, dass wir das Verhaltensergebnis gegenüber dem Verhalten privilegieren, schließlich könnte man auch präziser von „Gebäudestil" sprechen und Stile beim Verhalten selbst als „Baustil" bezeichnen.[283]

Wir entschließen uns daher dazu, eine zweite Sorte von Elementen für den stilistisch relevanten Möglichkeitsraum einzuführen. Es handelt sich um Artefakte – genauer gesagt, um alle Aspekte von Artefakten, die durch Angabe von Eigenschaften intensional definiert werden können (z.B. Teile, Gestaltung, Materialien, Ausführungsweisen und Formen von Artefakten).

Zu (3), Textschemata: Texte sollen als Ergebnisse von Zeichengebrauch auf Basis von Zeichensystemen[284] definiert werden. Dabei handelt es sich um eine

---

[283] Trabant (1979: 574) verzichtet auf diese Unterscheidung und betrachtet alle Stile als Handlungsstile: „Wenn wir Werke als erstarrte Handlungen (Kamlah-Lorenzen, *Logische Propädeutik*, 59) ansehen, so kann man sagen, daß *Stil* immer von Handlungen ausgesagt wird, *Stil* also immer *Stil von H* (Handeln) ist." In diesem Fall muss man nur eine Kategorie von Schemata annehmen, muss aber zwei Gebäuden, die exakt gleich sind, einen unterschiedlichen Stil zuschreiben, wenn bei ihrem Bau unterschiedliche Bautechniken zum Einsatz kamen.

[284] Im Gegensatz zu jenen Zeichenprozessen, die unabhängig von Zeichensystemen stattfinden, etwa spontanem Zeichengebrauch oder der Deutung von Naturvorgängen als Zeichen. (Vgl. Posner 1997–2004, Bd. 1, Art. 4.) „Zeichensystem" wird hier als Synonym für „Kode" verwendet (ebd.: 221 und Art. 16).

Kategorie des Verhaltens, das außerordentliche Wichtigkeit für unser Zusammenleben erlangt hat. Auch hier wird das Ergebnis häufig als wichtiger angesehen als der Vorgang selbst. Die Ergebnisse solchen Zeichengebrauchs sollen hier „Texte" genannt werden, wobei zu beachten ist, dass diese Verwendungsweise wesentlich weiter als die übliche ist, da sie nicht nur nicht-schriftliche sprachliche Äußerungen, sondern auch alle anderen Arten von Zeichengebrauch auf der Basis von Zeichensystemen einschließt. Texte werden in der Kulturtheorie von Roland Posner zu den Artefakten gerechnet.[285] Es läge daher nahe, Texte unter (2) zu fassen. Dennoch werden sie hier als 3. Kategorie von Schemata betrachtet.

Dies hängt damit zusammen, dass bei Texten einige Besonderheiten gelten. Hier werden beispielsweise die Zusatzbedingungen dazu verwendet, die wichtige Bedingung der Inhaltsgleichheit auszudrücken: Der unabhängig von der konkreten Formulierung ausgedrückte Inhalt kommt jedem Satz als Eigenschaft zu; es lässt sich also mit Hilfe von inhaltlichen Bedingungen ein bestimmter Inhalt spezifizieren, so dass in der Alternativenklasse die (unter den Bedingungen von Schema und Schemaort) gegebenen Alternativen für den Ausdruck dieses Inhalts zu finden sind. Eine andere Besonderheit von Texten besteht darin, dass Zeichensysteme Bildungsregeln (sogenannte „syntaktische Regeln") enthalten, die ebenfalls zumeist in die Bildung der Alternativenklassen eingehen. Hier bietet es sich jedoch an, sie bereits in den Schemaorten zu spezifizieren. Wenn wir etwa eine bestimmte Textgattung als Schema annehmen, kann ganz allgemein die Bildung syntaktisch korrekter Sätze als ein Schemaort angenommen werden, wobei die inhaltlichen Bedingungen für jeden einzelnen zu bildenden Satz den entscheidenden Unterschied bei der Bildung der Alternativenklasse machen. (Als weitere Schemaorte wären auf einer übergeordneten Beschreibungsebene sinnvollerweise die Inhaltsauswahl – die dann die inhaltlichen Bedingungen für die satzbezogenen Alternativenklassen spezifiziert – sowie die Gesamtgliederung des Textes, Absätze und andere textlinguistische Auswahlmöglichkeiten anzunehmen; auf einer untergeordneten Beschreibungsebene die Paradigmen bestimmter Wort- oder Morphemklassen.)[286]

---

[285] „Wenn etwas ein Artefakt ist und in einer Kultur nicht nur eine Funktion hat, sondern auch ein Zeichen ist, das eine codierte Botschaft trägt, so wird es in der Kultursemiotik als ‚Text dieser Kultur' bezeichnet. Texte sind immer ein Ergebnis absichtlichen Verhaltens, auch wenn nicht alle ihre Eigenschaften beabsichtigt sein müssen" (Posner 2003a: 51). – Zur Entwicklung des Textbegriffs in den Geisteswissenschaften vgl. Hess-Lüttich 2006; zu ‚Text' als Grundbegriff der Kulturtheorie vgl. Pjatigorskij 1962, Lotman 1981 und Lotman u.a. 1969.

[286] Dagegen kann die Phonemebene, die natürlich eine Beschreibungsebene der Sprache darstellt, nicht zu einer eigenständigen Kategorie von Schemaorten werden, da sie mit anderen Ebenen in einem zu engen Wechselverhältnis steht, als dass eigene Alternativenklassen gebildet werden könnten. Während etwa für inhaltsgleiche Sätze oder Wörter Alternativenklassen gebildet werden können, gelingt dies bei Phonemen, die immer zu Veränderungen auf höheren Ebenen führen, nicht. Die Auswahl bestimmter Phoneme – etwa „dunkler Vokale"; vgl. Fußnote 337 – muss daher über Eigenschaften der Elemente auf anderen Ebenen, plausiblerweise der morphologischen Ebene, realisiert werden.

4.2 Schema und Schemaort

Wie bereits oben betont wurde, handelt es sich bei der getroffenen Unterscheidung zwischen verschiedenen Schemata nicht um logisch gleichgeordnete Kategorien. Die Artefaktschemata (2) und die Textschemata (3) gehören zu den Verhaltensergebnisschemata. Verhaltensergebnisschemata werden jedoch nicht in die Verhaltensschemata aufgenommen.[287] Zu jedem Artefakt- und Textschema gibt es jedoch entsprechende Verhaltensschema, die die Erzeugung des Artefakts oder Texts beschreiben und zu (1) gehören. Für Artefakt- und Textschemata gibt es zudem spezifische Arten von Zusatzbedingungen: Während Kontextbedingungen[288] bei allen Schemata auftreten, gibt es bei (2) und (3) auch funktionale Bedingungen.[289] Die Textschemata (3) sind eine Unterkategorie von (2), bei

---

[287] Zu den Gründen für diese Entscheidung vgl. Abschnitt 8.3.3.

[288] Kontextbedingungen beziehen relevante Aspekte des Kontexts der jeweiligen Realisierung in Alternativenklassen ein, beispielsweise dass es bei einer Autofahrt regnet, dass ein Gebäude auf einem Grundstück in Hanglage gebaut wird oder dass für einen Text ein Zeichenlimit vorgegeben ist. Sie werden durch Zusatzeigenschaften angegeben (vgl. Abschnitt 4.3.1, (2)). Diese beziehen sich auf den jeweiligen Schemaort und sind Eigenschaften, die sich für Elemente der Alternativenklassen aus dem Kontext ergeben, beispielsweise ‚bei Regen' bei den Schemaorten ‚Abbiegen', ‚Anhalten' und ‚Überholen' einer Autofahrt, ‚in Hanglage' bei den Schemaorten ‚Grundrissgestaltung' und ‚Fassadengestaltung' eines Gebäudes, ‚bei Limit von maximal 10.000 Zeichen' bei den Schemaorten ‚Gesamtlänge' und ‚Argumentationsstruktur' eines Texts.
Zu den Kontextbedingungen werden auch jene Eigenschaften gezählt, die sich aus Ziel bzw. Zweck eines Verhaltens ergeben. Hat eine Autofahrt ein bestimmtes Ziel, schreibt dies beim Schemaort ‚Fahrtroute' die Eigenschaft ‚endet in [Zielort]' vor; hat eine Urlaubsreise den Zweck, sich gesundheitlich zu erholen, müssen das ‚Klima am Urlaubsort' ‚gesund' und die ‚Aktivitäten am Urlaubsort' ‚erholsam' sein; wird eine Straße mit dem Ziel gebaut, eine andere zu entlasten, muss ihre ‚Verkehrskapazität' ‚ausreichend für den Verkehr der zu entlastenden Straße' sein.

[289] Funktionale Bedingungen legen Eigenschaften fest, die durch spezielle Funktionen eines Artefakttokens bedingt werden, die nicht allgemein für den durch ein Artefaktschema festgelegten Artefakttyp gelten: Beispielsweise die Eigenschaften von Zügen, die aufgrund der vorgesehenen Einsatzstrecke erforderlich sind, oder die Eigenschaften von Häusern, die durch den Verwendungszweck und das vorgesehene Raumprogramm bedingt werden.
Nicht zu den funktionalen Bedingungen gehören jene Eigenschaften, die sich durch die Funktion eines Artefakttyps ergeben; diese gehören zu den Schemaort-definierenden Eigenschaften des diesem Artefakttyp zugrunde liegenden Artefaktschemas. So sind beispielsweise die Eigenschaft von Eisenbahnzügen, fahren zu können, oder die Eigenschaft von Häusern, dass man sie betreten kann, im jeweiligen Artefaktschema definiert; gelten sie nicht, handelt es sich nicht um eine (gelungene) Realisierung des Schemas.
Eine spezielle Neigetechnik bei einem Zug wird als funktionale Bedingung für den Schemaort ‚Fahrwerk' festgelegt, wenn er speziell für den Einsatz auf kurvigen Strecken konstruiert wurde. Es sind aber durchaus nicht alle technischen Eigenschaften funktional: Beispielsweise können beim Schemaort ‚Fahrwerk' des TGV die Eigenschaft, nur ‚ein Drehgestell pro Wagen' zu haben, und des ICE, ‚zwei Drehgestelle pro Wagen' zu haben, stilistisch bedingt sein, weil sie nicht durch den vorgesehenen Einsatz festgelegt sind. Bei einem Gebäude bildet für den Schemaort ‚Grundriss' die Eigenschaft ‚füllt das Grundstück vollständig aus' eine funktionale Bedingung, wenn das Raumprogramm sie erfor-

der wiederum eine weitere Art von Zusatzbedingungen auftritt, nämlich inhaltliche Bedingungen.[290]

Somit ist die hier vorgenommene Unterscheidung zwischen (1) Verhaltensschemata, (2) Artefaktschemata und (3) Textschemata nicht absolut notwendig. Letztere gehören zu den Artefaktschemata, wir bräuchten also keine eigene Kategorie für sie einzuführen. Beide könnten zudem zu den Verhaltensschemata gerechnet werden, wenn man diese so weit fassen würde, dass Verhaltensergebnisschemata dazu gehören. Die Einteilung bildet jedoch Unterscheidungen ab, die sich in unserem alltäglichen Sprechen und Denken über Schemata spiegelt. Obwohl es logisch richtig ist, sind wir nicht daran gewöhnt, alle Schemata als Verhaltensschemata zu beschreiben, wobei dann beispielsweise Architekturschemata als „Verhaltensergebnisschemata bei gebäudeerzeugendem Verhalten" oder Literaturschemata als „Verhaltensergebnisschemata bei literaturerzeugendem Verhalten" klassifiziert werden müssen. Wir verzichten daher darauf, die Rückführung auf allgemeine Verhaltensschemata bei jedem Schema in Namensgebung und Beschreibung einzubeziehen, sondern definieren lieber die zusätzlichen Kategorien Artefaktschemata und Textschemata. Damit nähern wir uns der kognitiven Realität der Schemaverwendung an.[291] Parallel dazu können wir nun die Zusatzbedingungen in Kontextbedingungen (neben situationsspezifischen Umständen gehört dazu auch das Ziel des Verhaltens), funktionale Bedingungen sowie inhaltliche Bedingungen unterteilen, wobei funktionale Bedingungen nur bei (2) und inhaltliche Bedingungen vorwiegend bei (3) vorkommen. Diese Unterscheidung ist plausibel, da die Rolle der Funktion bei (vielen) Artefakten und die Rolle des Inhalts bei (vielen) Texten nicht nur spezifisch beschreibbar ist, sondern auch bei diesen Schemata eine besondere Relevanz hat.[292]

---

        dert, weil die erlaubte Bauhöhe bereits erreicht ist. Würde die Höhenbegrenzung fehlen, so dass das Gebäude auch höher und mit kleinerem Grundriss ausgeführt werden könnte, kann diese Eigenschaft stilistisch bedingt sein.

[290] Inhaltliche Bedingungen gibt es nicht nur bei der Realisierung von Textschemata, sondern überall, wo Zeichengebrauch vorkommt. Sie sind allerdings der Normalfall bei der Erzeugung von Texten, während sie bei der Realisierung von Verhaltens- und Artefaktschemata nur vorkommen, wenn diese Zeichengebrauch bzw. Zeichen beinhalten. Inhaltliche Bedingungen sind bei Texten also stets gegeben; bei Verhalten und bei Artefakten treten sie nur bei einigen Schemata auf, etwa bei Realisierungen des Verhaltensschemas ‚Signalisieren' oder ‚Kommunizieren' (deren Verhaltensergebnisse, wenn kodierte Zeichen gebraucht werden, Texte sind) oder des Artefaktschemas ‚darstellendes Bild' (vgl. Fußnote 495).

[291] Dies kann wahrscheinlich mit der Prototypentheorie erklärt werden (vgl. Fußnote 325): Für die meisten von uns findet bei einem Artefakt oder bei einem Text die prototypische Interaktion mit dem Verhaltensergebnis statt, bei einem Verhalten, sei es nun von uns oder von jemand anderem, dagegen mit dem Verhalten selbst.

[292] Es ist zu beachten, dass die hier zugrunde gelegte Artefaktdefinition nicht nur Artefakte mit einer Funktion umfasst (vgl. Fußnote 282; im Anschluss an die dort zitierte Passage heißt es weiter: „Artefakte werden meist hergestellt, um eine bestimmte Funktion zu erfüllen. Permanente Artefakte mit einer Funktion nennt man ‚*Werkzeuge*'" (Posner 2003a:

4.2.3 Schemaorte

Def. **Schemaort:** Ein Schema gliedert sich in Schemaorte. Schemaorte sind einzelne, durch spezifische Eigenschaften abgrenzbare Aspekte von Verhaltensweisen, Artefakten oder Texten des jeweiligen Schemas. Diese Eigenschaften bilden notwendige und zusammen hinreichende Bedingungen dafür, dass es sich bei einem Element des Möglichkeitsraums um den definierten Schemaort handelt; sie werden als „Schemaort-definierende Eigenschaften" bezeichnet.

Schemaorte können als Abstraktion gemeinsamer Aspekte aus den Realisierungen, die einem bestimmten Schema zugeordnet werden, gebildet werden. Zu einem erheblichen Teil sind solche Abstraktionen jedoch bereits konventionalisiert und müssen daher nicht bei jeder Realisierung eines Schemas oder Betrachtung einer Realisierung neu vorgenommen werden. Oft gibt es auch feste Bezeichnungen für solche konventionalisierten Schemaorte, dies ist aber nicht immer der Fall.[293]

Für die formale Darstellung werden Schemaorte als Bestandteile eines Schemas aufgefasst. Ein Schema besteht dabei aus einer Menge von Schemaorten, die durch Schemaortbedingungen definiert sind (vgl. Abschnitt 4.2.6). Die Schemaorte übernehmen dabei zugleich die Funktion der Definition und Beschreibung des Schemas, das ansonsten nur einen Namen und eine Sortenbezeichnung erhält.[294]

Schemaorte können nach Kategorien unterschieden werden. Beispielsweise werden im Fall eines sprachlichen Syntagmas die verschiedenen Beschreibungsebenen, im Fall eines Gebäudes Bestandteile, Materialien, Formgebung, Farbgebung usw. unterschieden. Solche Kategorien von Schemaorten stehen zudem oft in bestimmten Relationen zu anderen Kategorien. In manchen Fällen gibt es sogar noch kompliziertere Gliederungsstrukturen innerhalb der Schemata.[295]

[] 51)). Ebenso gibt es auch Texte, die keine unmittelbare Funktion haben, sowie solche, die keinen klar feststellbaren Inhalt haben, so dass sich eine Alternativenklasse mit inhaltlichen Bedingungen nicht formulieren lässt.

[293] Bei einem Gebäude sind ‚Tor', ‚Tür' oder ‚Giebel' Schemaorte, für die es feste Bezeichnungen („Tor", „Tür" und „Giebel") gibt. Aber auch die ‚Wandfläche über der Eingangstür', für die es keine feste Bezeichnung gibt, kann ein Schemaort sein (vgl. Fußnote 296). Bei manchen speziellen Schemata, etwa Schemata für technische Artefakte, für das Spielen eines Instruments oder für Sportarten gibt es Bezeichnungen für viele Schemaorte, die aber meist nur den Spezialisten bekannt sind. Bei manchen Schemata, etwa Bewegungsschemata wie ‚Laufen' oder ‚Gehen' (vgl. Abschnitt 7.1.6), haben nur wenige Schemaorte Bezeichnungen.

[294] Vgl. zur formalen Spezifikation der Schemata Abschnitt 5.2.2, Unterabschnitt *Die Funktion Schemata_zusammenstellen*.

[295] Man denke etwa an die Relation zwischen der Phonemebene (= phonologischen Ebene), der Morphemebene (= morphologischen Ebene) und der Bedeutungsebene (= seman-

Ein Schemaort ist ein Teil eines Schemas, der in der durch das Schema erzeugten Realisierung (also einem Verhalten, einem Artefakt oder einem Zeichengebrauch) grundsätzlich abgrenzbar sein muss: Allen einen bestimmten Schemaort realisierenden Aspekten verschiedener Realisierungen kommen gemeinsame Eigenschaften zu, die notwendig und zusammen hinreichend dafür sind, dass der Aspekt diesen Schemaort realisiert. Nicht notwendig ist dagegen, dass der Schemaort explizit bei der Erzeugung der Realisierung berücksichtigt wird.

Ein Beispiel: Die Form des Baukörpers eines Hauses kann ein Schemaort sein, obwohl sie beim Entwurf und der Ausführung eines Hauses oft nicht explizit berücksichtigt wird (sie ergibt sich aus dem Zusammenspiel der Grundrisse und Höhen verschiedener Stockwerke, der Dachform, den Anbauten usw.). Sie ist abgrenzbar, da ihr spezifische Eigenschaften zugeordnet werden können. Dagegen ist eine beliebige Wandfläche in der Regel kein Schemaort.[296] Soll eine Alternativenklasse dafür gebildet werden, ist dies möglich, indem der Schemaort ‚Wandfläche' gewählt und die Position mit Zusatzbedingungen spezifiziert wird, beispielsweise ‚Wandfläche (der Außenwand der Nordseite des Gebäudes, links der Tür)'.

Schemata haben auch eine Syntax (eine Menge von Kombinationsregeln): Zum Beispiel können beim Schema ‚Gebäude' die Schemaorte ‚Fenster', ‚Tür', ‚Wand', ‚Giebel', ‚Dach', ‚Schornstein', ‚Balkon' usw. nach bestimmten Kombinationsregeln zu einer wohlgeformten Realisierung kombiniert werden. Der Einfachheit halber führen wir für diese Kombinationsregeln keine eigene Kategorie von Bestandteilen von Schemata ein: Soweit Kombinationsregeln sich nicht (a) aus den Schemaortbedingungen der verschiedenen Schemaorte ergeben, werden sie (b) als Schemaorte definiert.

(a) Beispielsweise ist bei ‚Wand' die Vertikalität und bei ‚Geschossdecke' die Horizontalität und der seitliche Anschluss an Wände in den Schemaortbedingungen festgelegt, eine Glasscheibe, die vor eine Mauer statt in eine Mauer- oder Dachöffnung montiert ist, ist kein ‚Fenster', ein 80 cm hoher Zwischenraum zwischen zwei Geschossdecken bildet kein ‚Geschoss' und eine Menge von Holzbalken und Ziegeln, die auf einer Wiese verstreut sind, kein ‚Dach'. Bei einer Autofahrt bestimmen die Schemaortbedingungen von ‚Abbiegen', dass das

---

tischen Ebene) der Sprache, wobei Phoneme die kleinsten bedeutungstragenden und Morpheme die kleinsten bedeutungsunterscheidenden Einheiten sind, weshalb beide Ebenen nur unter Bezug auf die Bedeutungsebene gliederbar sind (vgl. Bergenholtz u.a. 1979: 20ff und 50ff).

[296] Auch eine Wandfläche kann zum Schemaort werden, wenn sie eine spezielle Funktion oder eine typische Gestaltungsweise aufweist, die sie von anderen Wandflächen unterscheidet. So kann die ‚Wandfläche über der Eingangstür', die oft mit Verzierungen oder durch die bauliche Gestaltung (etwa ein Vordach oder einen Balkon) betont wird, als Schemaort angesehen werden. Dasselbe gilt im Innenbereich für die ‚Wandfläche über dem Kamin', die mit Familiengemälden, Jagdtrophäen oder einer kostbaren Uhr gefüllt wird.

4.2 Schema und Schemaort

Fahrzeug auf ein befahrbares Bodenstück gelenkt wird (man kann nicht in eine Mauer ‚abbiegen'), und die Schemaortbedingungen von ‚Anfahren' bzw. ‚Beschleunigen', dass das Fahrzeug zuvor stehen bzw. fahren muss. Beim Badminton kann ich einen ‚Smash' nur ausführen, wenn sich der Ball oberhalb der Netzhöhe befindet; haue ich den Ball aus einem Meter Höhe auf den Boden, ist dies kein ‚Smash'. Ziehe ich beim Schach zweimal hintereinander, stellt die zweite Berührung einer Figur keinen ‚Zug' dar. – Definiert man die Schemaorte präzise, sind viele Kombinationsbeschränkungen also schon berücksichtigt.

(b) Wo dies erforderlich ist, werden Kombinationsregeln als Schemaorte definiert: Bei einem Gebäude können Schemaorte wie ‚Grundriss', ‚Fassadengestaltung', ‚Raumprogramm' und ‚Gebäudeform', bei einem Kleidungsstück der Schemaort ‚Schnitt', bei einem technischen Artefakt Schemaorte wie ‚Konstruktionsprinzip' angenommen werden. Bei einem Text können der Schemaort ‚syntaktische Konstruktion', dessen Schemaortbedingungen syntaktische Wohlgeformtheit definieren, und der Schemaort ‚Ausdruck eines Inhalts', dessen Schemaortbedingungen semantische Wohlgeformtheit definieren, für jeden Satz angewandt werden. (Es kann natürlich auf ihre Anwendung verzichtet oder bewusst gegen ihre Prinzipien verstoßen werden; kommt dies häufiger vor, können eigene Schemaorte dafür gebildet werden, beispielsweise ‚Verstoß gegen syntaktische/semantische Wohlgeformtheit.')

Eine Beschreibung von Schemata als geordnetes Paar aus einer Menge von Schemaorten und einer Menge von Kombinationsregeln wäre natürlich möglich; für eine ausgearbeitete Schematheorie wäre diese genauere Beschreibung vermutlich vorzuziehen. Für das vorliegende Modell reicht eine auf Schemaorte beschränkte Beschreibung aus; diese Beschränkung vereinfacht die Anwendung der Schemata in der Bildung einer Anordnung von Alternativenklassen, aus denen später die Realisierung erzeugt wird.[297]

Die Wahl von Schemaorten für ein Schema ist oft eine Abwägungsfrage. Allgemein gilt jedoch, dass Schemaorte an vielen Realisierungen des Schemas erscheinen und bezüglich der Gestaltung im Normalfall nicht von anderen Schemaorten definiert werden sollten; dagegen ist es nicht nötig, dass sie vom Stilwahrnehmer allein erzeugt werden, sie können durchaus auf äußere Beeinflussungen zurückzuführen sein. Beispielsweise können beim Verhaltensschema ‚ein kompetitives Spiel spielen' die allgemeinen Spiellagen eines Spielers ‚im Vorteil' und ‚im Nachteil' durchaus als Schemaorte betrachtet werden, obwohl sie nur begrenzt beeinflusst werden können; sie kommen praktisch in jedem Spiel vor und sie haben nicht selten unterschiedliche Verhaltensweisen des Spielers zur Folge.[298] Dagegen sollten spezielle Situationen, die nicht bei vielen Realisierungen des Schemas auftreten und, selbst wenn sie auftreten, in der Regel nicht eigenständig gestaltet sein werden, mit Hilfe von Zusatzbedingungen[299] formuliert

---

[297] Vgl. Abschnitt 5.2.2, Funktion *Schemaausführung*, Schritt 2.
[298] Vgl. Abschnitt 7.1.4.
[299] Vgl. Abschnitt 4.3.1, (2).

werden, die in Klammern angegeben werden, beispielsweise: ‚im Vorteil (Gegner spielt unausgeglichen und unberechenbar)'.

4.2.4 Unterschemata

Def. **Unterschemata:** Wenn man ein Schema in verschiedene, durch zusätzliche Eigenschaften genauer definierte Unterkategorien aufteilen kann, sollen diese als „Unterschemata" des Schemas bezeichnet werden.

Bei der Aufteilung der Welt in Schemata hat man die Wahl, wie grob oder fein man diese Aufteilung vornehmen will. So kann man ‚Verfassen eines Texts' als allgemeines Schema annehmen und von diesem das etwas spezifischere Schema ‚Verfassen eines Texts (mit einem bereits feststehenden Inhalt)' ableiten. Oft wird man die Aufteilung in verschiedene Gattungen einbeziehen, da meist bei der Stilwahrnehmung mehr als nur die allgemeine Mitteilung eines bestimmten Texts bekannt ist (z.B. auch, dass es sich um einen Zeitungsbericht handelt), was man daran sehen kann, dass ironische Brechungen durch Verwendung anderer Gattungen auftreten können (z.B. wenn ein Schüler seinen Aufsatz „mein schönstes Ferienerlebnis" wie einen Zeitungsbericht schreibt). Die Aufteilungen kann man als Unterschemata spezifiziert werden, beispielsweise ‚Verfassen eines Aufsatzes' oder ‚Verfassen eines Zeitungsberichts'.

In der formalen Darstellung verzichten wir aus Gründen der Einfachheit auf die Unterscheidung von Schemata und Unterschemata. Für die Gliederung des Möglichkeitsraums dürfte es ein Vorteil sein, mehrere Gliederungsebenen zur Verfügung zu haben. Dies lässt sich je nach Bedarf aber leicht in die Darstellung einfügen, so können Gliederungsebenen von Unterschemata über Benennung oder Indizierung der Schemata dargestellt werden. Für die Besprechung des Stilmodells reicht es jedenfalls aus, von einer gegebenen Menge von Schemata auszugehen.

4.2.5 Zusammenfassende Überlegungen

Ein Schema wird hier verstanden als etwas, das als Grundlage einer Reihe von Oberflächenphänomenen gelten kann. Diese Phänomene können dann als Realisierungen des Schemas betrachtet werden. Das Schema spezifiziert eine Reihe von Eigenschaften, die ein Oberflächenphänomen besitzen muss, um als Realisierung des Schemas zu gelten. Das Artefaktschema ‚Einfamilienhaus' beispielsweise spezifiziert eine Reihe von Eigenschaften, die ein Artefakt haben müssen, um als Einfamilienhaus zu gelten. Entscheidend für die Bezeichnung als Schema ist, dass eine Unterdeterminierung der Oberflächenphänomene gegeben ist. Bei einer vollständigen Determinierung spricht man von einer Type-token-

Beziehung oder einer An- bzw. Verwendung einer abstrakten Einheit (z.B. eines Zeichens oder eines Konzepts).

Prinzipiell kann alles, was diesen Vorgaben genügt, als Schema angenommen werden. Konkret werden wir von drei Arten von Schemata ausgehen: Verhaltens-, Artefakt- und Textschemata. Die Beschreibung über Textschemata berücksichtigt nicht nur die verwendeten Zeichen und Zeichensysteme, sondern auch gesellschaftlich schematisierte Textsorten und konventionelle Verwendungsregeln; dazu kommen bei jeder Realisierung des Schemas Kontextbedingungen (die sich aus der Situation und dem Ziel der Textproduktion ergeben), funktionale und inhaltliche Bedingungen.

Eine spezielle Art von Verhalten ist das, welches zur Entstehung von Artefakten führt. Hier gibt es eine Besonderheit: Artefakte werden nicht typischerweise über Verhaltensschemata beschrieben. Die Beschreibung von Artefakten scheint über Schemata zu funktionieren, die von dem Verhalten, das zur Entstehung der Artefakte führt, abstrahiert. So kann beispielsweise die Aufteilung der Menge der Gebäude in Gebäudearten gut als verschiedene Gebäudeschemata beschrieben werden (z.B. ‚Wohnhaus', ‚Fabrik', ‚Theater'), und die Aufteilung eines Gebäudes in einzelne Bauteile gut als Schemaorte (z.B. ‚Fenster', ‚Türen', ‚Giebel', ‚Dach', ‚Schornstein', ‚Bühnenturm').

Dabei wird von dem Verhalten, das zur Entstehung dieser Gebäude führt, vom Planungs- und Bauvorgang also, abstrahiert. Dies lässt sich damit rechtfertigen, dass das Verhalten bei artefakterzeugenden Schemata stark am Verhaltensergebnis ausgerichtet ist. Dabei lässt es sich von den Verhaltensergebnisschemata leiten (beispielsweise wird die Baustellenorganisation der vorgesehenen Gestaltung des Gebäudes untergeordnet), die somit zutreffend unter Abstraktion vom eigentlichen Verhalten beschrieben werden können. Davon lassen sich andere Aspekte des Verhaltens trennen, etwa die spezifische Organisation, das Tempo oder die angewandten Methoden des Bauvorgangs. Sofern die genannten Aspekte nicht das Verhaltensergebnis bestimmen,[300] ändern sie nichts an der Ausrichtung auf die oben beschriebenen Schemata: Welche Baustellenorganisation beim Bau eines postmodernen Fabrikgebäudes angewandt wird, hat auf Stil (‚postmodern') und Funktion (‚Fabrikgebäude') keinen Einfluss. Damit lassen sich die Artefaktschemata (2), bei denen vom artefakterzeugenden Verhalten abstrahiert wird, von anderen Verhaltensschemata trennen, die es beim artefakterzeugenden Verhalten noch gibt (z.B. Bauausführungsschemata). Dasselbe gilt für die Unterkategorie (3) „Textschemata".

Es könnte reizvoll erscheinen, hier eine Reduktion zu versuchen und *alle* Schemata als Verhaltensschemata anzusehen. Artefakte würden dann als Verhaltensergebnisse angesehen werden: Beispielsweise wäre ein Einfamilienhaus das Verhaltensergebnis des Verhaltensschemas ‚Einfamilienhaus bauen'. Was diese Beschreibungsweise durch ihre Reduktion auf nur eine Art von Schema an Ele-

---

[300] Bestimmte Baustellenorganisationen lassen sich nur mit bestimmten Gebäudeformen kombinieren, weshalb ihre Wahl zwangsläufig einen Einfluss auf das Gebäude hat.

ganz gewinnt, verliert sie jedoch wieder durch die umständliche und konstruiert wirkende Beschreibung im Bereich der Artefakte: Schon die Bezeichnung „Einfamilienhaus bauen" zeigt, dass wir artefakterzeugendes Verhalten gewöhnlich unter Bezug auf das erzeugte Artefakt beschreiben; eine Beschreibung der im Bereich der Artefakte geltenden Schemata über das jeweilige artefakterzeugende Verhalten zäumt daher das Pferd von hinten auf. Aufgrund unseres Interesses am Verhaltensergebnis wirkt eine solche Beschreibung unbefriedigend: So kann das besagte Einfamilienhaus aus verschiedenen Arten von Verhalten hervorgehen (etwa einem planmäßigen oder einem improvisierten Bauablauf), was uns aber bei der Betrachtung seines Stils nicht interessiert: Wir sagen gewöhnlich, dass zwei in der Fertigstellung gleiche Häuser denselben Stil haben, auch wenn sie auf unterschiedliche Weise gebaut wurden.

Als ein weiteres Argument gegen diese Zusammenziehung verschiedener Arten von Schemata lässt sich vorbringen, dass Produktionsprozesse zwar im Hinblick auf die herzustellenden Artefakte betrachtet werden können, aber deren Eigenschaften nur sehr verzerrt abbilden: Große Unterschiede in den Artefakten sind oft nur an kleinen Unterschieden der Produktionsprozesse erkennbar (beispielsweise kann bei einer chemischen Reaktion eine kleine Änderung der Temperatur dazu führen, dass andere Reaktionsprodukte entstehen); nur wenn man die herzustellenden Artefakte kennt, kann man die Relevanz dieser kleinen Unterschiede während des Herstellungsvorgangs erkennen, während umgekehrt auffällige Unterschiede des Herstellungsprozesses (z.B. die Dauer eines Bauvorgangs) oft nur kleine oder gar keine Spuren im Artefakt hinterlassen. Die genannten Punkte machen eine generelle Beschreibung von Artefakten als Verhaltensergebnis eines bestimmten Verhaltens gerade für eine Stiltheorie kompliziert und unbefriedigend – etwa in Anbetracht der Tatsache, dass sich wichtige stilistische Unterschiede der Artefakte oft kaum im Herstellungsprozess abbilden werden.

4.2.6 Definition von Schema und Schemaort durch Eigenschaften

Schemata und Schemaorte sind abstrakte Entitäten, die als Anleitung für die Erzeugung einer Realisierung verstanden werden können. Ein Schema spezifiziert verschiedene Schemaorte. Diese grenzen jeweils eine Menge von Elementen ab, die dem jeweiligen Schemaort des Schemas zugeordnet werden. Hier soll davon ausgegangen werden, dass diese Abgrenzung auch als Menge von Eigenschaften angegeben werden kann, die jeder Realisierung des jeweiligen Schemaorts eines Schemas zukommt. Diese Eigenschaften können als notwendige und zusammen hinreichende Bedingungen dafür betrachtet werden, dass einem bestimmten Element ein bestimmter Schemaort eines bestimmten Schemas zugeordnet werden kann. Schemaorte bilden also Klassen von (1) Aspekten von Ver-

4.2 Schema und Schemaort

haltensweisen, (2) Aspekten von Artefakten und (3) Aspekten von Zeichen. Unter „Klasse" wird hier eine intensional durch die Angabe notwendiger und hinreichender Eigenschaften für die Elementrelation beschriebene Menge verstanden.[301]

Jedes Schema umfasst eine geordnete Menge von Schemaorten.[302] Auf den $j$ten Schemaort des $i$ten Schemas wird zugegriffen als $O_j(S_i)$. Er wird intensional definiert durch eine Menge von *Schemaort-definierenden Eigenschaften*, die zusammen als *Schemaortbedingungen Ob* dieses Schemaorts bezeichnet werden. Auf sie wird als $Ob(O_j(S_i))$ zugegriffen.

Zu jedem Schemaort gibt es *Zusatzeigenschaften* (oder *mögliche Zusatzbedingungen*) Z_j, die auf O_j angewandt werden können, wobei sie den durch ihn festgelegten Sachverhalt weiter spezifizieren. Auf sie wird als $Zb(O_j(S_i))$ zugegriffen. Die für eine bestimmte Alternativenklasse spezifizierten Zusatzeigenschaften werden als *Zusatzbedingungen* bezeichnet. Die Funktion von Zusatzbedingungen wird später deutlich werden; vorerst reicht es, sich klarzumachen, dass die Menge der möglichen Zusatzbedingungen für jeden Schemaort unterschiedlich sein kann und daher in der Schemadefinition gespeichert werden muss.[303]

Die Schemata sind in der Menge S gespeichert. Jedes Schema ist ein 3-Tupel $<N, So, O>$, wobei N den Namen, So die Sortenbezeichnung (Verhaltensschema, Artefaktschema oder Textschema) und O die Menge der Schemaorte des Schemas enthält. Jeder Schemaort ist ein 2-Tupel $<Ob, Zb>$, wobei Ob die Schemaortbedingungen und Zb die Zusatzbedingungen des Schemaorts enthält.

Damit die Definition der Schemaorte der Schemata möglich ist, ist eine Ontologie erforderlich, die für jeden Schemaort die Eigenschaften, die ihn intensional definieren, sowie die möglichen Zusatzbedingungen angibt.[304]

Innerhalb des Modells erfolgt die Festlegung der Menge der Schemata S durch die Funktion *Schemata_zusammenstellen*; in der Beschreibung dieser Funktion wird die formale Spezifikation der Schemata gegeben.[305] Sie wird bei

---

[301] Vgl. zur Verwendung des Klassenbegriffs im Stilmodell Abschnitt 4.4.

[302] Die im Stilmodell verwendeten Mengenvariablen bezeichnen generell geordnete Mengen, sie enthalten also neben den Elementen auch eine Ordnungsrelation, so dass mit Hilfe von Indizes auf die Elemente der Menge eindeutig zugegriffen werden kann (vgl. Abschnitt 5.2.2, Unterabschnitt *Anmerkung zur Verwendung geordneter Mengen*).

[303] Schemaort-definierende Eigenschaften und Zusatzeigenschaften werden in Abschnitt 4.3.1 genauer untersucht und definiert.

[304] Eine solche Ontologie liegt derzeit nicht vor; sie ist eine Voraussetzung für die Implementierung des hier vorgestellten Modells als Computerprogramm (vgl. Abschnitt 1.3). In den später dargestellten Beispielen werden wir es uns bequem machen und einfach die Schemaortbezeichnung, beispielsweise ‚Dach' (als Kurzschreibweise für ‚x ist ein Dach'), verwenden (vgl. Abschnitt 6.3). Die Ontologie muss jene Eigenschaften angeben, die ein Dach zuverlässig von allen anderen Dingen abgrenzt; es kann sich dabei auch um relationale Eigenschaften handeln (beispielsweise ‚liegt auf Mauern auf' oder ‚gehört zu einem Haus'). Sie übernimmt damit die Aufgabe jener kognitiven Funktionen, die diese Abgrenzung bei der Wahrnehmung einer Realisierung leisten.

[305] Vgl. Abschnitt 5.2.2, Unterabschnitt *Die Funktion Schemata_zusammenstellen*.

der Schemaausführung aufgerufen und liefert die Menge der Schemata, aus denen der Stilanwender auswählen kann. Sie wird auch beim Wahrnehmen eines Stils aufgerufen, wenn der Stilwahrnehmer die Realisierung einem der ihm bekannten Schemata zuordnet.[306]

4.2.7 Kreativer Umgang mit Schemata

Es ist bereits betont worden,[307] dass die obige Darstellung von Schemata vereinfachend ist; dies ist auch legitim, da es ja um die Grundlagen für ein anderes Phänomen (Stil) geht und diese Grundlagen so einfach wie möglich gehalten werden müssen. Ein wichtiger Einwand lässt sich trotzdem gegen dieses Vorgehen erheben, nämlich derjenige, dass diese Darstellung keinen Raum mehr für kreative und neuartige Verhalten, Artefakte und Texte lasse; wenn diese stets auf der Auswahl eines Schemas beruhen,[308] dann scheint Neues gar nicht möglich zu sein.

Auf den Einwand lässt sich zweierlei erwidern: Zum ersten ist Neues möglich, indem Schemata verändert werden. Zum anderen können Menschen neue Schemata entwickeln, wie es etwa geschieht, wenn neue soziale Prozesse (z.B. Wahlen) oder neue Maschinen (z.B. Flugzeuge) erzeugt werden, die bestimmte Verhaltensweisen (eine Wahl ausrichten, Wählen gehen; ein Flugzeug bauen, ein Flugzeug fliegen, als Passagier mit dem Flugzeug fliegen) mit sich bringen. Tatsächlich sind Schemata grundlegende Muster; diese können verändert werden, indem sie in der konkreten Anwendung abweichend gebraucht werden, zudem können neuartige Möglichkeiten für Verhalten, Artefakte oder Texte entwickelt werden, diese verfestigen sich nach und nach zu neuen Schemata, auf die in Zukunft zurückgegriffen werden kann. Dass wir diese komplexen Prozesse hier nicht explizit einbeziehen, möge uns nachgesehen werden. Entscheidend ist, dass die Schemata nicht als abgeschlossene, sondern als prinzipiell immer erweiterbare Menge gedacht werden.

Abgesehen von den Veränderungen und Erweiterungen der in einer Gesellschaft mehr oder minder verbreiteten Schemata können auch Schemata existieren, die das Individuum für sich selbst entwickelt hat und die den anderen (noch) nicht bekannt oder möglich sind: Man denke für Verhaltensschemata etwa an das Können von Instrumentalvirtuosen, die Tricks von Zauberern, die Experimente von Wissenschaftlern oder das praktische Wissen von Forschungsreisenden; für Artefaktschemata an neue Erfindungen; für Textschemata an Innovationen in Zeichensystemen, Gattungen und Gebrauchsweisen. Solche Schemata stehen den Individuen, die über sie verfügen, zusammen mit den allgemein verbreiteten Schemata zu Verfügung, wobei bei letzteren ebenfalls zu

---

[306] Vgl. Abschnitt 7.3.3.
[307] Vgl. Abschnitt 4.2.2.
[308] Vgl. Abschnitt 5.2.2, Funktion *Schemaausführung*, Schritt 1.

beachten ist, dass manche nur über Vorübungen erlernbar sind und somit nicht für jeden praktisch ausführbar sind. Daher nehmen wir in der Schemaausführung eine Menge S der individuell zur Verfügung stehenden Schemata an, die von Person zu Person variiert (vgl. Abschnitt 5.2.2).

4.3 Eigenschaften von Elementen

Wie wir in Abschnitt 2.12 gesehen haben, müssen wir zwischen verschiedenen Arten von Eigenschaften unterscheiden, die Elementen zukommen.

Die im Folgenden spezifizierten Eigenschaften sind formal einstellige Prädikate; technisch sind sie als Funktionen implementiert, die einen Individuenterm erhalten und einen Wahrheitswert zurückliefern (vgl. auch Abschnitt 4.4). Dies ist die Voraussetzung für die Bildung der Alternativenklassen mittels Alternativenbedingungen bei der Schemaausführung[309] und beim Auslesen der Merkmalsregeln[310] und für die Anwendung der Merkmalsregeln beim Einschreiben[311] und Auslesen.[312] Es wird daher festgelegt, dass die Eigenschaften in dieser Form durch die Funktionen spezifiziert werden, die innerhalb des Modells Eigenschaften einführen.[313]

Zunächst (in Abschnitt 4.3.1) werden wir die Eigenschaften untersuchen, die Alternativenbedingungen bilden können, mit deren Hilfe also die Alternativenklassen gebildet werden. Danach (in Abschnitt 4.3.2) werden wir uns die Eigenschaften anschauen, die durch Merkmalsregeln verlangt werden können. Diese Reihenfolge ist insofern nachteilig, als die zweite Unterscheidung – (3) bis (5) – *alle* Eigenschaften von Elementen umfasst, während in der ersten Unterscheidung – (1) und (2) – Unterklassen der intrinsischen Eigenschaften – (3) – betrachtet werden.

Wir beginnen dennoch mit den Eigenschaften aus Alternativenbedingungen; zum einen, weil sich die Erläuterung dieser Einteilung aus dem bisher über Schema und Schemaorte Gesagten direkt ableiten lässt, zum anderen, weil die Erläuterung der Rolle der verlangten Eigenschaften die Bildung der Alternativenklassen – die mit den Eigenschaftsarten (1) und (2) vorgenommen wird – voraussetzt. Man sollte beim Folgenden im Kopf behalten, dass die Reihenfolge,

---

[309] Vgl. Funktion *Schemaausführung*, Zeile 13 (Abschnitt 5.2.2).
[310] Vgl. Funktion *Merkmalsregeln_auslesen*, Zeile 17 (Abschnitt 5.5.3).
[311] Vgl. Funktion *Merkmalsregel_anwenden*, Zeile 3 (Abschnitt 5.4.2).
[312] Vgl. Funktion *Merkmalsregeln_auslesen*, Zeile 30 (Abschnitt 5.5.3).
[313] Dies sind die Funktionen *Schemata_zusammenstellen* (Abschnitt 5.2.2), die in der Definition der Schemata die Eigenschaftsarten (1) und (2) verwendet, sowie *vorhandener_Stil* und *Merkmalsregeln_erzeugen* (Abschnitt 7.3.1), die alle fünf Eigenschaftsarten verwenden – (1) und (2) in der Definition der Variablen U, (3), (4) und (5) in der Definition der Variablen V der Merkmalsregeln –, und die Funktion *Eigenschaften* (Abschnitt 5.5.3), die alle Eigenschaften eines Elements der Realisierung liefert.

in der die Eigenschaftsarten eingeführt werden, der Darstellung geschuldet ist und dass es sich bei (1) und (2) um Unterklassen von (3) handelt.

4.3.1 Eigenschaften aus Alternativenbedingungen

Alternativenklassen werden gebildet mit Hilfe von Alternativenbedingungen (vgl. Abschnitt 4.4). Diese enthalten zwei Arten von Eigenschaften: Schemaort-definierende Eigenschaften und Zusatzeigenschaften.[314] Wir haben diese Eigenschaften bereits in Abschnitt 4.2.6 kennengelernt; sie müssen aber noch definiert werden:

(1) Def. **Schemaort-definierende Eigenschaften** eines Schemaorts eines Schemas sind die Eigenschaften, die notwendig und zusammen hinreichend dafür sind, dass ein Element diesem Schemaort dieses Schemas zugeordnet wird.

Schemaort-definierende Eigenschaften müssen den Schemabenutzern bekannt sein. Die Schemaort-definierenden Eigenschaften von $O_j(S_i)$, dem $j$ten Schemaort des $i$ten Schemas, seien daher gegeben als $E_1^{O_{i,j}}$, ..., $E_m^{O_{i,j}}$. Wir fassen sie zusammen zur Menge Ob der Schemaortbedingungen.

(2) Def. **Zusatzeigenschaften** sind Eigenschaften, die zusätzlich zu Schemaort-definierenden Eigenschaften zur Abgrenzung einer Alternativenklasse verwendet werden können. Dazu gehören (a) Kontextbedingungen[315] (situative Umstände sowie Ziel der Handlung), bei Artefakten zusätzlich (b) funktionale Bedingungen,[316] bei Texten (sowie bei Verhalten, die Zeichengebrauch beinhalten, und Artefakten, die Zeichen beinhalten) zusätzlich (c) inhaltliche Bedingungen.[317]

Zusatzeigenschaften sind aus dem jeweiligen Schemaort erschließbar oder können aus dem Hintergrundwissen von Schemabenutzern (Weltwissen) ergänzt werden. Zusatzeigenschaften, die bei $O_j(S_i)$, dem $j$ten Schemaort des $i$ten Schemas, auftreten können, seien daher gegeben als $E_1^{Z_{i,j}}$, ..., $E_n^{Z_{i,j}}$. Wir fassen sie zusammen zur Menge Zb der möglichen Zusatzbedingungen von $O_j(S_i)$.

---

[314] Diese zwei Arten von Eigenschaften spielen auch in den Merkmalsregeln selbst eine Rolle, dort werden sie in den Anwendungsbedingungen verwendet (vgl. Abschnitt 5.3.1, 1.).
[315] Vgl. Fußnote 288.
[316] Vgl. Fußnote 289.
[317] Vgl. Fußnote 290.

Zusatzbedingungen spezifizieren die durch Schemaortbedingungen gebildete Klasse von Elementen weiter. Sie ermöglichen es damit, dass das Element für eine Realisierungsstelle aus einer Alternativenklasse ausgewählt wird, die eine Unterklasse der Klasse jener Elemente darstellt, die einem bestimmten Schemaort eines bestimmten Schemas zugeordnet werden.[318]

Diese zwei Mengen von Eigenschaften überschneiden sich in jedem konkreten Fall nicht, da Eigenschaften aus den Zusatzbedingungen Unterklassen von Elementklassen bilden, die mit Schemaort-definierenden Eigenschaften gebildet wurden. Unterklassen können natürlich nur mit Eigenschaften gebildet werden, die nicht allen Elementen der Klasse zukommen.[319] Zugleich umfassen diese zwei Mengen nicht alle Eigenschaften, die einem Element zukommen.

4.3.2 Verlangte Eigenschaften

Als „verlangte Eigenschaften" sollen diejenigen Eigenschaften bezeichnet werden, die durch eine Merkmalsregel als Voraussetzung für die Auswahl spezifiziert werden können (vgl. Abschnitt 5.3.1, 2.). Verlangte Eigenschaften sollen in intrinsische, vertikal-relationale und horizontal-relationale Eigenschaften unterteilt werden.

Im Gegensatz zu den im letzten Abschnitt behandelten sind die hier behandelten Eigenschaften nicht im Schema gegeben, daraus erschließbar oder aus dem Hintergrundwissen ergänzbar. Es handelt sich um eine Unterteilung *aller* Eigen-

---

[318] Eine konkrete Alternativenklasse kann beispielsweise ein Überholvorgang bei einer Autofahrt sein. Dieser wird neben der Tatsache, dass hier Auto gefahren (Schema) und überholt wird (Schemaort), noch durch Zusatzbedingungen (wie Wetter, Geschwindigkeit, Straßenbreite, Gegenverkehr usw.) bestimmt. Die konkrete Alternativenklasse ist also eine Unterklasse der möglichen Überholvorgänge beim Autofahren.

[319] Dabei kann dieselbe Eigenschaft bei unterschiedlichen Schemata eine unterschiedliche Rolle spielen. So ist die Eigenschaft ‚bei Regen' für das Schema ‚Autorennen' eine mögliche Kontextbedingung (also eine Zusatzeigenschaft) vieler Schemaorte. Bei einem Fahrsicherheitstraining oder Sicherheitstest kann sie dagegen zu den Schemaort-definierenden Eigenschaften einiger Schemaorte gehören, wenn diese Manöver oder Tests bei Regen vorsehen. Der Unterschied besteht darin, dass im ersten Fall der Regen nicht notwendig dafür ist, dass ein Element einer Alternativenklasse dem entsprechenden Schemaort zuzuordnen ist: So kann (auf einer bestimmten Rennstrecke) ‚gestartet', ‚eine Kurve gefahren' oder ‚ein Boxenstopp gemacht' werden, ohne dass Regen vorliegt, da die entsprechenden Schemaorte dies nicht verlangen, während der Regen bei bestimmten Fahrsicherheitsmanövern oder Testfahrten Schemaort-definierend sein kann: Hier schließt die Definition des entsprechenden Schemaorts von vornherein den Regen mit ein.
Beim Schema ‚Skifahren' kann die Steilheit der Piste und der Zustand des Schnees als Schemaort beschrieben werden (indem Schemaorte wie ‚ein steiles vereistes Pistenstück fahren', ‚ein flaches Pistenstück mit Pulverschnee fahren' usw. angenommen werden). Wetterverhältnisse, die genaue Tiefe des Schnees und die Verteilung anderer Skifahrer auf der Piste sollten dagegen als Kontextbedingungen angegeben werden.

schaften eines in eine Realisierung und in eine Alternativenklasse eingeordneten Elements.

(3) Def. **Intrinsische Eigenschaften** kommen einem Element zu unabhängig von dessen Vorkommen in einer bestimmten Alternativenklasse oder in einer bestimmten Realisierung.

Intrinsische Eigenschaften werden mit dem Superskript I gekennzeichnet. Innerhalb der verlangten Eigenschaften einer Merkmalsregel sind die intrinsischen Eigenschaften $E^I_1, ..., E^I_p$ spezifiziert $(p \geq 0)$.[320] Intrinsische Eigenschaften sind daher entweder in einem vorhandenen oder neu erzeugten Stil Teil der verlangten Eigenschaften[321] oder werden von einem Stilwahrnehmer an einem Element einer Realisierung festgestellt und zur Bildung der verlangten Eigenschaften von Merkmalsregeln verwendet.[322]

(4) Def. **Vertikal-relationale Eigenschaften** ergeben sich aus den Relationen eines Elements, das in einer Alternativenklasse vorkommt, zu den anderen Elementen der Alternativenklasse.

Vertikal-relationale Eigenschaften werden mit dem Superskript V gekennzeichnet. Innerhalb der verlangten Eigenschaften einer Merkmalsregel sind die vertikal-relationalen Eigenschaften $E^V_1, ..., E^V_q$ spezifiziert $(q \geq 0)$.

Vertikal-relationale Eigenschaften sind jene Eigenschaften, die Elementen durch ihr Vorkommen innerhalb einer bestimmten Alternativenklasse zukommen. Die Tatsache, dass wir solche Eigenschaften annehmen, kann als Hinweis darauf verstanden werden, dass wir die Phänomene, die wir mit Alternativenklassen beschreiben, mit der bloßen Einteilung in Alternativenklassen nicht vollständig spezifizieren.

Tatsächlich wäre es möglich, Strukturen innerhalb von Alternativenklassen zu postulieren, etwa solche

(a) die auf Häufigkeiten (an Realisierungen dieses Schemas) der verschiedenen Elemente der Alternativenklassen Bezug nehmen oder mit Normen und deren Erfüllung oder Bruch zu tun haben;

(b) die auf dem Abweichungsgrad von prototypischen Elementen basieren;

---

[320] Vgl. Abschnitt 5.3.1, Unterabschnitt *Definition und Erläuterung der Variablen*, 2.
[321] Die Festlegung der Merkmalsregeln erfolgt beim Anwenden eines Stils durch die Funktionen *vorhandener_Stil* oder *Merkmalsregeln_erzeugen* (vgl. Abschnitt 7.3.1).
[322] Die Wahrnehmung der Eigenschaften der Elemente einer Realisierung erfolgt in der Funktion *Merkmalsregeln_auslesen*, Zeile 5 (vgl. Abschnitt 5.5.3). Daraus wird später die Menge Q aller Eigenschaftskombinationen, die sich an Elementen der Realisierung finden, gebildet (Zeile 20); diese Eigenschaftskombinationen werden als mögliche V einer Merkmalsregel geprüft (ab Zeile 22).

4.3 Eigenschaften von Elementen

(c) die die Elemente in der Alternativenklasse entlang einer bestimmten Skala ordnen;

(d) die die Elemente in einem ‚Ähnlichkeitsraum' anordnen.

Zu (a): Stile können auf Häufigkeiten auf verschiedene Weise Bezug nehmen. Wird die Häufigkeit der Elemente in den Alternativenklassen (bezogen auf Realisierungen des entsprechenden Schemas) genannt (beispielsweise ‚die häufigste Lösung', ‚eine durchschnittlich häufige Lösung', ‚die seltenste Lösung', wobei ‚Lösung' jeweils für die Elemente der Alternativenklasse steht), handelt es sich um eine vertikal-relationale Eigenschaft. Es kann auch ohne Bezug auf die Alternativenklasse die Häufigkeit des Elements bestimmt werden (beispielsweise ‚Lösung kommt in maximal 5 % der Realisierungen des Schemas vor', eine intrinsische Eigenschaft) oder die Häufigkeit innerhalb der Realisierung bestimmt werden (‚Lösung kommt zweimal in der Realisierung vor', eine horizontal-relationale Eigenschaft).[323]

Die Abweichungsstilistik[324] postulierte, dass stilistische Merkmale durch Abweichung von Normen entstehen. Da sich selten nicht-systemische Normen feststellen lassen, die definitiv eine bestimmte Lösung vorschreiben – und das Durchbrechen systemischer Normen keinen Stil erzeugt, sondern eine nicht wohlgeformte Realisierung –, sah man die Normen meist im Bereich der Häufigkeit, was die Abweichungsstilistik in die Nähe der quantitativen Stilistik rückte. Wir können Normen simulieren, indem wir innerhalb jeder Alternativenklasse einem oder mehreren Elemente die (intrinsische) Eigenschaft ‚der Norm entsprechend' zuordnen; der Grad der Abweichung von der Norm ergibt sich durch Vergleich mit diesen Elementen, ist also eine vertikal-relationale Eigenschaft.

Zu (b): Die Prototypentheorie[325] postuliert einen unterschiedlichen Grad an ‚Typik' für eine Kategorie, was auch als Grad der Zugehörigkeit zur Kategorie aufgefasst werden kann. Es ist plausibel, dies mit einer Erwartbarkeit für die Kategorie zu verbinden, und tatsächlich haben sich die Untersuchungen zur Prototypentheorie meist auf dieses Kriterium konzentriert (etwa, wenn sie die Häufigkeit von genannten Beispielen für Kategorien maßen oder die Zeitdauer, bis ein bestimmtes Element der Kategorie zugeordnet wurde). Die Struktur (b) kann also mit der Kontraststilistik[326] in Verbindung gebracht werden.

Aber das Vorhandensein einer Prototypenstruktur ist mehr als nur die bloße Erwartbarkeit; es besagt auch, dass die Ähnlichkeit zum prototypischen Element die Kategoriezugehörigkeit ausmacht. Für die Simulation einer Prototypenstruktur reicht es also nicht, jedem Element als Eigenschaft einen Wert der „Distanz zum Prototyp" zuzuordnen (wobei dem prototypischen Element der

---

[323] Die Fälle werden genauer dargestellt unter (5) („Horizontal-relationale Eigenschaften"), „Zu (c)".
[324] Vgl. Abschnitt 3.4.
[325] Vgl. beispielsweise Rosch 1975, Lakoff 1987 und Mangasser-Wahl 2000.
[326] Vgl. (5) („Horizontal-relationale Eigenschaften"), „Zu (d)".

Wert 0 zugeordnet wird). Zusätzlich muss dieser Wert auch als Grad der Zugehörigkeit zur Alternativenklasse verstanden werden. Eine Prototypenstruktur liegt vor, wenn Alternativen mit großer Distanz zum Prototyp weniger eindeutig zur Alternativenklasse gehören (also eine legitime Lösung an der entsprechenden Realisierungsstelle darstellen) als solche mit kleiner Distanz. Prototypenstrukturen in Alternativenklassen können simuliert werden, indem den Elementen die Eigenschaften ‚Distanz zum Prototyp' und ‚Eindeutigkeit der Zugehörigkeit zur Alternativenklasse' miteinander korreliert zugeordnet werden. Prototypenstrukturen sind nichts Ungewöhnliches; viele Alternativenklassen sind ungefähr koextensional mit natürlichsprachlichen Bezeichnungen für Aspekte von Schemaorten (z.B. bilden „Fenster" oder „Tür" typische Alternativenklassen für Gebäude),[327] deren Verwendung sich oft mit Hilfe von Prototypenstrukturen beschreiben lässt.

Zu (c): Skalare Eigenschaften beziehen sich, soweit nicht anders spezifiziert, auf alle an der entsprechenden Realisierungsstelle gegebenen Möglichkeiten, also auf die Alternativenklasse. Beispielsweise kann ‚die billigste Möglichkeit' (oder: ‚die billigste Lösung') ausgewählt werden (‚Möglichkeit' oder ‚Lösung' drückt hier den Bezug auf die Alternativenklasse aus). Wird dagegen ‚das billigste in Deutschland auf dem Markt befindliche Produkt' gewählt, ist dies eine intrinsische Eigenschaft; unter Umständen wird sich dann das entsprechende Gerät nicht in der Alternativenklasse befinden, weil es funktionalen Bedingungen der entsprechenden Realisierungsstelle nicht entspricht.

Zu (d): Ein ‚Ähnlichkeitsraum' kann innerhalb einer Alternativenklasse gebildet werden durch Anordnung der Elemente nach der Anzahl übereinstimmender Eigenschaften. Dabei werden also Gruppen von ähnlichen Elementen gebildet und die unterschiedlichen Distanzen abgebildet. Vertikal-relationale Eigenschaften sind nun zum Beispiel (I) die Größe des Abstands zu dem nächstgelegenen Element, (II) ob das Element Bestandteil einer Gruppe ist (also viele ungefähr gleich weit entfernte Nachbarn hat) oder nicht, (III) der Gesamtabstand (die Summe des Abstands zu allen anderen Elementen). Das Element mit dem größten Gesamtabstand etwa würde vielleicht als ‚unkonventionelle', ‚eigenwillige' Lösung empfunden werden, da es eine Alternative bildet, die von allen anderen Alternativen größeren Ähnlichkeitsabstand hat als diese untereinander. Weitere vertikal-relationale Eigenschaften sind hier konstruierbar, die durchaus stilistisch relevant sein können.

Es könnte versucht werden, die stilistische Auswahl aus Alternativenklassen mit Hilfe solcher Strukturen zu beschreiben, auf die durch Merkmalsregeln zugegriffen wird. Doch es gibt keine allgemeingültige Lösung für solche Strukturen. Verschiedene Alternativenklassen können unterschiedliche Arten von Strukturen aufweisen, die unterschiedlich ausgeprägt sein können. Es kann keine Regel

---

[327] Vgl. Fußnote 293.

angegeben werden, nach der bei der Bildung einer solchen strukturierten Alternativenklasse allgemein zu verfahren wäre. Eine allgemeine Stiltheorie wäre unmöglich oder müsste sich mit groben Verallgemeinerungen behelfen.

Die Bildung von Alternativenklassen dagegen ist ein präzise beschreibbarer Vorgang (vgl. Abschnitt 4.4), der allgemein für alle Verhaltensbereiche gilt. Um die genannten Strukturen (und alle anderen, die innerhalb von Alternativenklassen denkbar sind) zu beschreiben, führen wir daher die vertikal-relationalen Eigenschaften ein. Tatsächlich können grundsätzlich alle Strukturen der Alternativenklasse mit Eigenschaften der Elemente gewissermaßen ‚simuliert' werden; selbst wenn dies nicht durch eine einfache Bezugsgröße (etwa die Entfernung vom prototypischen Element) möglich ist, kann (im schlimmsten denkbaren Fall) die allgemeine Form der Struktur der Alternativenklasse und die Position des Elements innerhalb dieser Struktur jedem Element als vertikal-relationale Eigenschaft zugeordnet werden. Selbst in diesem ungünstigen Fall bleibt der Vorteil erhalten, dass sich Alternativenklassen und die auf sie bezugnehmenden Merkmalsregeln (vgl. Abschnitt 5.3) nun allgemeingültig betrachten lassen, da die Komplexität in die spezifischen Elementeigenschaften verschoben wurde. Um eine korrekte Beschreibung zu erhalten, ist es nur nötig, dass für den Einzelfall die vorgefundenen Strukturen innerhalb der Alternativenklasse durch vertikal-relationale Eigenschaften vollständig beschrieben werden.

Diese ergeben sich in jedem Einzelfall aus der Alternativenklasse sowie aus ihrem Kontext in der Realisierung; der gewünschten Beschreibungsgenauigkeit sind keine Grenzen gesetzt. Es macht nichts, dass dieser Beschreibungsvorgang möglicherweise nicht allgemein darstellbar ist. Ganz im Gegenteil: Auf diese Art kann man bereits an dieser grundlegenden Stelle der Theorie der Kreativität des Stils[328] gerecht werden, da es prinzipiell möglich ist, neue Strukturen für Alternativenklassen zu finden (indem man neue vertikal-relationale Eigenschaften findet) und in einem Stil auf diese Bezug zu nehmen. Somit liegt hier einer jener offenen Bereiche der Theorie, die die beobachtete Vagheit des Gegenstandsbereichs abbilden (vgl. Abschnitt 9.5).

(5) Def. **Horizontal-relationale Eigenschaften** ergeben sich aus den Relationen eines Elements, das in einer Realisierung vorkommt, zu anderen Elementen der Realisierung.

Horizontal-relationale Eigenschaften werden mit dem Superskript H gekennzeichnet. Innerhalb der verlangten Eigenschaften einer Merkmalsregel sind die horizontal-relationalen Eigenschaften $E_1^H, ..., E_r^H$ spezifiziert ($r \geq 0$).

Horizontal-relationale Eigenschaften sind jene Eigenschaften, die Elementen durch ihr Vorkommen innerhalb einer bestimmten Realisierung zukommen.

---

[328] Vgl. Abschnitt 4.2.7.

Sie ergeben sich aus den Relationen zu anderen Elementen der Realisierung. Hierzu gehören beispielsweise

(a) Bezüge zu Elementen in der Nähe: Wiederholungen, Oppositionen (z.B. graphemische, phonologische, semantische) oder anderes;

(b) die Eigenschaft, Teil einer größeren (und evt. komplexen) Anordnung von Elementen zu sein, die Eigenschaften gemeinsam haben, in oppositionellen Relationen zueinander stehen oder anderes;

(c) die Häufigkeit des Vorkommens in einer Realisierung;

(d) der Grad der Erwartbarkeit im Kontext.

Zu (a): Elemente gehen mit unmittelbar benachbarten Elementen einer Realisierung Beziehungen ein. Auch bei weiter entfernten Elementen können Beziehungen entstehen, beispielsweise wenn dies durch Bildungsregeln eines Zeichensystems (grammatikalische Regeln) begünstigt wird; wenn der Abstand deutlich geringer ist als der statistisch erwartbare; wenn bestimmte Korrespondenzen (z.B. geometrische Bezüge bei einem Bild oder Gebäude) bestehen; oder aus anderen Gründen.

Zu (b): Die in (a) beschriebenen Beziehungen können auch Teil einer größeren Anordnung von Elementen sein, sei dies nun im einfachsten Fall eine auffällige Häufung von Elementen einer bestimmten Art, oder eine komplexere Anordnung (z.B. die Abwechslung von Elementen mit einer bestimmten Eigenschaft mit Elementen einer anderen, vielleicht gegensätzlichen, Eigenschaft). Dieser Fall lässt sich nicht durch die Bezugnahme auf die genannten Eigenschaften beschreiben; vielmehr muss die gesamte Anordnung und der Platz in dieser als Eigenschaft einem Element zugeordnet werden. (Damit wird die Anordnung gewissermaßen simuliert.) Dies ist zwar umständlich, hat aber den Vorteil, dass es eine allgemeine Beschreibung möglich macht (vgl. die Erläuterung zu den vertikal-relationalen Eigenschaften unter (4)).

Zu (c): Häufigkeiten werden von der quantitativen Stilistik[329] untersucht. Es ist zu beachten, dass Häufigkeiten keineswegs nur in Bezug auf die jeweilige Realisierung, sondern auch im Vergleich zu anderen möglichen Lösungen oder ohne Bezug auf das eine oder andere untersucht werden können. Aus Gründen der Übersichtlichkeit werden alle drei Fälle hier vergleichend abgehandelt.

Häufigkeiten können den Eigenschaftsarten (3), (4) oder (5) angehören. Sie können zu den intrinsischen Eigenschaften gehören, etwa wenn ein Wort ‚alltäglich' oder ‚ausgefallen' ist oder wenn beim Einrichten einer Bibliothek eine ‚in 10 % aller Bibliotheken verwendete Klassifikation' gewählt wird; hier besteht kein

---

[329] Vgl. zur quantitativen Stilistik (= statistische Stilistik) einführend Enkvist 1973: 127-144 und Spillner 1974a: 82ff; Beispiele sind Bloch 1953, Doležel 1967 und Doležel u.a. 1969, Sedelow 1966 und 1972, Roche 1972, Krámský 1983, Lowe u.a. 1995 und Hoover 2002. Heute wird die quantitative Stilistik vor allem in der Autoridentifikation (vgl. Tuldava 2005) und der forensischen Linguistik (vgl. Tweedie 2005) angewandt. Die quantitative Stilistik führt nur dann zu plausiblen Ergebnissen, wenn der Einfluss nicht-stilistischer Faktoren berücksichtigt wird; vgl. Abschnitt 3.4.

Bezug zu anderen Elementen der Alternativenklasse (es wird nicht auf die Häufigkeiten der anderen Klassifikationen Bezug genommen, die in Frage gekommen wären) oder der Realisierung (es wird nicht auf andere Häufigkeiten der Bibliothek Bezug genommen, etwa der Häufigkeit des Verstellens von Büchern).

Häufigkeiten können auch in Relation zu anderen jeweils möglichen Lösungen betrachtet werden, in diesem Fall handelt es sich um vertikal-relationale Eigenschaften:[330] Für die Bibliothek könnte die (bezogen auf alle Bibliotheken) häufigste Klassifikation spezifiziert werden; für das ‚Muster' beim Schema ‚Parkett' kann verlangt werden, dass es ‚nicht zu den fünf häufigsten Mustern gehört'. In solchen Fällen bezieht sich die Eigenschaft auf die Häufigkeiten aller Elemente der Alternativenklassen.

Schließlich ist noch möglich, dass Häufigkeiten in Relation zu anderen Elementen der Realisierung bestimmt werden: Ein Musikstück kann gleich mit der am häufigsten verwendeten Kadenz eröffnen (womit nichts über die Häufigkeit in anderen Stücken ausgesagt ist); der erste Satz eines Texts kann eine für diesen Text ungewöhnliche syntaktische Konstruktion oder Länge aufweisen; ein Museum für Landschaftsbilder, das auch zwei Stilleben besitzt, kann diese direkt gegenüber dem Eingang oder in die hinterste Ecke hängen (was dann nichts mit der Häufigkeit dieses Bildtyps insgesamt zu tun hat). In all diesen Fällen sind die Elemente der jeweiligen Realisierungsstellen unter Rückgriff auf Häufigkeiten innerhalb der Realisierung, also auf horizontal-relationale Eigenschaften, ausgewählt worden.

Häufigkeiten können also nicht einem bestimmten Eigenschaftstypus zugeordnet werden. Sie kommen im Stilmodell zudem noch in anderer Weise vor, nämlich als Ergebnis der Anwendungswahrscheinlichkeit w der Merkmalsregeln (vgl. Abschnitt 5.3.1, 3.). Verschiedene Stile unterscheiden sich darin, dass sie unterschiedliche Anwendungswahrscheinlichkeiten w für bestimmte Merkmalsregeln enthalten, woraus sich eine unterschiedliche Häufigkeit der von diesen Merkmalsregeln beeinflussten Elemente in der Realisierung ergibt. Es muss unterschieden werden zwischen dem Phänomen, dass Merkmalsregeln in den verlangten Eigenschaften auf die (intrinsische, vertikal-relationale oder horizontal-relationale) Häufigkeit eines Elements Bezug nehmen, und Häufigkeiten, die durch das w einer Merkmalsregel erzeugt werden.[331] Häufigkeiten, die von denen anderer Realisierungen abweichen, drücken sich in (im Vergleich mit der vergleichbaren Merkmalsregel ähnlicher Stile) ungewöhnlich hohen oder tiefen w aus.

---

[330] Vgl. (4) („Vertikal-relationale Eigenschaften"), „Zu (a)".
[331] Beispielsweise kann eine Merkmalsregel verlangen, dass Fenster, die im ersten Stock direkt über Eingangstüren liegen, die insgesamt am jeweiligen Gebäude häufigste Größe und Form haben (Häufigkeit als horizontal-relationale Eigenschaft). Eine andere Merkmalsregel verlangt für Fenster eine bestimmte Größe und Form mit $w > 0{,}5$, was zum Ergebnis hat, dass diese Größe und Form die häufigste am jeweiligen Gebäude ist.

Zu (d): Die Kontraststilistik (Riffaterre)[332] stützt sich auf das Kriterium der Erwartbarkeit im Kontext, also für eine Alternativenklasse bezogen auf die angrenzenden Realisierungsstellen. Sie nimmt an, dass die Reaktionen eines Lesers auf einen Stil durch Überraschungseffekte erzeugt werden, die durch die Verwendung von Elementen mit niedriger Erwartbarkeit entstehen. In Merkmalsregeln, wie wir sie hier annehmen, können unterschiedliche Grade der Erwartbarkeit (von niedrig bis hoch) spezifiziert sein.[333]

Es könnte eingewandt werden, dass auch die Kontraststilistik die Häufigkeit der Elemente untersucht; schließlich hängen Erwartbarkeit und Häufigkeit eng zusammen. Dies ist richtig; doch die Kontraststilistik bezieht kontextbezogene Faktoren mit ein, beispielsweise Kollokationen. Ein Element, das in der betrachteten Realisierung und auch in Realisierungen des Schemas insgesamt selten ist, kann aufgrund des Kontexts dennoch erwartbar sein, umgekehrt kann ein häufiges Element in einem untypischen Kontext überraschend wirken.

Zu beachten ist, dass horizontal-relationale Eigenschaften sich auf die Position der Realisierungsstelle an der konkreten Realisierung und nicht auf die Position in unserer Darstellung dieser Realisierung (die mittels einer eindimensionalen Anordnung von Realisierungsstellen erfolgt; vgl. 4.5.1) bezieht. Andernfalls käme es zur Beschreibung von Bezügen mit Hilfe von horizontal-relationalen Eigenschaften, die nur der Darstellung geschuldet sind, sich an der konkreten Realisierung aber nicht finden (vgl. dazu auch Fußnote 337).

Horizontal-relationale Eigenschaften unterscheiden sich von intrinsischen und vertikal-relationalen Eigenschaften darin, dass sie von den für die anderen Realisierungsstellen gewählten Elementen abhängen. Horizontal-relationale Eigenschaften können daher immer nur in Abhängigkeit von den für die anderen Realisierungsstellen getroffenen Auswahlprozessen gewählt werden. Dies kann im hier vorgestellten Modell nicht vollständig umgesetzt werden, weil darin die Alternativenklassen in einer bestimmten Reihenfolge abgearbeitet und die getroffene Auswahl danach nicht mehr verändert wird (vgl. Abschnitt 5.4.1, Funktion *Merkmalsregeln_einschreiben*). Wenn daher Merkmalsregeln horizontal-relationale Eigenschaften verlangen, kann es sein, dass diese nicht korrekt eingeschrieben werden, weil es zu nachträglichen Veränderungen durch die für andere

---

[332] Riffaterre 1957, 1959, 1960, 1973 und 1978, eine deutschsprachige Anwendung ist Rück 1978; die für die Kontraststilistik relevanten Kontextfaktoren können auch mit dem Ansatz von Halliday untersucht werden (Halliday 1985). Für die deutschsprachige Stilistik griff Frey den methodischen Ansatz der Leserbefragung auf (Frey 1970, 1974, 1975), Spillner entwickelte Verfahren, um durch Tests in Verbindung mit Textveränderungen zu genaueren Ergebnissen zu gelangen (Spillner 1974a, 1974b, 1976).

[333] Man denke etwa an einen Sprachstil, der wissenschaftliche Ausdrücke wählt, aber nur solche, die eine ‚mittlere Erwartbarkeit' besitzen, also im Kontext nicht besonders auffallen. Ein solcher Sprachstil könnte bei einer Informationsbroschüre oder bei einem populärwissenschaftlichen Vortrag angewendet werden.

Realisierungsstellen getroffene Auswahl kommt. Denkbar sind auch Korrekturvorgänge zur Verhinderung solcher nachträglichen Veränderungen.[334]

4.4 Bildung von Alternativenklassen

Um den Auswahlprozess beschreiben zu können, müssen wir zunächst Alternativenklassen bilden. Innerhalb der Schemaausführung kommt dieser Vorgang nach der Auswahl eines Schemas und vor dem Prozess des Einschreibens der Merkmalsregeln (vgl. Abschnitt 5.2.2, Schritt 2).

Def. **Alternativenklasse:** Klasse von Elementen, die an einer bestimmten Stelle einer Realisierung möglich sind, einschließlich des realisierten Elements. Nicht-realisierte Elemente – vor oder nach der Realisierung eines bestimmten Elements – sollen „Alternativen" genannt werden. Es ist nicht notwendig, dass es sich bei den Elementen um Zeichen oder Zeichenkombinationen handelt; dies unterscheidet „Alternativenklasse" vom strukturalistischen Terminus „Paradigma". Ein Paradigma ist also eine Alternativenklasse, deren Alternativen Zeichen oder Zeichenkombinationen sind.

Klassen unterscheiden sich von Mengen dadurch, dass sie nicht notwendigerweise die Axiome der Mengenlehre erfüllen müssen. Daher kann man Klassen durch eine beliebige logisch korrekt gebildete Aussage $P(x)$ mit der Variablen x definieren: Mit Hilfe des Klassenbildungsoperators (= Klassenbausteins) { | } lässt sich die Klasse aller Objekte x, die die Aussage $P(x)$ erfüllen, notieren als $\{x \mid P(x)\}$. Die einfache Darstellungsmöglichkeit ist der Hauptgrund dafür, dass für das Stilmodell Klassen verwendet werden.[335] Klassen müssen im Gegensatz zu Mengen mit einer gewissen Vorsicht verwendet werden, um nicht in die Widersprüche der naiven Mengenlehre zu verfallen, was durch die eingeschränkte Verwendungsweise im Stilmodell aber garantiert ist.

---

[334] Vgl. Abschnitt 5.4.2, Unterabschnitt *Anmerkung*.
[335] Oberschelp erläutert dazu: „Der Klassenbildungsoperator eröffnet die Möglichkeit, eine beliebige sprachlich formulierte Bedingung an Individuen in einen Namen der dadurch gegebenen Klasse der Individuen (die die Bedingung erfüllen) umzusetzen. Das bedeutet einen großen Zuwachs an Ausdrucksmöglichkeiten" (Oberschelp 1992: 188). In der Klassenlogik von Oberschelp wird kein Axiom angenommen, demzufolge alle Klassen Individuen sind (ebd.: 191); es kann also ‚virtuelle Klassen' geben, solche, die sich definieren lassen, die aber nicht existieren können. Daher muss die Verwendung des Klassenbausteins nicht eingeschränkt werden (wie es etwa in der Russellschen Typentheorie der Fall ist). Es handelt sich dann aber auch nur um ein Darstellungsmittel, um eine syntaktische Formulierungsweise. Zu dieser allgemeinen Klassenlogik werden in der Oberschelp-Mengenlehre wiederum die Axiome der Zermelo-Fraenkel-Mengenlehre hinzugenommen, wodurch sich eine Mengenlehre mit Klassenbaustein ergibt (vgl. Oberschelp 1994).

Wir setzen voraus (vgl. Abschnitt 4.3.1), dass es zwei Arten von Eigenschaften gibt, die Alternativenklassen festlegen: Schemaort-definierende Eigenschaften und Zusatzeigenschaften. Diese Eigenschaften bilden zwei Arten von Bedingungen, die eine Realisierung erfüllen muss, um der entsprechenden Alternativenklasse anzugehören: Schemaortbedingungen und Zusatzbedingungen.

Def. **Alternativenbedingungen:** Für die Bildung einer Alternativenklasse sind die Angabe von Schema, Schemaort und eventuell Zusatzbedingungen nötig. Diese wird geleistet, indem die Schemaortbedingungen eines Schemaorts und eventuell Zusatzeigenschaften angegeben werden, die für diesen Schemaort möglich sind. (Das Schema wird indirekt angegeben, da jeder Schemaort nur einem Schema angehört.) Zusammengenommen werden diese als „Alternativenbedingungen" bezeichnet; sie werden bei der Bildung der Alternativenklasse hinter dem vertikalen Strich im Klassenbaustein angegeben. Zu den Zusatzbedingungen können gehören: (a) Kontextbedingungen, bei Artefakten zusätzlich (b) funktionale Bedingungen, bei Texten zusätzlich (c) inhaltliche Bedingungen.

Die Menge der Schemaort-definierenden Eigenschaften Ob eines Schemaorts $O_j(S_i)$ ist in der Schemadefinition gespeichert als $Ob(O_j(S_i))$: $\{E_1^{O_{i,j}}, ..., E_m^{O_{i,j}}\}$. Für jeden Schemaort ist zudem eine Menge von möglichen Zusatzbedingungen Zb gegeben als $Zb(O_j(S_i))$: $\{E_1^{Z_{i,j}}, ..., E_n^{Z_{i,j}}\}$. Aus dieser Menge können fakultativ beliebige Eigenschaften Z_W: $\{E_{k_1}^{Z_{i,j}}, ..., E_{k_s}^{Z_{i,j}}\}$ für die weitere Spezifikation der Alternativenklasse ausgewählt werden.

Die Intension, mit der die Alternativenklasse A_h gebildet wird, bezeichnen wir als Alternativenbedingungen Ab_h:

$$Ab_h = Ob(O_j(S_i)) \cup (Z_W \subseteq Zb(O_j(S_i)))$$

Es ergibt sich für eine Alternativenklasse A_h, die auf dem Schemaort $O_j(S_i)$ basiert:

$$\begin{aligned} A_h &= \{x \in M_{Alt} \mid (Ob(O_j(S_i)) \cup (Z_W \subseteq Zb(O_j(S_i))))(x)\} \\ &= \{x \in M_{Alt} \mid E_1^{O_{i,j}}(x) \land ... \land E_m^{O_{i,j}}(x) \land E_{k_1}^{Z_{i,j}}(x) \land ... \land E_{k_s}^{Z_{i,j}}(x)\} \end{aligned}$$

Eigenschaften sind als einstellige Prädikate definiert; der Wert der in Klammern geschriebenen Variablen wird somit jeweils in die Argumentstelle des Prädikats eingesetzt.

Technisch können die Prädikate als Funktionen implementiert werden, die die Variable als Parameter erhalten und einen Wahrheitswert zurückliefern. Die

Klasse wird gebildet, indem für alle $x \in M_{Alt}$ geprüft wird, ob die Bedingung im Klassenbaustein erfüllt ist.

4.5 Die Realisierung

Jedes konkrete Phänomen, das auf Schemata (vgl. Abschnitt 4.2.2) basiert, soll „Realisierung" genannt werden. Für die Analyse ist die Annahme notwendig, dass Realisierungen aus verschiedenen Realisierungsstellen bestehen, für die sich jeweils genau ein Schemaort eines Schemas angeben lässt. Die entsprechende Realisierungsstelle muss also die Schemaortbedingungen erfüllen, die den entsprechenden Schemaort und das Schema, zu dem er gehört, kennzeichnen. Jede Realisierung lässt sich somit als Menge von Realisierungsstellen beschreiben, die jeweils einen Schemaort realisieren: Eine konkrete Autofahrt etwa lässt sich unterteilen in Vorgänge der Typen ‚Anfahren', ‚Ausparken', ‚Beschleunigen', ‚Geradeausfahren mit Geschwindigkeit x', ‚Bremsen', ‚Überholen', ‚rechts abbiegen', ‚links abbiegen' usw.

Def. **Realisierung:** Bei jeder Schemaausführung[336] entsteht eine Realisierung dieses Schemas. Sie wird formal als eine Anordnung von Realisierungsstellen (Definition s. unten) beschrieben, die eindimensional (Verkettung) oder mehrdimensional sein kann; zudem können Elemente auf verschiedenen Beschreibungs- oder Abstraktionsebenen angenommen werden (etwa bei einem Gebäude: Materialien, einzelne Bauelemente, Gestaltung größerer Einheiten wie Grundriss oder Fassaden, Gesamtform). – Eine Realisierung, die auf einem Textschema beruht, wird entsprechend der strukturalistischen Terminologie „Syntagma" genannt.

Def. **Realisierungsstelle:** Realisierungen gliedern sich in Realisierungsstellen, die folgenden Bedingungen genügen müssen: (1) Sie müssen präzise abgrenzbar sein; (2) es muss die Angabe eines Schemas und eines Schemaorts möglich sein, das heißt, die Stelleneinteilung einer Realisierung muss in Übereinstimmung mit dem Schema und den darin verfügbaren Schemaorten stehen.

Schema und Schemaort liefern keine vollständige Spezifikation von Verhalten oder Verhaltensergebnissen. Daher lassen sich mit ihnen auch keine Realisierungen, sondern nur Alternativenklassen bilden. Realisierungsstellen basieren daher immer auf Alternativenklassen; sie enthalten ein (nach welchen Kriterien auch immer ausgewähltes) Element einer Alternativenklasse. Daher sind auch die Bedingungen, mit deren Hilfe Realisierungsstellen abgegrenzt werden, identisch

---

[336] Vgl. Abschnitt 5.2.2.

mit denen, die Alternativenklassen bilden: Schemaortbedingungen und Zusatzbedingungen. Dabei spezifizieren diese Bedingungen noch nicht das konkrete Element, das die Realisierungsstelle füllt (*unvollständige Spezifikation*). Hierzu sind weitere Auswahlprozesse erforderlich.

Die Realisierung ‚Autofahrt' scheint in eine lineare Abfolge von Realisierungsstellen einteilbar zu sein. Auf den zweiten Blick erkennt man jedoch, dass bereits bei einer so einfachen Realisierung die Verhältnisse komplexer sind: Neben Realisierungsstellen wie ‚Anfahren', ‚links abbiegen' und ‚parken' gibt es auch solche wie ‚Routenplanung', ‚Umgang mit dem Fahrzeug', ‚Pausenrhythmus' und ‚Konzentrationskurve während der Fahrt', die nicht zu dieser Abfolge gehören.

Viel auffälliger ist dies bei einem Gebäude. Bei diesem ist offensichtlich, dass die dreidimensionale Gestalt des Artefakts in eine eindimensionale Anordnung von Realisierungsstellen überführt werden muss; zusätzlich jedoch können hier (ähnlich wie bei einem Text) auch verschiedene Beschreibungsebenen unterschieden werden, die sich etwa auf Bauelemente (wie Fenster und Türen), auf Materialien, auf Formen, auf Farben usw. beziehen. Diese verschiedenen Aspekte eines Gebäudes können alle, je nach Wahl der Schemaorte, zu Elementen von Alternativenklassen werden. Es ist klar, dass hier verschiedene Arten der Überführung in eine Anordnung von Realisierungsstellen möglich sind.

Bei jeder Realisierung muss also eine Anordnung von Realisierungsstellen gefunden werden, die sie hinreichend genau beschreibt. Dabei sind die unterschiedlichen Realisierungsstellen keineswegs alle von gleicher Art, sondern unterscheiden sich kategoriell (oft befinden sie sich auf verschiedenen Ebenen; vgl. Abschnitt 4.2.3) und stehen auch darüber hinaus in unterschiedlichen Beziehungen zueinander – so wie etwa die Farben in komplexen Verhältnissen zu den Materialien stehen, die sie teilweise determinieren; dabei kann nach unterschiedlichen Beschreibungsebenen, Abstraktionsgraden usw. unterschieden werden. Wie die Realisierungsstellen in eine Anordnung überführt werden, ist nicht entscheidend und kann bereichsspezifischen Stiltheorien vorbehalten bleiben. Eine solche Stiltheorie kann einen Algorithmus oder eine Anleitung aufstellen, womit für den fraglichen Gegenstandsbereich eine Funktion von der Menge aller denkbaren Realisierungen in die Menge der Anordnungen von Realisierungsstellen spezifiziert wird. Dies hätte den Vorteil, dass bei Beschreibungen von Schemaausführungen die Bildung einer Anordnung von Alternativenklassen immer auf dieselbe Weise behandelt würde.

Man sollte allerdings im Kopf behalten, dass es sich dabei um ein reines Darstellungsproblem handelt. In der Wirklichkeit der Stilwahrnehmung müssen wir die betrachteten Realisierungen nicht in eine eindimensionale Anordnung überführen; wir können mit komplexeren Verhältnissen umgehen und haben ja auch die konkrete Realisierung vor uns, die uns als Hilfe für die Zuordnung von Realisierungsstellen dient. Auch in unserem Modell ist es nicht nötig für die Anwendung der Theorie, dass verschiedene Anwender dieselbe Anordnung von

4.5 Die Realisierung

Realisierungsstellen verwenden, denn die Einwirkung der Merkmalsregeln auf die Alternativenklassen ist von der Reihenfolge, in der diese durchgegangen werden, unabhängig.[337] Während die Reihenfolge der Anwendung der Merkmalsregeln von größter Wichtigkeit ist, weil sie zu ganz unterschiedlichen Ergebnissen führt, ist die Reihenfolge der Alternativenklassen innerhalb von *A* (und damit auch die Reihenfolge der Realisierungsstellen der entstehenden Realisierung *R*) für die Einwirkung nicht relevant.[338]

Wie aber entstehen Realisierungen? In der vorliegenden Theorie wird davon ausgegangen, dass hierzu ein mehrstufiger Auswahlprozess stattfindet, der als „Schemaausführung" bezeichnet werden soll. In diesem Prozess wird zunächst ein Schema gewählt; dann wird eine Anordnung von Realisierungsstellen festgelegt, für die jeweils ein bestimmter Schemaort gilt; daraufhin wird für jede dieser Realisierungsstellen (eventuell unter Annahme von Zusatzbedingungen) eine Alternativenklasse gebildet; aus dieser wird schließlich ein Element ausgewählt, wobei auch die stilistischen Regeln eingeschrieben werden. Auf diese Art entsteht eine Anordnung von Realisierungsstellen, die jeweils von einem Element gefüllt sind – eine Realisierung. Der Prozess wird in Abschnitt 5.2.2 sehr viel genauer beschrieben werden; für den Moment reicht es, im Kopf zu behalten, dass eine Realisierung immer einem bestimmten Schema angehört, das für jede Realisierungsstelle gilt, und dass zudem für jede Realisierungsstelle ein bestimmter Schemaort dieses Schemas gewählt wird.

---

[337] Voraussetzung dafür ist allerdings, dass die horizontal-relationalen Eigenschaften richtig eingesetzt werden. Horizontal-relationale Eigenschaften sollen dazu dienen, Bezüge innerhalb der Realisierung abzubilden (beispielsweise die Wiederholung von Elementen, Gegensätze von Elementen usw.), wobei durchaus auch Bezüge über Ebenen hinweg auftreten können (etwa wenn eine auf der semantischen Ebene ausgedrückte düstere Stimmung auf der phonologischen Ebenen mit dunklen Vokalen illustriert wird; vgl. Posner 1982). Es ist klar, dass in der Realisierung nicht immer räumlich oder zeitlich benachbarte Elemente auch benachbart stehen können; während dies bei einem Text (als eindimensionaler Realisierung) noch möglich ist, geht es bei einer höherdimensionalen Realisierung (einem Bild, einem Gebäude, einer Theaterinszenierung) nicht mehr. Somit muss die räumliche Anordnung an der konkreten Realisierung als Teil der horizontal-relationalen Eigenschaft mitgespeichert werden. Dies ist gemeint, wenn wir von „horizontal-relationalen" Eigenschaften reden: Diese beziehen sich auf die tatsächliche (in der Wirklichkeit existierende) Realisierung, nicht auf unsere (notwendig eindimensionale) Darstellung von ihr.
Beachtet man dies nicht, könnte man etwa Realisierungsstellen als benachbart definieren, die in der Wirklichkeit weit entfernt sind oder sogar unterschiedlichen Kategorien angehören: So könnte etwa bei einem Text in unserer Anordnung von Realisierungsstellen auf die Einteilung der morphologischen Ebene in Realisierungsstellen die der syntaktischen folgen, womit eine morphologische Realisierungsstelle neben einer syntaktischen steht. Diese Art von Benachbartheit ist durch die Darstellung bestimmt und darf nicht in die horizontal-relationalen Eigenschaften eingehen.

[338] Vgl. Abschnitt 5.4.1, Funktion *Merkmalsregeln_einschreiben*.

Zu beachten ist, dass die Variable R beim Wahrnehmen eines Stils[339] mehrere Realisierungen desselben Schemas enthalten kann. Werden mehrere Realisierungen gleichzeitig untersucht, nehmen wir einfach an, dass sie in eine Variable R zusammengefügt werden. Dies ist etwa der Fall, wenn mehrere Gebäude eines Architekten,[340] mehrere Texte eines Schriftstellers[341] oder mehrere Musikstücke einer Stilrichtung[342] zusammen untersucht werden. (Alternativ kann in solchen Fällen der Stil jeder Realisierung einzeln untersucht und dann nach bestimmten Kriterien Einzel- oder Gruppenstile gebildet werden; vgl. Abschnitt 8.3.1.) Das Anwenden eines Stils erfolgt dagegen stets separat für jede Realisierung.[343]

4.5.1 Darstellung

Eine Realisierung wird also als Anordnung von Realisierungsstellen beschrieben. Jede Realisierungsstelle wird von einem konkreten Element x gefüllt. Die Realisierungsstellen einer Realisierung R gehören alle demselben Schema S_i an, um dies zu sichern, müssen Schemata geeignet gewählt werden: Sie müssen die Schemaorte bereitstellen, die nötig sind, um die Realisierungen des Schemas vollständig beschreiben zu können.

Für eine Realisierung könnten verschiedene Darstellungsweisen gewählt werden. Wir erinnern uns, dass wir bereits eine Anordnung von Realisierungsstellen erzeugt haben. Es erscheint bequem, einfach jedes Element x mit einem Index zu versehen, der der Position der von ihm gefüllten Realisierungsstelle innerhalb der Anordnung entspricht. Nun fassen wir alle Elemente x zur geordneten Menge R zusammen: $R = \{x_1, x_2, \ldots x_n\}$.

Durch die Bildungsweise entspricht die Ordnung von R den Indizes der darin gespeicherten Elemente. Nach der Bildung der Realisierung wird x_k daher als R_k, das $k$te Element von R, aufgerufen.

R stellt also eine Anordnung von Realisierungsstellen dar. Jedes Element R_k muss einem bestimmten Schemaort eines bestimmten Schemas zugeordnet werden können. Um welche es sich dabei handelt, ergibt sich aus der Auswahl des Schemas und der Schemaorte für die einzelnen Realisierungsstellen. Wenn beispielsweise für die Realisierung das Schema S_i und für die $k$te Realisierungsstelle

---

[339] Vgl. Abschnitt 7.3.2.
[340] Vgl. Beispiel in Abschnitt 7.1.1.
[341] Vgl. Beispiel in Abschnitt 7.1.2.
[342] Vgl. Beispiel in Abschnitt 7.1.5.
[343] Der Output der Funktion *Schemaausführung* (vgl. Abschnitt 5.2.2) ist eine Realisierung; somit ist alles, was durch eine Ausführung eines Schemas erzeugt werden kann, genau eine Realisierung. Natürlich kann derselbe Stil in mehrere Realisierungen eingeschrieben werden. Im Modell ist dies beispielsweise der Fall, wenn der Stil bei einem Aufruf der Funktion *Stil_bereitstellen* (7.3.1) erzeugt wird und beim nächsten Aufruf als bereits vorhandener Stil gefunden (vgl. Zeile 2 der Funktion) und unverändert an die Funktion *Schemaausführung* (5.2.2) zurückgegeben wird.

4.5 Die Realisierung

der Schemaort O_j festgelegt und die Zusatzbedingungen Z_W ausgewählt wurden, dann gilt:

$$R_k \in \{x \in M_{Alt} \mid (Ob(O_j(S_i)) \cup (Z_W \subseteq Zb(O_j(S_i))))(x)\}$$

Bei der Wahrnehmung einer Realisierung erfolgt die Zerlegung in Realisierungsstellen, wobei die Aufteilung wiederum mit Hilfe von Schemata und Schemaorten erfolgt. Wir sagen, jemand hat das Verhalten, das Artefakt oder den Text „verstanden". Für alle weitergehenden Prozesse (wie etwa das Wahrnehmen des Stils) ist dies die Voraussetzung. Gelingt die Zuordnung einer Realisierung zu einem Schema und die Zerlegung in Realisierungsstellen nicht, kann kein Stil wahrgenommen werden.[344]

---

[344] Eine rudimentäre Stilkompetenz kann bereits angenommen werden, wenn keine Unterteilung in Realisierungsstellen erfolgt und nur eine Alternativenklasse für die ganze Realisierung gebildet wird; so kann immerhin zwischen verschiedenen Stilen unterschieden werden.

Kapitel 5: Der Merkmalsprozess

5.1 Allgemeines

Um das Anwenden und Wahrnehmen von Stilen genau analysieren zu können, unterscheiden wir zwischen zwei Prozessen: Merkmalsprozess und Interpretationsprozess. Der Merkmalsprozess ist der Vorgang, in dem die Merkmalsregeln eingeschrieben bzw. ausgelesen werden; er kann als Zeichenprozess analysiert werden. Der Interpretationsprozess besteht darin, dass aus den Merkmalsregeln Interpretationsergebnisse (Gedanken, Gefühle, Eindrücke) erzeugt werden. Er setzt sich aus einer Reihe von Prozessen zusammen, in denen verschiedene Operationen angewandt werden (vgl. Abschnitt 6.2.1).

Wie bereits oben angemerkt wurde, handelt es sich primär um eine analytische Trennung, die der Darstellung dient. In der Realität kann man davon ausgehen, dass die beiden Prozesse mehr oder minder zusammen stattfinden und miteinander interagieren, etwa dergestalt, dass die einzelnen Merkmalsregeln nur dann ausgelesen werden, wenn sie auch in der Interpretation eine Rolle spielen (vgl. Abschnitt 7.3.4).

Doch der Merkmalsprozess kann auch in der Realität getrennt stattfinden, wenn stilistische Merkmale an einer Realisierung analysiert und daraus Regelmäßigkeiten der Auswahl erkannt werden, ohne dass weitergehende Interpretationsergebnisse aus ihnen erzeugt werden.

Es ist einfach zu erkennen, dass beim Merkmalsprozess die Merkmalsregeln den Inhalt des Zeichens bilden, sind sie es doch, die eingeschrieben und ausgelesen und somit vom Anwender zum Wahrnehmer des Stils übermittelt werden. Doch was ist der Zeichenträger? Dies ist nicht so einfach zu sagen, denn sowohl die Realisierung als auch die Alternativenklassen werden für Einschreiben und Auslesen der Merkmalsregeln benötigt. Daraus ergeben sich mehrere Fragen:

(1) Wo befindet sich der Zeichenträger?
(2) Was ist der Zeichenträger?
(3) Welche Rolle spielen die Alternativenklassen, die ja gar nicht vom Stilanwender zum Stilwahrnehmer übermittelt werden?

Zu (1): Tatsächlich enthalten Realisierung und Alternativenklassen zusammen den Zeichenträger; welcher Teil von ihnen Zeichenträger ist, ist nicht ohne weiteres erkennbar. Unter Umständen enthalten ein längerer Teil der Realisierung und die dazugehörigen Alternativenklassen keine Merkmalsregeln. Dies ist jedoch nicht sofort zu erkennen – wie es etwa bei einem Blatt Papier der Fall ist, dessen untere Hälfte leer gelassen wurde –, vielmehr muss auch dieses Stück Realisierung inklusive Alternativenklassen auf eingeschriebene Merkmalsregeln durchmustert werden. Trotz dieser Notwendigkeit können jedoch nicht beide einfach als „Zeichenträger" bezeichnet werden.

Die Realisierung enthält den Stil und stellt somit die *Zeichenmaterie* dar. Wie von Roland Posner betont wurde, ist die Zeichenmaterie derjenige Teil des Zeichens, der physikalisch für Stilanwender und Stilwahrnehmer gegeben ist.[345] Dies gilt auch für die Realisierung, die vom Stilanwender erzeugt und an der vom Stilwahrnehmer ein Stil erkannt wird. Innerhalb des Modells bildet die Realisierung daher den Output der Funktion *Schemaausführung*[346] und den Input der Funktion *Stil_wahrnehmen*.[347]

Der *Zeichenträger* kann bei den meisten Zeichenprozessen direkt aus der Zeichenmaterie entnommen werden, indem deren nicht zum Zeichen beitragende Teile weggelassen werden.[348] Hier gibt es eine Besonderheit des stilistischen Zeichenprozesses: Der Zeichenträger kann hier erst gewonnen werden, wenn zur Realisierung Alternativenklassen gebildet wurden. Die Zeichenmaterie muss also durch abstrakte Einheiten, nämlich die Klassen der bei ihrer Bildung jeweils möglichen Alternativen, ergänzt werden. Diese sind selbst nicht Teil der Zeichenmaterie, sie sind nicht materiell gegeben und werden nicht vom Anwender zum Wahrnehmer des Stils übermittelt. Es ist daher Voraussetzung für die Übermittlung des Zeichens, dass sie in ausreichend ähnlicher Form von Stilanwender und Stilwahrnehmer erzeugt werden.

Beim Wahrnehmen eines Stils muss die Zeichenmaterie, die Realisierung, nicht materiell vorliegen; es reicht, wenn sie in ausreichend erkennbarer Weise durch einen weiteren Zeichenprozess zugänglich gemacht wird, etwa durch Filme, Bilder oder eine sprachliche Beschreibung. In diesem Fall ist zwischen Stilanwender und Stilwahrnehmer ein technologisches Medium[349] eingeschaltet und man spricht von einer „indirekten Semiose".[350] Die Qualität der Stilwahrneh-

---

[345] „Alle physikalisch feststellbaren Elemente, die während eines Kommunikationsprozesses durch den Kanal transportiert werden, gehören – ohne Rücksicht auf ihre semiotische Relevanz – zur Zeichenmaterie. Sie ist zugleich Produkt der Sendung (,output') und Ausgangspunkt der Rezeption (,input'), in ihr schlägt sich die Nachricht sinnlich wahrnehmbar nieder." (Posner 1980b: 688)

[346] Vgl. Abschnitt 5.2.2, Funktion *Schemaausführung*, Zeile 23. Diese Funktion wird durch einen übergeordneten Verhaltensprozess aufgerufen und gibt die Realisierung *R* zurück.

[347] Vgl. Abschnitt 7.3.2, Funktion *Stil_wahrnehmen*, Zeile 1. Diese Funktion wird ebenfalls durch einen übergeordneten Verhaltensprozess aufgerufen und erhält die Realisierung *R* als Parameter.

[348] „Die semiotisch relevanten Teile der Zeichenmaterie und diejenigen Teile der Nachricht, die als Trägerinformationen für andere Teile der Nachricht fungieren, werden unter dem Begriff des Zeichenträgers zusammengefaßt. Der Zeichenträger ist wie fast jede Nachricht mehrschichtig. Die unterste Ebene bilden die physikalischen Informationsträger, d. h. die semiotisch relevanten Elemente der Zeichenmaterie." (Posner 1980b: 689)

[349] Vgl. Böhme-Dürr 1997 sowie Posner 1986: 294f und 2003: 44ff.

[350] Vgl. Krampen 1997: 278ff.

mung ist hier zusätzlich von der Korrektheit und Genauigkeit der Darstellung der Realisierung durch das technologische Medium abhängig.

Beim stilistischen Zeichenprozess enthalten Realisierung und Alternativenklassen den Zeichenträger gemeinsam. Beim Anwenden eines Stils werden Regelmäßigkeiten der Auswahl in die Realisierung eingeschrieben. Beim Wahrnehmen eines Stils werden Realisierung und Alternativenklassen auf solche Regelmäßigkeiten der Auswahl untersucht. Die Regelmäßigkeiten der Auswahl werden in der hier vorgestellten Theorie als Merkmalsregeln beschrieben.

Zu (2): Zeichenträger im Merkmalsprozess sind alle Spuren, die die Anwendung der Merkmalsregeln in der Realisierung hinterlassen. Sie verweisen als Anzeichen (=Indizes)[351] auf die Merkmalsregeln, die sie verursacht haben.

Diese Beschreibung mag auf den ersten Blick als spitzfindig erscheinen. Ist es tatsächlich nötig, hier von einem Zeichenprozess zu sprechen? – Andere Beschreibungsweisen sind sicherlich möglich; es ist jedoch plausibel, Merkmalsregeln und das Ergebnis ihrer Anwendung, die durch diese erzeugten Spuren in der Realisierung, als Zeicheninhalt und Zeichenträger zu betrachten. Genauso kann jedes Prinzip, jede Vorstellung und jede Technik, die Wirkungen in der Welt erzeugt, aus diesen Wirkungen erkannt werden: Indem es/sie die Ursache bildet für die jeweilige Wirkung, wird der Rückschluss von der Wirkung auf die Ursache möglich. Dieser erfolgt auch bei Stil: Spuren der Anwendung von Merkmalsregeln ermöglichen den Rückschluss auf die Merkmalsregeln selbst.

In der hier vorgestellten Theorie wird also vorgeschlagen, *stilistische Merkmale als Zeichenträger eines Anzeichens (Index) aufzufassen*,[352] bei dem aus Regelmäßigkeiten einer Realisierung auf die Anwendung von Regeln geschlossen wird, die diese Regelmäßigkeiten erzeugt haben. Ein Merkmal ‚ist nicht einfach da', es ist nicht einfach an einer Realisierung gegeben als eine Eigenschaft dieser Realisierung, schließlich können dieselben Eigenschaften Ergebnis der Anwendung einer Merkmalsregel sein oder nicht.

Dass diese Beschreibung nicht immer intuitiv ist, soll nicht geleugnet werden. Manchmal scheinen stilistische Merkmale unmittelbar an einer Realisierung vorhanden zu sein: Hat beispielsweise ein Gebäude ‚Fensterbänder mit 1 Meter Höhe' in allen Räumen, scheint das Merkmal einfach als Eigenschaft des Gebäudes beschreibbar zu sein. Nehmen wir nun aber an, dass funktionale Bedingungen bei Bad, Toilette, Dunkelkammer und südlich gelegenen Schlafräumen (die sich unter den klimatischen Bedingungen der Region zu stark erhitzen würden) solche Fenster verhindern, während sie beim Keller durch Kontextbedingungen (dort steht weniger als 1 m Höhe zur Verfügung) und im großen Saal aus statischen Gründen unmöglich sind. Daher sind nur wenige Fenster des Gebäudes tatsächlich in der spezifizierten Weise ausgeführt; dennoch ergibt sich eine Merkmalsregel mit einer Anwendungswahrscheinlichkeit von 1. Ist das nächste Gebäude des Architekten ein Bürogebäude, das die entsprechenden Einschrän-

---

[351] Vgl. Abschnitt 5.6.
[352] Vgl. die Definition in Abschnitt 2.12.

5.1 Allgemeines

kungen nicht aufweist, ist (ohne Stilveränderung) zu erwarten, dass alle Fenster entsprechend ausgeführt sind. Dies ist tatsächlich nur durch einen Zeichenprozess erkennbar, bei dem zunächst die Alternativenklassen rekonstruiert und dann die angewandten Merkmalsregeln ausgelesen werden.

Zu (3): Die Alternativenklassen sind nötig, um das Zeichen wahrnehmen zu können. Sie selbst werden jedoch nicht übermittelt. Daher ist es nötig, dass sie Stilanwender und Stilwahrnehmer in ähnlicher Form zur Verfügung stehen. Dies wird durch eine Ähnlichkeit der Schemata und des Möglichkeitsraum, den diese gliedern, möglich. Eine hundertprozentige Ähnlichkeit ist jedoch – aufgrund des unterschiedlichen Wissens und der unterschiedlichen Erfahrungen von Stilanwender und Stilwahrnehmer – nicht möglich. Je größer diese Ähnlichkeit, desto genauer können die Merkmalsregeln übermittelt werden.

Schon eine weitgehende Ähnlichkeit der (aus dem Wissen über Möglichkeitsraum und Schemata) von Stilanwender und Stilwahrnehmer konstruierten Alternativenklassen kann ausreichen, um die Merkmalsregeln ohne Abweichungen zu übermitteln. Wird die Ähnlichkeit geringer, kommt es zu einer unpräzisen Übermittlung der Merkmalsregeln: Es werden Merkmalsregeln vom Stilwahrnehmer ausgelesen, die sich zunehmend von den eingeschriebenen unterscheiden. Bei noch geringerer Ähnlichkeit der konstruierten Alternativenklassen wird schließlich nur noch ein Teil der Merkmalsregeln übermittelt, bevor schließlich der Stilprozess ganz zusammenbricht. Der letztere Fall kommt jedoch in der Praxis nicht so häufig vor, wie es gelegentlich angenommen wird: Verschiedene Kulturen mögen sich zunächst noch so fremd sein, sobald man sich ein ausreichendes Wissen über das verwendete Schema und den Möglichkeitsraum aneignet, ist es auch möglich, die Merkmalsregeln zumindest ähnlich auszulesen, wie sie eingeschrieben wurden.[353] Hilfreich kann es auch sein, wenn der Stilanwender das vermutete Wissen des Stilwahrnehmers beim Einschreiben berücksichtigt.

Abb. 2 gibt den Merkmalsprozess schematisch wieder. – Man beachte, dass die Realisierung in der Realität bis zu vierdimensional ist (etwa ein Fest oder eine Theateraufführung). Für die formale Modellierung wird sie jedoch in eine Anordnung von Alternativenklassen überführt (vgl. Abschnitt 4.5), aus denen jeweils ein Element ausgewählt wird, so dass sie in Form einer Anordnung von Elementen vorliegt; in dieser Form wird sie hier visualisiert.

---

[353] Dies gilt nur für die Merkmalsregeln; falls eine Interpretation beabsichtigt wurde, ist eine Übereinstimmung mit dieser wesentlich schwerer zu erreichen, weil dabei beliebige Bestandteile der Überzeugungen der Kultur als Hintergrundwissen vorkommen können (vgl. Abschnitt 6.2.3).

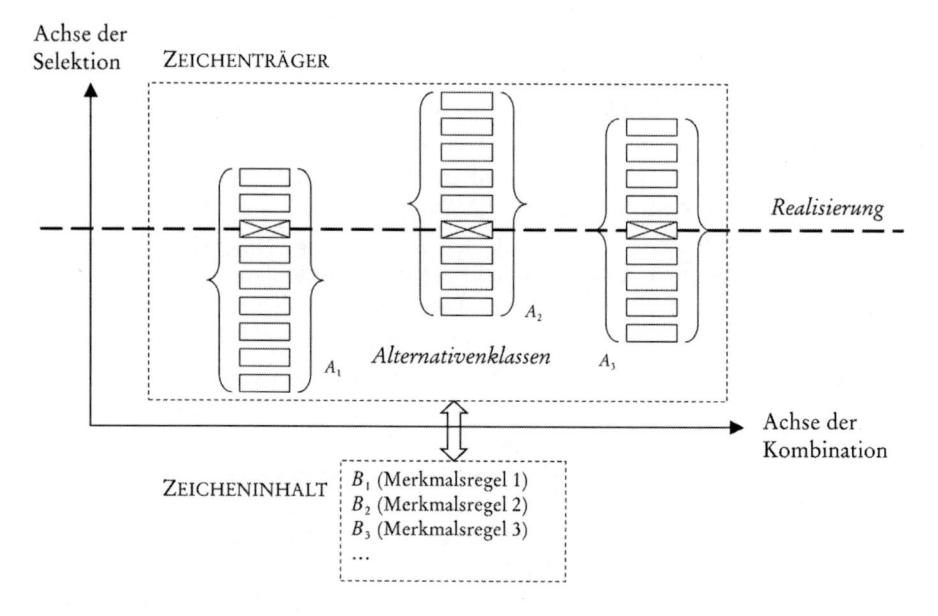

Abb. 2 Der Merkmalsprozess

Erläuterung der Abbildung

In der Grafik sind die Alternativenklassen durch geschweifte Klammern dargestellt, die jeweils eine Reihe von Elementen enthalten, die durch Rechtecke dargestellt sind. Die Realisierung wird als horizontale fette gestrichelte Linie dargestellt. Das Element der Alternativenklasse, das sich an der entsprechenden Realisierungsstelle findet, ist durch Einfügung der Diagonalen ‚angekreuzt'. Die Darstellung befindet sich in einem Koordinatensystem, dessen beide Achsen die Hauptprinzipien bei der Herstellung eines komplexen Verhaltens bezeichnen: Auswahl (aus einer Reihe von Möglichkeiten für eine bestimmte Realisierungsstelle) und Kombination (der ausgewählten Elemente aus verschiedenen Einzelelementen zu einer Realisierung).

Die Darstellung entspricht damit im Wesentlichen der im Strukturalismus üblichen Darstellung von Texterzeugungsprozessen, bei denen von einer „Achse der Selektion" und einer „Achse der Kombination" gesprochen wird.[354] Dort werden als Elemente allerdings Zeichen angenommen, während hier die Elemente Aspekte von Verhalten, Artefakten oder Texten sind.[355] Da unter bestimmten Umständen auch Zeichen auftreten können,[356] kann man von einer Verallgemei-

---

[354] Vgl. Posner 1972: 210 (Abb. 2) und 1984: 198 (Abb. 1); vgl. auch Abschnitt 3.6.
[355] Vgl. Abschnitt 4.2.1.
[356] Insbesondere wenn es sich um Textschemata handelt, bei denen es Schemaorte gibt, die (zusammen mit inhaltlichen Bedingungen) die Auswahl von Zeichen – etwa sprachlichen

nerung gegenüber der strukturalistischen Darstellung sprechen. Um keine Verwirrung aufkommen zu lassen und nicht den Eindruck zu erzeugen, es handele sich bei den Elementen immer um Zeichen, wurden für die vorliegende Theorie die Bezeichnungen „Alternativenklasse" und „Realisierung" verwendet (vgl. Abschnitt 2.4).

Verwendet wird ein zweiteiliges Zeichenmodell in der Tradition Saussures und des Strukturalismus, da dies zur Beschreibung des Stilprozesses ausreicht. Die beiden Teile des Zeichens, Zeichenträger und Zeicheninhalt, sind durch gestrichelte Rahmen abgegrenzt.

Die Zeichenmaterie ist eine Realisierung oder ein Teilstück einer Realisierung. Der Zeichenträger besteht aus den stilistischen Merkmalen (also den durch Anwendung von Merkmalsregeln erzeugten Regelmäßigkeiten; vgl. Abschnitt 2.11), die in der Realisierung oder dem Realisierungsstück unter Berücksichtigung der Alternativenklassen feststellbar sind. Da die Alternativenklassen berücksichtigt werden müssen, sind sie in den Rahmen eingeschlossen.

Der Zeicheninhalt besteht aus einer Reihe von Merkmalsregeln, die im Merkmalsprozess in das entsprechende Realisierungsstück eingeschrieben oder aus ihm ausgelesen werden (vgl. Abschnitt 2.13). Im Interpretationsprozess wird dann versucht, weitere Informationen daraus zu gewinnen (vgl. Kapitel 6 und 7).

Für einen Zeichenprozess, wie er oben dargestellt ist, kann ein beliebiges Realisierungsstück ausgewählt werden. Dabei ist klar, dass die Genauigkeit des Auslesens der Merkmalsregeln steigt, wenn das Realisierungsstück länger wird. Dies gilt allerdings nur, wenn es keine Veränderungen innerhalb der beim Einschreiben angewandten Menge der Merkmalsregeln gibt. Solche Wechsel wollen wir als *Stilwechsel* bezeichnen. Wird ein Realisierungsstück für die Untersuchung des Stils gewählt, in dem ein Stilwechsel stattfindet, wird ein anderer Stil (eine Mischung aus den beiden angewendeten Stilen) herausgefunden, als wenn die Stücke zu beiden Seiten des Stilwechsels betrachtet werden. Dass es sich um einen Stilwechsel handelt, kann nur durch Ausprobieren herausgefunden werden, indem verschiedene Realisierungsstücke überprüft und die sich ergebenden Zeicheninhalte verglichen werden.

Dass es keine festen Grenzen für die Betrachtung gibt, ist ein wichtiger Vorteil der hier vorgelegten Theorie. Tatsächlich entspricht dies unserem Umgang mit Stilen, da man etwa beim ‚Hineinlesen' in ein Buch an beliebiger Stelle oft rasch einen stilistischen Eindruck erhält. Ebenso können Stile innerhalb eines Buches wechseln, oft gibt es leichte Stilveränderungen in einem Fließtext. Dies alles kann mit Hilfe dieser Theorie präzise abgebildet werden: Die leichten Stilveränderungen werden häufig aus einer Veränderung der Anwendungswahrscheinlichkeit w einer oder mehrerer Merkmalsregeln (vgl. Abschnitt 5.3.1) oder aus einer Veränderung ihrer Priorisierung bestehen (Abschnitt 5.3.2), vielleicht auch aus dem Austausch einer oder mehrerer selten angewandter oder wenig

---

oder gestischen Morphemen – spezifizieren. Auch bei manchen Verhalten und Artefakten gibt es Zeichengebrauch bzw. Zeichen. (Vgl. Abschnitt 4.3.1, (2).)

auffälliger Merkmalsregeln. Solche Stilwechsel in einem betrachteten Realisierungsstück führen notwendigerweise zu einem geringfügig abweichenden eingeschriebenen Stil: Dieser ergibt eine Mischung aus den zwei oder mehr im Realisierungsstück angewandten Stilen, entsprechend deren Anwendungsanteil. Durch entsprechend genauere Untersuchungen (Verschiebung bzw. Verkleinerung des betrachteten Realisierungsstücks) kann ein zunehmend genaueres Bild der tatsächlich angewandten Stile erhalten werden, bis zur Grenze der Auslesemöglichkeit: Wenn die verwendeten Stile beim Einschreiben sehr rasch wechseln, können die Realisierungsstücke mit gleichem Stil zu kurz sein, um die Merkmalsregeln präzise auszulesen; zudem sind die Grenzen der Stilwechsel nicht mehr präzise feststellbar, da die dazwischenliegenden Stücke zu wenige Realisierungsstellen enthalten, um das Gleichbleiben des Stils feststellen zu können, so dass nur noch verschiedene Mischungen ausgelesen werden können.

5.2 Vom Schema zur Realisierung: Der Ort der Stilentstehung

5.2.1 *Voraussetzungen*

Wie im vorigen Kapitel dargestellt wurde, sind Verhaltens-, Artefakt- und Textschemata die Grundlage vieler unserer Verhaltensweisen. Der als „Stil" bezeichnete Zeichenprozess ergibt sich bei der Erzeugung von konkreten Verhaltensweisen auf Grundlage von Schemata. Die am häufigsten beschriebenen Stile (z.B. Textstile, Architekturstile und Kunststile) sind dabei nur Spezialfälle solcher Schemata, bei denen Stil offenbar besonders interessant und relevant für uns ist. Stil kann jedoch grundsätzlich bei allen Arten von Verhalten und Verhaltensergebnissen (Artefakten und Texten) auftreten.

Im vorliegenden Kontext soll eine stark vereinfachte Beschreibung von Verhalten und Verhaltensergebnissen zugrunde gelegt werden, die auf die oben entwickelte Schemadarstellung reduziert ist. Sie soll nur den Rahmen liefern für die Beschreibung des spezifischen Zeichenprozesstyps, den wir „Stil" nennen.

Stil kann nur dadurch entstehen, dass die Verhaltens-, Artefakt- und Textschemata die Schemaausführung unterdeterminieren. Voraussetzungen für Stil bei einem konkreten Verhalten sind also

(a) *Vergleichbarkeit*: Es muss ein Schema vorhanden und erkennbar sein, das es möglich macht, das konkrete Verhalten oder Verhaltensergebnis in seiner spezifischen Ausführungsweise des Schemas mit anderen Verhalten oder Verhaltensergebnissen, die auf demselben Schema basieren, zu vergleichen;

(b) *Variation*: Es müssen verschiedene Möglichkeiten zur Verfügung stehen, das Verhalten (oder Verhaltensergebnis) auf Grundlage des Schemas auszuführen, aus denen eine ausgewählt wird (das Verhalten oder Verhaltensergebnis wird durch das Schema unterdeterminiert);

(c) *Möglichkeit zur Zeichenentstehung*: Die Variation muss präzise genug erfassbar sein, um auf ihrer Grundlage Zeichen erzeugen zu können. (In der vorliegenden Theorie nimmt diese Voraussetzung die Form an, dass den verschiedenen Elementen Eigenschaften zugeordnet werden können, auf die dann in den Merkmalsregeln, die den Zeicheninhalt bilden, Bezug genommen wird.)

5.2.2 Die Schemaausführung

Im Folgenden soll eine Abfolge der Schemaausführung gegeben werden, die deutlich macht, an welcher Stelle Stil entsteht. Es wird eine schematische Darstellung gewählt, die sich ganz auf jene Aspekte konzentriert, die für das Stilmodell relevant sind. Dieses Modell der Abfolge mehrerer Vorgänge bei der Schemaausführung ist also nicht nur stark vereinfacht, es verzerrt auch den tatsächlichen Vorgang dahingehend, dass es nur die für die Stilentstehung relevanten Aspekte von Schemaausführungen behandelt. Mit einer Beschreibung des tatsächlichen Vorgangs einer Schemaausführung darf es daher nicht verwechselt werden.

Die Legitimation einer solchen Beschreibung, die der Komplexität des tatsächlichen Vorgangs bei der Schemaausführung nicht gerecht wird, liegt darin, dass mit ihrer Hilfe die stilistische Auswahl innerhalb der Schemaausführung situiert werden kann und von anderen eng damit verbundenen Auswahlvorgängen getrennt werden kann. Es handelt sich um eine analytische Trennung, die die verschiedenen Auswahlvorgänge, die bei der Erzeugung einer Realisierung stattfinden, voneinander trennt. Die einzelnen Schritte der Schemaausführung dürfen dabei nicht als zeitlicher Ablauf verstanden werden. Es handelt sich vielmehr um eine analytische Trennung von Schritten, die in der Realität vermutlich gemeinsam oder zumindest in Interaktion miteinander – mit häufigen Vor- und Rückgriffen innerhalb des hier beschriebenen Ablaufs – geschehen. Sie als aufeinander folgende Schritte zu betrachten, ist deshalb gerechtfertigt, weil dabei die prozeduralen Abhängigkeiten der einzelnen Vorgänge deutlich werden: Damit eine Anordnung von Alternativenklassen gebildet werden kann (Schritt 2), muss ein Schema ausgewählt worden sein (Schritt 1); usw.

Das Modell unterscheidet vier Schritte der Schemaausführung:

Schritt 1: Auswahl eines Schemas

In der hier vorgelegten Theorie wird davon ausgegangen, dass Verhalten, Artefakte und Texte im Normalfall auf einem bereits vorhandenen Schema basieren. Das zu realisierende Schema wird aus der Menge S der Schemata, die dem jeweiligen Individuum zur Verfügung stehen, ausgewählt. Die meisten dieser Schemata dürften kulturell gegeben sein (in dem Sinne, dass die ganze Gesellschaft oder eine Gruppe sie besitzt). Manche Schemata können vom Individuum früher selbst modifiziert oder entwickelt worden sein (vgl. Abschnitt 4.2.7); in seltenen Fällen kann auch während der Schemaausführung das Schema bei der Ausführung grundlegend verändert oder ganz neu geschaffen werden.

Doch auch wenn die Modifizierung oder Erzeugung eines Schemas während der Schemaausführung selbst stattfindet, fällt dies unter die allgemeinere Regel, dass Vor- und Rückgriffe zwischen den verschiedenen Stufen möglich sind, wobei in diesem Fall vor die erste Stufe zurückgegriffen und die Menge der Schemata S verändert wird. Im logischen Sinn ist ein Schema erforderlich, auf dem das Verhalten oder Verhaltensergebnis aufbaut, mag dieses auch in Echtzeit während des Verhaltens erzeugt werden. Wir beschränken uns hier daher darauf, von einer Auswahl aus der (gegebenenfalls gerade modifizierten) Menge S der dem Individuum zur Verfügung stehenden Schemata als erstem Schritt auszugehen.

Schritt 2: Festlegung einer Anordnung von Alternativenklassen

Um eine Realisierung erzeugen zu können, muss zunächst die Anzahl an Realisierungsstellen der Realisierung festgelegt und für jede Realisierungsstelle ein Schemaort gewählt werden, auf dem diese aufbaut. Für jede Realisierungsstelle wird außerdem über die Zusatzbedingungen (also kontextuelle, funktionale und inhaltliche Bedingungen) entschieden,[357] soweit diese sich nicht bereits aus dem Kontext der Schemaausführung oder der vorgesehenen Funktion der Realisierung ergeben.[358] (Beispiel: Bei einer Autofahrt wird entschieden, welche Route gefahren wird; während der Autofahrt selbst werden dann weitere Entscheidungen getroffen, etwa wenn überholt wird, so dass sich am Ende eine Anordnung von Schemaorten – ‚Anfahren', ‚eine Straße entlang fahren', ‚Überholen', ‚vor einer Ampel anhalten' usw. – ergibt, für die gegebenenfalls Zusatzbedingungen festgelegt sind.)

Auch hier gilt, dass diese Entscheidungen in der tatsächlichen Schemaausführung nicht vollständig vor dem Beginn der Schritte 3 und 4 getroffen werden. (Teilweise können sie dies gar nicht, etwa bei Schemaorten wie ‚Überholen', die in Abhängigkeit vom Kontext – hier: der Verkehrslage – während der Schemaausführung getroffen werden.) Für die analytische Untersuchung ist es jedoch

---

[357] Es mag eingewandt werden, dass beispielsweise die Entscheidung für einen Inhalt bei einem Text, die hier über die Festlegung inhaltlicher Bedingungen erfolgt (der exakte Inhalt ergibt sich erst nach Schritt 3 und 4), nicht immer vor dem Stil erfolge. Tatsächlich kommt es vor, dass die stilistische Auswahl mehr Einfluss bei der Schemaausführung hat als die inhaltliche. Dieser Fall kann im Modell simuliert werden, indem wenige oder gar keine inhaltlichen Vorentscheidungen getroffen und in Form inhaltlicher Bedingungen festgelegt werden, bevor der Stil eingeschrieben wird. Die inhaltlichen Entscheidungen werden jetzt weitgehend oder ganz in Schritt 4 getroffen, wobei nur noch aus den Möglichkeiten gewählt werden kann, die der Stil übrig gelassen hat.

[358] Vgl. zu diesen Bedingungen Abschnitt 4.3.1.

5.2 Vom Schema zur Realisierung: Der Ort der Stilentstehung

vorteilhaft, diesen Schritt zu trennen. So kann eine Menge von Alternativenklassen A gegeben werden, auf die dann im Schritt 3 die stilistischen Regeln angewandt werden.

Schritt 3: Einschreiben der Merkmalsregeln

Das Einschreiben der Merkmalsregeln erfolgt, indem die verschiedenen Merkmalsregeln auf die Menge der Alternativenklassen angewandt werden, wobei eine Menge von reduzierten Alternativenklassen entsteht. (Dieser Prozess wird in Abschnitt 5.4 dargestellt.)

Schritt 4: Erzeugung der Realisierung

Nach dem Einschreiben der Merkmalsregeln bleibt aus stilistischer Sicht nur noch die Fertigstellung der Auswahl. Aus den reduzierten Alternativenklassen wird nun für jede Realisierungsstelle ein Element ausgewählt, und diese Elemente werden zur Realisierung zusammengefasst. Diese Auswahl kann durch Zufall oder nach funktionalen, inhaltlichen oder anderen Kriterien erfolgen.

Kommen wir zur formalen Darstellung. Beim Einschreiben und Auslesen von Merkmalsregeln handelt es sich um Prozesse, die recht komplex sind; die einfachste Möglichkeit zu ihrer Darstellung besteht darin, sie als Algorithmen zu formulieren. Diese sind als vereinfachte und schematisierte Darstellungen des tatsächlichen Ablaufs zu verstehen.[359]

In den vier dargestellten Schritten werden verschiedene Auswahlvorgänge vorgenommen. Nur im Falle der stilistisch relevanten Auswahl interessiert uns, wie diese Auswahl genau erfolgt. Dies wird als Einschreiben der Merkmalsregeln (Abschnitt 5.4.1) genauer betrachtet; die dort dargestellte Funktion *Merkmalsregeln_einschreiben* wird hier in Zeile 18 aufgerufen. Bei den anderen Auswahlvorgängen interessiert uns nicht, nach welchen Kriterien die Auswahl erfolgt. Daher führen wir eine Funktion *Auswahl* ein, die diese Auswahlvorgänge simuliert.

Die Funktion *Auswahl* wählt aus einer Menge, die sie als Parameter erhält, ein Element aus. Die Kriterien, nach denen die Auswahl getroffen wird, interessieren uns hier nicht, da sie für das Einschreiben der Merkmalsregeln nicht relevant sind. Es ist davon auszugehen, dass diese im Einzelnen unterschiedlich sind, weshalb der Funktion *Auswahl* kein festgelegter (und nur unbekannter) Auswahlprozess unterstellt werden darf. Vielmehr steht sie nur allgemein für eine

---

[359] Wie oben bereits erläutert wurde, wird in vielen Fällen ein Vor- und Zurückgehen zwischen den verschiedenen Schritten stattfinden, zum Beispiel wird nicht der Schritt 2 für alle Alternativenklassen ausgeführt werden, bevor die Schritte 3 und 4 überhaupt begonnen werden. Dies sind jedoch Vorgänge, die kontextbezogen oder zufällig stattfinden und sich nicht formalisieren lassen. Dies ist auch nicht nötig; es reicht, zu wissen, wie der Prozess im einfachsten Fall ablaufen *kann*. Dies zu zeigen, ist die Aufgabe der Algorithmen-basierten Darstellung in diesem und den folgenden Abschnitten.

Auswahl, die vom Schemaausführenden getroffen wird, wobei von Absichten über Konventionen bis zum Zufall alle möglichen Prinzipien denkbar sind. Es handelt sich also streng genommen um eine Menge von Funktionen, die jedoch nicht angegeben werden müssen; es ist fraglich, ob sie überhaupt formalisiert werden könnten. Wichtig ist jedoch, dass die dort stattfindende Auswahl nicht mit stilistischer Auswahl verwechselt wird; dazu dient die hier vorgenommene Abgrenzung der verschiedenen Auswahlvorgänge.

Der Algorithmus wird in Pseudocode angegeben. Eine detaillierte zeilenbezogene Erläuterung erfolgt nach dem Algorithmus.

```
   function Schemaausführung ()
     M_Alt := Möglichkeitsraum_zusammenstellen ()
     S = {<N, So, O>} = {<N, So, {<Ob, Zb>}>} := Schema-
        ta_zusammenstellen ()                                      [Schritt 1]
     S* := Auswahl (S)
 5   n := Auswahl (ℕ)                                              [Schritt 2]
     for i := 1 to n
       O_W := Auswahl (O(S*))
       Zb_W := ∅
       for k := 1 to Auswahl ({0, …, |Zb(O_W)|})
10       Zb_W := Zb_W ∪ {Auswahl (Zb(O_W))}
       end
       Ab_i := Ob(O_W) ∪ Zb_W
       A_i := {x ∈ M_Alt | Ab_{i_1}(x) ∧ Ab_{i_2}(x) ∧ Ab_{i_{|Ab_i|}}(x)}
     end
15   A := {A_1, …, A_n}
     Ab := {Ab_1, …, Ab_n}
     B := Stil_bereitstellen (S*)                                  [Schritt 3]
     A' := Merkmalsregeln_einschreiben (A, Ab, B)
     for i := 1 to n                                               [Schritt 4]
20     x_i := Auswahl (A'_i)
     end
     R := {x_1, …, x_n}
     return R
   end function
```

Erläuterung

Zeile 1 gibt den Namen der Funktion an.

In Zeile 2 wird die Funktion *Möglichkeitsraum_zusammenstellen* aufgerufen (Erläuterung s. unten) und ihr Rückgabewert in die Variable M_{Alt} gespeichert.

5.2 Vom Schema zur Realisierung: Der Ort der Stilentstehung 177

Es folgt Schritt 1, die Auswahl eines Schemas, auf dessen Grundlage eine Realisierung erstellt wird.

In Zeile 3 wird die Funktion *Schemata_zusammenstellen* aufgerufen (Erläuterung s. unten) und ihr Rückgabewert in die Variable S gespeichert, die syntaktisch als Menge von 3-Tupel-Variablen mit den Komponentennamen N, So, O definiert ist, wobei O wiederum als Menge von Paarvariablen (= 2-Tupel-Variablen) mit den Komponentennamen Ob und Zb definiert ist.

In Zeile 4 wird mit Hilfe der Funktion *Auswahl* (Erläuterung s. unten) ein Schema aus S ausgewählt und in die Variable S^* gespeichert. (Man beachte, dass S eine Mengenvariable ist, die 3-Tupel enthält, während S^* eine 3-Tupel-Variable ist.)

Es folgt Schritt 2, die Festlegung einer Anordnung von Alternativenklassen.

In Zeile 5 wird die Anzahl n der Realisierungsstellen der zu erzeugenden Realisierung ausgewählt.

Zeile 6 gibt an, dass die eingerückt folgende Schleife für die Variable i von 1 bis n ausgeführt wird.

In Zeile 7 wird für die $i$te Realisierungsstelle mit Hilfe der Funktion *Auswahl* ein Schemaort des Schemas S^* ausgewählt und in die Variable O_W gespeichert.

In Zeile 8 wird Zb_W, die Variable für die ausgewählten Zusatzbedingungen, als leere Menge definiert.

Zeile 9 gibt an, dass die eingerückt folgende Schleife für die Variable k von 1 bis zu einer Zahl ausgeführt wird, die durch die Funktion *Auswahl* bestimmt wird, wobei der Wert zwischen 0 und der Anzahl der Elemente von $Zb(O_W)$, also der Menge der möglichen Zusatzbedingungen zum gewählten Schemaort O_W, liegen muss.

In Zeile 10 wird mit Hilfe der Funktion *Auswahl* eine Zusatzbedingung aus $Zb(O_W)$ ausgewählt und zu Z_W hinzugefügt.[360]

In Zeile 11 wird die for-Schleife aus Zeile 9 beendet.

Zeile 12 definiert Ab_i, die Alternativenbedingungen für die Alternativenklassen an der $i$ten Realisierungsstelle, als Vereinigungsmenge aus $Ob(O_W)$ und Zb_W.

In Zeile 13 wird A_i, die Alternativenklasse an der $k$ten Realisierungsstelle, gebildet. Sie besteht aus den Elementen des Möglichkeitsraums M_{Alt}, die die in Ab_i enthaltenen Eigenschaften besitzen, also die Alternativenbedingungen erfüllen (vgl. Abschnitt 4.4).

In Zeile 14 wird die for-Schleife aus Zeile 6 beendet.

In Zeile 15 werden die Alternativenklassen A_1, ..., A_n zur Menge A zusammengefasst.

---

[360] Es wird hier davon ausgegangen, dass die Funktion hier eine inhaltlich bedingte Auswahl simuliert und bereits ausgewählte Zusatzeigenschaften nicht erneut auswählt. Ist dies nicht garantiert, kann $Z_j(S^*)$ in eine zusätzliche Variable gespeichert und gewählte Bedingungen aus dieser entfernt werden.

In Zeile 16 werden die Alternativenbedingungen Ab_1, ..., Ab_n zur Menge Ab zusammengefasst.

Es folgt Schritt 3, das Einschreiben der Merkmalsregeln.

In Zeile 17 wird die Funktion *Stil_bereitstellen* aufgerufen (Erläuterung s. unten) und ihr Rückgabewert in die Variable B gespeichert.

In Zeile 18 wird die Funktion *Merkmalsregeln_einschreiben* aufgerufen (vgl. Abschnitt 5.4.1), die als Parameter die Menge der Alternativenklassen A, die Menge der Alternativenbedingungen Ab und die Menge der Merkmalsregeln B erhält. Die Funktion gibt die Menge der durch Anwendung der Merkmalsregeln reduzierten Alternativenklassen zurück, die in die Variable A' gespeichert wird.

Es folgt Schritt 4, die Erzeugung der Realisierung.

Zeile 19 gibt an, dass die eingerückt folgende Schleife für die Variable i von 1 bis n ausgeführt wird.

In Zeile 20 wird für die $i$te Realisierungsstelle R_i mit Hilfe der Funktion *Auswahl* aus der dazugehörigen reduzierten Alternativenklasse A'_i ein Element x_i ausgewählt.

In Zeile 21 wird die for-Schleife aus Zeile 19 beendet.

In Zeile 22 werden die für die Realisierungsstellen ausgewählten Elemente $x_1, ..., x_n$ zur Realisierung R zusammengefasst.

In Zeile 22 wird R zurückgegeben.

In Zeile 23 wird die Funktion beendet.

Anmerkung zur Syntax (1)

Bei der Variablendefinition können für die Komponenten von n-Tupeln Namen definiert werden, die mit der Variable zusammen übergeben werden. Dazu wird links des Zuweisungsoperators := ein n-Tupel mit den Komponentennamen geschrieben und durch ein Gleichheitszeichen mit dem Variablennamen verbunden; die Variable wird damit als n-Tupel mit den entsprechenden Komponentennamen definiert. Ausdrücke der Form $x(A)$ werden als Namensdefinition der Tupel-Variable A behandelt, es wird in A nachgeschaut und die Komponente mit dem Namen x ausgelesen (vgl. Zeile 7).

Es kann auch eine Menge von Tupeln definiert werden (vgl. Zeile 3). Dabei wird wie üblich mit dem Index i auf das $i$te Element der Menge zugegriffen; auf die Komponenten des $i$ten Elements in S wird also zugegriffen als $N(S_i)$, $So(S_i)$, $O(S_i)$.[361] Die Komponentennamen bleiben erhalten, wenn Elemente aus der Menge entfernt werden oder wenn diese mit einer anderen Menge geschnitten oder vereinigt wird.

Es sind somit erweiterte Variablendefinitionen möglich,[362] die zusätzlich zum Namen einer Tupelvariablen Namen für ihre Komponenten definieren,

---

[361] Vgl. Abschnitt 7.3.3, Funktion *Schema*, Zeile 6-7.
[362] Die erweiterte Variablendefinition wird anstelle von Objekten eingeführt, die in objektorientierten Programmiersprachen verwendet werden, um miteinander zusammenhän-

5.2 Vom Schema zur Realisierung: Der Ort der Stilentstehung

wobei auch für eine Mengenvariable eine n-Tupelvariable mit Komponentennamen definierbar ist; auf später in die Mengenvariable gespeicherte n-Tupelvariablen wird dann mit den definierten Namen zugegriffen.

Komponentennamen werden mit der Variablen übergeben.

Anmerkung zur Verwendung geordneter Mengen

Alle verwendeten Mengen im Stilmodell sind geordnete Mengen. Die Mengen behalten auch bei der Übergabe oder Rückgabe durch eine Funktion die Ordnung bei, in der sie gebildet wurden.[363] Auch Mengen, die nicht mit einer angegebenen Ordnung gebildet werden (beispielsweise durch Klassenbildung), werden als geordnet betrachtet. Daher kann auf die Elemente beispielsweise der Menge A vollständig und ohne Wiederholungen zugegriffen werden als A_1 bis $A_{|A|}$.

Werden Elemente aus den Mengen entfernt, bleibt die Ordnung der verbleibenden Elemente erhalten. Für Vereinigung und Schnittmenge müssen wir diesbezüglich keine Regel festlegen.

Geordnete Mengen treten im Modell anstelle von Strukturen wie Listen und Arrays, die gewöhnlich in der Programmierung verwendet werden. Diese müssen oft auf kontraintuitive Weise verarbeitet werden, es können nicht einfach mengentheoretische Operationen angewandt werden.

Die Funktion Möglichkeitsraum_zusammenstellen

Diese Funktion stellt alle durch Eigenschaften definierbaren Aspekte von Verhalten, Artefakten und Texten zusammen; diese bilden den Möglichkeitsraum für Alternativen (vgl. Abschnitt 4.2.1).

Die Funktion Schemata_zusammenstellen

Diese Funktion stellt die dem Individuum verfügbaren Schemata zusammen, ihr Rückgabewert wird in die Variable S gespeichert.

Die Menge S der Schemata ist wie folgt gegliedert: Jedes Schema ist ein 3-Tupel, dessen erste Komponente den Namen N des Schemas, dessen zweite Komponente die Sorte So des Schemas und dessen dritte Komponente eine Menge O von 2-Tupeln enthält, deren Komponenten Ob und Zb Mengen von Eigenschaften sind:

$$S_i = \{<N, So, \{<Ob, Zb>\}>\}$$

---

gende Informationen verarbeiten zu können. Objekte sind zwar leistungsfähiger als die hier dargestellte Syntax, aber auch weniger intuitiv verständlich und je nach Sprache unterschiedlich definiert.

[363] Vgl. beispielsweise Zeile 18; die Funktion *Merkmalsregeln_einschreiben* würde nicht korrekt funktionieren, wenn die in Zeile 15 und 16 erzeugten Ordnungen von A und Ab nicht erhalten blieben.

Es wird definiert, dass auf die Komponenten von S_i als $N(S_i)$, $So(S_i)$, $O(S_i)$ und die Komponenten von $O(S_i)$ als $Ob(O_j(S_i))$, $Zb(O_j(S_i))$ zugegriffen werden kann.

Diese Zugriffsmöglichkeit wird technisch durch eine Komponentenbezeichnung des Tupels erreicht, die in der Variablendefinition festgelegt wird:

$$S = \{<N, So, O>\} = \{<N, So, \{<Ob, Zb>\}>\} := \ldots$$

N und So sind String-Variablen, beispielsweise:

$N(S_i)$ = "Autofahren"

$So(S_i)$ = "Verhaltensschema"

O ist eine Menge von 2-Tupeln, deren Komponenten Mengen von einstelligen Prädikaten (= Eigenschaften) enthalten:

$$O(S_i)) = \{<Ob, Zb>\}$$
$$= \{<\{E_1^{O_{i,1}}, \ldots, E_m^{O_{i,1}}\}, \{E_1^{Z_{i,1}}, \ldots, E_n^{Z_{i,1}}\}>, \ldots, <\{E_1^{O_{i,|O|}}, \ldots, E_o^{O_{i,|O|}}\},$$
$$\{E_1^{Z_{i,|O|}}, \ldots, E_p^{Z_{i,|O|}}\}>\}$$

Die Schemaort-definierenden Eigenschaften $E_1^{O_{i,1}}, \ldots, E_m^{O_{i,1}}$ bilden zusammen die Schemaortbedingungen des ersten Schemaorts O_1 des Schemas S_i,[364] $E_1^{O_{i,|O|}}, \ldots,$ $E_o^{O_{i,|O|}}$ die Schemaortbedingungen des letzten Schemaorts $O_{|O|}$ des Schemas S_i. Auf die Menge der Schemaortbedingungen des Schemaorts O_j des Schemas S_i wird zugegriffen als $Ob(O_j(S_i))$.

Die Zusatzeigenschaften $E_1^{Z_{i,1}}, \ldots, E_n^{Z_{i,1}}$ bilden die Menge der möglichen Zusatzbedingungen des ersten Schemaorts O_1 des Schemas S_i,[365] $E_1^{Z_{i,|O|}}, \ldots, E_p^{Z_{i,|O|}}$ die Menge der möglichen Zusatzbedingungen des letzten Schemaorts $O_{|O|}$ des Schemas S_i. Auf die Menge der möglichen Zusatzbedingungen des Schemaorts O_j des Schemas S_i wird zugegriffen als $Zb(O_j(S_i))$.

Die Funktion Auswahl

Die Funktion *Auswahl* wählt aus einer Menge von Elementen, die ihr als Parameter übergeben wird, ein Element aus.

---

[364] Vgl. Abschnitt 4.3.1, (1).
[365] Vgl. Abschnitt 4.3.1, (2).

Die Funktion Stil_bereitstellen

Siehe Abschnitt 7.3.1. – Diese Funktion liefert die Menge von Merkmalsregeln *B*, die in die Realisierung eingeschrieben werden. Da sie den Interpretationsprozess aufrufen kann, stellt sie auf der Anwenderseite die Verbindung zwischen Merkmals- und Interpretationsprozess her. Wir verschieben ihre Darstellung daher in den Abschnitt zum Anwenden und Wahrnehmen von Stilen, der den gemeinsamen Rahmen für Merkmalsprozess und Interpretationsprozess darstellt.

Es könnte eingewandt werden, dass hier die stilistische Auswahl auf die Auswahl des Schemas und der Schemaorte folgt, sie in der Realität aber auch selbst ausschlaggebend sein könne, etwa wenn eine berühmte Architektin die Aufträge aussucht, bei denen ihre stilistischen Merkmale umgesetzt werden können, beispielsweise gezielt Fabrikgebäude baut, weil diese die Ausbildung der Merkmale aus funktionalen Gründen zulassen, Einfamilienhäuser aber ablehnt, bei denen die Funktion die Ausprägung der Merkmale nicht zulässt.

Ein solches ‚Primat des Stils' ließe sich, wäre es sehr stark ausgeprägt, durch eine Umkehrung der Schritte der Schemaausführung ausdrücken. Es könnte zunächst ein Stil gewählt werden, wodurch schon feststehen würde, welches Schema auszuführen ist (es müsste dann nur noch eine geeignete Gelegenheit gefunden werden, wie etwa ein Auftrag für eine Fabrik für die erwähnte Architektin). Auch der Schritt (2) könnte nach der stilistischen Auswahl erfolgen; nun würden Alternativenklassen mit Hilfe der stilistischen Auswahl gebildet, aus denen dann nach funktionalen Kriterien ausgewählt werden könnte, so dass die Anforderungen des Stils in jedem Fall erfüllt werden, wähend die funktionalen Bedingungen nur in den dadurch gesetzten Grenzen erfüllt werden könnten.

Eine solche Darstellung ist möglich; hier wird sie nicht gewählt, weil sie nicht den Regelfall darstellt und weil auch mit der obenstehenden Reihenfolge der Schritte eine Berücksichtigung der Einschreibbarkeit des Stils möglich ist. Dazu kann angenommen werden, dass die Schemaausführung soweit simuliert oder probeweise durchgeführt wird, wie es erforderlich ist, um festzustellen, ob eine für den Stilanwender zufriedenstellende Einschreibung des Stils möglich ist. Ist sie es nicht, wird ein anderes Schema gewählt. Von vornherein würden bei der Wahl des Schemas (Schritt 1) und der Festlegung der Anordnung von Alternativenklassen (Schritt 2) Erfahrungen bezüglich der Einschreibbarkeit des angestrebten Stils berücksichtigt. Diese Lösung ermöglicht es, ein einheitliches Modell für den Ablauf der Schemaausführung anzunehmen.

5.3 Merkmalsregeln

Merkmalsregeln bilden gewissermaßen das Herzstück der hier vorgestellten Theorie. Ein Stil, so die Grundannahme, besteht aus bestimmten Regelmäßigkeiten der bei der Schemaausführung stattfindenden Auswahl, die aus dem Auswahlergebnis (der Realisierung) ganz oder teilweise erschließbar sind. Diese Regelmäßigkeiten bilden also den Zeicheninhalt des stilistischen Zeichens, während die in der Realisierung durch sie erzeugten Wirkungen – die Spuren ihrer Anwendung – der Zeichenträger des stilistischen Zeichens sind. Diese Regelmäßigkeiten werden in der vorgestellten Theorie als „Merkmalsregeln" und die Spuren ihrer Anwendung in der Realisierung als „stilistische Merkmale" beschrieben (vgl. Abschnitt 2.12).

Warum werden die Regelmäßigkeiten gerade als Merkmalsregeln formuliert? Die Merkmalsregeln sind eine allgemeine Formulierung für die aus dem Zeichenträger ablesbaren Regelmäßigkeiten. Sie lassen sich in allgemeiner Form darstellen. Damit können dann der Einschreibungs- und der Ausleseprozess präzise beschrieben werden. Die Annahme von Merkmalsregeln, die gewissermaßen eine gemeinsame ‚Zwischenebene' bilden, bevor sich die weitergehenden stilistischen Zeichenprozesse in vielfältige Formen und Zusammenhänge auffächern (was hier im Interpretationsprozess dargestellt wird; vgl. Kapitel 6 und 7), ermöglicht somit die allgemeine Beschreibung des Stilprozesses. Da sich alle Stile in ihren wesentlichen Eigenschaften auf diese Art modellieren lassen, gibt es keinen Grund, den analytischen Vorteil der Annahme von Merkmalsregeln nicht zu nutzen.

5.3.1 Die Variablen der Merkmalsregel

Merkmalsregeln werden dargestellt als eine Liste von Tripeln. Die erste und zweite Komponente des Tripels fordern Mengen, die dritte fordert eine Zahl zwischen 0 und 1.

Jede Merkmalsregel enthält die folgenden Variablen:

1. Die Anwendungsbedingungen U;
2. die verlangten Eigenschaften V;
3. die Anwendungswahrscheinlichkeit w.

Die gewählte Darstellung der Merkmalsregeln liefert uns jedoch noch eine vierte Variable. Diese ist nicht in der Tripel-Variable enthalten, sondern wird über ihre Benennung geliefert:

4. Die Priorisierung der Merkmalsregeln p.

Die allgemeine Form der Merkmalsregel lautet:

$$B_{x_y} = <U, V, w> \qquad \text{mit } U \cap V = \emptyset, V \neq \emptyset, x > 0, y > 0$$

5.3 Merkmalsregeln

Definition und Erläuterung der Variablen

1. Anwendungsbedingungen U:

$$U := Ob(O_j(S_i)) \cup (Z_W \subseteq Zb(Z_j(S_i)))$$
$$= \{E_1^{O_{i,j}}, ..., E_m^{O_{i,j}}, E_{k_1}^{Z_{i,j}}, ..., E_{k_s}^{Z_{i,j}}\} \qquad \text{mit } m > 0, s \geq 0$$

Die Anwendungsbedingungen bestehen aus den Schemaort-definierenden Eigenschaften des Schemaorts O_j des Schemas S_i und einer Menge Z_W von Zusatzbedingungen, die eine Teilmenge der für diesen Schemaort möglichen Zusatzbedingungen Z_j bildet. Natürlich ist auch die leere Menge eine solche Teilmenge – es müssen keine Zusatzbedingungen spezifiziert werden ($s = 0$). Es können auch alle für diesen Schemaort möglichen Zusatzbedingungen verlangt werden; dann gilt $Z_W = Zb(Z_j(S_i))$).

Die Übereinstimmung der Definition der Anwendungsbedingungen mit der Definition der Alternativenbedingungen, die zur Bildung von Alternativenklassen verwendet werden (vgl. Abschnitt 4.4), ist offensichtlich. Sie ergibt sich aus der Funktion der Anwendungsbedingungen: Nicht jede Merkmalsregel soll auf jede Alternativenklasse angewandt werden. Die Anwendungsbedingungen können so verstanden werden, dass sie Alternativenbedingungen für eine allgemeine Alternativenklasse formulieren; auf diese (sowie auf spezieller definierte Klassen)[366] wird dann die Merkmalsregel angewandt.[367]

Beispiel: Eine Merkmalsregel für einen Gebäudestil spezifiziert, dass Fassaden, die sich an einer Straße befinden, auf eine bestimmte Weise auszuführen sind (beispielsweise mit vergitterten Fenstern). In diesem Fall werden die Schemaortbedingungen des Schemaorts ‚Fassade' und die Zusatzbedingung ‚an einer Straße' in den Anwendungsbedingungen spezifiziert. Auf alle Alternativenklassen innerhalb der in Schritt 2 der Schemaausführung gebildeten Anordnung von Alternativenklassen (vgl. Abschnitt 5.2.2), deren Anwendungsbedingungen die Schemaortbedingungen des Schemaorts ‚Fassade' und die Zusatzbedingung ‚an einer Straße' enthalten, wird die Merkmalsregel angewandt. Spezieller definierte Alternativenklassen – etwa solche, bei denen zusätzlich noch ‚mit Eingangstür' als Zusatzbedingung spezifiziert ist – sind Unterklassen dieser Alternativenklasse. Auf sie ist die Merkmalsregel ebenso anzuwenden.

---

[366] Gemeint sind Klassen, deren intensionale Definition (die Alternativenbedingungen) die der ersten Klasse beinhaltet.

[367] Vgl. 5.4.2, Funktion *Merkmalsregel_anwenden*, Zeile 2: Dort wird die Bedingung $U(B_{j_k})$ $\subseteq Ab_i$ spezifiziert, die besagt, dass die Anwendungsbedingungen U der gerade angewandten Merkmalsregel B_{j_k} eine Teilmenge der Alternativenbedingungen Ab_i der gerade betrachteten Alternativenklasse A_i sein müssen. Somit wird U auf jede Alternativenklasse mit $Ab = U$ sowie auf Unterklassen von dieser angewandt. Denn da es sich um intensionale Definitionen handelt, sind Alternativenklassen, deren Ab neben den in U festgelegten noch weitere Bedingungen enthalten, Unterklassen der (denkbaren) Alternativenklasse mit $Ab = U$.

2. Verlangte Eigenschaften V:

$$V := \{E_1^I, ..., E_p^I, E_1^V, ..., E_q^V, E_1^H, ..., E_r^H\} \qquad \text{mit } U \cap V = \emptyset, V \neq \emptyset,$$
$$p \geq 0, q \geq 0, r \geq 0$$

Die verlangten Eigenschaften können intrinsische, vertikal-relationale und horizontal-relationale Eigenschaften umfassen (vgl. Abschnitt 4.3.2). Es kann sich um eine beliebige Kombinationen dieser Eigenschaften handeln. Überschneidungen mit den Anwendungsbedingungen werden ausgeschlossen, da entsprechende verlangte Eigenschaften wirkungslos bleiben würden und daher auch nicht eingeschrieben oder ausgelesen werden können.[368] V darf nicht leer sein.

Die verlangten Eigenschaften müssen mit dem Schemaort $O_j(S_i)$, der in den Anwendungsbedingungen U der Merkmalsregel spezifiziert ist, kompatibel sein, damit die Merkmalsregel angewandt werden kann.[369]

Beispiel: Eine Merkmalsregel könnte für ein Fenster verlangen, dass es ein großflächiges quadratisches Fenster ist und dass es in Kontrast zu den anderen Fenstern des Gebäudes steht. (Eine solche Merkmalsregel würde natürlich zu schlüssigeren Ergebnissen führen, wenn sie für Fenster an exponierter Position gelten würde, etwa in Erkern oder über der Eingangstür. Dies kann in den Anwendungsbedingungen spezifiziert werden.) In diesem Fall würde für das Fenster verlangt, dass es großflächig und quadratisch ist (zwei intrinsische Eigenschaften), und dass es in Kontrast zu den anderen Fenstern des Gebäudes steht (eine horizontal-relationale Eigenschaft). In diesem Fall gilt also: $V = \{E_1^I, E_2^I, E_1^H\}$ mit $E_1^I = $ ‚großflächig‘, $E_2^I = $ ‚quadratisch‘, $E_1^H = $ ‚Kontrast zu anderen Fenstern‘.[370]

3. Anwendungswahrscheinlichkeit w:

$$w := x \qquad \text{mit } x \in \mathbb{R}, 0 < x \leq 1$$

---

[368] In U und V können grundsätzlich dieselben Eigenschaften auftreten. Beispielsweise kann beim Schemaort ‚Überholen‘ des Schemas ‚Autofahren‘ die Eigenschaft ‚ohne sichtbaren Gegenverkehr‘ entweder als eine Kontextbedingung in den Anwendungsbedingungen U oder als intrinsische Eigenschaft in den verlangten Eigenschaften V vorkommen. Im ersten Fall spezifiziert die Merkmalsregel, wie überholt wird, wenn kein Gegenverkehr sichtbar ist; im zweiten verlangt sie, dass für Überholen kein Gegenverkehr sichtbar ist.

[369] Eine Merkmalsregel, deren U den Schemaort ‚Überholen‘ des Schemas ‚Autofahren‘ spezifizieren, kann in ihrem V die Eigenschaft ‚riskant‘ enthalten, nicht aber die Eigenschaft ‚aus Gold‘. Bei der Festlegung eines Stils sollte gesichert sein, dass die verlangten Eigenschaften mit den Schemaorten kompatibel sind, dies ist im Modell Aufgabe der Funktionen *vorhandener_Stil* und *Merkmalsregeln_erzeugen* (vgl. Abschnitt 7.3.1). Beim Wahrnehmen eines Stils tritt das Problem nicht auf, da dort nur Eigenschaften des Elementes der Realisierungsstelle zur Bildung der verlangten Eigenschaften verwendet werden (vgl. Abschnitt 5.5.3, Funktion *Merkmalsregeln_auslesen*, Zeile 5, 20 und 41).

[370] Zur sprachlichen Formulierung der Eigenschaften vgl. Abschnitt 6.3, Unterabschnitt *Zur Darstellung von Anwendungsbedingungen und verlangten Eigenschaften in den Beispielen*.

5.3 Merkmalsregeln

Die Anwendungswahrscheinlichkeit w ist ein Zahlenwert im Bereich von 0 bis 1, wobei 0 ausgeschlossen ist. Bei $w = 1$ wird die Merkmalsregel immer angewandt, wenn die Anwendungsbedingungen erfüllt sind.

4. Priorisierung der Merkmalsregeln:

Die Priorisierung wird über die Benennung der Variablen für die Merkmalsregeln (B mit doppeltem Index) dargestellt. Der erste Index stellt die Priorität in absteigender Reihenfolge dar. Der zweite Index nummeriert die Regeln mit gleicher Priorität. Die Merkmalsregeln mit gleicher Priorität werden jeweils zu einer Menge zusammengefasst, bei den Prioritäten 1, ..., x mit $u, v, ..., y$ Merkmalsregeln also:

$$B_{1_1}, ..., B_{1_u}, B_{2_1}, ..., B_{2_v}, ..., B_{x_1}, ..., B_{x_y}$$

Zugriff auf die Variablen

1. Auf die Variable U der Merkmalsregel B_{x_y} wird zugegriffen als $U(B_{x_y})$.
2. Auf die Variable V der Merkmalsregel B_{x_y} wird zugegriffen als $V(B_{x_y})$.
3. Auf die Variable w der Merkmalsregel B_{x_y} wird zugegriffen als $w(B_{x_y})$.
4. Auf die Priorität p der Merkmalsregel B_{x_y} wird durch ihre Position in der geordneten Menge B zugegriffen. Es gilt: $p(B_{x_y}) = x$.

Ein Beispiel für eine Merkmalsregel

$$B_{3_2} = \; <Ob(O_{17}(S_8)) \cup \{Zb_2(O_{17}(S_8)), Zb_7(O_{17}(S_8))\}, \{E_1^I, E_2^I, E_1^H\}, 0{,}8>$$
$$\text{mit } E_1 \neq E_2$$

Erläuterung des Beispiels

1. Die Anwendungsbedingungen U enthalten die Schemaortbedingungen Ob des Schemaorts O_{17} des Schemas S_8. Die Schemaortbedingungen müssen immer vollständig angegeben sein. Anders sieht es mit der Menge Zb von Zusatzeigenschaften aus, von denen einzelne (aber auch gar keine oder alle) als Zusatzbedingungen spezifiziert sein können; in diesem Fall sind es die zweite und die siebte Eigenschaft aus Zb.[371]

---

[371] Man beachte, dass die Zusatzeigenschaften in einer durch Indizes gegebenen Reihenfolge in der geordneten Menge Zb zusammengefasst werden, so dass ein Zugriff auf eine spezifische Zusatzeigenschaft möglich ist; beispielsweise ist $Zb_2(O_{17}(S_8))$ die Zusatzeigenschaft $E_2^{Z8,17}$; vgl. Abschnitt 4.3.1, (2).

2. Die verlangten Eigenschaften V enthalten drei Eigenschaften, zwei intrinsische Eigenschaften und eine horizontal-relationale Eigenschaft.
3. Die Anwendungswahrscheinlichkeit $w = 0{,}8$.
4. Die Priorität $p = 3$, es ist die 2. Merkmalsregel mit dieser Priorität.

5.3.2 Priorisierung von Merkmalsregeln

Die Priorisierung wird im doppelten Subskript angegeben. Das erste Subskript bezeichnet die Priorität, während das zweite Subskript die Regeln mit gleicher Priorität durchnummeriert. Die Regeln werden in der Reihenfolge ihrer Priorität abgearbeitet. Regeln mit der gleichen Priorität werden durch Zufall nacheinander angewandt. Der Spezialfall, dass es keine Priorisierung zwischen den verschiedenen Merkmalsregeln gibt, kann ausgedrückt werden, indem alle dasselbe Subskript erhalten, in diesem Fall wird die Reihenfolge der Merkmalsregeln nur durch den Zufall bestimmt.

Die Priorisierung dient dazu, Konflikte zwischen verschiedenen Regeln zu vermeiden. Manche Regeln kommen sich bei der Anwendung nicht in die Quere; viele tun es jedoch, da Regeln nicht parallel angewandt werden können. Der Output einer Regel wird zum Input der nächsten, wobei in vielen Fällen bei einer Anwendung in umgekehrter Reihenfolge andere Ergebnisse entstehen würden.

Entspricht dieser Vorgang der kognitiven Realität? Nehmen wir als Beispiel an, der Schreibstil einer Wissenschaftlerin enthält die folgenden Merkmalsregeln:

$U(B_1)$: ‚Formulierungen', $V(B_1)$: ‚einfach; allgemeinverständlich'

$U(B_2)$: ‚Ausdrucksweise', $V(B_2)$: ‚wissenschaftlich präzise'

Beide Merkmalsregeln kommen häufig miteinander in Konflikt, da wissenschaftlich präzise Ausdrucksmöglichkeiten oft nicht die einfachsten sind. Der Stil ist jedoch nicht widersprüchlich; die Wissenschaftlerin muss sich entscheiden (häufig wird sie dies unbewusst tun), in welcher Reihenfolge sie priorisiert.

Wird B_1 über B_2 priorisiert, kann es durchaus passieren, dass der Stil stark an Präzision verliert, insbesondere dann, wenn die erste eine hohe Anwendungswahrscheinlichkeit w enthält, da es fast immer einfache Ausdrucksmöglichkeiten gibt. Die Regel B_2 kann dann nur noch auf die durch B_1 reduzierten Alternativenklassen zugreifen und wird häufig die präzisesten Möglichkeiten nicht mehr erhalten. Sie kann nur innerhalb ausreichend einfacher Formulierungsmöglichkeiten wählen.

Wird Merkmalsregel B_2 über B_1 priorisiert, werden durch B_2 reduzierte Alternativenklassen gebildet, die nur wissenschaftlich präzise Möglichkeiten enthalten. Diese werden dann von B_1 weiter reduziert, wobei komplexe Möglichkeiten ausscheiden. In manchen Fällen wird die Merkmalsregel keine ausreichend einfachen Möglichkeiten mehr finden, das Ergebnis ihrer Anwendung wäre die leere Alternativenklasse, so dass die vorige, unreduzierte Alternativenklasse Output bleibt.

Die Frage der Priorisierung kann auf die Entscheidung hinauslaufen, was einem wichtiger ist. Doch auch andere Kriterien spielen eine Rolle. Im obigen Fall erscheint es plausibel, dass die Wissenschaftlerin B_2 über B_1 priorisiert, da B_2 spezieller ist und somit eine größere Chance besteht, beide Regeln anwenden zu können. Selbst wenn die Anforderungen wissenschaftlicher Präzision erfüllt sind, kann sie noch in den meisten Fällen (relativ) einfach und allgemeinverständlich formulieren, allerdings muss sie dann in Kauf nehmen, dass es ab und zu komplexe und schwierige Formulierungen gibt.

Allgemein ist es sinnvoll, Merkmalsregeln, die ein niedriges w haben und/oder schon von den Anwendungsbedingungen her nur auf wenige Möglichkeiten zutreffen, an den Anfang zu setzen, da hier die größte Wahrscheinlichkeit besteht, dass die wenigen für sie passenden Elemente noch nicht durch ‚Rasenmäherregeln' – wie im obigen Fall B_1 – aussortiert wurden.

Tatsächlich macht es nur wenig Sinn, wenn etwa eine Merkmalsregel B_3 die Anwendung einer nur in seltenen Fällen sinnvoll anwendbaren rhetorischen Figur fordert, diese weit nach unten zu priorisieren, da dann die wenigen passenden Möglichkeiten häufig nicht mehr im Input zu finden sein werden. Für die anderen Merkmalsregeln spielt die Priorität dieser Merkmalsregel keine große Rolle, weil sie nur an wenigen Realisierungsstellen eine (allerdings stark) reduzierte Alternativenklasse spezifizieren wird. Allgemeine Merkmalsregeln wie B_1 werden also in der Regel nach unten priorisiert werden, da sie auch dann noch eine deutlich erkennbare Wirkung erzielen, spezielle wie B_3, bei der dies nicht gesichert wäre, dagegen nach oben.

Priorisierungen in Stilen werden häufig nicht explizit thematisiert, selbst wenn über ihre Auswirkungen gesprochen wird. So könnte ein Kunstwissenschaftler feststellen, dass die Vertreter einer bestimmten Malereischule Nacht- und Innenraumszenen aufgehellt darstellen, obwohl sie sonst auf Realismus in allen Bereichen der Darstellung (also auch in der Beleuchtung) achten, und als Erklärung annehmen, dass diese Malereischule die Erkennbarkeit des Dargestellten fordert. Dies lässt sich durch zwei Merkmalsregeln ausdrücken, deren relative Priorität angegeben ist:

$U(B_1)$: ‚Darstellung', $V(B_1)$: ‚realistisch', $p(B_1)$: x

$U(B_2)$: ‚Darstellung', $V(B_2)$: ‚Dargestelltes ist klar erkennbar', $p(B_2)$: y

mit $y < x$

Überlegungen dieser Art werden häufig angestellt, wenn überlegt wird, ob eine Regel in allgemeiner Form anzunehmen ist (hier: allgemeine Realismusforderung) oder durch speziellere Anwendungsbedingungen eingeschränkt werden muss (hier: Realismusforderung nur für bestimmte Sujets – z.B. nicht für Nachtszenen – oder nur für bestimmte Aspekte der Darstellung – z.B. nicht für die

Beleuchtung). Es wird dann danach gesucht, ob Forderungen einer anderen Merkmalsregel mit höherer Priorität die scheinbare Einschränkung ergeben haben könnten; ist eine solche Regel plausibel, kann die erste in allgemeiner Form angenommen werden.

5.4 Einschreiben von Merkmalsregeln

5.4.1 Die Funktion Merkmalsregeln_einschreiben

Ein bestimmter Stil bestehe aus den Merkmalsregeln $B_{1_1}, ..., B_{x_y}$, die für die Realisierung mit den Realisierungsstellen $R_1, ..., R_n$ gelten sollen.

Die Funktion geht nun die Realisierungsstellen nacheinander durch und ruft dabei jeweils die Merkmalsregeln in der Reihenfolge ihrer Priorität auf. Wenn mehrere Merkmalsregeln die gleiche Priorität haben, wird die Reihenfolge ihrer Anwendung durch Zufall bestimmt.

Bei B handelt es sich um eine Menge von Mengen von Merkmalsregeln. Eine Menge von Merkmalsregeln wird durch einen Index bezeichnet: B_j. Eine einzelne Merkmalsregel wird durch einen doppelten Index bezeichnet: B_{j_k}. Der erste Index nummeriert Regelmengen mit unterschiedlicher Priorität durch (von der höchsten zur niedrigsten), der zweite nummeriert die Regeln innerhalb einer Regelmenge, die die gleiche Priorität haben. Diese Darstellungsweise nummeriert die Regeln eindeutig und gibt zugleich die Priorisierung[372] wieder: Für die Mengen von Merkmalsregeln B_1 bis B_x mit $x = |B|$ geben die Indizes 1 bis x die Priorität an. Innerhalb jeder solchen Menge von Merkmalsregeln B_j haben die einzelnen Merkmalsregeln B_{j_1} bis B_{j_z} mit $z = |B_j|$ die gleiche Priorität.

Was macht die Funktion *Merkmalsregeln_einschreiben* genau? – Sie wird in der übergeordneten Funktion *Schemaausführung* (vgl. Abschnitt 5.2.2) aufgerufen. Sie selbst geht nacheinander alle Alternativenklassen durch und ruft für jede von ihnen alle Merkmalsregeln einmal in der Reihenfolge ihrer Priorität auf.

In Schritt 2 der Funktion *Schemaausführung* wurde ja bereits eine Anordnung von Alternativenklassen gebildet. Nun werden also für jede dieser Alternativenklassen die Merkmalsregeln je einmal in der Reihenfolge ihrer Priorität (gleich priorisierte dem Zufall nach) aufgerufen. Die eigentliche Anwendung der Merkmalsregeln, die selbst wieder eine gewisse Komplexität aufweist, ist jedoch in eine Funktion *Merkmalsregel_anwenden* verlagert. Diese wird also jeweils aufgerufen, wobei ihr als Parameter die jeweils betrachtete Alternativenklasse A_i, die jeweils anzuwendende Merkmalsregel B_{j_k} sowie die bereits durch frühere Anwendungen reduzierte Alternativenklasse A'_i übergeben werden.

---

[372] Die Priorisierung gehört zu den Variablen der Merkmalsregel und gliedert zugleich die Menge B der Merkmalsregeln (vgl. Abschnitt 5.3.1). Sie hat Folgen beim Einschreiben (vgl. Abschnitt 5.3.2) und beim Auslesen (vgl. Abschnitt 5.5.5) der Merkmalsregeln.

5.4 Einschreiben von Merkmalsregeln

```
   function Merkmalsregeln_einschreiben (A, Ab, B)
      for i := 1 to |A|
         A'ᵢ := Aᵢ
         B' := B
5        for j := 1 to |B|
            while |B'ⱼ| > 0
               k := randomN (1, |B'ⱼ|)
               A'ᵢ := Merkmalsregel_anwenden (Aᵢ, A'ᵢ, Abᵢ, Bⱼₖ)
               B'ⱼ := B'ⱼ \ {Bⱼₖ}
10          end
         end
      end
      A' := {A'₁, ..., A'|A|}
      return A'
15 end function
```

Erläuterung

Zeile 1 gibt den Namen der Funktion an, die als Parameter A, die Menge der Alternativenklassen, Ab, die Menge der Alternativenbedingungen, und B (die Menge der Merkmalsregeln) erhält.

Zeile 2 gibt an, dass die eingerückt folgende Schleife für die Variable i (die in der nächsten Zeile Index von A ist) von 1 bis zur Anzahl der Elemente von A ausgeführt wird, also für jedes Element von A.

In Zeile 3 wird A'_i, die Variable für die reduzierte Alternativenklasse an der Stelle i, gleich A_i gesetzt.

In Zeile 4 wird B', die Menge der noch nicht angewandten Merkmalsregeln, gleich B gesetzt.

Zeile 5 gibt an, dass die eingerückt folgende Schleife für die Variable j (die in der nächsten Zeile Index von B ist) von 1 bis zur Anzahl der Elemente von B ausgeführt wird.

Zeile 6 gibt an, dass die eingerückt folgende Schleife wiederholt wird, solange die Anzahl der Elemente von B_j' (der Menge der noch nicht angewandten Merkmalsregeln mit der Priorität j) größer 0 ist.

In Zeile 7 wird die Systemfunktion *randomN* aufgerufen (Erläuterung s. unten), die eine Zufallszahl im Bereich von 1 bis zur Anzahl der Elemente von B_j' erzeugt. Die Variable k wird gleich dem Rückgabewert der Funktion gesetzt.

In Zeile 8 wird die Funktion *Merkmalsregel_anwenden* aufgerufen (vgl. Abschnitt 5.4.2), der die unreduzirte Alternativenklasse A_i, die reduzierte Alternativenklasse A'_i, die Alternativenbedingungen Ab_i und die anzuwendende Merkmalsregel B_{j_k} als Parameter übergeben werden. A'_i wird gleich dem Rückgabewert dieser Funktion gesetzt.

In Zeile 9 wird die Merkmalsregel B_{j_k} aus der Menge gleich priorisierter Merkmalsregeln B_j' entfernt.
In Zeile 10 wird die while-Schleife aus Zeile 5 beendet.
In Zeile 11 wird die for-Schleife aus Zeile 4 beendet.
In Zeile 12 wird die for-Schleife aus Zeile 2 beendet.
In Zeile 13 werden die gebildeten reduzierten Alternativenklassen zur Menge der reduzierten Alternativenklassen A' zusammengefasst. ($A'_{|A|}$ ist die reduzierte Alternativenklasse zum letzten Element von A.)
In Zeile 14 wird A' zurückgegeben.
In Zeile 15 wird die Funktion beendet.

Die Funktion randomN

Die Funktion *randomN* erzeugt eine Zufallszahl aus dem Teilbereich der natürlichen Zahlen ℕ mit den beiden ihr übergebenen Parametern a, b als Grenzwerten, es gilt also: $a \leq$ [Zufallszahl aus ℕ] $\leq b$.

5.4.2 Die Funktion Merkmalsregel_anwenden

Merkmalsregeln werden mit Hilfe von vier Variablen dargestellt (vgl. Abschnitt 5.3.1). Wesentlich ist dabei die Art der Anwendung der Variablen. Die Funktion *Merkmalsregel_anwenden*, die diese Anwendung beim Einschreiben der Merkmalsregeln vornimmt, ist daher entscheidend für die richtige Funktionsweise der Merkmalsregeln. Man könnte auch sagen, dass sie jene Aspekte der Merkmalsregeln enthält, die invariabel sind und daher nicht im Zeicheninhalt des stilistischen Zeichens gespeichert werden müssen. Die Angabe der Variablen reicht zur Angabe einer Merkmalsregel aus, weil durch die Funktion *Merkmalsregel_anwenden* ihre richtige Anwendung gesichert ist.

Situieren wir zunächst die Funktion. – In der Schemaausführung (Abschnitt 5.2.2) wurde bereits eine Menge von Alternativenklassen A erstellt, bevor die Funktion *Merkmalsregeln_einschreiben* (Abschnitt 5.4.1) aufgerufen wird. Diese wiederum ruft die Funktion *Merkmalsregel_anwenden* auf, und zwar für jede Alternativenklasse A_i und für jede Merkmalsregel B_{j_k} einmal, die dabei jeweils als Parameter übergeben werden. Zudem wird noch A'_i übergeben, die durch bisherige Regelanwendungen reduzierte Alternativenklasse.

Was macht die Funktion? – Zunächst überprüft sie, ob die Anwendungsbedingungen gegeben sind. Falls ja, wird für die jeweils gegebene reduzierte Alternativenklasse A'_i überprüft, ob diese Elemente enthält, die die verlangten Eigenschaften besitzen. Dazu wird eine weiter reduzierte Alternativenklasse A''_i gebildet, die die Elemente aus A'_i enthält, sofern diese die Bedingung $V(B_{j_k})$ – die verlangten Eigenschaften der Merkmalsregel – erfüllen. Ist A''_i nicht leer, wird sie

5.4 Einschreiben von Merkmalsregeln

zur neuen reduzierten Alternativenklasse A'_i. Die Merkmalsregel ist auf die entsprechende Alternativenklasse erfolgreich angewandt worden.

```
  function Merkmalsregel_anwenden (A_i, A'_i, Ab_i, B_{j_k})
    if (U(B_{j_k}) ⊆ Ab_i) ∧ (V(B_{j_k}) ⊈ Ab_i)
      A"_i := {x ∈ A'_i | V_1(B_{j_k})(x) ∧ V_2(B_{j_k})(x) ∧ ... ∧ V_{|V(B_{j_k})|}(B_{j_k})(x)}
      if A"_i ≠ ∅
5       if randomR (0, 1) ≤ w(B_{j_k})
          A'_i := A"_i
        end
      end
    end
10  return A'_i
  end function
```

Erläuterung

In Zeile 1 wird der Name der Funktion angegeben, die als Parameter die Alternativenklasse A_i, die durch bisherige Regelanwendungen reduzierte Alternativenklasse A'_i, die Alternativenbedingungen Ab_i sowie die anzuwendende Merkmalsregel B_{j_k} erhält.

Zeile 2 gibt an, dass die eingerückt folgenden Anweisungen ausgeführt werden, wenn zwei Bedingungen erfüllt sind: (1) Die an der betrachteten Realisierungsstelle gegebene Alternativenklasse A_i erfüllt die Anwendungsbedingungen U der Merkmalsregel B_{j_k}. Dies ist der Fall, wenn $U(B_{j_k})$ gleich oder eine Teilmenge der Alternativenbedingungen Ab_i ist. (Ab_i definiert intensional die Alternativenklasse A_i, $U(B_{j_k})$ definiert intensional eine virtuelle allgemeine Alternativenklasse, auf die einschließlich spezieller definierter Klassen B_{j_k} anzuwenden ist. Die kleinere Extension wird durch die größere Intension beschrieben, daher erfüllt die Alternativenklasse A_i die Anwendungsbedingungen U, wenn U eine Teilmenge von Ab_i ist.) (2) Die verlangten Eigenschaften V von B_{j_k} sind keine Teilmenge der Alternativenbedingungen Ab_i von A_i. (Sind sie eine Teilmenge, kann die Merkmalsregel keine Reduzierung dieser Alternativenklasse bewirken, da alle Elemente bereits die verlangten Eigenschaften besitzen.[373] In diesem Fall ist die Anwendung sinnlos.)

---

[373] Als Beispiel nehmen wir an, es wird für eine Merkmalsregel, die für den Schemaort ‚Wand' des Schemas ‚Gebäude' die verlangte Eigenschaft ‚aus Beton' spezifiziert, die Anwendung auf eine Alternativenklasse geprüft, die in den Alternativenbedingungen neben den Schemaortbedingungen für ‚Wand' auch die Zusatzbedingung ‚aus Beton' enthält (dies ist aus statischen Gründen erforderlich, es handelt sich also um eine funktionale Bedingung). In diesem Fall bewirkt eine Anwendung der Merkmalsregel keine Reduzierung.

In Zeile 3 wird eine Klasse A''_i mit den Elementen der reduzierten Alternativenklasse A'_i gebildet, die die verlangten Eigenschaften V der Merkmalsregel B_{j_k} besitzen.

Zeile 4 gibt an, dass die eingerückt folgenden Anweisungen ausgeführt werden, wenn A''_i nicht leer ist.

In Zeile 5 wird die Systemfunktion *randomR* aufgerufen (Erläuterung s. unten); wenn ihr Rückgabewert kleiner oder gleich der Anwendungswahrscheinlichkeit w der Merkmalsregel B_{j_k} ist, wird die eingerückt folgende Anweisung ausgeführt.

In Zeile 6 wird A'_i, die Variable für die reduzierte Alternativenklasse, gleich A''_i gesetzt. Man beachte, dass dies nur geschieht, wenn die Anwendungsbedingungen erfüllt sind (Zeile 2) und die reduzierte Alternativenklasse nicht leer ist (Zeile 4), und auch dann nur mit der Anwendungswahrscheinlichkeit w (Zeile 5). In allen anderen Fällen bleibt die zuvor gegebene reduzierte Alternativenklasse A'_i unverändert.

In Zeile 7 wird die if-Anweisung aus Zeile 5 beendet.
In Zeile 8 wird die if-Anweisung aus Zeile 4 beendet.
In Zeile 9 wird die if-Anweisung aus Zeile 2 beendet.
In Zeile 10 wird A'_i zurückgegeben.
In Zeile 11 wird die Funktion beendet.

Die Funktion randomR

Die Funktion *randomR* erzeugt eine Zufallszahl aus dem Teilbereich der rationalen Zahlen $\mathbb{R}$ mit den beiden ihr übergebenen Parametern a, b als Grenzwerten, es gilt also: $a \leq$ [Zufallszahl aus $\mathbb{R}$] $\leq b$.

Anmerkung

Gehören zu den verlangten Eigenschaften horizontal-relationale Eigenschaften, können diese nur in Bezug auf die bereits festgelegten Realisierungsstellen ausgewählt werden. Dadurch gehen einerseits Auswahlmöglichkeiten verloren; andererseits können durch die später ausgewählten Elemente die horizontal-relationalen Eigenschaften eines Elements auch wieder verändert werden, so dass der angestrebte Effekt verlorengeht. Dies kann insofern als realitätsnah angesehen werden, als bei jeder Erzeugung einer Realisierung in einer bestimmten Reihenfolge vorgegangen werden muss und einmal getroffene Festlegungen nicht immer wieder umgeworfen werden können, so dass immer bei den meisten Realisierungsstellen nur die Relationen zu einem Teil der anderen Realisierungsstel-

---

Lauten die verlangten Eigenschaften dagegen ‚aus Beton; mit sichtbarer Oberfläche', wird eine Reduzierung erzeugt; die Verwendung von Beton ist dann funktional bedingt, aber die Ausführung als Sichtbetonwand ergibt sich als Auswirkung des Stils. Überschneidungen zwischen $V(B_{j_k})$ und Ab_i sollten daher nicht ausgeschlossen werden.

len berücksichtigt werden können. Andererseits kann aber auch angenommen werden, dass nachträgliche Änderungen bereits vorgenommener Auswahlvorgänge noch möglich sind, so dass Korrekturen vorgenommen werden können, wenn horizontal-relationale Eigenschaften verändert werden. Das hängt allerdings auch von der Gründlichkeit und dem Aufwand beim Einschreiben der Merkmalsregeln ab, so dass solche Veränderungen vom Einzelfall abhängen. Hier werden sie daher nicht berücksichtigt.

5.5 Auslesen von Merkmalsregeln

5.5.1 Allgemeines

Das Auslesen von Merkmalsregeln setzt voraus, dass eine Realisierung vorliegt (vgl. Abschnitt 7.3.2). An dieser kann absichtlich oder unabsichtlich ein Stil wahrgenommen werden. Menschen besitzen eine erstaunliche Stilkompetenz (vgl. Abschnitt 8.2.4), die in der Regel schon in der Kindheit erworben wird, sich allerdings je nach Interesse und Beschäftigungen unterschiedlich in verschiedenen Gebieten ausprägt. In vielen Fällen erhalten wir einen ersten Eindruck von einem Stil, sobald wir die Aufmerksamkeit auf eine bestimmte Realisierung richten.

Tragen alle Realisierungen einen Stil? – Da auch schon eine einzige Anwendung einer Merkmalsregel dafür ausreicht, dass sie angenommen wird, gibt es prinzipiell keine Realisierung, für die das Auslesen von Merkmalsregeln unmöglich wäre.[374] Allerdings gibt es sicherlich Realisierungen, bei denen tatsächlich keine Merkmalsregeln angewandt wurden, sondern nur per Zufall aus den unreduzierten Alternativenklassen ausgewählt wurde: In solche Realisierungen wurde kein Stil eingeschrieben, es ist aber dennoch nicht unmöglich, dass einer ausgelesen wird, wenn sich per Zufall Regelmäßigkeiten gebildet haben, die als salient erscheinen.[375]

---

[374] Die Beschreibung von stilistischen Merkmalen als durch „Regelmäßigkeiten der Auswahl" (2.10) erzeugte „Regelmäßigkeiten einer Realisierung" (2.11) ist nicht als notwendigerweise mehrmaliges Auftreten desselben Auswahlvorgangs zu verstehen (dies würde einmalig angewandte, aber auffällige Regeln verhindern, etwa solche, die bei einem Gebäude die Ausführungsweise des Dachs festlegen), sondern als die Annahme einer Regelhaftigkeit, die den oder die Auswahlvorgänge bestimmt hat.

[375] Vorgreifend sei hier angemerkt, dass es entscheidend von der Wirkung der Funktion *Salienz* (vgl. Abschnitt 5.5.3, Funktion *Merkmalsregeln_auslesen*, Zeile 44) abhängt, welche Regeln angenommen werden: Auch eine einmalige Ausführungsweise kann salient sein, wenn angenommen wird, dass sie kein Zufall ist, zudem können sich durch statistische Fluktuationen Anwendungshäufungen gebildet haben, die durch die Berücksichtigung der zufälligen Wahrscheinlichkeit (vgl. Abschnitt 5.5.2) nicht herausgerechnet werden.

Findet der Ausleseprozess immer wieder neu statt? Dies ist schwer zu beantworten; sehr wahrscheinlich werden bestimmte Merkmalsregeln im Gedächtnis gespeichert und können dann direkt wieder abgerufen werden, sobald eine ähnliche Realisierung wahrgenommen wird. Allerdings sollte man die Stärke unserer Assoziationsfähigkeit nicht unterschätzen: Wenn wir etwa die Fassade eines Hauses als ‚aufwendig geschmückt' wahrnehmen, kann es sein, dass dieses Haus tatsächlich anders aussieht, als alle uns bekannten Beispiele für diese Merkmalsregel, aber uns durch die vielen anderen Häuser, die wir wahrgenommen haben (also durch die Alternativen), dennoch sofort als ‚aufwendig geschmückt' erscheint. Eine direkte Ähnlichkeit, die die Bildung von Alternativenklassen und das Auslesen von Merkmalsregeln unnötig macht und einfach nur zum Abruf der gespeicherten Information über den Stil führt, dürfte also eher die Ausnahme sein. Mischungen von abgerufenen, gespeicherten Informationen und neu ausgelesenen Merkmalsregeln dürften häufig vorkommen.

Ausgangspunkt für das Wahrnehmen eines Stils ist also eine konkrete Realisierung bzw. ein beliebiges Stück von einer Realisierung, das auf einen Stil hin untersucht wird:

$$R = \{x_1, x_2, ..., x_n\}$$

Um Merkmalsregeln auslesen zu können, muss der Stilwahrnehmer zunächst zu jeder Realisierungsstelle die Alternativenmenge bilden, die es bei der Entstehung der Realisierung vermutlich gegeben hat. Hierzu ist natürlich Hintergrundwissen über die vorhandenen Möglichkeiten erforderlich. Im Allgemeinen wird es ausreichen, in derselben oder einer ausreichend ähnlichen Gesellschaft zu leben und Zugang zum gemeinsamen Wissen der Gesellschaft (ihrer Kultur) zu haben, um Alternativenklassen zu bilden, die ausreichend ähnlich sind, um einen Stil ungefähr erkennen zu können. Es ist jedoch auch offensichtlich, dass es nahezu unmöglich ist, bei dieser Rekonstruktion die vollständige Menge der Alternativenklassen A identisch mit der beim Einschreiben verwendeten zu erhalten. Dies liegt daran, dass die Alternativenklassen ja nicht direkt zugänglich sind; gegeben ist nur der Stilträger, die Realisierung. Je größer die Differenzen in Gesellschaft und Kultur gegenüber der Erzeugungssituation des Stils sind – sei es durch räumliche und kulturelle, sei es durch zeitliche Entfernung –, desto stärker wird sich die beim Auslesen verwendete Menge der Alternativenklassen A von der beim Einschreiben verwendeten unterscheiden. Natürlich spielen auch die bereichsbezogenen Vorkenntnisse des Stilwahrnehmers, die Anstrengung, die er in den Ausleseprozess steckt, und gegebenenfalls die Recherchen (z.B. über die historischen sowie kulturspezifischen Umstände der Stilentstehung), die er dafür betreibt, eine Rolle.[376]

---

[376] Vgl. hierzu Abschnitt 7.3.6.

Den Prozess der Rekonstruktion der Alternativenklassen kann also sehr unterschiedlich aussehen. Wie plausibel das Ergebnis auch immer ist, in jedem Fall erhalten wir für jede Realisierungsstelle eine Alternativenklasse:

$$A = \{A_1, A_2, ..., A_n\}$$

Für jede dieser Alternativenklassen ist eine Definition der folgenden Art gegeben (vgl. Abschnitt 4.4):

$$A_b = \{x \in M_{Alt} \mid E_1^{O_{i,j}}(x) \wedge ... \wedge E_m^{O_{i,j}}(x) \wedge E_{k_1}^{Z_{i,j}}(x) \wedge ... \wedge E_{k_s}^{Z_{i,j}}(x)\}$$

Wir haben also eine Realisierung und eine dazu (re-)konstruierte Menge von Alternativenklassen. Aus der Relation zwischen Realisierung und Alternativenklassen können wir Merkmalsregeln bilden.

Merkmalsregeln enthalten vier Variablen: Die Anwendungsbedingungen U, die verlangten Eigenschaften V, die Anwendungswahrscheinlichkeit w und die Priorisierung (vgl. Abschnitt 5.3.1).

Zunächst einmal müssen wir für verschiedene Paare von U und V herauszufinden, ob sie als Merkmalsregeln in Frage kommen.

In dem hier vorgestellten Algorithmus wird ein ‚brute force'-Ansatz für dieses Problem gewählt. Es wird für *alle denkbaren* Paare von U und V überprüft, ob sie als angewandt gelten können. Ist dies der Fall, wird mit Hilfe einer der Funktion *Salienz* überprüft, ob sie dem Stilanwender auffallen. Daraufhin wird mit Hilfe der Funktion *Disambiguierung* (vgl. Abschnitt 5.5.4) überprüft, dass keine zu ähnlichen Merkmalsregeln angenommen werden.

Für jede Kombination von U und V können wir nun die Anwendungswahrscheinlichkeit w errechnen (vgl. nächsten Abschnitt), indem wir den Quotient bilden aus der Anzahl m der Fälle, in denen das tatsächlich ausgewählte Element (z.B. zur Alternativenklasse A_k das Element x_k der Realisierung) die verlangten Eigenschaften besitzt, und der Anzahl n der Fälle, in denen es ein Element in der Alternativenklasse gibt, das sie besitzt.

Die Priorisierung wird nicht ausgelesen (vgl. Abschnitt 5.5.5).

5.5.2 Berücksichtigung der zufälligen Wahrscheinlichkeit

Um die Anwendungswahrscheinlichkeit w zu berechnen, bilden wir zunächst den Quotienten aus der Anzahl m_s der Fälle, in denen bei erfüllten Anwendungsbedingungen das tatsächlich ausgewählte Element (z.B. zur Alternativenklasse A_k das Element x_k in der Realisierungsstelle R_k) die verlangten Eigenschaften besitzt, und der Anzahl n der Fälle, in denen es ein Element in der Alternativenklasse gibt, das sie besitzt (also eine Anwendung möglich gewesen wäre). Wir nennen dies die beobachtbare Wahrscheinlichkeit w_b:

$$w_b = \frac{m_s}{n}$$

Allerdings ist dies noch nicht die Anwendungswahrscheinlichkeit der Merkmalsregel. Um diese zu erhalten, müssen wir die Möglichkeit berücksichtigen, dass aufgrund anderer Kriterien oder zufällig Elemente ausgewählt wurden, die die verlangten Eigenschaften besitzen. Da wir die anderen Kriterien der Auswahl nicht kennen, müssen wir uns darauf beschränken, hier einen Zufallsprozess zu simulieren. Es seien

n die *Anwendungsmöglichkeiten*: Die Anzahl der Alternativenklassen A_k, die die Anwendungsbedingungen U erfüllen und ein Element enthalten, das die verlangten Eigenschaften V besitzt;

m_s die *scheinbaren Anwendungen*: Die Anzahl der Alternativenklassen A_k, die die Anwendungsbedingungen U erfüllen, bei denen das zugehörige Element R_k der Realisierung die verlangten Eigenschaften V besitzt;

g die Gesamtzahl aller Elemente der Alternativenklassen, die U erfüllen und ein Element enthalten, das die verlangten Eigenschaften V besitzt;

g_x die Gesamtzahl aller Elemente, die die verlangten Eigenschaften V besitzen, aus den Alternativenklassen, die U erfüllen.

Wir gehen davon aus, dass jedes Element die gleiche Wahrscheinlichkeit hat, im Zufallsprozess ausgewählt zu werden. Die Wahrscheinlichkeit w_z dafür, dass aus einer Alternativenklasse, die die Anwendungsbedingungen U erfüllt, ein Element mit den verlangten Eigenschaften V zufällig (also ohne Berücksichtigung dieser verlangten Eigenschaften) ausgewählt wird, ergibt sich dann als:

$$w_z = \frac{g_x}{g}$$

Nun ergibt sich die Anwendungswahrscheinlichkeit w der Merkmalsregel als:

$$w(B_p) = 1 - \frac{1 - \frac{m_s}{n}}{1 - \frac{g_x}{g}}$$

In dieser Formel ist $w_b = \frac{m_s}{n}$ die beobachtbare Wahrscheinlichkeit, aus der wir den Anteil herausrechnen wollen, der auf die zufällige Wahrscheinlichkeit $w_z = \frac{g_x}{g}$ für das Auftauchen eines Elements mit den verlangten Eigenschaften zurückzuführen ist, um auf diese Weise $w(B_p)$ zu erhalten, den durch die Merkmalsregel erzeugten Anteil.

5.5 Auslesen von Merkmalsregeln

Wir benötigen nun noch m, die Anzahl der tatsächlichen Anwendungen der Merkmalsregel. Diese ergibt sich als:

$$m = w(B_p) \cdot n$$

Beispiel 1: $m_s = 40, n = 100, g_x = 200, g = 1000$.

$$w(B_p) = 1 - \frac{1 - \frac{40}{100}}{1 - \frac{200}{1000}} = 1 - \frac{0{,}6}{0{,}8} = 0{,}25$$

Ferner sind: $w_b = 0{,}4, w_z = 0{,}2, m = 25$.

Hier wurden 40 Fälle beobachtet, in denen aus einer die Anwendungsbedingungen erfüllenden Alternativenklasse ein Element mit den verlangten Eigenschaften ausgewählt wurde. Allerdings besaßen sowieso 1/5 aller Elemente dieser Alternativenklassen die verlangten Eigenschaften, 20 ‚Anwendungen' sind schon durch die zufällige Wahrscheinlichkeit zu erwarten. Die errechnete Anwendungswahrscheinlichkeit ist 0,25, also 25 Anwendungen für das betrachtete Realisierungsstück. Von diesen fällt 1/5 auf Elemente, die auch zufällig gewählt worden wären; es ergeben sich die 40 beobachteten ‚Anwendungen'.

Beispiel 2: $m_s = 19, n = 100, g_x = 200, g = 2000$.

$$w(B_p) = 1 - \frac{1 - \frac{19}{100}}{1 - \frac{200}{2000}} = 1 - \frac{0{,}81}{0{,}9} = 0{,}1$$

Ferner sind: $w_b = 0{,}19, w_z = 0{,}1, m = 10$.

In diesem Beispiel haben die zufällige Wahrscheinlichkeit w_z und die Anwendungswahrscheinlichkeit der Merkmalsregel $w(B_p)$ zu gleichen Teilen zur beobachtbaren Wahrscheinlichkeit beigetragen.

Beispiel 3: $m_s = 12, n = 100, g_x = 200, g = 1000$.

$$w(B_p) = 1 - \frac{1 - \frac{12}{100}}{1 - \frac{200}{1000}} = 1 - \frac{0{,}88}{0{,}8} = -0{,}1$$

Ferner sind: $w_b = 0{,}12, w_z = 0{,}2, m = -10$.

In diesem Beispiel ergibt sich ein negativer Wert für $w(B_p)$ und damit auch für m. Das heißt, die zufällige Wahrscheinlichkeit w_z erklärt die beobachtbare Wahrscheinlichkeit; der negative Wert entsteht offensichtlich durch eine statistische Abweichung: Es werden weniger scheinbare Anwendungen beobachtet als statistisch zu erwarten, was aufgrund der (hier ansonsten nicht berücksichtigten)

Streuung durchaus möglich ist. Die Merkmalsregel kann somit nicht angenommen werden.[377]

Die hier vorgestellte Methode zur Berücksichtigung der zufälligen Wahrscheinlichkeit vereinfacht den tatsächlich stattfindenden Prozess in mehrerer Hinsicht:

(1) Sie geht davon aus, dass die Auswahl – von der stilistischen Auswahl abgesehen – nach zufälligen Kriterien erfolgt, genauer gesagt: nach Faktoren, die unabhängig sind vom Auftreten der verlangten Eigenschaften V an einem Element, so dass sie relativ zu diesen zufällig erscheinen.[378] Je nach Merkmalsregel ist dies aber mehr oder weniger plausibel. So gibt es beispielsweise Merkmalsregeln, die absichtlich funktionale oder nichtfunktionale Lösungen auswählen. Sofern wir davon ausgehen, dass die Auswahl in Schritt 4 der Schemaausführung teilweise oder ganz nach funktionalen Kriterien geschieht, ist die Unabhängigkeit nicht gegeben. Um dies einzubeziehen, müsste einerseits eine genauere Modellierung der nicht-stilistischen Auswahlprozesse stattfinden und andererseits die jeweiligen Merkmalsregeln auch semantisch betrachtet werden. Beides ist jedoch auf der hier vorgenommenen Abstraktionsebene unmöglich und könnte höchstens in bereichsspezifischen Stiltheorien (vgl. Abschnitt 8.1) und auch dort vermutlich nur von Fall zu Fall erfolgen.

(2) Die zufällige Wahrscheinlichkeit wird über alle in Frage kommenden Alternativenklassen gemittelt, anstatt sie für jede einzeln auszurechnen. Da die Wahrscheinlichkeit für die zufällige Auswahl eines Elements von der Größe der Alternativenklasse abhängt, ist (A) das tatsächliche w_z niedriger als das mit der Formel errechnete, wenn sich die Elemente mit den verlangten Eigenschaften überdurchschnittlich häufig in großen Alternativenklassen befinden, und (B) das tatsächliche w_z höher als das mit der Formel errechnete, wenn sich die Elemente mit den verlangten Eigenschaften überdurchschnittlich häufig in kleinen Alternativenklassen befinden.[379] Nur wenn die Größe der Alternativenklassen, und

---

[377] Es könnte aber sein, dass eine Merkmalsregel gebildet wird, deren verlangte Eigenschaften der logischen Negation der verlangten Eigenschaften der oben untersuchten Merkmalsregel entsprechen (also als Intension aufgefasst die Komplementärklasse abgrenzen). Falls die betrachtete Merkmalsregel für die ‚Außenmauern' eines Gebäudes die Eigenschaft ‚massiv' verlangt, ist es plausibel, dass (unabhängig von der obigen Überprüfung) eine andere Merkmalsregel gebildet wird, die die Eigenschaft ‚nicht massiv' verlangt. Diese hätte dann das erforderliche $w > 0$.

[378] Die nicht-stilistische Auswahl erfolgt in Schritt 4 der Schemaausführung (Abschnitt 5.2.2, Funktion *Schemaausführung*, Zeile 20). Dort wird dieser Auswahlschritt durch die Funktion *Auswahl* simuliert; er kann nach unterschiedlichen Prinzipien erfolgen, über die sich keine allgemeine Aussage machen lässt.

[379] Im obenstehenden Beispiel 2 wurde $w_z = 0{,}1$ bei $n = 100$, $g_x = 200$ und $g = 2000$ errechnet.
(A) Befinden sich von den 200 Elementen mit den verlangten Eigenschaften 100 in 8 verschiedenen Alternativenklassen mit je 100 Elementen, so ergeben sich daraus statistisch $1/100 \cdot 100 = 1$ Anwendung, die restlichen 100 Elemente verteilen sich dann auf 92 Alternativenklassen mit zusammen $2000 - (100 \cdot 8) = 1200$ Elementen, woraus sich sta-

damit die zufällige Wahrscheinlichkeit, für die Elemente mit den verlangten Eigenschaften dem Durchschnitt aller Elemente der in Frage kommenden Alternativenklassen entspricht, ist das mit der Formel errechnete w_z korrekt.

5.5.3 Die Funktion Merkmalsregeln_auslesen

Die Funktion *Merkmalsregeln_auslesen* wird durch die Funktion *Stil_wahrnehmen* aufgerufen (vgl. Abschnitt 7.3.2). Die Funktion erhält als Parameter nur eine konkrete Realisierung R (einen vermuteten Stilträger) sowie das Schema S^*, das für diese Realisierung festgestellt wurde. Als Rückgabewert liefert sie eine Menge B von Merkmalsregeln.

Die Funktion rekonstruiert zunächst für jede Realisierungsstelle die Alternativenbedingungen, die dort vermutlich gegolten haben, und bildet mit ihrer Hilfe eine Alternativenklasse. Sie bildet zugleich für jede Realisierungsstelle, ausgehend von den angenommenen Alternativenbedingungen, alle möglichen Kombinationen aus den Schemaort-Bedingungen und einem Element der Potenzmenge der Zusatzbedingungen und speichert diese in die Menge P. Ebenso wird die Potenzmenge der Eigenschaftsmengen jedes Elements der Realisierung gebildet und diese Mengen werden miteinander vereinigt zur Menge Q. P enthält somit alle an Elementen von R vorkommenden Schemaort-Bedingungen (jeweils mit und ohne Zusatzbedingungen), Q enthält alle an Elementen von R vorkommenden Eigenschaftskombinationen. Jedes Element von P kommt als Anwendungsbedingungen U, jedes Element von Q als verlangte Eigenschaften V einer Merkmalsregel in Frage. Dementsprechend werden nun alle Kombinationen von Elementen aus P und Q durchgegangen.

Für jede dieser Elementkombinationen werden nun alle Realisierungsstellen durchgegangen. Sind die Anwendungsbedingungen U erfüllt, wird geprüft, ob das zur entsprechenden Alternativenklasse A_k gehörige Element R_k der Realisierung die verlangten Eigenschaften besitzt. Ist dies der Fall, gilt die Regel als angewandt (es wird allerdings noch die zufällige Wahrscheinlichkeit berücksichtigt, vgl. Abschnitt 5.5.2; daher wird zunächst nur ein Zähler für die scheinbaren Anwendungen m_s um eins erhöht). Treffer Anwendungen vorgenommen, so dass wird der Zähler für die scheinbaren gilt die Regel als angewandt. Danach wird

---

tistisch 92/1200 · 100 = 7,67 Anwendungen ergeben. Die zufällige Wahrscheinlichkeit hat 8,67 Anwendungen verursacht. Nun sind $w_z = 0{,}087$ und $w(B_p) = 1 - (0{,}81 : 0{,}913)$ = 0,113.

(B) Befinden sich von den 200 Elementen mit den verlangten Eigenschaften 100 in 20 verschiedenen Alternativenklassen mit je 10 Elementen, so ergeben sich daraus statistisch 1/10 · 100 = 10 Anwendungen, die restlichen 100 Elemente verteilen sich dann auf 80 Alternativenklassen mit zusammen 2000 − (10 · 20) = 1800 Elementen, woraus sich statistisch 80/1800 · 100 = 4,45 Anwendungen ergeben. Die zufällige Wahrscheinlichkeit hat 14,45 Anwendungen verursacht. Nun sind $w_z = 0{,}144$ und $w(B_p) = 1 - (0{,}81 : 0{,}856)$ = 0,053.

geprüft, ob ein Element der Alternativenklasse die Anwendungsbedingungen U erfüllt. Ist dies der Fall, konnte die Regel angewandt werden: der Zähler n für die Anwendungsmöglichkeiten wird um eins erhöht.

Sofern die errechnete Anwendungswahscheinlichkeit $w > 0$ ist, wird die Merkmalsregel angenommen: U, V und w werden als Variablen der entsprechenden Merkmalsregel gespeichert, die mit Hilfe des Zählers p einen Index enthält.

Nachdem dies für alle Kombinationen von Elementen aus P und Q durchgeführt wurde, wird die Funktion *Disambiguierung* aufgerufen (vgl. Abschnitt 5.5.4), die die Aufgabe hat, die bislang noch zu große Menge an Merkmalsregeln zu reduzieren, indem von spezielleren und allgemeineren Merkmalsregeln ähnlicher Wirkung jeweils nur eine genommen wird. Die disambiguierte Menge B wird zurückgegeben.

```
function Merkmalsregeln_auslesen (R, S*)
    M_Alt := Möglichkeitsraum_zusammenstellen ()
    p := 0
    for k := 1 to |R|
5       E_k := Eigenschaften (R_k)
        for j := 1 to |O(S*)|
            if Ob(O_j(S*)) ⊆ E_k
                Zb_W := ∅
                for h := 1 to Auswahl ({0, ..., |Zb(O_j(S*)) ∩ E_k|})
10                  Zb_W := Zb_W ∪ {Auswahl (Zb(O_j(S*)) ∩ E_k)}
                end
                Ab_k := Ob(O_j(S*)) ∪ Zb_W
                PZb := ℘(Zb_W)
                P_k := {Ob(O_j(S*)) ∪ PZb_1, ..., Ob(O_j(S*)) ∪ PZb_|PZb|}
15          end
        end
        A_k := {x ∈ M_Alt | Ab_{k_1}(x) ∧ ... ∧ Ab_{k_|Ab_k|}(x)}
    end
    P := P_1 ∪ P_2 ∪ ... ∪ P_|R|
20  Q := ℘(E_1) ∪ ℘(E_2) ∪ ... ∪ ℘(E_|R|)
    for i := 1 to |P|
        for j := 1 to |Q|
            m_s, n, g, g_x := 0
            if P_i ∩ Q_j = ∅
25              for k := 1 to |R|
                    if (P_i ⊆ Ab_k) ∧ (Q_j ⊈ Ab_k)
                        if Q_j ⊆ E_k
                            m_s := m_s + 1
                        end
```

5.5 Auslesen von Merkmalsregeln   201

```
30              if |{x ∈ A_k | Q_{j_1}(x) ∧ ... ∧ Q_{j_{|Q_j|}}(x)}| > 0
                   n := n + 1
                   g := g + |A_k|
                   g_x := g_x + |{x ∈ A_k | Q_{j_1}(x) ∧ ... ∧ Q_{j_{|Q_j|}}(x)}|
                end
35            end
           end
        end
```

$$w := 1 - \frac{1 - \frac{m_s}{n}}{1 - \frac{g_x}{g}}$$

```
        if w > 0
40          p := p + 1
            B_p = <U, V, w> := <P_i, Q_j, w>
            m_p := w(B_p) · n
            n_p := n
            if Salienz (B_j) = 0
45             p := p - 1
            end
          end
        end
      end
50   B := {B_1, ..., B_p}
     M := {m_1, ..., m_p}
     N := {n_1, ..., n_p}
     B := Disambiguierung (B, M, N)
     return B
55 end function
```

Erläuterung

Zeile 1 gibt den Namen der Funktion an, die als Parameter R, die Realisierung, sowie S^*, das für die Realisierung erkannte Schema (vgl. Abschnitt 7.3.3), erhält.

In Zeile 2 wird die Funktion *Möglichkeitsraum_zusammenstellen* aufgerufen (Erläuterung s. unten) und ihr Rückgabewert in die Variable M_{Alt} gespeichert.

In Zeile 3 wird der Zähler p für die angenommenen Merkmalsregeln auf 0 gesetzt.

Zeile 4 gibt an, dass die eingerückt folgende Schleife für die Variable k von 1 bis zur Anzahl der Elemente von R ausgeführt wird.

In Zeile 5 wird die Funktion *Eigenschaften* aufgerufen (Erläuterung s. unten), der R_k (das $k$te Element der Realisierung) als Parameter übergeben wird, und ihr Rückgabewert in die Variable E_k gespeichert.

Zeile 6 gibt an, dass die eingerückt folgende Schleife für die Variable j von 1 bis zur Anzahl der Elemente von $O(S^*)$, also der Anzahl der Schemaorte von S^*, ausgeführt wird.

Zeile 7 gibt an, dass die eingerückt folgenden Anweisungen ausgeführt werden, wenn $Ob(O_j(S^*))$ eine Teilmenge von E_k ist, also wenn das Element R_k die Schemaort-definierenden Eigenschaften des Schemaorts O_j von S^* besitzt.

In Zeile 8 wird Zb_W, die Variable für die ausgewählten Zusatzbedingungen, als leere Menge definiert.

Zeile 9 gibt an, dass die eingerückt folgende Schleife für die Variable n von 1 bis zu einer Zahl ausgeführt wird, die durch die Funktion *Auswahl* (vgl. Abschnitt 5.2.2) bestimmt wird, wobei der Wert zwischen 0 und der Anzahl der Elemente von $Zb(O_j(S^*)) \cap E_k$, also der Menge der Zusatzbedingungen zum Schemaort S_j, die zugleich Eigenschaften des Elements E_k sind, liegen muss.

In Zeile 10 wird mit Hilfe der Funktion *Auswahl* eine Zusatzbedingung aus $Zb(O_j(S^*))$ ausgewählt und zu Zb_W hinzugefügt.[380]

In Zeile 11 wird die for-Schleife aus Zeile 9 beendet.

In Zeile 12 werden die Alternativenbedingungen Ab_k für die Alternativenklasse an der $k$ten Realisierungsstelle gebildet. Sie bestehen aus den Schemaort-definierenden Eigenschaften $Ob(O_j(S^*))$ und den ausgewählten Zusatzbedingungen Zb_W.[381]

In Zeile 13 wird die Potenzmenge $\wp$ der ausgewählten Zusatzbedingungen Zb_W gebildet und in die Variable PZb gespeichert.

In Zeile 14 wird eine Menge gebildet, die alle Kombinationen von $Ob(O_j(S^*))$ mit einem Element von PZb enthält, und in die Variable P_k gespeichert. P_k enthält somit alle möglichen Kombinationen der Schemaort-definierenden Eigenschaften des Schemaorts O_j von S^* mit einer Teilmenge der ausgewählten Zusatzbedingungen Zb_W (einschließlich der leeren Menge, die Teilmenge jeder Menge ist).[382]

In Zeile 15 wird die if-Anweisung aus Zeile 7 beendet.

In Zeile 16 wird die for-Schleife aus Zeile 6 beendet.

---

[380] Vgl. Fußnote 360.

[381] Es wird davon ausgegangen, dass jedes Element der Realisierung nur die Schemaortbedingungen eines Schemaorts erfüllt (vgl. Zeile 7), also die Schemaorte eines Schemas keine Überschneidungen aufweisen; andernfalls würde hier ein früher gebildetes Ab_k überschrieben und somit der im Schema weiter hinten gespeicherte Schemaort verwendet. Stellt sich bei der Schemadefinition heraus, dass Überschneidungen unvermeidlich sind, müsste hier eine Auswahlfunktion angenommen werden.

[382] Die Berücksichtigung der Teilmengen von Zb_W ist erforderlich, weil es für die Anwendung einer Merkmalsregel ausreicht, wenn ihre Anwendungsbedingungen eine Teilmenge der Alternativenbedingungen der jeweiligen Alternativenklasse sind; vgl. Zeile 26 sowie Abschnitt 5.4.2, Funktion *Merkmalsregel_anwenden*, Zeile 2.

5.5 Auslesen von Merkmalsregeln

In Zeile 17 wird A_k, die Alternativenklasse an der $k$ten Realisierungsstelle, gebildet. Sie besteht aus den Elementen des Möglichkeitsraums M_{Alt}, die die in Ab_k enthaltenen Eigenschaften besitzen, also die Alternativenbedingungen erfüllen (vgl. Abschnitt 4.4).

In Zeile 18 wird die for-Schleife aus Zeile 4 beendet.

In Zeile 19 werden P_1 bis $P_{|R|}$ zur Menge P vereinigt. Somit enthält P für jede der Alternativenklassen A_1, ..., $A_{|R|}$, die zu den Realisierungsstellen von R gebildet wurden, alle möglichen Kombinationen der Schemaort-definierenden Eigenschaften mit einer Teilmenge der dazu ausgewählten Zusatzbedingungen.

In Zeile 20 wird für E_1 bis $E_{|R|}$ die Potenzmenge $\wp$ gebildet. Die Vereinigungsmenge dieser Potenzmengen wird in die Variable Q gespeichert. Somit enthält Q für jede Eigenschaftskombination, die an einem der Elemente der Realisierung auftritt, eine Menge mit diesen Eigenschaften.[383]

Zeile 21 gibt an, dass die eingerückt folgende Schleife für die Variable i von 1 bis zur Anzahl der Elemente von P ausgeführt wird.

Zeile 22 gibt an, dass die eingerückt folgende Schleife für die Variable j von 1 bis zur Anzahl der Elemente von Q ausgeführt wird.

In Zeile 23 werden die Variablen m_s, n, g und g_x gleich 0 gesetzt.[384]

Zeile 24 gibt an, dass die eingerückt folgenden Anweisungen ausgeführt werden, wenn die Schnittmenge von P_i und Q_j leer ist. Dies hat folgende Gründe: Falls die Merkmalsregel angenommen wird, wird P_i zu den Anwendungsbedingungen U und Q_j zu den verlangten Eigenschaften V der entsprechenen Merkmalsregel; vgl. Zeile 41. Wenn eine Eigenschaft bereits in den Anwendungsbedingungen genannt wurde, kommt sie allen Elementen der betrachteten Alternativenklassen zu und führt also zu keiner Reduzierung der Alternativenklasse.[385]

Zeile 25 gibt an, dass die eingerückt folgende Schleife für die Variable k von 1 bis zur Anzahl der Elemente von R ausgeführt wird.

Zeile 26 gibt an, dass die eingerückt folgenden Anweisungen ausgeführt werden, wenn zwei Bedingungen erfüllt sind: (1) P_i ist eine Teilmenge von Ab_k, den Alternativenbedingungen der zur jeweils betrachteten Realisierungsstelle gehörigen Alternativenklasse. Da es sich bei P_i um die Anwendungsbedingungen der überprüften Merkmalsregel handelt, entspricht dies der Prüfung, ob die Alternativenklasse die Anwendungsbedingungen der Merkmalsregel erfüllt. (2) Q_j ist keine Teilmenge von Ab_k. Q_j sind die verlangten Eigenschaften der überprüften Merkmalsregel; sind sie bereits in den Alternativenbedingungen enthalten, kann die Merkmalsregel keine Reduzierung dieser Alternativenklasse bewirken, da alle Elemente bereits die verlangten Eigenschaften besitzen. In diesem

---

[383] Die leere Menge muss hier nicht ausgeschlossen werden, da die zweite Bedingung in Zeile 26 dies übernimmt.
[384] Vgl. Abschnitt 7.2.1, Unterabschnitt *Anmerkung zur Syntax (2)*.
[385] Vgl. Abschnitt 5.3.1, Unterabschnitt *Definition und Erläuterung der Variablen*, 2.

Fall ist die Anwendung sinnlos. – Beide Bedingungen werden auch beim Einschreiben für die Anwendung der Merkmalsregel gestellt.[386]

Zeile 27 gibt an, dass die eingerückt folgende Anweisung ausgeführt wird, wenn Q_j eine Teilmenge von E_k, der Menge der Eigenschaften des Elements R_k, ist.

In Zeile 28 wird m_s, der Zähler für die scheinbaren Anwendungen der Merkmalsregel (vgl. Abschnitt 5.5.2), um 1 erhöht.

In Zeile 29 wird die if-Anweisung aus Zeile 27 beendet.

Zeile 30 gibt an, dass die eingerückt folgenden Anweisungen ausgeführt werden, wenn es mindestens ein Element aus A_k gibt, das alle Eigenschaften aus Q_j besitzt.

In Zeile 31 wird n, der Zähler für die Anwendungsmöglichkeiten der Merkmalsregel, um 1 erhöht (vgl. hierzu und zu den nächsten beiden Zeilen Abschnitt 5.5.2).

In Zeile 32 wird g, der Zähler für die Elemente der Alternativenklassen, die die Anwendungsbedingungen der zu bildenden Merkmalsregel erfüllen und ein Element enthalten, das ihre verlangten Eigenschaften besitzt, um die Anzahl der Elemente der betrachteten Alternativenklasse A_k erhöht.

In Zeile 33 wird g_x, der Zähler für die Elemente, die die verlangten Eigenschaften der zu bildenden Merkmalsregel erfüllen, aus allen Alternativenklassen, die ihre Antwortungsvoraussetzungen erfüllen, um die Anzahl der Elemente der betrachteten Alternativenklasse A_k, die alle Eigenschaften aus Q_j besitzt, erhöht.

In Zeile 34 wird die if-Anweisung aus Zeile 30 beendet.

In Zeile 35 wird die if-Anweisung aus Zeile 26 beendet.

In Zeile 36 wird die for-Schleife aus Zeile 25 beendet.

In Zeile 37 wird die if-Anweisung aus Zeile 24 beendet.

In Zeile 38 wird die Anwendungswahrscheinlichkeit w der zu bildenden Merkmalsregel errechnet (vgl. Abschnitt 5.5.2).

Zeile 39 gibt an, dass die eingerückt folgenden Anweisungen ausgeführt werden, wenn w größer 0 ist.

In Zeile 40 wird p, der Zähler für die angenommenen Merkmalsregeln, um 1 erhöht.

In Zeile 41 wird die Merkmalsregel B_p als 3-Tupel definiert, dessen erste Komponente P_i, dessen zweite Komponente Q_j und dessen dritte Komponente w enthält und als dessen Komponentennamen U, V, w definiert werden.[387]

In Zeile 42 wird die Anzahl der Anwendungen der Merkmalsregel, als Anwendungswahrscheinlichkeit $w(B_p)$ mal Anwendungsmöglichkeiten n errechnet und in die Variable m_p gespeichert.

---

[386] Vgl. Abschnitt 5.4.2, Funktion *Merkmalsregel_anwenden*, Zeile 2; siehe auch Fußnote 373.
[387] Vgl. Abschnitt 5.2.2, Unterabschnitt *Anmerkung zur Syntax (1)*.

In Zeile 43 wird die Anzahl der Anwendungsmöglichkeiten n in die Variable n_p gespeichert.

Zeile 44 gibt an, dass die eingerückt folgende Anweisung ausgeführt wird, wenn die Funktion *Salienz* (Erläuterung s. unten), der die gerade gebildete Merkmalsregel B_p als Parameter übergeben wird, den Rückgabewert 0 liefert (also wenn die Merkmalsregel nicht salient ist).

In Zeile 45 wird p, der Zähler für die angenommenen Merkmalsregeln, um 1 reduziert. Damit wird die gerade gebildete Merkmalsregel nicht mehr angenommen.

In Zeile 46 wird die if-Anweisung aus Zeile 44 beendet.

In Zeile 47 wird die if-Anweisung aus Zeile 39 beendet.

In Zeile 48 wird die for-Schleife aus Zeile 22 beendet.

In Zeile 49 wird die for-Schleife aus Zeile 21 beendet.

In Zeile 50 werden die angenommenen Merkmalsregeln zur Menge B zusammengefasst.

In Zeile 51 werden die Variablen für die Anwendungen der angenommenen Merkmalsregeln (vgl. Zeile 42) zur Menge M zusammengefasst.

In Zeile 52 werden die Variablen für die Anwendungsmöglichkeiten der angenommenen Merkmalsregeln (vgl. Zeile 43) zur Menge N zusammengefasst.

In Zeile 53 wird die Funktion *Disambiguierung* aufgerufen (vgl. Abschnitt 5.5.4), der B, M und N als Parameter übergeben werden. B wird gleich dem Rückgabewert dieser Funktion gesetzt.

In Zeile 54 wird B zurückgegeben.

In Zeile 55 wird die Funktion beendet.

Die Funktion Möglichkeitsraum_zusammenstellen

Diese Funktion stellt alle durch Eigenschaften definierbaren Aspekte von Verhalten, Artefakten und Texten zusammen; diese bilden den Möglichkeitsraum für Alternativen (vgl. Abschnitt 4.2.1).

Die Funktion Eigenschaften

Die Funktion *Eigenschaften* erhält ein Element der Realisierung und liefert dessen Eigenschaften zurück, soweit sie dem Stilwahrnehmer zugänglich sind, also von ihm innerhalb der jeweiligen Wahrnehmungssituation feststellbar sind. (Die Eigenschaften werden als Funktionen betrachtet, die einen Individuenterm erhalten und einen Wahrheitswert zurückliefern; vgl. Abschnitt 4.3.)

Die Funktion Salienz

Die Funktion *Salienz* überprüft, ob die Merkmalsregel wahrgenommen wird oder nicht. Diese Wahrnehmung muss nicht bewusst erfolgen; erforderlich ist jedoch, dass die Merkmalsregel sich von ihrem Kontext ausreichend abhebt, um wahrnehmbar zu sein. Die Salienzschwelle hängt ab

(1) von kontextunabhängigen Faktoren, etwa der Ungewöhnlichkeit der verlangten Eigenschaften für die Anwendungsbedingungen, der (Un-)Konventionalität der Merkmalsregel, der Auffälligkeit des gebildeten Musters und der Höhe der Anwendungswahrscheinlichkeit;

(2) von kontextabhängigen Faktoren wie Wachheit und Konzentriertheit des Stilwahrnehmers, langfristigen und kurzfristigen Aufmerksamkeitsprägungen (durch psychologische Voreinstellungen, biographisch bedingte Interessen, berufliches Training, unmittelbar vorausgegangene Wahrnehmungen und den Kontext der Wahrnehmungssituation) sowie bewusster Aufmerksamkeitslenkung.

Im Algorithmus wird zunächst für jede denkbare Kombination von U und V überprüft, ob sie überhaupt zu Anwendungen führt, bevor mit Hilfe der Funktion *Salienz* die Wahrnehmbarkeit überprüft wird. Dies hat den Grund, dass nur eine Merkmalsregel, also die Kombination zueinander passender U und V mit einem bestimmten w, als salient bestimmt werden kann. Nicht-saliente Merkmalsregeln werden überschrieben.

5.5.4 Die Disambiguierung

Die Disambiguierung sorgt dafür, dass Regeln entfernt werden, die ihre Wirkung ganz oder teilweise aus einer anderen Regel beziehen. Dabei werden in Modulen verschiedene Fälle überprüft. Wie stark die Beeinflussung sein darf, wird durch einen Toleranzfaktor f bestimmt. Je höher der Toleranzfaktor, desto mehr Regeln werden akzeptiert. f kann vor jedem Modulaufruf neu gewählt werden, wodurch es möglich wird, Regeln eines bestimmten Typs zu bevorzugen.

Entscheidend für die Disambiguierung sind die Bedingungen zur Überprüfung der Beeinflussungsstärke. Daher wird im Anschluss an die Algorithmen die Wirkungsweise dieser Bedingungen für die vier Module ausführlich erläutert. Es wird untersucht, wie die Bedingungen sich für verschiedene Fälle verhalten, und anhand von Beispielen gezeigt, welche Auswirkungen sie haben. Zudem wird eine Abschätzung für sinnvolle f gegeben.

```
function Disambiguierung (B, M, N)
    R := {1, 2, 3, 4}
    while R ≠ ∅
        i := Auswahl (R)
5       B := function Regeln_entfernen (B, M, N, i)
        R := R \ {i}
    end
    return B
end function
```

5.5 Auslesen von Merkmalsregeln   207

Erläuterung

Zeile 1 gibt den Namen der Funktion an, die als Parameter B, die Menge von Merkmalsregeln, M, die Menge der m (Zahl der Anwendungen), und N, die Menge der n (Zahl der Anwendungsmöglichkeiten), erhält.

In Zeile 2 wird die Menge R definiert, die zum Aufruf der verschiedenen Module dient.

Zeile 3 gibt an, dass die eingerückt folgende Schleife wiederholt wird, solange R nicht leer ist.

In Zeile 4 wird mit Hilfe der Funktion *Auswahl* (vgl. Abschnitt 5.2.2) eines der Elemente von R (die Zahlen 1 bis 4) gewählt.

In Zeile 5 wird die Funktion *Regeln_entfernen* aufgerufen, der B, M, N und i als Parameter übergeben werden, und ihr Rückgabewert wieder in B gespeichert.

In Zeile 6 wird i aus R entfernt.
In Zeile 7 wird die while-Schleife aus Zeile 3 beendet.
In Zeile 8 wird B zurückgegeben.
In Zeile 9 wird die Funktion beendet.

```
    function Regeln_entfernen (B, M, N, i)
        f := Auswahl ({x ∈ ℝ | x > 1})
        for j := 1 to |B|
            if i = 1
5               S_j := {B_x ∈ B | (U(B_x) ⊂ U(B_j)) ∧ (V(B_x) = V(B_j)) ∧ (N_x/N_j > (M_x/M_j)^f)}
            end
            if i = 2
                S_j := {B_x ∈ B | (U(B_j) ⊂ U(B_x)) ∧ (V(B_j) = V(B_x)) ∧ ((N_j/N_x) ≥ (w(B_x)/w(B_j))^f)}
            end
10          if i = 3
                S_j := {B_x ∈ B | (U(B_x) = U(B_j)) ∧ (V(B_x) ⊂ V(B_j)) ∧ ((N_x/N_j) ≥ (M_x/M_j)^f)}
            end
            if i = 4
                S_j := {B_x ∈ B | (U(B_j) = U(B_x)) ∧ (V(B_j) ⊂ V(B_x)) ∧ (N_j/N_x > (w(B_x)/w(B_j))^f)}
15          end
        end
        T := S_1 ∪ S_2 ∪ ... ∪ S_|B|
        B' := B
        for j := 1 to |B'|
20          if B'_j ∉ T
                B := B \ S_j
```

```
            end
            end
            return B
25      end function
```

Erläuterung

Zeile 1 gibt den Namen der Funktion an, die die Parameter B, M, N und i erhält.

In Zeile 2 wird mit Hilfe der Funktion *Auswahl* ein Toleranzfaktor f gewählt, der bestimmt, wie stark die Beeinflussung durch eine andere Regel sein darf. f muss eine rationale Zahl größer 1 sein.

Zeile 3 gibt an, dass die eingerückt folgende Schleife für die Variable j von 1 bis zur Anzahl der Elemente von B ausgeführt wird.

Zeile 4 gibt an, dass die eingerückt folgende Anweisung für $i = 1$ ausgeführt wird.

In Zeile 5 werden alle Regeln aus B in die Menge S_j gespeichert, die allgemeinere Anwendungsbedingungen und gleiche verlangte Eigenschaften haben wie B_j und eine zur Überprüfung der Beeinflussungsstärke geeignete Bedingung erfüllen (vgl. unten, *Modul 1*).

In Zeile 6 wird die if-Anweisung aus Zeile 4 beendet.

Zeile 7 gibt an, dass die eingerückt folgende Anweisung für $i = 2$ ausgeführt wird.

In Zeile 8 werden alle Regeln aus B in die Menge S_j gespeichert, die speziellere Anwendungsbedingungen und gleiche verlangte Eigenschaften haben wie B_j und eine zur Überprüfung der Beeinflussungsstärke geeignete Bedingung erfüllen (vgl. unten, *Modul 2*).

In Zeile 9 wird die if-Anweisung aus Zeile7 beendet.

Zeile 10 gibt an, dass die eingerückt folgende Anweisung für $i = 3$ ausgeführt wird.

In Zeile 11 werden alle Regeln aus B in die Menge S_j gespeichert, die gleiche Anwendungsbedingungen und allgemeinere verlangte Eigenschaften haben wie B_j und eine zur Überprüfung der Beeinflussungsstärke geeignete Bedingung erfüllen (vgl. unten, *Modul 3*).

In Zeile 12 wird die if-Anweisung aus Zeile 10 beendet.

Zeile 13 gibt an, dass die eingerückt folgende Anweisung für $i = 4$ ausgeführt wird.

In Zeile 14 werden alle Regeln aus B in die Menge S_j gespeichert, die gleiche Anwendungsbedingungen und speziellere verlangte Eigenschaften haben wie B_j und eine zur Überprüfung der Beeinflussungsstärke geeignete Bedingung erfüllen (vgl. unten, *Modul 4*).

In Zeile 15 wird die if-Anweisung aus Zeile 13 beendet.

In Zeile 16 wird die for-Schleife aus Zeile 3 beendet.

In Zeile 17 werden die Mengen S_1 bis $S_{|B|}$, also die im Vergleich mit B_1 bis $B_{|B|}$ als überflüssig eingeschätzten Regeln, in der Menge T vereinigt.

In Zeile 18 wird die Menge B' gleich B definiert.

Zeile 19 gibt an, dass die eingerückt folgende Schleife für die Variable j von 1 bis zur Anzahl der Elemente von B' ausgeführt wird.

Zeile 20 gibt an, dass die eingerückt folgende Anweisung ausgeführt wird, wenn B'_j nicht Element von T, also der als überflüssig eingeschätzten Regeln ist.

In Zeile 21 werden die Regeln in S_j aus B entfernt.

In Zeile 22 wird die if-Anweisung aus Zeile 20 beendet.

In Zeile 23 wird die for-Schleife aus Zeile 19 beendet.

In Zeile 24 wird B zurückgegeben.

In Zeile 25 wird die Funktion beendet.

Die vier Module kümmern sich um unterschiedliche Konstellationen: Modul 1 überprüft Regeln mit allgemeineren Anwendungsbedingungen, Modul 2 Regeln mit spezielleren Anwendungsbedingungen, Modul 3 Regeln mit allgemeineren verlangten Eigenschaften und Modul 4 Regeln mit spezielleren verlangten Eigenschaften. Im Folgenden werden die vier Module ausführlich dargestellt. Zunächst wird jeweils beschrieben, wann das Entfernen der entsprechenden Regeln sinnvoll ist. Dann werden die Bedingungen für die Überprüfung angegeben, die festlegen, wann es sich überhaupt um eine Regel des entsprechenden Typs handelt. Danach wird die Bedingung für die Entfernung angegeben und mit Hilfe von Fallunterscheidungen überprüft. Schließlich werden Beispiele dargestellt, die das Verhalten des Moduls illustrieren.

Der Toleranzfaktor f bestimmt dabei jeweils, welcher Grad der Beeinflussung der allgemeineren durch die speziellere Merkmalsregel noch toleriert wird. Je größer f gewählt wird, desto mehr Beeinflussung wird toleriert; je kleiner, desto strenger wird disambiguiert. f muss allerdings größer als 1 sein, da es sonst in einigen Fällen zur Entfernung erhaltenswerter Regeln kommt.

Warum wird ein wählbarer Toleranzfaktor verwendet, statt f auf einen Wert festzulegen? Tatsächlich kann man bei der Betrachtung eines Stils genauer oder weniger genau sein. Nimmt man sehr sorgfältig von jeder wahrnehmbaren Regelmäßigkeit Notiz, können auch Merkmale wahrgenommen und separat gespeichert werden, die sehr eng beieinander liegen. Kommt es einem eher auf die wichtigsten Merkmale an, wird man eng danebenliegende Merkmalsregeln, die wenig zusätzliche Information enthalten, nicht beachten oder sich nicht merken. Diese Unterschiede können durch unterschiedliche f simuliert werden.

f kann bei jedem Modulaufruf neu gewählt werden, so dass für unterschiedliche Module unterschiedlich strenge Kriterien angelegt werden können. Dadurch und durch die Wahl der Reihenfolge der Modulanwendung, die erheblichen Einfluss auf das Ergebnis hat, ergeben sich verschiedene Methoden der Disambiguierung.

Für die folgenden Beispiele ist zu beachten, dass die Anwendungen m und die Anwendungsmöglichkeiten n einer Merkmalsregel B_j im Fließtext als m_j und n_j bezeichnet werden (vgl. ihre Definition in Abschnitt 5.5.3, Funktion *Merkmalsregel_auslesen*, Zeile 42 und 43). In der Funktion selbst wird dagegen als M_j und N_j auf sie zugegriffen, da sie zur Übergabe als Parameter zu Mengen zusammengefasst wurden (vgl. Funktion *Merkmalsregel_auslesen*, Zeile 51 und 52). Daher werden in den Beispielen Kleinbuchstaben, in den Bedingungen für die Entfernung Großbuchstaben verwendet.

Modul 1: *Regeln mit allgemeineren Anwendungsbedingungen*

Entfernt werden Regeln, die bei gleichen verlangten Eigenschaften allgemeiner in den Anwendungsbedingungen sind (und daher häufiger angewandt werden können), ohne entsprechend häufiger angewandt zu werden. Als Beschreibung eines tatsächlichen Auswahlvorgangs haben diese Regeln eine geringere Trefferquote. In diesem Fall gilt, dass die Regel mit den spezielleren Anwendungsbedingungen den Sachverhalt präziser beschreibt.

Die Bedingungen für die Überprüfung

Die Anwendungsbedingungen U der allgemeineren Merkmalsregel B_x sind eine echte Teilmenge der Anwendungsbedingungen der spezielleren B_j. Die verlangten Eigenschaften V sind gleich.

$$(U(B_x) \subset U(B_j)) \wedge (V(B_x) = V(B_j))$$

Die Bedingung für die Entfernung

Verhindert werden soll, dass eine allgemeine Regel B_x ihre Wirkung nur oder vorwiegend aus der spezielleren B_j bezieht. Im Extremfall, wenn beide Merkmalsregeln gleich oft angewandt werden ($m_x = m_j$), ist offensichtlich, dass die allgemeinere Merkmalsregel B_x ihre Wirkung nur aus der spezielleren B_j bezieht; sie gehört hinausgeworfen!

Andererseits wäre eine Regel B_x mit $w(B_x) = w(B_j)$ ganz unverdächtig: Wenn beide Merkmalsregeln die gleiche Anwendungswahrscheinlichkeit haben, gibt es keinen Hinweis darauf, dass die Anwendungen der allgemeineren durch die der spezielleren entstehen.

Wenn $w(B_x)$ niedriger als $w(B_j)$ ist, müssen wir überprüfen, in welchem Verhältnis diese Verringerung zur Vergrößerung der Häufigkeit der möglichen Anwendungen steht. Eine etwas niedrigere Anwendungswahrscheinlichkeit der allgemeineren Merkmalsregel B_x ist bei sehr viel häufigeren Anwendungen unverdächtig. Bei nur geringfügig häufigeren Anwendungen dagegen könnte es sein, dass die allgemeinere Merkmalsregel ihre Wirkung im Wesentlichen aus der spezielleren bezieht. In diesem Fall trifft die speziellere den Sachverhalt besser; die allgemeinere sollte entfernt werden.

5.5 Auslesen von Merkmalsregeln

Wir benötigen also eine Bedingung, die überprüft, eine wie starke Beeinflussung jeder Merkmalsregel B_x durch die gerade betrachtete (B_j) vorliegt, und für alle B_x ab einer bestimmten Beeinflussungsstärke zutrifft. (Diese werden durch die hinter den vertikalen Strich des Klassenbausteins geschriebene Bedingung in die Menge S_j gepackt und später aus B entfernt.)

Die folgende Bedingung erfüllt diese Aufgabe:

$$\frac{N_x}{N_j} > \left(\frac{M_x}{M_j}\right)^f \qquad \text{für } f > 1$$

(Zur Erinnerung: m sind die tatsächlichen Anwendungen, n die Fälle, in denen die Regel hätte angewandt werden können, w die Anwendungswahrscheinlichkeit unter Berücksichtigung der zufälligen Wahrscheinlichkeit.)

Überprüfen wir einige Fälle. Es sei:

$m_j = 10, n_j = 20, w(B_j) = 0{,}5$

Wenn $m_x = m_j$ gilt, heißt dies, dass die Anwendungen der allgemeinen Merkmalsregel im Durchschnitt ganz auf die der spezielleren zurückgehen:

Fall 1: $m_x = 10, n_x = 40, w(B_x) = 0{,}25$

Eine solche Merkmalsregel muss in jedem Fall entfernt werden. Dies gilt auch tatsächlich, da die Bedingung für beliebig große f erfüllt ist:

$$\frac{40}{20} > \left(\frac{10}{10}\right)^f \quad \Rightarrow \quad 2 > 1^f \qquad \text{für } f > 1 \text{ erfüllt}$$

Dies gilt auch im Grenzfall, bei einem nur geringfügig kleineren w:

Fall 2: $m_x = 10, n_x = 21, w(B_x) = 0{,}476$

$$\frac{21}{20} > \left(\frac{10}{10}\right)^f \quad \Rightarrow \quad 1{,}05 > 1^f \qquad \text{für } f > 1 \text{ erfüllt}$$

Keinerlei Anzeichen für eine Beeinflussung durch die speziellere Merkmalsregel gibt es bei $w(B_x) = w(B_j)$, die daher in keinem Fall entfernt werden darf:

Fall 3: $m_x = 20, n_x = 40, w(B_x) = 0{,}5$

$$\frac{40}{20} > \left(\frac{20}{10}\right)^f \quad \Rightarrow \quad 2 > 2^f \qquad \text{für } f > 1 \text{ nicht erfüllt}$$

Man beachte, dass in diesem Fall auch eine allgemeinere Regel erhalten bleibt, die genau so oft angewandt wurde wie die speziellere ($m_x = m_j$):

Fall 4: $m_x = 10, n_x = 20, w(B_x) = 0{,}5$

$$\frac{20}{20} > \left(\frac{10}{10}\right)^f \quad \Rightarrow \quad 1 > 1^f \qquad \text{für } f > 1 \text{ nicht erfüllt}$$

Dies macht auch Sinn, da sie ja wegen $w(B_x) = w(B_j)$ auch dasselbe n hat, was heißt, dass sie bei genau denselben Alternativenklassen anwendbar war wie die speziellere, deren U also überflüssige Eigenschaften enthielt.[388] Somit lässt sich der Sachverhalt effektiver mit der allgemeineren Regel beschreiben. Wir lassen sie drin und vertrauen auf die Überprüfung der spezielleren Regeln in Modul 2, um die andere hinauszuwerfen.

Wir haben noch zu überprüfen, ob sich der Toleranzfaktor auch wie gewünscht verhält: Wenn er erhöht wird, sollten die nicht mehr entfernten (das heißt ‚geretteten') Regeln einen kleineren Teil ihrer Wirkung von der spezielleren Regel beziehen, die später ‚geretteten' einen größeren. Nehmen wir zwei Fälle. Beide hätten 100 Mal angewandt werden können. In Fall 5 bezieht die allgemeinere Regel einen kleineren Teil ihrer Anwendungen von der spezielleren Regel, in Fall 6 einen größeren:

Fall 5: $m_x = 40, n_x = 100, w(B_x) = 0{,}4$

$$\frac{100}{20} > \left(\frac{40}{10}\right)^f \quad \Rightarrow \quad 5 > 4^f \qquad \text{für } 1{,}161 > f > 1 \text{ erf., für } f \geq 1{,}161 \text{ nicht erf.}$$

Für $f < 1{,}161$ wird die Merkmalsregel entfernt, ab diesem Wert ‚gerettet'.

Fall 6: $m_x = 15, n_x = 100, w(B_x) = 0{,}15$

$$\frac{100}{20} > \left(\frac{15}{10}\right)^f \quad \Rightarrow \quad 5 > 1{,}5^f \qquad \text{für } 3{,}969 > f > 1 \text{ erf., für } f \geq 3{,}969 \text{ nicht erf.}$$

Für $f < 3{,}969$ wird die Merkmalsregel entfernt, ab diesem Wert ‚gerettet'. – Dies ist bereits eine recht zweifelhafte Merkmalsregel: Sie hätte 100 Mal angewandt werden können, von denen die speziellere nur 20 abdeckt; in den verbleibenden 80 Fällen bringt sie es jedoch gerade auf 5 Anwendungen. Diese können gut Zufall sein und sind in keinem Fall sehr aussagekräftig.

Die beiden Beispiele bieten uns einen Anhaltspunkt dafür, welche Werte für den Toleranzfaktor empfehlenswert sind. Die weitgehend autonome Merkmalsregel in Fall 5 sollte nicht entfernt werden, während die Merkmalsregel aus Beispiel 6 überflüssig ist. Somit führen f etwa von 1,5 bis 3,5 zu plausiblen Ergebnissen. Als Normalwert für f wird 2,0 vorgeschlagen.

Zwei weitere Fälle sollen das Verhalten des Toleranzfaktors illustrieren. Warum steht er im Exponent, und führt dies für niedrige/hohe Basen zu Problemen? Nebenbei können wir so auch den vermuteten Bereich für plausible f weiter überprüfen.

Wenn m_x viel höher ist als m_j, ist es relativ leicht, selbst ein sehr viel niedrigeres w auszugleichen:

---

[388] Vgl. Modul 2, Fall 4.

Fall 7: $m_x = 50, n_x = 500, w(B_x) = 0{,}1$

$$\frac{500}{20} > \left(\frac{50}{10}\right)^f \quad \Rightarrow \quad 25 > 5^f \qquad \text{für } 2 > f > 1 \text{ erfüllt, für } f \geq 2 \text{ nicht erfüllt}$$

Für $f < 2$ wird die Merkmalsregel entfernt, ab diesem Wert ‚gerettet'. – Obwohl in diesem Beispiel $w(B_x)$ nur ein Fünftel von $w(B_j)$ beträgt und es somit klar ist, dass die allgemeine Merkmalsregel hier auf der spezielleren ‚schmarotzt' und sich deren Wirkung teilweise aneignet, betrifft dies doch nur 10 der 50 Anwendungen. Obwohl klar ist, dass die 10 Anwendungen durch die speziellere sehr viel treffsicherer (nämlich mit fünfmal so hohem w) beschrieben werden, hat sich die Merkmalsregel durch die 40 (wenn auch mit wesentlich geringerer Treffsicherheit) zusätzlich beschriebenen Anwendungen ‚eine Chance verdient'. Diese bekommt sie bei einem plausiblen Toleranzfaktor von 2 gerade noch.

Wenn m_x nur geringfügig höher ist als m_j, ist es schwierig, ein niedrigeres $w(B_x)$ auszugleichen:

Fall 8: $m_x = 12, n_x = 40, w(B_x) = 0{,}3$

$$\frac{40}{20} > \left(\frac{12}{10}\right)^f \quad \Rightarrow \quad 2 > 1{,}2^f \qquad \text{für } 3{,}802 > f > 1 \text{ erf., für } f \geq 3{,}802 \text{ nicht erf.}$$

Für $f < 3{,}802$ wird die Merkmalsregel entfernt, ab diesem Wert ‚gerettet'. – Obwohl in diesem Beispiel der Unterschied zwischen den beiden w nicht so groß ist wie in Fall 7, kann die Merkmalsregel nur durch ein sehr hohes f vor der Entfernung ‚gerettet' werden. Die Merkmalsregel hätte in 40 Fällen angewandt werden können, 20 mehr als die speziellere. Bei diesen 20 zusätzlichen Anwendungsmöglichkeiten hat sie es gerade auf zwei zusätzliche Anwendungen gebracht – wahrscheinlich ein Zufall! Es ist daher plausibel, dass sie nur mit einem f gerettet werden kann, das oberhalb des empfehlenswerten Bereichs liegt (s. unten).

Beispiele

In einem natürlichsprachlichen Text sind relativ viele Wörter Fremdwörter. Beim Auslesen der Merkmalsregeln werden zwei Regeln gebildet:

$U(B_j)$: ‚Substantive', $V(B_j)$: ‚Fremdwörter', $w(B_j)$: 0,4

$U(B_x)$: ‚Wörter', $V(B_x)$: ‚Fremdwörter', $w(B_x)$: 0,2

Sollte man die allgemeinere Regel aufgrund des deutlich niedrigeren w entfernen? Dies hängt davon ab, wie stark der Einfluss der spezielleren Regel B_j auf die allgemeinere B_x ist. Nehmen wir an, die allgemeine Regel hätte doppelt so oft angewandt werden können. Nun kommt es auf die Anzahl der Anwendungen an:[389]

---

[389] Das heißt nicht, dass die Hälfte aller Wörter Substantive sind, da nicht in allen Alternativklassen ein Fremdwort zur Verfügung steht.

$m_j = 20, n_j = 50, w(B_j) = 0{,}4$
$m_x = 20, n_x = 100, w(B_x) = 0{,}2$

$$\frac{100}{50} > \left(\frac{20}{20}\right)^f \quad \Rightarrow \quad 2 > 1^f \qquad\qquad \text{für } f > 1 \text{ erfüllt}$$

Hier verursacht die speziellere Regel im Durchschnitt[390] alle Anwendungen der allgemeineren Regel, die somit unbedingt rausgeworfen werden muss. Nehmen wir dagegen an, die allgemeinere Regel hatte doppelt so viele Anwendungen. Da sich ihr w nicht ändert, kann dies nur heißen, dass es viermal soviele Anwendungsmöglichkeiten gab:

$m_j = 20, n_j = 50, w(B_j) = 0{,}4$
$m_x = 40, n_x = 200, w(B_x) = 0{,}2$

Trotz des nur halb so hohen w erfasst hier die allgemeinere Regel doppelt so viele Anwendungen. Sie erklärt also doppelt so viele Einzelphänomene (das Auftreten bestimmter Eigenschaften an einer bestimmten Realisierungsstelle), allerdings mit wesentlich geringerer Trefferquote als die speziellere. Es ist eine Abwägungsfrage, ob sie erhalten bleibt;[391] beim empfohlenen Wert $f = 2$ ist dies gerade noch der Fall:

---

[390] Aufgrund der Berücksichtigung der durchschnittlichen Wahrscheinlichkeit (vgl. Abschnitt 5.5.2) können die Anwendungen m nicht gleichgesetzt werden mit den Fällen, in denen die Anwendungsbedingungen erfüllt und die verlangten Eigenschaften am Element der Realisierung vorhanden sind. Die Anzahl der Elemente, die zufällig die verlangten Eigenschaften besitzen, variiert aufgrund der Streuung; bei der Berücksichtigung der zufälligen Wahrscheinlichkeit kann nur der Mittelwert errechnet werden. Hat beispielsweise bei einer konkreten Realisierung (in Relation zu den errechneten Werten) der Zufall für überdurchschnittlich viele Substantive, aber für durchschnittlich viele Wörter Fremdwörter ergeben, dann hatte die speziellere Regel B_j weniger als 20 tatsächliche Anwendungen, die allgemeinere B_x aber genau 20, also zusätzliche Anwendungen. Dasselbe gilt, wenn der Zufall sich durchschnittlich bei den Substantiven, aber unterdurchschnittlich bei allen Wörtern auswirkte: Dann hatte B_j 20 tatsächliche Anwendungen und B_x mehr als 20. (Die errechneten w stimmen dann natürlich nicht.)

[391] Das Beispiel legt nahe, dass der Prozess in Wirklichkeit noch komplizierter ist: Übliche Beschreibungsebenen für Realisierungen beeinflussen vermutlich die Bildung von Merkmalsregeln, was sich unter Bezug auf die Prototypentheorie (vgl. Fußnote 325) erklären lässt. So dürften viele Sprachbenutzer dazu tendieren, ein Merkmal eher allen Wörtern zuzuordnen als allen Substantiven und entsprechend die Merkmalsregel zu bilden. Je weiter man sich von den üblichen Beschreibungsebenen entfernt, desto stärker wird dieser Effekt: Wären beispielsweise die Substantiv-Fremdwörter meist Abstrakta, würde dies wohl gar nicht auffallen. In diesem Fall müsste die allgemeinere Regel selbst dann erhalten bleiben, wenn die speziellere mit den Anwendungsbedingungen ‚Substantiv, Abstraktum' eine weit höhere Trefferquote erzielt.
Solche Prototypeneffekte werden hier außer acht gelassen, da sie nur im Einzelfall quantifiziert werden können: Prototypeneffekte sind je nach Schema und verglichenen Beschreibungsebenen unterschiedlich stark und variieren außerdem zwischen Individuen in Abhängigkeit etwa von der Vertrautheit mit dem jeweiligen Schema (ein Linguist wird leichter sehen können, dass es sich bei den Fremdwörtern um Abstrakta handelt). Bezo-

$$\frac{200}{50} > \left(\frac{40}{20}\right)^f \;\;\Rightarrow\;\; 4 > 2^f \qquad \text{für } 2 > f > 1 \text{ erfüllt, für } f \geq 2 \text{ nicht erfüllt}$$

Modul 2: *Regeln mit spezielleren Anwendungsbedingungen*

Entfernt werden Regeln, die spezieller in den Anwendungsbedingungen sind (und daher seltener angewandt werden können), ohne dies durch eine entsprechend höhere Anwendungswahrscheinlichkeit (,Trefferquote') auszugleichen. In diesem Fall gilt, dass die Regel mit den weiteren Anwendungsbedingungen den Sachverhalt präziser beschreibt.

Die Bedingungen für die Überprüfung

Die Anwendungsbedingungen U der allgemeineren Merkmalsregel B_j sind eine echte Teilmenge der Anwendungsbedingungen der spezielleren B_x. Die verlangten Eigenschaften V sind gleich.

$$(U(B_j) \subset U(B_x)) \wedge (V(B_j) = V(B_x))$$

Die Bedingung für die Entfernung

Wir benötigen eine Bedingung, die Regeln mit speziellem U entfernt, die ihre Wirkung ganz oder weitgehend aus einer Regel mit allgemeinerem U bezieht. Die folgende Bedingung erfüllt diese Aufgabe:

$$\frac{N_j}{N_x} \geq \left(\frac{w(B_x)}{w(B_j)}\right)^f \qquad \text{für } f > 1$$

Es sei:

$$m_j = 20, n_j = 100, w(B_j) = 0{,}2$$

Wenn $m_x = m_j$ gilt, heißt dies, dass die Anwendungen der allgemeineren Merkmalsregel ganz auf die der spezielleren zurückgehen:

Fall 1: $m_x = 20, n_x = 50, w(B_x) = 0{,}4$

In diesem Fall muss die speziellere Merkmalsregel auf jeden Fall erhalten bleiben (die allgemeinere wird dann in Modul 1 entfernt). Dies gilt auch tatsächlich, da die Bedingung für beliebig große f nicht erfüllt ist:

$$\frac{100}{50} \geq \left(\frac{0{,}4}{0{,}2}\right)^f \;\;\Rightarrow\;\; 2 \geq 2^f \qquad \text{für } f > 1 \text{ nicht erfüllt}$$

Dies gilt auch im Grenzfall, bei einem nur geringfügig größeren w:

---

gen auf die allgemeine Stiltheorie handelt es sich um einen Bereich der Vagheit (vgl. die Abschnitte 9.4 und 9.5).

Fall 2: $m_x = 20, n_x = 96, w(B_x) = 0{,}208$

$$\frac{100}{96} \geq \left(\frac{0{,}208}{0{,}2}\right)^f \Rightarrow 1{,}042 \geq 1{,}042^f \qquad \text{für } f > 1 \text{ nicht erfüllt}$$

Bei $w(B_x) = w(B_j)$ hat die speziellere Merkmalsregel dieselbe Trefferquote wie die allgemeine, ihre Wirkung ist also durch diese bereits abgedeckt. Sie muss auf jeden Fall raus:[392]

Fall 3: $m_x = 10, n_x = 50, w(B_x) = 0{,}2$

$$\frac{100}{50} \geq \left(\frac{0{,}2}{0{,}2}\right)^f \Rightarrow 2 \geq 1^f \qquad \text{für } f > 1 \text{ erfüllt}$$

Man beachte, dass in diesem Fall auch eine speziellere Regel entfernt wird, die genauso oft angewandt wurde wie die allgemeinere:

Fall 4: $m_x = 20, n_x = 100, w(B_x) = 0{,}2$

$$\frac{100}{100} \geq \left(\frac{0{,}2}{0{,}2}\right)^f \Rightarrow 1 \geq 1^f \qquad \text{für } f > 1 \text{ erfüllt}$$

Dies macht Sinn; da die allgemeine Regel genauso viele Anwendungsmöglichkeiten und Anwendungen hatte, waren die zusätzlich spezifizierten Eigenschaften offenbar überflüssig.[393]

Wir haben noch zu überprüfen, ob sich der Toleranzfaktor auch wie gewünscht verhält: Wenn er erhöht wird, sollten die nicht mehr entfernten Regeln zunächst diejenigen sein, die nur wenig seltener angewandt wurden als die allgemeinere, da sie die Verringerung der Anwendungsmöglichkeiten durch eine höhere ‚Trefferquote' ausgleichen. Erst später sollten Regeln gerettet werden, die trotz geringerer Anwendungsmöglichkeiten eine nur wenig höhere Trefferquote haben, also einen großen Teil ihrer Anwendung der allgemeinen Merkmalsregel verdanken. Nehmen wir zwei Fälle. Beide hätten 50 Mal angewandt werden können. In Fall 5 bezieht die speziellere Regel einen kleineren Teil ihrer Wirkung von der allgemeinen Regel, in Fall 6 einen größeren:

Fall 5: $m_x = 17, n_x = 50, w(B_x) = 0{,}34$

$$\frac{100}{50} \geq \left(\frac{0{,}34}{0{,}2}\right)^f \Rightarrow 2 \geq 1{,}7^f \qquad \text{für } 1{,}306 \geq f > 1 \text{ erf., für } f > 1{,}306 \text{ nicht erf.}$$

Für f bis einschließlich 1,306 wird die Merkmalsregel entfernt, für größere Werte ‚gerettet'. – Dies ist noch eine sehr gute Merkmalsregel, sie ‚verfehlt' nur drei der

---

[392] Ein Beispiel: $U(B_j)$: ‚Fenster', $V(B_j)$: ‚quadratisch', $w(B_j)$: 0,5. $U(B_x)$: ‚Fenster (im Erdgeschoss)', $V(B_x)$: ‚quadratisch', $w(B_x)$: 0,5. In diesem Fall ist die speziellere Regel offensichtlich überflüssig, ihre Wirkung wird durch die allgemeine abgedeckt.

[393] Ein Beispiel: $U(B_j)$: ‚Fenster', $U(B_x)$: ‚Fenster (im Erdgeschoss)' bei einem einstöckigen Gebäude.

Anwendungen der allgemeineren Merkmalsregel, obwohl sie nur halb so oft angewandt werden kann. Dies ist sicherlich kein Zufall, die Regel scheint einen Sachverhalt zu beschreiben, der durch die allgemeine nicht abgedeckt wird. Es macht daher Sinn, f höher als 1,3 anzunehmen.

Fall 6: $\quad m_x = 12, n_x = 50, w(B_x) = 0{,}24$

$$\frac{100}{50} \geq \left(\frac{0{,}24}{0{,}2}\right)^f \Rightarrow 2 \geq 1{,}2^f \quad \text{für } 3{,}802 \geq f > 1 \text{ erf., für } f > 3{,}802 \text{ nicht erf.}$$

Für f bis einschließlich 3,802 wird die Merkmalsregel entfernt, für größere Werte ‚gerettet'. – Dies ist bereits eine recht zweifelhafte Merkmalsregel: Sie engt zwar den Bereich der Anwendungsmöglichkeiten auf die Hälfte (50 statt 100) ein, bringt es aber auch nur auf zwei Anwendungen mehr als die Hälfte der allgemeineren Regel. Diese können gut Zufall sein und sind in keinem Fall sehr aussagekräftig.

Die beiden Beispiele bieten uns einen Anhaltspunkt dafür, welche Werte für den Toleranzfaktor empfehlenswert sind. Die weitgehend autonome Merkmalsregel in Fall 5 sollte nicht entfernt werden, während die Merkmalsregel aus Beispiel 6 überflüssig ist. Somit führen f etwa von 1,5 bis 3,5 zu plausiblen Ergebnissen. Als Normalwert für f wird 2,0 vorgeschlagen.

Zwei weitere Fälle sollen das Verhalten des Toleranzfaktors illustrieren, wobei wir den Bereich für plausible f genauer bestimmen.

Wenn $w(B_x)$ viel höher ist als $w(B_j)$, ist es relativ leicht, selbst ein deutlich niedrigeres m auszugleichen:

Fall 7: $\quad m_x = 7, n_x = 10, w(B_x) = 0{,}7$

$$\frac{100}{10} \geq \left(\frac{0{,}7}{0{,}2}\right)^f \Rightarrow 10 \geq 3{,}5^f \quad \text{für } 1{,}838 \geq f > 1 \text{ erf., für } f > 1{,}838 \text{ nicht erf.}$$

Für f bis einschließlich 1,838 wird die Merkmalsregel entfernt, für größere Werte ‚gerettet'. – Diese Merkmalsregel erzielt nur etwa ein Drittel der Anwendungen der allgemeineren, kann also nicht an deren Stelle treten. Sie engt jedoch die Anwendungsmöglichkeiten auf ein Zehntel ein und bringt es auf diesem Terrain auf die 3,5fache Trefferquote. Damit ist es plausibel, dass sie einen eigenständigen Sachverhalt beschreibt; beim empfohlenen Wert $f = 2$ wird sie nicht entfernt.

Wenn $w(B_x)$ nur geringfügig höher ist als $w(B_j)$, ist es schwierig, ein niedrigeres m auszugleichen:

Fall 8: $\quad m_x = 13, n_x = 50, w(B_x) = 0{,}26$

$$\frac{100}{50} \geq \left(\frac{0{,}26}{0{,}2}\right)^f \Rightarrow 2 \geq 1{,}3^f \quad \text{für } 2{,}642 \geq f > 1 \text{ erf., für } f > 2{,}642 \text{ nicht erf.}$$

Für f bis einschließlich 2,642 wird die Merkmalsregel entfernt, für größere Werte ‚gerettet'. – Die Merkmalsregel hat keine deutlich höhere Anwendungswahrscheinlichkeit (‚Trefferquote') als die allgemeinere. Obwohl sie etwa 2/3 der Anwendungen der allgemeineren abdeckt, macht es daher wenig Sinn, sie zu behalten; sie wird erst bei einem deutlich über dem empfohlenen Wert liegenden f gerettet.

Beispiele

Nehmen wir an, die Hälfte der Fenster einer Fassade ist quadratisch. Eine andere Merkmalsregel entdeckt, dass die Hälfte der Fenster im ersten Stock quadratisch ist.

$U(B_j)$: ‚Fenster', $V(B_j)$: ‚quadratisch'

$U(B_x)$: ‚Fenster (im ersten Stock)', $V(B_x)$: ‚quadratisch'

Beide haben das gleiche w:

$m_j = 10, n_j = 20, w(B_j) = 0{,}5$
$m_x = 5, n_x = 10, w(B_x) = 0{,}5$

In einem solchen Fall wird die speziellere Regel entfernt:

$\frac{20}{10} \geq (\frac{0{,}5}{0{,}5})^f \quad \Rightarrow \quad 2 \geq 1^f$ \hfill für $f > 1$ erfüllt

Generell gilt: Da das U der spezielleren Regel eine Unterkategorie des U der allgemeineren spezifiziert, kann sie gegenüber der allgemeineren keine zusätzlichen Anwendungen erfassen; daher muss eine spürbar höhere Anwendungswahrscheinlichkeit w vorliegen, um sie zu rechtfertigen.

Auf den ersten Blick scheinen wir durch die Entfernung der spezielleren Regel Information zu verlieren: Schließlich ist es ja denkbar, dass sich die quadratischen Fenster ungleich über die Stockwerke verteilen. In diesem Fall müssten wir allerdings entweder B_x mit einer höheren oder eine andere Regel erhalten, die für den ersten Stock ‚nicht-quadratisch' mit $w > 0{,}5$ spezifiziert. Fehlen solche Regeln, kann man getrost annehmen, dass $w = 0{,}5$ auch für den ersten Stock gilt.

Die Disambiguierung hat über Merkmalsregeln zu entscheiden, über Informationen, die sich aus dem Verhältnis von Merkmalsregeln zueinander ergeben (und damit in den Bereich des Interpretationsprozesses fallen), hat sie nicht zu entscheiden. Dies zeigt das folgende Beispiel:

$U(B_j)$: ‚Fenster', $V(B_j)$: ‚quadratisch'

$U(B_x)$: ‚Fenster (in Erkern)', $V(B_x)$: ‚quadratisch'

$m_j = 20, n_j = 20, w(B_j) = 1$
$m_x = 15, n_x = 15, w(B_x) = 1$

Hier erhalten die Zahlen die Information, dass sich mindestens 15 von 20 Fenstern in Eckern befinden. Allerdings ist diese Information in keiner der Merkmalsregeln allein enthalten; diese sagen nichts über das Verhältnis von Erkerfenstern zu anderen Fenstern aus. Daher wird die speziellere Regel wegen des gleichen w zu Recht entfernt.[394]

Modul 3: *Regeln mit allgemeineren verlangten Eigenschaften*

Entfernt werden Regeln, die bei gleichen Anwendungsbedingungen weniger verlangte Eigenschaften spezifizieren (und dadurch häufiger angewandt werden können), aber nicht entsprechend häufiger angewandt wurden. Diese Regeln haben also eine geringere ‚Trefferquote' (Anwendungswahrscheinlichkeit). In diesem Fall gilt, dass die Regel mit den speziellen verlangten Eigenschaften den Sachverhalt präziser beschreibt.

Die Bedingungen für die Überprüfung

Die Anwendungsbedingungen U sind gleich. Die verlangten Eigenschaften der allgemeineren Merkmalsregel B_x sind eine echte Teilmenge der verlangten Eigenschaften der spezielleren B_j.

$$(U(B_x) = U(B_j)) \land (V(B_x) \subset V(B_j))$$

Die Bedingung für die Entfernung

Die Bedingung wird aus Modul 1 übernommen, wobei $>$ durch $\geq$ ersetzt wird:

$$\frac{N_x}{N_j} \geq \left(\frac{M_x}{M_j}\right)^f \qquad \text{für } f > 1$$

Das Verhalten der Bedingung für verschiedene Fälle ähnelt dem in Modul 1, mit Ausnahme von Fall 4:

Fall 4: $m_x = 10, n_x = 20, w(B_x) = 0{,}5$

$$\frac{20}{20} \geq \left(\frac{10}{10}\right)^f \Rightarrow 1 \geq 1^f \qquad \text{für } f > 1 \text{ erfüllt}$$

Allgemeinere Regeln mit gleichem m und n werden also entfernt, die speziellere Regel bleibt erhalten (vgl. Modul 4). Dadurch wird eine genaue und effiziente Beschreibung ermöglicht; falls für die einzelnen Eigenschaften, die für eine bestimmte Lösung feststellbar sind, unterschiedliche Regeln gebildet wurden, werden diese zu einer Regel zusammengefasst.

---

[394] Die Information der ungewöhnlichen Häufung von Erkerfenstern kann ausgedrückt werden, indem eine eigene Merkmalsregel gebildet wird:
$U(B_y)$: ‚Fenster', $V(B_y)$: ‚in Eckern', $w(B_y)$: 0,75

Ansonsten ergeben sich keine wesentlichen Änderungen. Fall 1 bis 3 verhalten sich gleich; in Fall 5 bis 8 wird für den jeweils errechneten Grenzwert für f (beispielsweise in Fall 5 für $f = 1{,}161$) die Merkmalsregel noch hinausgeworfen, erst für höhere f bleibt sie erhalten.

Beispiele

Für einen natürlichsprachlichen Text werden zwei Regeln gebildet:

$U(B_j)$: ‚Substantive', $V(B_j)$: ‚Fremdwörter; aus dem Lateinischen'

$U(B_x)$: ‚Substantive', $V(B_x)$: ‚Fremdwörter'

Nehmen wir an, in jedem zweiten Fall, in dem ein Fremdwort möglich gewesen wäre, stand auch ein lateinisches Fremdwort zur Verfügung.[395] Wurde die allgemeinere Regel doppelt so oft angewandt wie die allgemeinere,[396] hatte sie dieselbe Anwendungswahrscheinlichkeit:

$m_j = 10, n_j = 50, w(B_j) = 0{,}2$
$m_x = 20, n_x = 100, w(B_x) = 0{,}2$

Der Verdacht, dass ihre Anwendungen auf die der spezielleren zurückgehen, kann gar nicht erst aufkommen. Sie muss erhalten bleiben.

$\frac{100}{50} \geq (\frac{20}{10})^f \Rightarrow 2 \geq 2^f$ \hspace{2em} für $f > 1$ nicht erfüllt

Nehmen wir dagegen an, die allgemeinere Regel wurde genauso oft angewandt wie die speziellere:

$m_j = 10, n_j = 50, w(B_j) = 0{,}2$
$m_x = 10, n_x = 100, w(B_x) = 0{,}1$

Hier ‚klaut' die allgemeinere Regel nur die Anwendungen der spezielleren, sie beschreibt keinen eigenständigen Sachverhalt. Sie muss raus.

---

[395] Dafür ist oft keine exakte Synonymie nötig. Inhaltliche Bedingungen legen fest, welcher Inhalt in einem Text ausgedrückt werden soll, in Abhängigkeit von Entscheidungen auf der Text- und der Satzebene ergeben sich daraus inhaltliche Bedingungen für die Alternativklassen für einzelne Wörter. Innerhalb der so gebildeten Alternativklassen gibt es also noch gewisse inhaltliche Unterschiede (vgl. Abschnitt 2.5).

[396] Dies heißt nicht unbedingt, dass genau 50 % aller Fremdwörter des Texts lateinischer Herkunft sind, da die zufällige Wahrscheinlichkeit berücksichtigt wird (vgl. Abschnitt 5.5.2). Da diese bei B_j und B_x unterschiedliche Auswirkungen haben kann, stehen die scheinbaren Anwendungen – also die Fälle, in denen die Anwendungsbedingungen erfüllt sind und das Element der Realisierung die verlangten Eigenschaften besitzt – nicht unbedingt in demselben Verhältnis zueinander wie die korrigierten Werte m_j und m_x. Befanden sich beispielsweise die lateinischen Fremdwörter im Durchschnitt in größeren Alternativklassen als die Fremdwörter allgemein, war bei den lateinischen Fremdwörtern eine geringere zufällige Wahrscheinlichkeit zu korrigieren; es sind dann weniger als 50 % der Fremdwörter des Texts lateinischer Herkunft.

$$\frac{100}{50} \geq \left(\frac{10}{10}\right)^f \quad \Rightarrow \quad 2 \geq 1^f \qquad \text{für } f > 1 \text{ erfüllt}$$

Dazwischen liegt der folgende Fall:

$m_j = 10, n_j = 50, w(B_j) = 0{,}2$
$m_x = 15, n_x = 100, w(B_x) = 0{,}15$

$$\frac{100}{50} \geq \left(\frac{15}{10}\right)^f \quad \Rightarrow \quad 2 \geq 1{,}5^f \qquad \text{für } 1{,}71 \geq f > 1 \text{ erf., für } f > 1{,}71 \text{ nicht erf.}$$

Für dem empfohlenen Wert $f = 2$ wird diese Merkmalsregel nicht entfernt. Für gewöhnlich ist bei einer allgemeineren Regel mit einer niedrigeren ‚Trefferquote' zu rechnen, dafür erfasst sie ja auch mehr Einzelphänomene.

Modul 4: *Regeln mit spezielleren verlangten Eigenschaften*

Speziellere verlangte Eigenschaften verringern oft die Anwendungsmöglichkeiten n einer Merkmalsregel. Je stärker diese Verringerung ist, desto größer die Wahrscheinlichkeit, dass die verlangten Eigenschaften unpassend formuliert sind. Sofern das geringere n nicht durch ein höheres w ausgeglichen werden kann, sollten solche Regeln entfernt werden. (Der Toleranzfaktor f bestimmt dabei die Ausgleichswirkung eines höheren w.)

Die Bedingungen für die Überprüfung

Die Anwendungsbedingungen U sind gleich. Die verlangten Eigenschaften der allgemeineren Merkmalsregel B_j sind eine echte Teilmenge der verlangten Eigenschaften der spezielleren B_x.

$$(U(B_j) = U(B_x)) \wedge (V(B_j) \subset V(B_x))$$

Die Bedingung für die Entfernung

Die Bedingung wird aus Modul 2 übernommen, wobei $\geq$ durch $>$ ersetzt wird:

$$\frac{N_j}{N_x} > \left(\frac{w(B_x)}{w(B_j)}\right)^f \qquad \text{für } f > 1$$

Das Verhalten der Bedingung für verschiedene Fälle ähnelt dem in Modul 1, mit Ausnahme von Fall 4:

Fall 4: $m_x = 20, n_x = 100, w(B_x) = 0{,}2$

$$\frac{100}{100} > \left(\frac{0{,}2}{0{,}2}\right)^f \quad \Rightarrow \quad 1 > 1^f \qquad \text{für } f > 1 \text{ nicht erfüllt}$$

Speziellere Regeln mit gleichem m und n bleiben also erhalten. Während bei den Anwendungsbedingungen die einfachere Formulierung im Zweifelsfall zu bevorzugen ist, macht es bei den verlangten Eigenschaften Sinn, möglichst genau zu sein.

Ansonsten ergeben sich keine wesentlichen Änderungen. Fall 1 bis 3 verhalten sich gleich; in Fall 5 bis 8 bleibt für den jeweils errechneten Grenzwert für f (beispielsweise in Fall 5 für $f = 1{,}306$) die Merkmalsregel bereits erhalten, für kleinere f wird sie hinausgeworfen.

Beispiele

$U(B_j)$: ‚Fenster', $V(B_j)$: ‚quadratisch'

$U(B_x)$: ‚Fenster', $V(B_x)$: ‚quadratisch; Seitenlänge 2 m'

$m_j = 8, n_j = 16, w(B_j) = 0{,}5$
$m_x = 5, n_x = 16, w(B_x) = 0{,}313$

In diesem Fall gab es keine erkennbaren funktionalen Einschränkungen; die großen quadratischen Fenster hätten immer verwendet werden können. Damit hat die speziellere Regel deutlich seltener ‚getroffen' als die allgemeinere, das Auftreten der zusätzlich spezifizierten Eigenschaft ist nicht sehr aussagekräftig: Schließlich ist es unwahrscheinlich, dass alle Fenster eine unterschiedliche Größe haben; daher verwundert es nicht, dass 5 von 8 quadratischen Fenstern dieselbe Größe haben. Diese Regel sollte entfernt werden.

$$\frac{16}{16} > \left(\frac{0{,}313}{0{,}5}\right)^f \Rightarrow 1 > 0{,}625^f \qquad \text{für } f > 1 \text{ erfüllt}$$

Stellen wir uns nun vor, dass die anderen Fenster kleinere Größen haben, weil sie zu Räumen gehören, die dies durch ihre Nutzung erfordern (Bäder, WCs, Ankleidezimmer, Dunkelkammer, Abstellkammer, Waschküche). Dabei spezifizieren funktionale Bedingungen die entsprechenden Alternativenklassen so, dass kein quadratisches Element mit 2 m Seitenlänge darin enthalten ist:

$m_x = 5, n_x = 5, w(B_x) = 1$

In diesem Fall hat die speziellere Regel die doppelte Anwendungswahrscheinlichkeit der allgemeineren. Überall dort, wo es möglich war, sind quadratische Fenster mit 2 m Seitenlänge eingebaut. Trotz der wesentlich geringeren Anzahl an Fällen, über die überhaupt eine Aussage getroffen werden kann (5 statt 16), ist es nicht unplausibel, dass die Regel einen eigenen Sachverhalt beschreibt. Sie kann daher erhalten bleiben. Dies geschieht tatsächlich für den empfohlenen Wert $f = 2$:

$$\frac{16}{5} > \left(\frac{1}{0{,}5}\right)^f \Rightarrow 3{,}2 > 2^f \qquad \text{für } 1{,}678 > f > 1 \text{ erf., für } f \geq 1{,}678 \text{ nicht erf.}$$

Wir haben auf die konkreten verlangten Eigenschaften Bezug genommen, um die Entfernung der Regel zu rechtfertigen. Sicherheitshalber sollten wir es daher auch mit anderen probieren:

5.5 Auslesen von Merkmalsregeln

$U(B_j)$: ‚Fenster', $V(B_j)$: ‚mit Doppelverglasung'

$U(B_x)$: ‚Fenster', $V(B_x)$: ‚mit Doppelverglasung; 30 · 30 cm groß'

$m_j = 8, n_j = 16, w(B_j) = 0{,}5$
$m_x = 2, n_x = 2, w(B_x) = 1$

$\frac{16}{2} > (\frac{1}{0{,}5})^f \quad \Rightarrow \quad 8 > 2^f \qquad$ für $3 > f > 1$ erfüllt, für $f \geq 3$ nicht erfüllt

Für sich genommen erscheint die speziellere Regel als sehr treffend: Hat sie doch eine Anwendungswahrscheinlichkeit von 1. Im Vergleich mit der allgemeineren wird jedoch deutlich, dass ihre verlangten Eigenschaften zu speziell formuliert sind: Bei praktisch allen Fenstern schließen funktionale Bedingungen so kleine Fenster aus, zwei Fenster (dies können beispielsweise Toilettenfenster sein) sind die Ausnahme. Die Regel sollte also trotz höherer Trefferquote entfernt werden.

Ein Beispiel mit einem anderen Schemaort:

$U(B_j)$: ‚Terrassen', $V(B_j)$: ‚mit schmiedeeisernen Geländern'

$U(B_x)$: ‚Terrassen', $V(B_x)$: ‚mit schmiedeeisernen Geländern; mit dreistufigem äußerem Aufgang'

$m_j = 9, n_j = 18, w(B_j) = 0{,}5$
$m_x = 3, n_x = 3, w(B_x) = 1$

Auch hier ist eindeutig, dass die zusätzlich spezifizierte Eigenschaft die verlangten Eigenschaften zu speziell macht: Da die meisten Terrassen ebenerdig sind oder sich als Dachterrassen in größerer Höhe befinden, ist meist gar kein dreistufiger Aufgang möglich. Es ist daher einfach, für alle Terrassen, bei denen überhaupt ein dreistufiger äußerer Aufgang möglich ist, eine Anwendungswahrscheinlichkeit von 1 zu erhalten. Tatsächlich fliegt die Regel für $f = 2$ raus:

$\frac{18}{3} > (\frac{1}{0{,}5})^f \quad \Rightarrow \quad 6 > 2^f \qquad$ für $2{,}585 > f > 1$ erf., für $f \geq 2{,}585$ nicht erf.

In den beiden letzten Beispielen sind die verlangten Eigenschaften der Regel zu speziell für ihre Anwendungsbedingungen. Diese Regeln sollten mit spezielleren Anwendungsbedingungen formuliert werden: Die erste mit ‚Fenster (von Toiletten)', die zweite mit ‚Terrassen (im Erdgeschoss)'. Hat eine andere Regel bei gleichen Anwendungsbedingungen U wesentlich höhere Anwendungsmöglichkeiten n, ist es plausibel, dass ein solcher Fall vorliegt. In diesem Fall sollte die Regel nur dann behalten werden, wenn sie dies durch ein entsprechend höheres w ausgleichen kann.

Es ist noch auf eine kontraintuitive Verhaltensweise dieses Moduls der Disambiguierung hinzuweisen: Sie wirft speziellere Regeln mit niedrigerem w automatisch hinaus, und zwar unabhängig von der Höhe von f. Doch solche Regeln enthalten offenbar zusätzliche Information über die Realisierung. Nehmen wir als Beispiel an, ein Komponist verwendet verschiedene Verzierungen in seinen Kompositionen:

$U(B_j)$: ‚für Vorschlag geeignete Stellen', $V(B_j)$: ‚Vorschlag'

$U(B_x)$: ‚für Vorschlag geeignete Stellen', $V(B_x)$: ‚Vorschlag; von oben'

$$m_j = 20, n_j = 100, w(B_j) = 0{,}2$$
$$m_x = 19, n_x = 100, w(B_x) = 0{,}19$$

$$\frac{100}{100} > \left(\frac{0{,}19}{0{,}20}\right)^f \Rightarrow 1 > 0{,}95^f \qquad \text{für } f > 1 \text{ erfüllt}$$

Die speziellere Regel würde hier für jedes f entfernt, da sie ein niedrigeres w hat. Warum sollte jedoch eine solche Regel, die eine genauere Beschreibung liefert, trotz des etwas geringeren w nicht akzeptabel sein? Scheinbar wird hier eine durchaus informative Regel entfernt.

In diesem Zusammenhang ist zu beachten, dass die allgemeinere Regel in solchen Fällen, da ihr w größer ist als das der speziellen, automatisch erhalten bleibt; dies ist notwendig, da die Regel mehr Fälle erfasst und es keinen Hinweis auf eine Beeinflussung durch die speziellere gibt (vgl. Modul 3, wo Fall 3 entsprechend Modul 1 gilt). Man müsste also eine zweite, sehr ähnliche Regel in B belassen.

Zugleich können für gegebene Anwendungsbedingungen stets viele speziellere Regeln gebildet werden, die weniger Fälle erfassen und geringere w haben. Im vorliegenden Fall kann zwischen langen und kurzen, doppelten und einfachen Vorschlägen unterschieden werden, zwischen Vorschlägen auf schweren und leichten Zählzeiten, solchen die große und kleine Sekunden bilden, sich wiederholenden und überraschenden Vorschlägen, mit einem bestimmten Finger zu spielenden Vorschlägen, usw. Es wird sich wohl immer eine Beschreibungsweise finden lassen, die nur wenig seltener zutrifft als die allgemeinere. Das obenstehende Beispiel könnte bei gleichen Zahlenverhältnissen auch lauten:

$U(B_x)$: ‚für Vorschlag geeignete Stellen', $V(B_x)$: ‚Vorschlag; mit dem Daumen ausgeführt'

oder

$U(B_x)$: ‚für Vorschlag geeignete Stellen', $V(B_x)$: ‚Vorschlag; kleine Sekunde'

Auf den ersten Blick erscheint dies interessant, auf den zweiten erkennt man, dass es, wenn zwanzig Vorschläge vorhanden sind, immer Eigenschaften geben wird, die 19 von ihnen teilen. Um zu verhindern, dass B durch zahlreiche wenig aussagekräftige Merkmalsregeln aufgebläht wird, müssen daher Regeln mit spezielleren verlangten Eigenschaften und niedrigerem w konsequent entfernt werden.

5.5.5 Priorisierung oder globale Häufigkeit?

Die Priorisierung der Merkmalsregeln (vgl. Abschnitt 5.3.2) hat Auswirkungen auf das Auslesen der Merkmalsregeln. Daher können wir erst jetzt, nachdem dieser Prozess vorgestellt wurde, eine Gesamteinschätzung der Priorisierung vornehmen. Der folgende Abschnitt betrachtet die Folgen der Priorisierung für den Prozess des Auslesens, diskutiert alternative Möglichkeiten und begründet, warum die Priorisierung selbst in der Regel nicht ausgelesen wird.

Allgemein ausgedrückt, können beim Wahrnehmen eines Stils nur dann die korrekten Merkmalsregeln ausgelesen werden, wenn die Auswirkungen der Priorisierung im Einzelfall erkannt werden. Dies ist jedoch nicht ohne weiteres möglich, wie eine einfache Überlegung zeigt: Um die Auswirkungen der Priorisierung korrekt zu erkennen, müssten die Merkmalsregeln in der Reihenfolge ihrer Priorität ausgelesen werden, wobei bei der Extraktion jeder Merkmalsregel B_{j_k} die genauen Auswirkungen der zuvor angewandten Merkmalsregeln höherer Priorität (B_i mit $i < j$) sowie gegebenenfalls zuvor angewandte mit gleicher Priorität (B_{j_h} mit $h \neq k$) berücksichtigt werden. Dies ist jedoch nicht möglich, da man ja vor der Extraktion einer Merkmalsregel nicht wissen kann, welche Priorität sie hat. Selbst wenn der Vorgang so durchführbar wäre, bliebe das Problem, dass Merkmalsregeln ja nur mit einer bestimmten Wahrscheinlichkeit w angewandt werden und man somit nie sicher wissen kann, ob an einer bestimmten Realisierungsstelle eine höher priorisierte Merkmalsregel die Anwendung der angenommenen Merkmalsregel verhindert hat, oder ob diese selbst eben doch anders aussieht als angenommen und daher an dieser Stelle nicht zur Anwendung kam.

Daher sollte der Stilanwender darauf achten, dass sich die Regeln beim Einschreiben nicht zu stark in die Quere kommen. In Abschnitt 5.3.2 wurde bereits eine Möglichkeit hierfür erwähnt: Auffällige ‚Rasenmäherregeln' können weit nach hinten priorisiert werden, empfindliche Regeln, die nur wenige Gelegenheiten zur Anwendung haben, dagegen weit nach vorne. Darüber hinaus wird der Stilanwender, wenn er möchte, dass der Stil präzise wahrgenommen werden kann, darauf achten, dass sich die Regeln in der Art ihrer Einwirkung – das heißt in den Eigenschaften der verlangten Elemente – nicht zu stark in die Quere kommen (vgl. die beiden Regeln (a) und (b) im genannten Abschnitt, bei denen ein gemeinsames Einschreiben gerade noch möglich schien). Wenn allerdings zu viele konfliktträchtige Regeln eingeschrieben werden sollen, ist es wahrscheinlich, dass selbst bei optimaler Priorisierung nicht mehr alle Regeln erkennbar eingeschrieben und damit ausgelesen werden können.

Um zu verhindern, dass dies geschieht, könnte man annehmen, dass bei der Priorisierung bei Konflikten *Ausgleichsmaßnahmen* getroffen werden. Dies wäre möglich, indem jede Merkmalsregel parallel auf die noch unreduzierten Alternativenklassen angewandt und die Gesamthäufigkeit ihrer Anwendung gemessen würde (sagen wir: 20 Anwendungen für den gegebenen Textabschnitt). Dabei handelt es sich nur um einen Testlauf, um Werte für die Häufigkeiten zu erhalten. Nun würden die Regeln im tatsächlichen Einschreibeprozess wie gehabt in der Reihenfolge ihrer Priorität angewandt werden; doch auch jetzt würde bei der Anwendung jeder Regel das Ergebnis zunächst als vorläufig betrachtet und die im Testlauf erhaltene Anzahl der Anwendungen für diese Regel mit der tatsächlichen Anzahl verglichen (sagen wir: 13 Anwendungen für den gegebenen Textabschnitt), wobei sich die durch die vorherige Anwendung anderer Regeln, also durch die Priorisierung, verursachte Differenz ergibt (7 Anwendungen). Diese könnte verringert werden, indem das w der Regel solange heraufgesetzt und die Regel wieder angewandt wird, bis die beiden Zahlen sich ausreichend angleichen oder $w = 1{,}0$ erreicht ist. Erst dann wird der erhaltene Output (die reduzierte Alternativenklasse A') als Input für die nächste Merkmalsregel gesetzt. Auf diese Art könnte die Priorisierung mit Ausgleichsmaßnahmen verbunden werden.[397]

Machen wir uns an einem Beispiel klar, was dies bedeuten würde: Nehmen wir an, ein Architekt wählt mit $w = 0{,}5$ eine Lösung, die die Funktion des entsprechenden Bauelements offen legt. An einigen Stellen ist dies jedoch aufgrund anderer Regeln nicht möglich (etwa, weil er klare Linien und schlichte Baukörper bevorzugt). In diesem Fall würde nun dafür gesorgt, dass an den Stellen, an denen es möglich ist, die Regel mit $w > 0{,}5$ tatsächlich zur Anwendung kommt, im Extremfall mit $w = 1{,}0$. Dieses Beispiel scheint plausibel.

Was aber, wenn die Merkmalsregel bereits $w = 1{,}0$ hat? In diesem Fall kommt es nach wie vor zu einem Konflikt zwischen den beiden Merkmalsregeln. Beim Auslesen ist jedoch nicht erkennbar, ob ein solcher unvermeidlicher Konflikt vorlag oder nicht. In unserem Beispiel kann nicht festgestellt werden, ob $w = 0{,}5$ oder $w = 1{,}0$ gefordert wurde. Durch die Annahme von Ausgleichsmaßnahmen entstehen also neue Probleme: Es ist nicht eindeutig erkennbar, ob ein feststellbares w auf eine Ausgleichsmaßnahme oder auf die Regel selbst zurückzuführen ist.

Problematisch scheint zudem, dass durch Ausgleichsmaßnahmen die Regeln ihrem Charakter nach verändert würden: Nun müsste etwa eine Schriftstellerin, die gelegentlich ein altmodisches Wort verwendet, unter bestimmten Umständen – nämlich wenn andere Stilregeln ihr viele Gelegenheiten dazu bereits nehmen – in *allen* verbleibenden Fällen ein solches Wort wählen, das heißt sie müsste nach jeder Möglichkeit, etwas mit einem Archaismus auszudrücken, suchen!

---

[397] Eine weitere Möglichkeit bestünde darin, die Priorisierung ganz fallen zu lassen und zu versuchen, alle Merkmalsregeln möglichst weitgehend einzuschreiben; Probleme durch ungeschickte Priorisierungen könnten auf diese Art vermieden werden. Dabei müsste versucht werden, die Konfliktfälle möglichst zu reduzieren. Ein Ansatz wäre, die Merkmalsregeln mit einer provisorischen Reihenfolge anzuwenden, etwa nach der Höhe ihres W, wobei im Fall, dass durch die Ausgleichsmaßnahmen für diese ‚provisorische Priorisierung' die im Testlauf errechnete Häufigkeit nicht hergestellt werden kann (da $W = 1{,}0$ bereits erreicht ist), eine Umstellung erfolgen würde (entweder diese Merkmalsregel weiter nach vorne oder die konfligierende weiter nach hinten). Dieser Vorgang wäre jedoch noch weit aufwendiger als eine Priorisierung mit Ausgleichsmaßnahmen.

5.5 Auslesen von Merkmalsregeln

(Nichts anderes bedeutet die Heraufsetzung von w auf 1,0.) Dies scheint aber dem Charakter der ursprünglichen Regel zu widersprechen, der eher zu implizieren scheint, dass sie ohne besondere Anstrengung bei Gelegenheit einen Archaismus einfließen lässt. Plausibler ist es, anzunehmen, dass in diesem Fall entsprechend weniger Archaismen erscheinen.

Hinzu kommt das Problem der Berücksichtigung einer globalen Häufigkeit. Anstatt Realisierungsstelle für Realisierungsstelle vorzugehen, wie es die Funktion *Merkmalsregeln_einschreiben* ohne Ausgleichsmaßnahmen in Abschnitt 5.4.1 tut, müsste nun zunächst geprüft werden, an wie vielen Stellen es zu einem Konflikt kommen wird. Dies würde von unserer Schriftstellerin verlangen, dass sie, wenn an einer bestimmten Stelle Konflikte auftreten, die sie an der Anwendung der Archaismus-Regel hindern, im Text zurückgeht und weiter vorne altmodisch klingende Wörter einbaut, um die von der Regel verlangte globale Häufigkeit zu erzielen! Dies erscheint dem tatsächlichen Schreibprozess zu widersprechen. Außerdem tritt das Problem auf, dass wir uns nun festlegen müssten, für welchen Abschnitt einer Realisierung eine solche globale Häufigkeit zu gelten hat. Das ganze Werk? Im Falle eines Buches ist es offensichtlich, dass solche Ausgleichsprozesse nicht global für das ganze Werk stattfinden. Für ein Kapitel? Aber es wird häufig nicht ein Kapitel am Stück geschrieben. Welchen Abschnitt auch immer wir wählen: Durch die Berücksichtigung einer globalen Häufigkeit verlieren wir die Möglichkeit, einen Stil für einen beliebigen Realisierungsabschnitt auszulesen (wenn auch mit abnehmender Genauigkeit bei kürzeren Abschnitten), der zu den Vorteilen der hier vorgestellten Stiltheorie gehört.[398] Tatsächlich werden Stile oft schon aus kurzen, nicht speziell abgegrenzten Realisierungsstücken (einem Ausschnitt aus einer Fassade; ein paar Sätzen in einem Buch) ausgelesen und die Qualität scheint bei längeren Stücken kontinuierlich besser zu werden, während es bei Annahme einer globalen Häufigkeit dort, wo diese korrekt ausgelesen werden kann, einen Qualitätssprung geben müsste.

Dies sind erhebliche Nachteile. Sie lassen das Einschreiben mit Ausgleichsmaßnahmen nicht als Fortschritt erscheinen, selbst wenn man davon absieht, dass diese im Vergleich mit der einfachen und eleganten Priorisierung weit umständlicher wäre.

Zu bedenken ist auch, dass wir Priorisierungen offenbar durchaus erkennen können. Wenn an einer bestimmten Stelle eine bestimmte Lösung zu erwarten wäre, diese aber nicht erscheint, dann schauen wir automatisch, ob nicht vielleicht eine andere stilistische Anforderung diese ausschließt: Wenn etwa ein Baustil einerseits (a) die Einfachheit betont (und niemals unnötige Gesimse und Vorsprünge tolerieren würde), andererseits (b) Klarheit der Kraftabtragung fordert (und daher etwa lasttragende Stellen in einer Wand verdickt), so würden die sich ergebenden Vorsprünge in der Wand uns gar nicht als Widerspruch zur Regel (a) erscheinen, da wir erkennen, dass die Möglichkeit einer glatten Wand bei

---

[398] Vgl. Abschnitt 5.1, Unterabschnitt *Erläuterung der Abbildung*.

ungleichmäßiger Belastung (etwa aufgrund von ungleichmäßiger Belastung durch Stützen weiter oben) aufgrund von (b) nicht zur Verfügung steht. Wir erkennen automatisch, dass die Anwendung von (a) hier der Anwendung von (b) weichen musste.

Wir entscheiden uns daher für die Priorisierung und nehmen die Folgen in Kauf.

Dazu gehört, dass es – gerade bei Merkmalsregeln mit niedrigem W, also solchen, die mit einer niedrigen Wahrscheinlichkeit angewandt werden – schwer bis unmöglich sein dürfte, die Priorität ungefähr korrekt auszulesen. Wir nehmen daher an, dass die Merkmalsregeln *ohne vollständige Priorisierung* ausgelesen werden: Sind Konflikte zu erkennen, wird vom Stilwahrnehmer (gewissermaßen als Arbeitshypothese) davon ausgegangen, dass die Regel, die nicht angewandt wurde, gegenüber der tatsächlich angewandten niedriger priorisiert war. Aus den zahlreichen Konflikten dieser Art eine vollständige Priorisierung aller Merkmalsregeln zu schließen, dürfte aufgrund der hohen Unsicherheit bei jeder einzelnen Annahme nicht möglich sein. Wir können also davon ausgehen, dass Hypothesen über Prioritäten wohl beim Auslesen eine Rolle spielen, dass aber in der ausgelesenen Menge an Merkmalsregeln (also dem Zeicheninhalt) keine vollständige Priorisierung enthalten sein muss. Diese ist also vorwiegend ein Mittel zum Einschreiben.

Demzufolge können also nur auf einzelnen Beobachtungen fußende Annahmen über die Priorisierung gemacht werden, die nicht zu einem vollständigen und widerspruchsfreien Bild führen müssen. So könnte durchaus an einer Realisierungsstelle der Eindruck entstehen, dass Merkmalsregel (a) höher als (b) priorisiert ist, an der anderen dagegen, dass umgekehrt (b) höher als (a) priorisiert ist. (Dies erklärt sich leicht daraus, dass beide Merkmalsregeln ja, sofern sie $w < 1,0$ haben, nicht immer angewandt werden. Welche jedoch aufgrund ihres w nicht angewandt wurde und welche aufgrund der niedrigeren Priorität, kann nicht eindeutig erkannt werden. In manchen Fällen wird es möglich sein, durch Abgleich dieser Beobachtungen miteinander plausible Beobachtungen über die Prioritäten anzustellen. Dieser werden jedoch häufig spekulativer Natur sein und es wird vom individuellen Stilwahrnehmer abhängen, welche Schlüsse gezogen werden. Daher verzichten wir in unserem Stilmodell ganz auf das Auslesen der Priorisierung, da in einer allgemeinen Stiltheorie dafür kein Prozess angegeben werden kann. Es wird jedoch explizit darauf verwiesen, dass solche Hypothesen über die Priorität möglich sind und in Einzelfällen stattfinden; es handelt sich um einen jener Bereiche, in denen Vagheit und individuelle Variation dominieren (vgl. Abschnitt 9.5), für die daher eine allgemeine Beschreibung übergenau wäre.

5.6 Weitere Aspekte von Merkmalsregeln

Bevor wir uns im nächsten Kapitel dem Interpretationsprozess zuwenden, der ausgehend von den Merkmalsregeln stattfindet, wollen wir kurz überlegen, was wir bisher erreicht haben. In diesem Kapitel ging es vor allem um Merkmalsregeln. Wir wissen nun, wie eine Merkmalsregel aussieht und wie man sie einschreibt und ausliest. Es gibt jedoch weitere interessante Aspekte von Merkmalsregeln. In welcher Relation stehen Merkmalsregeln zu bisherigen Stiltheorien und dem alltagssprachlichen Sprechen über Stil? Was kann man mit einer einzelnen Merkmalsregel beschreiben, und wann braucht man mehrere? Was für ein Zeichenprozesstyp ist das Einschreiben und Auslesen von Merkmalsregeln?

Die Antwort auf die erste Frage ist bereits früher gegeben worden:[399] Die Merkmalsregeln in unserer Theorie modellieren jene Regelmäßigkeiten der Auswahl, die stilistische Merkmale (2.11) erzeugen. „Stilistische Merkmale" wurden traditionell einzeln beschreibbare, als stilistisch relevant empfundene Regelmäßigkeiten an Realisierungen genannt. Die Bezeichnung konnte dabei deskriptiv oder operationell gebraucht werden: (a) Deskriptiv wurden häufig einzelne Charakteristika eines Stils so genannt. (b) Operationell wurden stilistische Merkmale als jene kleinsten Einheiten verwendet, auf denen jede Stiluntersuchung beruhte und zu weitergehenden Erkenntnissen gelangte.

Merkmalsregeln entsprechen beiden Funktionen stilistischer Merkmale. (a) Unter deskriptiver Perspektive ermöglichen sie es, festgestellte Regelmäßigkeiten des Zusammenhangs zwischen Alternativenklassen und Realisierung zu beschreiben. (b) Operationell dienen sie als Einheit, in der stilistische Information eingeschrieben und ausgelesen wird, und als Ausgangspunkt für alle weitergehenden Wahrnehmungen, Reflexionen und Eindrücke, wodurch sie eine einheitliche Darstellung des stilistischen Zeichenprozesses erst möglich machen.

Gelegentlich gibt es auch andere Verwendungsweisen des Ausdrucks „stilistisches Merkmal", etwa wenn bestimmte komplexere Prinzipien so gefasst werden, die nicht durch Merkmalsregeln erzeugbar sind. Sieht man etwa den Widerspruch im Verhalten eines Autofahrers, der sich in bestimmten Situationen sicherheitsorientiert, in anderen aber riskant verhält, als stilistisches Merkmal an, kann dies in der vorliegenden Theorie nur durch eine bestimmte Relation zwischen verschiedenen Merkmalsregeln erzeugt werden: In der hier vorgenommenen Teilung in Merkmals- und Interpretationsprozess würden die Tatsache, dass in bestimmten Situationen sicher gefahren wird, und die Tatsache, dass in bestimmten anderen Situationen riskant gefahren wird, als zwei verschiedene Merkmalsregeln analysiert werden. Der Widerspruch zwischen den in ihnen verlangten Eigenschaften ist daher in den Interpretationsprozess verlagert. Wollte ein Stilanwender einen solchen Widerspruch erzeugen, müsste dies in der angestrebten Interpretation (vgl. 7.3.1) repräsentiert sein; er würde nun die Merk-

---

[399] Vgl. die Abschnitte 2.12 sowie 5.1.

malsregeln so anpassen, dass sie den Widerspruch enthalten und bei der Anwendung auf die Realisierung in dieser erzeugen.

Häufig bechränkt man sich jedoch beim Sprechen über Stil tatsächlich darauf, eine Regelmäßigkeit an einer Realisierung als „stilistisches Merkmal" zu bezeichnen, die durch eine Regelmäßigkeit der Auswahl (also eine Merkmalsregel) erzeugt werden kann, also etwa bei einem Gebäude eine bestimmte Ausführungsweise der Fenster, die Verwendung bestimmter Materialien in bestimmten Kontexten, eine bestimmte Form der Fassade usw. Weitergehende Zusammenhänge oder gar der allgemeine Eindruck, der daraus entsteht, werden seltener als „stilistische Merkmale" bezeichnet.

Wir können also *cum grano salis* festhalten, dass die Merkmalsregeln dieser Theorie, obwohl sie sich auf der Ebene der Auswahl und nicht auf der Ebene der fertigen Realisierung befinden, eine ähnliche Rolle spielen wie traditionell die stilistischen Merkmale: In ihrer deskriptiven Funktion bilden sie die Einheit, in der die Beschreibung von Regelmäßigkeiten eines Stils vorgenommen wird. In ihrer operativen Funktion bilden sie die Grundlage für weitergehende Zeichenbildung, die in Kapitel 6 und 7 als Interpretationsprozess behandelt wird. Diese Grundlage können sie deshalb sein, weil ihnen ein anderer Status zukommt als den bei der Interpretation erzeugten Ergebnissen: Ihre Anwendung oder Nichtanwendung lässt sich direkt am Stilträger überprüfen, wobei relativ eindeutig festzustellen ist, ob eine Merkmalsregel korrekt ausgelesen wurde oder nicht. Somit bilden sie eine empirische Grundlage für die (nicht notwendigerweise, aber häufig) stärker spekulativen Ergebnisse der Interpretation – genauso wie Aussagen über Stile bislang oft unter Verweis auf stilistische Merkmale gemacht oder widerlegt wurden.

Wann benötigt man eine und wann mehrere Merkmalsregeln, um eine Regelmäßigkeit der Auswahl zu beschreiben? Dies kann man sich klarmachen, indem man einfache Stile betrachtet und überlegt, wie lange man mit einer Merkmalsregel auskommt.

Der simpelste denkbare Stil besteht darin, dass für einen Anwendungsbereich eine Eigenschaft verlangt wird. Plausible Beispiele dafür lassen sich bei unserem schon oft strapazierten Beispiel, den Fahrstilen, finden: Nehmen wir für ‚anfahren', abbiegen', ‚der Straße folgen', ‚anhalten', ‚einparken' usw. den übergeordneten Schemaort ‚Fahrmanöver' an, kann die folgende Merkmalsregel gebildet werden:

$U(B_1)$: ‚Fahrmanöver', $V(B_1)$: ‚riskant'

Obwohl ‚riskant' beim ‚auf die Autobahn Einfahren' eine andere Dimension der Gefahr impliziert als beim ‚Einparken', ist diese Beschreibung hinreichend: Dass die Eigenschaft ‚riskant' aufgrund der Verschiedenheit der Schemaorte bei letzterem meist nur Fahrzeugschäden beinhaltet, während bei ersterem das Risiko

5.6 Weitere Aspekte von Merkmalsregeln

eines tödlichen Unfalls besteht, ergibt sich aus der Bildungsweise der Alternativenklasse.

Auch bei mehreren verlangten Eigenschaften reicht eine Merkmalsregel:

$U(B_1)$: ‚Fahrmanöver‘, $V(B_1)$: ‚kontrolliert; elegant‘

Dasselbe gilt, wenn nur ein bestimmter, abgrenzbarer Anwendungsbereich mit einer Merkmalsregel beschrieben werden muss und die anderen als stilistisch unauffällig gelten können:

$U(B_1)$: ‚Überholen‘, $V(B_1)$: ‚riskant‘

Dies kann jedoch nur dann als angemessene Stilbeschreibung akzeptiert werden, wenn alle anderen Fahrsituationen tatsächlich stilistisch unauffällig sind.

Die meisten Stile sind jedoch erheblich komplizierter. Aus mehreren Gründen müssen fast immer verschiedene Merkmalsregeln angenommen werden.

(1) Wenn ein Anwendungsbereich spezifiziert werden soll, der nicht mit einer Menge von Eigenschaften abgegrenzt werden kann, muss dieser in mehrere Teilbereiche unterteilt werden und es müssen zwei Merkmalsregeln angegeben werden: So könnte ein Autofahrer ‚riskant‘ ‚überholen‘ und ‚riskant‘ ‚links abbiegen‘. Da es keine Möglichkeit gibt, alle Überholmanöver und alle Linksabbiegemanöver in eine intensionale Definition zu fassen und einen übergeordneten Schemaort zu bilden, müssen hier zwei Merkmalsregeln angegeben werden.

(2) Dies gilt ebenso, wenn für Anwendungsbereiche, die durch eine intensionale Definition zusammengefasst werden können, verschiedene Eigenschaften verlangt werden. So mag ein Autofahrer ‚riskant‘ ‚links abbiegen‘, aber ‚kontrolliert‘ ‚rechts abbiegen‘; obwohl beide Anwendungsbereiche zu ‚abbiegen‘ zusammengefasst werden können, sind hier zwei Merkmalsregeln nötig. Wenn alle Außenwände eines Gebäudes auf bestimmte Art gestaltet sind (z.B. die Fenster in geometrischen Mustern angeordnet) oder mit einem bestimmten Material versehen sind (z.B. verputzt oder mit Backstein verkleidet), kann dies jeweils in einer Merkmalsregel angegeben werden. Wenn das geometrische Muster, der Putz oder die Backsteinverkleidung nur auf der Straßenfassade vorhanden sind, kann dies ebenfalls in jeweils einer Merkmalsregel ausgedrückt werden, die nun als Anwendungsbedingung ‚Straßenfassade‘ spezifiziert. Wenn jedoch die anderen Seiten auf spezifische Art anders gestaltet sind, spielt dies unter Umständen auch eine Rolle für den Stil und sollte in der Stilbeschreibung angegeben werden. In diesem Fall muss eine zweite Merkmalsregel mit anderen Anwendungsbedingungen (‚Fassaden, die nicht Straßenfassade sind‘) definiert werden.

(3) In den meisten Fällen gilt, dass weder wie in (1) die verlangten Eigenschaften gleich sind noch wie in (2) die Anwendungsbereiche über eine intensionale Definition zusammengefasst werden können. In diesen Fällen ist es offensichtlich, dass man um die Formulierung mehrerer Merkmalsregeln nicht herumkommt.

Interessant ist auch die Frage nach dem Typus des im Merkmalsprozess bechriebenen Zeichenprozesses. Lässt sich dieser in die von Peirce vorgeschlagene, mittlerweile klassisch gewordene Unterscheidung zwischen Ikon, Index und Symbol einordnen?

Zunächst handelt es sich beim hier beschriebenen Merkmalsprozess um Anzeichen (Indizes): Die Merkmalsregeln hinterlassen bei ihrer Anwendung Spuren im Auswahlergebnis (der Realisierung), aus denen sie (mehr oder minder genau) vom Stilwahrnehmer rekonstruiert werden können. Es handelt sich also um eine Kausalbeziehung, bei der die Wirkung zum Anzeichen für die Ursache wird: Die Ursache (die Merkmalsregeln) bildet also den Zeicheninhalt, die Wirkung (die Merkmale, die als Regelanwendungsspuren in der Realisierung entstehen) den Zeichenträger. Zeichen, bei denen eine Kausalbeziehung den Zusammenhang zwischen Zeicheninhalt und Zeichenträger herstellt, werden zu den Indizes gerechnet.

Zugleich ist festzuhalten, dass diese Einordnung nicht allzuviel über das Spezifikum des Merkmalsprozesses aussagt. Die spezielle Art der Kausalbeziehung zwischen einem Abstraktum (einer Menge von Merkmalsregeln) und einem Konkretum (einer sinnlich wahrnehmbaren Realisierung) ist damit nicht erfasst. Außerdem unterscheidet die Besonderheit, dass der Zeichenträger nicht aus der Realisierung allein entnommen werden kann, sondern dass dazu erst die Alternativenklassen rekonstruiert werden müssen (vgl. Abschnitt 5.1), den Merkmalsprozess ebenfalls von anderen indexikalischen Zeichenprozessen.

Der Interpretationsprozess fällt zudem nicht unter diese Einordnung; dort werden eine Reihe unterschiedlicher Operationen angewandt, um Ergebnisse zu erzeugen. Grundsätzlich können alle diese Prozesse ebenfalls als Zeichenprozesse aufgefasst werden, wodurch der Interpretationsprozess als komplexer Zeichenprozess beschrieben wird, der aus einer Menge von miteinander interagierenden und aufeinander aufbauenden Zeichenprozessen besteht. In dieser Arbeit wird jedoch auf diese Beschreibung verzichtet, einerseits um die Verwechslungsgefahr mit dem Merkmalsprozess und dem in ihm definierten „stilistischen Zeichen" (2.16) zu vermeiden, andererseits da man der Unterschiedlichkeit der Operationen damit auch nicht gerecht wird und eine präzise Beschreibung der Vorgänge besser ist.

Das „stilistische Zeichen" des Merkmalsprozesses ist also ein Anzeichen (Index); im Interpretationsprozess können verschiedene Zeichentypen erzeugt werden. Wichtiger für das Verständnis des Phänomens Stil (im Sinne der Definition aus Abschnitt 2.16 ist dies Stil$_a$) ist jedoch, was Stil als *Zeichenprozesstyp* von anderen Zeichenprozesstypen unterscheidet: Diese Besonderheiten basieren insbesondere darauf, dass der Zeicheninhalt des stilistischen Zeichens eine Regelmenge ist, die durch Anwendung auf eine Realisierung in diese eingeschrieben und aus den dabei erzeugten Regelanwendungsspuren wieder ausgelesen werden kann (vgl. 2.13 und 2.16). Aber auch die Besonderheit der Interaktion des

Merkmalsprozesses und des Interpretationsprozesses (vgl. 2.14) ist ein wichtiges Kennzeichen des Phänomens Stil.

Vermutlich hat Stil aufgrund dieser Eigenarten jenen kennzeichnenden ‚flavour', aufgrund dessen wir alltagssprachlich ohne Mühe und offenbar ohne Rückgriff auf Definitionen in unterschiedlichsten Bereichen von „Stil" sprechen, wobei wir über die Grenzen verschiedener Gegenstandsbereiche – die in der akademischen und wissenschaftlichen Welt so wichtig erscheinen – die Gemeinsamkeiten der damit bezeichneten Phänomene zu sehen vermögen.

Kapitel 6: Interpretationsschritte

6.1 Allgemeines

6.1.1 Was wird untersucht?

Das Wahrnehmen eines Stils besteht aus zwei aufeinander aufbauenden Prozessen: Dem Merkmalsprozess und dem Interpretationsprozess. In Kapitel 4 und 5 wurde der Merkmalsprozess untersucht. Wir haben stilistische Merkmale als Ergebnis von Merkmalsregeln definiert, die die Auswahl von Elementen aus Alternativenklassen festlegen, durch ihre Anwendung vom Stilanwender in Realisierungen eingeschrieben und mit Hilfe der dadurch entstehenden Spuren vom Stilwahrnehmer ausgelesen werden.

In Kapitel 6 und 7 soll nun der Interpretationsprozess dargestellt werden, der auf dem Merkmalsprozess aufbaut.

Das Wahrnehmen eines Stils kann sich auf das bloße Auslesen von Merkmalsregeln beschränken. In diesem Fall werden keine weiteren Informationen aus den Merkmalsregeln gewonnen, und die Angabe der Merkmalsregeln bleibt die endgültige Beschreibung des Stils.

Beispielsweise kann ein Fahrstil nur aus der Angabe bestehen, dass ‚Überholen' ‚konzentriert' und dass ‚Einparken' ‚unkonzentriert' ausgeführt wird.

Meistens aber bleibt der Wahrnehmungsprozess eines Stils, der durch die Wahrnehmung einer Realisierung ausgelöst wird, nicht an diesem Punkt stehen: Nach dem Merkmalsprozess läuft auf der Grundlage der darin gewonnenen Menge von Merkmalsregeln B ein Prozess ab, der als *Interpretation* bezeichnet werden soll. Im Interpretationsprozess wird aus B eine Menge I von Interpretationsergebnissen oder kurz *Ergebnissen* erzeugt, die verschiedenen Sorten angehören können. Wir beschränken uns hier auf die Sorten Propositionsannahme, Gefühl und Eindruck (vgl. Abschnitt 6.2.2).

Beispielsweise werden nun aus den genannten Merkmalsregeln des Fahrstils Rückschlüsse über Fahrkönnen und Persönlichkeit des Stilanwenders (SN)[400] gezogen, etwa ‚Der SN neigt manchmal zu Unkonzentriertheit' und ‚Der SN konzentriert sich vermutlich in riskanten Situationen, während er sich in risikolosen Situationen nicht konzentriert'.

---

[400] Innerhalb der Beispiele werden die Abkürzungen „SN" für „Stilanwender" und „SW" für „Stilwahrnehmer" verwendet.

Ergebnisse der Interpretation können sich aus einer einzelnen Merkmalsregel oder aus mehreren ergeben, es können Hintergrundwissen und frühere Ergebnisse der Interpretation hinzugezogen werden (vgl. Abschnitt 6.3). Aus diesen Elementen werden dann mit Hilfe verschiedener Operationen ein oder mehrere Ergebnisse der Interpretation erzeugt. Wir nehmen als Operationen die logischen Schlussverfahren „Deduktion", „Induktion" und „Abduktion" an, außerdem „Assoziation", „Bedeutungssuche", „Gefühlsreaktion" und „Eindrucksreaktion" (vgl. Abschnitt 6.2.1). Die Menge der Operationen ist grundsätzlich als offen gedacht.

Der Bereich der Interpretationsergebnisse, die sich aus Merkmalsregeln erzeugen lassen, ist sehr groß und vielfältig. Tatsächlich ist es der Bereich, der in der Stilforschung bislang im Vordergrund stand. Der Merkmalsprozess hat in den meisten bisherigen Theorien wenig Entsprechung. Die Interpretationsergebnisse, die sich aus Stilen ergeben, sind das, was beim Wahrnehmen von Stilen meist besonders interessiert, sie sind gewissermaßen der ‚Nutzwert', den dieser Zeichenprozesstyp für uns in der Praxis hat. Daher verwundert es nicht, dass sie im alltäglichen Sprechen über Stil, aber auch in der Forschung die meiste Aufmerksamkeit erhalten haben.

6.1.2 Übersicht über die Kapitel 6 und 7

Die Darstellung des Interpretationsprozesses ist so umfangreich, dass wir sie auf zwei Kapitel verteilen. Sie stellt die Stilinterpretation in der Theorie (Abschnitte 6.1 und 6.2), in Beispielen (6.3 und 7.1) und als Gesamtprozess (7.2) dar. In einigen Punkten ist sie nicht nur für die Stilinterpretation relevant: Der Abschnitt mit Interpretationsbeispielen (7.1) kann auch als erster Schritt zu einer praktischen Anwendung der Theorie verstanden werden. Der Abschnitt zum Anwenden und Wahrnehmen von Stilen (7.3) stellt den stilistischen Zeichenprozess insgesamt dar und verbindet den Merkmals- und den Interpretationsprozess.

In Kapitel 6 wird erklärt, wie einzelne Schritte der Interpretation ablaufen.

In Abschnitt 6.1 wird in die Thematik eingeführt und eine Definition von Interpretation (6.1.3) gegeben.

In Abschnitt 6.2 werden die grundlegenden Bestandteile der Stilinterpretation vorgestellt: Operationen, Ergebnisse und Hintergrundwissen.

In Abschnitt 6.3 werden die verschiedenen Kombinationsmöglichkeiten von Merkmalsregeln, Hintergrundwissen und bereits vorhandenen Ergebnissen, mittels derer Ergebnisse erzeugt werden können, anhand von Beispielen vorgestellt.

In Abschnitt 6.4 werden die verschiedenen Operationen zur Ergebniserzeugung anhand von Beispielen vorgestellt.

In Kapitel 7 wird der Interpretationsprozess dargestellt.

In Abschnitt 7.1 werden Beispiele für Stilinterpretationen aus unterschiedlichen Bereichen vorgeführt, die teilweise vorhandene Stilinterpretationen aus verschiedenen Quellen nachvollziehen (7.1.3, 7.1.5 und 7.1.7), teilweise neu angefertigt wurden.

In Abschnitt 7.2 wird gezeigt, wie der Interpretationsprozess formal dargestellt werden kann.

In Abschnitt 7.3 werden Merkmalsprozess und Interpretationsprozess miteinander verbunden, indem gezeigt wird, wie sie in den Prozessen des Anwendens und Wahrnehmens von Stilen aufgerufen werden.

6.1.3 Definition von Interpretation

Die Bezeichnung „Stilinterpretation" wurde in Umgangssprache und Forschungstradition oft unterschiedlich verwendet. Gemeinsam ist den Auffassungen, dass ein Stil vorliegt, aus dem durch einen Interpreten Schlüsse gezogen, Bedeutungen erkannt, Eindrücke gewonnen oder Assoziationen erzeugt werden. Worum es sich genau handelt, wird oft nicht definiert; es scheinen aber verschiedene Prozesse von der logischen Herleitung über weniger präzise Ableitungen bis hin zu freier Spekulation verwendet zu werden, die aufeinander aufbauen und miteinander interagieren können.

In der vorliegenden Theorie wird „Interpretation" durchaus ähnlich gebraucht. Wir können die hier verwendete Auffassung von „Stilinterpretation" daher unmittelbar definieren. Ähnlich wie auch bei der Definition von „Stil" (vgl. Abschnitt 2.16) wird jedoch auch diese Definition nicht als exakt bindend, sondern nur als Beschreibung eines Vorgangs aufgefasst, der im Interpretationsprozess genauer modelliert wird.

Def. **Interpretation:** Die Interpretation eines Phänomens umfasst alle Arten von direkten Reaktionen oder von Reaktionen auf Reaktionen eines oder mehrerer Interpretierender auf das interpretierte Phänomen, die in der Erzeugung von inneren Zuständen des oder der Interpretierenden bestehen. Unter „innerer Zustand" werden dabei propositionale und nichtpropositionale mentale Repräsentationen sowie Gefühle verstanden. Reaktionen, die nicht in der Erzeugung von inneren Zuständen bestehen (Verhaltensänderungen, Handlungen usw.), gehören nicht mehr zur Interpretation. Ebenso gehören Veränderungen der inneren Zustände eines Interpreten, die sich nicht ausschließlich durch Erzeugungsprozesse ergeben, nicht mehr zur Interpretation.

Werden Stile interpretiert, handelt es sich um eine „Stilinterpretation". Da es in der vorliegenden Stiltheorie ausschließlich um die Stilinterpretation geht, wird teilweise abkürzend nur von „Interpretation" gesprochen – etwa in der Bezeichnung „Interpretationsprozess", worunter tatsächlich der Prozess der Stilinterpretation verstanden wird. Eine allgemeine Theorie der Interpretation kann aber

6.1 Allgemeines

aus der Darstellung des Interpretationsprozesses durch Verallgemeinerung entwickelt werden.

Kennzeichnend für Stil sind die Merkmalsregeln, deren Anwendung stilistische Merkmale in einer Realisierung erzeugt: Sie bilden den Ausgangspunkt der Stilinterpretation. Bei der Verallgemeinerung auf die Interpretation anderer Phänomene muss daher eine Beschreibung der Phänomene entwickelt werden, die ausreichend genau ist, um den Ausgangspunkt für eine Interpretation zu bilden, und es muss gezeigt werden, wie dem Interpreten diese Beschreibung zugänglich wird (vergleichbar dem Auslesen der Merkmalsregeln in der hier vorgestellten Stiltheorie).[401]

Diese Auffassung von Interpretation ist relativ weit: Sie umfasst nicht nur Propositionsannahmen, sondern auch andere Reaktionen, sofern diese in der Erzeugung von inneren Zuständen bestehen. Wir werden daher verschiedene Sorten von Ergebnissen der Interpretation annehmen: Propositionsannahmen, Gefühle und Eindrücke, wobei diese Liste bei Bedarf erweitert werden kann. Jeder solche Erzeugungsvorgang soll mit Hilfe einer Formel darstellbar sein. Zudem soll gezeigt werden, wie die einzelnen Erzeugungsvorgänge aufeinander aufbauen und wie der gesamte Interpretationsprozess modelliert werden kann (vgl. Abschnitt 7.2).

Die Einbeziehung der Gefühlsreaktionen und Eindrücke hat nicht nur den Grund, die Reduktion des menschlichen Reaktionsvermögens auf sprachlich oder logisch repräsentierbare Erkenntnisse (Logozentrismus) zu vermeiden. Sie ist auch praktisch geboten, weil diese verschiedenen Arten von Ergebnissen wiederum neue Ergebnisse erzeugen können: Beispielsweise kann aus einem Gefühl – etwa der Ehrfurcht bei der Betrachtung eines Tempels – im Zusammenspiel mit Merkmalsregeln oder mit Hintergrundwissen wiederum eine Propositionsannahme – etwa ‚der Tempel soll Ehrfurcht erzeugen' – entstehen.

Der letzte Satz der Definition vollzieht die Abgrenzung von anderen Reaktionen, die auf Stil möglich sind: Dies sind zunächst Handlungen oder Verhaltensänderungen, die sich aus dem Stil ergeben. Auch diese beruhen häufig bereits auf Interpretationsergebnissen; beispielsweise kann eine Erkenntnis über den Stilanwender (z.B. bezüglich seiner Fähigkeiten) oder über die betrachtete Realisierung (z.B. Entstehungszeit eines Artefakts) eine Handlung oder Verhaltensänderung des Stilwahrnehmers hervorrufen. Würde man die Interpretation nicht an dieser Grenze enden lassen, würden alle auf dem (in vielen Fällen dauerhaft) durch den Stil veränderten Wissen des Stilwahrnehmers beruhenden Handlungs- und Verhaltensweisen zur Interpretation des Stils gehören, womit Stilinterpretationen das ganze Leben des Stilwahrnehmers dauern könnten.

---

[401] Vermutlich kann eine solche Beschreibung auch bei anderen Phänomenen über Merkmale erfolgen, die dort allerdings nicht in der Form von Merkmalsregeln auftreten. Dadurch gibt es auch für die Interpretation, die auf diesen Merkmalen aufbaut, einige Unterschiede.

Ebenso ausgeschlossen werden Veränderungen, die sich nicht aus einer Serie von Erzeugungsprozessen ergeben, also insbesondere (a) die Überprüfung von Relevanz und (falls es sich um Propositionsannahmen handelt) Richtigkeit der erzeugten Ergebnisse, (b) Abwägungs- und Löschungsvorgänge, die sich aus Konflikten zwischen verschiedenen Ergebnissen untereinander oder mit vorhandenen inneren Zuständen ergeben, sowie (c) unterschiedliche Formen der Abspeicherung der erzeugten Ergebnisse.

Auf zwei Unterschiede zwischen dem üblichen Gebrauch von „Stilinterpretation" und dem hier verwendeten ist noch hinzuweisen:

(1) Oft wird unter „Stilinterpretation" ausschließlich ein absichtlicher Vorgang der Auseinandersetzung mit einem Stil verstanden. Hier sind dagegen alle Vorgänge erfasst, die aus den Merkmalsregeln Propositionsannahmen, Eindrücke oder Gefühle erzeugen. Das können absichtliche Prozesse, aber auch automatische Reaktionen beim Auslesen der Merkmalsregeln sein; es kann sich um einen gezielt eingeleiteten Interpretationsvorgang, ein paar kurze Überlegungen, um ungewollt auftauchende Reaktionen oder selbst um Wahrnehmungen beim Betrachten einer stiltragenden Realisierung handeln, die zu diesem Zeitpunkt gar nicht ins Bewusstsein treten.

(2) Eine „Stilinterpretation" wird gewöhnlich nur auf Seite des Stilwahrnehmers angenommen; es wird nicht angenommen, dass der Stilanwender seinen eigenen Stil vor dem Anwenden interpretiert. Der hier unter „Stilinterpretation" verstandene Prozess spielt dagegen auch auf Anwenderseite eine Rolle: Der Stilanwender kann vor der Einschreibung einer Menge von Merkmalsregeln die daraus erzeugbaren Interpretationsergebnisse berücksichtigen, indem er sie probeweise interpretiert (vgl. Abschnitt 7.3.1, Funktion *Stil_bereitstellen*).

Nehmen wir als Beispiel den Stil des Architekten Richard Meier: Dort werden moderne Elemente mit postmodernen Elementen kombiniert und entgegen den Grundprinzipien der Moderne angewandt (vgl. Abschnitt 7.1.1, Er_{20}). Geschieht dies absichtlich, ist klar, dass die Merkmalsregeln so gewählt sein müssen, dass sich aus ihnen durch eine Interpretation das entsprechende Ergebnis (Er_{12}) erzeugen lässt. Doch selbst wenn dies nicht von Meier beabsichtigt ist, kann ein entsprechender Prozess ablaufen: Meier könnte die Merkmalsregeln unbeabsichtigt so verwenden, dass sich das entsprechende Ergebnis daraus erzeugen lässt, etwa wenn das Ergebnis – die Aneignung moderner Grundelemente und Verwendung entgegen ihrer ursprünglichen Intention – in seiner Umgebung präsent ist und ihn so beeinflusst, dass er die entsprechenden Merkmalsregeln wählt; oder wenn es während des Entwurfsprozesses als ästhetisches Prinzip fungiert, ohne dass er es absichtlich anwenden würde. Die Berücksichtigung möglicher Interpretationen bei der Einschreibung eines Stils macht keine Aussage über Absichtlichkeit oder Unabsichtlichkeit des Vorgangs.

6.2 Grundlagen der Stilinterpretation

6.2.1 *Operationen*

Es können verschiedene Operationen verwendet werden, um Ergebnisse aus den Merkmalsregeln zu erzeugen. Prinzipiell scheint es naheliegend, dass alle kognitiven Prozesse, mit denen aus einem Input ein davon verschiedener Output erzeugt werden kann, für die Interpretation verwendet werden können. Für die Analyse der meisten Beispiele reicht es aus, die folgenden Operationen anzunehmen:
– die logischen Schlussverfahren Abduktion, Induktion und Deduktion;
– Assoziation;
– Bedeutungssuche;
– Gefühlsreaktion;
– Eindrucksreaktion.

Dabei gelten Sortenbeschränkungen. So erzeugen die logischen Schlussverfahren und die Bedeutungssuche Propositionsannahmen, die Gefühlsreaktion Gefühle und die Eindrucksreaktion Eindrücke. Für die Assoziation wird angenommen, dass sie zu allen drei Sorten von Ergebnissen führen kann.

Was den Input der Operationen betrifft, wird dagegen Flexibilität angenommen: Die logischen Schlussverfahren, die Assoziation und die Bedeutungssuche können ausgehend von Propositionen, aber auch von Gefühlen und Eindrücken oder einer Kombination von Ergebnissen verschiedener Sorten stattfinden. Ebenso können die Gefühlsreaktion und die Eindrucksreaktion aufgrund von früheren Gefühlen bzw. Eindrücken, aber auch aufgrund von Ergebnissen anderer Sorten stattfinden.

Somit trennt sich eine Interpretation keineswegs in propositional repräsentierte, gefühlsmäßige und eindrucksbezogene Reaktionsketten auf einen Stil. Vielmehr führen die Ergebnisse jeder Sorte mit Hilfe der Operationen auch wieder zu Ergebnissen der anderen Sorten. Alle drei Ergebnissorten wirken zusammen.

Wir könnten jede Operation einzeln spezifizieren, doch dann wäre bei jeder Änderung der verwendeten Operationen ein Eingriff in den Programmcode erforderlich. Praktischer ist es, die Operationen zu der Operationenmenge *Op* zusammenzufassen; diese wird nicht als Parameter übergeben, sondern bei jeden Aufruf der Funktion *Interpretation* neu zusammengestellt. Es wird angenommen, dass diese Zusammenstellung abhängig vom interpretierenden Individuum und der Interpretationssituation erfolgt.

In Abschnitt 6.4 werden Beispiele für die oben genannten Operationen – Deduktion, Abduktion, Induktion, Bedeutungssuche, Assoziation, Gefühlsreaktion, Eindrucksreaktion – gegeben. Diese Liste von Operationen soll jedoch nicht als abgeschlossen betrachtet werden. Insbesondere sollen keine normativen Annahmen über richtiges und falsches Interpretieren zu einer Beschränkung der angenommenen Operationen führen. Bei der Beschäftigung mit der Stilinterpretation muss man sich bewusst sein, dass die Annahme von Operationen durch historisch entstandene Wertungen, den Grad der Erforschtheit oder die Präzision, mit der sie angewendet werden können, bedingt sein kann. Es ist wahrscheinlich, dass die Liste anzunehmender Operationen mit dem Fortgang der Forschung zu kognitiven Prozessen verändert werden muss. Indem diese Liste offengehalten wird, kann das Modell an neue Erkenntnisse über Operationen der Interpretation leicht angepasst werden.

Wir nehmen die folgende Operationenmenge an:

$Op := \{\text{Ded, Ind, Abd, Ass, Bed, Gfr, Edr}\}$

Operationen erhalten als Input
- eine oder mehrere Merkmalsregeln $B_1, ..., B_w$ und/oder
- ein oder mehrere Ergebnisse $Er_{(f)1}, ..., Er_{(f)x}$ aus früheren Interpretationsschritten und/oder
- ein oder mehrere Elemente des relevanten Hintergrundwissens $H_1, ..., H_y$.

Eine Anwendung einer Operation ist ein *Interpretationsschritt*. Die allgemeine Form für einen Interpretationsschritt ist:

$$B_1, ..., B_w \wedge Er_{(f)1}, ..., Er_{(f)x} \wedge H_1, ..., H_y \rightsquigarrow_{Op_h} Er_1, ..., Er_z$$

mit $w + x + y > 0, z > 0$

Operationen operieren mit unterschiedlichem Input: Merkmalsregeln, bereits erzeugten Ergebnissen und Hintergrundwissen.

Zum Input von Operationen gehören Merkmalsregeln aus der Menge B, die im Merkmalsprozess gebildet werden. Eine Merkmalsregel besteht aus vier Variablen (vgl. Abschnitt 5.3.1), die entsprechend ihrer unterschiedlichen Funktion in der Merkmalsregel verarbeitet werden müssen.

Ergebnisse gehören den Sorten Propositionsannahme, Gefühl und Eindruck an (vgl. nächster Abschnitt).

Wie sieht es mit dem Hintergrundwissen aus? Die Frage, ob Wissen grundsätzlich propositional gespeichert werden muss oder ob es andere Speicherungsmöglichkeiten gibt, ist noch nicht entschieden. Es ist durchaus denkbar, dass auch andere Speicherungsformen vorkommen. Wir müssen jedoch keine Aussage für Sorten des Hintergrundwissens machen, sondern spezifizieren einfach, dass die Operationen mit allen Sorten, die bei Elementen aus der Menge des Hintergrundwissens H auftreten, zurechtkommen.

Die Operationen des Interpretationsprozesses operieren also nicht nur auf den Ergebnissen der oben genannten drei Sorten, sondern auch auf den vier Variablen aus den Merkmalsregeln und insbesondere auf den in U und V enthaltenen Eigenschaften. Wie die Operationen mit den verschiedenen Ergebnissorten, den Eigenschaften sowie den in den beiden weiteren Variablen der Merkmalsregeln (der Anwendungswahrscheinlichkeit und der Priorisierung) angegebenen

6.2 Grundlagen der Stilinterpretation

Werten umgehen, bleibt ihnen überlassen. Es ist jedoch klar, dass jede Operation die Unterschiedlichkeit im Input bei ihrem Vorgehen angemessen zu berücksichtigen hat. Mit Propositionsannahmen muss anders umgegangen werden als mit Gefühlen oder Eindrücken, dies ist wiederum unterschiedlich für die verschiedenen Operationen. Die Operationen Deduktion, Induktion und Abduktion operieren auf Propositionsannahmen und müssen Gefühle und Eindrücke erst in propositionale Form bringen (z.B. (g) ‚Angst' übertragen in (p) ‚SN hat Angst'). Es kann angenommen werden, dass jede Operation ein Modul beinhaltet, das den Input in die erforderliche Form bringt. Man kann sich die Operationen daher als zweiteilig vorstellen:

(1) Der Input wird in eine für die Ergebniserzeugung verarbeitbare Form gebracht;

(2) daraus werden gemäß der jeweils spezifizierten Verarbeitungsweise Ergebnisse erzeugt.

Beispielsweise kann auf Merkmalsregeln mit einer Deduktion reagiert werden; dabei müssen jedoch die unterschiedlichen Variablen der Merkmalsregel jeweils mit Wissen darüber, welche Funktion ihnen zukommt, sowie mit Wissen über Stile insgesamt kombiniert werden. Dieses Wissen wird – im Gegensatz zum Hintergrundwissen über das jeweilige Schema, dessen Erzeugung im Modell dargestellt wird – als in den Operationen vorhanden vorausgesetzt, insoweit es für die Verarbeitung der Merkmalsregeln erforderlich ist. Jede Operation benötigt hier eine spezielle Aufarbeitung des Wissens, das in einer Deduktion in einer anderen Form vorliegen wird als etwa bei der Gefühlsreaktion. Dennoch muss zweifellos in beiden Fällen Wissen darüber vorhanden sein, welche Funktion beispielsweise verlangte Eigenschaften und Anwendungsbedingungen innerhalb einer Merkmalsregel haben; dieses Wissen kann allerdings implizit in Form von Verarbeitungsmethoden vorliegen. Ebenso müssen die Operationen mit Hintergrundwissen und Interpretationsergebnissen umgehen können.

6.2.2 Ergebnisse

Ergebnisse der Interpretation können verschiedenen Sorten angehören. Es wird angenommen, dass es zumindest prinzipiell möglich ist, neue Sorten von Ergebnissen zu entdecken. Da wir das Modell nicht grundsätzlich auf eine Menge von Sorten festlegen, sondern erweiterbar halten wollen, führen wir die Sortenmenge *So* ein, in die die jeweils angenommenen Sorten gespeichert werden können:

$$So := \{So_1, ..., So_n\}$$

Wir nehmen außerdem eine Funktion *Sorte* an, die die Sorte eines Ergebnisses ermittelt.[402] Hat das Ergebnis x die Sorte So_i, gilt:

---

[402] Die Funktion wird in Abschnitt 7.2.1 genauer erläutert.

Sorte $(x) = So_i$

Wir beschränken uns hier auf die Annahme von drei Sorten, die vermutlich den überwiegenden Teil der Interpretationsergebnisse abdecken: (1) Propositionsannahme, (2) Gefühl und (3) Eindruck.

(1) Wie die unten vorgestellten Beispiele zeigen, handelt es sich bei den meisten Ergebnissen der Interpretation um Propositionsannahmen. Diese werden in unserem Modell in Form eines oder mehrerer natürlichsprachlicher Sätze repräsentiert, deren Satzinhalt (Proposition) sich als Ergebnis der Interpretation ergibt und daher vom Interpretierenden angenommen wird. Mit der natürlichsprachlichen Darstellung wird keine Aussage über die Repräsentationsweise dieser Aussagen durch den Interpretierenden getroffen. Propositionsannahmen könnten durchaus auch anders repräsentiert sein, etwa in Form einer Visualisierung des Tatbestands, in Stichworten (die beim Aussprechen zu einem Satz ergänzt werden), schematisch (etwa eine abstrakte Aussage als Visualisierung von prototypischen Elementen, die in sprachlich repräsentierten Relationen zueinander stehen), in Form einer logischen Repräsentation, oder auf andere Weise. Entscheidend ist, dass die in der jeweiligen Repräsentation enthaltene Information ungefähr äquivalent einer Proposition ist. Es ist allerdings nicht auszuschließen, dass die Repräsentation nicht die vollständige Information der Proposition speichert, so dass bei der Umwandlung in eine Proposition – etwa beim Aussprechen als Satz – einige Informationen ergänzt werden müssen.

(2) Gefühle, die als Reaktion auf den Stil entstehen, stellen eine zweite Sorte von Ergebnissen dar. Es mag eingewandt werden, dass der gewöhnliche Gebrauch von „Interpretation" Gefühle nicht unbedingt umfasst. Gefühle zur Interpretation zu rechnen, erscheint jedoch schon deshalb angeraten, weil sie oft zum Auslöser von Überlegungen, also zum Ausgangspunkt der Erzeugung weiterer Ergebnisse werden können. Ihr Ausschluss aus dem Interpretationsprozess würde daher Teilbereiche von Interpretationen für die Modellierung unzugänglich machen.

Gefühle werden als Zeichen mit einem Inhalt angesehen, der sprachlich ausgedrückt werden kann. Der sprachliche Ausdruck des Inhalts wird bei der Schreibausgabe in einfachen Anführungszeichen geschrieben.

Für die Erzeugung von Gefühlen wird eine eigene Operation, die „Gefühlsreaktion", angenommen.

(3) Unter „Eindruck" soll eine nicht-propositionale mentale Repräsentation verstanden werden, die durch die Wahrnehmung eines Phänomens entsteht.

Eindrücke können häufig auch sprachlich ausgedrückt werden. Dies ist jedoch nicht ihre ursprüngliche Repräsentationsform. Habe ich beispielsweise den Eindruck, ein Gehstil sei ‚schleppend' oder ‚elegant', so liegt vermutlich eine bestimmte Kombination von Merkmalsregeln vor, die einen bestimmten Eindruck bei mir erzeugt. Dieser kann von verschiedenen Gefühlen und auch Propositionsannahmen begleitet sein, ohne jedoch in diesen restlos aufzugehen. Daher macht es Sinn, ihn als Reaktion auf die wahrgenommenen Merkmalsre-

6.2 Grundlagen der Stilinterpretation

geln aufzufassen, die bereits vor der sprachlichen Repräsentation oder den durch sie ausgelösten Gefühlen vorliegt.

Dies heißt allerdings keineswegs, dass Eindrücke vorkognitive oder sogar angeborene Reaktionsmuster wären (und damit im Bereich der Repräsentationen das, was Reflexe im Bereich körperlicher Reaktionen sind). Eindrücke sind wahrscheinlich stark von früheren Erfahrungen, gelernten Reaktionsmustern und Prägungen, gesellschaftlichen Konventionen, zeitlichen Veränderungen unterworfenen Präferenzen sowie (bewussten oder unbewussten) Erwartungen des Stilwahrnehmers abhängig. Wenn wir sie als nicht-propositional repräsentiert betrachten, dann impliziert dies keineswegs eine größere Nähe zu automatischen Verarbeitungsprozessen und eine geringere Beteiligung kognitiver Prozesse. Es ist anzunehmen, dass kognitive Prozesse häufig nicht-propositional stattfinden, was allerdings lange von der Wissenschaft unterschätzt wurde – vermutlich deshalb, weil die nicht-sprachlichen Vorgänge schwerer präzise erfassbar sind und sich daher für eine wissenschaftliche Beschreibung weniger zu eignen schienen.[403]

Über die Repräsentation von Eindrücken ist wenig bekannt. Die hier vorgestellte Theorie ist daher in dieser Hinsicht flexibel gehalten. Sollten Eindrücke doch von Anfang an sprachlich repräsentiert sein, so können sie als Propositionsannahmen – (siehe (1) – behandelt werden und als Sorte wegfallen; weitere Änderungen am Modell würden dadurch nicht nötig. Ebenso kann die Frage, wie Eindrücke aus Merkmalsregeln entstehen, zum jetzigen Zeitpunkt nicht präzise geklärt werden, was aber ebenfalls für das Modell kein grundsätzliches Problem darstellt, allerdings das genaue Nachvollziehen einer auf Eindrücken basierenden Interpretation unmöglich macht. (Vgl. hierzu sowie allgemein zu Eindrücken das Beispiel eines Gehstils in Abschnitt 7.1.6.)

Eindrücke werden als Zeichen mit einem Inhalt angesehen, der sprachlich ausgedrückt werden kann. Der sprachliche Ausdruck des Inhalts wird bei der Schreibausgabe in einfachen Anführungszeichen geschrieben.

Für die Erzeugung von Eindrücken wird eine eigene Operation, die „Eindrucksreaktion", angenommen.[404]

Wir nehmen also die folgende Sortenmenge für Ergebnisse an:

$So := \{\text{"p"}, \text{"g"}, \text{"e"}\}$

Die Abkürzungen stehen für

p = Propositionsannahme, g = Gefühl, e = Eindruck.

---

[403] Vgl. zu dem damit zusammenhängenden Beschreibungsirrtum Abschnitt 9.4.
[404] Bei Stil sind die Reaktionen eines Stilwahrnehmers, der hier unter „Gefühlsreaktion" und „Eindrucksreaktion" fallen, oft als „Ausdruck" (engl. „expression") des Stils bezeichnet worden, etwa bei Nelson Goodman (Goodman 1978: 27ff).

Die Sortenbezeichnungen werden als Strings (Zeichenketten) gespeichert und innerhalb der Algorithmen mit Anführungszeichen gekennzeichnet (dies ist für Strings in den meisten Computersprachen der Fall, um sie von Befehlen und Variablennamen zu unterscheiden).

Da die Propositionsannahme in den Beispielen die mit Abstand häufigste Sorte ist, geben wir nur die Sorten g und e in Klammern nach dem Bezeichner für Ergebnisse *Er* an, also beispielsweise: Er_1 (g): ‚…'.

Anmerkung zur Abgrenzung der Ergebnissorten

Manche Beispiele legen nahe, dass sich die Grenze zwischen Gefühlen und Propositionsannahmen als Reaktion auf Stil verwischen kann: So könnte sich bei der Betrachtung eines eindrucksvollen antiken Bauwerks ein Gefühl des Staunens und der Bewunderung gerade in Wechselwirkung mit Überlegungen einstellen, wie schwer sein Bau mit den damaligen technischen Möglichkeiten war, welches ästhetische Bewusstsein und Formgefühl damals vorhanden war, und wie lange Zeit das Bauwerk überstanden hat. Dabei können die Propositionsannahmen sich aufgrund der Gefühle bilden oder umgekehrt; sind erst einmal beide entstanden, können sie sich gegenseitig verstärken. Gefühle können zudem bewusst gemacht und in propositionale Form gefasst werden, was sie stärken oder schwächen, eindeutiger machen oder verwischen kann.

Im genannten Beispiel könnten aber auch Eindrücke entstehen, die wiederum mit Gefühlen oder Propositionsannahmen zusammenhängen können. Beispielsweise kann der Eindruck einer unmenschlichen Repräsentationsarchitektur entstehen, der mit einem Gefühl des Widerwillens oder der Ablehnung des Betrachteten einhergehen kann. Er kann in eine Propositionsannahme umgeformt werden, beispielsweise: ‚Dieses Gebäude ist in einer Kultur entstanden, in der die Repräsentation mehr zählte als die dafür geopferten Menschenleben'. Manchmal wird gar nicht klar zwischen Gefühl, Propositionsannahme und Eindruck zu trennen sein; wird dann beispielsweise darüber gesprochen, wird diese Mischung in eine Propositionsannahme überführt, wobei oft Aspekte der anderen beteiligten Sorten verloren gehen.

Die völlige Trennung von Gefühlen, Eindrücken und Propositionsannahmen ist also nicht immer möglich. Für die vorliegende Theorie wird jedoch der Weg gewählt, sie als getrennte Sorten von Ergebnissen anzunehmen, deren Wechselwirkungen innerhalb der Interpretation bis zu einem gewissen Grad modelliert werden kann. Beim erläuterten Beispiel wäre es etwa möglich, die Erzeugung eines Eindrucks und/oder eines Gefühls anzunehmen und daraus dann eine Propositionsannahme zu erzeugen; oder aber für jede der drei Ergebnissorten ein Ergebnis direkt aus den Merkmalsregeln erzeugen zu lassen, die dann eventuell miteinander interagieren. Solche Beschreibungen haben den Vorteil, zu genaueren Beschreibungen bezüglich Reihenfolge und Erzeugungsrelationen zu zwingen; es sollte aber nicht vergessen, dass sie oft Vereinfachungen darstellen.

6.2.3 Hintergrundwissen

Viele Vorgänge der Erzeugung von Ergebnissen lassen sich nur durchführen, wenn Hintergrundwissen hinzugezogen wird. Aus dem Hintergrundwissen, zusammen mit einem oder mehreren Merkmalsregeln und/oder einem oder mehreren früheren Ergebnissen der Interpretation werden weitere Ergebnisse gewonnen. Grundsätzlich kann dabei jedes Element des Hintergrundwissens eingebracht werden, mit dessen Hilfe sich ein Ergebnis ableiten lässt.

Allerdings weiß man erst, ob sich ein Ergebnis ableiten lässt, wenn man es probiert hat. Um nicht alle Elemente des Hintergrundwissens in Kombination mit allen bereits gegebenen Elementen durchprobieren zu müssen, nehmen wir daher eine Suchfunktion an und nennen sie *Relevantes_Hintergrundwissen*. Wie der Name schon sagt, hat sie die Aufgabe, aus dem gesamten zur Verfügung stehenden Hintergrundwissen, das in der Menge H zusammengefasst ist, diejenigen Elemente auszusondern, die für die stilistische Interpretation relevant sein könnten. Als Input erhält sie eine Menge von Merkmalsregeln und/oder eine Menge von bereits vorher gewonnenen Ergebnissen der Interpretation.

Wie kann sie vorgehen, um geeignete Elemente von H zu finden? Es ist klar, dass nicht im Voraus sicher festgestellt werden kann, welche Elemente des Hintergrundwissens unter Anwendung der verschiedenen Operationen zur Erzeugung von Ergebnissen führen. Sonst könnte man sich die Anwendung der Operationen sparen und hätte eine Abkürzung gefunden, die dann als neue anzuwendende Operation gelten müsste. Wir nehmen an, dass dieser Vorgang der Vereinfachung dort, wo er möglich war, bereits geschehen ist, das heißt dass die Operationen bereits optimiert wurden. Daher ist keine sichere Vorhersage über die Ergebnisse ihrer Anwendung möglich.

Die Funktion *Relevantes_Hintergrundwissen* kann daher keine direkten Aussagen über die zu erwartenden Ergebnisse heranziehen. Es gibt verschiedene denkbare Möglichkeiten, wie sie dennoch vielversprechende Elemente von H finden kann: Sie kann erfahrungsbasierte und heuristische Suchmechanismen anwenden, oder (bei relativ spezifischen Merkmalsregeln und Ergebnissen als Input) einfach alles Hintergrundwissen, das sich auf diese beziehen lässt, auswählen. Die verschiedenen Suchmechanismen werden wir jedoch nicht genauer spezifizieren, da sie – ähnlich wie die Interpretationsoperation *Op* (vgl. Abschnitt 7.2.3) – nicht spezifisch für Stil sind. Es wird vielmehr davon ausgegangen, dass zwei Beschränkungen der Suchmethodenmenge vorliegen: (1) Der/die Stilinterpretierende hat eine bestimmte Menge von Suchmethoden zur Verfügung. (2) Nicht alle diese Methoden muss er/sie in einer konkreten Stilinterpretation anwenden. Beide Beschränkungen werden im Modell gemeinsam dadurch simuliert, dass zu Beginn der Funktion *Relevantes_Hintergrundwissen* die Funktion *Suchmethoden_zusammenstellen* aufgerufen wird. Diese gibt die Menge der Suchmethoden zurück, die zur Verfügung stehen und zur Anwendung kommen sollen. Ihr Rückgabewert wird in die Variable *Su* gespeichert.

6.3 Erzeugung von Ergebnissen

An der Erzeugung eines Ergebnisses können Merkmalsregeln, Elemente des Hintergrundwissens und früher erzeugte Ergebnisse beteiligt sein. Aus Hintergrundwissen allein kann kein Ergebnis einer stilistischen Interpretation erzeugt werden; es muss stets eine Merkmalsregel oder ein früheres Ergebnis im Input vorhanden sein. Es ergeben sich die folgenden Möglichkeiten für die Zusammensetzung des Inputs, die im angegebenen Abschnitt mit Beispielen illustriert werden:

Aus einer Merkmalsregel
- ohne frühere Ergebnisse, ohne Hintergrundwissen (6.3.1.1),
- ohne frühere Ergebnisse, mit Hintergrundwissen (6.3.1.2),
- mit früheren Ergebnissen, ohne Hintergrundwissen (6.3.1.3),
- mit früheren Ergebnissen, mit Hintergrundwissen (6.3.1.4).

Aus mehreren Merkmalsregeln
- ohne frühere Ergebnisse, ohne Hintergrundwissen (6.3.2.1),
- ohne frühere Ergebnisse, mit Hintergrundwissen (6.3.2.2),
- mit früheren Ergebnissen, ohne Hintergrundwissen (6.3.2.3),
- mit früheren Ergebnissen, mit Hintergrundwissen (6.3.2.4).

Aus einem oder mehreren früheren Ergebnissen, ohne Verwendung von Merkmalsregeln,
- ohne Hintergrundwissen (6.3.3.1),
- mit Hintergrundwissen (6.3.3.2).

Im Folgenden werden je zwei bis drei Beispiele für die verschiedenen Fälle vorgestellt, um diese zu illustrieren. Dabei werden Beispiele aus verschiedenen Bereichen und mit verschiedenen Komplexitätsgraden gewählt, um einen Eindruck von der Bandbreite möglicher Stile und Interpretationen zu geben. Teils werden anhand der Beispiele weitere theoretische Punkte erläutert.

Wie oben bemerkt (vgl. Abschnitt 6.2.1), nehmen wir für den Interpretationsprozess eine erweiterbare Liste von Operationen an. Dabei bleibt offen, wie die einzelnen Operationen stilistische Ergebnisse erzeugen. Wir können somit auch nicht allgemein definieren, wie die einzelnen Operationen vorzugehen haben. Werden sie auf Merkmalsregeln angewandt, müssen sie allerdings die spezifischen Funktionen, die die Variablen der Merkmalsregel haben, berücksichtigen.

Die Anwendung einer Operation wird durch einen geschlängelten Pfeil dargestellt, an den als Subskript die Operation geschrieben wird, beispielsweise $\leadsto_{Op_i}$. Erzeugt die Operation Op_i r aus p und q, wird dies geschrieben als

$$p \wedge q \leadsto_{Op_i} r$$

Es wird nicht dargestellt, wie die Operation diesen Prozess der Erzeugung vollzieht. Dies ist auch in der allgemeinen Darstellung nicht möglich, da dieser Vorgang für unterschiedliche Operationen ganz unterschiedlich abläuft.

Wir legen für den Operator ⤳ fest, dass er nur diejenigen Ergebnisse aus den links stehenden Elementen erzeugt, die aus *allen* diesen Elementen zusammen erzeugt werden können. Es werden also keine Ergebnisse erzeugt, die auch aus einer Teilmenge der links stehenden Elemente erzeugbar sind. Das wird durch die Verwendung des logischen ∧ gekennzeichnet.

Verhältnis zur Schreibausgabe des Interpretationsprozesses:

Die Darstellung der Beispiele entspricht derjenigen der Schreibausgabe des Interpretationsprozesses (vgl. Abschnitt 7.2.4, Funktion *Interpretationsschritt_schreiben*). Sie können daher als durch einen Aufruf der Funktion *Interpretation* erzeugt betrachtet werden, wobei die Ausschnitthaftigkeit der Beispiele durch die Funktion *Interesse* entsteht: Über die Beispiele hinaus läuft die Interpretation gar nicht erst ab oder wird nicht geschrieben.

Es werden nur die Variablen einer Merkmalsregel geschrieben, die in den Interpretationsschritten, in denen diese Merkmalsregel als Input erscheint, verwendet wurden. In der Funktion *Interpretationsschritt_schreiben* im Interpretationsprozess werden alle Variablen einer verwendeten Operation geschrieben; es wäre auch möglich, dort von den Operationen jeweils Information darüber, welche Variablen der Merkmalsregeln sie verwendet haben, zurückgeben und dann nur diese schreiben zu lassen. Das erscheint jedoch für die Darstellung als wenig hilfreich, da die Vorgehensweise der Operationen ja sowieso nicht dargestellt wird, und außerdem als geringe Verbesserung, da es unproblematisch ist, wenn bei den Merkmalsregeln auch die nicht verwendeten Variablen (dies ist oft die Anwendungswahrscheinlichkeit w und vor allem die Priorität p, die sowieso meist nur sehr unpräzise oder gar nicht ausgelesen werden kann und insofern meist unzuverlässig sein wird; vgl. Abschnitt 5.5.5) geschrieben werden. Hier werden aus Platzgründen die Variablen, die nicht für die Anwendung der Operation relevant zu sein scheinen, weggelassen.

Häufig werden bei der Anwendung einer Operation nicht alle Eigenschaften aus U und V berücksichtigt. Dies gilt vor allem für V, wo oft für die Erzeugung von Ergebnissen eine oder wenige Eigenschaften herausgegriffen werden. Auch bei U können bestimmte Eigenschaften irrelevant sein (beispielsweise Zusatzeigenschaften). In solchen Fällen muss jedoch geprüft werden, ob die weiteren Eigenschaften Einfluss auf das Ergebnis haben, so dass sie ebenfalls in der Operation berücksichtigt werden müssen. In den folgenden Beispielen verzichten wir auf solche für die eigentliche Ergebniserzeugung irrelevanten Eigenschaften; man sollte aber im Hinterkopf behalten, dass die Merkmalsregeln bei tatsächlich auftretenden Stilen solche häufig enthalten werden und diese dann in der Schreibausgabe natürlich auch notiert werden würden.

Wir betrachten die unten dargestellten Beispiele nicht als Ausschnitt aus der Schreibausgabe einer Interpretation, sondern als eine vollständige Ausgabe. Hinzugezogene frühere Ergebnisse, die damals noch nicht geschrieben wurden, werden entsprechend der Schreibausgabe mit „(f)" (für „früher erzeugt") vor dem Index durchnummeriert.[405]

Die Formelergebnisse werden entsprechend der Schreibausgabe durch Kommata getrennt, nicht durch ∧. Tatsächlich stehen sie in keiner logischen Und-Verknüpfung (Konjunktion): Sie können auch getrennt voneinander erzeugt werden, während die links vom Operationspfeil stehenden Elemente definitionsgemäß alle gegeben sein müssen, um das Ergebnis zu erzeugen.

Zur Darstellung von Anwendungsbedingungen und verlangten Eigenschaften

Die Anwendungsbedingungen U und verlangten Eigenschaften V einer Merkmalsregel bestehen aus der Angabe einer oder mehrerer Eigenschaften, die zur Klassendefinition verwendet werden.[406] Eigenschaften werden in der formalen Logik als einstellige Prädikate dargestellt, die eine Variable für ein Argument enthalten:

$P := \text{schön}(x)$

Im natürlichsprachlichen Umgang mit Eigenschaften wird oft auf die Repräsentation der Argumentstelle verzichtet: Wir fassen ‚schön' als Eigenschaft auf. Der Rest der syntaktischen Information steckt in der Wortart und den Kombinationsregeln der Sprache, die es ermöglichen, das Wort richtig einzusetzen. Entsprechend dem natürlichsprachlichen Umgang mit Eigenschaften wird in den Beispielen die Repräsentation der Argumentstelle weggelassen, da dies wesentlich kürzer ist. Innerhalb des Modells müssen die Eigenschaften als einstellige Prädikate repräsentiert sein.[407]

---

[405] Vgl. 7.2.4, *Anmerkung zur Nummerierung der Ergebnisse*. Ergebnisse werden nicht immer sofort geschrieben, da wir den Interpreten wählen lassen, ob er einen Interpretationsschritt schreibt oder nicht (siehe Abschnitt 7.2.3, Funktion *Ergebnisse*, Zeile 10). Das macht es möglich, auch Beispiele, die auf früher erzeugte Ergebnisse zurückgreifen, als vollständige Schreibausgabe darzustellen. (Würde man sie als Ausschnitt einer Ausgabe darstellen, könnte man für die Nummerierung nur mit Variablen arbeiten, da man nicht weiß, wieviele Ergebnisse zuvor erzeugt und mit welchem Index die hinzugezogenen früheren Ergebnisse geschrieben wurden.)

[406] Dasselbe gilt für die Alternativenbedingungen, die denselben Aufbau haben wie die Anwendungsbedingungen; vgl. Abschnitt 4.4.

[407] Eigenschaften werden im Modell an zwei Stellen eingeführt: In den Schemaort- und Zusatzbedingungen der Schemata (vgl. Abschnitt 4.2.6), die in der Funktion *Schemaausführung* durch die Funktion *Schemata_zusammenstellen* geliefert werden (vgl. Abschnitt 5.2.2), sowie in den Variablen U und V der Merkmalsregeln (vgl. Abschnitt 5.3.1), die in der Funktion *Stil_bereitstellen* durch die Funktionen *vorhandener_Stil* und *Merkmalsregeln_erzeugen* geliefert werden (vgl. Abschnitt 7.3.1). Es ist Aufgabe dieser drei Funktionen, dass die Spezifikation in formal korrekter Weise erfolgt.

6.3 Erzeugung von Ergebnissen

Wir führen außerdem die folgenden Konventionen ein:

(1) Die Anwendungsbedingungen $V(B_x)$ geben im Modell eine intensionale Definition des Schemaorts an, auf die die Merkmalsregel angewandt werden soll; dieser kann durch Zusatzbedingungen weiter spezifiziert werden. Mit „intensional" ist hier eine Angabe der Eigenschaften gemeint; es wird davon ausgegangen, dass es möglich ist, alle für Stil relevanten Aspekte von Verhaltensweisen, Texten und Artefakten mit Eigenschaften abzugrenzen (vgl. Abschnitt 4.2.2). Um dies für tatsächliche Aspekte zu tun, müsste man allerdings eine Ontologie[408] besitzen, die einem die jeweiligen Eigenschaften angibt; selbst dann wäre es jedoch schwer verständlich. Im Modell benötigen wir die Definition über Eigenschaften, da mit Hilfe natürlichsprachlicher Bezeichnungen keine Abgrenzung innerhalb des formalen Modells geleistet werden kann. Für die Darstellung von Beispielen ist jedoch die natürliche Sprache praktischer, um Anwendungsbedingungen wiederzugeben.

So könnte zum Beispiel ‚Anrichte' intensional entweder durch eine Definition mit semantischen Merkmalen[409] von allen anderen Möbelstücken und diese wiederum von allen anderen Entitäten der Welt unterschieden werden, oder man könnte durch eine direkte Beschreibung mit Hilfe von beliebigen Eigenschaften aller Anrichten ohne Rückgriff auf eine Definition mit semantischen Merkmalen bis zur eindeutigen Charakterisierung gelangen. Wir verzichten hier jedoch darauf und geben stattdessen ein Wort oder eine Beschreibung in einer natürlichen Sprache an.[410] Da es um den Inhalt, nicht um den Ausdruck des Zeichens geht (weder um die verwendete Sprache noch um die genaue Formulierung), verwenden wir in beiden Fällen einfache Anführungszeichen. Wir können konventionell auf die Mengenklammer verzichten, da die Anführungszeichen zur Abgrenzung der jeweiligen Angabe ausreichen, und setzen daher auch einen Doppelpunkt statt des Gleichheitszeichens. Wir schreiben also

$U(B_x)$: ‚Anrichte'

statt

$U(B_x) = \{$‚ist eine Anrichte'$\}$[411]

---

[408] Im Sinn einer allgemeinen Gliederung der Gegenstandskategorien in einem Gegenstandsbereich durch die Angabe der sie definierenden Eigenschaften (vgl. beispielsweise Quine 1953 und 1969).

[409] Diese könnte mit Hilfe der strukturellen Semantik, der strukturalistischen Ausarbeitung der Merkmalssemantik, erfolgen; vgl. Geckeler 1978, Coseriu 1973 und Coseriu u.a. 1981.

[410] Dabei verwenden wir oft auch den Plural, etwa ‚Wände' statt ‚Wand'. Da die intensionale Definition von ‚Wand' extensional die Klasse aller Wände abgrenzt, ist das akzeptabel, und beim Lesen der Beispiele macht es intuitiv verständlich, dass es um alle entsprechend charakterisierten Stellen der Realisierung geht.

[411] Dies wäre die einfachste die intensional definierenden Eigenschaften selbst angebende Fassung; andere Fassungen könnten, wie gesagt, auf den Spezialbegriff ‚Anrichte' verzichten und stattdessen etwa eine Definition durch semantische Merkmale oder eine

Es ist allerdings zu beachten, dass nicht für alle Schema und Schemaorte eine feste sprachliche Bezeichnung zur Verfügung steht; wenn dies nicht der Fall ist, muss auf eine sprachliche Beschreibung zurückgegriffen werden. So gibt es etwa eine feste Bezeichnung für den Schemaort ‚Eingangstür' (bei Baustilen) oder ‚Auftreten' (bei Geh- und Laufstilen), aber nicht für die ‚Wandfläche über der Eingangstür' oder den ‚oberen Umkehrpunkt des Fußes'. Dennoch können auch die beiden letzteren Schemaorte allgemeingültig abgegrenzt und an verschiedenen Schemata wiedergefunden werden, weshalb es berechtigt ist, sie als Schemaorte anzusehen (vgl. Abschnitt 4.2.3).

Zusatzeigenschaften können ebenfalls wiedergegeben werden, indem die entstehende Unterklasse des Schemaorts sprachlich beschrieben wird. So kann für den Schemaort ‚Eingangstür' die Unterklasse ‚Eingangstür (von der Straße aus sichtbar)' durch Zusatzeigenschaften definiert werden (wenn ein Architekt solche Eingangstüren anders gestaltet, würden diese Zusatzeigenschaften in den Anwendungsbedingungen der entsprechenden Merkmalsregel stehen). Zusatzeigenschaften werden in Klammern angegeben:

$U(B_x)$: ‚Anrichte (für Aufstellung freistehend im Raum gedacht)'[*]

(2) Auch die verlangten Eigenschaften sind sprachlich ausgedrückt. Sie werden zusammen als Inhalt von V betrachtet und somit in einfache Anführungszeichen gesetzt. Auf die Mengenklammer wird verzichtet und einzelne Eigenschaften durch Semikolon getrennt:

$V(B_x)$: ‚im Jugendstil; mit wurzelholzfurnierten Oberflächen'

Bevor wir zu den Beispielen kommen, muss auf ein mögliches Missverständnis hingewiesen werden: Die hier und in den Abschnitten 6.4 und 7.1 gegebenen Beispiele sind als Illustration des Interpretationsprozesses (vgl. Abschnitt 7.2) zu verstehen, nicht als eine Analysemethode für Stil, deren Anwendung zu intersubjektiv gültigen Erkenntnissen über konkrete Stile führen soll. Für die Auswahl von Merkmalsregeln, früheren Elementen und Hintergrundwissen für den jeweils nächsten Interpretationsschritt gibt es nicht eine richtige Methode;[412] daher kann hier auch keine solche vorgestellt werden. Ebenso wird nicht postuliert, dass die Erzeugung eines bestimmten Ergebnisses auf die jeweils dargestellte Weise erfolgen muss; es handelt sich immer nur um eine *mögliche* Erzeugungsweise.

Der Interpretationsprozess wird als eine allgemeine Modellierung des Ablaufs stilistischer Interpretationen verstanden; die Beispiele sollen illustrieren, wie diese Modellierung funktioniert. Dabei muss für jene Stellen des tatsächlichen Interpretationsprozesses, an denen dem Modell zufolge Vagheit gilt (bei

---

[*] Charakterisierung durch zur Abgrenzung ausreichende Eigenschaften der Kategorie ‚Anrichte' angeben.

[412] Im Interpretationsprozess wird dies durch die Funktion *Interesse* simuliert; vgl. Abschnitt 7.2.1.

denen also keine präzise Methode angegeben werden kann, sondern nur Bedingungen, die für einen erfolgreichen Vollzug des entsprechenden Prozesses gelten; vgl. Abschnitt 9.5), eine mehr oder minder beliebige Auswahl getroffen werden. Dies gilt für die Suche nach relevantem Hintergrundwissen ebenso wie für die Erzeugungsweise eines bestimmten Ergebnisses. Daher folgen hier auch die Beispiele nicht einem festen Prinzip, das nur beliebig postuliert werden könnte.

Tatsächlich dürfen konkrete Analysemethoden, die präzise anwendbar sind, aber nur eine Teilmenge der möglichen Interpretationen erzeugen können,[413] nicht mit Theorien der stilistischen Interpretation verwechselt werden; diese müssen in der Lage sein, beliebige vorgefundene Stilinterpretationen nachzuvollziehen. Diesen Anspruch hat der hier vorgestellte Interpretationsprozess (vgl. die Beispiele in 7.1.3, 7.1.5 und 7.1.7); dafür verzichtet er darauf, eine Analysemethode zu sein. Denn Analysemethoden erkaufen ihre präzise Anwendbarkeit damit, an manchen Stellen, an denen reale Interpretationen für die Kreativität der Interpretierenden offen sind, mechanische Prinzipien vorzuschreiben.

6.3.1 Aus einer Merkmalsregel

6.3.1.1 Ohne frühere Ergebnisse, ohne Hintergrundwissen

1. Verhaltensschema ‚Autofahren':

$U(B_1)$: ‚Überholen', $V(B_1)$: ‚beinhaltet Risiko eines schweren Unfalls'

$B_1 \rightsquigarrow_{Gfr} Er_1$

Er_1 (g): ‚Angst (zu SN ins Auto zu steigen)'

Das Gefühl ‚Angst' könnte auch aus der Wahrnehmung der Eigenschaft ‚beinhaltet Risiko eines schweren Unfalls' an der Realisierung entstehen, ohne dass dazu eine Merkmalsregel ausgelesen werden muss. In diesem Fall würde jedoch nicht zwischen verschiedenen Ursachen des Risikos unterschieden. Autofahren ist immer gefährlich; wer wenig Auto fährt, bei dem kann eine ganz normale Autofahrt leicht das Gefühl der Angst erzeugen. Es gäbe dann aber keinen Grund für ein speziell auf das Mitfahren beim SN gerichtetes Gefühl entsprechend Er_1, eher würde wohl das Gefühl ‚Angst (vor dem Überholen)' oder allgemeiner ‚Angst (vor dem Autofahren)' entstehen.

Das Beispiel macht deutlich, dass Stil sich auch in Hinblick auf den Interpretationsprozess von bloßen Regelmäßigkeiten oder Mustern in einer Realisierung, etwa wiederkehrenden Gefahrensituationen bei Überholvorgängen einer bestimmten Autofahrt, unterscheidet (vgl. Abschnitt 2.1). Solche Regelmäßig-

---

[413] Vgl. Abschnitt 9.3, (2).

keiten gibt es natürlich, sie führen jedoch zu anderen Ergebnissen als Stil. Wird etwa auf eine solche Regelmäßigkeit, die ja unterschiedliche Ursachen haben kann, mit dem Gefühl der Angst reagiert, so würde es keinen Grund geben, vor Autofahrten mit dem SN Angst zu haben, nicht aber vor Autofahrten auf dieser Strecke, mit diesem Autotyp, zu dieser Tageszeit oder vor Autofahrten überhaupt.

2. Artefaktschema ‚Inneneinrichtung eines Wohngebäudes'

$U(B_1)$: ‚Beleuchtung', $V(B_1)$: ‚viele Leuchten in jedem Raum; Leuchtmittel sind direkt sichtbar; sehr helle Leuchtmittel'

$B_1 \leadsto_{Edr} Er_1$

Er_1 (e): ‚Die Beleuchtung zwingt den Besucher, die Augen zuzukneifen'

Eine rein physiologische Blendungsreaktion wäre kein Ergebnis der Stilinterpretation, ebenso wenig der Eindruck, durch die Beleuchtung geblendet zu sein. Nur wenn mental repräsentiert wird, dass die Blendung nicht durch andere Gründe (etwa den Kontext, etwa wenn der SW zuvor länger im Dunkeln war, oder der Funktion, etwa bei Scheinwerfern auf einer Bühne) ergibt, sondern aus einer Merkmalsregel entsteht, handelt es sich um ein Ergebnis der Stilinterpretation. Hier tritt dieses Ergebnis als „Eindruck", das heißt als nicht-propositionale mentale Repräsentation,[414] auf: Der SW hat diesen Zusammenhang zwar wahrgenommen, aber nicht für sich in Worte gefasst.

6.3.1.2 Ohne frühere Ergebnisse, mit Hintergrundwissen

1. Verhaltensschema ‚Arbeiten'

$U(B_1)$: ‚Arbeitspause', $V(B_1)$: ‚[h-rel] wird immer dann eingelegt, wenn der SN erst kurz ins Arbeiten gekommen ist; [h-rel] richtet sich nach der Länge der vorhergehenden Arbeitsphase; überdurchschnittlich häufig; unterdurchschnittlich lang'

$B_1 \leadsto_{Edr} Er_1$

Er_1 (e): ‚SN nimmt die Arbeit nicht ernst, ist also untermotiviert'

H_1 [zum Schema]: ‚Wenn jemand immer dann zu arbeiten aufhört, wenn er erst kurz ins Arbeiten gekommen ist, kann dies auf Übermotivation und dadurch zu große Anspannung zurückzuführen sein, wodurch konzentriertes Arbeiten unmöglich wird (vgl. Csíkszentmihályis Flow-Theorie)'

H_2 [zum Schema]: ‚Häufige, aber kurze Pausen können auf Übermotivation und dadurch zu große Anspannung hindeuten: In der Pause besteht aufgrund von

---

[414] Vgl. 6.2.2, (3).

6.3 Erzeugung von Ergebnissen

Unruhe das Bedürfnis, weiterzumachen, bei der Arbeit aufgrund von Erschöpfung das Bedürfnis, aufzuhören'

$B_1 \wedge H_1 \wedge H_2 \rightsquigarrow_{Ded} Er_2$

Er_2: ‚SN ist vermutlich übermotiviert und dadurch zu angespannt'

$B_1 \rightsquigarrow_{Ass} Er_3$

Er_3: ‚SN reagiert angemessen, indem er die Pausen an die Länge der vorgehenden Arbeitsphase anpasst'

$Er_3 \rightsquigarrow_{Ind} Er_4$

Er_4: ‚SN verhält sich möglicherweise in allen Aspekten seiner Arbeitsweise angemessen'[415]

H_3 [zum Schema]: ‚Pausen nach relativ kurzer Arbeitsdauer sind angemessen, wenn jemand besonders schnell erschöpft ist'

$B_1 \wedge Er_3 \wedge Er_4 \wedge H_3 \rightsquigarrow_{Ded} Er_5$

Er_5: ‚SN benötigt häufige Pausen. Die Pausenlänge wird an den Erschöpfungsgrad angepasst'

Der unmittelbar entstehende Eindruck Er_1 steht in Widerspruch zu der unter Hinzuziehung von Hintergrundwissen deduktiv gewonnenen Überlegung Er_2. Trotzdem gehören beide zur stilistischen Interpretation im hier definierten Sinn, da darunter nicht eine endgültige, von Widersprüchen bereinigte Ergebnismenge, sondern alle Ergebnisse der Interpretation fallen. An dieser Stelle kann eines der beiden Ergebnisse explizit für ungültig erklärt werden,[416] oder der Widerspruch wird für eine zukünftige Klärung offengehalten.

---

[415] Hier wird aufgrund nur einer Einzeltatsache mit einer Induktion eine Regel postuliert; dies ist möglich, da die Induktion keine Mindestanzahl von Einzeltatsachen verlangt, es ist allerdings nur sinnvoll, wenn die Einzeltatsache ausreichend signifikant erscheint. Zudem sollte das Ergebnis einer solchen Induktion als weniger sicher gekennzeichnet werden, als es bei einer größeren Anzahl zueinander passender Einzeltatsachen der Fall wäre. Hier wird die relativ geringe Sicherheit durch „möglicherweise" repräsentiert.

[416] Einmal erzeugte Ergebnisse können innerhalb des Interpretationsprozesses, wie er in 7.2 dargestellt wird, nicht aus der Menge der erzeugten Ergebnisse herausgeworfen werden. Das Verwerfen eines Ergebnisses kann nur realisiert werden, indem ein neues Ergebnis gebildet wird, das Er_1 oder Er_2 für widerlegt erklärt. Die schließlich zurückgegebene Interpretation I wird daher häufig Widersprüche enthalten.
Dies ist unproblematisch, wenn I nicht als Menge der nach dem Interpretationsende bestehenden Überzeugungen des SW, sondern als *Menge der im Lauf der Interpretation erzeugten Ergebnisse* aufgefasst wird. Auch ein vom SW längst zurückgewiesenes Ergebnis kann wieder plausibel erscheinen, wenn ein neues Ergebnis (oder nach dem Ende der Interpretation eine außerstilistische Information) es überraschend stützt oder die zu seiner Zurückweisung führenden Ergebnisse widerlegt. Die gewählte Darstellung spiegelt die kognitive Realität des menschlichen Denkens wieder, in der das Ergebnis eines Denkpro-

Er_5 liefert eine weitere Erklärung, die mit Er_1 oder mit Er_2 kompatibel ist. Er_5 liefert jedoch für sich genommen bereits eine Erklärung aller vier beobachteten Eigenschaften, während Er_1 nur die ersten beiden, Er_2 nur die ersten drei Eigenschaften erklären kann. Daher könnte bei einer Abwägung zwischen den drei Ergebnissen auf Er_1 und Er_2 verzichtet werden: Die Postulierung eines bestimmten Motivationsgrads wird unnötig, wenn stattdessen die Angemessenheit der Pausen angenommen und ihre Häufigkeit auf besonders schnelle Erschöpfung des SN zurückgeführt wird.

2. Verhaltens-/Artefakt-/Textschema S_i

$U(B_1)$: ‚$[O_j(S_i)]$', $V(B_1)$: ‚$[E_1, ..., E_x]$'

H_1: ‚Personen mit der Herkunft aus [Stadt/Region/Land/Kultur/Dialektgruppe/Soziolektgruppe] x führen den Schemaort O_j des Schemas S_i typischerweise mit den Eigenschaften $E_1, ..., E_x$ aus'

$B_1 \wedge H_1 \leadsto_{Ded} Er_1$

Er_1: ‚SN stammt vermutlich aus x'

Hier ist eine allgemeine Darstellung gewählt, bei der nicht genauer spezifiziert wird, welcher Schemaort welchen Schemas ausgeführt wird und welche Eigenschaften verlangt werden: Sofern das Hintergrundwissen zu beidem passt, kann das Ergebnis Er_1 erzeugt werden, das wohl tatsächlich eines der häufigsten Ergebnisse von Stilen etwa bei sprachlichem Ausdruck, beim gesellschaftlichen Auftreten, bei sozialen Gewohnheiten und bei kulturspezifischem Verhalten ist. Abgeändert liegt dieses Schema dem folgenden Beispiel zugrunde, bei dem mit Hintergrundwissen auf den Dialekt[417] und dann in einem nächsten Schritt (der genau genommen nach 6.3.3.2 gehört) vom Dialekt auf die Herkunft geschlossen wird.

3. Verhaltensschema ‚Sprechen'

$U(B_1)$: ‚Aussprache der Phoneme', $V(B_1)$: ‚Entrundung der Vokale; Lenisierung der Konsonanten; /p/, /t/ und /k/, /b/ wird teilweise als /w/ gesprochen; ...'

H_1: ‚Merkmale des hessischen Dialekts sind: Entrundung der Vokale, Lenisierung der Konsonanten, /p/, /t/ und /k/, /b/ wird teilweise als /w/ gesprochen, ...'

$B_1 \wedge H_1 \leadsto_{Ded} Er_1$

Er_1: ‚SN spricht hessischen Dialekt'

---

[417] zesses zwar für ungültig erklärt, aber nicht ‚ungedacht' oder bewusst vergessen werden kann.
Vgl. zum Verhältnis von Dialekten zu Sprachstil Abschnitt 8.3.4.

H_2: ‚Wer den Dialekt einer Region spricht, ist gewöhnlich in dieser Region aufgewachsen oder hat lange dort gelebt'

$Er_1 \wedge H_2 \leadsto_{Ded} Er_2$

Er_2: ‚SN ist vermutlich in Hessen aufgewachsen oder hat lange dort gelebt'

6.3.1.3 Mit früheren Ergebnissen, ohne Hintergrundwissen

1. Verhaltensschema ‚Gesellschaftliches Auftreten'

$U(B_1)$: ‚Kleidung', $V(B_1)$: ‚unkonventionell'

$Er_{(f)1}$: ‚SN achtet auf sein Aussehen'

$B_1 \wedge Er_{(f)1} \leadsto_{Ind} Er_1$

Er_1: ‚Der SN hält sich nicht an gesellschaftliche Konventionen'

Bei der Induktion ergibt sich aus der Verallgemeinerung der Einzeltatsachen eine Regel (vgl. Abschnitt 6.4.2), zu der die Einzeltatsachen Fälle bilden. Das Ergebnis einer Induktion gewinnt an Sicherheit, wenn mehrere Einzeltatsachen betrachtet werden. Die Induktion erfolgt im vorliegenden Fall ausgehend von einer einzigen Merkmalsregel; sie wird dadurch unterstützt, dass aufgrund von $Er_{(f)1}$ eine absichtliche Unkonventionalität der Kleidung angenommen werden kann, die es plausibel macht, dass auch in anderen Bereichen gesellschaftliche Konventionen übertreten werden.

2. Textschema ‚Email'

$U(B_1)$: ‚Adressierung', $V(B_1)$: ‚an viele verschiedene Personen, die alle namentlich (also im CC statt im BCC) genannt werden'

$Er_{(f)1}$: ‚SN kennt sich mit dem Internet gut aus'

$B_1 \wedge Er_{(f)1} \leadsto_{Abd} Er_1$

Er_1: ‚SN achtet die Privatsphäre seiner/ihrer Adressaten nicht'

Da die naheliegende Annahme, die Verwendung des CC (die zur Sichtbarkeit aller Adressen für alle Adressaten führt) könnte versehentlich erfolgt sein, durch $Er_{(f)1}$ ausgeschlossen werden kann, wird in einer Abduktion eine andere Erklärung angenommen.

6.3.1.4 Mit früheren Ergebnissen, mit Hintergrundwissen

1. Verhaltensschema ‚Skifahren':

$U(B_1)$: ‚Haltung beim Fahren', $V(B_1)$: ‚leicht vorgebeugt; angewinkelte Knie; leicht gespreizte Beine'

$Er_{(f)1}$: ‚SN springt oft und gerne'

H_1: ‚Eine leicht vorgebeugte Haltung mit angewinkelten Knien und leicht gespreizten Beinen ist beim Skifahren eine gute Ausgangshaltung für einen Sprung'

$$B_1 \wedge Er_{(f)1} \wedge H_1 \rightsquigarrow_{Abd} Er_1$$

Er_1: ‚SN hat sich, um gut springen zu können, eine dafür geeignete Haltung angewöhnt'

2. Verhaltensschema ‚Programmieren'

$U(B_1)$: ‚auffällige Gestaltungsprobleme', $V(B_1)$: ‚langsam; lange Suche nach einer eleganten Lösung; viele Lösungen werden wieder verworfen'

$Er_{(f)1}$: ‚SN ist beim Schreiben von Code schnell, aber wenig originell'

H_1 [zum Schema]: ‚Viele Programmierer bevorzugen „gute Hacks" (elegante und überraschende Lösungen)'

$$B_1 \wedge Er_{(f)1} \wedge H_1 \rightsquigarrow_{Abd} Er_1$$

Er_1: ‚Die Programmierweise des SN wird dem Ideal des „guten Hack" nicht gerecht, daher verbringt er viel Zeit damit, bei auffälligen Gestaltungsproblemen einen „guten Hack" zu suchen'

6.3.2 Aus mehreren Merkmalsregeln

Ergebnisse werden nur dann aus mehreren Merkmalsregeln erzeugt, wenn sie nicht auch aus einer Teilmenge dieser Merkmalsregeln erzeugt werden könnten.[418]

6.3.2.1 Ohne frühere Ergebnisse, ohne Hintergrundwissen

Auch ohne Verwendung von Hintergrundwissen gibt es verschiedene Möglichkeiten, wie Ergebnisse erzeugt werden können, für die mehrere Merkmalsregeln nötig sind. Dazu gehören beispielsweise relationale Eigenschaften (siehe 1. und 2.), Relationen zwischen den verlangten Eigenschaften verschiedener Merkmalsregeln (siehe 2. und 3.) sowie Operationen wie Assoziation (siehe 1. oder 2.),

---

[418] Die Operationen sind entsprechend definiert, um die Redundanz der Erzeugungsprozesse zu verringern; vgl. Abschnitt 7.2.1, Unterabschnitt *Die Funktionsmenge Op der Operationen*.

Induktion (siehe 1.), Gefühlsreaktion (vgl. 6.3.1.1, 1. Beispiel) oder Eindrucksreaktion (vgl. 6.3.1.1, 2. Beispiel).

1. Verhaltensschema ‚Einkaufen (für den täglichen Bedarf)'

$U(B_1)$: ‚Auswahl der gekauften Produkte', $V(B_1)$: ‚Produkte guter Qualität; [v-rel] bei Produkten vergleichbarer Qualität das billigste Produkt'

$B_1 \leadsto_{\text{Abd}} Er_1$

Er_1: ‚SN ist in erster Hinsicht qualitätsbewusst, in zweiter Hinsicht preisbewusst'

$U(B_2)$: ‚zuerst auf den Preis geprüftes Produkt', $V(B_2)$: ‚[v-rel] Produkt mit der schlichtesten Verpackung'

$U(B_3)$: ‚Marken der gekauften Produkte', $V(B_3)$: ‚[h-rel] innerhalb eines Einkaufs dieselbe Marke; [h-rel] bei verschiedenen Einkäufen verschiedene Marken'

$B_2 \wedge B_3 \wedge Er_1 \leadsto_{\text{Abd}} Er_2$

Er_2: ‚SN versucht, mit bestimmten Techniken die Kosten des Einkaufs ohne Abstriche bei der Qualität zu optimieren'

Mittels einer Abduktion wird auf die Verhaltensregel Er_2 geschlossen, die die Merkmalsregeln erklären kann: B_2 wird als Optimierungsmaßnahme erklärt, um möglichst schnell das Produkt mit dem besten Preis-Qualitäts-Verhältnis zu finden, da aufwendige Verpackungen Geld kosten. B_3 wird als Optimierungsmaßnahme erklärt, um Marken systematisch auf ihre Qualität und ihr Preis-Qualitäts-Verhältnis zu testen. Das in einem früheren Interpretationsschritt gewonnene Ergebnis Er_1 weist hier in die entscheidende Richtung: Die dort spezifizierten Ziele des SN beim Einkaufen machen die Merkmalsregeln B_2 und B_3, die sonst skurril wirken könnten, als rationales Verhalten erklärbar.

$U(B_4)$: ‚gekaufte Produkte', $V(B_4)$: ‚[v-rel] in unterdurchschnittlicher Anzahl im Regal'

$U(B_5)$: ‚große Einkäufe', $V(B_5)$: ‚[v-rel] überdurchschnittlich häufig im Vergleich zum Durchschnitt aller Käufer; mitten in der Woche ohne besonderen Anlass', $w(B_5)$: 0,2

$U(B_6)$: ‚zum Einkauf mitgenommenes Geld', $V(B_6)$: ‚möglichst genau 100 €; wird vorher am Bankautomaten abgehoben; wird beim Einkauf maximal zur Hälfte ausgegeben', $w(B_6)$: 1, $p(B_6)$: 1

$B_6 \leadsto_{\text{Ass}} Er_3$

Er_3: ‚SN zeigt bezüglich des mitgenommenen Geldes zwanghaftes Verhalten'

$B_1 \wedge B_2 \wedge B_3 \wedge B_4 \wedge B_5 \wedge B_6 \wedge Er_3 \leadsto_{\text{Ind}} Er_4$

Er_4: ‚SN hat sich beim Einkaufen in einer Reihe von zwanghaften Verhaltensmustern verfangen'

Die neu berücksichtigten Merkmalsregeln B_4 bis B_6 lassen sich nicht mit der Hypothese eines rationalen Optimierungsverhaltens vereinbaren. Alle sechs berücksichtigen Merkmalsregeln lassen sich jedoch aus der Annahme eines zwanghaften Verhaltens erklären. Die meisten der Merkmalsregeln sind jedoch nicht eindeutig zwanghaft; so lässt sich B_4 auch durch Neugier auf Neues erklären und B_5 wirkt zwar merkwürdig, ist aber aufgrund des niedrigen w nicht besonders ausgeprägt.

Erst B_6 ist eindeutig zwanghaft: Dieses Verhalten macht keinerlei Sinn, ist stark ausgeprägt (hohes w) und setzt sich gegen andere Stileigenschaften durch (hohes p). B_6 lässt daher in diesem Beispiel den Stilinterpreten assoziieren, es könne sich um zwanghaftes Verhalten handeln (Er_3). Diese Erklärung wird nun durch eine Induktion auf die anderen Merkmalsregeln erweitert.

2. Verhaltensschema ‚Boxen'

$U(B_1)$: ‚Schlagtechnik', $V(B_1)$: ‚[v-rel] selten; [v-rel] untypisch; [v-rel] nicht richtig'

$U(B_2)$: ‚Beinarbeit', $V(B_2)$: ‚[v-rel] häufig; [v-rel] typisch; [v-rel] richtig'

$B_1 \wedge B_2 \leadsto_{Ded} Er_1$

Er_1: ‚Schlagtechnik und Beinarbeit des SN stehen in Bezug auf ihre Häufigkeit, Typik und Normentsprechung im Gegensatz zueinander'

$B_1 \wedge B_2 \leadsto_{Ass} Er_2$

Er_2: ‚Der SN hat seine Schlagtechnik selbst entwickelt oder von jemandem übernommen, der nicht wie die meisten anderen Boxer boxt und dessen Technik als nicht „richtig" gilt. Im Gegensatz dazu hat er seine Beinarbeit von jemandem übernommen, der wie die meisten anderen Boxer boxt und dessen Technik als „richtig" gilt'

Um Er_2 weiter zu präzisieren, muss allerdings Hintergrundwissen hinzugezogen werden:

H_1 [zum Schema]: ‚In professionellen Boxschulen werden bestimmte Techniken vermittelt, die daher bei Boxern häufig vorkommen und typisch fürs Boxen wirken; sie werden als „richtig" bewertet. Auf der Straße lernt man dagegen oft andere Techniken'

$Er_2 \wedge H_1 \leadsto_{Ded} Er_3$

Er_3: ‚Der SN hat seine Schlagtechnik selbst entwickelt oder auf der Straße gelernt, seine Beinarbeit dagegen von in einer professionellen Boxschule gelernt'

6.3 Erzeugung von Ergebnissen

Vertikal-relationale Eigenschaften beziehen sich auf beliebige Relationen, Strukturen und Gliederungsmöglichkeiten, die innerhalb von Alternativenklassen vorhanden sind. Hier treten drei Arten von vertikal-relationalen Eigenschaften auf, die sich auf die Häufigkeitsverteilung,[419] eine Prototypengliederung[420] und eine Normierung nach richtig und falsch[421] beziehen. Es handelt sich um drei verschiedene Gliederungen innerhalb von Alternativenklassen, die im vorliegenden Fall zumindest teilweise übereinander zu liegen scheinen (sofern die Merkmalsregel korrekt ausgelesen wurde). Man kann nämlich aus dem Beispiel schließen, dass zumindest ein häufiges Element der betrachteten Alternativenklassen auch (proto-)typisch ist und der Norm entspricht, und dass zumindest ein seltenes Element auch untypisch ist und der Norm nicht entspricht. Spekulativ kann geschlossen werden, dass die drei Strukturen einander mehr oder minder entsprechen.

Mit Hilfe relationaler Eigenschaften können häufig auch ohne Hintergrundwissen Ergebnisse erzeugt werden. Das wird deutlich, wenn wir die Merkmalsregeln einzeln verwenden, so dass die Relation zwischen ihnen nicht in die Ergebniserzeugung eingeht:

$B_1 \rightsquigarrow_{Ass} Er_4$

Er_4: ‚SN hat seine Schlagtechnik selbst entwickelt oder von jemandem übernommen, der nicht wie die meisten anderen Boxer boxt und dessen Technik als nicht „richtig" gilt'

$B_2 \rightsquigarrow_{Ass} Er_5$

Er_5: ‚SN hat seine Beinarbeit von jemandem übernommen, der wie die meisten anderen Boxer boxt und dessen Technik als „richtig" gilt'

Wir erhalten also Er_3 in zwei Teilen, reduziert um die Angabe der Gegensätzlichkeit, die sich aus der Relation „Gegensätzlichkeit" zwischen den Merkmalsregeln B_1 oder B_2 ergibt.

3. Artefaktschema ‚Teppich'

$U(B_1)$: ‚Dicke', $V(B_1)$: ‚durchschnittlich'

$U(B_2)$: ‚Gewicht', $V(B_2)$: ‚überdurchschnittlich (pro Größeneinheit)'

$B_1 \wedge B_2 \rightsquigarrow_{Ded} Er_1$

Er_1: ‚Der Teppich besteht aus überdurchschnittlich schwerem Material'

---

[419] Vgl. Abschnitt 4.3.2, (4), (a).
[420] Vgl. Abschnitt 4.3.2, (4), (b).
[421] Vgl. Abschnitt 4.3.2, (4), (c).

Ohne Hintergrundwissen sind die Möglichkeiten zur Erzeugung von Ergebnissen eingeschränkt. Im vorliegenden Beispiel kann Er_1 erzeugt werden, wenn man die Fähigkeit, das Volumen eines Körpers mit seinem Gewicht in Verbindung zu bringen, als allgemeine kognitive Fähigkeit des SW voraussetzt. In den meisten Fällen wird der SW dies in der Schule gelernt haben, aber auf dieses Hintergrundwissen vielleicht gar nicht zugreifen müssen, weil ihm der Zusammenhang intuitiv klar ist.

6.3.2.2 Ohne frühere Ergebnisse, mit Hintergrundwissen

1. Verhaltensschema ‚Spielen eines Computer-Rollenspiels'

$U(B_1)$: ‚Umgang mit Kampfsituationen', $V(B_1)$: ‚gute Situationseinschätzung; schnelle Reflexe'

$U(B_2)$: ‚Umgang mit Rätseln', $V(B_2)$: ‚langsam; Lösung durch Herumprobieren'

H_1 [zum Schema]: ‚In Ego-Shooter-Spielen wird die rasche Reaktion in Kampfsituation gefordert, in Adventure-Spielen der überlegte und kreative Umgang mit Problemen'

$$B_1 \wedge B_2 \wedge H_1 \leadsto_{Abd} Er_1$$

Er_1: ‚SN hat in der Vergangenheit mehr Ego-Shooter als Adventure-Spiele gespielt, oder SN ist generell schlecht im Problemlösen'

H_2: ‚SN ist intelligent und kann mit anspruchsvollen Problemen gut umgehen'

$$Er_1 \wedge H_2 \leadsto_{Ded} Er_2$$

Er_2: ‚SN hat in der Vergangenheit mehr Ego-Shooter-Spiele als Adventure-Spiele gespielt'

Hier wird zunächst eine Disjunktion erzeugt und dann eines der Disjunkte durch H_2, das in der Suche nach relevantem Hintergrundwissen zum Ergebnis Er_1 gefunden wird, ausgeschlossen. H_2 könnte auch bereits im ersten Schritt gefunden werden, da es auch bereits für B_2 relevant ist; in diesem Fall würde dasselbe Ergebnis in einem Interpretationsschritt erzeugt:

$$B_1 \wedge B_2 \wedge H_1 \wedge H_2 \leadsto_{Abd} Er_1$$

Er_1: ‚SN hat in der Vergangenheit mehr Ego-Shooter-Spiele als Adventure-Spiele gespielt'

Allerdings ist H_2 durch Er_1 unmittelbar als relevant erkennbar, während man von B_2 weniger direkt zu Überlegungen über die allgemeine Problemlösungsfähigkeit des SN gelangt. Beide Lösungen sind daher plausibel.

2. Artefaktschema ‚Gebäude'

6.3 Erzeugung von Ergebnissen

$U(B_1)$: ‚Foyer', $V(B_1)$: ‚mit finanziellem Aufwand x gestaltet'

$U(B_2)$: ‚Keller', $V(B_2)$: ‚mit finanziellem Aufwand x gestaltet'

H_1 [zum Schema]: ‚Das Foyer eines Gebäudes hat eine hohe Repräsentationsfunktion, der Keller eine sehr niedrige'

$$B_1 \wedge B_2 \wedge H_1 \leadsto_{Ind} Er_1$$

Er_1: ‚Der Grad der Repräsentationsfunktion der Räume wirkt sich nicht auf ihre Gestaltung aus'

H_2: ‚Es ist üblich, Artefakte oder Teile von Artefakten mit hoher Repräsentationsfunktion aufwändiger zu gestalten'

$$Er_1 \wedge H_2 \leadsto_{Ded} Er_2$$

Er_2: ‚Für die Repräsentation wird entgegen dem Üblichen kein zusätzlicher Aufwand betrieben'

Aus Hintergrundwissen zum Schema ‚Gebäude' wird der Grad der Repräsentationsfunktion verschiedener Räume entnommen.[422] Es kann nun direkt geschlossen werden, dass der Grad der Repräsentationsfunktion sich nicht auf die Gestaltung auswirkt. Durch Hinzuziehung allgemeinen Hintergrundwissens kann ferner geschlossen werden, dass hier vom Üblichen abgewichen wird, indem zusätzlicher Aufwand für die Repräsentation vermieden wird.

Falls angenommen wird, dass Informationen über die Repräsentationsfunktion im Schema selbst gespeichert werden, kann der erste Schritt ohne Hintergrundwissen vollzogen werden:

$U(B_1)$: ‚Foyer (mit hoher Repräsentationsfunktion)', $V(B_1)$: ‚mit finanziellem Aufwand x gestaltet'

$U(B_2)$: ‚Keller (mit niedriger Repräsentationsfunktion)', $V(B_2)$: ‚mit finanziellem Aufwand x gestaltet'

$$B_1 \wedge B_2 \leadsto_{Ind} Er_1$$

Er_1: ‚Der Grad der Repräsentationsfunktion der Räume wirkt sich nicht auf ihre Gestaltung aus'

Es ist möglich, solches Wissen im Schema zu repräsentieren; die Schemaort-definierenden Eigenschaften[423] können die Schemaorte überspezifizieren, also mehr Angaben einfügen, als zur eindeutigen Abgrenzung von allen anderen Schemaorten aller anderen Schemata notwendig wäre. Beide Darstellungsweisen sind also möglich.

---

[422] Vgl. Abschnitt 7.2.1, Funktion *Interpretation*, Zeile 7.
[423] Vgl. Abschnitt 4.3.1, (1).

3. Artefaktschema ‚darstellendes Bild'[424]

$U(B_1)$: ‚Darstellung (von Gebäuden)', $V(B_1)$: ‚detailreich; plastisch dargestellt'

$U(B_2)$: ‚Darstellung (von Menschen)', $V(B_2)$: ‚detailarm; eindimensional dargestellt'

H_1 [zum Schema]: ‚Bei Bildern gilt gewöhnlich eine Entsprechung zwischen Detailreichtum und Relevanz eines Elements des Bildinhalts'

H_2 [zum Schema]: ‚Wenn in einem Bild plastische und dreidimensionale Darstellung vorkommen, ist gewöhnlich das Sujet des Bilds plastisch und ausschmückende Elemente eindimensional dargestellt'

$$B_1 \wedge B_2 \wedge H_1 \leadsto_{Ded} Er_1$$

Er_1: ‚Im Bildinhalt sind Gebäude relevant, Menschen wenig relevant'

$$B_1 \wedge B_2 \wedge H_2 \leadsto_{Ded} Er_2$$

Er_2: ‚Im Bildinhalt sind Gebäude das Sujet, Menschen nur Ausschmückung'

$$Er_1 \wedge Er_2 \leadsto_{Ass} Er_3$$

Er_3: ‚Es handelt sich um eine Architekturdarstellung (etwa aus einem Entwurf oder aus einer Bauaufnahme)'

Solche Schlüsse können etwa beim Aufschlagen eines Buchs, dessen Titel man nicht gesehen hat, vorkommen.

6.3.2.3 Mit früheren Ergebnissen, ohne Hintergrundwissen

1. Artefaktschema ‚Gebäude'

$U(B_1)$: ‚Foyer, Diele, Speisezimmer, Wohnzimmer, Gästezimmer', $V(B_1)$: ‚aufwendig gestaltet'

$U(B_2)$: ‚Schlafzimmer, Arbeitszimmer, Küche, Bad, Garage', $V(B_2)$: ‚nicht aufwendig gestaltet'

$Er_{(f)1}$: ‚Die straßenseitige Fassade des Hauses ist aufwendig gestaltet, die anderen Fassaden sind einfach gestaltet'

$$B_1 \wedge B_2 \wedge Er_{(f)1} \leadsto_{Abd} Er_1$$

Er_1: ‚Jene Teile des Hauses, die für nicht zum Haushalt gehörende Personen (Öffentlichkeit, Gäste) sichtbar sind, sind aufwendig gestaltet'

---

[424] Das Artefaktschema ‚darstellendes Bild' wird als Spezialfall des Artefaktschemas ‚Bild' angenommen, bei dem etwas dargestellt wird, das also auf ikonischen Zeichen beruht. Bei diesem Artefaktschema gibt es inhaltliche Bedingungen (im Gegensatz zu nichtdarstellenden Bildern), die in den U der Merkmalsregeln in Klammern angegeben sind.

6.3 Erzeugung von Ergebnissen

In diesem Beispiel wird durch eine Abduktion mit Hilfe des früheren Ergebnisses $Er_{(f)1}$ eine Regel postuliert. Es wird angenommen, dass die übliche Nutzungsweise der Räume und damit auch die Zugänglichkeit für Gäste in den entsprechenden Schemaorten spezifiziert ist. Ist dies nicht der Fall, muss sie als Hintergrundwissen spezifiziert werden.

2. Artefakt- und Textschema ‚Werbespot'

$U(B_1)$: ‚Alter der Darsteller', $V(B_1)$: ‚zwischen 20 und 30'

$U(B_2)$: ‚Formulierungen', $V(B_2)$: ‚aus der Jugendsprache'

$Er_{(f)1}$: ‚Das beworbene Produkt richtet sich an eine ältere Zielgruppe'

$B_1 \wedge B_2 \wedge Er_{(f)1} \leadsto_{Abd} Er_1$

Er_1: ‚Die Werbung soll das Produkt mit Jugendlichkeit assoziieren'

6.3.2.4 Mit früheren Ergebnissen, mit Hintergrundwissen

1. Verhaltensschema ‚Skifahren'

$U(B_1)$: ‚Kurvenform', $V(B_1)$: ‚eng'

$U(B_2)$: ‚Körperhaltung in den Kurven', $V(B_2)$: ‚Beine stark abgewinkelt; Sprung in die Kurve hinein (Skier verlassen kurz den Schnee)'

$U(B_3)$: ‚Haltung des Oberkörpers', $V(B_3)$: ‚ausgeprägt gerade; unabhängig von Beinarbeit'

H_1: ‚Der Fahrstil des berühmten Skifahrers x weist die Merkmalsregeln auf: Enge Kurven, in der Kurven Beine stark abgewinkelt, Sprung in die Kurve, ausgeprägt gerade Haltung des Oberkörpers, die unabhängig von Beinarbeit ist, ...'

$B_1 \wedge B_2 \wedge B_3 \wedge H_1 \leadsto_{Ded} Er_1$

Er_1: ‚x hat denselben Stil beim Skifahren wie SN'

$Er_{(f)1}$: ‚SN hat den Dialekt der Region um Zell am See und stammt daher vermutlich von dort'

H_2: ‚x lebt in der Region Zell am See und arbeitet dort als Skilehrer'

$Er_1 \wedge Er_{(f)1} \wedge H_2 \leadsto_{Ded} Er_2$

Er_2: ‚SN hat das Skifahren wahrscheinlich bei x erlernt'

2. Artefaktschema ‚Hose'

$U(B_1)$: ‚Material', $V(B_1)$: ‚schwarzes Leder'

$U(B_2)$: ‚Besatz', $V(B_2)$: ‚Nieten'

$Er_{(f)1}$: ‚Der Schnitt der Hose ist eng, betont die Körperformen und schränkt die Bewegungsfreiheit ein'

$Er_{(f)2}$: ‚Die Hose macht einen eleganten Eindruck'

H_1: ‚Schwarzes Leder als Material und Nieten als Besatz kommen vor in den Kleidungsstilen der Punker, der Motorradrocker und der BDSM-Szene'

H_2: ‚Motorradrocker tragen keine eng geschnittenen Hosen. Sie wollen ihre Körperformen nicht betonen und bevorzugen praktische Kleidung, die die Bewegungsfreiheit nicht einschränkt'

H_3: ‚Punker tragen keine Kleidung, die einen eleganten Eindruck macht'

$$B_1 \wedge B_2 \wedge Er_{(f)1} \wedge Er_{(f)2} \wedge H_1 \wedge H_2 \wedge H_3 \leadsto_{Ded} Er_1$$

Er_1: ‚Die Hose bezieht sich auf den Kleidungsstil der BDSM-Szene'

Warum kann hier nicht geschlossen werden, das Kleidungsstück sei ‚im Stil x [Punk, Rocker- oder BDSM-Stil] gehalten'? Dies wäre möglich, wenn die interpretierte Menge an Merkmalsregeln (hier B_1 und B_2) als hinreichend für die Klassifikation als Stil x angesehen wird. Hier liegt jedoch keine Information über die hinreichende Menge von Merkmalsregeln für die Bezugsstile vor; mindestens drei Stile teilen die oben beschriebenen Merkmalsregeln (sofern es sich nicht einfach um synonyme Ausdrücke für denselben Stil handelt, was aus H_1 jedoch nicht hervorgeht). Es kann daher beim durch die Input-Elemente gegebenen Wissensstand nur von einem Bezug auf den jeweiligen Stil x gesprochen werden. Es ist möglich, dass sich der Stil bei genauerer Untersuchung als Stil x herausstellt.

Könnten keine früheren Ergebnisse hinzugezogen werden, könnte das Ergebnis nur eine Disjunktion der drei Möglichkeiten enthalten:

$$B_1 \wedge B_2 \wedge H_1 \leadsto_{Ded} Er_1$$

Er_1: ‚Die Hose bezieht sich auf den Kleidungsstil des Punk, der Motorradrocker und/oder der BDSM-Szene'

Im Interpretationsprozess, wie er in 7.2.1 dargestellt wird, werden Ergebnisse unabhängig voneinander erzeugt, semantische Relationen zwischen ihnen bleiben unberücksichtigt. Durch entsprechende Abänderung wäre die folgende Darstellung möglich:

$$B_1 \wedge B_2 \wedge H_1 \leadsto_{Ded} Er_1 \vee Er_2 \vee Er_3$$

Er_1: ‚Die Hose bezieht sich auf den Kleidungsstil des Punk'

Er_2: ‚Die Hose bezieht sich auf den Kleidungsstil der Motorradrocker'

Er_3: ‚Die Hose bezieht sich auf den Kleidungsstil der BDSM-Szene'

6.3.3 Erzeugung eines Ergebnisses aus früheren Ergebnissen

6.3.3.1 Ohne Hintergrundwissen

1. Textschema ‚längerer Prosatext'

$Er_{(f)1}$: ‚SN wählt für Satzbau, Wortwahl und intertextuelle Bezüge gezielt Formen und Ausdrucksniveau, deren Verständnis eine erhebliche Vorbildung voraussetzt'

$$Er_{(f)1} \leadsto_{Abd} Er_1, Er_2, Er_3$$

Er_1: ‚SN will nur von gebildeten LeserInnen verstanden werden'

Er_2: ‚SN will einen literarisch anspruchsvollen Text schreiben, ohne jemanden von diesem Text auszuschließen'

Er_3: ‚SN stammt aus einem Milieu mit hoher Bildung und kann sich ohne besondere Anstrengung gar nicht so ausdrücken, dass er/sie von jedem verstanden wird'

Die drei Ergebnisse postulieren verschiedene Erklärungen für $Er_{(f)1}$, die einander ausschließen. Wie im letzten Beispiel gilt auch hier, dass der Interpretationsprozess solche Relationen nicht berücksichtigt. Wenn wir die Widersprüchlichkeit der drei Ergebnisse repräsentieren wollen, ohne von der Darstellung der Schreibausgabe abzuweichen, können wir die drei Elemente in eines zusammenfassen, das die semantischen Relationen repräsentiert:

$$Er_{(f)1} \leadsto_{Abd} Er_1 \text{ mit } Er_1 = (\text{entweder } Er_{1_1} \text{ oder } Er_{1_2} \text{ oder } Er_{1_3})$$

oder formal ausgedrückt:

$$Er_{(f)1} \leadsto_{Abd} Er_1$$
$$\text{mit } Er_1 = (Er_{1_1} \vee Er_{1_2} \vee Er_{1_3}) \wedge \neg((Er_{1_1} \wedge Er_{1_2}) \vee (Er_{1_1} \wedge Er_{1_3}) \vee (Er_{1_2} \wedge Er_{1_3}))$$

Er_{1_1}: [wie Er_1 oben]

Er_{1_2}: [wie Er_2 oben]

Er_{1_3}: [wie Er_3 oben]

2. Textschema ‚Verkehrszeichen an einer Straße'

$Er_{(f)1}$: ‚Die Regelungsmöglichkeiten (z.B. Tempolimits) werden sehr umfangreich eingesetzt'

$Er_{(f)2}$: ‚Alle denkbaren Risiken werden genau markiert'

$Er_{(f)3}$: ‚Auf Sehenswürdigkeiten am Straßenrand wird hingewiesen'

$$Er_{(f)1} \wedge Er_{(f)2} \wedge Er_{(f)3} \leadsto_{Ind} Er_1, Er_2$$

Er_1: ‚SN reguliert detailliert das Verhalten und die Aufmerksamkeit der Verkehrsteilnehmer'

Er_2: ‚SN lässt den Verkehrsteilnehmern keinen Raum für eigene Entscheidungen und Eigenverantwortung'

6.3.3.2 Mit Hintergrundwissen

1. Verhaltensschema ‚Geld investieren'

$Er_{(f)1}$: ‚SN vermeidet Anlageformen mit hohem Risiko'

$Er_{(f)2}$: ‚SN orientiert sich am Verhalten anderer Anleger'

H_1: ‚Unsichere Menschen versuchen, Risiko zu vermeiden, und orientieren sich an anderen Menschen'

$$Er_{(f)1} \wedge Er_{(f)2} \wedge H_1 \leadsto_{Abd} Er_1$$

Er_1: ‚SN verhält sich aufgrund seines Charakters ängstlich und angepasst'

Es muss ein Element des Hintergrundwissens gefunden werden, das eine Erklärung für $Er_{(f)1}$ und $Er_{(f)2}$ liefern kann. H_1 erfüllt diese Funktion; aus ihm ergibt sich die Regel, dass der SN sich ängstlich verhält, unter die $Er_{(f)1}$ und $Er_{(f)2}$ als Fälle eingeordnet werden können. Nur $Er_{(f)1}$ allein verweist noch nicht eindeutig auf einen ängstlichen Charakter, es könnte auch durch eine überlegt vorsichtige Anlagestrategie bedingt sein. In diesem Fall würde sich der SN jedoch nicht einfach am Verhalten anderer Anleger orientieren, da dies auf Herdenverhalten hinausläuft und nicht besonders vorsichtig ist; es entspricht eher dem Verhalten eines Menschen, der sich nicht traut, es anders als andere zu machen.

2. Artefaktschema ‚Kleidungsstück'

$U(B_1)$: ‚Nähte', $V(B_1)$: ‚außen angebracht'

H_1 [zum Schema]: ‚Nähte sind normalerweise innen in einem Kleidungsstück angebracht'

$$B_1 \wedge H_1 \leadsto_{Ded} Er_1$$

Er_1: ‚Das normalerweise innen am Kleidungsstück Angebrachte wird außen angebracht'

H_2 [zum Schema]: ‚Nähte werden normalerweise innen angebracht, um sie zu verstecken'

$$Er_1 \wedge H_2 \leadsto_{Ded} Er_2$$

Er_2: ‚Das normalerweise am Kleidungsstück Versteckte wird gezeigt'

H_3 [zum Schema]: ‚Nähte zeigen, wie ein Kleidungsstück gemacht ist'

$Er_1 \wedge Er_2 \wedge H_3 \leadsto_{Ded} Er_3$

Er_3: ‚Es wird das am Kleidungsstück gezeigt, was normalerweise versteckt wird, nämlich wie es gemacht ist'

Dies ist ein Beispiel für den Fall, dass ein aus einer Merkmalsregel gewonnenes Ergebnis mit Hilfe von Hintergrundwissen zunehmend inhaltlich angereichert wird. Solche Prozesse können sehr genaue Ergebnisse liefern, aber auch zu freien Spekulationen führen, die sich von den Merkmalsregeln des Stils weit entfernen.[425] Sie beginnen, wenn der SW zu einem Punkt gelangt ist, an dem auf der Basis vorhandener Ergebnisse ‚noch etwas zu holen ist'; häufig wird dann gezielt Hintergrundwissen hinzugezogen. Um den Prozess zu verdeutlichen, wurde hier der erste Schritt, der noch auf einer Merkmalsregel basiert, mit aufgeschrieben.[426]

6.4 Operationen

Im Folgenden wird jeweils eine kurze Erläuterung zu der Operation gegeben, danach folgen Beispiele für die drei Schemaarten. Die Darstellung der Beispiele entspricht wiederum der Schreibausgabe des Interpretationsprozesses in Abschnitt 7.2.3.

Die hier vorgestellten Operationen sind nicht als definitive Liste zu verstehen, sondern als erste Annäherung an die bei tatsächlichen Stiloperationen verwendeten Operationen. Zu klären, welche Operationen tatsächlich bei der Interpretation verwendet werden, würde umfangreiche Untersuchungen erfordern.[427]

---

[425] Vgl. die Interpretation der Ste-Chapelle in 7.1.3, bei dem die Ergebnisse Er_1 bis Er_5 direkt aus Merkmalsregeln entstehen; von ihnen ausgehend werden dann immer weitere Ergebnisse (mit Hinzuziehung zweier früherer Ergebnisse bis Er_{13}) erzeugt, bevor der Interpret weitere Merkmalsregeln betrachtet. Solche Vorgänge sind charakteristisch für anspruchsvolle Interpretationen (etwa in der Kunstgeschichte), die den Ehrgeiz haben, über das Naheliegende weit hinauszugehen.

[426] Dadurch ergibt sich auch ein Unterschied beim Index: Gleich nach der Erzeugung geschriebene Elemente werden nach einer anderen Nummerierung gezählt als früher erzeugte, damals aber nicht geschriebene Elemente. Die ersteren werden einfach durchnummeriert, die zweiten werden mit einer eigenen Nummerierung mit „(f)" für „früher erzeugt" vor dem Index versehen. Sonst würden in der Nummerierung zwischen neu erzeugten Ergebnissen immer wieder solche stehen, die früher erzeugt wurden und nur verwendet werden (vgl. 7.2.4, *Anmerkung zur Nummerierung der Ergebnisse*).

[427] Die Klärung der beim Interpretieren verwendeten Operationen wäre Aufgabe einer allgemeinen Interpretationstheorie; es müsste dann nur die Frage, ob sich für Stilinterpretationen aufgrund der dort geltenden Besonderheiten Einschränkungen ergeben, von einer Stiltheorie geklärt werden. Es liegt jedoch keine Interpretationstheorie vor, die sich auf das hier vorgestellte Modell beziehen lässt. Im Prinzip handelt es sich beim in Kapitel 6 und 7 dargestellten Interpretationsprozess daher um eine Interpretationstheorie, die auf den Spezialfall der Stilinterpretation beschränkt ist und durch die Entfernung stilspezifi-

Die hier vorgestellten Operationen werden nicht als möglichst präzise und korrekte Abläufe verstanden, sondern als Modellierungen verschiedener beim tatsächlichen menschlichen Denken vorkommenden Arten, einen inneren Zustand (Propositionsannahme, Gefühl oder Eindruck) aus anderen zu gewinnen.

6.4.1 Deduktion

Das Verfahren, aus gegebenen Prämissen mit logischen Schlussregeln die mit Notwendigkeit folgenden Schlüsse abzuleiten, wird als „Deduktion" bezeichnet. In der Wissenschaft spielt die Deduktion eine entscheidende Rolle (neben der Induktion); Karl Popper ging sogar davon aus, dass alle Schlüsse in der Wissenschaft, auch die auf Empirie basierenden, deduktiv seien.[428] Deduktive Schlüsse können prinzipiell formalisiert werden, indem sie Schritt für Schritt mit Hilfe von Schlussregeln abgeleitet werden.

Wie alle hier angenommenen Operationen ist die Deduktion dazu gedacht, tatsächliche Denkprozesse des Menschen nachzuvollziehen; diese folgen vermutlich nicht denselben Ansprüchen wie formale Beweise. So ist es wahrscheinlich, dass geringe Unsicherheiten des Ergebnisses ignoriert werden können oder dass kleine Sprünge im Ableitungsprozess möglich sind, wenn sie intuitiv plausibel erscheinen oder dem Denkenden schlicht nicht auffallen. Als „Deduktion" im hier verwendeten Sinn wird ein Schluss daher bezeichnet, wenn er mit (für das gewöhnliche Denken ausreichender) Sicherheit aus den Prämissen ableitbar ist und wenn er keine Kreativität erfordert. Zudem unterscheidet sich die hier angenommene Operation „Deduktion" vom logischen Schlussverfahren gleichen Namens dadurch, dass sie nicht Propositionen, sondern Propositionsannahmen erzeugt.

1. Verhaltensschema ‚Schminken'

[Variante 1:]

$U(B_1)$: ‚Zeitaufwand', $V(B_1)$: ‚überdurchschnittlich (für alle Schminkvorgänge)', $w(B_1)$: 1

H_1: ‚Umso wichtiger eine Person eine Sache findet, umso mehr Zeit wendet sie dafür auf'

$B_1 \wedge H_1 \rightsquigarrow_{Ded} Er_1$

Er_1: ‚SN ist Schminken wichtiger als dem Durchschnitt der sich Schminkenden'

---

scher Beschränkungen – insbesondere das Zulassen anderer Elementsorten im Input – verallgemeinert werden könnte.

[428] Popper 1934.

[Variante 2:]

$U(B_1)$: ‚Zeitaufwand (Samstag abends vor dem Ausgehen)', $V(B_1)$: ‚[h-rel] überdurchschnittlich (für Schminkvorgänge des SN)'

H_1: ‚Umso wichtiger eine Person eine Sache findet, umso mehr Zeit wendet sie dafür auf'

$B_1 \wedge H_1 \leadsto_{\text{Ded}} Er_1$

Er_1: ‚SN ist das Schminken Samstag abends vor dem Ausgehen besonders wichtig'

In beiden Varianten wird die Eigenschaft ‚überdurchschnittlich' verlangt.[429] Im ersten Fall handelt es sich um eine intrinsische Eigenschaft:[430] Es wird ein Element der Alternativenklasse für den Schemaort ‚Zeitaufwand' gewählt, das die Eigenschaft hat, über dem Durchschnitt aller Schminkvorgänge zu liegen.

In Variante 2 wird ‚überdurchschnittlich' als horizontal-relationale Eigenschaft[431] gebraucht: Es bezieht sich hier auf alle Schminkvorgänge des SN (im implizit gelassenen Zeitraum der Stilbetrachtung), also auf die Realisierung selbst.[432] Der Durchschnitt wird aus allen Realisierungsstellen zum Schemaort ‚Zeitaufwand' in der Realisierung gewonnen. In den Anwendungsbedingungen ist der Schemaort ‚Zeitaufwand' durch die Kontextbedingung ‚Samstag abends vor dem Ausgehen' genauer spezifiziert: In diesen Fällen liegt der Zeitaufwand über dem Durchschnitt. – Im Vergleich zu Variante 1 entsteht unter Verwendung desselben Hintergrundwissens ein anderes Interpretationsergebnis.

2. Artefaktschema ‚Anrichte'

$U(B_1)$: ‚alle vier Seitenflächen einer Anrichte', $V(B_1)$: ‚aufwendige Schnitzereien; furniert; mit Schellack überzogen'

---

[429] Selbst wenn die Spezifikationen in Klammern fehlen würden, ist es plausibel, dass sie für die Interpretation wie obenstehend angenommen werden würden: In Variante 1 kann der Durchschnitt aller Schminkvorgänge des SN nicht gemeint sein (sonst wäre die Merkmalsregel widersprüchlich), während in Variante 2 durch die Zusatzbedingungen in den Anwendungsbedingungen der Bezug auf den allgemeinen Fall ohne Zusatzbedingungen, also auf den Durchschnitt aller Schemaorte ‚Zeitaufwand' der Realisierung, naheliegend ist. Allerdings ist dies nur ein Formulierungsproblem: Wenn die Merkmalsregel genau ausgelesen wird, muss der Bezug des ‚überdurchschnittlich' klar sein.

[430] Vgl. Abschnitt 4.3.2, (3).

[431] Vgl. Abschnitt 4.3.2, (5).

[432] Das Schema bezieht sich hier auf das Verhalten ‚Schminken' über einen längeren Zeitraum. Würde das Unterschema ‚Schminkvorgang' gewählt, dann würde sich der Vergleich mit anderen Schminkvorgängen des SP nicht auf die Realisierung beziehen und ‚überdurchschnittlich' müsste auch in Variante 2 als intrinsische Eigenschaft spezifiziert werden.

H_1: ‚Einige Arten von Möbeln können in der Mitte eines Raums oder an einer Wand stehen'

H_2 [zum Schema]: ‚Eine Anrichte hat die Funktionen, (1) Geschirr und Tischdecken aufzubewahren, (2) Speisen anzurichten. In der Funktion (1) entspricht sie einem Sideboard oder Schrank, in der Funktion (2) einem Tisch'

H_3: ‚Wenn eine Seite eines Möbelstücks dazu gedacht ist, an die Wand gestellt zu werden, ist diese Seite weniger aufwendig gestaltet als die anderen, auf Schmuck oder Oberflächenbehandlung wird verzichtet'

$B_1 \wedge H_1 \wedge H_2 \wedge H_3 \leadsto_{Ded} Er_1$

Er_1: ‚Diese Anrichte ist für die Aufstellung freistehend im Raum gedacht'

Wenn wir Zwischenergebnisse zulassen, können wir den Prozess genauer erfassen:[433]

$H_1 \wedge H_2 \leadsto_{Ded} Zw_1$

Zw_1: ‚Eine Anrichte gehört aufgrund ihrer Funktionen zu den Möbeln, die freistehend im Raum oder an einer Wand aufgestellt werden können'

$Zw_1 \wedge H_3 \leadsto_{Ded} Zw_2$

Zw_2: ‚Wenn eine Anrichte für die Aufstellung an der Wand gedacht ist, ist eine Seite weniger aufwendig gestaltet'

$B_1 \wedge Zw_2 \leadsto_{Ded} Er_1$

Er_1: ‚Diese Anrichte ist nicht für die Aufstellung an der Wand gedacht'

$Er_1 \wedge Zw_1 \leadsto_{Ded} Er_2$

Er_2: ‚Diese Anrichte ist für die Aufstellung freistehend im Raum gedacht'

3. Textschema ‚Liebesbrief'

$U(B_1)$: ‚Formulierung', $V(B_1)$: ‚umständlich; altmodisch; häufige Verwendung von Phrasen'

---

[433] An der Erzeugung eines Ergebnisses muss eine Merkmalsregel oder ein früheres Ergebnis beteiligt sein (vgl. Abschnitt 6.3); nur aus Hintergrundwissen können Ergebnisse nicht erzeugt werden, da sie sonst mit dem Stil nichts zu tun hätten. Hier werden nur aus Hintergrundwissen erzeugte Zwischenergebnisse zugelassen, um den Erzeugungsprozess genauer nachvollziehen zu können. Zwischenergebnisse sind im Interpretationsprozess in Abschnitt 7.2 nicht vorgesehen; es wird angenommen, dass die Verarbeitung von Hintergrundwissen bis zur für den jeweiligen Interpretationsschritt erforderlichen Form innerhalb der Operation stattfindet. (Vgl. zur möglichen Einbeziehung von Zwischenergebnissen Fußnote 508.)

H_1: ‚Mangelnde Entschlussfähigkeit verursacht Umständlichkeit; Angst vor dem Neuen verursacht Altmodischkeit; mangelnder Zugriff auf die eigenen Gefühle und Angst davor, selbst zu denken, verursacht Rückgriff auf fertige Formulierungen'

$B_1 \wedge H_1 \leadsto_{Ded} Er_1$

Er_1: ‚Persönlichkeit des SP: wenig entschlussfähig; hat Angst vor dem Neuen; hat keinen Zugriff auf seine Gefühle; hat Angst davor selber zu denken'

Die Erzeugung des entsprechenden Interpretationsergebnisses hängt entscheidend davon ab, dass gerade das Element H_1 hinzugezogen wurde. Würde an seiner Stelle ein anderes Element von H hinzugezogen werden, könnte ein anderes Ergebnis erzeugt werden:

H_2: ‚Menschen übernehmen häufig die sprachlichen Gewohnheiten ihres sozialen Umfelds. Besonders stark ist dieser Effekt in der Jugend'

$B_1 \wedge H_2 \leadsto_{Ded} Er_2$

Er_2: ‚SN hat längere Zeit in einem Umfeld gelebt, in dem man sich umständlich und altmodisch ausdrückt und häufig Phrasen verwendet werden. Vermutlich ist er/sie in einem solchen Umfeld aufgewachsen'

Er_1 und Er_2 sind alternative Erklärungsmöglichkeiten, die die Persönlichkeit bzw. das soziale Umfeld als Ursachen der festgestellten Merkmalsregeln postulieren. Sind beide Ergebnisse erzeugt worden, kann eines davon unter Hinzuziehung weiterer Merkmalsregeln, Ergebnisse oder Elemente des Hintergrundwissens als wahrscheinlicher eingeschätzt werden; im Extremfall wird eine Möglichkeit ganz verworfen.[434] Unter Hinzuziehung weiterer Elemente von H könnte geschlossen werden, dass beides gemeinsam gilt: Das soziale Umfeld prägt meist die Persönlichkeit der in ihm Aufgewachsenen.

Häufig wird eine Stilinterpretation sich jedoch damit zufriedengeben, einen Grund gefunden zu haben, und danach die Suche nach Gründen beenden. Welches Element von H zuerst gefunden wird, hängt davon ab, welche Wissensbereiche ein SW zuerst hinzuzieht: Oft wird sich sowohl im Wissensbereich „Psychologie" als auch im Wissensbereich „Gesellschaft" eine Erklärung für Merkmalsregeln finden. Präferenzen bei der Suche nach Hintergrundwissen wirken sich daher entscheidend auf die Ergebnisse der Interpretation aus.

---

[434] Vgl. Fußnote 416.

6.4.2 Induktion

Induktion ist der Schluss von einer bestimmten Einzeltatsache (beispielsweise einem empirisch beobachteten Phänomen), die bereits in einer verallgemeinerbaren Form (also als Fall einer möglichen Regel) vorliegt, auf diese Regel. Während die Induktion in der Logik und insbesondere der Wissenschaftstheorie umstritten ist – sie wurde unter anderem von David Hume und Karl Popper entschieden kritisiert –, ist ihre grundlegende Funktion im menschlichen Denken anerkannt: Von Einzelfällen wird häufig auf Regeln geschlossen. Diese werden aber meist nicht als ausnahmslos gültige Naturgesetze, um die es Hume und Popper ging, sondern als im Allgemeinen gültige Regeln aufgefasst, von denen Ausnahmen möglich sind. In diesem Sinne akzeptierte auch Kant die Induktion.[435]

1. Verhaltensschema ‚Einkaufen'

$U(B_1)$: ‚Bedarf an Milch', $V(B_1)$: ‚Einkauf für mehrere Tage'

$U(B_2)$: ‚Bedarf an Brot', $V(B_2)$: ‚Einkauf für mehrere Tage'

$U(B_3)$: ‚Bedarf an Joghurt', $V(B_3)$: ‚Einkauf für mehrere Tage'

$B_1 \land B_2 \land B_3 \leadsto_{Ind} Er_1$

Er_1: ‚SN kauft generell für mehrere Tage ein'

2. Artefaktschema ‚Einfamilienhaus'

$U(B_1)$: ‚Grundriss', $V(B_1)$: ‚an den Notwendigkeiten des Raumprogramms orientiert'

$U(B_2)$: ‚Anordnung der Fenster in den Fassaden', $V(B_2)$: ‚am Bedarf der Räume orientiert'

$U(B_3)$: ‚Auswahl der Materialien', $V(B_3)$: ‚auf den jeweiligen Verwendungszweck zugeschnitten'

$B_1 \land B_2 \land B_3 \leadsto_{Ind} Er_1$

Er_1: ‚Das Gestaltungsprinzip des Hauses ist die Optimierung aller Aspekte für die jeweilige Funktion'

3. Textschema ‚persönlicher Brief'

$U(B_1)$: ‚Darstellung von erzählten Geschehnissen', $V(B_1)$: ‚ausführlich; detailliert'

$U(B_2)$: ‚Formulierungen', $V(B_2)$: ‚genau; umständlich'

---

[435] Kant 1800: § 84 „Induktion und Analogie".

$B_1 \land B_2 \leadsto_{\text{Ind}} Er_1$

Er_1: ‚Der SN neigt zu Genauigkeit und Umständlichkeit'

6.4.3 Abduktion

Die Abduktion wurde von Charles S. Peirce etabliert, der sie als das einzig kenntniserweiternde Schlussverfahren ansah (es findet sich jedoch schon bei Aristoteles mit der Apagoge ein verwandtes Schlussverfahren). Bei der Abduktion wird von einer bestimmten Einzeltatsache (beispielsweise einem empirisch beobachteten Phänomen) auf eine Regel geschlossen, zu der die Einzeltatsache einen Fall darstellt.[436] Hier liegt die Einzeltatsache noch nicht in einer verallgemeinerbaren Form, also als Fall einer Regel, vor. Vielmehr muss erst eine Regel gesucht werden, zu der die Einzeltatsache einen Fall darstellt. Dabei kann erhebliche Kreativität angewandt werden.

1. Verhaltensschema ‚Lieben'

$U(B_1)$: ‚Reaktion darauf, dass andere sich für das Liebesobjekt interessieren',
$V(B_1)$: ‚Eifersucht'

$B_1 \leadsto_{\text{Abd}} Er_1$

Er_1: ‚Liebe will generell das Liebesobjekt für sich beanspruchen und duldet keine Konkurrenz'

Wäre der Schluss richtig, würde es sich nicht um eine Merkmalsregel handeln, also einen Teil eines Stils, sondern um eine Eigenschaft, die im Schema definiert ist: Wer nicht eifersüchtig auf seine(n) Partner(in) wäre, würde ihn/sie nicht lieben.[437] Der Schluss ist so allgemein aber nicht richtig; es gibt Menschen, die unter starker Eifersucht leiden, während andere den Ausschließlichkeitsanspruch für das Liebesobjekt ablehnen. Die tatsächlichen Ursachen dürften viel komplexer sein und in einer Kombination aus psychologischer Konstitution (Verlustängste) und individuellem Umgang mit kulturell gegebenen Liebesschemata liegen. Hier zeigt sich eine charakteristische Schwäche der Abduktion: Bei Sachverhalten, deren tatsächliche Erklärung uns noch nicht zugänglich ist, führt ihre Anwendung zur Annahme falscher Regeln, deren kulturelle Akzeptanz dann die Suche nach der richtigen Ursache blockieren kann.[438]

---

[436] http://de.wikipedia.org/wiki/Abduktion_(Wissenschaftstheorie); Einsicht am 4.3.2010.
[437] In diesem Fall wären also die Alternativenklassen, deren Anwendungsbedingungen $U(B_1)$ erfüllen, falsch gebildet worden. Will der SW den Stil möglichst richtig auslesen, müsste er aufgrund von Er_1 die entsprechenden Alternativenklassen neu bilden; Er_1 wäre dann kein Ergebnis der Stilinterpretation mehr, sondern Wissen zum Schema.
[438] Ein weiteres Problem der Abduktion besteht darin, dass leicht zu allgemeine Regeln postuliert werden, weil die verwendeten Einzeltatsachen einer zu allgemeinen Kategorie

2. Artefaktschema ‚Toaster' [Realisierung: alle Toaster eines bestimmten Designers]

$U(B_1)$: ‚Schlitze zum Hineinstecken des Brots', $V(B_1)$: ‚jeweils lang genug für zwei Scheiben Toast'

Das Beispiel verdeutlicht die Schwierigkeit, zwischen Stil und funktionalen Vorgaben zu unterscheiden. Das Artefaktschema ‚Toaster' enthält die Bedingung, vier Scheiben toasten zu können, nicht.[439] Bei der Schemaausführung kann jedoch die Funktion, vier Scheiben gleichzeitig zu toasten, als funktionale Bedingung[440] spezifiziert werden.[441] Ist dies der Fall, dann ergeben sich die langen Schlitze aus der funktionalen Bedingung und nicht aus einer Merkmalsregel des Stils.

Wenn ein SW sieht, dass ein Designer nur Toaster für vier Scheiben baut, kann er/sie spekulieren, dass dies keine funktionale Vorgabe des Herstellers ist, und somit B_1 als Merkmalsregel annehmen. Durch Abduktion können mögliche Gründe für diese Beschränkung überlegt werden (die allerdings ziemlich beliebig sind, da nicht genug Information für die Entscheidung zwischen verschiedenen möglichen Gründen vorliegt):

$B_1 \leadsto_{Abd} Er_1, Er_2, Er_3, \ldots$

Er_1: ‚SN findet Toaster für zwei Scheiben unpraktisch'

Er_2: ‚SN bekommt Tantiemen für verkaufte Toaster und geht davon aus, dass sich Modelle mit vier Scheiben besser verkaufen'

Er_3: ‚SN lehnt Toaster mit zwei Scheiben ab, weil er/sie sie als Symbol für die Vereinzelung der modernen Gesellschaft sieht'

Allerdings ist es auch möglich, dass es sich um eine Vorgabe des Herstellers handelte, etwa weil sich solche Toaster tatsächlich besser verkaufen (vgl. Er_2). Geht ein SW davon aus, kann er/sie B_1 nicht annehmen.[442]

---

zugeordnet werden. So wurden kulturspezifische Verhaltensweisen lange als Eigenschaften der menschlichen Natur erklärt, weil man nicht berücksichtigte, dass man die beobachteten Fälle nur einem bestimmten Kulturraum entnahm.

[439] Das Schema enthält nur Bedingungen, die für einen Toaster und seine Schemaorte definierend sind, also beispielsweise, dass man damit Toast toasten kann. Sind die Schlitze viel zu klein für eine Scheibe Toast, würde man das Gerät nicht mehr für einen ‚Toaster' (im normalen Sinn des Haushaltsgeräts) halten, sondern vermuten, dass es etwas anderes ist. Wären sie etwas zu klein, würde man einen Fehler in Betracht ziehen – eine misslungene Realisierung des Schemas ‚Toaster'.

[440] Funktionale Bedingungen (siehe Fußnote 289) gehören zu den Zusatzbedingungen; vgl. 4.3.1, (2).

[441] Dies geschieht bei der Auswahl der Zusatzbedingungen bei der Bildung der Alternativenklassen; vgl. 5.2.2, Funktion *Schemaausführung*, Zeile 8-11.

[442] Die Entscheidung fällt bei der Auswahl der Zusatzbedingungen bei der Rekonstruktion der Alternativenklassen; vgl. 5.5.3, Funktion *Merkmalsregeln_auslesen*, Zeile 8-11.

Es kann vorkommen, dass eine Merkmalsregel eines Stils, beispielsweise ein bestimmtes Gestaltungsprinzip,[443] allgemein üblich wird. In diesem Fall würde sie konventionell als funktionale Bedingung spezifiziert werden; sie könnte dann nicht mehr als Merkmalsregel eines Stils eingeschrieben oder ausgelesen werden. Unter bestimmten Umständen könnte sie nach einiger Zeit sogar in die Beschreibung des Schemas aufgenommen werden, so dass eine Realisierung ohne diese Eigenschaft nicht mehr als korrekte Realisierung des Schemas gilt.[444] Merkmalsregeln können also verschwinden, ohne dass sich der Stil ändert, nämlich durch eine Änderung des Schemas, zu dem dieser gehört, wodurch sie nicht mehr eingeschrieben oder ausgelesen werden können.

3. Textschema ‚Politisches Programm einer Partei'

$U(B_1)$: ‚Aussagen', $V(B_1)$: ‚allgemein; wenig fassbar; verschieden interpretierbar'

$U(B_2)$: ‚Formulierungen', $V(B_2)$: ‚unklar; phrasenhaft'

$B_1 \wedge B_2 \rightsquigarrow_{Abd} Er_1$

Er_1: ‚Politische Parteien scheuen Festlegungen, um potentielle Wähler nicht zu verschrecken'

6.4.4 Assoziation

Neben Deduktion, Induktion und Abduktion gibt es auch Formen der Erzeugung von Propositionsannahmen, die keiner präzisen logischen Ableitung gehorchen. Diese werden hier unter die Operation „Assoziation" zusammengefasst.

1. Verhaltensschema ‚Liebeswerbung'

---

[443] Dies kann jedoch nur ein relativ einfaches Gestaltungsprinzip sein; Techniken, die sich nicht auf Merkmalsregeln reduzieren lassen oder eine Veränderung des Schemas beinhalten, fallen nicht unter Stil (vgl. 8.3.5).

[444] Eine als funktionale Eigenschaft eines Schemas konventionalisierte Eigenschaft ist deshalb noch keine Schemaort-definierende Eigenschaft. So haben heute die meisten Autos Differentialgetriebe; dennoch würde ein Auto ohne Differentialgetriebe auch noch als Auto durchgehen. Wäre das Auto dagegen nicht mit Bremsen ausgestattet, würde es wohl nicht als Auto, sondern als gefährliche Attrappe gelten. Die Eigenschaft, Bremsen zu besitzen, dürfte daher eine Schemaort-definierende Eigenschaft (die je nach Beschreibung für den Schemaort ‚Sicherheitsausstattung' oder für den Schemaort ‚Räder' spezifiziert werden kann) sein. Die Eigenschaft, ein Differentialgetriebe an der angetriebenen Achse zu besitzen, dürfte dagegen in der Regel als funktionale Bedingung spezifiziert werden. Würde ein Toaster für einen Toastvorgang 30 min. brauchen, wäre er trotzdem ein Toaster, er würde allerdings seine Funktion nur sehr schlecht erfüllen. Die meisten Entwickler von Toastern würden daher funktionale Bedingungen an ihr Gerät stellen, die dies ausschließen; eine solche Merkmalsregel könnte nicht eingeschrieben werden.

$U(B_1)$: ‚Argumente für die Beziehung', $V(B_1)$: ‚SN stellt die Vorteile der Beziehung für beide Seiten heraus'

$B_1 \leadsto_{\text{Ass}} Er_1$

Er_1: ‚SN sieht die Liebeswerbung wie die Vertragsverhandlung mit einem Geschäftspartner'

In diesem Fall handelt es sich um eine Assoziation, weil eine logische Schlussfolgerung welcher Art auch immer nicht zum Ergebnis Er_1 gelangen kann: Geschäftliche Verträge und die zu ihrem Schluss geführten Verhandlungen besitzen eine Reihe von Eigenschaften (u.a. juristische, soziale und formale), die – im Gegensatz zur Ehe – eine bloße Liebesübereinkunft und das diese anstrebende Werben nicht haben. Sicherlich gilt es nicht in allen Kulturen als anstößig, beim Liebeswerben mit dem Aufzählen gegenseitiger Vorteile zu argumentieren. In vielen Kulturen, gerade auch in den westlichen, wird allerdings in der Liebe emotionaler Überschwang und nicht sachliches Abwägen von Vorteilen erwartet. Letzteres soll dem geschäftlichen Bereich vorbehalten bleiben.

Vermutlich kommt die Assoziation also zustande, indem die entsprechende Eigenschaft (Herausstellen der Vorteile für beide Seiten), die kulturell mit dem assoziierten Bereich (Vertragsverhandlung) verbunden ist, diesen mit Hilfe des vergleichbaren Kontexts (Überzeugungsversuch für das Eingehen einer Beziehung zwischen zwei Parteien) aufruft. Eine logische Schlussfolgerung kann dies nicht berücksichtigen, weil die übereinstimmende Eigenschaft nicht die divergierenden Eigenschaften auslöscht und daher nicht ausreicht, um aus dem Liebeswerben eine Vertragsverhandlung zu machen. Für die Herstellung einer Assoziation reicht eine solche Zuordnung einer Eigenschaft zu einem bestimmten Bereich aber völlig aus.

2. Artefaktschema ‚Sportwagen'

$U(B_1)$: ‚Form', $V(B_1)$: ‚länglich; zylinderähnlich; nach vorne spitz zulaufend'

H_1: ‚Die Form von Geschossen ist länglich, zylindrisch und nach vorn spitz zulaufend'

H_2: ‚Die Form von Sportwagen, ..., Geschossen, ... ist durch die Funktion, sich schnell zu bewegen und dabei den Luftwiderstand zu minimieren, bedingt'

H_3: ‚Form und Funktion sind wichtige Aspekte von Artefakten'

$B_1 \wedge H_1 \wedge H_2 \wedge H_3 \leadsto_{\text{Ass}} Er_1$

Er_1: ‚Der Sportwagen ist in wichtigen Aspekten wie ein Geschoss'

$Er_1 \leadsto_{\text{Ind}} Er_2$

Er_2: ‚Der Sportwagen ist wie ein Geschoss'

Er_2 [metaphorisch ausgedrückt]: ‚Der Sportwagen ist ein Geschoss'

Hier wird die Form des Sportwagens mit Hilfe von H_1 auf die Form von Geschossen bezogen; mit Hilfe von H_2 kann die gleiche Form auf eine übereinstimmende Funktion zurückgeführt werden. (Andere Funktionen unterscheiden sich natürlich; sie haben jedoch diejenige gemeinsam, sich schnell durch die Luft zu bewegen.) Mit Hilfe von H_3 kann schließlich Er_1 erzeugt werden, das mit einer Induktion in Er_2 verallgemeinert wird. Diese Aussage einer allgemeinen Ähnlichkeitsrelation kann durch Weglassen des „wie" in eine Metapher umgeformt werden. Diese Assoziation ist prägnant und hat zu einer weit verbreiteten Metapher geführt, die auf die zylinderförmigen Sportwagen der 1930er allerdings besser passt als auf die heutigen eher keilförmigen Sportwagen, die das durch B_1 erzeugte Merkmal gar nicht mehr vollständig besitzen.

Auch durch eine Eindrucksreaktion könnte der Zusammenhang festgestellt werden – allerdings hat das Ergebnis dann nicht propositionale Form, sondern ist ein Eindruck:[445]

$U(B_1)$: ‚Form', $V(B_1)$: ‚länglich; zylinderähnlich; nach vorne spitz zulaufend'

H_1: ‚Die Form von Geschossen ist länglich, zylindrisch und nach vorne spitz zulaufend'

$B_1 \wedge H_1 \leadsto_{Edr} Er_1$

Er_1 (e): ‚Der Sportwagen hat die Form eines Geschosses'

Bei einer Eindrucksreaktion kann allerdings nicht das Hintergrundwissen über die Ursache der Formähnlichkeit berücksichtigt werden; reine Formähnlichkeiten gibt es jedoch viele, so dass der Eindruck der Ähnlichkeit für die Entstehung der Metapher wohl nicht ausreicht. Plausibel ist, dass beides zusammenspielt: Die unmittelbar wahrgenommene Übereinstimmung der Form – der Eindruck – ist vielleicht zuerst da; erst über den propositionalen Nachvollzug und die Hinzuziehung des Hintergrundwissens über die gemeinsame Funktion (H_2) wird der Bezug jedoch so stark, dass eine allgemeine Ähnlichkeitsrelation (Er_2) und die darauf aufbauende Metapher plausibel werden.

3. Textschema ‚Beziehungsratgeber'

$U(B_1)$: ‚Darstellungen von Problemen und Lösungsmöglichkeiten', $V(B_1)$: ‚in Form von Schritt-für-Schritt-Anleitungen, Checklisten und Flowcharts'

$U(B_2)$: ‚Darstellung von Beziehungen', $V(B_2)$: ‚als Mechanismus, dessen Funktionsweise man beschreiben und dessen richtige Bedienung man lernen kann'

---

[445] Auch das Hintergrundwissen liegt hier in Form eines Eindrucks vor, der neue Eindruck kann damit durch Vergleich des Seheindrucks direkt aus dem alten entstehen. Allerdings haben wir keine Sortenbeschränkungen spezifiziert (vgl. 6.2.1); die Operation kann auch ein propositionales H-Element erhalten, das dann entsprechend verarbeitet wird.

$U(B_3)$: ‚Formulierungen', $V(B_3)$: ‚klar; trocken'

H_1: ‚Bedienungsanleitungen beschreiben die Funktionen, die richtige Bedienung und die Fehlerbehebung bei technischen Geräten'

H_2: ‚Bedienungsanleitungen geben genau an, wie vorzugehen ist (manchmal in Schritt-für-Schritt-Anleitungen)'

H_3: ‚Bedienungsanleitungen sind sachlich, trocken und häufig schwer verständlich geschrieben'

$$B_1 \wedge B_2 \wedge B_3 \wedge H_1 \wedge H_2 \wedge H_3 \leadsto_{Ass} Er_1$$

Er_1: ‚Der Ratgeber erinnert an eine Bedienungsanleitung'

In diesem Beispiel wird deutlich, dass die Assoziation keine mechanisch funktionierende Ableitung ist. Es gibt eine Reihe von Ähnlichkeiten zwischen Beziehungsratgebern und Bedienungsanleitungen, allerdings sind diese nur teilweise direkte Übereinstimmungen: Diese liegen etwa in der Darstellung in Form von Schritt-für-Schritt-Anleitungen und in der trockenen Ausdrucksweise vor. Die Verwendung von Checklisten und Flowcharts entspricht zwar nicht direkt den im Hintergrundwissen gespeicherten Eigenschaften von Bedienungsanleitungen, fällt aber unter eine allgemeine Kategorie (genaue Angaben zur Vorgehensweise). Ebenso entspricht die Klarheit der Formulierungen nicht dem, was man von tatsächlichen Bedienungsanleitungen kennt; aber sie entspricht der Aufgabe einer Bedienungsanleitung und passt daher auch zu den tatsächlich gegebenen anderen Aspekten, die tatsächlich auftreten (Sachlichkeit).

Komplexer ist der Bezug, der hier in B_2 formuliert wird: Diese Merkmalsregel entsteht vermutlich erst durch den Bezug zu Bedienungsanleitungen. Vermutlich würde der SW gar nicht darauf kommen, der ‚Darstellung von Beziehungen' gerade diese Eigenschaft zuzuordnen, wenn er/sie nicht bereits die Assoziation zu Bedienungsanleitungen gefunden hätte. Umgekehrt bildet diese Merkmalsregel sicherlich eine wichtige Basis für genau diesen Bezug. Es ist eine bis heute weitgehend ungeklärte Eigenschaft von Assoziationen, Bezüge herzustellen, die in dieser Weise holistisch sind: Die Merkmalsregel ist wichtig für die Herstellung des Bezugs zu Bedienungsanleitungen, ist aber gleichzeitig so ungewöhnlich, dass ihre Bildung diesen Bezug vorauszusetzen scheint. Dies ist jedoch kein Paradox, sondern illustriert nur eine tatsächlich vorkommende Funktionsweise unseres Gehirns, das in der Lage ist, komplexe Muster zu vergleichen und dabei Zusammenhänge zu erkennen, die vermutlich erst nachträglich in präzise Form gefasst werden: Wenn die Assoziation bereits die Verbindung zwischen beiden Bereichen geschaffen hat, kann die Merkmalsregel so präzise formuliert werden, wie dies oben der Fall ist. (Dies ist ein Beispiel für die Rückwirkung des Interpretationsprozesses auf den Merkmalsprozess; vgl. Abschnitt 7.3.4).

6.4.5 Bedeutungssuche

Diese Operation sucht nach mit Merkmalsregeln verbundenen Bedeutungen. Eine einzelne, mehrere oder alle Merkmalsregeln eines Stils können über Bedeutungen verfügen, also über Zeicheninhalte, die ihnen innerhalb einer Kultur, einer sozialen Gruppierung oder einer Anzahl von Stilbenutzern konventionell zugeordnet werden. Dabei geht es nur um Bedeutungen für Merkmalsregeln insgesamt, nicht um Bedeutungen, die innerhalb des U oder V einer Merkmalsregel spezifiziert sind.[446] Die Operation gibt die gefundenen Bedeutungen als Propositionsannahmen aus.

Sind Stile, die Bedeutungen besitzen, kodiert? – Kodes (Zeichensysteme) bestehen aus einem konventionellen Zeichenrepertoire und Kombinationsregeln, die dessen Verwendungsmöglichkeiten festlegen.[447] Eine Menge an Merkmalsregeln mit zugeordneten Bedeutungen ist ein Zeichenrepertoire; da Merkmalsregeln selbst festlegen, wie sie anzuwenden sind (in den Anwendungsbedingungen U), sind zusätzliche Kombinationsregeln nicht nowendig und es kann von einem „Kode" gesprochen werden. Bei diesen Stilen handelt es sich somit um einen Kodetyp mit den Eigenschaften, dass die Zeichenträger ihres Zeichenrepertoires Regeln sind und dass die Kombinationsregeln in den Zeichenträgern des Zeichenrepertoires enthalten sind. Zu beachten ist dabei, dass bei den meisten Stilen nicht alle Merkmalsregeln Bedeutungen haben; solche Stile haben kodierte und nicht-kodierte Bestandteile.

Kodierte Stile sind von konventionalisierten Stilen zu unterscheiden; bei diesen ist nur der Stil an und für sich (für eine gewisse Anwendergruppe) konventionell festgelegt. Häufig geht dieser Vorgang jedoch mit der Konventionalisierung von Bedeutungen für Merkmalsregeln einher. Als Beispiele seien kodierte Baustile, kodierte Kleidungsstile usw. genannt.

Außerdem ist die Bedeutungssuche in der Interpretation zu unterscheiden von der Bezugnahme auf Bedeutungen in Merkmalsregeln.[448]

---

[446] Vgl. Fußnote 448.
[447] Vgl. Fußnote 3.
[448] Artefaktschema ‚Gebäude'
$U(B_1)$: ‚Eingangslösung', $V(B_1)$: ‚Bedeutung: repräsentativ'
Hier wird ‚repräsentativ' als Bedeutung des auszuwählenden Elements verlangt. Gewählt werden könnte nun das Element ‚Architrav'. Bei der Stilwahrnehmung wird möglicherweise eine abweichende Regel ausgelesen und es ergibt sich:
$U(B_1)$: ‚Eingangslösung', $V(B_1)$: ‚Architrav'
$B_1 \leadsto_{Bed} Er_1$
Er_1: ‚Das Gebäude ist repräsentativ'
In diesem Fall wurde zwar die Bedeutung erkannt, nicht aber, dass sie in den verlangten Eigenschaften spezifiziert war, dass also nach ihr ausgewählt wurde. Ein anderer Fall:
Artefaktschema ‚Verhandlungstisch'
$U(B_1)$: ‚Form', $V(B_1)$: ‚Bedeutung: Gleichberechtigung aller Verhandlungspartner'

1. Verhaltensschema ‚Sich geschäftlich Kleiden (Herr)'

$U(B_1)$: ‚Oberbekleidung', $V(B_1)$: ‚Anzug'

$U(B_2)$: ‚Hemdfarbe', $V(B_2)$: ‚weiß'

$U(B_3)$: ‚verzierende Bekleidungsstücke', $V(B_3)$: ‚dunkle Krawatte'

$U(B_4)$: ‚Schuhe', $V(B_4)$: ‚aus Leder; schwarz'

$\quad B_1 \wedge B_2 \wedge B_3 \wedge B_4 \leadsto_{Bed} Er_1, Er_2, Er_3$

Er_1: ‚Der Norm entsprechend; dadurch neutraler und unauffälliger Kleidungsstil'

Er_2: ‚Geschäftsmann'

Er_3: ‚Angepasster Kleidungsstil'

Hier ist die Bedeutung mit einer Kombination mehrerer Merkmalsregeln verbunden, die auch allein vorkommen können, dann jedoch nicht mit dieser Bedeutung verbunden sind. Dasselbe gilt auch im folgenden Beispiel:

2. Artefaktschema ‚freistehendes Wohngebäude'

$U(B_1)$: ‚Zugang zum Haupteingang', $V(B_1)$: ‚breiter Kiesweg'

$U(B_2)$: ‚Grundstückeingang', $V(B_2)$: ‚schmiedeeisernes Tor zwischen zwei Steinpfeilern'

$U(B_3)$: ‚Verzierung des Grundstückeingangs', $V(B_3)$: ‚flankiert durch Blumentöpfe oder Laternen'

$\quad B_1 \wedge B_2 \wedge B_3 \leadsto_{Bed} Er_1$

Er_1: ‚Das Gebäude ist eine Villa/ist vornehm'

3. Textschema ‚Brief'

$U(B_1)$: ‚Grußformel', $V(B_1)$: ‚„Mit freundlichen Grüßen"'

$\quad B_1 \leadsto_{Bed} Er_1$

Er_1: ‚Die Grußformel drückt trotz der Wortwahl nicht eine freundliche, sondern eine sachliche und distanzierte Haltung zum Gegrüßten aus'

Diese Merkmalsregel führt zur Auswahl eines runden Tischs. Möglicherweise wird die Merkmalsregel direkt ausgelesen, indem die Bedeutung schon im Merkmalsprozess als Eigenschaft des Elements berücksichtigt wird (vgl. 5.5.3, Funktion *Merkmalsregeln_auslesen*, Zeile 5). Möglich ist aber auch, dass zunächst nur die wahrnehmbare Eigenschaft ‚rund' erkannt wird und im Interpretationsprozess eine Bedeutungssuche erfolgt:
$U(B_1)$: ‚Form', $V(B_1)$: ‚rund'
$\quad B_1 \leadsto_{Bed} Er_1$
Er_1: ‚Der Verhandlungstisch drückt die Gleichberechtigung aller Verhandlungspartner aus (sog. „runder Tisch")'

6.4.6 Gefühlsreaktion

Als Gefühlsreaktion wird die Operation bezeichnet, in der mit einem Gefühl auf einen Input reagiert wird. Wie auch bei den anderen Operationen kann der Input aus Merkmalsregeln und/oder Hintergrundwissen und/oder Interpretationsergebnissen bestehen. Daher muss gewährleistet sein, dass die Operation mit diesen drei Inputsorten und mit Kombinationen von ihnen umgehen kann, wobei sie jeweils die spezifischen Eigenschaften der Inputsorte berücksichtigt.[449] Der Input der Gefühlsreaktion ist also nicht sortenbeschränkt.[450]

Der Output der Gefühlsreaktion sind ein oder mehrere Gefühle. Diese werden im vorliegenden Modell sprachlich dargestellt: Es wird angenommen, dass Gefühle Zeichen sind und einen Inhalt haben, der sprachlich ausgedrückt werden kann. Der sprachliche Ausdruck des Inhalts wird in einfachen Anführungszeichen geschrieben.

Gefühle wie Furcht, Respekt, Liebe usw. haben oft ein Objekt, auf das sie sich richten. Dieses Objekt wird innerhalb des Inhalts in Klammern geschrieben.

Anmerkung zur mentalen Repräsentation des Inputs

Wenn eine Operation ein Element (Merkmalsregel, Ergebnis oder Element des Hintergrundwissens) als Input erhält, wird dies im Modell als Übergabe einer Variablen dargestellt. Dies sagt nichts über die mentale Repräsentation des Ele-

---

[449] Beispielsweise wird auf eine Merkmalsregel unter Einbeziehung ihrer Regelhaftigkeit und ihrer Eigenschaft, Teil eines Stils zu sein, reagiert: So kann ein bestimmtes ignorantes Verhalten, das beim einmaligen Auftreten Ärger auslöst, stattdessen Mitleid oder Verachtung erregen, wenn erkannt wird, dass es regelhaft auftritt und also vermutlich auf Unfähigkeit zur Empathie beruht. Würde es sich nicht um die Merkmalsregel eines Stils handeln, sondern um im Schema spezifizierte Eigenschaften, wäre die Reaktion wieder eine andere: Beispielsweise wird man sich bei einem Gerichtsvollzieher nicht wundern, dass er auf Klagen und Bitten nicht eingeht, da sein Job dies verlangt.
Dies gilt entsprechend abgewandelt auch für die Eindrucksreaktion.

[450] Beispielsweise kann mit dem Gefühl ‚Niedergeschlagenheit' auf die Propositionsannahme ‚Dieses Gebäude aus Sichtbeton ist nicht auf menschliche Bedürfnisse zugeschnitten', auf den Eindruck, der bei der Wahrnehmung der Farbe grau entsteht, sowie auf das Gefühl ‚Verlorenheit' reagiert werden. Diese drei Ergebnisse – Propositionsannahme, Eindruck und Gefühl – können aus derselben Merkmalsregel erzeugt worden sein, die als ‚Fassadenmaterial', ‚grauer Sichtbeton' spezifiziert.
Teil der Stilinterpretation ist das Gefühl ‚Niedergeschlagenheit' hier nur insoweit, wie es eine Reaktion auf die Merkmalsregel ist, also auf die Tatsache, dass dieses Gebäude so gebaut wurde, obwohl es auch anders hätte gebaut werden können. Insoweit es nur eine unmittelbare Reaktion auf die Unmenschlichkeit des Gebäudes, den Sinneseindruck ‚grau' oder das Gefühl ‚Verlorenheit' darstellt, gehört es nicht zur Stilinterpretation (vgl. letzte Fußnote). Zwar könnten die Eigenschaften, auf die reagiert wird, auch in diesem Fall stilistisch bedingt sein, sie könnten aber auch ganz oder teilweise aus Zusatzbedingungen resultieren; es ergeben sich weniger Möglichkeiten der Informationsgewinnung (vgl. Abschnitt 2.8).

ments durch den verarbeitenden Stilanwender oder Stilwahrnehmer aus. Es ist eine mentale Repräsentation in symbolischer (formaler oder sprachlicher) Form, aber auch eine ikonische Repräsentation (als mentales Bild oder mentaler Film) denkbar. Dies gilt für alle Operationen, aber bei Gefühlsreaktion und Eindrucksreaktion könnten ikonische Repräsentationen des Inputs besonders häufig sein.

1. Verhaltensschema ‚Reiten'

$U(B_1)$: ‚Bewegungsablauf von Pferd und Reiter', $V(B_1)$: ‚elegant; flüssig; kraftvoll'

$B_1 \rightsquigarrow_{Gfr} Er_1$

Er_1 (g): ‚Freude, Vergnügen'

2. Artefaktschema ‚Stadttor'

$U(B_1)$: ‚Größe', $V(B_1)$: ‚sehr groß'

$U(B_2)$: ‚Form des Torbauwerks', $V(B_2)$: ‚Tor flankiert von zwei runden Wehrtürmen'

$U(B_3)$: ‚Material des Torbauwerks', $V(B_3)$: ‚stark angedunkelte große Quadersteine'

$U(B_4)$: ‚Material des Tores', $V(B_4)$: ‚massives, vom Alter fast schwarzes Eichenholz'

$U(B_5)$: ‚Bewehrung', $V(B_5)$: ‚Zinnen; Schießscharten; schwere Eisenbeschläge'

$B_1 \wedge B_2 \wedge B_3 \wedge B_4 \wedge B_5 \rightsquigarrow_{Gfr} Er_1, Er_2, Er_3$

Er_1 (g): ‚Ehrfurcht (vor dem Bauwerk)'

Er_2 (g): ‚Respekt (vor den Erbauern und/oder den Bewohnern der Stadt)'

Er_3 (g): ‚Machtlosigkeit'

3. Textschema ‚Roman'

$U(B_1)$: ‚Erzählweise', $V(B_1)$: ‚experimentell', ‚multiperspektivisch'

$U(B_2)$: ‚Sprachgebrauch', $V(B_2)$: ‚ironisch', ‚mit vielen Neologismen', ‚mit wechselnden Stilen, Dialekten und Soziolekten'

$Er_{(f)1}$: ‚Der Roman stammt aus den 1910er Jahren'

H_1: ‚Experimentelle, multiperspektive Erzählweise, ironischer Sprachgebrauch, Verwendung von vielen Neologismen, Verwendung verschiedener Stile, Dialekte und Soziolekte sind Merkmalsregeln des Stils der literarischen Richtung[451] „literarische Moderne"'

H_2: ‚In den 1910er Jahre war die literarische Moderne auf wenige Protagonisten beschränkt'

$B_1 \wedge Er_{(f)1} \wedge H_1 \wedge H_2 \leadsto_{Gfr} Er_1, Er_2$

Er_1 (g): ‚Staunen und Bewunderung (für die schriftstellerische Leistung des SN)'

Er_2 (g): ‚Verunsicherung (ob $Er_{(f)1}$ richtig ist)'

Der Inhalt von $Er_{(f)1}$ könnte auch in Form von Hintergrundwissen vorliegen. Im vorliegenden Fall ist es Ergebnis der bisherigen Stilinterpretation (die Datierung könnte sich etwa aus der Verwendung bestimmter, nur in dieser Zeit üblicher Modewörter ergeben).

6.4.7 *Eindrucksreaktion*

Als Eindrucksreaktion wird die Operation bezeichnet, in der mit einem Eindruck auf einen Input reagiert wird. Ein Eindruck ist eine nicht-propositionale mentale Repräsentation, die durch die Wahrnehmung eines Phänomens entsteht (vgl. auch Abschnitt 6.2.2, (3)). Wie auch bei den anderen Operationen kann der Input aus Merkmalsregeln und/oder Hintergrundwissen und/oder Interpretationsergebnissen bestehen. Daher muss gewährleistet sein, dass die Operation mit diesen drei Inputsorten und mit Kombinationen von ihnen umgehen kann, wobei sie jeweils die spezifischen Eigenschaften der Inputsorte berücksichtigt.[452] Der Input der Eindrucksreaktion ist also nicht sortenbeschränkt.

Der Output der Eindrucksreaktion sind ein oder mehrere Eindrücke. Diese werden im vorliegenden Modell sprachlich dargestellt: Es wird angenommen, dass Eindrücke Zeichen sind und einen Inhalt haben, der sprachlich ausgedrückt werden kann. Der sprachliche Ausdruck des Inhalts wird in einfachen Anführungszeichen geschrieben.

Die in 6.4.6 gemachte Anmerkung zur mentalen Repräsentation des Inputs gilt auch für die Eindrucksreaktion.

1. Verhaltensschema ‚Geschirr abwaschen'

$U(B_1)$: ‚erzeugte Geräusche', $V(B_1)$: ‚lautes Klappern und Scheppern'

$U(B_2)$: ‚gewählter Zeitpunkt', $V(B_2)$: ‚direkt nach dem Essen in der Mittagspause'

$B_1 \wedge B_2 \leadsto_{Edr} Er_1, Er_2$

---

[451] Vgl. zur Zuordnung eines bestimmten Stils zu einer Richtung Abschnitt 8.3.2.
[452] Vgl. Fußnote 449.

Er_1 (e): ‚SN ist rücksichtslos'

Er_2 (e): ‚Die Stimmung (in der Wohnung/dem Haus/der WG/…) ist gereizt'

Andere Ergebnisse werden erzeugt, wenn der SW über das folgende Hintergrundwissen verfügt:

H_1: ‚Der SN ist im Allgemeinen rücksichtsvoll'

$B_1 \wedge B_2 \wedge H_1 \leadsto_{Edr} Er_1, Er_2$

Er_1 (e): ‚SN verhält sich anders als sonst'

Er_2 (e): ‚Irgendetwas stimmt nicht'

Zu beachten ist, dass die gewählten sprachlichen Formulierungen, wie bei allen Eindrücken, nicht mit diesen gleichgesetzt werden dürfen; sie stellen nur Beschreibungen dar. Es handelt sich um nicht-propositionale mentale Repräsentationen, also möglicherweise mentale Bilder, die Beunruhigung ausdrücken; eine erhöhte Aufmerksamkeit auf das Geräusch, die darauf hinweist, dass damit etwas nicht stimmt; den Aufruf bestimmter Erinnerungen oder Geisteszustände, die sich noch nicht zu einer Propositionsannahme verdichtet haben; oder andere kognitive Zustände, die den Informationsgehalt von Er_1 und Er_2 ungefähr repräsentieren.

Im zweiten Fall wird ein Element des Hintergrundwissens verwendet: Wäre das Verhalten für den SN nicht ungewöhnlich, würde es nicht zur Entstehung von Er_1 und Er_2 kommen. In welcher Form das Element H_1 repräsentiert ist, wird ebenfalls offengelassen; es muss jedoch den hier in propositionaler Form dargestellten Informationsgehalt enthalten. Es ist durchaus vorstellbar, dass eine als Hintergrundwissen vorhandene Propositionsannahme in eine Eindrucksreaktion eingeht; diese kann dem SW auch zu Bewusstsein kommen (als Gedanke ‚SN ist doch sonst ein rücksichtsvoller Mensch'), während Er_1 und Er_2 nicht propositional formuliert sind, sondern nur als Eindrücke existieren.

Wird jedoch begonnen, über Eindrücke nachzudenken, werden sie meist zunächst in eine propositionale Form überführt, die denselben Inhalt hat: Der Eindruck wird in Worte gefasst. Dafür können wir die Deduktion verwenden, da diese (ebenso wie die anderen Operationen) jede Inputsorte akzeptiert und eine Proposition ausgibt:

$Er_1 \leadsto_{Ded} Er_3$

Er_3: ‚Irgendetwas stimmt nicht'

$Er_2 \leadsto_{Ded} Er_4$

Er_4: ‚SN verhält sich anders als sonst'

In einem zweiten Interpretationsschritt können die Ergebnisse weiterverarbeitet werden, indem mit Hilfe einer Abduktion mögliche Gründe für das ungewöhnliche Verhalten gesucht werden.[453] Dafür ist keine Übertragung in präpositionale Form nötig, da auch die Abduktion bezüglich des Inputs nicht sortenbeschränkt ist:

$Er_1 \wedge Er_2 \leadsto_{Abd} Er_5, Er_6, Er_7, ...$

Er_5: ‚SN fühlt sich vielleicht nicht gut und vergisst daher die Rücksichtnahme'

Er_6: ‚SN möchte vielleicht seinen Ärger ausdrücken'

Er_7: ‚SN steht vielleicht unter hohem Zeitdruck'

...

Häufig wird jedoch zunächst eine Übertragung in propositionale Form stattfinden, wie sie oben dargestellt wurde. Dies entspricht dem Fall, dass der SN erst einen Eindruck für sich formuliert und dann erst beginnt, über mögliche Gründe nachzudenken. In diesem Fall gilt:

$Er_3 \wedge Er_4 \leadsto_{Abd} Er_5, Er_6$

Anmerkung zur Abgrenzung von Stil und Kontexteinflüssen

Bei diesem Beispiel könnte eingewandt werden, dass es sich unter Umständen ja gar nicht um Stil handle: Ist Er_6 richtig, möchte der SN mit dem Geklapper etwas kommunizieren, der Abwasch ist daher zusätzlich ein Text mit inhaltlichen Bedingungen; ist Er_7 richtig, gibt es Kontextbedingungen,[454] die den Zeitpunkt des Abwaschs und das Geklapper verursachen.

Es gilt jedoch, dass Er_6 und Er_7 nicht vor der Interpretation bekannt und auch danach nicht sicher sind. Beim Wahrnehmen eines Stils findet die Rekonstruktion der Alternativenklassen vor dem Auslesen der Merkmalsregeln statt;[455] nur Kontextbedingungen, die zuvor schon bekannt sind, können berücksichtigt werden. Ausgelesene Merkmalsregeln können sich also in der Interpretation als (wahrscheinlich) nicht-stilistische Eigenschaften einer Realisierung herausstellen.

---

[453] Wenn hier die Operation „Abduktion" angewandt wird, dann heißt dies streng genommen, dass nach einer allgemeinen Regel gesucht wird, zu der die beobachtete Einzeltatsache einen Fall darstellt (vgl. 6.4.3); damit ist dann eine Ursache für diese Einzeltatsache gefunden. Genau genommen wird also geschlossen: ‚Immer wenn SN sich nicht gut fühlt, vergisst er/sie die Rücksichtnahme. Jetzt fühlt er/sie sich nicht gut und vergisst daher die Rücksichtnahme'.

[454] Inhaltliche Bedingungen und Kontextbedingungen gehören zu den Zusatzbedingungen; vgl. 4.3.1, (2).

[455] Die Rekonstruktion der Alternativenklassen erfolgt in der Funktion *Merkmalsregeln_auslesen*, Zeile 4-18 (Abschnitt 5.5.3).

2. Artefaktschema ‚Gebäude'

$U(B_1)$: ‚Fassade', $V(B_1)$: ‚Farbe: helles Weiß'

$B_1 \leadsto_{Edr} Er_1$

Er_1 (e): ‚SW wird geblendet'

Daraus kann ein weiteres Ergebnis gewonnen werden:

$Er_1 \leadsto_{Edr} Er_2$

Er_2 (e): ‚Das direkte Anschauen der Fassade ist aufgrund der Farbwahl (bei bestimmten Lichtverhältnissen) unangenehm'

Gegebenenfalls kann daraus unter Verwendung eines früheren Ergebnisses ein weiteres Ergebnis erzeugt werden, das eine mögliche Begründung

$Er_{(f)1}$: ‚Der Stil ist beabsichtigt' [oder: ‚B_1 ist beabsichtigt']

$Er_2 \wedge Er_{(f)1} \leadsto_{Abd} Er_3$

Er_3: ‚Wenn der SN einen unangenehmen optischen Eindruck in Kauf nimmt, muss die gewählte Farbe eine andere, eindeutig positive Eigenschaft haben'

Es bietet sich an, nun nach solchen Eigenschaften zu suchen:

H_1: ‚Die Farbe „weiß" ist kulturell mit Reinheit, Klarheit und Sauberkeit konnotiert'

$B_1 \wedge H_1 \leadsto_{Ded} Er_4$

Er_4: ‚B_1 wird angewandt, um die Konnotationen „Reinheit", „Klarheit" und „Sauberkeit" der Farbe Weiß auf das Gebäude zu übertragen'

$B_1 \wedge Er_3 \wedge Er_4 \leadsto_{Ded} Er_5$

Er_5: ‚SN ist es so wichtig, die Konnotationen „Reinheit", „Klarheit" und „Sauberkeit" der Farbe Weiß auf das Gebäude zu übertragen, dass er dafür einen unangenehmen optischen Eindruck in Kauf nimmt'

Alternativ kann auch eine Bedeutungssuche stattfinden. Zu beachten ist, dass dabei nur Bedeutungen für eine gesamte Merkmalsregel gefunden werden können:

$B_1 \leadsto_{Bed} Er_6$

Er_6: ‚Weiße Fassaden sind klar, modern und neutral'

3. Textschema ‚Vertrag (zwischen einem Leistungsanbieter und einem Kunden)'

$U(B_1)$: ‚Festlegung der genauen Bedingungen des Vertrags', $V(B_1)$: ‚kleingedruckt'

$U(B_2)$: ‚Formulierungen', $V(B_2)$: ‚kompliziert; floskelhaft'

$U(B_3)$: ‚verwendete Ausdrücke', $V(B_2)$: ‚juristisches Fachvokabular, das nicht erklärt wird'

H_1 [zum Schema]: ‚Praktisch alle Verträge dieser Art haben die Merkmalsregeln B_1 bis B_3'

H_2 [zum Schema]: ‚Kein juristisch nicht Vorgebildeter kann einen Vertrag mit den Merkmalsregeln B_1 bis B_3 problemlos lesen und verstehen'

$B_1 \wedge B_2 \wedge B_3 \leadsto_{Edr} Er_1$

Er_1 (e): ‚Es wird nicht vom Kunden erwartet, dass er/sie den Vertrag genau liest'

$Er_1 \leadsto_{Abd} Er_2$

Er_2: ‚Es kann keine schwerwiegenden Konsequenzen haben, wenn der Vertrag vom Vertragsschließenden nicht genau gelesen wird'

Das Beispiel zeigt, dass Abduktionen (als erklärende Schlüsse) auf der Basis von Eindrücken gefährlich sein können. Er_2 wird sich nämlich nach Rücksprache mit dem Anwalt als falsch herausstellen. Besser wäre die Erklärung:

$Er_1 \leadsto_{Abd} Er_3$

Er_3: ‚Viele Anbieter wollen nicht, dass ihre Kunden die Details des Vertrags lesen und dadurch abgeschreckt werden'

Er_2 wird jedoch bei Kunden, die nicht vor ihm gewarnt sind, aufgrund von H_1 und H_2 geradezu provoziert: Sie sind dann überrascht, wenn sich im Fall eines Rechtsstreits herausstellt, dass durchaus von ihnen erwartet wird, jede Formulierung eines noch so langen Vertrags vor dem Unterschreiben gelesen und vollständig verstanden zu haben. Der Justiz kann hier vorgeworfen werden, dass sie die Entstehung des irrtümlichen Eindrucks Er_1, der zu Er_2 führen kann, beim Kunden zulässt, indem sie die gängige Praxis (H_1 und H_2) toleriert.

Kapitel 7: Der Interpretationsprozess

Im letzten Kapitel wurde dargestellt, welche unterschiedlichen Möglichkeiten es gibt, um in Interpretationen Ergebnisse zu erzeugen. Dabei standen einzelne Interpretationsschritte im Vordergrund. In diesem Kapitel wird untersucht, wie Interpretationen insgesamt ablaufen können. Es werden Beispiele aus verschiedenen Stilbereichen vorgestellt (7.1), eine formale Darstellung des Interpretationsprozesses gegeben (7.2) und ein gemeinsamer formaler Rahmen für den Merkmals- und den Interpretationsprozess eingeführt (7.3).

7.1 Beispiele für Interpretationen

Im Folgenden werden Beispiele für Interpretationen aus verschiedenen Stilbereichen vorgestellt. Einige der Beispiele sind für die Arbeit entwickelt worden, wobei teilweise tatsächliche Stile interpretiert werden (7.1.1 und 7.1.2), teilweise auch die Stile selbst konstruiert wurden (7.1.4, 7.1.6 und 7.1.8). Dabei wird die Leistungsfähigkeit der Theorie bezüglich schwieriger Erzeugungsprozesse demonstriert und es können bereichsspezifische Besonderheiten verdeutlicht werden. Außerdem werden auf diese Weise Interpretationen für ungewöhnliche Stilbereiche (Stil bei Bankraub) und solche, für die kaum ausformulierte Beispiele vorliegen (Lauf- und Gehstile), möglich.

Andere Beispiele übertragen tatsächliche, schriftlich gegebene Interpretationen in die Darstellungsweise des Stilmodells (7.1.3, 7.1.5 und 7.1.7). Dabei wird die Leistungsfähigkeit der Theorie im Umgang mit wirklichen Beispielen getestet und es kann ein Eindruck gewonnen werden, wie Interpretationen ‚in freier Wildbahn' funktionieren und welche Wege sie gehen.

Die Darstellung der Beispiele entspricht derjenigen der Schreibausgabe des Interpretationsprozesses (vgl. Abschnitt 7.2.4, Funktion *Interpretationsschritt_schreiben*). Sie können daher als Ausschnitt oder vollständige Wiedergabe der Ausgabe bei einem Ablauf der Funktion *Interpretation* angesehen werden.

7.1.1 Richard Meier

Als erstes Beispiel wird eine vom Verfasser selbst erstellte Stilinterpretation des Architekten Richard Meier (genauer einiger seiner Gebäude aus den 1970er und 1980er Jahren) nachvollzogen. In einem ersten Teil werden dabei anhand des

7.1 Beispiele für Interpretationen   289

„Atheneum" (1975–1979) (vgl. Abb. 3)[456] Beobachtungen zu den verwendeten Bauformen und den entstehenden Eindrücken und Gefühlen gemacht.

Abb. 3 Atheneum, New Harmony, IN, USA (1975–1979)

Die Baukörper basieren größtenteils auf geometrischen Grundformen (der rechte auf einem Dreieck, der hintere auf einem Rechteck) und wirken klar und streng, sie sind jedoch auf freie und spielerische Weise kombiniert (z.B. wirkt die Ecklösung rechts durch das spitzwinklige Dreieck scharf und abwehrend, während die Ecklösung links durch mehrere, teils noch abgerundete Rücksprünge weich und einladend wirkt und durch die vorgestellte Treppe zusätzlich geöffnet wird).

Streng wirkt auch die Trennung zwischen geschlossenen (links hinten) und offenen (rechts) Baukörpern sowie die Aufständerung aller drei Baukörper, die ein wichtiges Gestaltungsprinzip der Moderne aufnimmt. Dagegen ist der Umgang mit den Säulen frei und spielerisch: In der Mitte gibt es schmale weiße Säulen, die zu schwach für den Baukörper erscheinen, der linke Baukörper steht auf massiven Stützen, der rechte ragt freischwebend nach vorne. Hier werden die strengen Formen und Gestaltungsprinzipien der Moderne spielerisch und gänzlich zweckfrei kombiniert; das Gebäude erweist sich damit als postmodern. Die durch das Gebäude ausgelösten Gefühle sind widersprüchlich: Sie schwanken zwischen Abstoßung und Anziehung, je nachdem welcher Teil des Gebäudes betrachtet wird. Dies entspricht der Weltsicht der Postmoderne, die Widersprüche in der Wahrnehmung und den Gefühlen der Menschen betont.

In diesem Teil der Interpretation geht es um das Gebäude „Atheneum"; in einem zweiten Teil wollen wir jedoch auch über weitere Gebäude Meiers Aussagen treffen (s. unten). Der Interpretationsprozess lässt nicht zu, dass wir innerhalb einer Interpretation die Realisierung wechseln, daher betrachten wir mehrere Gebäude Richard Meiers als untersuchte Realisierung, wobei im ersten Teil auch Merkmalsregeln verwendet werden, die spezifisch für das „Atheneum" sind.

---

[456] Ein 3-D-Modell des Atheneum, das die stilistischen Merkmale zeigt, die (in Form der sie erzeugenden Merkmalsregeln) der Interpretation zugrunde liegen, findet sich unter http://sketchup.google.com/3dwarehouse/details?mid=17c34a3bcbdd10276f6306d34b5b e3a7; Einsicht am 16.04.2012.

Artefaktschema ‚Gebäude'

$U(B_1)$: ‚Form der Baukörper', $V(B_1)$: ‚geometrische Formen; streng; klar', $w(B_1)$: 0,66

$U(B_2)$: ‚Kombination der Baukörper', $V(B_2)$: ‚spielerisch; frei'

$\quad B_1 \wedge B_2 \leadsto_{\text{Ded}} Er_1, Er_2$

Er_1: ‚Spielerische, freie Kombination strenger, klarer geometrischer Formen'

Er_2: ‚Die Strenge und Klarheit der Formen steht im Gegensatz zum Spielerischen, Freien ihrer Kombination'

$U(B_3)$: ‚Ecklösung (beim „Atheneum")', $V(B_3)$: ‚[h-rel] unterschiedliche Gestaltung (rechts spitzwinklig, links abgestuft)'

$U(B_4)$: ‚Sockelzone (beim „Atheneum")', $U(B_4)$: ‚stark ausgeprägt; [h-rel] für jeden Baukörper unterschiedlich hoch'

$\quad B_3 \wedge B_4 \leadsto_{\text{Edr}} Er_3$

Er_3 (e): ‚Die Unterschiede bei Ecklösungen und Sockelzonen der Baukörper erscheinen nicht begründbar, irrational und spielerisch'

H_1: ‚Eigenschaften der Gestaltung postmoderner Kunstwerke sind: ..., nicht begründbar, irrational, spielerisch, ...'

$\quad Er_3 \wedge H_1 \leadsto_{\text{Ded}} Er_4$

Er_4: ‚Das Gebäude ist postmodern'

$\quad B_3 \leadsto_{\text{Edr}} Er_5$

Er_5 (e): ‚Die Ecklösung rechts wirkt scharf und abwehrend'

$\quad Er_5 \leadsto_{\text{Gfr}} Er_6, Er_7$

Er_6 (g): ‚Angespanntheit, Unsicherheitsgefühl'

Er_7 (g): ‚Unlust (das Gebäude zu betreten)'

$\quad B_3 \wedge B_4 \leadsto_{\text{Edr}} Er_8$

Er_8 (e): ‚Die abgestufte Ecklösung links und die stark ausgeprägten Sockelzonen wirken weich und einladend'

$\quad Er_8 \leadsto_{\text{Gfr}} Er_9, Er_{10}$

Er_9 (g): ‚Entspanntheit, Sicherheitsgefühl'

Er_{10} (g): ‚Lust (das Gebäude zu betreten)'

$\quad Er_5 \wedge Er_6 \wedge Er_7 \wedge Er_8 \wedge Er_9 \wedge Er_{10} \leadsto_{\text{Ded}} Er_{11}$

Er_{11}: ‚Das Gebäude löst beim Betrachter widersprüchliche Eindrücke und Gefühle hervor'

H_2: ‚Die Postmoderne betont die Heterogenität des Erlebens und Fühlens der Menschen, die zu Widersprüchen führt. Ihr sind daher Widersprüche bei Eindrücken und Gefühlen wichtig'

$Er_{11} \wedge H_2 \leadsto_{Ded} Er_4$

Er_4: ‚Das Gebäude „Atheneum" ist postmodern'

Hier wurde dasselbe Ergebnis noch einmal aus einem anderen Input erzeugt. Diese Möglichkeit ist in der Funktion *Ergebnisse* nicht vorgesehen; dort werden neue Ergebnisse, die bereits in der Ergebnismenge enthalten sind, sofort ausgeschlossen, ihre Erzeugungsformel wird daher auch nicht geschrieben.[457] Manchmal kann es jedoch sinnvoll sein, weitere Erzeugungswege aufzuschreiben und ein Ergebnis damit zu bestätigen.

Im zweiten Teil der Interpretation wird die Untersuchung auf mehrere Gebäude Richard Meiers erweitert, es werden Beobachtungen zu den Schiffsbezügen und zum Einsatz des Fensterbands gemacht. Dabei wird die Einordnung in die Postmoderne bestätigt und Feststellungen zum Umgang der Postmoderne mit der Moderne getroffen:

> Verschiedene wiederkehrende Merkmale der Gebäude Richard Meiers lassen an Schiffe denken: Das strahlende Weiß, unsichtbare Stockwerksgrenzen, bugähnlich zulaufende Baukörper, gut sichtbare runde Schornsteine, gestufte Stockwerke mit Terrassen darauf, offene Terrassengeländer aus weißen Metallstäben sowie Reihen kleiner Fenster, die an Bullaugen erinnern. Die Schiffsmetapher[458] wird jedoch nicht streng durchgeführt, eher werden an Schiffe erinnernde Elemente spielerisch neukombiniert;[459] auch hier erweist sich Meiers Architektur als postmodern. Durch den Schiffsbezug werden beim Betrachter Sehnsucht und Aufbruchsgefühle geweckt.
>
> In einigen Gebäuden (etwa dem „Atheneum"; vgl. Abb. 3) werden Fensterbänder, die von der Moderne als wesentliches neues Gestaltungselement eingeführt wurden, in geschwungene Wände eingesetzt, die als typisch für die Post-

---

[457] Vgl. 7.2.3, Funktion *Ergebnisse*, Zeile 4. Will man die mehrfache Erzeugung von Elementen erlauben, kann man die Subtraktion von *Er* weglassen, das dann auch nicht an die Funktion übergeben werden muss. In diesem Fall kann man annehmen, dass die Funktion *Interesse* in Zeile 6 für gewöhnlich Desinteresse signalisieren wird, wenn ein schon früher erzeugtes (und eventuell schon geschriebenes) Element erneut erzeugt wird, so dass nur besonders interessante Ergebnisse mehrmals geschrieben werden.

[458] Philip Jodidio spricht von einer „recurring ship metaphor" (Jodidio 1995: 60).

[459] So findet sich beim „Westchester House" (Abb. 4) ein gerundeter, bugähnlich zulaufender Baukörper (links), gut sichtbare runde Schornsteine, eine Reihe von drei kleinen Fenstern (rechts, eines verdeckt), zurückgestufte weiße Baukörper, die an Schiffsaufbauten erinnern, und relingsähnliche Geländer.

moderne gelten dürfen. Es werden also moderne und postmoderne Gestaltungselemente kombiniert; bisweilen entsteht auch der Eindruck, dass dabei das Funktionalitätsprinzip der Moderne missachtet wird, etwa wenn im „Atheneum", wo sich direkt neben dem geschwungenen ein gerades Wandstück befindet, der sicherlich konstruktiv aufwendigere Einbau in den geschwungenen Wandteil gewählt wird.

Auch die sehr dünnen Säulen in der Sockelzone des „Atheneum", die unklar lassen, wie der Baukörper darüber statisch gehalten wird, widersprechen dem „form follows function"-Prinzip der Moderne. Die Architektur Richard Meiers eignet sich also die Moderne an, indem sie zentrale Errungenschaften wie das Fensterband verwendet, sie aber mit postmodernen Neuerungen kombiniert und entgegen den Prinzipien der Moderne einsetzt; dies gilt auch für die Postmoderne allgemein.

$U(B_5)$: ‚Farbgebung der Außenflächen, $V(B_5)$: ‚reinweiß'

H_3: ‚Die Aufbauten von Schiffen der zivilen Schifffahrt sind traditionell in reinweiß gehalten'

$U(B_6)$: ‚Gestaltung der Stockwerksgrenzen in den Fassaden', $V(B_6)$: ‚keine Markierung der Stockwerksgrenze'

H_4: ‚Bei Schiffen sind häufig die Stockwerksgrenzen insbesondere im Rumpfbereich nicht markiert (bei Aufbauten sind sie manchmal durch Rückstufungen erkennbar)'

$U(B_7)$: ‚Formen mancher Baukörper', $V(B_7)$: ‚gerundet; vorne zulaufend'

H_5: ‚Der Bug von Schiffen ist gerundet und nach vorne zulaufend'

$U(B_8)$: ‚Schornsteine', $V(B_8)$: ‚rund; hoch; aus Metall; gut sichtbar'[460]

H_6: ‚Schornsteine von kleineren Motorschiffen sind häufig rund, hoch, aus Metall und gut sichtbar'

$U(B_9)$: ‚Geländer von Terrassen', $V(B_9)$: ‚offen; aus horizontal verlaufenden weißlackierten runden Stangen'

H_7: ‚Bei manchen Schiffen sind Reling und/oder Geländer höherer Decks offen mit horizontal verlaufenden weißlackierten runden Stangen ausgeführt'

$U(B_{10})$: ‚Fensterlösungen', $V(B_{10})$: ‚Reihen kleiner Fenster'[461]

H_8: ‚Bei Schiffen gibt es oft Reihen kleiner runder Fenster (Bullaugen) in der Bordwand'

---

[460] Vgl. „Westchester House" (Abb. 4), „Douglas House" (Abb. in Jodidio 1995: 57), „Grotta House" (Abb. ebd.: 104f) und „Daimler-Benz-Forschungszentrum" (Abb. ebd.: 136f).

[461] Vgl. „Westchester House" (Abb. 4), „Des Moines Art Center Addition" (Abb. in Jodidio 1995: 84f) und „Ackerberg House" (Abb. ebd.: 90f).

7.1 Beispiele für Interpretationen

$B_5 \wedge B_6 \wedge B_7 \wedge B_8 \wedge B_9 \wedge B_{10} \wedge H_3 \wedge H_4 \wedge H_5 \wedge H_6 \wedge H_7 \wedge H_8 \leadsto_{Ind} Er_{12}$

Er_{12}: ‚Die Gebäude nehmen Gestaltungselemente von Schiffen auf. Diese werden nicht entsprechend der Form eines Schiffs verwendet, sondern spielerisch neu kombiniert'

H_9: ‚Die spielerische Neukombination bekannter Elemente ist kennzeichnend für die Postmoderne'

$Er_3 \wedge Er_{12} \wedge H_9 \leadsto_{Ded} Er_4$

Er_4: ‚Das Gebäude ist postmodern'

H_{10}: ‚Schiffe sind kulturell kodierte Zeichen für Sehnsucht und den Aufbruch ins Unbekannte'

$Er_{12} \wedge H_{10} \leadsto_{Gfr} Er_{13}, Er_{14}$

Er_{13} (g): ‚Sehnsucht'

Er_{14} (g): ‚Gefühl des Aufbruchs'

$U(B_{11})$: ‚Fensterlösungen in geschwungenen Wänden', $V(B_{11})$: ‚Fensterbänder'[462]

Abb. 4 Westchester House, Westchester County, NY, USA (1984–1986)

H_{11} [zum Schema]: ‚Fensterbänder sind ein Gestaltungselement der Moderne'

H_{12} [zum Schema]: ‚geschwungene Wände sind ein Gestaltungselement der Postmoderne'

$B_{11} \wedge H_{11} \wedge H_{12} \leadsto_{Ded} Er_{15}$

Er_{15}: ‚Fensterbänder, ein Gestaltungselement der Moderne; werden in geschwungene Wände, ein Gestaltungselement der Postmoderne, eingebaut'

$Er_{15} \leadsto_{Ind} Er_{16}$

Er_{16}: ‚Kombination moderner Gestaltungselemente mit postmodernen Gestaltungselementen'

$U(B_{12})$: ‚Sockelzone des mittleren Baukörpers im „Atheneum"', $V(B_{12})$: ‚gegenüber den oberen Stockwerken zurückgesetzte durchgehende Verglasung; in Relation zum Gewicht des darüber liegenden Baukörpers sehr dünne weiße Säulen'

$B_{12} \leadsto_{Ass} Er_{17}$

---

[462] Vgl. „Atheneum" (Abb. in Jodidio 1995: 60) und „Westchester House" (Abb. ebd.: 97).

Er_{17}: ‚Die statische Funktionsweise bleibt unsicher: Der Baukörper scheint wacklig auf sehr dünnen Säulen zu stehen'

H_{13} [zum Schema]: ‚Es ist aufwendiger und daher weniger funktional, ein Fensterband in eine geschwungene Wand einzubauen, als in eine gerade Wand'

H_{14}: ‚Funktionalität ist ein Grundprinzip der Moderne'

$$Er_{17} \wedge H_{13} \wedge H_{14} \leadsto_{Ded} Er_{18}$$

Er_{18}: ‚Fensterbänder werden entgegen den Grundprinzipien der Moderne angewandt'

$$Er_{18} \wedge H_{11} \leadsto_{Ded} Er_{19}$$

Er_{19}: ‚Ein Gestaltungselement der Moderne wird entgegen den Grundprinzipien der Moderne angewandt'

Dies kann nun durch die Anwendung einer Induktion auf die Architektur Richard Meiers verallgemeinert werden:

$$Er_{16} \wedge Er_{19} \leadsto_{Ind} Er_{20}$$

Er_{20}: ‚Die Architektur des SN kombiniert moderne Gestaltungselemente, die entgegen den Grundprinzipien der Moderne angewandt werden, mit postmodernen Gestaltungselementen'

Eine andere Möglichkeit besteht darin, Er_{19} auf die Postmoderne zu verallgemeinern:

$$Er_{16} \wedge Er_{19} \leadsto_{Ind} Er_{21}$$

Er_{21}: ‚Die Postmoderne kombiniert moderne Gestaltungselemente, die entgegen den Grundprinzipien der Moderne angewandt werden, mit postmodernen Gestaltungselementen'

H_{15}: ‚Wenn die architektonische Richtung A Gestaltungselemente der architektonischen Richtung B, die entgegen den Grundprinzipien von B verwendet werden, mit eigenen Gestaltungselementen kombiniert, eignet sich A B an'

$$Er_{21} \wedge H_{15} \leadsto_{Ind} Er_{22}$$

Er_{22}: ‚Die Postmoderne eignet sich die Moderne an'

Es kann also mit Hilfe der Zuordnung des Meierschen Stils zu einer architektonischen Richtung bzw. einem Epochenstil[463] eine allgemeine Erkenntnis über den Umgang der Postmoderne mit der Moderne gewonnen werden.

---

[463] Moderne und Postmoderne können als architektonische Richtungen (vgl. 8.3.2) oder als Epochenstile (vgl. 8.3.4) beschrieben werden.

7.1.2 Bret Easton Ellis

Literarische Textstile haben traditionell in der Stilforschung viel Aufmerksamkeit erfahren. Als Beispiel wird eine Menge von Merkmalsregeln und eine Interpretation für den Schreibstil von Bret Easton Ellis vorgestellt (basierend auf den Romanen „American Psycho" (Ellis 1991) und „Glamorama" (Ellis 1998).[464]

In diesem Beispiel und in einigen späteren wird am Anfang der Interpretation eine Reihe von Merkmalsregeln zusammengestellt. Nach der in 7.2.4 spezifizierten Ausgabefunktion werden Merkmalsregeln dagegen frühestens bei der ersten Verwendung geschrieben. Die hier gewählte Darstellung hat den Vorteil, einen Überblick über die Merkmalsregeln des Stils zu verschaffen, bevor die Interpretation beginnt. Sie kann durch eine entsprechende Veränderung der Ausgabefunktion erzeugt werden.[465] Diese Darstellung ist sinnvoll für den Fall, dass der Stilwahrnehmer sich auf eine bestimmte, relativ übersichtliche Merkmalsregelmenge beschränkt und dann alle oder fast alle dieser Merkmalsregeln für die Interpretation verwendet.

Textschema ‚Roman'

$U(B_1)$: ‚Verben der Redewiedergabe', $V(B_1)$: ‚Abwechslung plakativer Ausdrücke' (z.B. „I whipser [...] Daisy murmurs [...] I sigh" (AP: 195), „I whisper [...] she warns [...] Jamie purrs" (G: 303))

$U(B_2)$: ‚negative Gefühlsbeschreibungen', $V(B_2)$:   ‚Wendungen aus der Sprache des Horrorgenres' (z.B. „fills me with a nameless dread" (AP: 137, 321), „my life is a living hell" (AP: 136))

$U(B_3)$: ‚persönliche Gespräche über Urlaub oder Mode', $V(B_3)$: ‚Protagonisten drücken sich wie Werbetexte oder wie Modeberater aus' (z.B. AP: 135, AP: 149)

---

[464] AP = Ellis 1991, G = Ellis 1998; für jede Merkmalsregeln werden zwei Belegstellen angegeben.

[465] Die anfängliche Darstellung aller Merkmalsregeln verweist darauf, dass die Menge von Merkmalsregeln B vollständig ausgelesen wird, bevor die Interpretation beginnt. Dies dürfte allerdings eine Vereinfachung sein: Für tatsächliche Stilwahrnehmungen ist es plausibel, dass die Interpretation beginnt, wenn eine gewisse Anzahl an Merkmalsregeln ausgelesen ist, und dass dann nach Bedarf weitere Merkmalsregeln ausgelesen werden.
Die beiden Extremfälle, dass auf der Basis einer gegebenen Menge von Merkmalsregeln interpretiert wird, oder dass jede Merkmalsregel unmittelbar nach dem Auslesen in einem Interpretationsschritt verwendet wird, dürften in der Realität Ausnahmen sein. Im hier vorgestellten Modell wird die erste Variante gewählt. Dies hat vor allem praktische Gründe: Rückwirkungen des Interpretationsprozesses auf den Merkmalprozess können unterschiedliche Formen annehmen, jede spezifische Modellierung wäre nicht allgemeingültig (vgl. Abschnitt 7.3.4).

$U(B_4)$: ‚Anredesituationen', $V(B_4)$: ‚Protagonisten reden einander mit falschen Namen an, ohne dass dies korrigiert wird oder Konsequenzen hat' (z.B. AP: 53, 145)

$U(B_5)$: ‚Menschen, Orte, Kleidermarken', $V(B_5)$: ‚zwanghaft wirkende Namensnennung' (z.B. AP: 24, G: 39)

$U(B_6)$: ‚Beschreibungen (von Situationen)', $V(B_6)$: ‚Situationen werden mit detaillierten Aufzählungen (z.B. von anwesenden Personen, Gegenständen, servierten Gerichten) dargestellt' (z.B. AP: 155, G: 88)

$U(B_7)$: ‚Beschreibung (belangloser Gespräche)', $V(B_7)$: ‚[Ausdrucksweise x]' (z.B. AP: 207, 290)

$U(B_8)$: ‚Beschreibung (tödlicher Folter)', $V(B_8)$: ‚[Ausdrucksweise x]' (z.B. AP: 208, 292)

Interpretation

H_1: ‚Die Verwendung plakativer, häufig wechselnder Verben der Redewiedergabe ist ein charakteristisches Stilmerkmal der Unterhaltungsliteratur'

$B_1 \wedge B_2 \wedge H_1 \leadsto_{Ind} Er_1$

Er_1: ‚Die Genres Unterhaltungsliteratur und Horrorliteratur/-film beeinflussen den Erzähler'

$B_3 \leadsto_{Ind} Er_2$

Er_2: ‚Die Protagonisten werden in der Wahrnehmung ihres eigenen Lebens durch Werbung und Mode beeinflusst'

$B_4 \leadsto_{Abd} Er_3$

Er_3: ‚Konformität ist entscheidend; Individualität und sogar Identität des einzelnen sind nicht wichtig'

$B_5 \wedge B_6 \leadsto_{Ass} Er_4$

Er_4: ‚Es gibt ein umfangreiches gesellschaftlich gefordertes Wissen; dieses ist allerdings sehr oberflächlich, es besteht weitgehend aus Namen, Orten und Marken, mit denen man seine Informiertheit nachweist'

$Er_1 \wedge Er_2 \wedge Er_3 \wedge Er_4 \leadsto_{Ind} Er_5$

Er_5: ‚Die beschriebene Gesellschaft ist oberflächlich, süchtig nach Populärkultur und konformistisch, Individualität und sogar Identität sind nicht wichtig'

Aufschlussreich ist das Verhältnis von B_7 und B_8, bei denen die Relation „Gegensatz" zwischen den U, die Relation „Gleichheit" zwischen den V vorliegt:[466]

---

[466] Vgl. auch Beispiel 7.1.4, Variante 7.

7.1 Beispiele für Interpretationen

H_2: ‚Die Verhaltensweisen „ein belangloses Gespräch führen" und „jemanden zu Tode foltern" werden kulturell als gegensätzlich angesehen. Ihnen werden die polaren Gegensätze der Skalen „normal – ungewöhnlich", „irrelevant – relevant" und „ethisch neutral – ethisch verwerflich" zugeordnet'

$B_7 \wedge B_8 \wedge H_2 \leadsto_{Ded} Er_6$

Er_6: ‚Die in den Anwendungsbedingungen von B_8 und B_9 spezifizierten dargestellten Situationen werden kulturell als gegensätzlich angesehen, die in den verlangten Eigenschaften von B_8 und B_9 spezifizierten Ausdrucksweisen sind gleich'

$Er_6 \leadsto_{Ded} Er_7$

Er_7: ‚Der Erzähler beschreibt bestimmte kulturell als gegensätzlich wahrgenommene Verhaltensweisen seiner selbst auf gleiche Art'

H_3: ‚Dinge, die als gleich wahrgenommen werden, werden als gleich beschrieben'

$Er_7 \wedge H_3 \leadsto_{Abd} Er_8$

Er_8: ‚Der Erzähler nimmt bestimmte kulturell als gegensätzlich wahrgenommene Verhaltensweisen als gleich wahr'

$Er_8 \leadsto_{Ind} Er_9$

Er_9: ‚Der Erzähler steht bezüglich der Wahrnehmung seines eigenen Verhaltens im Gegensatz zur Gesellschaft'

Dieses im Wesentlichen aus den Relationen „Gegensätzlichkeit" der U und „Gleichheit" der V von B_7 und B_8 gewonnene Ergebnis ist noch recht abstrakt. Der SW kann es konkretisieren, indem er stärker auf die Semantik der Anwendungsbedingungen U eingeht:

$B_7 \wedge B_8 \wedge Er_8 \leadsto_{Ind} Er_{10}$

Er_{10}: ‚Der Erzähler kann nicht zwischen alltäglichen Verhaltensweisen und extrem brutalem Verhalten unterscheiden'

H_4: ‚Menschen, die nicht zwischen alltäglichem Verhalten und extrem brutalem Verhalten unterscheiden können, werden als „Psychopathen" bezeichnet'

$Er_{10} \wedge H_4 \leadsto_{Ded} Er_{11}$

Er_{11}: ‚Der Erzähler ist ein Psychopath'

Hier bestätigt also die Stilinterpretation die bereits im Titel des Buches gegebene Charakterisierung der Hauptfigur des Buchs, die zugleich Erzähler ist.

Nun können die beiden Teile der Interpretation aufeinander bezogen werden:

$Er_5 \wedge Er_{10} \wedge Er_{11} \leadsto_{Abd} Er_{12}$

Er_{12}: ‚Eine Gesellschaft, die oberflächlich, süchtig nach Populärkultur und konformistisch ist und in denen Individualität und sogar Identität nicht wichtig sind, erzeugt Unterscheidungsunfähigkeit, Brutalität und psychopathisches Verhalten'

Das letzte Ergebnis ist stärker spekulativ als die vorigen, weil es zwei selbst bereits mit gewissen Unsicherheiten behaftete Ergebnisse aufeinander bezieht und ein Kausalverhältnis zwischen ihnen annimmt. Es wird erkennbar, dass die abgeleiteten Ergebnisse umso subjektiver werden, je weiter sie in ihrer Ableitung von den Merkmalsregeln entfernt sind. Während manche direkt ableitbaren Ergebnisse (etwa Er_1 bis Er_3) kaum zurückweisbar sind und vermutlich auch Teil des beabsichtigten Stils waren, dürften sich bei den davon abgeleiteten Ergebnissen zunehmend größere Unterschiede zwischen verschiedenen Stilwahrnehmern ergeben.

Die vorgenommene Interpretation führt zu einem gesellschafts- und zeitkritischen Fazit. Während „American Psycho" beim Erscheinen seiner exzessiven Gewalt- und Sexdarstellungen wegen Aufsehen erregte, versteht sich Ellis selbst als Moralist. Diese Selbsteinschätzung, die er zudem explizit auf seinen Schreibstil bezieht,[467] konnte durch die Stilinterpretation bestätigt werden.

Ein denkbarer Einwand ist, dass die gewonnenen Ergebnisse durch eine inhaltliche Interpretation beeinflusst seien. Tatsächlich passen bestimmte Aspekte des Inhalts der Bücher – etwa das Verhalten der Protagonisten und die von ihnen geführten Gespräche – zu der hier vorgestellten Interpretation des Stils, die auch in Kenntnis des Inhalts vorgenommen wurde. Allerdings sind die entstandenen Zeicheninhalte direkt aus den Merkmalsregeln ableitbar, ohne dass der Inhalt für diesen Vorgang herangezogen werden muss, wie die obige Darstellung zeigt.[468] Sie können nun verwendet werden, um eine inhaltliche Interpretation zu stützen, in bestimmten Aspekten zu korrigieren oder zu erweitern.

Gerade bei literarischen Texten kann davon ausgegangen werden, dass sich inhaltliche und stilistische Interpretation gegenseitig beeinflussen. Die inhaltliche Interpretation eines Texts kann die Stilinterpretation über die Funktion *Interesse* (vgl. 7.2.1) steuern. Daher ist es nicht unplausibel, dass Stilinterpretation dazu verwendet werden, um Aspekte eines (literarischen oder nichtliterarischen) Texts, die sich aus der Inhaltsinterpretation ergeben, zu bestätigen oder zu widerlegen, soweit dies mit Hilfe der zur Verfügung stehenden Operationen und des vorhandenen Hintergrundwissens gelingt.

---

[467] „Ich glaube, ich bin sehr moralisch. Es liegt eine Art von Moral in meinem Schreibstil, in diesem nicht urteilenden Ton." (Christian Jürgens, „Das Monster ist ein Moralist". *Zeit online*, 1999. Online unter: http://www.zeit.de/1999/32/199932.b.e.ellis_.xml?page=2; Einsicht am 1.2.09.)

[468] Die Angabe inhaltlicher Bedingungen in B_7 und B_8 ist dafür nötig; inhaltliche Bedingungen beziehen sich jedoch allgemein auf den Ausdruck bestimmter Arten von Inhalten (etwa ‚Folterszenen') und sagen nichts über deren Häufigkeit, Anordnung oder Zusammenhang mit anderen Inhalten aus.

7.1.3 Ein Klassiker: Romanik vs. Gotik

Das Beispiel für eine Stilunterscheidung, das den meisten Menschen als erstes einfallen dürfte, ist der romanische Rundbogen vs. der gotische Spitzbogen. Es wurde bereits ein Beispiel aus der modernen Architektur analysiert (7.1.1); ein weiteres Architekturbeispiel können wir uns angesichts der historischen Relevanz des Architekturstils für die Stiltheorie genehmigen. Diesmal wird auf eine vorhandene Stildeutung zurückgegriffen: Paul Frankls Interpretation des Stils der Ste-Chapelle (Paris):[469]

Abb. 5 Das Obergeschoss der Ste-Chapelle, Paris (1244–1248)

Die hochgotische Ste-Chapelle in Paris, 1234/48, ist ein längsrechteckiger, in fünf Joche unterteilter Raum mit fünfseitig polygonaler Apsis, die Joche sind mit vierteiligen Rippengewölben gedeckt, die Apsis nicht mit dem Viertelkugelgewölbe der Romanik abgeschlossen, das nach innen konzentriert, sondern mit fünf Stichkappen, die nach außen gerichtet sind. Die Joche sind durch Gurte getrennt, deren Profil sich wenig von dem der Rippen unterscheidet; aus Wulsten und Kehle zusammengesetzt, tritt es in den Raum herein und durch seine Verschmälerung nach der Mitte zu verbindet es die Joche, während die breiten Gurte mit rechteckigem Profil, wie sie die Romanik geschaffen hatte, die Joche durch eine vertikale Raumschicht streng voneinander getrennt hatten. Die Profile gotischer Gurte erzeugen das Gefühl, daß die Joche in der Mitte in einer sehr dünnen Schicht, ja in einer vertikalen Ebene zusammenkommen und ineinander überfließen. Dasselbe gilt für die Dienste, welche die Gurte tragen. Da die vierteiligen Fenster in ihrem Maßwerk auch Dienste in den Gewänden haben, die sich unmittelbar an die Dienste der Gurte anschließen, ergibt sich auch hier eine kontinuierliche schräge Folge von membra, welche die Wanddicke verschwinden läßt, die Wand ist durch das Glas der Fenster ersetzt und das farbige Licht der Glasmalereien gibt dem Innenraum die Unbestimmtheit von Auflösung. Während die Allerheiligenkapelle in Regensburg ganz in sich geschlossen ist, ein Repräsentant von Selbstsicherheit, ist die Ste-Chapelle in Paris romantisch im Verlangen nach einem erlösenden Jenseits, sie repräsentiert das Unvollendbare, sie verewigt das Wissen von dem

---

[469] Frankl 1988: 67.

Religiösen schlechthin, von der Abhängigkeit des Menschen. Das Unvollendbare des Sinnes ist vollendet in der Form.

[...] In der Regensburger Kapelle besteht das Ober-Ganze aus Unter-Ganzem, d. h. jeder „Teil" bleibt in sich eine Ganzheit. In der Ste-Chapelle sind alle Teile nur Teile und das Ganze sucht Ergänzung im All. Von den Teilen her gesehen, die in der Romanik Ganzheiten sind, kann man statt Seinsstil auch Totalitätsstil sagen und ebenso von den Teilen her gesehen, die in der Gotik Teile oder Fragmente sind, kann man statt Werdensstil auch Partialitätsstil sagen.

Diese Stilinterpretation zeugt von kunsthistorischem Wissen, genauer Beobachtung von Details, Fähigkeit zur Herstellung von Bezügen, Sensibilität für Eindrücke und Mut zu Phantasie und Subjektivität. Von kunsthistorisch genauen Beobachtungen schreitet sie zu kühnen Spekulationen über metaphysische Haltungen vor. Gerade das macht sie für unsere Analyse interessant.

Ein allgemeiner Punkt sei bei dieser Gelegenheit erläutert: Stiltheorien, die eine wissenschaftliche Klärung des Phänomens anstreben, neigen manchmal dazu, die präzise ableitbaren Interpretationsergebnisse gegenüber den „schwammigen" oder „spekulativen" zu bevorzugen. Die vorliegende Theorie nimmt eine andere Position ein. Stil ist ein von Menschen erzeugtes Phänomen, und seine Beschreibung hat sich daran anzupassen, wie Menschen mit Stilen umgehen. Daher sind spekulativ und subjektiv erzeugte Ergebnisse ebenso zu berücksichtigen wie logisch herleitbare Ergebnisse. Ebenso muss die Subjektivität beim Auslesen der Merkmalsregeln anerkannt werden.[470] Dies heißt nicht, dass die Ergebnisse solcher Ableitungsmodi gleichgesetzt werden; diesen einen festen Status als gesichert oder ungesichert zuzuweisen, ist aber nicht die Aufgabe einer allgemeinen Stiltheorie. Will man das tun, können die Nachvollziehbarkeit der Herleitung (wird deutlich, wie das Ergebnis erzeugt wird?) und deren Intersubjektivität (wird es von unterschiedlichen Stilinterpretation unabhängig voneinander erzeugt?) zum Maßstab genommen werden.

In der Stiltheorie sind die Anforderungen auf der Beschreibungsebene nicht immer klar von denen auf der Objektebene getrennt worden. Während für die Beschreibungsebene tatsächlich größtmögliche Klarheit der Darstellung sowie Nachvollziehbarkeit und Objektivierbarkeit der Erkenntnisse anzustreben sind, darf eine solche Forderung für die Phänomene auf der Objektebene keineswegs gelten, da dies eine unzulässige Wertung der zu beschreibenden Phänomene darstellen würde.[471]

---

[470] Trabant (1979: 586) erwähnt Riffaterre 1973 und Spillner 1974a als Beispiele für Positionen, die die Subjektivität der Bestimmung einzelner Stile als „Unwissenschaftlichkeit" ansehen, „der im Rahmen einer *richtigen* Wissenschaft vom Stil abgeholfen werden müsse und könne". Tatsächlich ist gerade die Subjektivität sowohl beim Auslesen der Merkmalsregeln als auch beim Erzeugen einer Interpretation eine Eigenschaft des Phänomens Stil, die aus seiner Funktionsweise resultiert (vgl. Abschnitt 7.3.6).

[471] Zur Annahme, Stile sollten möglich präzise wahrgenommen werden, siehe Abschnitt 9.3. Zum Beschreibungsirrtum in den Geisteswissenschaften, der die Forderung nach größt-

7.1 Beispiele für Interpretationen

Um die bei einer solchen Interpretation erzeugten Ergebnisse mit Hilfe der hier vorgestellten Prozesse herleiten zu können, müssen Zwischenschritte eingefügt werden, die in der Interpretation selbst nicht dokumentiert sind.

Artefaktschema ‚Bauwerk: Kirche'

$U(B_1)$: ‚Epochenzuordnung', $V(B_1)$: ‚hochgotisch'

$U(B_2)$: ‚Gewölbe der Apsis', $V(B_2)$: ‚fünf Stichkappen'

$\quad B_2 \leadsto_{Edr} Er_1$

Er_1 (e): ‚Die Gewölbe der Apsis sind durch die Stichkappen nach außen gerichtet'

$U(B_3)$: ‚Form der Gurte', $V(B_3)$: ‚aus Wulsten und Kehle zusammengesetzt, Profil unterscheidet sich wenig von dem der Rippen, verschmälern sich nach der Mitte zu'

$\quad B_3 \leadsto_{Edr} Er_2$

Er_2 (e): ‚Die Gurte verbinden die Joche'

$\quad B_3 \wedge Er_2 \leadsto_{Edr} Er_3$

Er_3 (e): ‚Die Joche kommen in der Mitte in einer sehr dünnen Schicht, ja in einer vertikalen Ebene zusammen und fließen ineinander über'

$U(B_4)$: ‚Kontinuierliche schräge Folge von Membra', $V(B_4)$: ‚Verschwinden der Wanddicke'

$\quad B_4 \leadsto_{Edr} Er_4$

Er_4 (e): ‚Wand wird durch Glas ersetzt'

$U(B_5)$: ‚Licht im Innenraum', $V(B_5)$: ‚farbiges Licht der Glasmalereien'

$\quad B_5 \leadsto_{Edr} Er_5$

Er_5 (e): ‚Innenraum erhält die Unbestimmtheit der Auflösung'

$\quad Er_3 \wedge Er_4 \wedge Er_5 \leadsto_{Ind} Er_6$

Er_6: ‚Der Innenraum der Ste-Chapelle drückt Unbegrenztheit und Offenheit aus'

H_1: ‚Die Ste-Chapelle ist eine katholische Kirche'

H_2: ‚Im Katholizismus spielt die Sehnsucht nach einem erlösenden Jenseits eine wichtige Rolle'

---

möglicher Präzision der Beschreibung implizit in eine Tendenz zur bevorzugten Beschreibung präziser Phänomene verwandelt, siehe Abschnitt 9.4.

H_3: ‚Die Architektur einer Kirche soll häufig wesentliche Glaubensvorstellung der Religion ausdrücken, die sie nutzt'

$$Er_6 \wedge H_1 \wedge H_2 \wedge H_3 \leadsto_{Abd} Er_7$$

Er_7: ‚Die Ste-Chapelle drückt das Verlangen nach einem erlösenden Jenseits aus'

H_4: ‚Das Verlangen nach Erlösung ist ein wichtiges Thema der Romantik'

$$Er_7 \wedge H_4 \leadsto_{Ded} Er_8$$

Er_8: ‚Die Ste-Chapelle ist romantisch im Verlangen nach einem erlösenden Jenseits'

H_5: ‚Das Verlangen nach einem erlösenden Jenseits ergibt sich aus dem Wissen um das Unvollendbare (des Sinns) und um die Abhängigkeit des Menschen'

$$Er_8 \wedge H_5 \leadsto_{Abd} Er_9$$

Er_9: ‚Die Ste-Chapelle repräsentiert das Unvollendbare und die Abhängigkeit des Menschen'

H_6: ‚Das Wissen von der Abhängigkeit des Menschen ist das Religiöse schlechthin'

$$Er_9 \wedge H_6 \leadsto_{Ded} Er_{10}$$

Er_{10}: ‚Die Ste-Chapelle drückt das Wissen vom Religiösen schlechthin, von der Abhängigkeit des Menschen aus'

$Er_{(f)1}$ (e): ‚Die Ste-Chapelle ist vollendet in der Form'

Hier handelt es sich um einen Eindruck von Frankl über den Stil der Ste-Chapelle, der in der bisher geschriebenen Interpretation nicht erzeugt wurde. In solchen Fällen kann ein früher erzeugtes Ergebnis, das noch nicht geschrieben wurde, angenommen werden.

$$Er_{(f)1} \wedge Er_7 \wedge Er_{11} \wedge H_5 \leadsto_{Abd} Er_{11}$$

Er_{11}: ‚Das Unvollendbare des Sinns ist vollendet in der Form'

$Er_{(f)2}$ (e): ‚In der Ste-Chapelle wirken alle Teile nur wie Teile'

$$Er_{(f)2} \wedge Er_7 \leadsto_{Ded} Er_{12}$$

Er_{12}: ‚In der Ste-Chapelle sind alle Teile nur Teile und das Ganze sucht Ergänzung im All'

$$Er_{(f)2} \wedge Er_{12} \leadsto_{Ind} Er_{13}$$

Er_{13}: ‚Von den Teilen her gesehen kann man zur Gotik auch „Partialitätsstil" sagen'

Hier ist interessant, wie Frankl zunächst mit Hilfe der Merkmalsregeln B_1 bis B_5 gewissenhaft die Ergebnisse Er_1 bis Er_5 gewinnt und sich dann, ausgehend von einem einzigen suggestiven Ergebnis (Er_6), in eine wahre Deutungsspirale hineinsteigert (Er_7 bis Er_{12}), die in der Interpretation in Form rasch hintereinander gesetzter, einander übertreffender Formulierungen erscheint.

Frankl nimmt zudem mit Hilfe einiger Ergebnisse einer Stilinterpretation der Regensburger Allerheiligenkapelle[472] einen Vergleich zwischen Romanik und Gotik vor:

H_7 [vom Anfang des Texts]: ‚In der Romanik wird die Apsis mit einem Viertelkugelgewölbe versehen, das nach innen konzentriert ist'

$Er_1 \wedge H_7 \leadsto_{Ded} Er_{14}$

Er_{14}: ‚Die Richtung der Gewölbe über der Apsis ist gegensätzlich in Romanik und Gotik'

H_8: ‚Die breiten Gurte mit rechteckigem Profil der Romanik trennen die Joche streng durch eine vertikale Raumschicht'

$Er_2 \wedge Er_3 \wedge H_8 \leadsto_{Ded} Er_{15}$

Er_{15}: ‚Der durch die Gurte und Joche erzeugte optische Effekt ist in Romanik und Gotik gegensätzlich'

H_9: ‚Die Allerheiligenkapelle in Regensburg ist ganz in sich geschlossen und ein Repräsentant von Selbstsicherheit'

$Er_6 \wedge Er_9 \wedge H_9 \leadsto_{Ded} Er_{16}$

Er_{16}: ‚Die von der Architektur repräsentierten Haltungen der Ste-Chapelle und der Allerheiligenkapelle in Regensburg sind gegensätzlich'

H_{10}: ‚In der Regensburger Allerheiligenkapelle bleibt jeder „Teil" für sich eine Ganzheit'

$Er_{12} \wedge H_{10} \leadsto_{Ded} Er_{17}$

Er_{17}: ‚Die Relation zwischen Ganzem und Teilen ist gegensätzlich in Romanik und Gotik'

H_{11}: ‚Von den Teilen her gesehen kann man zur Romanik auch Totalitätsstil sagen'

$Er_{13} \wedge H_{11} \leadsto_{Ded} Er_{18}$

Er_{18}: ‚Romanik und Gotik lassen sich gegensätzliche Bezeichnungen zuordnen'

$Er_{14} \wedge Er_{15} \wedge Er_{16} \wedge Er_{17} \wedge Er_{18} \leadsto_{Ind} Er_{19}$

---

[472] Diese wurde zuvor begonnen (Frankl 1988: 64); die zitierten Ergebnisse werden jedoch erst im Rahmen der Ste-Chapelle-Interpretation mitgeteilt. Vgl. auch Anmerkung (1).

Er_{19}: ‚Romanik und Gotik stehen zueinander im Gegensatz'

Anmerkungen

(1) Das eingebrachte Hintergrundwissen zum Stil der Allerheiligenkapelle (die Elemente H_9 und H_{10}, eventuell auch H_7, H_8 und H_{11}, in denen nicht direkt auf die Kapelle Bezug genommen wird) stammt bei Frankl aus einer zuvor begonnenen Stilinterpretation dieser Kapelle, die parallel zur Interpretation der Ste-Chapelle fortgeführt wird. In der Stilinterpretation der Ste-Chapelle werden die Ergebnisse dieser Interpretation als Hintergrundwissen eingebracht. Dies führt dazu, dass die bei Frankl parallelen Interpretationsschritte zur Ste-Chapelle und zur Allerheiligenkapelle in unserer nachvollzogenen Interpretation nicht formal parallel sind. Dies ergibt sich aus der Darstellungsweise, die nur eine Stilinterpretation umfasst, und ist implizit auch im gewählten Textausschnitt von Frankl enthalten, in dem die Ste-Chapelle in den Vordergrund rückt. Eine Darstellung als Verschränkung zweier Stilinterpretationen wäre ebenfalls möglich, wobei die Ergebnisse der beiden Stilinterpretationen unterschieden werden müssen (etwa durch ein Superskript: $Er_1^A, ..., Er_1^B, ...$).

(2) Bei diesem Beispiel fällt auf, dass Frankl sich häufig auf die Eindrucksreaktion stützt. Diese kann sicherlich sehr frei verwendet werden, da nicht präzise zu klären ist, welche Eindrücke gerechtfertigt sind und welche nicht. Allerdings sollte dies nicht den Eindruck geben, damit sei Frankls Interpretation völlig willkürlich und aus analytischem Blickwinkel willkürlich. Die Anwendungen der Eindrucksreaktion können nämlich in dieser Interpretation gut überprüft werden, da sie relativ genau im Text angegeben und damit nachvollziehbar gemacht werden. Sofern man die Ste-Chapelle kennt oder Bilder zur Verfügung hat, kann man sich beim Lesen überlegen, ob der Eindruck ‚nach außen gerichtet' für die Stichkappen über der Apsis nachvollziehbar ist oder nicht. Dasselbe gilt für den Eindruck ‚nach innen konzentriert' für das Viertelkugelgewölbe über der romanischen Apsis. Eindrücke können nicht objektiv sein, weil sie auf Wahrnehmungen, Empfindungen, früheren Erfahrungen und Wertungen des jeweiligen Betrachters beruhen.

(3) Stilinterpretationen wie die obige sind selten geworden; kaum jemand macht sich mehr die Mühe, so genau hinzuschauen und einem Stil gewissermaßen auf den Zahn zu fühlen, wie Frankl es tat. Das dürfte damit zusammenhängen, dass Stilinterpretationen gerade dann, wenn sie sich auf Eindrücke und durch den Stil erzeugte Gefühle stützen, subjektiv sind: Egal wie viele Menschen man den Stil der Ste-Chapelle interpretieren ließe, man würde wohl kein zweites Mal dieselbe Stilinterpretation erhalten. Daher sind Stilinterpretationen in den Ruch der Beliebigkeit geraten. Wenn sowieso jeder etwas anderes aus einem Stil herausholt, wozu dann überhaupt untersuchen, was da geschieht?

Doch Subjektivität ist nicht gleich Beliebigkeit. Dass das Viertelkugelgewölbe der romanischen Apsis der Regensburger Allerheiligenkapelle den Raum nach innen konzentriert, während die Stichkappen der spätgotischen Apsis der

Ste-Chapelle ihn nach außen öffnen, darauf kommt Frankl vielleicht nur, weil er der Romanik und der Gotik die Gegensatzpaare „geschlossen – offen", „Totalität – Partialität" und „Sein – Werden" zuordnet. Dennoch kann man diesen Eindruck nachvollziehen, während der umgekehrte Eindruck unmöglich erscheint: Das Viertelkugelgewölbe kann nicht als nach außen gerichtet, die Stichkappen können nicht als nach innen konzentriert interpretiert werden.

7.1.4 Relationen zwischen Merkmalsregeln (bei Spielstilen)

Im letzten Beispiel wurde eine allgemeine Interpretation eines Stils vorgestellt. In diesem Abschnitt soll es dagegen um eine spezielle technische Frage gehen, nämlich darum, wie aus einfachen Relationen zwischen Merkmalsregeln Ergebnisse erzeugt werden können. Dies wird anhand der Relationen Gegensätzlichkeit, Gleichheit und Ähnlichkeit ausprobiert, die zwischen Eigenschaften aus den Anwendungsbedingungen sowie zwischen Eigenschaften aus den verlangten Eigenschaften gelten. Ausgehend von zwei Merkmalsregeln, deren U und V im Gegensatz zueinander stehen, werden verschiedene Varianten konstruiert und einige sich ergebende Interpretationsmöglichkeiten dargestellt. Als Beispiel dienen Stile bei kompetitiven Spielen.

[Variante 1:]

Verhaltensschema ‚kompetitives Spiel'

$U(B_1)$: ‚im Vorteil', $V(B_1)$: ‚aggressiv'

$U(B_2)$: ‚im Nachteil', $V(B_2)$: ‚defensiv'

H_1 [zum Schema]: ‚Wenn sich ein Kontrahent in einem kompetitiven Spiel im Vorteil befindet, ist seine Stimmung tendenziell zuversichtlich; wenn er sich im Nachteil befindet, ist seine Stimmung tendenziell verunsichert'

H_2: ‚Wenn Menschen zuversichtlich sind, neigen sie eher zu aggressivem Verhalten; wenn sie verunsichert sind, zu defensivem Verhalten'

$B_1 \wedge B_2 \wedge H_1 \wedge H_2 \leadsto_{\text{Ded}} Er_1$

Er_1: ‚Die Spielweise des SN entspricht den durch Spielsituationen tendenziell hervorgerufenen Gefühlen'

$Er_1 \leadsto_{\text{Abd}} Er_2$

Er_2: ‚Die Veränderung der Spielweise des SN wird durch die Gefühle hervorgerufen, die durch die Spielsituation im SN entstehen'

$Er_2 \leadsto_{\text{Ass}} Er_3, Er_4$

Er_3: ‚SN nutzt seine Gefühle und gewinnt dadurch Energie'

Er_4: ‚SN lässt sich durch seine Gefühle beeinflussen, ist emotional instabil'

Selbst aus einem so einfachen Stil lässt sich also eine Reihe von Ergebnissen ableiten. Die Entsprechung der Spielweise zu den durch die Spielsituation hervorgerufenen Gefühlen kann festgestellt und daraus ein Kausalzusammenhang zwischen Gefühlen und Spielweisen konstruiert werden. Dieser kann unterschiedlich gewertet werden; im obenstehenden Fall wird eine positive und eine negative Einschätzung erzeugt, ohne dass zwischen ihnen entschieden wird.

Umgekehrt könnte der Spieler auch defensiv spielen, wenn er sich im Vorteil befindet, und aggressiv, wenn er sich im Nachteil befindet:

[Variante 2:]

$U(B_1)$: ‚im Vorteil', $V(B_1)$: ‚defensiv'

$U(B_2)$: ‚im Nachteil', $V(B_2)$: ‚aggressiv'

H_1, H_2: [siehe Variante 1]

$\quad B_1 \wedge B_2 \wedge H_1 \wedge H_2 \leadsto_{Ded} Er_1$

Er_1: ‚Die Spielweise des SN widerspricht den durch die Spielsituation tendenziell hervorgerufenen Gefühlen'

$\quad Er_1 \leadsto_{Ass} Er_2, Er_3$

Er_2: ‚SN wehrt sich gegen seine Gefühle und verliert dadurch Energie'

Er_3: ‚SN steuert sein Verhalten rational, ist emotional stabil'

Allerdings lässt sich bei diesem Beispiel eine plausible Strategie finden, die die Merkmalsregeln erklärt:

$\quad B_1 \wedge B_2 \leadsto_{Abd} Er_4$

Er_4: ‚SN sichert Vorteile ab und gleicht Nachteile aus'

$\quad Er_2 \wedge Er_3 \wedge Er_4 \leadsto_{Ded} Er_5$

Er_5: ‚SN steuert sein Verhalten rational und handelt dabei gegen die durch die Spielsituation ausgelösten Gefühle, um Vorteile abzusichern und Nachteile auszugleichen'

Wie beim ersten Stil kann auch hier der Umgang mit den sich aus der Situation ergebenden Stimmungen positiv oder negativ gedeutet werden (Er_4 bzw. Er_5); allerdings lässt sich eine plausible Strategie finden, die als Grund für die Merkmalsregeln angenommen werden kann.

Bei den in Variante 1 und Variante 2 betrachteten Stilen sind die beiden Merkmalsregeln doppelt gegensätzlich: Sowohl die Anwendungsbedingungen als

7.1 Beispiele für Interpretationen

auch die verlangten Eigenschaften stehen im Gegensatz zueinander. Die beiden Stile enthalten diese Gegensätze in umgekehrter Form, deshalb kann man auch sie als gegensätzlich betrachten.

[Variante 3:]

$U(B_1)$: ‚im Vorteil', $V(B_1)$: ‚[v-rel] so defensiv wie möglich; nicht passiv'

$U(B_2)$: ‚im Nachteil', $V(B_2)$: ‚[v-rel] so aggressiv wie möglich; nicht riskant'

H_1, H_2: [siehe Variante 1]

Er_1, Er_2: [siehe Variante 2]

$B_1 \wedge B_2 \leadsto_{Abd} Er_3$

Er_3: ‚SN sichert Vorteile so weit wie möglich ab, ohne passiv zu spielen, und gleicht Nachteile so entschieden wie möglich aus, ohne riskant zu spielen'

$Er_1 \wedge Er_3 \leadsto_{Ass} Er_4$

Er_4: ‚Spielweise des SN ist stark rational gesteuert'

In dieser Variante ist die Rationalität noch ausgeprägter: Hier wird nicht einfach „defensiv" bzw. „aggressiv" gespielt – womit eine Position eindeutig auf der einen Seite der Skala, aber nicht an deren äußerstem Ende bezeichnet ist –, sondern es wird das defensivste bzw. aggressivste Element der Alternativenklasse gewählt, das gleichzeitig die Eigenschaft ‚nicht passiv' bzw. die Eigenschaft ‚nicht riskant' aufweist. Diese Merkmalsregeln sorgen also dafür, dass die Änderung der Spielweise so stark wie möglich umgesetzt wird, ohne dass es zu bestimmten Nachteilen kommt, die darin bestehen, dass bei einem Vorteil die Spielweise passiv und bei einem Nachteil riskant werden kann.

[Variante 4:]

$U(B_1)$: ‚im Vorteil', $V(B_1)$: ‚[h-rel] defensiver als beim letzten Zug'

$U(B_2)$: ‚im Nachteil', $V(B_2)$: ‚[h-rel] aggressiver als beim letzten Zug'

H_1: ‚Wird bei Vorliegen eines bestimmten Zustands solange eine Regelgröße verändert, die Einfluss auf das Vorliegen des Zustands hat, bis sich der Zustand verändert, besteht eine überdurchschnittliche Wahrscheinlichkeit, dass sich der Zustand verändert'

$B_1 \wedge B_2 \wedge H_1 \leadsto_{Ded} Er_1$

Er_1: ‚Es besteht eine überdurchschnittliche Wahrscheinlichkeit, dass durch B_1 die vorteilige in eine nachteilige Spielsituation, sowie dass durch B_2 die nachteilige in eine vorteilige Spielsituation verwandelt wird'

H_2 [zum Schema]: ‚In einem kompetitiven Spiel geht es darum, zu gewinnen. Wenn sich ein Spieler in einer vorteiligen (nachteiligen) Spielsituation befindet, wird er/sie überdurchschnittlich (unterdurchschnittlich) wahrscheinlich gewinnen'

$Er_1 \wedge H_2 \leadsto_{Ded} Er_2$

Er_2: ‚B_1 ist spielstrategisch nicht sinnvoll, B_2 ist spielstrategisch sinnvoll'

In dieser Variante wird die Veränderung nicht durch die Angabe eines absoluten Werts, sondern relativ zur bisherigen Spielweise vollzogen. Dies erscheint bei B_2 als sinnvoll, da die Veränderung dort ja dem Ausgleich des Nachteils dient und daher solange noch nicht ausreichend gewirkt hat, wie dieser noch besteht. Es scheint sogar sinnvoll zu sein, dass hier die Sicherheitsgrenze ‚nicht riskant' aus dem letzten Beispiel weggelassen wurde, da es bei länger fortbestehendem Nachteil nötig sein kann, riskant zu spielen, um das Spiel nochmal zu drehen. Bei B_1 dagegen erscheint die stete Verstärkung der Defensivität beim Fortbestehen des Vorteils als sinnlos und gefährlich, da ja gerade der Erhalt des Vorteils angestrebt wird. Die Gefährlichkeit vergrößert sich noch durch das Weglassen der Sicherheitsgrenze. Weit besser ist es hier, ein gewisses Maß an Defensivität zu wählen, das bei bestehendem Vorteil beibehalten wird. Um das richtige Maß zu treffen, kann auf die entsprechende Regel des letzten Beispiels zurückgegriffen und das defensivste Element gewählt werden, das noch nicht ‚passiv' ist:

[Variante 5:]

$U(B_1)$: ‚im Vorteil', $V(B_1)$: ‚[v-rel] so defensiv wie möglich; nicht passiv'

$U(B_2)$: ‚im Nachteil', $V(B_2)$: ‚[h-rel] aggressiver als beim letzten Zug'

[durch entsprechende Anpassung der Interpretation aus Variante 4 ergibt sich:]

Er_2: ‚B_1 und B_2 sind spielstrategisch sinnvoll'

Als weitere Variante ist ein Stil denkbar, der die gegensätzlichen Varianten 1 und 2 miteinander vereinigt: Der Spieler könnte über beide Verhaltensweisen verfügen und sie je nach Bedarf einsetzen. Er könnte, um einen einfachen Fall zu nehmen, Variante 1 spielen, wenn der Gegner unausgeglichen und unberechenbar spielt, und Variante 2, wenn der Gegner ausgeglichen und berechenbar spielt:

[Variante 6:]

$U(B_1)$: ‚im Vorteil (Gegner spielt unausgeglichen und unberechenbar)', $V(B_3)$: ‚aggressiv'[473]

---

[473] Während ‚im Vorteil' bzw. ‚im Nachteil' Schemaorte sind, werden die zusätzlichen Bedingungen bei B_1 bis B_4 als Zusatzeigenschaften angenommen (vgl. 4.3.1, (2)) und daher

7.1 Beispiele für Interpretationen 309

$U(B_2)$: ‚im Nachteil (Gegner spielt unausgeglichen und unberechenbar)', $V(B_4)$: ‚defensiv'

$U(B_3)$: ‚im Vorteil (Gegner spielt ausgeglichen und berechenbar)', $V(B_1)$: ‚defensiv'

$U(B_4)$: ‚im Nachteil (Gegner spielt ausgeglichen und berechenbar)', $V(B_2)$: ‚aggressiv'

H_1 [zum Schema]: ‚Wenn der Gegner unausgeglichen und unberechenbar spielt, besteht die Gefahr überraschender Spielzüge und plötzlicher Rückschläge, spielt er ausgeglichen und berechenbar, besteht sie nicht'

$B_1 \wedge B_2 \wedge H_1 \leadsto_{Abd} Er_1, Er_2$

Er_1: ‚Wenn der Gegner unausgeglichen und unberechenbar spielt, versucht der SN, wenn er im Vorteil ist, den Gegner durch aggressives Verhalten daran zu hindern, das Spiel plötzlich zu wenden; wenn er im Nachteil ist, den Gegner durch defensives Verhalten zu hindern, das Spiel für sich zu entscheiden („den Sack zuzumachen")'

Er_2: ‚Wenn der Gegner ausgeglichen und berechenbar spielt, versucht der SN, wenn er im Vorteil ist, diesen durch defensives Verhalten zu sichern, und wenn er im Nachteil ist, diesen durch aggressives Verhalten auszugleichen'

$Er_1 \wedge Er_2 \leadsto_{Ass} Er_3, Er_4$

Er_3: ‚Spielweise des SN ist stark rational gesteuert'

Er_4: ‚Spielweise des SN ist festgelegt (resultiert nicht aus Entscheidungen in der jeweiligen Situation)'

$Er_3 \wedge Er_4 \leadsto_{Abd} Er_5$

Er_5: ‚SN folgt einer Strategie'

Wie Variante 3 wirkt auch Variante 6 stark rational gesteuert. Hier ist es zudem sehr wahrscheinlich, dass der SN einer Strategie folgt; dies ist bei Variante 3 weniger eindeutig, dort könnten die Sicherheitsgrenzen, die den Eindruck der stark rationalen Steuerung hervorrufen, auch durch Überlegungen in der jeweiligen Spielsituation erzeugt werden, was hier aufgrund der Komplexität der Konfiguration (mit vier aufeinander abgestimmten Merkmalsregeln) unwahrscheinlich erscheint.

[Variante 7:]

$U(B_1)$: ‚im Vorteil', $V(B_1)$: ‚ausgeglichen (weder aggressiv noch defensiv)'

---

in Klammern gesetzt. Zur Frage, wann Schemaorte und wann Zusatzeigenschaften angenommen werden sollten, vgl. 4.2.3.

$U(B_2)$: ‚im Nachteil', $V(B_2)$: ‚ausgeglichen (weder aggressiv noch defensiv)'

$B_1 \wedge B_2 \leadsto_{\text{Ind}} Er_1$

Er_1: ‚SN spielt unabhängig von der Spielsituation ausgeglichen'

Dieses durch Induktion gewonnene Ergebnis ist wohl zu allgemein. Der SW könnte genauer überlegen, welche Aspekte der U und V voneinander unabhängig sind:

H_1 [zum Schema]: ‚Spielweisen können auf die Skala „aggressiv – defensiv" mit dem Wert „ausgeglichen" in der Mitte bezogen werden'

H_2 [zum Schema]: ‚Spielsituationen können auf die Skala „im Vorteil – im Nachteil" bezogen werden'

$B_1 \wedge B_2 \wedge H_1 \wedge H_2 \leadsto_{\text{Ind}} Er_2$

Er_2: ‚Die Spielweise des SN bezüglich der Skala „aggressiv – defensiv" ist unabhängig von der Spielsituation bezüglich der Skala „im Vorteil – im Nachteil"'

In diesem Beispiel ist die Spielweise bezüglich des Gegensatzes „aggressiv – defensiv" unabhängig von der Spielsituation bezüglich des Gegensatzes „im Vorteil – im Nachteil". Bildet man für beide Gegensätze Skalen, so kann per Induktion auf die Unabhängigkeit der beiden Skalen geschlossen werden. Er_2 ist, wie es bei Induktionen allgemein gilt, nur eine Wahrscheinlichkeitsabschätzung (vgl. Abschnitt 6.4.2). Es ist möglich, dass den Werten „im Vorteil" und „im Nachteil" aus unbekannten Gründen derselbe Wert auf der Skala „aggressiv – defensiv" zugeordnet sein könnte und die Skalen nicht unabhängig sind.

In dieser Variante liegt die Relation „Gegensatz" zwischen den U, die Relation „Gleichheit" zwischen den V der beiden Merkmalsregeln vor. Was passiert, wenn wir dies umkehren? Können wir „Gleichheit" auch für die Anwendungsbedingungen verlangen?

[Variante 8:]

$U(B_1)$: ‚im Vorteil', $V(B_1)$: ‚aggressiv', $w(B_1)$: 1, $p(B_1)$: 1

$U(B_2)$: ‚im Vorteil', $V(B_2)$: ‚defensiv', $w(B_2)$: 0,2, $p(B_2)$: 2

In diesem Fall[474] könnte die zweite Regel offensichtlich nicht eingeschrieben werden, weil die erste schon alle Realisierungsstellen, auf die die Anwendungsbedingungen passen, beeinflussen würde. In der durch sie erzeugten reduzierten Alternativenklasse wären nur Elemente enthalten, die die Eigenschaft ‚aggressiv' haben, und damit keine, die die Eigenschaft ‚defensiv' haben, da die beiden Ei-

---

[474] Die Priorisierung wird im Modell nicht ausgelesen; es kann jedoch eine Abschätzung erfolgen (vgl. Abschnitt 5.5.5).

7.1 Beispiele für Interpretationen

genschaften im Gegensatz zueinander stehen und somit nicht am gleichen Element auftreten können.

[Variante 9:]

$U(B_1)$: ‚im Vorteil', $V(B_1)$: ‚aggressiv', $w(B_1)$: 0,2, $p(B_1)$: 1

$U(B_2)$: ‚im Vorteil', $V(B_2)$: ‚defensiv', $w(B_2)$: 0,2, $p(B_2)$: 1

In diesem Fall ist es aufgrund der relativ kleinen Werte für die Anwendungswahrscheinlichkeit möglich, dass beide Merkmalsregeln eingeschrieben werden; dies kann auch durch geeignete Priorisierung erreicht werden:

[Variante 10:]

$U(B_1)$: ‚im Vorteil', $V(B_1)$: ‚aggressiv', $w(B_1)$: 1, $p(B_1)$: 2

$U(B_2)$: ‚im Vorteil', $V(B_2)$: ‚defensiv', $w(B_2)$: 0,5, $p(B_2)$: 1

In beiden Fällen würden aber vermutlich nicht zwei Merkmalsregeln ausgelesen, sondern nur eine:

$U(B_1)$: ‚im Vorteil', $V(B_1)$: ‚aggressiv oder defensiv'

oder auch:

$U(B_1)$: ‚im Vorteil', $V(B_1)$: ‚unregelmäßig (bezüglich der Skala „aggressiv – defensiv")'

Um zwei Merkmalsregeln von SN zu SW übertragen zu lassen, verzichten wir auf Gleichheit der verlangten Eigenschaften und versuchen es mit Ähnlichkeit:

[Variante 11:]

$U(B_1)$: ‚im Vorteil (seit kürzerer Zeit)', $V(B_1)$: ‚aggressiv'

$U(B_2)$: ‚im Vorteil (seit längerer Zeit)', $V(B_2)$: ‚defensiv'

$B_1 \land B_2 \leadsto_{\text{Abd}} Er_1$

Er_1: ‚SN versucht, einen neu gewonnenen Vorteil durch aggressives Spiel auszubauen und einen länger andauernden Vorteil durch defensives Spiel abzusichern'

$Er_1 \leadsto_{\text{Abd}} Er_2$

Er_2: ‚Gründe für Er_1 könnten sein, dass bei einem neu gewonnenen Vorteil die Frustration des Gegners ausgenutzt und die günstige Veränderungsrichtung des Spiels fortgesetzt werden soll, während ein bereits länger andauernder Vorteil als ausreichend stabil für einen Sieg erscheint und abgesichert werden soll'

Hier lassen sich also sinnvolle Prinzipien finden (Er_1), die den Stil begründen, und auch Gründe für diese Prinzipien vermuten (Er_2). Dagegen lässt sich im folgenden Beispiel beim besten Willen kein plausibles Ergebnis aus den Relationen der Eigenschaften ableiten:

[Variante 12:]

$U(B_1)$: ‚im Vorteil (wenn der erste Zug des SN länger als der zweite dauerte)',
$V(B_1)$: ‚aggressiv'

$U(B_2)$: ‚im Vorteil' (wenn der zweite Zug des SN länger als der erste dauerte)',
$V(B_2)$: ‚defensiv'

Die verschiedenen hier vorgestellten Beispiele sollten illustrieren, dass einfache Relationen wie Gegensätzlichkeit, Gleichheit und Ähnlichkeit zwischen Eigenschaften aus den U und V verschiedener Merkmalsregeln eine Rolle bei der Erzeugung von Ergebnissen spielen können. Auch in diesem Fall ist jedoch oft zusätzliches Hintergrundwissen erforderlich; nur selten können Ergebnisse durch die Anwendung von Relationen direkt aus den U oder V von Merkmalsregeln abgeleitet werden (beispielsweise wird in Variante 7 auf diese Weise ein Ergebnis erzeugt, das aber relativ unpräzise ist).

Einfache Relationen sind also bei Stil nicht die Voraussetzung für die Entstehung von Interpretationsergebnissen, wie aus strukturalistischer Perspektive vermutet werden könnte. Die meisten Ergebnisse entstehen erst durch Rückgriff auf Hintergrundwissen.

7.1.5 Liszts Interpretation der Zigeunermusik

Franz Liszt, der berühmte Komponist und Pianist der Romantik, hat ein Buch über die ungarische Volksmusik seiner Zeit geschrieben, die damals weithin als „Zigeunermusik" bezeichnet und wahrgenommen wurde.[475] Ein Kapitel dieses Buchs widmet sich der Beschreibung des Stils dieser Musikrichtung.[476] Im Folgenden soll versucht werden, diese oft poetisch-emphatisch formulierte, aber auch kenntnisreiche Stilinterpretation nachzuvollziehen. Liszt, der seine „Ungarischen Tänze" und „Ungarischen Rhapsodien" eng an die Zigeunermusik anlehnte, wollte die Besonderheiten dieser Musikrichtung seinen Zeitgenossen nahebringen; das war umso nötiger, als ihre Andersartigkeit damals nicht als

---

[475] Im 18. Jahrhundert waren in den Städten Ungarns „Zigeunerkapellen" entstanden, die in Cafés und Wirtshäusern, aber auch in Konzertsälen auftraten; bereits Anfang des 19. Jahrhunderts war diese Musik am Wiener Hof populär. Diese Musikrichtung wurde jedoch nicht nur von ungarischen Roma gespielt und beinhaltete Elemente aus verschiedenen musikalischen Traditionen (http://de.wikipedia.org/wiki/Musik_der_Roma; Einsicht am 25.01.2012).

[476] Liszt 1978: Kap. XIV (160ff).

Reichtum verstanden wurde, sondern zeitgenössischen Musikern oft schlicht als falsch galt.[477] Obwohl Liszts Darstellung seine Bewunderung für die Zigeunermusik deutlich werden lässt, enthält sie zugleich viele Klischees und Annahmen, die damalige Vorurteile gegenüber den Roma widerspiegeln.

Eine Musikrichtung ist mehr als nur ein bestimmter Stil und darf nicht auf diesen reduziert werden.[478] Tatsächlich beschränkt sich die Liszt'sche Darstellung in diesem Kapitel vorwiegend auf die allgemeinen Prinzipien der Zigeunermusik, allerdings verbunden mit Informationen über Lebensweise und vermeintlichen Charakter der Zigeuner, die von Liszt zur Erklärung ihrer Musik herangezogen werden. Die folgende Darstellung betrachtet die Liszt'schen Aussagen zu den Prinzipien der Harmonik, Rhythmik, Melodik, Besetzung und Aufführungspraxis als Merkmalsregeln. Sie analysiert diese Prinzipien der Zigeunermusik als einen allgemeinen Stil, der von Liszt einer ganzen Musikrichtung zugeschrieben wird (in Wirklichkeit dürfte die damalige Zigeunermusik heterogener gewesen sein und verschiedene Stile besessen haben). Dies ist möglich, indem das allgemeine Schema ‚Musik' als Grundlage genommen, dabei aber nur solche Merkmalsregeln verwendet werden, die sich auf eine ganze Musikrichtung beziehen lassen.

Die hier vorgestellte Interpretation modelliert nur Ausschnitte der Liszt'schen Interpretation. Sie kann diese nicht vollständig wiedergeben, und auch die gewählten Aspekte werden meist in gegenüber dem Originaltext leicht veränderter Form erzeugt. Grundsätzlich kann bei einer solchen Darstellung der Genauigkeitsgrad bestimmt werden; durch die Annahme weiterer Interpretationsschritte und Elemente des Hintergrundwissens könnte eine genauere Annäherung erreicht werden.

Beim Nachvollzug der Interpretation von Liszt sind Merkmalsregeln und Ergebnisse so eng wie möglich am Text orientiert; Elemente des Hintergrundwissens werden bei Bedarf angenommen, um die Erzeugung der Ergebnisse zu ermöglichen. Wo längere Passagen direkt übernommen werden können, werden Ausdrucksweise und Schreibung beibehalten; wo sich nur Annäherungen ergeben, werden moderne Formulierungen gewählt.

„[I]hr Modulationssystem [beruht] auf einer Art gänzlicher Verneinung jedes bestimmten derartigen Systems" (160). „Alles ist gut, Alles erlaubt, wenn es ihnen gefällt. Sie scheuen vor keiner musikalischen Kühnheit zurück, wenn sie nur ihrem kühnen Trieb entspricht, wenn sie eine treue Spiegelung ihres Wesens in ihr erkennen." (161)

„Übergangsakkorde sind, mit wenigen Ausnahmen bei dem kecken Ergreifen einer Tonalität nach der andern in der ächten Zigeunermusik ein ungekannter Luxus." (161f)

„[Der Zigeuner lässt] sich ebenso aus einem Seelenzustand in den andren ohne jede Vermittlung hinreißen" (162).

---

[477] Liszt 1978: 162, 164.
[478] Zur Unterscheidung von Musikrichtung und Musikstil vgl. Abschnitt 8.3.2.

„Ihre Mollscala enthält meistens die übermäßige Quarte, die verminderte Sexte, die große, übermäßige Septime. Durch die übermäßige Quarte erhalten die Harmonien oft einen seltsamen Schimmer, ja einen blendenden Glanz." (163)

„Was ihn [den gebildeten Musiker] mehr als alles Andre für diese Musik einnimmt ist die Freiheit, der Reichtum, die Mannichfaltigkeit und Geschmeidigkeit ihrer Rhythmen, wie sie in demselben Grade nirgend anderswo vorhanden sind. Sie wechseln unaufhörlich, verwickeln, kreuzen, superponiren sich, und schmiegen sich den verschiedensten Nüancen des Ausdrucks von der wildesten Heftigkeit bis zur einwiegendsten Dolcezza, bis zum weichsten Smorzando an, von kriegerischer Bewegung zum Tanz, vom Triumphmarsch zum Leichenzug, von dem im Mondschein auf Wiesen geschlungenen Elfenreigen zum bacchischen Gesang übergehend." (164f)

„Diese Rhythmen [...] gehen anmutig oder kraftvoll von binärer zu ternärer Bewegung über, jenachdem wildbewegte oder gemilderte Eindrücke es erfordern, jenachdem sie die Sturzfluth der Leidenschaften und ihr wirbelndes Auftürmen oder die weiche Rast der Seele schildern." (165)

„Dagegen ist [die] Verschiedenheit [der Rhythmen] unendlich [...]. Reichthum des Rhythmus [...]. Diese rhythmische Fülle ist unberechenbar."

„Dieser Zug [die große rhythmische Fülle] ist um so bemerkenswerther, als die Originalität andrer nationaler Musikstücke oft grade in der Einförmigkeit ihres Rhythmus besteht, durch welche sich das in ihnen herrschende Gefühl offenbart. Übrigens ist diese Verschiedenheit sehr begreiflich, wenn man bedenkt, daß der Zigeuner die Intensität der Leidenschaftlichkeit reproduzirt, mit welcher er sich oft innerhalb eines sehr engen Zeitraums den entgegengesetztesten, widersprechendsten Eindrücken hingiebt, in Folge seines fortwährenden Zusammenlebens mit der Natur und ihren wechselnden Bildern, ganz im Gegensatz zu andren Völkern, die nur eine Leidenschaft, nur ein Gefühl, nur eine bei ihnen vorherrschende Form der Seelenstimmung in Tönen wiederzugeben sich gedrungen fühlen." (166f)

„Dieser vielgestaltigen Üppigkeit der Rhythmen entspricht andererseits die Überfülle von Ornamenten, mit welcher der Künstler [...] das Thema immer schmückt und verziert [...] mit einem solchen Überstrom von Läufen, Vorschlägen, Tonleitern, Arpeggien, diatonischen und chromatischen Passagen, Tongruppen und Gruppettchen"

„Die Zigeuner sind unübertreffliche Meister in dem Talent dem Ohr alle Genüsse zu bereiten und zu geben, welche die maurische Architectur dem Auge bot, wenn sie auf jeden Ziegel ein Gedicht in Miniatur zeichnete. Hier wie dort genügt ein enger Raum zur Entwicklung einer Menge von Linien die sich kreuzen und durchbrechen, sich suchen und verfolgen, sich berühren, drängen und wieder trennen, [...] immer aber ein bezauberndes Ganze bilden" (169f).

„Das Überwiegen der Fiorituren [...] macht den ersten Geiger nothwendigerweise zur Hauptperson des Orchesters, welches im Grunde nur da ist um ihn zu unterstützen, die Klangmassen zu verstärken, den Rhythmus schärfer hervorzuheben und die Redeblumen seiner Improvisation zu schattieren und zu färben. So ist er es auch der über das Tempo entscheidet" (170).

„Der Zigeunervirtuose suchte eine Form die allem Ungestüm seiner Lustigkeit übereinstimmte und seiner Trauer den klagendsten Ausdruck verliehe.

Diese beiden Gefühlsströmungen haben in den beiden, anfangs ernsten dann lebhaften Tanzweisen ihr Bett gefunden." (172)

„Form [des Tanzes], die man jetzt ‚Ungarischer' zu nennen übereingekommen ist, unter welcher man ein in zwei Theile zerfallendes Stück versteht, [dabei geht ein] langsame[r] Tanz dem lebhaften voraus[...]" (172). „Das ist sehr langsamem Tempo gehende Stück heißt Lassan [...]. Unter der Benennung Frischka [...] begreift man die zweite Hälfte der Hongroise, die in sehr schnellem Takt plötzlich oder allmählig zu einem Rhythmus sich steigert, dessen Raserei und hinreißende Gewalt kein auf unsren fashionablen Bällen üblicher Tanz gleichkommt." (173)

„In Geige und Cymbal ruht das Hauptintresse des Zigeunerorchesters, die andren Instrumente dienen nur zur Verdopplung der Harmonie, zum Markiren des Rhythmus, zu Begleitung. Meistens sind es einige Holz- und Messing-Instrumente, ein Violoncell, ein Contrabaß und soviel zweite Geigen wie möglich. Die erste Geige durchläuft alle Schlingwege der Laune des Virtuosen. Des Cymbalisten Rolle ist es diesen Lauf zu rhythmisiren, Beschleunigung und Verzögerung, Energie oder Weichheit des Taktes hervorzuheben." (181)

„[Der Cymbalist] teilt mit dem ersten Geiger das Vorrecht, gewisse Passagen zu entwickeln, gewisse Entwicklungen jenachdem er sie improvisirt, nach Gutdünken auszudehnen. Sie sind die Solisten der Bande." (182)

„Die Zigeunerkunst gehört mehr als jede andre dem Gebiete der Improvisation an" (182).

Artefaktschema ‚Musik'

$U(B_1)$: ‚Umgang mit Modulationen', $V(B_1)$: ‚wird nicht durch ein Modulationssystem geregelt; alles ist erlaubt; kühn'

H_1: ‚Die Zigeuner haben einen kühnen Trieb und ein kühnes Wesen'[479]

$B_1 \wedge H_1 \rightsquigarrow_{Ass} Er_1$

Er_1: ‚Zigeunermusiker schrecken vor keiner Kühnheit zurück, wenn diese ihrem kühnen Trieb entspricht und eine Spiegelung ihres kühnen Wesens ist'

$U(B_2)$: ‚Übergangsakkorde bei Modulationen', $V(B_2)$: ‚werden praktisch nie angewandt'

H_2: ‚Der Zigeuner lässt sich aus einem Seelenzustand in den andren ohne jede Vermittlung hinreißen'

$B_2 \wedge H_2 \rightsquigarrow_{Ass} Er_2$

---

[479] Das zur Verfügung stehende Hintergrundwissen ist abhängig vom Interpreten (vgl. Abschnitt 7.2.1, Funktion *Hintergrundwissen_zusammenstellen*); es besteht in allen Überzeugungen, die der Stilinterpret als ausreichend gesichert ansieht, um sie in einer Stilinterpretation zu verwenden. Es ist also kein Wissen im objektiven Sinn. Daher muss man beim Nachvollzug einer Stilinterpretation auch veraltete Vorstellungen, Irrtümer und Vorurteile wie dieses rekonstruieren.

Er_2: ‚Ebenso wie Übergangsakkorde bei Modulationen praktisch nie angewandt werden, lässt sich der Zigeuner aus einem Seelenzustand in den andren ohne jede Vermittlung hinreißen'

$U(B_3)$: ‚Mollscala', $V(B_3)$: ‚enthält meistens die übermäßige Quarte, die verminderte Sexte, die große, übermäßige Septime'

$B_3 \leadsto_{Edr} Er_3, Er_4$

Er_3 (e): ‚Die Harmonien haben oft einen seltsamen Schimmer'

Er_4 (e): ‚Die Harmonien haben oft einen blendenden Glanz'

Diese Eindrücke werden als Proposition formuliert, wobei eine Steigerung zwischen ihnen eingeführt und mit Hilfe von B_3 zudem eine Ursache postuliert wird:

H_3: ‚Der Eindruck „blendender Glanz" kann als Verstärkung des Eindrucks „seltsamer Schimmer" aufgefasst werden'[480]

$B_3 \wedge Er_3 \wedge Er_4 \wedge H_3 \leadsto_{Abd} Er_5$

Er_5: ‚Durch die übermäßige Quarte erhalten die Harmonien oft einen seltsamen Schimmer, ja einen blendenden Glanz'

$U(B_4)$: ‚Rhythmen', $V(B_4)$: ‚frei; reich; mannigfaltig; geschmeidig'[481]

$U(B_5)$: ‚Verhältnis der Rhythmen zueinander', $V(B_5)$: ‚wechseln unaufhörlich; verwickeln sich; kreuzen sich; superponieren sich'

$U(B_6)$: ‚Verhältnis der Rhythmen zum Ausdruck der Musik', $V(B_6)$: ‚schmiegen sich den verschiedensten Nüancen des Ausdrucks von der wildesten Heftigkeit bis zur einwiegendsten Dolcezza, bis zum weichsten Smorzando an, von kriegerischer Bewegung zum Tanz, vom Triumphmarsch zum Leichenzug, von dem im Mondschein auf Wiesen geschlungenen Elfenreigen zum bacchischen Gesang übergehend'

$B_4 \wedge B_5 \wedge B_6 \leadsto_{Ded} Er_6$

Er_6: ‚Die Rhythmik der Zigeunermusik zeigt unendliche Verschiedenheit, Reichtum und unberechenbare Fülle'

---

[480] Die Annahme dieses H-Elements ermöglicht es, die Formulierung „einen seltsamen Schimmer, ja einen blendenden Glanz" abzuleiten, indem die sprachlichen Ausdrücke für die Eindrücke Er_2 und Er_3 durch das Adverb „ja", das eine Steigerung ausdrückt, aufeinander bezogen werden. Er_2 und Er_3 sind Eindrücke, das heißt nicht-propositional repräsentiert; sie sind hier nur zu Darstellungszwecken sprachlich formuliert. Zu einem bestimmten Eindruck einen passenden sprachlichen Ausdruck zu finden, ist Aufgabe der Operationen; in diesem Fall der Abduktion, die die Sortenumwandlung in eine Propositionsannahme vornimmt.

[481] Siehe Anmerkung (4).

7.1 Beispiele für Interpretationen

$U(B_7)$: ‚Übergänge zwischen Grundrhythmen', $V(B_7)$: ‚gehen anmutig oder kraftvoll von binärer zu ternärer Bewegung über'

H_4 [zum Schema]: ‚Wildbewegte Eindrücke erfordern binäre Rhythmen, die die Sturzflut der Leidenschaften und ihr wirbelndes Auftürmen schildern. Gemilderte Eindrücke erfordern ternäre Rhythmen, die die weiche Rast der Seele schildern'

$B_7 \wedge H_4 \leadsto_{Ded} Er_7$

Er_7: ‚Die Rhythmen gehen anmutig oder kraftvoll von binärer zu ternärer Bewegung über, jenachdem wildbewegte oder gemilderte Eindrücke es erfordern, jenachdem sie die Sturzflut der Leidenschaften und ihr wirbelndes Auftürmen oder die weiche Rast der Seele schildern'

H_5 [zum Schema]: ‚Die Originalität nationaler Musikstücke[482] besteht oft grade in der Einförmigkeit ihres Rhythmus, durch welche sich das in ihnen herrschende Gefühl offenbart'

$Er_7 \wedge H_5 \leadsto_{Ded} Er_8$

Er_8: ‚Die Zigeunermusik steht bezüglich des Rhythmus im Gegensatz zu anderen nationalen Musikstücken, die oft durch Einförmigkeit des Rhythmus gekennzeichnet sind'

H_6: ‚Die Zigeuner geben sich oft innerhalb eines sehr engen Zeitraums den entgegengesetztesten, widersprechendsten Eindrücken hin, in Folge ihres fortwährenden Zusammenlebens mit der Natur und ihren wechselnden Bildern, ganz im Gegensatz zu andren Völkern, die nur eine Leidenschaft, nur ein Gefühl, nur eine bei ihnen vorherrschende Form haben'

$Er_6 \wedge Er_8 \wedge H_6 \leadsto_{Ded} Er_9$

Er_9: ‚Der Unterschied zwischen dem Reichtum des Rhythmus der Zigeunermusik und der Einförmigkeit des Rhythmus anderer nationaler Musikstücke ist sehr begreiflich, wenn man bedenkt, daß der Zigeuner die Intensität der Leidenschaftlichkeit reproduzirt, mit welcher er sich oft innerhalb eines sehr engen Zeitraums den entgegengesetztesten, widersprechendsten Eindrücken hingiebt, in Folge seine fortwährenden Zusammenlebens mit der Natur und ihren wechselnden Bildern, ganz im Gegensatz zu andren Völkern, die nur eine Leidenschaft, nur ein Gefühl, nur eine bei ihnen vorherrschende Form der Seelenstimmung in Tönen wiederzugeben sich gedrungen fühlen'

$U(B_8)$: ‚Umgang mit dem Thema', $V(B_8)$: ‚wird immer mit einer Überfülle von Ornamenten verziert'

---

[482] Liszt meint hier Musikrichtungen.

$U(B_9)$: ‚Arten von Ornamenten', $V(B_9)$: ‚Überstrom von Läufen, Vorschläge, Tonleitern, Arpeggien, diatonische und chromatische Passagen, Tongruppen und Gruppettchen'

$$B_8 \wedge B_9 \wedge Er_6 \rightsquigarrow_{Ass} Er_{10}$$

Er_{10}: ‚Der vielgestaltigen Üppigkeit der Rhythmen entspricht die Überfülle von Ornamenten, mit welcher der Künstler das Thema immer schmückt und verziert'

H_7: ‚Die maurische Architectur zeichnet auf jeden Ziegel ein Gedicht in Miniatur. Dabei genügt ein enger Raum zur Entwicklung einer Menge von Linien die sich kreuzen und durchbrechen, sich suchen und verfolgen, sich berühren, drängen und wieder trennen, immer aber ein bezauberndes Ganze bilden'

H_8: ‚Die in H_7 beschriebene Eigenschaft der maurischen Architektur bereitet dem Auge Genüsse'

$$B_4 \wedge B_5 \wedge B_6 \wedge B_8 \wedge B_9 \wedge Er_6 \wedge Er_{10} \wedge H_7 \wedge H_8 \rightsquigarrow_{Ass} Er_{11}$$

Er_{11}: ‚Die Musik der Zigeuner bereitet dem Ohr alle Genüsse, welche die maurische Architectur dem Auge bot, wenn sie auf jeden Ziegel ein Gedicht in Miniatur zeichnete. Hier wie dort genügt ein enger Raum zur Entwicklung einer Menge von Linien die sich kreuzen und durchbrechen, sich suchen und verfolgen, sich berühren, drängen und wieder trennen, immer aber ein bezauberndes Ganze bilden'

$U(B_{10})$: ‚Führung der ersten Solostimme', $V(B_{10})$: ‚es überwiegen Fioritüren [Verzierungen]'

$$B_{10} \wedge Er_{11} \rightsquigarrow_{Ass} Er_{12}$$

Er_{12}: ‚Das Überwiegen der Fioritüren knüpft diese Kunst fühlbar an einen orientalischen Ursprung'

$U(B_{11})$: ‚Aufgabenverteilung zwischen den Instrumenten', $V(B_{11})$: ‚Geige und Cymbal sind Solisten', ‚die andren Instrumente dienen zur Verdopplung der Harmonie, zum Markiren des Rhythmus, zu Begleitung'[483]

$U(B_{12})$: ‚Rollenverteilung unter den Solisten', $V(B_{12})$: ‚Die erste Geige durchläuft alle Schlingwege der Laune des Virtuosen. Des Cymbalisten Rolle ist es diesen Lauf zu rhythmisiren, Beschleunigung und Verzögerung, Energie oder Weichheit des Taktes hervorzuheben'[484]

$U(B_{13})$: ‚Verhältnis des ersten Geigers zum Rest des Orchesters', $V(B_{13})$: ‚Das Orchester ist im Grunde nur da, um ihn zu unterstützen, die Klangmassen zu verstärken, den Rhythmus schärfer hervorzuheben und die Redeblumen seiner

---

[483] Vgl. das Zitat von S. 181 sowie das erste Zitat von S. 182 des Lizstchen Texts.
[484] Vgl. das Zitat von S. 181.

7.1 Beispiele für Interpretationen

Improvisation zu schattieren und zu färben. Der Hauptsolist entscheidet über das Tempo'

$B_{10} \wedge B_{11} \wedge B_{12} \wedge B_{13} \leadsto_{Abd} Er_{13}$

Er_{13}: ‚Das Überwiegen der Fiorituren macht den ersten Geiger nothwendigerweise zur Hauptperson des Orchesters, welches im Grunde nur da ist um ihn zu unterstützen, die Klangmassen zu verstärken, den Rhythmus schärfer hervorzuheben und die Redeblumen seiner Improvisation zu schattieren und zu färben. So ist er es auch der über das Tempo entscheidet'[485]

$U(B_{14})$: ‚grundlegender Aufbau eines Typs von Musikstück (der „Ungarische Tanz")', $V(B_{14})$: ‚zerfällt in zwei Teile; ein langsamer Tanz geht einem lebhaften voraus'

$U(B_{15})$: ‚erster Teil eines Typs von Musikstück (der „Ungarische Tanz")', $V(B_{15})$: ‚heißt „Lassan"; geht in sehr langsamem Tempo'

$B_{15} \leadsto_{Ass} Er_{14}$

Er_{14}: ‚Der erste Teil des „Ungarischen" drückt Trauer auf klagendste Weise aus'

$U(B_{16})$: ‚zweiter Teil eines Typs von Musikstück (der „Ungarische Tanz")', $V(B_{16})$: ‚heißt „Frischka"; geht in sehr schnellem Takt; steigert sich plötzlich oder allmählig zu einem sehr schnellen, mitreißenden Rhythmus'

$B_{16} \leadsto_{Ass} Er_{15}$

Er_{15}: ‚Der zweite Teil des „Ungarischen" drückt Ungestüm der Lustigkeit aus'

$B_{14} \wedge Er_{14} \wedge Er_{15} \wedge H_6 \leadsto_{Abd} Er_{16}$

Er_{16}: ‚Der Zigeunervirtuose suchte eine Form die allem Ungestüm seiner Lustigkeit übereinstimmte und seiner Trauer den klagendsten Ausdruck verliehe. Diese beiden Gefühlsströmungen haben in den beiden, anfangs ernsten dann lebhaften Tanzweisen ihr Bett gefunden'

---

[485] Hier handelt es sich um eine Abduktion, weil eine Regel angenommen wird: ‚Beim Überwiegen von Fiorituren kommt dem Solisten, der diese auszuführen hat, notwendigerweise eine leitende Funktion im Orchester zu.' Diese Regel wird verwendet, um die in B_{11} für den Schemaort ‚Verhältnis des ersten Geigers zum Rest des Orchesters' verlangten Eigenschaften mit Hilfe von B_8 zu erklären, wobei B_9 und B_{10} verwendet werden, um den ersten Geiger als erste Solostimme herzuleiten. Wie jede Regel hat auch diese die Form einer logischen Implikation, wobei die verlangten Eigenschaften in B_8 den Vordersatz wahr werden lassen, so dass aus der angenommenen Wahrheit der Regel folgt, dass der Nachsatz wahr ist. Dieser gibt an, dass für den in $U(B_{11})$ spezifizierten Schemaort die in $V(B_{11})$ spezifizierten verlangten Eigenschaften gelten. Damit ist das Auftreten der Regel B_{11} erklärt. – Häufig kann auf diese Weise mit Hilfe der Abduktion eine Merkmalsregel durch das Finden einer geeigneten Regel erklärt werden, wobei die Wahrheit des Vordersatzes mit Hilfe einer anderen Merkmalsregel, eines H-Elements oder eines bereits gewonnenen Interpretationsergebnisses gezeigt werden kann.

$B_{16} \leadsto_{Ass} Er_{17}$

Er_{17}: ‚Der Raserei und hinreißenden Gewalt des Rhythmus, zu dem sich die Frischka steigert, kommt kein auf unsren fashionablen Bällen üblicher Tanz gleich'

$U(B_{17})$: ‚Besetzung', $V(B_{17})$: ‚Erste Geige, Cymbal, einige Holz- und Messing-Instrumente, ein Violoncell, ein Contrabaß und soviel zweite Geigen wie möglich'[486]

$U(B_{18})$: ‚Solisten', $V(B_{18})$: ‚Erster Geiger und Cymbalist'

$U(B_{19})$: ‚Aufteilung der Aufgaben zwischen den Solisten', $V(B_{19})$: ‚Geiger improvisiert frei nach Laune des Virtuosen, Cymbalist rhythmisiert und hebt den Takt hervor'

$U(B_{20})$: ‚Vorrechte der Solisten', $V(B_{20})$: ‚können Passagen improvisierend entwickeln und dabei nach Gutdünken ausdehnen'

$B_{19} \wedge B_{20} \leadsto_{Ded} Er_{18}$

Er_{18}: ‚Die Zigeunerkunst gehört dem Gebiete der Improvisation an'

Anmerkungen

(1) Dies ist nur ein kleiner Ausschnitt aus der gesamten Interpretation. Liszt schließt an die Beschreibung der von ihm angenommenen Merkmalsregeln oft seitenlange Interpretationen an, die meist stark metaphorisch geprägt sind. Die Auswahl erfolgte nach dem Prinzip, deutlich formulierte Angaben zu Merkmalsregeln und einige darauf direkt aufbauende Schlüsse, Eindrücke und Wertungen (als Ergebnisse) einzubeziehen. Je weiter sich die Erörterungen von den Merkmalsregeln entfernen, desto mehr implizites Hintergrundwissen müsste angenommen werden. Die gesamte Liszt'sche Interpretation ist ein Beispiel für das Übergewicht von Interpretationsprozess gegenüber Merkmalsprozess: Die häufig auf subjektiven Eindrücken basierende Erzeugung immer neuer, oft stark metaphorischer Formulierungen der Interpretation überwiegt gegenüber dem genauen Hinschauen auf die Merkmalsregeln des Stils, von denen nur einige recht allgemeine als Grundlage verwendet werden.

(2) An einigen Stellen ist die Annäherung an die entsprechenden Sätze der Liszt'schen Interpretation enger, an anderen weniger eng. Wo eine Annäherung bis zu genauen Formulierungen möglich ist, wurden diese (inklusive der Schreibung) übernommen. Auch dort sind jedoch teilweise Veränderungen vorgenommen, etwa wenn im Originaltext Bezüge auf hier nicht einbezogene Textteile vorkommen.

---

[486] B_{17} und B_{18} werden innerhalb unserer nachvollzogenen Interpretation nicht verwendet. Normalerweise werden Merkmalsregeln nur bei Verwendung ausgegeben (vgl. Abschnitt 7.2.4); da die Merkmalsregeln von Liszt erwähnt werden, weichen wir davon hier ab.

(3) Manche H-Elemente sind in der Liszt'schen Interpretation explizit im Text genannt (z.B. H_2), andere ergeben sich durch Umformungen aus Formulierungen (z.B. H_1). Viele werden jedoch als implizit verwendet angenommen, um die Formulierungen herleiten zu können (z.B. H_3 und H_4); es wird davon ausgegangen, dass viele Voraussetzungen für eine gegebene Interpretation implizit bleiben, weil es die Interpretation in die Länge ziehen würde, sie explizit zu formulieren. Weitere Gründe können sein, dass die Zustimmung des Stilwahrnehmers vorausgesetzt wird, dass umgekehrt über möglicherweise kontroverse Vorannahmen hinweggegangen werden soll (evt. H_4) oder dass es sich um nicht reflektierte Angewohnheiten der Sprachverwendung handelt (H_3).

(4) Bei der Formulierung von Merkmalsregeln sind oft Umformungen nötig, die die Aussagen der Interpretationen in Formulierungen der Schemaorte (gegebenenfalls mit Zusatzbedingungen) und in Eigenschaften, die dafür verlangt werden, verwandelt. Dabei ist auf möglichst genaue semantische Übereinstimmung zu achten. Beispielsweise kann bei der Formulierung von B_4 ‚Rhythmen' als Schemaort genommen werden. Die verlangten Eigenschaften sind in einer Aussage über die Reaktion gebildeter Musiker auf diese Eigenschaften versteckt und substantiviert. Aus der Aussage gelöst und in Attributform gebracht, können sie als verlangte Eigenschaften angegeben werden.

7.1.6 Bewegungsstile

Stile bei Bewegungsschemata (darunter Fortbewegungs- und Sportstile) gehören zu den Bereichen, in denen Eindrücke eine wichtige Rolle bei der Interpretation spielen. Eindrücke sind charakteristisch für Stile, bei denen ein erheblicher Teil der Merkmalsregeln nicht-propositional repräsentiert ist. Unter „Eindruck" wird eine nicht-propositionale mentale Repräsentation verstanden, die durch die Wahrnehmung eines Phänomens entsteht (vgl. Abschnitt 6.2.2, (3)); für unser Modell handelt es sich bei dem Phänomen jeweils um einen Stil.

Ein Lauf- und Gehstil kann den Eindruck hervorrufen, ‚elegant' oder ‚schleppend' zu sein.[487] Solche Eindrücke können sich, je nach Beschreibungsgenauigkeit auf der Ebene der Merkmalsregeln, aus einer Merkmalsregel direkt ergeben, sofern diese für den jeweiligen Bewegungsablauf oder einen substantiellen Teil davon die Eigenschaft ‚elegant' bzw. ‚holprig' verlangt. Dieselben Eindrücke können auch aus mehreren Merkmalsregeln erzeugt werden. So kann etwa bei einem Laufstil eine große Schrittlänge in Kombination mit einem elastischen Auftreten, einem gewissen Mitfedern von Knien und Oberkörper, einem fließenden Übergang der einzelnen Bewegungsphasen und einer abgerundeten Gesamtbewegung den Eindruck ‚elegant' erzeugen:

---

[487] Ein charmanter Ausgangspunkt für die Beschäftigung mit Gehstilen ist Honoré de Balzacs „Theorie des Gehens" (Balzac 1833=1981).

Verhaltensschema ‚Laufen'

$U(B_1)$: ‚Schrittlänge', $V(B_1)$: ‚groß'

$U(B_2)$: ‚Auftreten', $V(B_2)$: ‚elastisch; leichtes Einknicken in den Knien'

$U(B_3)$: ‚Bewegung des Oberkörpers', $V(B_3)$: ‚leichtes Vorkippen beim Auftreten'

$U(B_4)$: ‚einzelne Bewegungsphasen', $V(B_4)$: ‚fließend'

$U(B_5)$: ‚Übergang zwischen den Bewegungsphasen', $V(B_5)$: ‚fließend'

$U(B_6)$: ‚Bewegungslinien von Fuß und Knie', $V(B_6)$: ‚abgerundet'

$B_1 \wedge B_2 \wedge B_3 \wedge B_4 \wedge B_5 \wedge B_6 \leadsto_{Edr} Er_1, Er_2$

Er_1 (e): ‚elegant'

Er_2 (e): ‚Das Laufen fällt dem SN leicht'

Warum wird diese Kombination von Merkmalsregeln als ‚elegant' empfunden? Einzelne Merkmalsregeln wären mit anderen, gegensätzlichen Eindrücken kompatibel; so könnten B_1 und B_2 in einem Stil mit dem Eindruck ‚schleppend' vorkommen. B_4 könnte in einem Stil mit dem Eindruck ‚holprig' vorkommen, wenn $V(B_5)$ ‚unregelmäßig' spezifizieren würde, und umgekehrt. Für einige verlangte Eigenschaften (z.B. ‚fließend', ‚abgerundet') kann postuliert werden, dass sie – auch ohne Berücksichtigung der Realisierungsstellen, an denen sie auftreten, und anderer Merkmalsregeln – mit dem entstehenden Eindruck in einem unmittelbaren Verhältnis stehen. Betrachtet man nur sie, könnte es so scheinen, als sei der Eindruck ‚elegant' nur eine Zusammenfassung für die verlangten Eigenschaften an den einzelnen Realisierungsstellen. Allerdings finden sich auch andere Merkmalsregeln, bei denen die verlangten Eigenschaften in keinem direkten Verhältnis zum entstehenden Eindruck stehen (‚groß') oder sogar diesem entgegenzuwirken scheinen (‚leichtes Einknicken in den Knien', ‚leichtes Vorkippen beim Auftreten'). Bei diesen ergibt sich erst unter Berücksichtigung der Realisierungsstellen, für die sie verlangt sind, und/oder anderer Merkmalsregeln der Beitrag zum Eindruck ‚elegant': Eine ‚große' Schrittlänge, ‚leichtes Einknicken in den Knien' beim Auftreten und ‚leichtes Vorkippen beim Auftreten' im Bewegungsablauf des Oberkörpers können in Kombination mit fließenden Bewegungsabläufen (B_4 und B_5) und elastischem Auftreten (B_2) zum Eindruck ‚elegant' beitragen oder zumindest mit diesem kompatibel sein.

Es kommt also auf die Kombination verschiedener Merkmalsregeln an. Erstens gibt es offenbar bestimmte Realisierungsstellen, die für die Erzeugung bestimmter Eindrücke besonders relevant sind (z.B. dürfte das Verhältnis Schritthöhe zu Schrittlänge wichtiger für den Eindruck ‚elegant' sein als die Schrittfrequenz). Zweitens erzeugen nur bestimmte Kombinationen von verlangten Eigenschaften für diese Realisierungsstellen den entsprechenden Eindruck. Welche Kombinationen dies sind, kann nicht mit einem generellen Prinzip angegeben werden. Für die Entstehung eines Eindrucks gibt es sich gegenseitig unterstützende oder blockierende Kombinationen von verlangten Eigenschaften; allein oder in Kombination mit anderen Merkmalsregeln notwendige oder verhindernde verlangte Eigenschaften; usw.

Aufgrund dieser Komplexität könnte man versucht sein, die Entstehung von Eindrücken bei bestimmten Stilen wie beispielsweise Bewegungsstilen als holistischen Prozess zu beschreiben, bei dem der Eindruck aus der Gesamtheit des Stils hervorgeht, ohne dass die einzelnen Merkmalsregeln dies erklären könnten.[488] Dagegen spricht allerdings, dass durch die Ersetzungsprobe[489] gezeigt werden kann, welche Merkmalsregeln für die Entstehung eines bestimmten Eindrucks notwendig sind, welche nicht notwendig sind, aber zur Entstehung beitragen, welche den entstehenden Eindruck eher abschwächen und welche seine Entstehung verhindern.

Dass die Entstehung von Eindrücken bei Stil auf den ersten Blick als holistischer Prozess erscheint, der nicht genauer aufgeschlüsselt werden kann, hat mit mehreren Einschränkungen zu tun, die die analytische Erfassung der Entstehung von Eindrücken schwierig machen:

(1) Im Gegensatz zu den logischen Schlussverfahren kann keine Methode der Erzeugung von Eindrücken aus einer bestimmten Menge von Merkmalsregeln angegeben werden. Es ist daher bei der Betrachtung einer fiktiv konstruierten Interpretation auch nicht immer möglich, plausible von unplausiblen Eindrü-

---

[488] Beispielsweise könnten solche Stile als Gestalt aufgefasst werden. Die Gestalttheorie betonte in der Tradition von Aristoteles („Das Ganze ist mehr als die Summe seiner Teile") und Goethes Morphologie die Übersummativität bestimmter Phänomene. Als zweites Definitionskriterium nannte Ehrenfels die Transponierbarkeit, worunter er die Möglichkeit des Austauschs der Bestandteile bei Erhalt der Gesamteigenschaften verstand (Gestalten können beim Austausch der Einzelteile erhalten bleiben, wie eine Melodie beim Austausch ihrer Töne beim Transponieren erhalten bleibt). Die ursprünglich als Gestaltpsychologie formulierte Theorie fand bald auch in anderen Bereichen Anwendung. Allerdings gelang es nie, eine überzeugende Definition vorzulegen, die ‚Gestalt' beispielsweise von ‚System', ‚Ordnung' und vergleichbaren Begriffen abgrenzt, denen ebenfalls Übersummativität und Transponierbarkeit zugeschrieben werden können. – Klassische Arbeiten zur Gestalttheorie sind von Ehrenfels 1890, W. Köhler 1920, Wertheimer 1925, Koffka 1935 und Lewin 1963), aktuelle Beiträge bietet Metz-Göckel 2008; semiotisch orientiert sind Bühler 1960 und Stadler u.a. 2003. Der Versuch, Stil gestalttheoretisch zu erfassen, ist immer wieder gemacht worden, unter anderem in Walzel 1923, Trabant 1986, Fix 1996 und U. Abraham 2009; leider betrachten diese Arbeiten meist nur Textstile.
Insgesamt scheint es nicht gelungen zu sein, gestalthafte stilistische Eigenschaften präzise von anderen Texteigenschaften abzugrenzen, und bei aller Betonung der Subjektivität der „Stilqualitäten als Gestalterlebnis" (U. Abraham 2009: 1353) müsste doch die Möglichkeit intersubjektiver Übereinstimmung bei der Stilwahrnehmung erklärt werden. Ohne präzise Definitionen von „Gestalt" bzw. „holistisch" und Vorschläge zur Beschreibung der Funktionsweise entsprechender Phänomene wird man nicht weiterkommen.

[489] Vgl. zur Ersetzungsprobe (= Kommutationsprobe) Coseriu 1992: 107ff und 1994: 153ff, sowie Albrecht 2000: 148.

cken zu unterscheiden. Ebenso ist es bei einer tatsächlichen Interpretation nicht immer möglich, vorherzusagen, welche stilistischen Eindrücke wahrscheinlich auch bei anderen Stilinterpreten auftreten werden.

(2) Die Menge von Merkmalsregeln, die in die Entstehung eines Eindrucks eingeht, ist oft nicht präzise abgrenzbar. Im oben angegebenen Beispiel ist bei B_2 und B_3 unklar, ob sie an der Entstehung von Er_1 beteiligt sind, nicht beteiligt sind oder diese sogar behindern. Häufig lässt sich für einige Merkmalsregeln mit großer Sicherheit eine Aussage machen, für andere ist die Zuordnung unklar. Weder durch den Abgleich der Merkmalsregeln mit den entstehenden Ergebnissen bei einer vorliegenden (nachvollzogenen oder konstruierten) Interpretation noch durch Introspektion bei einer gerade ablaufenden Stilinterpretation (bei der vielleicht einige der Merkmalsregeln, die den Eindruck mit erzeugen, nicht bewusst wahrgenommen werden) ist eine vollständige Klärung möglich.

(3) Es lässt sich meist nicht genau nachvollziehen, wie ein Eindruck aus den Merkmalsregeln entsteht. Im obigen Beispiel ist klar, dass die Eigenschaften ‚elastisch‘, ‚fließend‘ und ‚abgerundet‘ in einem Zusammenhang mit dem Eindruck ‚elegant‘ stehen. Bis zu einem gewissen Grad hängt die Entstehung des Eindrucks aber auch von den Realisierungsstellen, für die diese Eigenschaften verlangt werden, ab: Wäre beispielsweise die Stellung der Wirbelsäule ‚elastisch‘, würde der SN den Rücken nicht stabil halten und dies würde wohl nicht elegant aussehen. Bei der Eigenschaft ‚groß‘ ist die Abhängigkeit von der Realisierungsstelle noch eindeutiger: Eine große Schrittlänge kann zu einem eleganten Gesamteindruck beitragen; eine große Armbewegung beim Laufen würde ihn eher beeinträchtigen.

(4) Wie bestimmte Eindrücke aus bestimmten Merkmalsregeln entstehen, muss ebenfalls von Fall zu Fall geprüft werden. So entsteht etwa der Eindruck ‚elegant‘ sicher nicht ohne eine gewisse Konventionalisierung, die eine bestimmte Eindrucksklasse bestimmt und diese unter dem Begriff ‚elegant‘ zusammenfasst. Es spielt also auch die Begriffsbildung und die damit mögliche Kommunikation über Eindrücke eine Rolle. Trotzdem ist es sehr wahrscheinlich, dass ein Eindruck ähnlich dem dann als ‚elegant‘ wiedergegebenen auch bereits vorbegrifflich entstehen kann; der Begriff ermöglicht den Zugriff auf und die Konventionalisierung von Eindrücken, aber er erzeugt sie nicht. Selbst wenn man dies annehmen würde, müsste man immer noch erklären, wie die Zugriffsweise auf konkrete Eigenschaften des betrachteten Phänomens funktioniert, egal ob diese Zugriffsweise nun vollständig im Begriff enthalten ist oder ob dieser nur die Verbindung zu einer sprachlichen Bezeichnung herstellt.

Stilistische Eindrücke können nur auf den Merkmalsregeln beruhen, da andere Eigenschaften der betrachteten Phänomene nicht zum Stil gehören. (Sie können auch in die Interpretation einbezogen werden, gehören dann aber zum Hintergrundwissen.) Vermutlich können Eindrücke entstehen, wenn Eigenschaften

- Relationen zueinander aufweisen (z.B. übereinstimmend, ähnlich oder widersprüchlich sind);
- durch bestimmte Eigenschaften voneinander ableitbar sind (z.B. hinterlässt eine ‚fließende' Bewegung eine ‚abgerundete' Spur);
- demselben oder angrenzenden Bereichen in Kultur oder Lebenswelt zuzuordnen sind;
- usw.

Dazu kommt noch die Bezugnahme auf die Anwendungsbedingungen und die Relationen, die sich daraus zwischen verschiedenen Merkmalsregeln ergeben, beispielsweise wenn bei einem Bild ‚detaillierte Darstellung' von ‚Lebewesen' und ‚angedeutete Darstellung' von ‚nicht-belebten Elementen' gegeben ist.

Aus denselben Beziehungen können mit entsprechenden Operationen auch Propositionsannahmen und Gefühle erzeugt werden. Dabei wechselt allerdings die Entstehungsweise nicht so stark wie bei den Eindrücken; sowohl bei Propositionsannahmen als auch bei Gefühlen lassen sich Prinzipien dafür angeben, welche Propositionsannahmen oder Gefühle aus einer bestimmten Konstellation entsteht.

(5) Eindrücke haben oft ein Element der Perspektivität: Bestimmte Eigenschaften des Phänomens werden hervorgehoben, andere abgeschwächt oder ganz ignoriert; bestimmte Relationen (z.B. Ähnlichkeiten oder Gegensätze) werden in der Vordergrund gestellt, andere übergangen. Dadurch erhalten Eindrücke auch einen stärker subjektiven Charakter als die meisten anderen Ergebnisse von Interpretationen. Andere Interpreten können sie manchmal nicht nachvollziehen; oder sie können sie durch Einstellung auf die Perspektive des ersten Interpreten nachvollziehen, wären aber von allein nicht zu diesem Eindruck gelangt.

Hier lohnt sich ein kurzer Rückblick auf die Analyse von Paul Frankls Stilinterpretation der Ste-Chapelle (vgl. Abschnitt 7.1.3). Der Eindruck Er_2 war dort: ‚Die Gurte verbinden die Joche'. Dieser Eindruck entsteht vermutlich aus der Ähnlichkeit der Gurte (die sich zwischen den Jochen befinden) mit den Rippen (die sich innerhalb der Joche befinden) sowie aus dem Schmalerwerden der Gurte nach der Mitte zu. Beides schränkt die trennende Funktion der Gurte, wie sie etwa in der Romanik auftritt, stark ein. Dennoch sind die Gurte sichtbar, verschwinden auch nach der Mitte nicht ganz und befinden sich auf der Grenzlinie zwischen zwei Jochen. Frankl gelangt hier also durch eine subjektive Gewichtung von Eigenschaften – Betonung bestimmter Aspekte und Vernachlässigung anderer – sowie durch eine Perspektivierung – nämlich den Vergleich mit der Romanik, deren Gurte stärker ausgeprägt sind als die Joche und sich nicht verschmälern – zu diesem Eindruck. Ähnliches gilt für die Entstehung der Eindrücke Er_3 bis Er_5.

(6) Die Offenheit der Entstehungsprinzipien: Durch den Stilwahrnehmer können weitere Prinzipien entdeckt und für die Entstehung von Eindrücken genutzt werden.

Nach diesen allgemeinen Bemerkungen verwundert es nicht, dass eine stilistische Interpretation, die stark auf Eindrücken beruht, noch mehr Freiheitsgrade besitzt als andere stilistische Interpretationen. Die Konstruktion einer Interpretation dieses Typs wird daher notwendig recht willkürlich sein. Wir versuchen es trotzdem und konstruieren einen Gehstil und eine Interpretation dazu:

Verhaltensschema ‚Gehen'

$U(B_1)$: ‚durchschnittliche Schrittlänge', $V(B_1)$: ‚90 cm'

$U(B_2)$: ‚höchster Punkt der Fußbewegung', $V(B_2)$: ‚durchschnittlich 5 cm'

$U(B_3)$: ‚Schrittfrequenz', $V(B_3)$: ‚1,5/s'

$U(B_4)$: ‚Hebewinkel des Fußes', $V(B_4)$: ‚Winkel von 80° zwischen Boden vor dem Fuß und Hebelinie des Fußes'

$U(B_5)$: ‚Heben des Fußes', $V(B_5)$: ‚Anheben der gesamten Fußfläche gleichzeitig; schwerfällig'

$U(B_6)$: ‚Aufsetzwinkel des Fußes', $V(B_6)$: ‚85° mit hinterer Bodenfläche'

$U(B_7)$: ‚Kopfneigung'; $V(B_7)$: ‚durchschnittlich 15 % nach vorne'

$U(B_8)$: ‚Aufsetzen des Fußes', $V(B_8)$: ‚schwerfällig; mit der gesamten Bodenfläche gleichzeitig; mit einem knallenden Geräusch'

$U(B_9)$: ‚Verhältnis zwischen Bewegung der beiden Beine', $V(B_9)$: ‚(zeitversetzt) übereinstimmend mit Abweichungen < 5 cm'

$U(B_{10})$: ‚Form der Gesamtbewegung', $V(B_{10})$: ‚[geometrische Beschreibung oder Zeichnung einer geometrischen Figur, die der Grundbewegung entspricht]'

$U(B_{11})$: ‚durch die gesamte Körperbewegung erzeugter Eindruck', $V(B_{11})$: ‚schwerfällig'

$U(B_{12})$: ‚Fußstellung', $V(B_{12})$: ‚leicht nach außen abgewinkelt'

$U(B_{13})$: ‚Körperhaltung beim Gehen', $V(B_{13})$: ‚Wirbelsäule 3° gegenüber der Vertikalen nach vorne geneigt'

$U(B_{14})$: ‚Veränderung der Körperhaltung während des Schritts', $V(B_{14})$: ‚beim Aufsetzen des Fußes leichte Krümmung der Wirbelsäule und Vorbeugen des Kopfes um 5°, danach beim Durchdrücken des Beins Durchdrücken der Wirbelsäule und Aufrichten des Kopfes; beim Aufsetzen des Fußes seitliche Neigung in die Richtung des aufgesetzten Fußes um 3°'

Bei solchen Stilen ist vermutlich ein Teil der Merkmalsregeln nicht-propositional repräsentiert. Zwar können wir beobachtbare Merkmalsregeln durchaus als Sätze wiedergeben; sie werden jedoch anders wahrgenommen und vermutlich auch nicht in propositionaler Form gespeichert, Beispielsweise könnten Schrittlänge und -höhe (B_1 und B_2) als mentale Bilder,[490] Schrittfrequenz und Haltungsveränderungen während des Schritts (B_3 und B_{14}) als mentale Filme[491] abgespeichert werden. Die Form der Gesamtbewegung (B_{10}) könnte als mentales Bild, aber auch als Schema, als Bild mit „Markups" (Hinweisen auf spezifische Eigenschaften) oder als mentaler Film gespeichert sein.

Details der Bewegung wie B_4, B_5, B_6, B_7, B_9 und B_{12} könnten als Details des mentalen Films repräsentiert sein, möglicherweise versehen mit einem „Markup", einer Markierung in dem Film, die das Bewusstsein bei seinem Ablauf auf bestimmte Details hinweist. Denkbar wäre auch, dass sie in propositionaler Form repräsentiert sind. Dagegen könnten Merkmalsregeln wie B_8 und B_{11} durchaus als Propositionen repräsentiert sein. Denkbar wäre aber auch, dass beispielsweise ‚schwerfällig' als Eigenschaft des Aufsetzens des Fußes in B_8 und B_2 in Form eines visuellen Eindrucks gespeichert ist, der etwa mit einem Gefühl gekoppelt sein könnte und erst bei Reflexion dieser Merkmalsregel in propositionale Form übertragen wird.

Bezogen auf dieses in ganz verschiedenen Formen Repräsentierte muss jedoch immer auch repräsentiert sein, dass es jeweils für einen bestimmten Schemaort (gegebenenfalls unter bestimmten Zusatzbedingungen) verlangt wird. Nur dann handelt es sich um die Repräsentation einer Merkmalsregel; andernfalls wäre nicht erkannt, dass zum Beispiel die Gesamtbewegung des Fußes nicht nur aufgrund bestimmter Straßenbedingungen oder einer spontanen Eingebung des SN mit den festgestellten Eigenschaften auftritt, sondern dass das Vorhandensein dieser Eigenschaften ein stilistisches Merkmal darstellt, das auf eine Merkmalsregel hinweist.

Interpretation

$$B_1 \wedge B_2 \wedge B_{11} \rightsquigarrow_{Edr} Er_1$$

Er_1 (e): ‚schleppend'

Auch durch Hinzuziehung von Hintergrundwissen können Ergebnisse gewonnen werden. Dies kann etwa folgendermaßen ablaufen:

H_1 [zum Schema]: ‚Ein Gang, bei dem die Beine in Relation zur Schrittlänge wenig gehoben werden, der Körper hin- und herwackelt und der Kopf bei jedem Schritt etwas nickt, wird als entenähnlich empfunden und daher als „Watschelgang" bezeichnet'

$$B_1 \wedge B_2 \wedge B_{12} \wedge B_{14} \wedge B_2 \wedge H_1 \rightsquigarrow_{Ded} Er_2$$

---

[490] Zu mentalen Bildern vgl. Kosslyn 1983, Finke 1989, Barsalou 1999 und Thomas 1999.
[491] Mentale Filme sind noch wenig untersucht, Ansätze finden sich in der Wahrnehmungspsychologie und der Kunstwissenschaft (vgl. Arnheim 1970, Zeki 1999 und Edelman u.a. 2000) und der psychotherapeutischen Imaginationsforschung (vgl. Singer 1986 und Friebel 2000).

Er_2 ‚Der Gang ist ein „Watschelgang"'

$\quad B_7 \wedge Er_2 \leadsto_{Edr} Er_3$

Er_3 (e): ‚verhuscht'

H_2 [zum Schema]: ‚Ein schwerfälliger, verhuschter, „watschelnder" Gang wirkt wenig selbstbewusst und kann soziale Nachteile verursachen'

$\quad Er_1 \wedge Er_2 \wedge Er_3 \wedge H_1 \leadsto_{Gfr} Er_4$

Er_4 (g): ‚Mitleid (mit dem SN)'

$\quad B_8 \leadsto_{Edr} Er_5$

Er_5 (e): ‚Der SN kann seine Bewegungen beim Aufsetzen des Fußes nicht vollständig kontrollieren'

$\quad Er_5 \leadsto_{Ind} Er_6$

Er_6: ‚Der SN kann seine Körperbewegungen nicht vollständig kontrollieren'

H_3 [zum Schema]: ‚Eine Verletzung an Fuß, Bein oder Hüfte führt meist dazu, dass die Bewegung der Beine nicht mehr übereinstimmt (Humpeln)'

$\quad B_9 \wedge H_3 \wedge Er_6 \leadsto_{Ded} Er_7$

Er_7: ‚Es liegt vermutlich keine Verletzung an Fuß, Bein oder Hüfte vor'

H_4: ‚Es gibt Krankheiten und Behinderungen, die zu einer Beeinträchtigung der Kontrolle der Körperbewegung führen'

$\quad B_5 \wedge B_{11} \wedge H_4 \wedge Er_2 \wedge Er_6 \wedge Er_7 \leadsto_{Abd} Er_8$

Er_8: ‚Die Schwerfälligkeit und der „Watschelgang" könnten auf eine Krankheit oder Behinderung zurückzuführen sein'

H_5: ‚Menschen mit [Krankheit x][492] bewegen sich oft auf [Erinnerung an eine bestimmte prototypisch gespeicherte Gehbewegung]'

$\quad Er_8 \wedge H_5 \leadsto_{Ded} Er_9$

Er_9: ‚Möglicherweise leidet der SN an [Krankheit x]'

Hier wird beispielhaft deutlich, wie die Suche nach relevantem Hintergrundwissen durch die erzeugten Ergebnisse der Interpretation bestimmt wird:[493] Die

---

[492] Infrage kommt eine Krankheit, die sich in charakteristischer Weise auf die Motorik auswirkt, beispielsweise Down-Syndrom.

[493] Technisch funktioniert dies im Modell so, dass die Funktion *Relevantes_Hintergrundwissen* für jede Kombination von verwendeten Merkmalsregeln und verwendeten früheren Ergebnissen gezielt relevantes Hintergrundwissen sucht und abspeichert (z.B. wird das für P_i und Q_j relevante Hintergrundwissen als R_{ij} gespeichert; vgl. Abschnitt 7.2.1, Funktion *Interpretation*, Zeile 15) und für die Erzeugung von Ergebnis-

spezifische, bildlich gespeicherte Erinnerung H_5 wird durch die in Er_8 gewonnene Hypothese einer Krankheit als relevantes Hintergrundwissen aufgerufen und erzeugt dann durch Vergleich mit den in Er_8 genannten Kennzeichen das Ergebnis Er_9.

7.1.7 Ein ägyptischer Bildstil

Zum Grab der Königin Nofretete im Tal der Königinnen bemerkt die Belser Stilgeschichte:[494]

> Hier sind in einigen Bildnissen der Königin nicht nur die Plissees des durchscheinenden Gewandes mit malerischen Mitteln wiedergegeben, sondern sogar Schattierungen, wenngleich nicht folgerichtig durchgeführt, so doch beobachtet und angedeutet. Die Bilder der Göttinnen hat der Maler von dieser Neuerung ausgeschlossen, wohl wissend, daß die Schattenmalerei die Figuren in eine zeithaft-subjektive Sphäre hineinzieht, die dem Bereich des Göttlichen nicht angemessen ist.

Artefaktschema ‚darstellendes Bild'[495]

$U(B_1)$: ‚Darstellung (des durchscheinenden Gewands der Königin)', $V(B_1)$: ‚Plissees[496] mit malerischen Mitteln wiedergegeben; Andeutung von Schattierungen'

$U(B_2)$: ‚Darstellung (der Göttinnen)', $V(B_2)$: ‚keine Darstellung der Plissees mit malerischen Mitteln; keine Andeutung von Schattierungen'

H_1 [zum Schema]: ‚Die Darstellung von Plissees mit malerischen Mitteln und Andeutung von Schattierungen sind zu diesem Zeitpunkt eine Neuerung in der ägyptischen Malerei'

$B_1 \wedge B_2 \wedge H_1 \leadsto_{\text{Ded}} Er_1$

Er_1: ‚Der Künstler hat die Neuerungen, Plissees mit malerischen Mitteln darzustellen und Schattierungen anzudeuten, in den Darstellungen der Königin verwendet, aber nicht in den Darstellungen der Göttinnen'

H_2 [zum Schema]: ‚Plastische Herausarbeitung der Plissees und die Darstellung von Schatten verweisen auf den Blickwinkel auf das Dargestellte und damit die subjektive Perspektive des Beobachtenden sowie auf konkrete Beleuchtungsverhältnisse und damit auf den Tageszeitpunkt'

---

sen wieder abruft (Zeile 24). In jedem Interpretationsschritt wird also nur das für die jeweils verwendeten B und Er spezifisch relevante H verwendet.
[494] Wetzel 2004, Bd. I: 288.
[495] Vgl. Fußnote 424.
[496] Plissees sind Stoffe, die künstlich erzeugte Falten enthalten.

H_3: ‚Die göttliche Sphäre steht im Gegensatz zur irdischen Sphäre, in ihr kann es weder eine subjektive Perspektive des Beobachtenden noch Zeit geben'

$Er_1 \wedge H_2 \wedge H_3 \leadsto_{Abd} Er_2, Er_3$

Er_2: ‚Der Künstler hat die Neuerung, Plissees mit malerischen Mitteln wiederzugeben und Schattierungen anzudeuten, für die Königin angewandt, weil er erkannt hat, dass sie zur irdischen Sphäre passen'

Er_3: ‚Der Künstler hat die Neuerung, Plissees mit malerischen Mitteln wiederzugeben und Schattierungen anzudeuten, für die Göttinnen nicht angewandt, weil er erkannt hat, dass sie zur göttlichen Sphäre nicht passen'

Der Nachvollzug der einzelnen Interpretationsschritte zeigt, dass andere Interpretationen möglich gewesen wären, wenn anderes Hintergrundwissen hinzugezogen worden wäre. Nehmen wir als H_2 ‚Neuerungen sind etwas Unsicheres und Unerprobtes' an. In diesem Fall könnte geschlossen werden, dass sie besser zunächst in der irdischen Sphäre der Königin angewandt werden – mit dem Göttlichen experimentiert man nicht! Oder als H_2 wird angenommen: ‚Die entsprechenden Neuerungen werden, da sie noch nicht allgemein verbreitet sind, als subjektive Zutat des Künstlers empfunden'. Eine solche wäre der göttlichen Sphäre gegenüber vermessen. In beiden Fällen würde die Interpretation bis zu Er_1 wie oben verlaufen und danach auf abweichendem Weg zu einer Erklärung des Gegensatzes von B_1 und B_2 gelangen. Welche Ergebnisse entstehen, hängt davon ab, welche Hintergrundelemente H dem Interpretierenden zuerst einfallen oder am plausibelsten erscheinen.

Es kann vermutet werden, dass in vielen Fällen das erste als ausreichend plausibel empfundene Element des Hintergrundwissens für die Interpretation verwendet wird, weil damit das beobachtete Phänomen (hier der als erklärungsbedürftig empfundene Gegensatz zwischen B_1 und B_2) erklärt ist. Wenige Stilinterpretationen dürften so gründlich vorgehen, mehrere alternative Erklärungen zu suchen und die plausibelste auszuwählen. Es spielt also eine entscheidende Rolle, welches Hintergrundwissen dem/der Interpretierenden zuerst einfällt. Dadurch entsteht die bekannte Abhängigkeit des Interpretierens von der momentanen Stimmung, Kontexteinflüssen und subjektiven Interessen.

Anmerkung zur Abgrenzung von Stil bei der Bildanalyse

In vielen Analysen von Kunstwerken wird die stilistische Analyse nicht von der Analyse des Inhalts getrennt. Im vorliegenden Fall wäre es eine Frage des Inhalts, was dargestellt wird. Schwieriger zu entscheiden ist die stilistische Relevanz etwa für die Anordnung der Figuren auf dem Bild: Diese kann als reine Bildkomposition dem Stil zugerechnet werden, oft wird sie aber auch inhaltlich relevante Aspekte haben. Allgemein gilt, dass je nach Betrachtungsweise die Grenze von Stil unterschiedlich gezogen werden kann, je nachdem, wie Schema und inhaltliche sowie funktionale Bedingungen festgelegt werden. Dies gilt in allen Bereichen von Stil (vgl. Abschnitt 8.2.3; Beispiele für den Bereich der darstellenden Bilder finden sich in Abschnitt 2.7). Es ist jedoch nicht jede solche Festlegung gleichermaßen plausibel.

7.1.8 Ein Stil bei Bankraub

Stile können bei jedem Verhalten, Artefakt oder Text auftreten, wenn sich ein Schema dafür finden lässt. Aus der gewaltigen Anzahl sich ergebender Stilbereiche sei als letztes Beispiel ein Stil bei Bankraub herausgegriffen. Solche Stile haben erhebliche praktische Relevanz, da sie in der Kriminalistik zu Hypothesen über die Täterschaft verwendet werden. Mit einer Merkmalsregel, nämlich der möglichen Geiselnahme, haben wir uns bereits in Abschnitt 2.8 beschäftigt. Stellen wir uns einen Stil vor, den ein Team von Bankräubern (das zusammen als SN angesehen wird) bei einem Banküberfall zeigt:

Verhaltensschema ‚Bankraub'

$U(B_1)$: ‚Planung und Vorbereitung', $V(B_1)$: ‚sehr gründlich (Bestandteile der Vorbereitung: Erkundung der Ortsverhältnisse; Informationen über Anzahl, Alter und Geschlecht der Bankangestellten und ihren Arbeitsrhythmus; Anfertigen eines Ablaufplans; Festlegen und Abfahren mehrerer Fluchtrouten; Durchführen einer Probe in einem Lagerhaus)'

$U(B_2)$: ‚Lage der überfallenen Bank', $V(B_2)$: ‚Bank in einem kleinen Dorf mit großem Einzugsbereich'

$U(B_3)$: ‚Zeitpunkt der Ausführung', $V(B_3)$: ‚abends kurz vor Geschäftsschluss'

$U(B_4)$: ‚Art des Teams', $V(B_4)$: ‚Drei-Mann-Team (Anführer, der die Befehle gibt und das Geld einsammelt; Bewaffneter, der ihm dabei Rückendeckung gibt und das Bankpersonal bedroht; Fahrer des Fluchtautos)'

$U(B_5)$: ‚Kleidung', $V(B_5)$: ‚gewöhnliche Straßenkleidung (Jeans, Pullover, Jacken)'

$U(B_6)$: ‚Vermummung', $V(B_6)$: ‚mit Skimasken'

$U(B_7)$: ‚Zeitaufwand bei störungsfreiem Ablauf', $V(B_7)$: ‚5 min.'

$U(B_8)$: ‚Entfernung der nächstgelegene Polizeistation', $V(B_8)$: ‚1 km (ca. 3 min. Autofahrt im Ort)'

$U(B_9)$: ‚Bewaffnung', $V(B_9)$: ‚3 Pistolen und eine Rauchgranate'

$U(B_{12})$: ‚Kommunikation innerhalb des Teams', $V(B_{12})$: ‚keine verbale Kommunikation, kurze Gesten (z.B. Signal ‚Herkommen!')'

$U(B_{13})$: ‚Kommunikation mit den Bankangestellten', $V(B_{13})$: ‚kurz, formelhaft, bedrohlich'

$U(B_{14})$: ‚Kommunikation mit der Polizei', $V(B_{14})$: ‚keine'[497]

$U(B_{15})$: ‚Kommunikation mit der Öffentlichkeit', $V(B_{15})$: ‚keine'[498]

Interpretation

H_1 [zum Schema]: ‚Bei einem Bankraub besteht die Gefahr, dass die Polizei zu Beginn informiert wird, ohne dass die Bankräuber dies merken (etwa durch einen Bankangestellten oder durch Personen außerhalb der Bank)'

$$H_1 \wedge B_7 \wedge B_8 \leadsto_{Ded} Er_1$$

Er_1: ‚Auch bei störungsfreiem Ablauf des Plans besteht die Gefahr, dass die Polizei vor Beendigung des Bankraubs eintrifft'

H_2: ‚Wenn bei einer gesetzwidrigen Handlung die Polizei vor Beendigung der Handlung eintrifft, hat dies für die Ausführenden der Handlung negative Folgen'

H_3 [zum Schema]: ‚Bankraub ist eine gesetzwidrige Handlung'

H_4: ‚Wenn eine Handlung so geplant ist, dass auch bei störungsfreiem Ablauf mit negativen Folgen zu rechnen ist, und dies vermeidbar wäre, zeigen die Planenden eine hohe Risikobereitschaft'[499]

H_5: ‚Es gibt Banken, die mehr als drei Minuten Autofahrt von der nächsten Polizeistation entfernt sind'

$$Er_1 \wedge H_2 \wedge H_3 \wedge H_4 \wedge H_5 \leadsto_{Ded} Er_2$$

Er_2: ‚SN hat eine hohe Risikobereitschaft'

H_6: ‚Kurz vor Geschäftsschluss sind im Regelfall überdurchschnittlich viele Personen in einer Bank'

$$B_3 \wedge H_6 \leadsto_{Ded} Er_3$$

Er_3: ‚Zum Zeitpunkt des Banküberfalls werden vermutlich überdurchschnittlich viele Personen in der Bank sein'

---

[497] Darunter fallen Kommunikationsakte, die (explizit oder dem Inhalt nach) an die Polizei gerichtet sind, etwa wenn ein Bankräuber vor dem Verlassen der Bank ausruft: „Ihr kriegt uns nie!"

[498] Darunter fallen Kommunikationsakte, die (explizit oder dem Inhalt nach) an die Öffentlichkeit gerichtet sind, etwa wenn ein Bankräuber vor dem Verlassen der Bank ausruft: „Nicht wir sind die Diebe, die Banken bestehlen euch! Merkt euch das!"

[499] Dieses wie auch viele andere Wissenselemente gibt eine Standardinferenz wieder, die durch zusätzliche Informationen ausgelöscht werden kann, etwa wenn es Hinweise darauf gibt, dass die Planenden die Tatsache, dass sie sich einem vermeidbaren Risiko aussetzen, nicht verstehen, oder wenn in der betreffenden Bank eine wesentlich höhere Beute zu erwarten ist als in den weiter von Polizeistationen entfernten.

H_7 [zum Schema]: ‚Wenn bei einem Bankraub damit zu rechnen ist, dass die Polizei vor der Beendigung eintrifft, die Bankräuber sich dieses Risikos bewusst und bewaffnet sind, sind sie vermutlich zu einer Geiselnahme bereit'

$B_1 \wedge Er_1 \wedge H_7 \leadsto_{Ded} Er_4$

Er_4: ‚Die Bankräuber sind vermutlich zu einer Geiselnahme bereit'

H_8 [zum Schema]: ‚Beim polizeilichen Zugriff können unbeteiligte Personen in der Bank gefährdet werden'

H_9 [zum Schema]: Bewaffnung der Bankräuber vergrößert die Gefährdung von Personen in der Bank, insbesondere im Fall eines polizeilichen Zugriffs'

H_{10} [zum Schema]: ‚Eine Geiselnahme vergrößert die Gefährdung von Personen in der Bank'

$B_9 \wedge Er_1 \wedge Er_3 \wedge Er_4 \wedge H_8 \wedge H_9 \wedge H_{10} \leadsto_{Ded} Er_5$

Er_5: ‚Die Planenden haben eine hohe Bereitschaft zur Gefährdung der Personen in der Bank'

H_{11} [zum Schema]: ‚Kennzeichen von Professionalität beim Bankraub sind: gründliche Vorbereitung, unauffällige Kleidung, Vermummung, angemessene Bewaffnung, effektive Kommunikation, keine Provokation der Polizei oder der Öffentlichkeit, ...'

H_{12} [zum Schema]: ‚Drei Pistolen und eine Rauchgranate (für den Fall der Flucht) sind eine angemessene Bewaffnung für einen Bankraub'

$B_1 \wedge B_5 \wedge B_6 \wedge B_9 \wedge B_{12} \wedge Er_{13} \wedge B_{14} \wedge B_{15} \wedge H_{11} \wedge H_{12} \leadsto_{Ded} Er_6$

Er_6: ‚Die Bankräuber agieren professionell'

$Er_6 \leadsto_{Ind} Er_6$

Er_7: ‚Die Bankräuber sind wahrscheinlich Profis (Berufsverbrecher, die bereits mehrere Taten begangen haben)'

Im Folgenden werden anhand des Beispiels mehrere technische Punkte der Theorie erläutert.

Die Suchmethoden für relevantes Hintergrundwissen

Wir wollen an diesem Beispiel mögliche Suchmethoden bei der Hinzuziehung von Hintergrundwissen untersuchen, die im Modell als eine Funktionsmenge simuliert werden.[500] Betrachten wir dazu, wie man von Er_1 zu Er_2 gelangt. Halten wir zunächst fest, dass Er_2 sicherlich ein interessantes Ergebnis für viele Stilin-

---

[500] Vgl. Abschnitt 7.2.2, Unterabschnitt *Die Funktionsmenge Su der Suchmethoden*.

terpreten ist.[501] Aber woher weiß die Interpretierende, dass sie in mehreren Schritten – nachdem H_2, H_3, H_4 und H_5 hinzugezogen wurden – zu einem interessanten Ergebnis kommen wird? Hier sind grundsätzlich zwei Erklärungen möglich:

(1) *Die Wissensraumsuche orientiert sich am unmittelbaren Interesse.* Bankraub würde als Element der Kategorie ‚gesetzwidrige Handlung' aufgefasst, weil die Interpretierende ein Interesse an dieser Kategorie von Handlungen hat. Nun könnte eine Suche in demjenigen Bereich des Wissensraums stattfinden, der sich mit gesetzwidrigen Handlungen befasst; durch die in Er_1 gegebene Information, nämlich dass hier das Eintreffen der Polizei vor Beendigung der gesetzwidrigen Handlung in Kauf genommen wird, obwohl es vermeidbar wäre, wird das Interesse auf H_2 und H_3 gelenkt. Nun richtet sich das Interesse der Interpretierenden ausgehend von Er_1, H_2 und H_3 auf das Eingehen von Risiken; eine Suche hierzu im Bereich ‚Psychologie' führt zu H_4. Nun interessiert die Interpretierende die Frage, ob es sich um ein vermeidbares Risiko handelte; im Wissensraum zu ‚Banken' findet sich H_5, so dass nun Er_2 gebildet werden kann.

(2) *Die Wissensraumsuche orientiert sich an der Relevanz des möglichen Ergebnisses.* In diesem Fall gäbe es heuristische Regeln, die es ermöglichen, zu relevanten Ergebnissen hinzuführen, indem sie die dafür nötigen Elemente des Wissensraums hinzuziehen. Die Regel müsste Er_2 gewissermaßen ‚voraushnen', indem sie an Hinweisen erkennt, dass sich in bereits vorhandenen Elementen eine Information zu einem bestimmten Wissensbereich versteckt. Im konkreten Fall ist das schließlich erreichte Ergebnis die Risikobereitschaft der Bankräuber; die heuristische Regel könnte etwa erkennen, dass in Er_1 ein ‚risikoreiches Verhalten' beschrieben wird, und nach entsprechenden Elementen im Wissensraum suchen, wobei sie H_4 findet. H_2 und H_3 schaffen den Übergang; sie können beispielsweise gefunden werden, indem im Wissen zum Schema ‚Bankraub' nach Informationen zu ‚Risiken' gesucht und H_3 gefunden wird, woraufhin im Wissen zu ‚gesetzwidrigen Handlungen' allgemein überprüft wird, welche Bedingungen für dieses Risiko gelten, und H_2 gefunden wird. Um zu überprüfen, ob das vermutete Risiko auch wirklich vorliegt, wird nun die Vermeidbarkeit des Risikos geprüft, und es wird H_5 gefunden, woraufhin Er_2, das vorher nur vermutet werden konnte, deduktiv abgeleitet wird.

Möglich wäre auch, dass erkannt wird, dass es sich um ein psychologisch relevantes Verhalten handelt. In diesem Fall würde nicht das konkrete Ergebnis Er_2, wohl aber der Bereich dieses Ergebnisses, die Psychologie, gewissermaßen vorausgeahnt. Allerdings ergäbe sich daraus keine direkte Suchmöglichkeit für

---

[501] Die hohe Risikobereitschaft ist eine wichtige Schwachstelle der Bankräuber, die für polizeiliches Vorgehen bei zukünftigen Taten dieses Teams zu berücksichtigen ist; sie kann zudem für eine Vorhersage ihres zukünftigen Handelns (etwa bei der Frage, welche Bank als nächstes überfallen und welches Vorgehen gewählt wird) relevant sein; und sie kann wie jede auffällige Merkmalsregel eine Rolle bei der Identifizierung der Täter spielen. Für die mit der Aufklärung Befassten ist Er_2 daher im mehrerer Hinsicht relevant.

H_4; es könnte aber etwa zusätzlich erkannt werden, dass es sich beim beschriebenen Verhalten um ein solches mit ‚negativen Folgen' handelt, und dass sich daraus interessante Konsequenzen für die Psychologie der Handelnden ergeben könnten. Auf dieser Basis würde dann nach Elementen mit Informationen zu Handlungen mit ‚negativen Folgen' gesucht werden, die zudem zum Inhalt von Er_1 passen, wodurch H_2 gefunden würde. H_3 ergibt sich als Verbindung zwischen Er_1 und H_2. Nun kann im Wissensbereich „Handlungsdispositionen" gesucht werden, welches psychologische Profil sich ergibt, wenn negative Folgen in Kauf genommen werden, wodurch H_4 gefunden wird. Aus dem Wissen zur psychologischen Eigenschaft ‚Risikobereitschaft' wird die Vermeidbarkeit als relevant erkannt, zu deren Überprüfung beim betrachteten Verhalten wird Wissen zu „Banken" (oder „Banküberfällen") gesucht, wobei sich H_5 findet und Er_2 geschlossen werden kann.

Beide Suchmethoden sind denkbar, wobei deutlich geworden sein dürfte, dass die in (2) beschriebene holistische Methode, die das Ergebnis gewissermaßen vorausahnt (wofür erforderlich ist, dass sie den vorhandenen Input, hier Er_1, einem konkreten Wissensbereich wie „Risikobereitschaft" oder zumindest „Psychologie" zuordnen kann), eine leistungsfähigere Heuristik voraussetzt. Dies ist aber durchaus möglich; Menschen scheinen oft die Fähigkeit zu haben, sich in ihrem Denken von erstaunlich treffsicheren Intuitionen über mögliche Ergebnisse leiten zu lassen, mit deren Hilfe sie dann präzise Herleitungen ‚rückwärts' vom Ergebnis her konstruieren können. In jedem Fall dürfte deutlich geworden sein, dass für einen Interpretationsschritt oft mehrere Suchvorgänge im Wissensraum erforderlich sind, wobei Zwischenergebnisse entstehen (diese haben bei (1) die Form von einem neuen Interesseschwerpunkt, bei (2) die Form von einem neuen Wissensbereich, für den ein Ergebnis vorausgeahnt wird).

Allgemeine Interpretation vs. Stilinterpretation

An dem betrachteten Bankraub-Beispiel lässt sich auch eine Schwierigkeit bei der Formulierung von Merkmalsregeln demonstrieren, die auftritt, wenn nur eine Realisierung zur Verfügung steht.[502] Einige der oben genannten Merkmalsregeln sind für einen Stil vermutlich bereits zu genau: B_7 und B_8 beziehen sich wahrscheinlich teilweise auf Merkmale der konkreten Situation, geben also nicht nur stilistische Merkmale wieder; dafür müssten sie allgemeiner formuliert werden (etwa ‚rasche Durchführung' oder ‚die Fahrtzeit von der nächsten Polizeistation kann kürzer sein als die voraussichtliche Durchführungszeit'). Bei B_9 könnte die genaue Bewaffnung von Kontextumständen abhängig sein (etwa der Anzahl der Angestellten der Bank oder der Besatzungsstärke der nächsten Polizeistation), in diesem Fall müsste die Formulierung allgemeiner (z.B. als ‚mittelschwere Be-

---

[502] Beim Wahrnehmen eines Stils können auch mehrere Realisierungen zugleich untersucht werden (vgl. Erläuterung am Ende von Abschnitt 4.5).

waffnung') oder mit Fallunterscheidungen (‚unter den Umständen [...], 3 Pistolen, eine Rauchgranate') formuliert werden.

Solche Formulierungen sind allerdings oft erst präzise möglich, wenn mehrere Realisierungen vorliegen. Solange nur eine zum Auslesen der Merkmalsregeln herangezogen werden kann, ist es daher manchmal nur möglich, entweder eine solche allgemeine Formulierung spekulativ aufzustellen, oder bei einer an die konkrete Realisierung angelehnten Formulierung zu bleiben, die dann gegebenenfalls erweitert werden kann.

Manchmal kann zwischen verschiedenen Beschreibungsweisen gewählt werden, um eine über die vorliegende Realisierung hinaus gültige Merkmalsregel zu finden. Beispielsweise bezeichnet in B_3 ‚abends kurz vor Geschäftsschluss' keine spezielle Uhrzeit, sondern macht eine Angabe relativ zum Schließzeitpunkt der Bank; es wird also angenommen, dass der ‚Zeitpunkt der Ausführung' im Stil relativ zum Geschäftsschluss festgelegt ist. Es hätte auch der absolute Zeitpunkt in die verlangten Eigenschaften geschrieben werden können, beispielsweise ‚17.50 Uhr'. Die relative Angabe ist jedoch insofern plausibler, als sich der Zeitpunkt nahe an einem durch den Kontext bestimmten Zeitpunkt, nämlich dem Geschäftsschluss um 18.00 Uhr, befindet. Dies macht es plausibel, dass diese Nähe eine durch den Stil festgelegte Relation ist, während der absolute Zeitpunkt des Überfalls durch den absoluten Zeitpunkt des Geschäftsschlusses, also eine Kontextbedingung, festgelegt ist.

In die kriminalistische Untersuchung würden alle als relevant erscheinenden Eigenschaften der Realisierung, also des konkreten Bankraubs, einbezogen. In eine stilistische Betrachtung fallen dagegen nur die Merkmalsregeln, die sich (ohne Änderung des Stils) wiederholen; sofern sie korrekt ausgelesen werden und sich der Stil nicht ändert, sind diese Merkmalsregeln beim nächsten Überfall desselben Teams wieder zu erwarten. (Sie können aber natürlich zu mehr oder minder abweichenden stilistischen Merkmalen an der Realisierung führen, da dies durch die Bedingungen der Situation der Schemaausführung bestimmt wird.)

Für B_{13} gilt ebenfalls, dass bei einem anderen Bankraub (aufgrund anderer Umstände) teilweise andere Inhalte zu kommunizieren sein könnten, die aber, sofern die Merkmalsregel richtig erkannt wurde, ebenfalls ‚kurz', ‚formelhaft' und ‚bedrohlich' kommuniziert würden. Hier wird deutlich, dass Merkmalsregeln bereits etwas Abstraktes sind: Der auf den ersten Blick mögliche Eindruck, hier werde ganz allgemein die konkrete Realisierung interpretiert, täuscht.

Daraus lässt sich eine Unterscheidung bezüglich des Umgangs mit der in einer Realisierung enthaltenen Information[503] treffen:

(1) *Informationsbezogene Interpretation:* Der Versuch, Informationen aus einer oder mehreren Realisierungen zu gewinnen, ist ein bezüglich Operationen und Ergebnissen eingeschränkter Teil der *Interpretation* der Realisierung(en).

---

[503] Vgl. auch Abschnitt 2.8.

Welche Einschränkungen vorgenommen werden, hängt dabei von den Anforderungen ab, die an Information gestellt werden.

(2) *Informationsbezogene Stilinterpretation:* Der Versuch, Informationen aus den Merkmalsregeln, die aus einer oder mehreren Realisierungen ausgelesen wurden, ist ein bezüglich Operationen und Ergebnissen eingeschränkter Teil der *Stilinterpretation*. Welche Einschränkungen vorgenommen werden, hängt dabei von den Anforderungen ab, die an Information gestellt werden. Größtmögliche Objektivität wird erreicht, indem als Ergebnisse nur Propositionsannahmen und als Operationen nur die Deduktion zugelassen wird.

Diese Unterscheidung hat bei literarischen Texten oder anderen Kunstwerken eine besondere Relevanz, da es bei diesen eine Tradition der Interpretation gibt, die alle Aspekte des jeweiligen Kunstwerks und nicht nur den Stil umfasst, insbesondere auch den Inhalt des Texts oder einer bildlichen Darstellung sowie gegebenenfalls die Funktion mit einbezieht. Auch dort werden stilistische Aspekte in eine Gesamtinterpretation mit einbezogen, aber eben auch Aspekte, von denen angenommen wird, dass sie nur dem individuellen Kunstwerk zukommen.

Auch bei nicht-künstlerischen Realisierungen kann zwischen allgemeiner und stilistischer Interpretation unterschieden werden. So kann der obige Bankraub für sich stehend auf Informationen untersucht werden, die sich aus ihm gewinnen lassen; dabei werden auch alle vermutlich nur dieser Realisierung zukommenden Aspekte mit einbezogen, etwa umfangreiche Fakten über den Ort des Geschehens, die Angestellten der Bank, die genaue Tageszeit (inkl. Sonnenstand und Beleuchtungssituation am Tatort) und vieles mehr. Alle diese Umstände würden, falls nötig, in einer kriminalistischen Untersuchung mit einbezogen, wenn es um die Suche nach Informationen über die Täter geht. Die stilistische Interpretation dagegen würde verwendet, um Vorhersagen für den nächsten Bankraub des Trios zu machen oder ihm frühere Bankraube zuzuordnen.

7.2 Die Funktionen des Interpretationsprozesses

In unserem Modell wird die Interpretation als Prozess modelliert, in dem aus einer Menge von Merkmalsregeln B eine Menge von Ergebnissen der Interpretation I gewonnen wird. In Abschnitt 7.1 wurden einige Beispielinterpretationen dargestellt, die als Ergebnis des Interpretationsprozesses betrachtet werden können.

In diesem Abschnitt wird der Interpretationsprozess mit Hilfe von Funktionen modelliert. Die Darstellungsweise entspricht der in Kapitel 5 für den Merkmalsprozess gegebenen. In Abschnitt 7.3 werden dann die beiden Prozesse miteinander verknüpft.

7.2.1 Die Funktion Interpretation

Die Funktion *Interpretation* modelliert den Prozess der stilistischen Interpretation. Sie wird beim Wahrnehmen eines Stils nach dem Merkmalsprozess aufgerufen und erhält dessen Rückgabewert, die Menge von Merkmalsregeln *B*, als Parameter. Sie kann auch beim Anwenden eines Stils aufgerufen werden, um eine probeweise erzeugte Menge von Merkmalsregeln mit intendierten Interpretationsergebnissen abzugleichen. (Vgl. zu den Aufrufmöglichkeiten der Funktion *Interpretation* Abschnitt 7.3.)

Grob zusammengefasst, bildet die Funktion die Potenzmengen (das heißt Mengen aller Teilmengen) für Merkmalsregeln, bereits erzeugte Ergebnisse und relevantes Hintergrundwissen. Dann ruft sie die Funktion *Ergebnisse* für jede mögliche Kombination einer Teilmenge der Merkmalsregeln mit einer Teilmenge der Ergebnisse und einer Teilmenge des relevanten Hintergrundwissens auf. Die Kombinationen werden erzeugt, indem die Elemente der Potenzmengen von Merkmalsregeln, Ergebnissen und relevantem Hintergrundwissen in ineinandergeschachtelten Schleifen nacheinander durchgegangen werden. Das relevante Hintergrundwissen, für das die Potenzmenge gebildet wird, enthält das für das Schema relevante Hintergrundwissen und variiert ansonsten in Abhängigkeit von den betrachteten Teilmengen von Merkmalsregeln und Ergebnissen.

Dieser Prozess wird so lange wiederholt, bis keine neuen Ergebnisse mehr erzeugt werden. Dann werden die Ergebnisse sortiert und in der Variablen *I* zurückgegeben.

```
    function Interpretation (B, S*)
       Er, So := ∅
       Z = <w, x, y, z> := <0, 0, 0, 0>
       G = {<W, S, i>} := ∅
5      H := Hintergrundwissen_zusammenstellen ()
       Op := {Ded, Ind, Abd, Ass, Bed, Gfr, Edr}
       R := Relevantes_Hintergrundwissen (S*, H)
       P := ℘(B)
       write (So(S*) ": ," N(S*) "'<br>")
10     do
          Er' := Er
          Q := ℘(Er)
          for i := 1 to |P|
             for j := 1 to |Q|
15              R_{ij} := ℘(R ∪ Relevantes_Hintergrundwissen (P_i ∪ Q_j, H))
             end
          end
          for i := 1 to |P|
```

7.2 Die Funktionen des Interpretationsprozesses

```
            if Interesse (P_i) = 1
20              for j := 1 to |Q|
                    if (Interesse (Q_j) = 1) ∧ ((P_i ∪ Q_j) ≠ ∅)
                        for k := 1 to |R_{i_j}|
                            if Interesse (R_{i_{j_k}}) = 1
                                Er, G, Z := Ergebnisse (P_i, Q_j, R_{i_{j_k}}, Er, Op, G, Z)
25                          end
                        end
                    end
                end
            end
30      end
        while Er ≠ Er'
        for h := 1 to |Er|
            So := So ∪ {Sorte (Er_h)}
        end
35      for k := 1 to |So|
            Er^{So_k} := {x ∈ Er | Sorte (x) = So_k}
        end
        I := <Er^{So_1}, ..., Er^{So_{|So|}}>
        return I
40  end function
```

Erläuterung

Zeile 1 gibt den Namen der Funktion an, die als Parameter B, eine Menge von Merkmalsregeln, und S^*, die Angabe des Schemas dieses Stils, erhält.

In Zeile 2 werden die Mengen Er und So als leere Mengen definiert. (Siehe unten, *Anmerkung zur Syntax (2)*.)

Zeile 3 definiert die 4-Tupel-Variable Z der Zähler für geschriebene Elemente (vgl. Abschnitt 7.2.4, Funktion *Interpretationsschritt_schreiben*) mit den Komponentennamen w, x, y, z. (Siehe Abschnitt 5.2.2, Unterabschnitt *Anmerkung zur Syntax (1)*.)

In Zeile 4 wird die Menge G definiert, in die in der Funktion *Interpretationsschritt_schreiben* die geschriebenen Elemente als 3-Tupel gespeichert werden. Es wird definiert, dass auf die Komponenten jedes 3-Tupels in G mit den Komponentennamen W, S, i zugegriffen werden kann. Wie auch sonst üblich, wird dabei das einzelne Element durch einen Index angegeben; auf die Komponenten des $i$ten Elements in G wird also zugegriffen mit $W(G_x), S(G_x), i(G_x)$.

In Zeile 5 wird die Funktion *Hintergrundwissen_zusammenstellen* aufgerufen (Erläuterung s. unten). Diese Funktion benötigt keine Parameter. Ihr Rückgabewert wird in die Variable H gespeichert.

In Zeile 6 wird die Funktionsmenge *Op* der Operationen definiert (Erläuterung s. unten).

In Zeile 7 wird die Funktion *Relevantes_Hintergrundwissen* aufgerufen (vgl. Abschnitt 7.2.2), der S^*, die Angabe des Schemas des Stils, und *H*, die Menge des Hintergrundwissens, als Parameter übergeben werden. Ihr Rückgabewert wird in die Variable *R* gespeichert. (Hier wird in einem ersten Schritt Hintergrundwissen zum Schema des Stils gesucht.)[504]

In Zeile 8 wird die Potenzmenge $\wp$ der Menge *B* der Merkmalsregeln gebildet und in die Variable *P* gespeichert.

In Zeile 9 werden mit Hilfe der Funktion *write*[505] $So(S^*)$, die Sorte des Schemas S^*, und hinter einen Doppelpunkt in einfache Anführungszeichen $N(S^*)$, der Name des Schemas S^*, geschrieben.[506] Danach wird eine neue Zeile begonnen.

In Zeile 10 wird eine do-while-Schleife begonnen.

In Zeile 11 wird *Er*, die Menge der erzeugten Ergebnisse, als *Er'* abgespeichert, damit später überprüft werden kann, ob neue Ergebnisse hinzugekommen sind.

In Zeile 12 wird die Potenzmenge der Menge *Er* der Ergebnisse gebildet und in die Variable *Q* gespeichert.

Zeile 13 gibt an, dass die eingerückt folgende Schleife für die Variable *i* von 1 bis zur Anzahl der Elemente von *P* ausgeführt wird.

Zeile 14 gibt an, dass die eingerückt folgende Schleife für die Variable *j* von 1 bis zur Anzahl der Elemente von *Q* ausgeführt wird.

In Zeile 15 wird die Funktion *Relevantes_Hintergrundwissen* aufgerufen (vgl. Abschnitt 7.2.2), der die Vereinigungsmenge aus P_i, dem *i*ten Element der Potenzmenge der Merkmalsregeln (also einer bestimmten Teilmenge von *B*), mit Q_j, dem *j*ten Element der Potenzmenge der erzeugten Elemente (also einer bestimmten Teilmenge von *Er*), sowie *H*, die Menge des Hintergrundwissens, als Parameter übergeben werden. Ihr Rückgabewert wird mit *R* vereinigt, das bereits das Hintergrundwissen zum Schema enthält (vgl. Zeile 7), und in die Variable R_{i_j} gespeichert. Diese Variable enthält somit das für P_i und Q_j relevante Hintergrundwissen zusammen mit dem Hintergrundwissen zum Schema, von dem angenommen wird, dass es immer relevant ist.[507]

---

[504] Das Hintergrundwissen zum Schema wird von der Schreibausgabe nicht speziell gekennzeichnet; in den Beispielen wird davon abweichend die Angabe „[zum Schema]" hinter dem Bezeichner des Elements notiert. Vgl. unter anderem 6.3.1.2, 1. Beispiel, sowie die Beispiele in 6.3.2.2, 7.1.4, 7.1.7 und 7.1.8.

[505] Siehe Erläuterung in Abschnitt 7.2.4.

[506] Vgl. zum Zugriff auf die Komponenten von S^* die Variablendefinition in Abschnitt 5.2.2 (Funktion *Schema*, Zeile 3 sowie Unterabschnitt *Die Funktion Schemata_zusammenstellen*).

[507] Anhand eines Beispiels lässt sich zeigen, warum es sinnvoll ist, das relevante Hintergrundwissen für Kombinationen von P_i und Q_j separat zu speichern, statt einfach alles relevante Hintergrundwissen als R_k gemeinsam zu speichern (und die beiden in Zeile 13

7.2 Die Funktionen des Interpretationsprozesses 341

In Zeile 16 wird die for-Schleife aus Zeile 14 beendet.

In Zeile 17 wird die for-Schleife aus Zeile 13 beendet.

Zeile 18 gibt an, dass die eingerückt folgende Schleife für die Variable i von 1 bis zur Anzahl der Elemente von P ausgeführt wird.

Zeile 19 gibt an, dass die eingerückt folgenden Anweisungen ausgeführt werden, wenn Interesse an P_i besteht (Erläuterung zur Funktion *Interesse* s. unten).

Zeile 20 gibt an, dass die eingerückt folgende Schleife für die Variable j von 1 bis zur Anzahl der Elemente von Q ausgeführt wird.

Zeile 21 gibt an, dass die eingerückt folgenden Anweisungen ausgeführt werden, wenn Interesse an Q_j besteht und die Vereinigungsmenge von P_i und Q_j nicht leer ist.[508]

Zeile 22 gibt an, dass die eingerückt folgende Schleife für die Variable k von 1 bis zur Anzahl der Elemente von R_{ij} ausgeführt wird.

Zeile 23 gibt an, dass die eingerückt folgenden Anweisungen ausgeführt werden, wenn Interesse an R_{ij_k} besteht.

---

und 14 definierten for-Schleifen einzusparen). Dafür wird auf die Funktion *Ergebnisse*, die in Abschnitt 7.2.3 erläutert wird, vorgegriffen.

Nehmen wir an, es gilt: Artefaktschema ‚Gebäude'; $P_i = \{B_u\}$ mit $U(B_u)$: ‚Grundriss', $V(B_u)$: ‚kreuzförmig'; $Q_j = \{Er_v\}$ mit Er_v: ‚Der Grundriss des Gebäudes stammt aus dem Spätmittelalter'. Nun wird gezielt nach Hintergrundwissen gesucht, dass sich auf diese Elemente beziehen lässt. Gefunden wird beispielsweise: $R_{ij} = \{H_w, H_x, H_y\}$ mit H_w: ‚kreuzförmige Gestalt verweist in der christlichen Ikonographie stets auf einen sakralen Bezug', H_x: ‚Im Spätmittelalter ist die christliche Ikonographie in Frankreich vorherrschend, andere Ikonographien spielen eine geringe Rolle (im Gegensatz etwa zur Moderne)', H_y: ‚Das Gebäude steht in Frankreich'. Mit Hilfe dieser H-Elemente, die spezifisch für die Teilmenge P_i aus der Menge der Merkmalsregeln B und Q_j aus der Menge der Ergebnisse Er gesucht wurden, können nun in der in Zeile 24 aufgerufenen Funktion *Ergebnisse* ohne große Redundanz Ergebnisse erzeugt werden, es ergibt sich beispielsweise: $Er^* = \{Er_z\}$ mit Er_z: ‚Das Gebäude hatte eine sakrale Funktion'.

Es wird deutlich, dass die Operationsfunktionen gezielter Ergebnisse erzeugen können, wenn sie – wie im Beispiel – nur das zu den Merkmalsregeln in P_i und der Ergebnissen in Q_j passende Hintergrundwissen R_{ij_k} erhalten, als wenn sie alles relevante Hintergrundwissen R_k erhielten. Bei einem umfangreichen Stil (mit vielen Merkmalsregeln) und/oder fortgeschrittenen Stadium der Interpretation (mit vielen bereits erzeugten Ergebnissen) hätten sich die Funktionen sonst mit einer ausufernden Anzahl von H-Elementen herumzuschlagen, die größtenteils nicht zum sonstigen Input (P_i und Q_j) passen würden.

508 Die zweite Bedingung sorgt dafür, dass mindestens eine Merkmalsregel oder ein früheres Ergebnis an der Erzeugung eines Ergebnisses beteiligt sein müssen; vgl. die Unterscheidungen möglicher Fälle in 6.3. Erzeugungsprozesse nur aus Hintergrundwissen können als Zwischenergebnisse zugelassen werden (vgl. 6.4.1, 2. Beispiel). Zwischenergebnisse sind keine Ergebnisse der Interpretation (sie sind ja noch gar nicht mit dieser verbunden) und müssten daher in eine separate Variable gespeichert werden, deren Teilmengen dann als weitere Inputsorte (neben Merkmalsregeln, Ergebnissen und Elementen des Hintergrundwissens) verwendet werden.

In Zeile 24 wird die Funktion *Ergebnisse* aufgerufen (vgl. Abschnitt 7.2.3). Die Funktion erhält die folgenden Parameter: P_i, das *i*te Element der Potenzmenge der Menge der Merkmalsregeln B (also eine bestimmte Teilmenge von B); Q_j, das *j*te Element der Potenzmenge der Menge der vor dem aktuellen Durchlauf der do-while-Schleife erzeugten Ergebnisse Q (also eine bestimmte Teilmenge von Q); $R_{i_{j_k}}$, das *k*te Element der Potenzmenge der Menge des für P_i und Q_j relevanten Hintergrundwissens zusammen mit dem Hintergrundwissen zum Schema; die Menge der Ergebnisse *Er*; die Menge der Operationen *Op*; die Menge der geschriebenen Ergebnisse *G*; die Zähler für geschriebene Ergebnisse *Z*.

Die Funktion gibt drei Werte zurück, die in entsprechende Variablen gespeichert werden (siehe unten, *Anmerkung zur Syntax (2)*): Die Menge der Ergebnisse *Er*, die Menge der geschriebenen Ergebnisse *G* und die Zähler für geschriebene Ergebnisse *Z*.

In Zeile 25 wird die if-Anweisung aus Zeile 23 beendet.
In Zeile 26 wird die for-Schleife aus Zeile 22 beendet.
In Zeile 27 wird die if-Anweisung aus Zeile 21 beendet.
In Zeile 28 wird die for-Schleife aus Zeile 20 beendet.
In Zeile 29 wird die if-Anweisung aus Zeile 19 beendet.
In Zeile 30 wird die for-Schleife aus Zeile 18 beendet.

In Zeile 31 wird die do-while-Schleife aus Zeile 10 beendet. Die Schleife wird wiederholt, wenn im letzten Durchlauf neue Ergebnisse zu *Er* dazugekommen sind (vgl. Zeile 11). Sie wird somit nicht mehr wiederholt, wenn entweder keine neuen Ergebnisse erzeugt wurden oder wenn an allen neuen Ergebnissen kein Interesse bestand.[509]

Zeile 32 gibt an, dass die eingerückt folgende Schleife für die Variable *h* von 1 bis zur Anzahl der Elemente von *Er* ausgeführt wird.

In Zeile 33 wird die Funktion *Sorte* aufgerufen (Erläuterung s. unten), der das *h*te Element von *Er*, der Menge der erzeugten Ergebnisse, als Parameter übergeben wird. Ihr Rückgabewert, die Sorte von Er_h, wird mit der Menge *So*, die die bisher gefundenen Sorten enthält, vereinigt und wiederum in *So* gespeichert. (Diese Schleife speichert also alle bei den Ergebnissen der Interpretation vorkommenden Sorten in *So*.)

In Zeile 34 wird die for-Schleife aus Zeile 32 beendet.

Zeile 35 gibt an, dass die eingerückt folgende Schleife für die Variable *k* von 1 bis zur Anzahl der Elemente von *So* ausgeführt wird.

In Zeile 36 wird die Klasse aller Elemente aus *Er* mit der Sorte So_k gebildet und in die Variable Er^{So_k} gespeichert.

In Zeile 37 wird die for-Schleife aus Zeile 35 beendet.

In Zeile 38 werden die So_1 bis $So_{|So|}$ in die einzelnen Komponenten der Tupelvariable *I* gespeichert. Die Variable wird dabei als $|So|$-Tupel definiert,

---

[509] Vgl. Abschnitt 7.2.3, Funktion *Ergebnisse*, Zeile 5-9.

also als Tupel mit einer Anzahl an Komponenten, die der Anzahl der Sorten der Ergebnisse in *Er* entspricht. *I* enthält somit die Interpretationsergebnisse nach Sorten geordnet.

In Zeile 39 wird *I* zurückgegeben.
In Zeile 40 wird die Funktion beendet.

Variante

Eine einfachere und kürzere Darstellung ist möglich, wenn auf die Bildung der Sortenmenge *So* (Zeile 32-34) verzichtet und nur von Ergebnissen der Sorten p, g und e ausgegangen wird; statt die Sortenmenge abzuarbeiten (Zeile 35-37), können nacheinander die Klassen für die drei Sorten gebildet und in die Variablen Er^p, Er^g und Er^e gespeichert werden. Zwei for-Schleifen können wegfallen.

$Er^p := \{x \in E \mid \text{Sorte}(x) = \text{"p"}\}$
$Er^g := \{x \in E \mid \text{Sorte}(x) = \text{"g"}\}$
$Er^e := \{x \in E \mid \text{Sorte}(x) = \text{"e"}\}$
35 $I := <Er^p, Er^g, Er^e>$
return *I*
end function

Diese Variante hat allerdings den Nachteil, weniger flexibel zu sein: Wenn neue Sorten hinzukommen sollen, muss der Algorithmus verändert werden, während sie in der allgemeinen Variante bei der Bildung der Sortenmenge automatisch erfasst werden.

Erläuterung der Variante

In Zeile 32 wird die Klasse aller Ergebnisse, die der Sorte *p* (Propositionsannahme) angehören, gebildet und in die Variable Er^p gespeichert.

In Zeile 33 wird die Klasse aller Ergebnisse, die der Sorte *g* (Gefühl) angehören, gebildet und in die Variable Er^g gespeichert.

In Zeile 34 wird die Klasse aller Ergebnisse, die der Sorte *e* (Eindruck) angehören, gebildet und in die Variable Er^e gespeichert.

In Zeile 35 werden Er^p, Er^g und Er^e in die Tripelvariable *I* gespeichert. *I* enthält somit die Interpretationsergebnisse nach Sorten geordnet.

In Zeile 36 wird *I* zurückgegeben.
In Zeile 37 wird die Funktion beendet.

Anmerkung zur Syntax (2)

Die Syntax der angenommenen Programmiersprache erlaubt die gleichzeitige Zuweisung mehrerer Werte zu Variablen durch einen Zuweisungsoperator. *n* rechts des Zuweisungsoperators stehende Werte werden *n* links des Zuweisungsoperators stehenden Variablen zugewiesen (vgl. Zeile 18, wo die Funktion

Ergebnisse drei Werte zurückgibt). Steht rechts nur ein Wert, wird dieser allen links stehenden Variablen zugewiesen. Werte und Variablen werden durch Kommata abgetrennt. (Vgl. Zeile 2 der obenstehenden Funktion.)

Die Funktion *Relevantes_Hintergrundwissen* wird in Abschnitt 7.2.2, die Funktion *Ergebnisse* in Abschnitt 7.2.3, die Funktion *write* in Abschnitt 7.2.4 erläutert. Auf die anderen Funktionen wird im Folgenden eingegangen.

Die Funktion Hintergrundwissen_zusammenstellen

Es kann nicht davon ausgegangen werden, dass eine feste Menge von Hintergrundwissen besteht, die der Stilinterpret nur abrufen muss. In jeder Situation hat ein Individuum anderes Hintergrundwissen zur Verfügung, da wir (durch Kommunikation, anderen Zeichengebrauch und Wahrnehmung) laufend neue Informationen erhalten. Alte Informationen, die nicht mehr unmittelbar zugänglich gespeichert sind, können wieder zugänglich werden. Andere Informationen können unzugänglich oder ganz vergessen werden. Daher variiert die zu verschiedenen Zeitpunkten in verschiedenen Kontexten einem Individuum zur Verfügung stehende Menge von Hintergrundwissen.

Die Funktion simuliert daher einen Prozess, in dem das einem Individuum für eine Stilinterpretation zur Verfügung stehende Wissen zusammengestellt wird, bevor die Interpretation beginnt. Dies ist nicht nur das konkret verfügbare, sondern das prinzipiell durch Suchfunktionen (zu denen auch beispielsweise die Assoziation gehört) zugängliche Wissen. Dass dieses nur einmal zusammengestellt wird, erscheint als akzeptable Vereinfachung, da während der Stilinterpretation selbst keine große Veränderung im prinzipiell verfügbaren Hintergrundwissen zu erwarten ist.[510]

Die Funktionsmenge Op der Operationen

Die Operationen, die in einer konkreten Stilinterpretation verwendet werden, können in einer Liste angegeben werden. Wir fassen sie zur Menge *Op* zusammen, um sie bequem aufrufen zu können. Um eine Funktionsmenge *Op* zu spezifizieren, wird zunächst eine Liste der Operationsfunktionen, die zur Anwendung kommen sollen, aufgestellt. Allgemein gilt:

function Op_1
  [Spezifikation]
function Op_2
  [Spezifikation]
  ...

---

[510] Stärkere Veränderungen dürften für das zur Interpretation hinzugezogene relevante Hintergrundwissen gelten, da eine Stilinterpretation häufig Erinnerungsprozesse auslöst (vgl. Abschnitt 7.2.2).

7.2 Die Funktionen des Interpretationsprozesses

function Op_n
   [Spezifikation]

Die Operationen werden zur Funktionsmenge Op zusammengefasst:

   $Op := \{Op_1, ..., Op_n\}$

Wir verwenden die folgenden Operationen (vgl. Abschnitt 6.2.1):

function Ded
   [Spezifikation der Deduktion; vgl. Abschnitt 6.4.1]
function Ind
   [Spezifikation der Induktion; vgl. Abschnitt 6.4.2]
function Abd
   [Spezifikation der Abduktion; vgl. Abschnitt 6.4.3]
function Ass
   [Spezifikation der Assoziation; vgl. Abschnitt 6.4.4]
function Bed
   [Spezifikation der Bedeutungssuche; vgl. Abschnitt 6.4.5]
function Gfr
   [Spezifikation der Gefühlsreaktion; vgl. Abschnitt 6.4.6]
function Edr
   [Spezifikation der Eindrucksreaktion; vgl. Abschnitt 6.4.7]

Die einzelnen Operationsfunktionen müssen nicht innerhalb des Stilmodells definiert werden, sie werden als verfügbar angenommen. Bei Operationen wie Deduktion, Gefühlsreaktion usw. handelt es sich um Arten, auf einen kognitiven Input durch Erzeugung eines (kognitiven oder emotionalen) Zustands zu reagieren, die nicht auf den Bereich der Stiltheorie beschränkt sind. Die Funktionen selbst können somit als global verfügbar verstanden werden. (Alternativ könnte eine Funktion *Operationen_zusammenstellen* angenommen werden, die am Anfang der Funktion *Interpretation* aufgerufen wird und die Menge der verfügbaren Operationen zurückgibt.)
Die Funktionsmenge ist:

   $Op := \{Ded, Ind, Abd, Ass, Bed, Gfr, Edr\}$

Auch die Funktionsmengen sind geordnete Mengen.[511] Die *k*te Funktion der Funktionsmenge Op wird aufgerufen als Op_k.
   Jede Operationsfunktion erzeugt aus dem Input, der ihr beim Aufruf als Parameter übergeben wird, entsprechend ihrem Operationstyp (Deduktion, Induktion, ...) einen Output, den sie zurückgibt.[512] Es wird spezifiziert, dass nur Er-

---

[511] Vgl. Abschnitt 5.2.2, Unterabschnitt *Anmerkung zur Verwendung geordneter Mengen*.
[512] Der Aufruf der Operationsfunktionen erfolgt in der Funktion *Ergebnisse*, Zeile 4 (siehe Abschnitt 7.2.3).

zeugungsprozesse vollzogen werden, die alle Elemente des Inputs verwenden. Diese Spezifikation dient der Redundanzvermeidung, da die Operationsfunktion sowieso für jede Teilmengen des Inputs einmal aufgerufen wird. Operationsfunktionen müssen zudem einen Mechanismus besitzen, der das ‚Aufhängen' der Funktion durch die Erzeugung immer weiterer Ergebnisse oder auch durch endlose Suche nach Ergebnissen verhindert. Eine Operationsfunktion muss also prinzipiell die Suche abbrechen können, bevor alle Möglichkeiten der Ergebniserzeugung aus dem Input überprüft wurden. Dies könnte nach einem Zeitlimit (wenn ein Zeitgeber vorhanden ist) oder nach einem Limit an Rechenschritten erfolgen.

Die Funktion Sorte

Die Funktion *Sorte* erhält als Parameter ein Ergebnis und liefert die Sorte dieses Ergebnisses zurück. Die gefundenen Sorten werden in die Sortenmenge *So* geschrieben. Geht man davon aus, dass die Funktion *Sorte* zuverlässig alle denkbaren Sorten findet, ergibt sich die korrekte Sortenmenge *So*.[513]

Prinzipiell setzt das Modell damit keine feste Liste von Sorten voraus; es ist jederzeit möglich, dass bei der Interpretation Interpretationsergebnisse bisher unbekannter Sorten erzeugt werden (was natürlich voraussetzt, dass zumindest eine der angewandten Operationen dazu in der Lage ist). Diese Offenheit soll einerseits auf der Beschreibungsebene die Modellierung flexibel halten, indem weitere Sorten leicht hinzugefügt werden können, wenn die Erkenntnisse theoretischer oder empirischer Stilforschung dies nahelegen. Auch bezogen auf die Objektebene soll die Sortenmenge als offen gelten: Von Stilbenutzern können neue Sorten von Interpretationsergebnissen erzeugt werden, sei es durch den Stilanwender, der bei der Konstruktion der Realisierung ihre Entstehung (absichtlich oder unabsichtlich) vorwegnimmt und entsprechende Merkmalsregeln verwendet, oder durch den Stilwahrnehmer, der sie in der Interpretation entwickelt.

Für die Arbeit mit Beispielen kann es allerdings hilfreich sein, eine Liste von Sorten aufzustellen:

So_1
So_2
...
So_n

---

[513] Innerhalb des Modells werden Ergebnisse in den Variablen als sprachliche Beschreibungen (Strings) gespeichert. (Die Funktion *write* könnte sonst diese sprachliche Beschreibung nicht ausgeben; vgl. Funktion *Interpretationsschritt_schreiben*.) Es handelt sich somit um String-Variablen. Es kann angenommen werden, dass eine zusätzliche Information über die Sorte in der Variablen gespeichert ist, die durch die Ausgabefunktion nicht ausgegeben wird, etwa als Markup des Strings. Die Sortenbezeichnungen selbst sind wiederum Strings.

7.2 Die Funktionen des Interpretationsprozesses

Diese werden zur Sortenmenge *So* zusammengefasst:

$So := \{So_1, So_2, ..., So_n\}$

Wird die Definition einer neuen Sorte nötig, wird diese einfach der Liste hinzugefügt.

Für die Konstruktion der Beispiele in den Abschnitten 6.3, 6.4 und 7.1 wurde die folgende Liste von Sorten angenommen:

p = Propositionsannahme
g = Gefühl
e = Eindruck

Die Sortenmenge ist:

$So := \{\text{"p"}, \text{"g"}, \text{"e"}\}$

In der oben angegebenen Variante zur Funktion *Interpretation* wird diese Liste von Sorten als gegeben angenommen und auf die Funktion *Sorte* verzichtet.

Die Funktion Interesse

Die Funktion *Interesse* wird an verschiedenen Stellen in der Funktion *Interpretation* und der Funktion *Ergebnisse* (siehe Abschnitt 7.2.3) aufgerufen. Sie erhält als Parameter einen Input, den sie daraufhin überprüft, ob der SW daran Interesse hat oder nicht. Ihre Rückgabe besteht aus einem der Werte 1 (Interesse) oder 0 (kein Interesse). Als Input kann sie Mengen verschiedener Sorten verarbeiten, zumindest gehören dazu Mengen von Merkmalsregeln, von Ergebnissen, von Hintergrundwissen und von Operationen.

Die Funktion simuliert das Interesse des SW, das verschiedene Ursachen haben kann: Momentane Ziele, frühere Prägungen und Erfahrungen, Prägnanz des Wahrgenommenen, automatische Aufmerksamkeitsmuster und bewusste Lenkung des Interesses sind einige der denkbaren Mechanismen. Innerhalb des Interpretationsprozesses bestimmt die Funktion, welchen Weg die Interpretation geht. Ihre Einführung hat mehrere wichtige Konsequenzen:

(1) Realistische Interpretationsverläufe entstehen, (2) tatsächliche Interpretationen können nachvollzogen werden, (3) nichtendende Interpretationen werden verhindert und (4) ergebnislose Interpretationen werden ermöglicht.

Zu (1): Ohne diese Funktion würde der Interpretationsprozess gewissermaßen *brute force* vonstatten gehen: Es würden zu jedem Zeitpunkt alle Teilmengen von Merkmalsregeln, alle Teilmengen von Ergebnissen, alle Teilmengen von Hintergrundwissen und alle Teilmengen von Operationen berücksichtigt sowie alle neu erzeugten Ergebnisse der Ergebnismenge hinzugefügt und in der Ausgabe geschrieben. Dies hätte aber mit tatsächlichen Interpretationen wenig zu tun, da diese immer einem oder mehreren Wegen folgen und an einigen Stellen weiter in die Möglichkeiten der Ergebniserzeugung vordringen, während sie andere Interpretationspfade unberücksichtigt lassen.

Zu (2): Mit Hilfe dieser Funktion kann flexibel bestimmten Interpretationspfaden gefolgt werden, während andere, ebenfalls mögliche, ignoriert werden. Tatsächliche Interpretationen können damit nachvollzogen werden (wie es beispielsweise in den Abschnitten 7.1.3 und 7.1.5 geschieht). Ohne die Funktion *Interesse* müsste dazu angenommen werden, dass tatsächlich nur die empirisch vorgefundenen Interpretationswege möglich und (für einen bestimmten SW) keine anderen Ergebnisse erzeugbar wären, was oft sehr unplausibel wäre.

Zu (3): Ab einer bestimmten Menge erzeugter Ergebnisse und relevanten Hintergrundwissens wird es immer wahrscheinlicher, dass die Stilinterpretation gar nicht mehr zum Stillstand kommt, da die Menge sich ergebender Interpretationspfade immer weiter ansteigt. Die Funktion *Interesse* garantiert, dass Stilinterpretationen beendet werden können; allerdings erzwingt sie kein Ende (theoretisch ist eine immer weiterlaufende Stilinterpretation denkbar).

Zu (4): Es erscheint plausibel, dass ein wahrgenommener Stil nur aus einer Menge von Merkmalsregeln bestehen kann. In der Funktion *Stil_wahrnehmen* (vgl. Abschnitt 7.3.2) wird die Funktion *Interpretation* jedoch obligatorisch aufgerufen. Wenn die Funktion *Interesse* für jede Teilmenge von *B* (oder alternativ für jedes Element, das aus dieser entstehen könnte) den Wert 0 (= kein Interesse) zurückgibt, gibt die Funktion *Interpretation* schließlich *I* als leere Menge zurück.

Eine ergebnislose Interpretation könnte auch simuliert werden, indem die Funktion *Interesse* in der übergeordneten Funktion *Stil_wahrnehmen* aufgerufen und nur bei Rückgabewert 1 die Funktion *Interpretation* aufgerufen wird. Die Interpretation würde somit einfach wegfallen, wenn der SN nicht bereit ist, dem Interpretationsprozess Interesse zu widmen. Dies würde allerdings eine falsche Vorstellung von Interpretation als einem getrennten Vorgangs nahe legen (wie sie tatsächlich durch unser Modell nahegelegt wird, das die beiden Prozesse aus Gründen der Übersichtlichkeit getrennt behandelt).

In der Realität kann nur selten eine größere Menge von Merkmalsregeln ausgelesen werden, ohne dass Propositionen, Gefühle oder Eindrücke entstehen. Gewöhnlich fallen uns bereits beim Auslesen von Merkmalsregeln (die von der Wahrnehmung der Merkmale nicht getrennt werden kann, da ohne Auslesen der Merkmalsregeln nicht festgestellt werden kann, welche Regelmäßigkeiten der Realisierung stilistisch relevant sind) Zusammenhänge zwischen ihnen, Gründe für ihr Auftreten usw. auf und wir reagieren mit Gedanken, Überlegungen, Gefühlen, Eindrücken oder Spekulationen auf sie, ohne dass dies vom Feststellen der Merkmalsregeln getrennt werden kann. Zudem können nicht nur einzelne Merkmalsregeln, sondern auch mehrere gemeinsam zum Ausgangspunkt solcher Prozesse werden. Es erscheint daher plausibel, dass es kein pauschales Überspringen der Interpretation geben kann: Vielmehr muss der in der Funktion *Interesse* im Interpretationsprozess entweder für jede Teilmenge der (im Merkmalsprozess bereits ausgelesenen) Merkmalsregeln feststellen, dass ihnen kein Interesse gewidmet wird; oder die daraus erzeugbaren Ergebnisse müssen einzeln als uninteressant zurückgewiesen werden. Ist dies der Fall, wird I als leere Menge zurückgegeben.

Obwohl die im Verlauf der Interpretation durch die Funktion *Interesse* getroffenen Entscheidungen nicht modelliert werden können – sie gehört zu den Bereichen, in denen die Vagheit dominiert (vgl. 9.5) –, könnten durch empirische Forschungen Aussagen etwa darüber gemacht werden,
- welche Muster sich in den von der Interpretation gegangenen Wegen häufig zeigen;
- welche spezifischen Bedingungen, die je nach Stilbereich, Stilinterpret, Kontext usw. variieren können, den Verlauf beeinflussen;
- unter welchen Bedingungen sich Interessensmuster innerhalb der Interpretation konstant halten oder verändern;
- usw.

7.2.2 *Relevantes Hintergrundwissen*

Die Funktion *Relevantes_Hintergrundwissen* wird innerhalb der Funktion *Interpretation* aufgerufen. Sie dient dazu, das zur Verfügung stehende Hintergrundwissen nach Elementen zu durchsuchen, die für die Interpretation vielversprechend sind. Dafür werden Suchfunktionen angenommen, die nach verschiedenen Prinzipien vorgehen. Das gewonnene Hintergrundwissen wird als relevantes Hintergrundwissen R zurückgegeben.

```
function Relevantes_Hintergrundwissen (X, H)
    Su := Suchmethoden_zusammenstellen ()
    R := ∅
    for i := 1 to |Su|
        R := R ∪ Su_i (X, H)
    end
    return R
end function
```

Erläuterung

Zeile 1 gibt den Namen der Funktion an und die Parameter, die ihr übergeben werden: X, die Menge der Elemente, zu denen relevantes Hintergrundwissen gesucht werden soll, und H, die Menge des Hintergrundwissens. (Für X wird keine Sortenbeschränkung spezifiziert; auf jeden Fall muss die Funktion mit Merkmalsregeln, Ergebnissen und Schemata umgehen können.)

In Zeile 2 wird die Funktion *Suchmethoden_zusammenstellen* aufgerufen, die die zur Verfügung stehenden Suchmethoden des Individuums zusammenstellt

(Erläuterung s. unten). Diese Funktion benötigt keine Parameter. Ihr Rückgabewert wird in die Variable *Su* gespeichert.

In Zeile 3 wird die Menge *R* als leere Menge definiert.

Zeile 4 gibt an, dass die eingerückt folgende Schleife für die Variable *i* von 1 bis zur Anzahl der Elemente von *Su* ausgeführt wird.

In Zeile 5 wird die *i*te Suchmethode aufgerufen, der als Parameter *X* übergeben wird. Ihr Rückgabewert wird mit der Menge *R*, die das bisher gefundene relevante Hintergrundwissen enthält, vereinigt und wiederum in *R* gespeichert.

In Zeile 6 wird die for-Schleife aus Zeile 4 beendet.

In Zeile 7 wird *R* zurückgegeben.

In Zeile 8 wird die Funktion beendet.

Die Funktionsmenge Su der Suchmethoden

Die Suchmethoden, die in einer konkreten Stilinterpretation verwendet werden, können in einer Liste angegeben werden. Sie erhalten als Parameter eine Menge *X* von Elementen, die verschiedenen Sorten angehören können (es kann sich um Merkmalsregeln, Propositionsannahmen, Gefühle oder Eindrücke handeln), und eine Menge von Hintergrundwissen *H*. Sie durchsuchen das Hintergrundwissen nach *H*-Elementen, die einen Bezug zu *X* aufweisen, und liefern eine Teilmenge von *H* zurück, die auch leer sein kann. Dieser Bezug zu *X* kann nach speziellen Relevanzkriterien eingeschätzt werden, oder es wird nur allgemein nach Bezügen gesucht. Sofern diese allgemeinen Kriterien (insbesondere der Umgang mit den Parametern) gewährleistet sind, können die Funktionen unterschiedlich spezifiziert sein.

Wir fassen die Suchmethoden zur Menge *Su* zusammen, um sie bequem aufrufen zu können. Allgemein gilt:

function Su_1
 [Spezifikation]
function Su_2
 [Spezifikation]
 ...
function Su_n
 [Spezifikation]

Die Operationen werden zur Funktionsmenge *Su* zusammengefasst:

$Su := \{Su_1, ..., Su_n\}$

Im der vorliegenden Formulierung des Modells werden keine Suchmethoden spezifiziert. Während wir bei der Funktionsmenge der Operationen (vgl. Abschnitt 7.2.1, Unterabschnitt *Die Funktionsmenge Op der Operationen*), die prinzipiell ebenfalls offen ist, für die hier vorliegende Darstellung des Modells

7.2 Die Funktionen des Interpretationsprozesses

sieben Operationen spezifizieren, verzichten wir bei den Suchfunktionen auf eine solche Spezifikation. Es wird vielmehr angenommen, dass jedem Individuum Suchmethoden zur Verfügung stehen; diese werden zu Beginn der Funktion *Relevantes_Hintergrundwissen* durch die Funktion *Suchmethoden_zusammenstellen* in der Menge *Su* zusammengefasst.

Die Funktion Suchmethoden_zusammenstellen

Diese Funktion erzeugt eine Menge von Suchmethoden. Sie stellt alle dem Stilwahrnehmer zum Zeitpunkt der Stilinterpretation zur Verfügung stehenden Suchfunktionen zur Menge *Su* zusammen.

Wie können solche Suchfunktionen funktionieren? Einige Möglichkeiten sind:

(1) Die Elemente des Inputs (Merkmalsregeln und Ergebnisse) werden auf teilweise Übereinstimmung mit *H*-Elementen überprüft;

(2) es wird nach Schlüsselbegriffen oder semantischen Markern gesucht, die den Input auf bestimmte Bereiche des Hintergrundwissens beziehen;

(3) es werden heuristische Regeln angewandt, die den Bezug zu bestimmten Bereichen des Hintergrundwissens herstellen (beispielsweise könnte eine Regel auffällige Verhaltensweisen auf den Bereich des psychologischen Wissens beziehen);

(4) es können *H*-Elemente gesucht werden, die die Form einer Implikation (Regel) besitzen und deren Vordersatz einem Element im Input entspricht (Modus ponens);

(5) es können *H*-Elemente gesucht werden, die die Form einer Implikation (Regel) besitzen und deren Nachsatz durch ein Element im Input verneint wird (Modus tollens);

(6) es können *H*-Elemente gesucht werden, die die Form einer Implikation besitzen und (aufgrund von Teilübereinstimmungen oder semantischen Zuordnungen) einem Element im Input zugeordnet werden können, das innerhalb der Operationen (etwa durch die Anwendung logischer Schlussregeln wie Und-Einführung, Oder-Beseitigung usw.) voraussichtlich so umgeformt werden kann, dass es dem Vordersatz der Implikation entspricht;

(7) entsprechend (6), wobei die Umformung eines Elements des Inputs den Nachsatz der Implikation verneint;

(8) ein Element des Inputs fällt unter eine Regel im Hintergrundwissen;

(9) es könnte gezielt nach Metawissen gesucht werden, das Bezüge zwischen Inputelementen und bestimmten Bereichen des Hintergrundwissens herstellt (z.B. Wissen darüber, dass bestimmte Merkmale eines Artefakts oft die Zuordnung zu handwerklichen Traditionen ermöglichen, oder dass bestimmte Merkmale eines Texts psychologische Rückschlüsse erlauben), und die darin genannten Bereiche des Hintergrundwissens entweder vollständig ins relevante Hintergrundwissen übernommen oder mit Hilfe einer anderen Suchfunktion weiter spezifiziert werden.

Schon diese provisorische Aufzählung verdeutlicht die Breite der denkbaren Suchmethoden.[514] Diese Suchmethoden sind hier für die Stilinterpretation formuliert; sie treten jedoch in entsprechend abgewandelter Form bei jeder Interpretation und vermutlich auch bei anderen Prozessen des Zeichenempfangs auf, bei denen die Zeicheninhalte erst durch die Hinzuziehung von Hintergrundwissen gewonnen werden müssen. Ihre Untersuchung gehört daher auch nicht zur Stiltheorie, sondern bleibt allgemeineren Untersuchungen zur Hinzuziehung von Hintergrundwissen in kognitiven Prozessen vorbehalten. Durch psychologische oder kognitionswissenschaftliche Untersuchungen könnten einzelne Suchmethoden empirisch überprüft werden.

7.2.3 Die Funktion Ergebnisse

Die eigentliche Erzeugung von Ergebnissen wird nicht in der Funktion *Interpretation* vorgenommen; dafür wird die Funktion *Ergebnisse* aufgerufen. Dieser wird eine Menge von Merkmalsregeln, eine Menge von Ergebnissen und eine Menge von relevantem Hintergrundwissen als auszuwertender ‚Input' übergeben. Außerdem wird ihr eine Menge von Operationen übergeben, die auf diesen Input anzuwenden sind. Sie muss keine Teilmengen des Inputs bilden, da in der Funktion *Interpretation* bereits alle möglichen Kombinationen von Teilmengen von Merkmalsregeln, Ergebnissen und relevantem Hintergrundwissen gebildet werden. Daher wird in der Funktion *Ergebnisse* nur noch jede Operation einmal auf den Input angewandt und die erzeugten Ergebnisse zur Menge *Er* hinzugefügt.

Außerdem kann jeder Interpretationsschritt mittels der Funktion *Interpretationsschritt_schreiben* ausgegeben werden (siehe Abschnitt 7.2.4).

```
function Ergebnisse (P, Q, R, Er, Op, G, Z)
   for h := 1 to |Op|
      if Interesse (Op_h) = 1
         Er* := Op_h (P, Q, R) \ Er
         for k := 1 to |Er*|
            if Interesse (Er*_k) = 0
               Er* := Er* \ {Er*_k}
            end
         end
         if (Er* ≠ ∅) ∧ (Auswahl {0, 1} = 1)
            G, Z := Interpretationsschritt_schreiben (P, Q, R, Er*, Op_h, G, Z)
         end
         Er := Er ∪ Er*
```

---

[514] In Abschnitt 7.1.8 werden anhand eines Beispiels Überlegungen zu möglichen Suchmethoden angestellt.

7.2 Die Funktionen des Interpretationsprozesses   353

```
            end
15      end
        return Er, G, Z
    end function
```

Erläuterung

Zeile 1 gibt den Namen der Funktion an und die Parameter, die ihr übergeben werden: P, eine Teilmenge der Merkmalsregeln; Q, eine Teilmenge der (vor dem aktuellen Durchlauf der do-while-Schleife in der Funktion *Interpretation*) erzeugten Ergebnisse; R, das für P und Q relevante Hintergrundwissen; Er, die Menge der bisher erzeugten Ergebnisse; Op, die Menge der Operationsfunktionen; G, die Menge der geschriebenen Ergebnisse; Z, die Zähler für geschriebene Ergebnisse.[515]

Zeile 2 gibt an, dass die eingerückt folgende Schleife für die Variable h von 1 bis zur Anzahl der Elemente von Op ausgeführt wird.

Zeile 3 gibt an, dass die eingerückt folgenden Anweisungen ausgeführt werden, wenn Interesse an Op_h besteht. Da die Funktion *Interesse* sich jeweils auf den Kontext ihres Aufrufs bezieht, wird hier nicht allgemein das Interesse für die Funktion Op_h geprüft, sondern ob zum konkreten Interpretationszeitpunkt Interesse am Aufruf der Funktion besteht.[516]

In Zeile 4 wird die $h$te Funktion aus Op aufgerufen. Sie erhält als Parameter P, Q und R und liefert die aus diesen erzeugten Ergebnisse zurück, die in Er^* gespeichert werden, sofern sie noch nicht in Er enthalten sind.[517]

Zeile 5 gibt an, dass die eingerückt folgende Schleife für die Variable k von 1 bis zur Anzahl der Elemente von Er^* ausgeführt wird.

Zeile 6 gibt an, dass die eingerückt folgende Anweisung ausgeführt wird, wenn kein Interesse an Er^*_k besteht.

In Zeile 7 wird Er^*_k aus Er^* ausgeschlossen.

---

[515] Die ersten drei Parameter werden beim Funktionsaufruf als P_i, Q_j, $R_{i_{j_k}}$ übergeben. Ein übergebener Parameter kann innerhalb einer Funktion anders benannt sein als beim Funktionsaufruf, daher können wir die in der Funktion nicht benötigten Indizes weglassen.

[516] Damit wird die Tatsache simuliert, dass der SW nicht immer zur Ausführung jeder Operation bereit und gestimmt ist; beispielsweise wird zu einem bestimmten Zeitpunkt der Interpretation nicht auf Gefühle oder Eindrücke geachtet, es wird nicht die Phantasie für eine Abduktion aufgebracht oder es wird nicht die sorgfältige Prüfung eines deduktiven Schlusses vorgenommen. (Vgl. auch Erläuterung zur Funktion *Interesse* in Abschnitt 7.2.1.)

[517] Alternativ könnte auch akzeptiert werden, dass bereits früher (auf einem anderen Erzeugungsweg) erzeugte Ergebnisse erneut in Er^* vorkommen, wodurch sie mehrmals geschrieben werden können. Es würde dann davon ausgegangen, dass die Funktion *Interesse* (Zeile 6) signalisiert, ob noch ausreichend Interesse an dem bereits bekannten Ergebnis besteht (vgl. das Beispiel in 7.1.1, insbesondere Fußnote 457).

In Zeile 8 wird die if-Anweisung aus Zeile 6 beendet.

In Zeile 9 wird die for-Schleife aus Zeile 5 beendet.

Zeile 10 gibt an, dass die eingerückt folgenden Anweisungen ausgeführt werden, wenn Er^* nicht leer ist und wenn sich der Interpret dafür entscheidet, den aktuellen Interpretationsschritt zu schreiben. Dieser Entscheidungsvorgang wird mit Hilfe der Funktion *Auswahl* (vgl. Abschnitt 5.2.2) simuliert, die eine Entscheidung zwischen 0 und 1 trifft; 0 steht für eine Entscheidung gegen die Ausgabe des Interpretationsschritts, 1 für eine Entscheidung für die Ausgabe des Interpretationsschritts.

In Zeile 11 wird die Funktion *Interpretationsschritt_schreiben* aufgerufen (vgl. nächster Abschnitt). Ebenso wie bereits die Funktion *Ergebnisse* erhält sie als Parameter P, Q, R, G und Z, abweichend von dieser erhält sie die im aktuellen Interpretationsschritt erzeugten Ergebnisse Er^* und nur die Operationsfunktion Op_h. (Als „Interpretationsschritt" wird eine Anwendung einer Operationsfunktion bezeichnet.) Sie gibt G und Z zurück.

In Zeile 12 wird die if-Anweisung aus Zeile 10 beendet.

In Zeile 13 werden die im aktuellen Interpretationsschritt erzeugten Ergebnisse Er^* zur Menge der Ergebnisse Er hinzugefügt.

In Zeile 14 wird die if-Anweisung aus Zeile 3 beendet.

In Zeile 15 wird die for-Schleife aus Zeile 2 beendet.

In Zeile 16 werden Er, G und Z zurückgegeben.

In Zeile 17 wird die Funktion beendet.

7.2.4 Die Ausgabe der Interpretation

Die folgende Funktion gibt den jeweiligen Interpretationsschritt aus. Als „Interpretationsschritt" wird dabei eine Anwendung einer Operation auf einen bestimmten Input bezeichnet. Die Funktion schreibt damit nach und nach die Interpretation auf. Die sich ergebende Darstellung entspricht den Beispielen in den Abschnitten 6.3, 6.4 und 7.1. (Die Angabe des Schemas als erste Zeile der Ausgabe ist bereits in der Funktion *Interpretation*, Zeile 9, erfolgt.) Die Ausgabefunktion stellt damit den Zusammenhang her zwischen dem Interpretationsprozess und den für Interpretationen angegebenen Beispielen, deren Erzeugbarkeit sie nachweist.[518]

---

[518] Tatsächliche Ausgaben von Stilinterpretationen könnten durchaus als Weiterverarbeitung der hier erzeugten Darstellungsform (etwa eine Übertragung in natürliche Sprache) gewonnen werden. Dies heißt aber nicht, dass tatsächliche Ausgaben (etwa schriftlich niedergelegte Interpretationen wie in 7.1.3 und 7.1.5) als über diesen Zwischenschritt erzeugt verstanden werden sollen. Es soll nur gezeigt werden, dass die Ausgabe wie in den Beispielen dargestellt möglich ist. Die technischen Details der Übertragung des Interpretationsprozesses in die Darstellungsform der Beispiele sind somit nur modellintern relevant. Leserinnen und Leser, denen es nicht um diesen Zusammenhang geht, können die Ausgabefunktion, die mühsam nachzuvollziehen ist, überspringen.

7.2 Die Funktionen des Interpretationsprozesses

Die Funktion *Interpretation* kann auch beim Anwenden eines Stils aufgerufen werden, um einen Stil an eine angestrebte Interpretation anzunähern. Es kann davon ausgegangen werden, dass eine Ausgabe der Interpretation gewöhnlich beim Wahrnehmen eines Stils stattfindet; allerdings ist es denkbar, dass auch beim Anwenden eine Ausgabe stattfindet, etwa wenn über Bedeutungen oder Eindrücke eines vorgestellten Stils gesprochen wird, bevor die Realisierung erzeugt wird.[519]

```
    function Interpretationsschritt_schreiben (P, Q, R, Er*, Op_b, G, Z)
       B^G, Er^G, Er_{(f)}^G, H^G := ∅
       w, x, y, z := w(Z), x(Z), y(Z), z(Z)
       for n := 1 to |P|
5         k := |B^G|
          for m := 1 to |G|
             if (P_n = W(G_m)) ∧ (S(G_m) = "B")
                B^G := B^G ∪ {i(G_m)}
             end
10        end
          if k = |B^G|
             w := w + 1
             write ("U(B<sub>" w "</sub>): ," U(P_n) "', V(B<sub>" w
                "</sub>): ," V(P_n) "', w(B<sub>" w "</sub>): " w(P_n)
                "', p(B<sub>" w "</sub>): " p(P_n) "<br>")
             G := G ∪ {<P_n, "B", w>}
15        end
       end
       for n := 1 to |Q|
          k := |Er^G| + |Er_{(f)}^G|
          for m := 1 to |G|
20           if (Q_n = W(G_m)) ∧ (S(G_m) = "Er")
                Er^G := Er^G ∪ {i(G_m)}
             end
             if (Q_n = W(G_m)) ∧ (S(G_m) = "Er_{(f)}")
```

Die Ausgabefunktion ist sehr detailliert programmiert (bis hin zur Ausgabe der Zähler und Formatierungen) und entspricht damit nicht dem heutigen Umgang mit Daten, die meist in einer Datenbank abgelegt und mit Hilfe eines Datenbankprogramms angezeigt und weiterverarbeitet werden. Für das hier entwickelte Modell macht es jedoch keinen Sinn, solche Spezialprogramme anzunehmen, und die angegebene Ausgabefunktion erfüllt den Zweck, die Kohärenz des Modells nachzuweisen.

[519] Eine Interpretation des Stils einer bereits erzeugten Realisierung durch den Stilanwender gehört nicht mehr zum Prozess der Schemaausführung und wird daher nicht beim Anwenden eines Stils berücksichtigt (vgl. Abschnitt 7.3.1, Funktion *Stil_bereitstellen*). Sie zählt als Wahrnehmen eines Stils (7.3.2) durch den Stilanwender selbst.

$$Er_{(f)}{}^G := Er_{(f)}{}^G \cup \{i(G_m)\}$$
25   end
         end
         if $k = |Er^G| + |Er_{(f)}{}^G|$
            $x := x + 1$
            write ("$Er_{(f)}$_{" x "}:," Q_n "'<br>")
30          $G := G \cup \{<Q_n, \text{"}Er_{(f)}\text{"}, x>\}$
         end
      end
      for $n := 1$ to $|R|$
         $k := |H^G|$
35   for $m := 1$ to $|G|$
            if $(R_n = W(G_m)) \wedge (S(G_m) = \text{"H"})$
               $H^G := H^G \cup \{i(G_m)\}$
            end
         end
40   if $k := |H^G|$
            $y := y + 1$
            write ("H_{" y "}:," R_n "'<br>")
            $G := G \cup \{<R_n, \text{"H"}, y>\}$
         end
45   end
      write ("   ")
      $B^G :=$ Sortieren (B^G)
      for $n := 1$ to $|B^G|$
         write ("B_{" $B^G{}_n$ "} $\wedge$ ")
50   end
      for $n := 1$ to $(|P| - |B^G|)$
         write ("B_{" $(w - (|P| - |B^G|)) + n$ "} $\wedge$ ")
      end
      $Er^G :=$ Sortieren (Er^G)
55   for $n := 1$ to $|Er^G|$
         write ("Er_{" $Er^G{}_n$ "} $\wedge$ ")
      end
      $Er_{(f)}{}^G :=$ Sortieren $(Er_{(f)}{}^G)$
      for $n := 1$ to $|Er_{(f)}{}^G|$
60   write ("$Er_{(f)}$_{" $Er_{(f)}{}^G{}_n$ "} $\wedge$ ")
      end
      for $n := 1$ to $(|Q| - (|Er^G| + |Er_{(f)}{}^G|))$
         write ("$Er_{(f)}$_{" $(x - (|Q| - (|Er^G| + |Er_{(f)}{}^G|))) + n$ "} $\wedge$ ")
      end
65    $H^G :=$ Sortieren (H^G)
      for $n := 1$ to $|H^G|$

7.2 Die Funktionen des Interpretationsprozesses

```
        write ("H<sub>" H_n^G "</sub> ∧ ")
        end
        for n := 1 to (|R| − |H^G|)
70        write ("H<sub>" (y − (|R| − |H^G|)) + n "</sub> ∧ ")
        end
        del (2)
        write ("↝<sub>" Op_b "</sub> ")
        for n := 1 to |Er*|
75        write ("Er<sub>" z + n "</sub>, ")
        end
        del (2)
        write ("<br>")
        for n := 1 to |Er*|
80        z := z + 1
        write ("Er<sub>" z "</sub>")
        if Sorte (Er*_n) ≠ "p"
          write (" (" Sorte (Er*_n) ")")
        end
85      write (": ," Er*_n "'<br>")
        G := G ∪ {<Er*_n, "Er", z>}
        end
        Z := <w, x, y, z>
        return G, Z
90    end function
```

Erläuterung

Zeile 1 gibt den Namen der Funktion an, die die folgenden Parameter erhält: Die Mengen der im aktuellen Interpretationsschritt verwendeten Merkmalsregeln P, der verwendeten Ergebnisse Q, des verwendeten Hintergrundwissens R sowie der erzeugten Ergebnisse Er^* und die verwendete Operationsfunktion Op_b. Außerdem die Menge der bereits geschriebenen Elemente G sowie die in dem 4-Tupel Z zusammengefassten Zähler für die geschriebenen Merkmalsregeln, die geschriebenen früheren Ergebnisse, die geschriebenen Elemente des Hintergrundwissens und die geschriebenen neuen Ergebnisse.

In Zeile 2 werden die Mengen B^G, Er^G, $Er_{(f)}^G$, H^G als leere Mengen definiert.

In Zeile 3 werden die in Z gespeicherten Werte, auf die mit Hilfe der definierten Komponentennamen[520] zugegriffen wird, in die Zählervariablen w, x, y, z gespeichert.

---

[520] Vgl. die Definition von Z in Abschnitt 7.2.1, Funktion *Interpretation*, Zeile 3.

Die Merkmalsregeln werden geschrieben:
Zeile 4 gibt an, dass die eingerückt folgende Schleife für die Variable n von 1 bis zur Anzahl der Elemente von P ausgeführt wird.

In Zeile 5 wird die Anzahl der Elemente von B^G in die Variable k gespeichert.

Zeile 6 gibt an, dass die eingerückt folgende Schleife für die Variable m von 1 bis zur Anzahl der Elemente von G ausgeführt wird.

Zeile 7 gibt an, dass die eingerückt folgende Anweisung ausgeführt wird, wenn P_n gleich dem Wert des in G_m gespeicherten Elements ist und für dieses Element die Sortenbezeichnung „B" für Merkmalsregeln gespeichert wurde (das heißt, wenn eine P_n gleiche Merkmalsregel bereits geschrieben und als G_m gespeichert wurde).[521]

Zeile 8 fügt $i(G_m)$, den Index unter dem die Merkmalsregel geschrieben wurde, zur Menge B^G hinzu.

In Zeile 9 wird die if-Anweisung aus Zeile 7 beendet.

In Zeile 10 wird die for-Schleife aus Zeile 6 beendet.

Zeile 11 gibt an, dass die eingerückt folgenden Anweisungen ausgeführt werden, wenn k noch gleich der Anzahl der Elemente von B^G ist (also wenn keine bereits geschriebene Merkmalsregel gefunden wurde, die mit der gerade betrachteten Merkmalsregel P_n übereinstimmt).

In Zeile 12 wird w, der Zähler für die geschriebenen Merkmalsregeln, um 1 erhöht.

In Zeile 13 wird mit der Funktion *write* die Merkmalsregel P_n geschrieben. Sie wird als B_w bezeichnet, wobei w die geschriebenen Merkmalsregeln durchnummeriert; ihre einzelnen Variablen werden jeweils hinter einem Doppelpunkt geschrieben (dabei die Eigenschaften in U und V in einfache Anführungszeichen). Beispielsweise wird die Merkmalsregel mit $w = 1$ geschrieben als:

$$U(B_1): \text{,}[U(P_n)]\text{`}, V(B_1): \text{,}[V(P_n)]\text{`}, w(B_1): [V(P_n)], p(B_1): [V(P_n)]$$

Eine geschriebene Merkmalsregel sieht dann beispielsweise so aus (vgl. Abschnitt 7.1.4, Variante 10):

$$U(B_1): \text{,im Vorteil`}, V(B_1): \text{,aggressiv`}, w(B_1): 1, p(B_1): 2$$

Danach wird eine neue Zeile begonnen.

In Zeile 14 wird P_n, die Sortenbezeichnung „B" für Merkmalsregeln und der Zähler w, mit dem als Index die Merkmalsregel geschrieben wurde, in einen 3-Tupel geschrieben und zu G, der Menge der geschriebenen Elemente, hinzugefügt.[522]

---

[521] Zum Zugriff auf die Komponenten der Tupel in der Menge G werden Komponentennamen verwendet. Vgl. die Definition von G (Abschnitt 7.2.1, Funktion *Interpretation*, Zeile 4) sowie Abschnitt 5.2.2, Unterabschnitt *Anmerkung zur Syntax (1)*.

[522] Die Komponentennamen bleiben dabei erhalten; vgl. Abschnitt 5.2.2, Unterabschnitt *Anmerkung zur Syntax (1)*.

7.2 Die Funktionen des Interpretationsprozesses

In Zeile 15 wird die if-Anweisung aus Zeile 11 beendet.
In Zeile 16 wird die for-Schleife aus Zeile 4 beendet.
Die früheren Ergebnisse werden geschrieben:
Zeile 17 gibt an, dass die eingerückt folgende Schleife für die Variable n von 1 bis zur Anzahl der Elemente von Q ausgeführt wird.

In Zeile 18 wird die Anzahl der Elemente von Er^G plus der Anzahl der Elemente von $Er_{(f)}^G$ in die Variable k gespeichert.

Zeile 19 gibt an, dass die eingerückt folgende Schleife für die Variable m von 1 bis zur Anzahl der Elemente von G ausgeführt wird.

Zeile 20 gibt an, dass die eingerückt folgende Anweisung ausgeführt wird, wenn Q_n gleich dem Wert des in G_m gespeicherten Elements ist und für dieses Element die Sortenbezeichnung „Er" für neu erzeugte Ergebnisse gespeichert wurde (das heißt, wenn ein Q_n gleiches Ergebnis bereits im Verlauf der Interpretation als neu erzeugtes Ergebnis geschrieben und als G_m gespeichert wurde).

Zeile 21 fügt $i(G_m)$, den Index unter dem das Ergebnis geschrieben wurde, zur Menge Er^G hinzu.

In Zeile 22 wird die if-Anweisung aus Zeile 20 beendet.

Zeile 23 gibt an, dass die eingerückt folgende Anweisung ausgeführt wird, wenn Q_n gleich dem Wert des in G_m gespeicherten Elements ist und für dieses Element die Sortenbezeichnung „$Er_{(f)}$" für frühere Ergebnisse gespeichert wurde (das heißt, wenn ein Q_n gleiches Ergebnis bereits im Verlauf der Interpretation als früher erzeugtes Ergebnis geschrieben und als G_m gespeichert wurde).

Zeile 24 fügt $i(G_m)$, den Index unter dem das Ergebnis geschrieben wurde, zur Menge $Er_{(f)}^G$ hinzu.

In Zeile 25 wird die if-Anweisung aus Zeile 23 beendet.
In Zeile 26 wird die for-Schleife aus Zeile 19 beendet.
Zeile 27 gibt an, dass die eingerückt folgenden Anweisungen ausgeführt werden, wenn k noch gleich der Anzahl der Elemente von Er^G plus der Anzahl der Elemente von $Er_{(f)}^G$ ist (also wenn kein bereits geschriebenes Ergebnis gefunden wurde, das mit dem gerade betrachteten Ergebnis Q_n übereinstimmt).

In Zeile 28 wird x, der Zähler für die geschriebenen früheren Ergebnisse, um 1 erhöht.

In Zeile 29 wird mit der Funktion *write* das frühere Ergebnis Q_n geschrieben. Es wird als $Er_{(f)x}$ bezeichnet, wobei x die geschriebenen früheren Ergebnisse durchnummeriert, und hinter einem Doppelpunkt in einfache Anführungszeichen geschrieben. Beispielsweise wird das frühere Ergebnis Q_n mit $x = 1$ geschrieben als:

$Er_{(f)1}$: ‚[Q_n]'

Danach wird eine neue Zeile begonnen.

In Zeile 30 wird Q_n, die Sortenbezeichnung „$Er_{(f)}$" für frühere Ergebnisse und der Zähler x, mit dem als Index das Ergebnis geschrieben wurde, in einen 3-

Tupel geschrieben und zu G, der Menge der geschriebenen Elemente, hinzugefügt.

In Zeile 31 wird die if-Anweisung aus Zeile 27 beendet.

In Zeile 32 wird die for-Schleife aus Zeile 17 beendet.

Das Hintergrundwissen wird geschrieben:

Zeile 33 gibt an, dass die eingerückt folgende Schleife für die Variable n von 1 bis zur Anzahl der Elemente von R ausgeführt wird.

In Zeile 34 wird die Anzahl der Elemente von H^G in die Variable k gespeichert.

Zeile 35 gibt an, dass die eingerückt folgende Schleife für die Variable m von 1 bis zur Anzahl der Elemente von G ausgeführt wird.

Zeile 36 gibt an, dass die eingerückt folgende Anweisung ausgeführt wird, wenn R_n gleich dem Wert des in G_m gespeicherten Elements ist und für dieses Element die Sortenbezeichnung „H" für Elemente des Hintergrundwissens gespeichert wurde (das heißt, wenn ein R_n gleiches Element des Hintergrundwissens bereits im Verlauf der Interpretation geschrieben und als G_m gespeichert wurde).

Zeile 37 fügt $i(G_m)$, den Index unter dem das Element des Hintergrundwissens geschrieben wurde, zur Menge H^G hinzu.

In Zeile 38 wird die if-Anweisung aus Zeile 36 beendet.

In Zeile 39 wird die for-Schleife aus Zeile 35 beendet.

Zeile 40 gibt an, dass die eingerückt folgenden Anweisungen ausgeführt werden, wenn k noch gleich der Anzahl der Elemente von H^G ist (also wenn kein bereits geschriebenes Element des Hintergrundwissens gefunden wurde, das mit dem gerade betrachteten Element des Hintergrundwissens R_n übereinstimmt).

In Zeile 41 wird y, der Zähler für die geschriebenen Elemente des Hintergrundwissens, um 1 erhöht.

In Zeile 42 wird mit der Funktion *write* das Element des Hintergrundwissens R_n geschrieben. Es wird als H_y bezeichnet, wobei y die geschriebenen Elemente des Hintergrundwissens durchnummeriert, und hinter einem Doppelpunkt in einfache Anführungszeichen geschrieben. Beispielsweise wird das Element des Hintergrundwissens R_n mit $y = 1$ geschrieben als:

H_1: ‚$[R_n]$'

Danach wird eine neue Zeile begonnen.

In Zeile 43 wird R_n, die Sortenbezeichnung „H" für Elemente des Hintergrundwissens und der Zähler y, mit dem als Index das Element des Hintergrundwissens geschrieben wurde, in einen 3-Tupel geschrieben und zu G, der Menge der geschriebenen Elemente, hinzugefügt.

In Zeile 44 wird die if-Anweisung aus Zeile 40 beendet.

In Zeile 45 wird die for-Schleife aus Zeile 33 beendet.

Die Erzeugungsformel wird geschrieben:

7.2 Die Funktionen des Interpretationsprozesses

In Zeile 46 werden fünf Leerzeichen geschrieben. Das dient der Einrückung der Erzeugungsformel.[523]

In Zeile 47 wird die Funktion *Sortieren* (siehe unten) aufgerufen, die die Menge B^G sortiert.

Zeile 48 gibt an, dass die eingerückt folgende Schleife für die Variable n von 1 bis zur Anzahl der Elemente von B^G ausgeführt wird.

In Zeile 49 wird mit der Funktion *write* der Bezeichner für Merkmalsregeln „B" mit dem $n$ten Element aus B^G als Index geschrieben. (Hier werden die bereits früher geschriebenen Merkmalsregeln mit dem dort verwendeten Index in die Erzeugungsformel eingefügt, damit diese richtig zugeordnet sind und nachgelesen werden können.) Danach wird das Zeichen „∧" (das logische Und-Zeichen) geschrieben.

In Zeile 50 wird die for-Schleife aus Zeile 48 beendet.

Zeile 51 gibt an, dass die eingerückt folgende Schleife für die Variable n von 1 bis zu $|P| - |B^G|$ (Anzahl der Elemente der verwendeten Merkmalsregeln P minus Anzahl der Elemente der bereits früher geschriebenen Merkmalsregeln B^G) ausgeführt wird.

In Zeile 52 wird mit der Funktion *write* der Bezeichner für Merkmalsregeln „B" mit einem Index geschrieben, der sich als $(w - (|P| - |B^G|)) + n$ errechnet: Von w, dem Zähler der insgesamt geschriebenen Merkmalsregeln, wird die Anzahl der im aktuellen Funktionsaufruf geschriebenen Merkmalsregeln (die sich errechnet als die Anzahl der insgesamt verwendeten minus der bereits früher geschriebenen) abgezogen und der Zähler n wieder dazu gezählt. Danach wird „∧" geschrieben.

In Zeile 53 wird die for-Schleife aus Zeile 51 beendet.

Beispiel: Für $|P| = 3$ (es werden drei Merkmalsregeln verwendet), $|B^G| = 1$ (es wurde eine dieser Merkmalsregeln früher geschrieben, mit dem Index $B^G = \{2\}$), $w = 17$ (insgesamt wurden 17 Merkmalsregeln geschrieben, inklusive der im aktuellen Funktionsaufruf in Zeile 13 geschriebenen), ergibt sich:

$B_2 \wedge B_{16} \wedge B_{17} \wedge$

In Zeile 54 wird die Menge Er^G sortiert.

Zeile 55 gibt an, dass die eingerückt folgende Schleife für die Variable n von 1 bis zur Anzahl der Elemente von Er^G ausgeführt wird.

In Zeile 56 wird mit der Funktion *write* der Bezeichner für Ergebnisse „Er" mit dem $n$ten Element aus Er^G als Index geschrieben. (Hier werden die bereits früher erzeugten und gleich geschriebenen Ergebnisse mit dem dort verwendeten Index in die Erzeugungsformel eingefügt.) Danach wird „∧" geschrieben.

In Zeile 57 wird die for-Schleife aus Zeile 55 beendet.

In Zeile 58 wird die Menge $Er_{(f)}^G$ sortiert.

---

[523] In den Beispielen setzen wir hier einen Tabulator, der aber in HTML nicht dargestellt werden kann. Da mehrere Leerzeichen wie eines behandelt werden, müssen wir das harte Leerzeichen „ " verwenden.

Zeile 59 gibt an, dass die eingerückt folgende Schleife für die Variable n von 1 bis zur Anzahl der Elemente von $Er_{(f)}{}^G$ ausgeführt wird.

In Zeile 60 wird mit der Funktion *write* der Bezeichner für früher erzeugte Ergebnisse „$Er_{(f)}$" mit dem $n$ten Element aus $Er_{(f)}{}^G$ als Index geschrieben. (Hier werden die bereits früher erzeugten und nicht sofort, sondern erst im weiteren Verlauf der Interpretation geschriebenen Ergebnisse mit dem dort verwendeten Index in die Erzeugungsformel eingefügt. Da diese Ergebnisse als „früher erzeugte" Ergebnisse geschrieben wurden, wurden sie nach der entsprechenden Nummerierung gezählt, mit „(f)" vor dem Index.) Danach wird „$\wedge$" geschrieben.

In Zeile 61 wird die for-Schleife aus Zeile 59 beendet.

Zeile 62 gibt an, dass die eingerückt folgende Schleife für die Variable n von 1 bis zu $|Q| - (|Er^G| + |Er_{(f)}{}^G|)$ ausgeführt wird (hierbei ist $|Q|$ die Anzahl der verwendeten Ergebnisse, $|Er^G|$ die Anzahl der früher erzeugten und gleich geschriebenen Ergebnisse, $|Er_{(f)}{}^G|$ die Anzahl der früher erzeugten und im weiteren Verlauf der Interpretation geschriebenen Ergebnisse).

In Zeile 63 wird mit der Funktion *write* der Bezeichner für frühere Ergebnisse „$Er_{(f)}$" mit einem Index geschrieben, der sich als $(x - (|Q| - (|Er^G| + |Er_{(f)}{}^G|))) + n$ errechnet. Danach wird „$\wedge$" geschrieben.

In Zeile 64 wird die for-Schleife aus Zeile 62 beendet.

Beispiel: Für $|Q| = 4$ (es werden vier Ergebnisse verwendet), $|Er^G| = 1$ (es wurde eines dieser Ergebnisse im Verlauf der Interpretation als neues Ergebnis geschrieben, mit dem Index $Er^G = \{7\}$), $|Er_{(f)}{}^G| = 2$ (es wurden zwei dieser Ergebnisse im Verlauf der Interpretation als frühere Ergebnisse geschrieben, mit den Indizes $Er_{(f)}{}^G = \{3, 7\}$), $x = 11$ (insgesamt wurden 11 frühere Ergebnisse geschrieben, inklusive der im aktuellen Funktionsaufruf in Zeile 29 geschriebenen), ergibt sich:

$Er_7 \wedge Er_{(f)3} \wedge Er_{(f)7} \wedge Er_{(f)11} \wedge$

In Zeile 65 wird die Menge H^G sortiert.

Zeile 66 gibt an, dass die eingerückt folgende Schleife für die Variable n von 1 bis zur Anzahl der Elemente von H^G ausgeführt wird.

In Zeile 67 wird mit der Funktion *write* der Bezeichner für Elemente des Hintergrundwissens „H" mit dem $n$ten Element aus H^G als Index geschrieben. (Hier werden die bereits früher geschriebenen Elemente des Hintergrundwissens mit dem dort verwendeten Index in die Erzeugungsformel eingefügt.) Danach wird „$\wedge$" geschrieben.

In Zeile 68 wird die for-Schleife aus Zeile 66 beendet.

Zeile 69 gibt an, dass die eingerückt folgende Schleife für die Variable n von 1 bis zu $|R| - |H^G|$ (Anzahl der verwendeten Elemente des Hintergrundwissens R minus Anzahl der bereits früher geschriebenen Elemente des Hintergrundwissens H^G) ausgeführt wird.

7.2 Die Funktionen des Interpretationsprozesses 363

In Zeile 70 wird mit der Funktion *write* der Bezeichner für Elemente des Hintergrundwissens „H" mit einem Index geschrieben, der sich als $(y - (|R| - |H^G|)) + n$ errechnet. Danach wird „∧" geschrieben.

In Zeile 71 wird die for-Schleife aus Zeile 69 beendet.

In Zeile 72 wird mit der Funktion *del* (Erläuterung s. unten) das zuletzt geschriebene „∧" und das folgende Leerzeichen gelöscht.

Beispiel: Für $|R| = 2$ (es werden zwei Elemente des Hintergrundwissens verwendet), $|H^G| = 1$ (es wurde eines dieser Elemente des Hintergrundwissens früher geschrieben, mit dem Index $H^G = \{3\}$), $y = 8$ (insgesamt wurden 8 Elemente des Hintergrundwissens geschrieben, inklusive der im aktuellen Funktionsaufruf in Zeile 42 geschriebenen), ergibt sich:

$H_3 \wedge H_8$

In Zeile 73 wird mit der Funktion *write* der Operationspfeil „⤳" und tiefgestellt in eckigen Klammern der Operationsname geschrieben.

Zeile 74 gibt an, dass die eingerückt folgende Schleife für die Variable n von 1 bis zur Anzahl der Elemente von Er^* ausgeführt wird.

In Zeile 75 wird mit der Funktion *write* der Bezeichner für Ergebnisse „Er" mit einem Index geschrieben, der sich als $z + n$ errechnet.

In Zeile 76 wird die for-Schleife aus Zeile 73 beendet.

In Zeile 77 wird mit der Funktion *del* (Erläuterung s. unten) das zuletzt geschriebene Komma und das folgende Leerzeichen gelöscht.

In Zeile 78 wird eine neue Zeile begonnen.

Beispiel: Für $Op_b = Ded$, $|Er^*| = 2$ (es wurden zwei Ergebnisse erzeugt), $z = 11$ (vor dem aktuellen Funktionsaufruf, dessen Ergebnisse erst in Zeile 79-87 geschrieben werden, wurden 11 Ergebnisse geschrieben) ergibt sich:

$⤳_{Ded} \; Er_{12}, Er_{13}$

Insgesamt ergibt sich somit die Erzeugungsformel:

$B_2 \wedge B_4 \wedge B_{16} \wedge B_{17} \wedge Er_7 \wedge Er_{(f)3} \wedge Er_{(f)7} \wedge Er_{(f)11} \wedge H_3 \wedge H_8 \; ⤳_{Ded} \; Er_{12}, Er_{13}$

Die neu erzeugten Ergebnisse werden geschrieben:

Zeile 79 gibt an, dass die eingerückt folgende Anweisung für die Variable n von 1 bis zur Anzahl der Elemente von Er^* ausgeführt wird.

In Zeile 80 wird z, der Zähler für die geschriebenen neu erzeugten Ergebnisse, um 1 erhöht.

In Zeile 81 wird mit der Funktion *write* der Bezeichner für neu erzeugte Ergebnisse „Er" geschrieben, mit dem Index z, der die geschriebenen neu erzeugten Ergebnisse durchnummeriert.

Zeile 82 gibt an, dass die eingerückt folgende Anweisung ausgeführt wird, wenn Er^*_n nicht die Sorte „p" („Proposition") hat. (Vgl. zur Funktion *Sorte* die Erläuterung unter 7.2.1.)

In Zeile 83 wird mit Hilfe der Funktion *write* die Sorte von Er^*_n in runde Klammern geschrieben. (Da die meisten Ergebnisse Propositionsannahmen sind, wird die Sortenangabe „(p)" weggelassen.)

In Zeile 84 wird die if-Anweisung aus Zeile 82 beendet.

In Zeile 85 wird hinter einem Doppelpunkt das neu erzeugte Ergebnis Er^*_n in einfache Anführungszeichen geschrieben. Beispielsweise wird in Zeile 80 bis 84 das neu erzeugte Ergebnis Er^*_n mit $z = 1$ und Sorte $(Er^*_n) = g$ geschrieben als:

Er_1 (g): ‚$[Er^*_n]$'

Danach wird eine neue Zeile begonnen.

In Zeile 86 wird Er^*_n, die Sortenbezeichnung „Er" für neu erzeugte Ergebnisse und der Zähler w, mit dem als Index das Ergebnis geschrieben wurde, in einen 3-Tupel geschrieben und zu G, der Menge der geschriebenen Elemente, hinzugefügt.

In Zeile 87 wird die for-Schleife aus Zeile 79 beendet.

In Zeile 88 werden die Zähler w, x, y und z zur 4-Tupel-Variable Z zusammengefasst. (Damit kann sie bequemer zurückgegeben und als Parameter wieder übergeben werden).

In Zeile 89 werden G und Z zurückgegeben.

In Zeile 90 wird die Funktion beendet.

Die Funktion write

Die Systemfunktion *write* kann als Schreibausgabe auf dem Bildschirm oder auf einem angeschlossenen Drucker verstanden werden. Sie erhält als Parameter eine Folge aus Strings und/oder Variablen. In Anführungszeichen " " gesetzte Strings (Zeichenketten) gibt sie einschließlich Leerzeichen und Formatierung aus. Bei Variablen wird der Wert der Variablen (ein String oder eine Zahl) ausgegeben, Formatierungsbefehle erfolgen in spitzen Klammern.

Die Funktion gibt also beispielsweise in Zeile 29

write (" $Er_{(f)}$_{" x "}: ," Q_n "'<br>")

für $Q_n =$ ‚SN ist temperamentvoll', $x = 7$ aus:

$Er_{(f)7}$: ‚SN ist temperamentvoll'

Die Ausgabe akzeptiert sowohl formatierten Text, den sie einschließlich Formatierung ausgibt, als auch HTML-Befehle, die sie interpretiert.[524]

---

[524] Dies verbessert etwas die Lesbarkeit der entsprechenden Zeilen. Natürlich könnten alle Formatierungen in HTML angegeben werden, beispielsweise wäre dann Zeile 29:
write ("<i>Er</i>_{(f)" x "}: ," Q_n "'<br>")

Die Funktion del

Die Funktion *del* ist ebenfalls eine Systemfunktion, sie erhält eine natürliche Zahl $x \in \mathbb{N}$ als Parameter und löscht die zuletzt geschriebenen x Zeichen.

Die Funktion Sortieren

Hier kann ein beliebiger Sortieralgorithmus verwendet werden, der die Elemente der Menge (natürliche Zahlen) der Größe nach ordnet, beginnend mit dem kleinsten Element. Da es sich um geordnete Mengen handelt, bleibt die Reihenfolge anschließend erhalten.[525]

Zur Notation der Erzeugungsformel:

Die Anwendung einer Operation wird mit Hilfe des Operationspfeils $\leadsto$ (zu lesen als: „aus ... wird erzeugt ..."), an den die verwendete Operationsfunktion als Index geschrieben wird, dargestellt. Die Operationsfunktionen aus der Menge *Op* haben die Eigenschaft, nur Ergebnisse zurückzugeben, für deren Erzeugung alle Elemente des Inputs verwendet wurden. Daher wird das Zeichen ∧ zwischen die Elemente des Inputs geschrieben.

$$p \wedge q \leadsto_{Ded} r$$

ist somit zu lesen als „aus *p* und *q* wird *r* mit Hilfe der Operationsfunktion ‚Ded' (‚Deduktion') erzeugt".

Der Operationspfeil $\leadsto$ bezeichnet einen realen Erzeugungsvorgang und nicht die prinzipielle Erzeugbarkeit, da die Operationen nicht gewährleisten können, dass alle aus der Inputmenge erzeugbaren Elemente wirklich erzeugt werden, zumal in manchen Fällen eine unendliche Menge von möglichen Erzeugungspfaden vorliegen kann.

Zwischen die Inputelemente der Operation wird das ∧-Zeichen gesetzt. Die Operationen erzeugen nur Ergebnisse, für die alle Inputelemente erforderlich sind.

Zwischen die erzeugten Ergebnisse werden Kommata gesetzt. Die erzeugten Ergebnisse sind voneinander logisch unabhängig, daher kann hier weder ∧ noch ∨ gesetzt werden. Um auf Klammern verzichten zu können, wird festgelegt, dass in der verwendeten Notation Komma und ∧ bei der Auswertung Vorrang vor dem Operationspfeil haben.

Anmerkung zur Nummerierung der Ergebnisse

Gleich nach der Erzeugung geschriebene Ergebnisse werden nach einer anderen Nummerierung gezählt als früher erzeugte, damals aber nicht geschriebene Ergebnisse. Die neuen Ergebnisse werden einfach durchnummeriert:

---

[525] Vgl. Abschnitt 5.2.2, Unterabschnitt *Anmerkung zur Verwendung geordneter Mengen*.

$Er_1, Er_2, \ldots$

Die früher erzeugten und noch nicht geschriebenen[526] Ergebnisse werden mit einer eigenen Nummerierung mit „(f)" für „früher erzeugt" vor dem Index versehen:

$Er_{(f)1}, Er_{(f)2}, \ldots$

Gäbe es nur eine Nummerierung, würden zwischen die neu erzeugten Ergebnisse ständig solche geraten, die nur verwendet werden. Das könnte leicht zu Verwechslungen führen. Außerdem wäre es nicht mehr möglich, an der Nummerierung zu erkennen, wie viele neue Ergebnisse in einem bestimmten (kontinuierlich geschriebenen) Teilabschnitt der Interpretation erzeugt wurden.

7.3 Anwenden und Wahrnehmen von Stilen

Bisher hatten wir den Merkmalsprozess und den Interpretationsprozess einzeln betrachtet. In diesem Abschnitt sollen sie miteinander verknüpft werden. Dies geschieht für die Anwenderseite und für die Wahrnehmerseite.

Wenn jemand bei der Erzeugung einer Realisierung absichtlich oder unabsichtlich einem Stil folgt, dann soll dieser Prozess als „Anwenden eines Stils" bei der Erzeugung einer Realisierung bezeichnet werden. Das Anwenden eines Stils unterscheidet sich vom Einschreiben der Merkmalsregeln dadurch, dass eine angestrebte Interpretation berücksichtigt werden kann (vgl. Abschnitt 2.17).

Wenn jemand einen Stil bei der Erzeugung einer Realisierung absichtlich oder unabsichtlich zur Kenntnis nimmt, dann soll dieser Prozess als „Wahrnehmen eines Stils" an einer Realisierung bezeichnet werden. Das Wahrnehmen eines Stils unterscheidet sich vom Auslesen der Merkmalsregeln dadurch, dass eine Interpretation stattfindet; es werden dadurch über die Merkmalsregeln hinausgehende Aspekte des Stils berücksichtigt.

„Anwenden" und „Wahrnehmen" werden somit für absichtliche wie auch für unabsichtliche Vorgänge gebraucht; zumindest das Anwenden eines Stils, möglicherweise auch das Wahrnehmen kann zudem unbewusst erfolgen (vgl. Abschnitt 8.2.2). Selbst wenn der Stilanwender (beispielsweise durch Beschränkungen seines Wissens oder seines kulturellen Spielraums) gar nicht wissen *kann*, dass er einen bestimmten Stil anwendet, ist dies dennoch der Fall.

---

[526] Wurden sie bereits geschrieben, werden sie nicht wiederholt und nur mit dem früher verwendeten Index in die Erzeugungsformel eingefügt (vgl. Zeile 54-61 der Funktion). Dies kann ein Index aus beiden Nummerierungen sein; schließlich können die Ergebnisse direkt bei der Erzeugung oder bei einer späteren Verwendung geschrieben worden sein. Daher werden in Zeile 19-26 die Indizes der bei der Erzeugung geschriebenen Ergebnisse in Er^G, die Indizes der später geschriebenen Ergebnisse in $Er_{(f)}{}^G$ gespeichert. Trifft beides nicht zu, wird das frühere Ergebnis in Zeile 29 geschrieben.

Davon zu unterscheiden sind die spezifischeren Vorgänge, die beim Merkmalsprozess stattfinden (vgl. Kapitel 5): Das Einschreiben einer Menge von Merkmalsregeln in die Realisierung und das Auslesen einer Menge von Merkmalsregeln aus einer Realisierung. In Kapitel 6 und 7 wurde dann der Interpretationsprozess untersucht. Der Merkmalsprozess und der Interpretationsprozess wurden dabei einzeln betrachtet. Beim Wahrnehmen von Stilen laufen gewöhnlich beide Prozesse ab; auch beim Anwenden von Stilen kann der Stilanwender über die Merkmalsregeln selbst hinausgehen und überprüfen, welche Erkenntnisse, Bedeutungen usw. für einen Stilwahrnehmer daraus entstehen können.

Im Folgenden wird dargestellt, wie Merkmalsprozess und Interpretationsprozess beim Anwenden und Wahrnehmen von Stilen ineinandergreifen. Dies geschieht für Anwender- und Wahrnehmerseite auf unterschiedliche Art:

Für die Anwenderseite wird die Funktion *Stil_bereitstellen* nachgeliefert, die in der Funktion *Schemaausführung* (vgl. Abschnitt 5.2.2) aufgerufen wird, dort aber noch nicht dargestellt wurde. Auf der Anwenderseite bleibt damit die Funktion *Schemaausführung* die grundlegende Funktion, die auch als Programm betrachtet werden kann. Sie wird vermutlich von allgemeineren Verhaltensprozessen aufgerufen und daher als Funktion spezifiziert.

Für die Wahrnehmerseite wird die Funktion *Stil_wahrnehmen* dargestellt. Diese Funktion ruft selbst die Funktion *Merkmalsregeln_auslesen* auf (vgl. Abschnitt 5.5.3). Auf der Wahrnehmerseite ist damit die Funktion *Stil_wahrnehmen* die grundlegende Funktion, die auch als Programm betrachtet werden kann. Auch sie wird vermutlich von allgemeineren Verhaltensprozessen aufgerufen und daher als Funktion spezifiziert. Sie erhält als Parameter die Realisierung R, die auf einen Stil zu untersuchen ist.

Anwender- und Wahrnehmerseite unterscheiden sich also bezüglich der Einbettung des Stilprozesses. Das Anwenden eines Stils findet bei der Ausführung eines Schemas statt und ist damit eng verzahnt. Das Wahrnehmen eines Stils stellt dagegen ein eigenes Verhalten dar. Dieser Unterschied gehört zu den Charakteristika des stilistischen Zeichenprozesses.

7.3.1 Anwenden eines Stils

Wenn eine Person auf der Grundlage eines Schemas eine Realisierung erzeugt, kann diese zum Träger eines Stils werden. In der Funktion *Schemaausführung* (vgl. Abschnitt 5.2.2) wird die Funktion *Stil_bereitstellen* aufgerufen, die eine Menge von Merkmalsregeln B liefert. Diese Funktion wird in diesem Abschnitt dargestellt. Um eine Menge B zu erhalten, die in die Realisierung eingeschrieben werden soll und dem gewählten Schema S^* entspricht, kann auf einen gegebenen Stil zurückgegriffen oder eine neue Menge B erzeugt werden, wofür jeweils Funktionen angenommen werden.

Im vorliegenden Modell wurde Stil in zwei miteinander interagierende Prozesse aufgeteilt: Merkmalsprozess und Zeichenprozess. Untersucht wurde bereits, wie eine Menge von Merkmalsregeln in eine Realisierung eingeschrieben werden kann (vgl. Abschnitt 5.2.2, Schritt (3) und Abschnitt 5.4). In der Trennung im vorliegenden Modell sind allerdings alle Aspekte, die über direkt beschreibbare Merkmalsregeln hinausgehen, in den Interpretationsprozess verlagert worden. Dazu gehören bereits simple Beziehungen zwischen verschiedenen Merkmalsregeln, etwa die Gleichheit der verlangten Eigenschaften bei verschiedenen Schemaorten (z.B. ‚riskante' Ausführung von ‚Linksabbiegen' und von ‚Überholen'). Es wäre wenig realistisch, anzunehmen, dass der Stilanwender nicht einmal so einfache Beziehungen berücksichtigen kann, bevor er/sie eine Menge von Merkmalsregeln anwendet. Daher kann der Interpretationsprozess auch beim Anwenden von Stilen berücksichtigt werden. Es sind somit zwei Fälle zu unterscheiden:

(1) Berücksichtigung der Interpretation:

In diesem Fall wird auch beim Anwenden von Stil die Interpretation berücksichtigt. Es sind Entitäten der Sorten Sn gegeben (also in unserem Modell Propositionsannahmen, Gefühle oder Eindrücke), die als angestrebte Interpretation I' zusammengefasst werden. Der Interpretationsprozess läuft nun auf Basis einer provisorischen Menge von Merkmalsregeln ab, um zu überprüfen, ob diese Interpretationsergebnisse tatsächlich erzeugt werden. Danach wird B solange angepasst, bis die erzeugte Interpretation I die angestrebte Interpretation I' enthält.

Die Einbeziehung der Interpretation muss kein bewusster oder absichtlicher Prozess sein. Verschiedene Stufen der Bewusstheit und Absichtlichkeit sind denkbar, von gezielt und reflektiert erzeugten Interpretationsergebnissen (etwa bestimmten Erkenntnissen und Bedeutungen, die mit dem Stil transportiert werden sollen) über unabsichtliche, aber bewusst wahrgenommene (etwa wenn ein Tennisspieler seine Aggression in einen entsprechenden Stil umsetzt, ohne dies gewollt zu haben) bis hin zu weitgehend automatisch ablaufenden Prozessen (etwa wenn die Merkmalsregeln unbewusst einer momentanen Stimmung gemäß aneinander angeglichen werden).[527]

(2) Keine Berücksichtigung der Interpretation:

In diesem Fall ist eine Menge von Merkmalsregeln B bereits gegeben oder wird erzeugt, ohne dass berücksichtigt wird, welche Interpretationsergebnisse sich beim Stilinterpreten einstellen können.

---

[527] Eine Berücksichtigung der Interpretation findet oft als automatischer Überprüfungsprozess statt, der nur ‚Alarm schlägt', wenn gewisse Grenzen überschritten werden. So berücksichtigen viele Menschen für gewöhnlich nicht, wie ihr Gehstil auf andere wirkt; müssen sie jedoch plötzlich rennen, gerät ihnen ein Stein in den Schuh oder beginnt der Rucksack ihnen zu schwer zu werden, kommt ihnen ihr veränderter Gehstil zu Bewusstsein und sie achten auf die übermittelten Informationen, möglicherweise entstehenden Eindrücke usw.

```
function Stil_bereitstellen (S*)
   B = {<U, V, w>} := vorhandener_Stil (S*)
   if B = ∅
      B = {<U, V, w>} := Merkmalsregeln_erzeugen (S*)
   end
   I' := angestrebte_Interpretation (B)
   if I' ≠ ∅
      do
         I := Interpretation (B, S*)
         B := Merkmalsregeln_anpassen (B, I, I')
      while I' ⊄ I
   end
   return B
end function
```

Erläuterung

Zeile 1 gibt den Namen der Funktion an, der als Parameter das Schema S^*, dem die Realisierung angehört, in die der Stil eingeschrieben werden soll, übergeben wird.

In Zeile 2 wird die Funktion *vorhandener_Stil* aufgerufen, der als Parameter S^* übergeben wird, und ihr Rückgabewert in die Menge B von 3-Tupeln gespeichert wird, als deren Komponentennamen U, V, w definiert werden.

Zeile 3 gibt an, dass die eingerückt folgende Anweisung ausgeführt wird, wenn B leer ist.

In Zeile 4 wird die Funktion *Merkmalsregeln_erzeugen* aufgerufen, der als Parameter S^* übergeben wird, und ihr Rückgabewert in B gespeichert (siehe Zeile 2).

In Zeile 5 wird die if-Anweisung aus Zeile 3 beendet.

In Zeile 6 wird die Funktion *angestrebte_Interpretation* aufgerufen, der als Parameter B übergeben wird, und ihr Rückgabewert in die Variable I' gespeichert.

Zeile 7 gibt an, dass die eingerückt folgenden Anweisungen ausgeführt werden, wenn I' nicht leer ist.

Zeile 8 eröffnet eine do-while-Schleife.

In Zeile 9 wird die Funktion *Interpretation* aufgerufen, der als Parameter B und S^* übergeben werden, und ihr Rückgabewert in die Variable I gespeichert.

In Zeile 10 wird die Funktion *Merkmalsregeln_anpassen* aufgerufen, der als Parameter die Merkmalsregeln B, die erzeugte Interpretation I und die angestrebte Interpretation I' übergeben werden, und ihr Rückgabewert in die Variable B gespeichert.

In Zeile 11 wird die do-while-Schleife aus Zeile 8 beendet. Die Schleife wird wiederholt, solange I', die angestrebte Interpretation, keine Teilmenge der erzeugten Interpretation I ist.

In Zeile 12 wird die if-Anweisung aus Zeile 7 beendet.

In Zeile 13 wird B zurückgegeben.

In Zeile 14 wird die Funktion beendet.

Alternativen

(1) Ein Schwellenwert s für die verlangte Annäherung an die angestrebte Interpretation I' könnte festgelegt werden. Dieser kann entweder als Parameter übergeben oder in einer Funktion *Schwellenwert_erzeugen* festgelegt werden. Die Bedingung in Zeile 11 ist dann:

$$\text{while } |I' \setminus I| > s$$

Bei $s = 2$ ist das Fehlen von zwei Ergebnissen der angestrebten Interpretation I' in der tatsächlichen Interpretation I erlaubt.

(2) Es könnte auf einer Übereinstimmung von I' und I bestanden werden. Zeile 11 wäre dann:

$$\text{while } I' \neq I$$

Das erscheint als eine sehr harte Bedingung; es dürfte schwierig und in vielen Fällen ganz unmöglich sein, eine Menge von Merkmalsregeln zu finden, die *nur* eine angestrebte Menge von Interpretationsergebnissen erlaubt.[528]

(3) Auch in diesem Fall kann ein Schwellenwert festgelegt werden. Zeile 11 wäre dann:

$$\text{while } (|I' \setminus I| > s) \vee (|I \setminus I'| > s)$$

Die Funktion vorhandener_Stil

Diese Funktion sucht zu S^* einen Stil, der vom Stilanwender bei Schemaausführungen des Schemas S^* angewandt wird, und gibt diesen als Menge von Merkmalsregeln zurück. Findet sie keinen Stil, gibt sie die leere Menge zurück.[529]

Die Funktion Merkmalsregeln_erzeugen

Diese Funktion erzeugt zu S^* eine Menge von Merkmalsregeln. Sie simuliert damit den Prozess der Entstehung eines Stils, der dem Individuum zuvor noch

---

[528] Natürlich können mit Hilfe der Funktion *Aufmerksamkeit* in der Funktion *Ergebnisse* unerwünschte Ergebnisse aus der Ergebnismenge ausgeschlossen werden. Wird auf diese Weise manipuliert, kann die Bedingung $I' = I$ erfüllt werden, hat dann aber auch keinerlei Sinn mehr, da ja bei einer Interpretation durch den Stilwahrnehmer diese gezielte Annäherung nicht stattfindet.

[529] Vgl. zum Namen der Funktion Fußnote 530.

nicht zur Verfügung stand. Es braucht sich nicht um einen neuen Stil zu handeln; denkbar ist auch die Übernahme eines Stils einer anderen Person. Meist wird es sich um eine Mischung aus neuen und (mehr oder minder abgewandelt) übernommenen Merkmalsregeln handeln. Die Funktion gehört zu denjenigen Bereichen der Stiltheorie, für die keine genaue Formalisierung sinnvoll ist, weil es dafür zahlreiche unterschiedliche Möglichkeiten gibt. Zu jeder gegebenen Menge von Mechanismen der Stilentstehung können zudem prinzipiell weitere gefunden werden; es handelt sich bei der Stilentstehung um einen offenen Vorgang.

Die Funktion angestrebte_Interpretation

Diese Funktion sucht zu *B* eine Interpretation, die vom Stilanwender angestrebt wird. Findet sie keine Interpretation, gibt sie die leere Menge zurück.

Die Funktion Merkmalsregeln_anpassen

Diese Funktion erhält als Parameter die Menge von Merkmalsregeln *B*, die aus *B* erzeugte Interpretation *I* und die angestrebte Interpretation *I'*. Sie gleicht *I* an *I'* an, indem sie

(1) *I* und *I'* vergleicht und Abweichungen feststellt;

(2) die Merkmalsregeln oder Kombinationen von Merkmalsregeln in *B* zu identifizieren versucht, die die Abweichungen bewirken;

(3) überprüft, welche Änderungen dieser Merkmalsregeln oder Kombinationen von Merkmalsregeln voraussichtlich eine Verringerung der Abweichungen bewirken;

(4) die Änderungen vornimmt (wobei sie bei Konflikten überprüft, welche Veränderung aussichtsreicher ist);

(5) die dabei insgesamt vorgenommenen Änderungen möglichst gering zu halten versucht.

Dabei können in (3) ganz unterschiedliche Prinzipien verwendet werden: Verstärkung oder Abschwächung der Auswirkung einer Merkmalsregel; Entfernung störender Merkmalsregeln oder Einfügung von neuen; Abänderung von Merkmalsregeln, so dass sich bestimmte Ergebnisse nun daraus erzeugen lassen oder nicht mehr erzeugen lassen; Verallgemeinerung (durch Streichung von Eigenschaften) oder Spezialisierung (durch Einfügung von Eigenschaften) der Anwendungsbedingungen oder der verlangten Eigenschaften, um die Erzeugung bestimmter Ergebnisse, die auf Begrenzungen des Anwendungsbereichs oder der Ausprägungsvielfalt des Merkmals beruhen, zu ermöglichen oder zu verhindern; usw.

Die Aufteilung in die Funktionen *Merkmalsregeln_erzeugen* und *Merkmalsregeln_anpassen* entspricht vermutlich nicht der kognitiven Realität des Prozesses, in der hier eher ein holistischer Prozess stattfinden dürfte. Aus Gründen der

Vereinfachung wird angenommen, dass die Menge *B* der Merkmalsregeln vollständig aufgestellt wird, bevor überprüft werden kann, wie nahe die sich daraus ergebende Interpretation *I* an der beabsichtigten Interpretation *I'* ist. In der Realität wird vermutlich die angestrebte Interpretation gleich bei der Erzeugung der Merkmalsregeln berücksichtigt; diese werden von Anfang an auf die gewünschten Effekte hin konstruiert. Ist eine Reihe von Merkmalsregeln erzeugt, werden diese weiter mit Blick auf *I'* optimiert. Ähnlich wie bei der Schemaausführung (vgl. Abschnitt 5.2.2) wird also auch hier eine Schematisierung eines Prozesses vorgenommen, der tatsächlich durch Hin- und Herspringen zwischen den verschiedenen Schritten eine kompliziertere Form annehmen kann, wodurch sich jedoch an dem grundsätzlichen Sachverhalt nichts ändert.

Eine Menge *B*, die von der Funktion *Stil_bereitstellen* zurückgegeben wird, ist ein Stil, der in einem stilistischen Zeichenprozess angewandt wird und soll daher als „Anwenderstil" bezeichnet werden. Zusammen mit einer angestrebten Interpretation *I'* handelt es sich um einen „interpretierten Anwenderstil".[530] Der „interpretierte Anwenderstil" wurde hier nicht in eine Variable *St* gespeichert, wie es im nächsten Abschnitt beim „interpretierten Wahrnehmerstil" geschieht, da keine Weiterverarbeitung vorgenommen wird.

7.3.2 Wahrnehmen eines Stils

Zum Wahrnehmen eines Stils gehört sowohl das Auslesen von Merkmalsregeln als auch die Gewinnung von Informationen aus diesen. Diese beiden Vorgänge sind im Merkmalsprozess (in der Funktion *Merkmalsregeln_auslesen*; vgl. Abschnitt 5.5.3) und im Interpretationsprozess (in der Funktion *Interpretation*; vgl. Abschnitt 7.2.1) modelliert worden. Wir nehmen daher eine Funktion *Stil_wahrnehmen* an, die beide Funktionen aufruft. Sie stellt damit auf der Wahrnehmerseite die Verbindung zwischen Merkmals- und Interpretationsprozess her. Sie wird von einem allgemeineren Verhaltensprozess aufgerufen und gibt die Paarvariable *St* zurück, die eine Menge von Merkmalsregeln mit einer zugehörigen Interpretation enthält.

---

[530] Die Definition dieser Termini erfolgt in Abschnitt 7.3.6. – Die Möglichkeit der Zusammenfassung von *B* und *I'* zum Anwenderstil ist der Grund dafür, dass die Funktionen *Merkmalsregeln_erzeugen* und *Merkmalsregeln_anpassen* nicht *Stil_erzeugen* und *Stil_anpassen* genannt werden, obwohl sie ebenso wie die Funktion *vorhandener_Stil* eine Menge von Merkmalsregeln zurückgeben. Zu einem Stil kann nämlich (je nach Auffassung) auch eine Interpretation hinzugerechnet werden (vgl. Abschnitt 7.3.5). Normalerweise wird eine Menge *B* für sich genommen daher nur als „Merkmalsregeln" bezeichnet (vgl. auch die Abschnitte 5.4 und 5.5). Die Funktion *vorhandener_Stil* bildet hier eine Ausnahme, weil sie tatsächlich einen ‚vollständigen' Stil sucht, der meist bereits früher angewandt wurde und bei dessen Erzeugung eventuell bereits eine Interpretation berücksichtigt wurde (vgl. Zeile 6-12), auch wenn sie diesen Stil als Menge von Merkmalsregeln zurückgibt.

7.3 Anwenden und Wahrnehmen von Stilen

```
  function Stil_wahrnehmen (R)
    S* = <N, So, {<Ob, Zb>}> := Schema (R)
    B := Merkmalsregeln_auslesen (R, S*)
    I := Interpretation (B, S*)
5   St := <B, I>
    return St
  end function
```

Erläuterung

Zeile 1 gibt den Namen der Funktion an, der als Parameter R, die Realisierung, übergeben wird.

In Zeile 2 wird die Funktion *Schema* (vgl. nächster Abschnitt) aufgerufen, der als Parameter R übergeben wird, und ihr Rückgabewert in die Variable $S*$ gespeichert.

In Zeile 3 wird die Funktion *Merkmalsregeln_auslesen* (vgl. Abschnitt 5.5.3) aufgerufen, der als Parameter R, die Realisierung, und $S*$, das Schema, dem die Realisierung angehört, übergeben werden, und ihr Rückgabewert in die Variable B gespeichert.

In Zeile 4 wird die Funktion *Interpretation* (vgl. Abschnitt 7.2.1) aufgerufen, der als Parameter B, die Menge der Merkmalsregeln, und $S*$ übergeben werden, und ihr Rückgabewert in die Variable I gespeichert.

In Zeile 5 wird die Paarvariable St definiert, deren erste Komponente die Menge der Merkmalsregeln B und deren zweite Komponente die Interpretation I enthält.

In Zeile 6 wird St zurückgegeben.

In Zeile 7 wird die Funktion beendet.

Der Input der Funktion, die Variable R, kann auch mehrere Realisierungen enthalten. Werden mehrere Stile gleichzeitig untersucht, nehmen wir einfach an, dass die betrachteten Realisierungen in eine Variable R zusammengefügt werden.[531]

Der Output der Funktion, die Variable St, beinhaltet die Resultate der beim Wahrnehmen von Stil ablaufenden Zeichenprozesse, nämlich eine Menge an Merkmalsregeln B und eine Interpretation I. Dabei ist B eine Menge von Merkmalsregeln, die aufgrund der Wahrnehmung stilistischer Merkmale (dem Zeichenträger des stilistischen Zeichens) aus R ausgelesen wurden, und I eine Menge von Ergebnissen, die in einer Stilinterpretation erzeugt wurden.[532] Die Variable St umfasst somit alles, was in einem Stilbetrachter beim Wahrnehmen eines Stils entsteht.

---

[531] Vgl. Erläuterung am Ende von Abschnitt 4.5.
[532] Vgl. Abschnitt 7.2.1, Funktion *Interpretation*, Zeile 38.

Eine Menge B, die von der Funktion *Stil_auslesen* erzeugt wurde, ist ein Stil, der bei der Betrachtung einer Realisierung wahrgenommen wird, und soll daher als „Wahrnehmerstil" bezeichnet werden. Zusammen mit einer daraus erzeugten Interpretation I handelt es sich um einen „interpretierten Wahrnehmerstil".[533] Die von der Funktion *Stil_wahrnehmen* zurückgegebene Variable St enthält somit einen interpretierten Wahrnehmerstil.

7.3.3 Die Funktion Schema

Beim Wahrnehmen eines Stils (s. letzter Abschnitt) wird das Schema der Realisierung benötigt. Dieses ist sowohl für das Auslesen der Merkmalsregeln als auch für die Interpretation erforderlich. Wir benötigen daher eine Funktion, die zu einer beliebigen Realisierung R das Schema S^* findet, dem diese angehört.

```
function Schema (R)
   S' := ∅
   S = {<N, So, O>} = {<N, So, {<Ob, Zb>}>} := Schema-
      ta_zusammenstellen ()
   for i := 1 to |S|
5     R' := R
      for j := 1 to |O(S_i)|
         Ab := Ob(O_j(S_i))
         A := {x ∈ M_Alt | Ab_1(x) ∧ ... ∧ Ab_|Ab|(x)}
         for k := 1 to |R|
10          if R_k ∈ A
               R' := R' \ {R'_k}
            end
         end
      end
15    if R' = ∅
         S' := S' ∪ {S_i}
      end
   end
   S* := Auswahl (S')
20 return S*
end function
```

---

[533] Die Definition dieser Termini erfolgt in Abschnitt 7.3.6.

7.3 Anwenden und Wahrnehmen von Stilen 375

Erläuterung

Zeile 1 gibt den Namen der Funktion an, der als Parameter die Realisierung R übergeben wird.

In Zeile 2 wird die Menge S' als leere Menge definiert.

In Zeile 3 wird die Funktion *Schemata_zusammenstellen* aufgerufen, die die dem Individuum bekannten Schemata zusammenstellt (Erläuterung s. unten). Diese Funktion benötigt keine Parameter. Ihr Rückgabewert wird in die Variable S gespeichert.

Zeile 4 gibt an, dass die eingerückt folgende Schleife für die Variable i von 1 bis zur Anzahl der Elemente von S ausgeführt wird.

In Zeile 5 wird R in die Variable R' gespeichert.

Zeile 6 gibt an, dass die eingerückt folgende Schleife für die Variable j von 1 bis zur Anzahl der Elemente von $O(S_i)$, der Menge der Schemaorte des Schemas S_i, ausgeführt wird.

In Zeile 7 wird $Ob(O_j(S_i))$, die Schemaortbedingungen des Schemaorts O_j von S_i, in die Variable Ab für die Alternativenbedingungen gespeichert.

In Zeile 8 wird eine Alternativenklasse A gebildet, die aus allen Elementen des Möglichkeitsraums der Alternativen besteht, die alle Eigenschaften aus Ab besitzen, also die Alternativenbedingungen erfüllen.

Zeile 9 gibt an, dass die eingerückt folgende Schleife für die Variable k von 1 bis zur Anzahl der Elemente von R ausgeführt wird.

Zeile 10 gibt an, dass die eingerückt folgende Anweisung ausgeführt wird, wenn R_k, also die $k$te Realisierungsstelle, Element der in Zeile 8 gebildeten Alternativenklasse ist.

In Zeile 11 wird die $k$te Realisierungsstelle aus R' entfernt.

In Zeile 12 wird die if-Anweisung aus Zeile 10 beendet.

In Zeile 13 wird die for-Schleife aus Zeile 9 beendet.

In Zeile 14 wird die for-Schleife aus Zeile 6 beendet.

Zeile 15 gibt an, dass die eingerückt folgende Anweisung ausgeführt wird, wenn R' gleich der leeren Menge ist, das heißt, wenn alle Realisierungsstellen aus der in R' abgespeicherten Kopie der Realisierung entfernt wurden (vgl. Zeile 11).

In Zeile 16 wird S_i, das gerade untersuchte Schema, der Menge S' der Schemata hinzugefügt, denen die Realisierung angehören könnte, da für jede Realisierungsstelle ein passender Schemaort dieses Schemas gefunden wurde.

In Zeile 17 wird die if-Anweisung aus Zeile 15 beendet.

In Zeile 18 wird die for-Schleife aus Zeile 4 beendet.

In Zeile 19 wird die Funktion *Auswahl* aufgerufen (Erläuterung s. unten), die ein Element aus S' auswählt; ihr Rückgabewert wird in die Variable S^* gespeichert. (Man beachte, dass S' eine Mengenvariable ist, die 3-Tupel enthält, während S^* eine 3-Tupel-Variable ist.)

In Zeile 20 wird S^* zurückgegeben.

In Zeile 21 wird die Funktion beendet.

Die Funktion Schemata_zusammenstellen
Vgl. Erläuterung in Abschnitt 5.2.2.

Die Funktion Auswahl

Die Funktion *Auswahl* wählt aus einer Menge von Elementen, die ihr als Parameter übergeben wird, ein Element aus (vgl. auch Abschnitt 5.2.2).

Hier wird die Funktion aufgerufen, wenn es mehrere Schemata gibt, die nach dem Abgleich aller Realisierungsstellen von R mit den Schemaorten noch im Rennen sind. Die Entscheidung wird dann nach dem Kontext getroffen oder es werden weitere Informationen gesucht, beispielsweise indem jemand gefragt wird.[534]

7.3.4 Die Rückwirkung des Interpretationsprozesses auf den Merkmalsprozess

Es wurde bereits betont, dass Interpretationsprozess und Merkmalsprozess interagieren.[535] Beim Anwenden wird bei der Erzeugung der Merkmalsregeln die angestrebte Interpretation ständig berücksichtigt (vgl. Abschnitt 7.3.1); dieser Prozess findet vermutlich parallel und in Interaktion mit der Einschreibung der Merkmalsregeln in die Realisierung statt (in Abschnitt 5.2.2 wurde dieser Ablauf aus Gründen der analytischen Klarheit in einzelne Schritte unterteilt). Beim Wahrnehmen von Stilen ist es plausibel, dass die Interpretation beginnt, wenn eine gewisse Anzahl an Merkmalsregeln ausgelesen ist, und dass dann nach Bedarf weitere Merkmalsregeln ausgelesen werden. Dies wurde wiederum vereinfacht dargestellt, um zu vermeiden, dass immer zwischen den beiden Prozessen hin- und hergesprungen werden muss.

Sowohl beim Anwenden als auch beim Wahrnehmen von Stilen rechtfertigt sich die vereinfachte Darstellung zum einen durch die größere analytische Klarheit – es kann zwar eine allgemeine Darstellung für die Prozesse, aber nicht für die genaue Art ihrer Interaktion gegeben werden –, zum anderen dadurch, dass tatsächlich ein solcher getrennter Ablauf möglich ist; dies ist der einfachste Fall. In komplexeren Fällen kommt es zu einem Zurückspringen in den Merkmalsprozess während des Interpretationsprozesses, um ausgehend von den erzeugten Ergebnissen nach weiteren Merkmalen zu suchen.

---

[534] Ein Beispiel dafür ist eine (verbale oder körperliche) Auseinandersetzung auf einem öffentlichen Platz, die von einer Gruppe von Menschen umstanden wird. In diesem Fall muss, sofern keine Abweichungen von einer realistischen Auseinandersetzung erkennbar werden, nach Kontext entschieden werden, ob es sich um einen tatsächlichen Kampf mit Gaffern oder um eine Straßentheateraufführung mit Zuschauern handelt.
[535] Siehe Abschnitt 5.1.

7.3 Anwenden und Wahrnehmen von Stilen

Im Folgenden soll exemplarisch eine einfache Art der Rückwirkung dargestellt werden: Dabei werden die nicht für die Interpretation verwendeten Merkmalsregeln, denen nicht speziell Interesse gewidmet wird, aus B entfernt. Diese Variante geht davon aus, dass wir isolierte Merkmalsregeln von Stilen, aus denen sich nichts entnehmen lässt und die in keinem Zusammenhang zu anderen Merkmalen stehen, nur dann berücksichtigen, wenn sie auffällig oder ungewöhnlich genug sind, um auch einzeln unser Interesse zu wecken.[536]

Variante des Interpretationsprozesses mit Reduzierung von B:

In der Funktion *Ergebnisse* werden die im jeweiligen Interpretationsschritt verwendeten Merkmalsregeln P, sofern $Er^* \neq \emptyset$ ist, in die Menge B^+ geschrieben, die als Parameter an die Funktion übergeben und von ihr wieder zurückgegeben wird.

```
    function Ergebnisse (P, Q, R, Er, Op, G, Z, B⁺)
       ...
10     if (Er* ≠ ∅) ∧ (Auswahl {0, 1} = 1)
          G, Z := Interpretationsschritt_schreiben (P, Q, R, Er*, Op_b, G, Z)
       end
       Er := Er ∪ Er*
       if Er* ≠ ∅
15        B⁺ := B⁺ ∪ P
       end
       end
       end
       return Er, G, Z, B⁺
20  end function
```

In der Funktion *Interpretation* wird die Menge B^* der nicht verwendeten Merkmalsregeln gebildet; für jedes Element dieser Menge wird überprüft, ob der SW ihm dennoch Interesse widmet, andernfalls wird es aus B entfernt. Danach wird die nunmehr reduzierte Menge B mit I zu St zusammengefasst und zurückgegeben.

---

[536] Diese Möglichkeit erscheint als plausible Reduktion von B; gegenüber dem oben angegebenen Prozess, der keine Rückwirkung des Interpretationsprozesses vorsieht, ist sie sicherlich eine Annäherung an den tatsächlichen Vorgang. Sie wird dennoch hier nur als Variante vorgestellt, da sie nur einen kleinen und trügerisch einfachen Ausschnitt aus den möglichen Interaktionen der beiden Prozesse umsetzt. Beispielsweise ist es denkbar, dass aufgrund der im Interpretationsprozess gewonnenen Ergebnisse gezielt nach weiteren Merkmalsregeln gesucht wird oder dass der Genauigkeitsgrad und die Formulierung der Merkmalsregeln nach dem Bedarf des Interpretationsprozesses angepasst werden.

```
function Interpretation (B, S*)
    Er, So, B⁺ := ∅
    ...
        Er, G, Z, B⁺ := Ergebnisse (Pᵢ, Qⱼ, Rᵢⱼₖ, Er, Op, G, Z, B⁺)
    ...
    B* := B \ B⁺
40  for i := 1 to |B*|
        if Interesse (B*ᵢ) = 0
            B := B \ {B*ᵢ}
        end
    end
45  St := <B, I>
    return St
end function
```

Für die Funktionen *Stil_bereitstellen* und *Stil_wahrnehmen* ergeben sich kleinere Anpassungen:

```
function Stil_bereitstellen (S*)
    ...
    if I' ≠ ∅
      do
         St = <B, I> := Interpretation (B, S*)
10       B := Merkmalsregeln_anpassen (B, I(St), I')
      while I' ⊈ I(St)
    end
    return B
end function
```

```
function Stil_wahrnehmen (R)
    S* = <N, So, {<Ob, Zb>}> := Schema (R)
    B := Merkmalsregeln_auslesen (R, S*)
    St := Interpretation (B, S*)
5   return St
end function
```

7.3.5 Was definiert einen bestimmten Stil?

Ist die Paarvariable *St* als Stil aufzufassen? Wenn nicht, was enthält sie sonst? Zwei Ansätze sind möglich:

(1) Dagegen spricht, dass sie nicht nur die Merkmalsregeln enthält, die einen Stil bereits vollständig definieren, sondern auch eine Interpretation; Stile können in unendlich vielen unterschiedlichen Arten interpretiert werden. Allerdings werden viele dieser Interpretationen Ähnlichkeiten aufweisen, die kleiner oder größer sein können.

(2) Dafür spricht, dass Merkmalsregeln und ihre Interpretation eng zusammengehören. In der Praxis enthalten praktisch alle Mengen B verschiedene Regelmäßigkeiten, Relationen und Muster innerhalb der Merkmalsregeln, die es möglich machen, Ergebnisse aus ihnen zu erzeugen. Wenn wir über Stile sprechen, denken wir gewöhnlich auch an diese Regelmäßigkeiten und zumindest einen Teil der Erkenntnisse, Gefühle usw., die sich daraus erzeugen lassen.

Aus diesen Überlegungen ergeben sich zwei denkbare Positionen:

(1) Die tatsächlich in einem Stil enthaltene Information ist bereits vollständig in der Menge B von Merkmalsregeln gespeichert. Es ist daher, rein technisch gesehen, nicht nötig, eine Interpretation I zu einem bestimmten Stil zu zählen.

(2) Legen wir den gewöhnlichen Gebrauch des Begriffs ‚Stil' zugrunde, umfasst ein Stil zumindest noch Teile dessen, was erst die Interpretation feststellt und expliziert, nämlich die feststellbaren Regelmäßigkeiten innerhalb der Merkmalsregeln. Zwar sind diese Regelmäßigkeiten in der Menge B schon enthalten, sie werden aber erst durch eine Interpretation I expliziert.

Ein Stil kann jedoch auch ganz unabhängig von einem konkreten Zeichenprozess, in dem er in eine Realisierung eingeschrieben und ausgelesen wird, existieren. Es handelt sich ja um eine abstrakte Entität, nämlich eine Menge von Regelmäßigkeiten der Auswahl (2.10), die durch Merkmalsregeln beschreibbar sind (2.12) und in verschiedenen Realisierungen (je nach den bei der Schemaausführung geltenden Bedingungen) unterschiedliche stilistische Merkmale (2.11) erzeugen.

Klar ist jedenfalls, dass ein Stil in eine Menge von Merkmalsregeln B zusammengefasst werden kann. In dieser Form wird er vom Stilanwender und Stilwahrnehmer übermittelt. Wir haben daher an mehreren Stellen die Menge B als Stil bezeichnet: So gibt die Funktion *Stil_bereitstellen* (Abschnitt 7.3.1) eine Menge B zurück, die dann in die Realisierung eingeschrieben wird. Innerhalb dieser Funktion gibt es die Funktion *vorhandener_Stil*, die ebenfalls eine Menge B zurückliefert. In diesen beiden Fällen hatten wir B als „Stil" bezeichnet, weil davon ausgegangen werden kann, dass es sich um einen in eine Menge B kondensierten tatsächlichen Stil handelt. Dagegen haben wir im Merkmalsprozess nur von „Merkmalen" gesprochen (z.B. in den Funktionsnamen *Merkmalsregeln_einschreiben* und *Merkmalsregeln_auslesen*), da es sich dort um eine technische Untersuchung des Einschreibens und Auslesens von Mengen von B handelt, deren interpretierbare Zusammenhänge keine Rolle spielen.

Eine beliebig zusammengestellte Menge von Merkmalsregeln als Stil zu bezeichnen, macht jedenfalls keinen Sinn. Tatsächliche Stile sind in der Regel durch eine Vielzahl von Zusammenhängen zwischen den Merkmalsregeln gekennzeichnet. Da jedoch jede Interpretation diese auf etwas andere Weise in eine Menge I der Interpretationsergebnisse entfaltet, ist eine Paarvariable St ebenfalls nicht mit einem Stil gleichzusetzen.

Wir entscheiden uns daher dafür, durchgängig nur B als einen „Stil" (in der Verwendungsweise $Stil_b$; vgl. Abschnitt 2.16) zu bezeichnen. Bei tatsächlichen Anwendungs- und Wahrnehmungssituationen enthält diese Menge in fast allen Fällen Relationen und weitergehende Zeicheninhalte, da dort nicht eine beliebige Menge von Merkmalsregeln ‚aus der Retorte' zusammengestellt wird, sondern eben ein tatsächlicher Stil angewandt oder ausgelesen. Innerhalb des Modells müssen die Funktionen *vorhandener_Stil* oder *Merkmalsregeln_erzeugen* und gegebenenfalls auch die Berücksichtigung der angestrebten Interpretation I' für die erforderliche Kohärenz des angewendeten Stils sorgen (vgl. Abschnitt 7.3.1).

Nicht nur als abstrakte Einheit, auch beim konkreten Anwenden oder Wahrnehmen sollte unter einem $Stil_b$ nur eine Menge B von Merkmalsregeln verstanden werden. Hier kommt es jedoch im Regelfall auch zu Abweichungen zwischen der angewendeten und der wahrgenommenen Menge B. Um dies zu berücksichtigen, führen wir die Bezeichnungen „Anwenderstil" und „Wahrnehmerstil" ein, die eine Menge B in einer konkreten Anwendungs- oder Wahrnehmungssituation bezeichnen.

Für die Variable St, die beim Wahrnehmen eines Stils (7.3.2) die Menge B zusammen mit einer Interpretation I enthält, können wir nun „interpretierter Wahrnehmerstil" sagen. Beim Anwenden des Stils (7.3.1) hatten wir St nicht definiert, dort können wir jedoch parallel dazu für die Menge B zusammen mit einer angestrebten Interpretation I' nun „interpretierter Anwenderstil" sagen.

Im nächsten Abschnitt werden diese Begriffe genauer untersucht.

7.3.6 Anwender- und Wahrnehmerstile

Stil gehört zu den nicht-kodierten Zeichenprozessen. Kodes (Zeichensysteme) bestehen aus einem Repertoire an Zeichen mit konventionalisierten Zeicheninhalten (= Bedeutungen) sowie aus einer Menge an Kombinationsregeln mit Angaben zur semantischen Konstruktion der Gesamtbedeutung des entstehenden Zeichenkomplexes.[537] Daher ist es bei kodierten Zeichenprozessen, sofern der Kode beiden bekannt ist und der Kanal ausreichend gut funktioniert, möglich, dass eine Botschaft verlustfrei vom Sender zum Empfänger übertragen wird.

Nicht-kodierte Zeichenprozesse können eine solche Übertragungsgenauigkeit meist nicht gewährleisten; bei ihnen wird der Prozess der Übermittlung der Botschaft, der nicht mit Hilfe von kodierten Bedeutungen erfolgt, durch Fakto-

---

[537] Vgl. zu Kodes Fußnote 3.

ren wie Hintergrundwissen, Kontext der Sende- bzw. Empfangssituation und persönliches Interesse bei der Interpretation beeinflusst. Daher macht es bei solchen Zeichenprozessen Sinn, Sender- und Empfängerzeichen zu unterscheiden.[538] In Analogie dazu wollen wir bei Stil von „Anwenderstilen" und „Wahrnehmerstilen" sprechen, wobei allerdings die Unterschiede zu beachten sind, dass (a) Anwenden und Wahrnehmen keine absichtlichen Prozesse sein müssen, während ein Senderzeichen ein vom Sender beabsichtigtes Zeichen ist, und (b) Stil nur der Zeicheninhalt des stilistischen Zeichens ist (vgl. Abschnitt 2.16).

Bei Stil führen verschiedene Faktoren zur *Abweichung des Anwenderstils vom Wahrnehmerstil*. Dies sind vor allem Unterschiede

(1) in den Schemata aus der Schemamenge S, die je nach Zeit oder Ort verschieden sein können;[539]

(2) in der Aufteilung einer Realisierung R in Realisierungsstellen;[540]

(3) bei der Bildung bzw. Rekonstruktion der Alternativenklassen;[541]

(4) bei bestimmten Eigenschaften von Elementen, die zeit- oder kulturspezifisch sind (etwa Konnotationen).[542]

Zusätzliche Faktoren beeinflussen die *Abweichung des interpretierten Anwenderstils zum interpretierten Wahrnehmerstil*. Dies sind vor allem Unterschiede

(5) im zur Verfügung stehenden Hintergrundwissen H;[543]

---

[538] Zur Unterscheidung zwischen Sender- und Empfängerzeichen schreibt Roland Posner (Posner 1996: 1668):
„Ein Ereignis gilt [...] als Zeichen sowohl (1) wenn es bewirkt, daß ein Verhaltenssystem darauf reagiert, indem es etwas tut oder glaubt, als auch (2) wenn es ein Verhaltenssystem gibt, welches dieses Ereignis mit der Absicht produziert, daß es ein Zeichen im ersten Sinne ist. Ein Zeichen im ersten Sinne nennen wir *Empfängerzeichen*, ein Zeichen im zweiten Sinne *Senderzeichen*."
Diese Definition ermöglicht es, einen absichtlich angewendeten Stil als Inhalt eines Senderzeichens, einen wahrgenommenen Stil als Inhalt eines Empfängerzeichens anzusehen. Stile können jedoch auch unbeabsichtigt angewendet werden, und auch in diesem Fall gibt es oft einen Unterschied zwischen dem angewendeten Stil – den tatsächlich angewandten Merkmalsregeln – und dem wahrgenommenen Stil – den bei einer bestimmten Wahrnehmung einer Realisierung ausgelesenen Merkmalsregeln. Daher betrachten wir Anwenderstil und Wahrnehmerstil als unabhängig von der Absichtlichkeit.

[539] Siehe Abschnitte 5.2.2 und 7.3.3, Funktion *Schemata_zusammenstellen*.

[540] Diese ergibt sich beim Anwenden aus der Bildung einer Menge A von Alternativenklassen (siehe Abschnitt 5.2.2, Schritt 2), aus denen in den folgenden Schritten (3 und 4) jeweils ein Element für die Realisierung ausgewählt wird. Beim Wahrnehmen findet die Aufteilung nicht im Modell statt, da die Funktion *Stil_wahrnehmen* die Realisierung als Parameter erhält (siehe Abschnitt 7.3.2).

[541] Dabei werden für jede Realisierungsstelle ein Schemaort und Zusatzbedingungen ausgewählt; vgl. Abschnitt 5.2.2, Funktion *Schemaausführung*, Schritt 2 bzw. Abschnitt 5.5.3, Funktion *Merkmalsregeln_auslesen*, Zeile 4-18.

[542] Siehe Abschnitt 4.3.2, (3); ein Beispiel wird in Abschnitt 8.3.4 gegeben (die Konnotationen der Zeitung bei Braque).

[543] Siehe Abschnitt 7.2.1, Funktion *Hintergrundwissen_zusammenstellen*.

(6) bei den Suchfunktionen *Su*, mit denen relevantes Hintergrundwissen gesucht wird;[544]

(7) in der Steuerung durch die Funktion *Interesse*, die bestimmt, welche Wege die Interpretation geht und welche Möglichkeiten nicht weiterverfolgt werden;[545]

(8) in dem Einfluss, die individuelle Erfahrungen, Veranlagungen und Interessen auf die Anwendung der Operationen haben (bei den Operationen Assoziation, Gefühlsreaktion und Eindrucksreaktion beeinflussen solche Einflüsse den gesamten Erzeugungsvorgang, bei der Abduktion beeinflussen sie, welche Regeln den Interpretierenden einfallen, bei der Bedeutungssuche, welche Bedeutungen sie finden, und selbst bei den vergleichsweise objektiven Schlussverfahren Deduktion und Induktion bestimmen sie, welche aus meist mehreren möglichen Schlüssen vollzogen und ob die Verfahren korrekt angewandt werden);[546]

(9) im Einfluss, den der Kontext der Anwendungs- bzw. Wahrnehmungssituation des Stils auf die Anwendung der Operationen hat (die Beeinflussungsmöglichkeiten sind dieselben wie bei (8)).[547]

Der Stilwahrnehmer kann versuchen, den Wahrnehmerstil dadurch dem Anwenderstil anzunähern, dass er in den Punkten (1) bis (9) jeweils die für den Stilanwender geltenden Bedingungen zu rekonstruieren versucht. Dies ist jedoch immer nur begrenzt möglich.

Wir fassen die Ergebnisse dieses und des letzten Abschnitts in einer Ergänzung zu der in 2.16 gegebenen Definition zusammen:

Def. **Stil** (Ergänzung): Ein Stil$_b$ ist unabhängig von seiner Anwendung auf eine bestimmte Realisierung.[548] Er kann in eine Menge B kondensiert und in dieser Form gespeichert oder übermittelt werden, umfasst jedoch fast immer noch weitere Zusammenhänge und Informationen, die sich erst in einer Interpretation von B ergeben. Jede konkrete Interpretation I zu einem bestimmten B enthält jedoch auch subjektive Aspekte, die nicht zum Stil im engeren Sinn gehören.

Def. **Anwenderstil:** Ein Anwenderstil ist eine Menge von Merkmalsregeln B, die in einem Zeichenprozess in eine Realisierung eingeschrieben wird. Diese Menge B kann im Hinblick auf eine angestrebte Interpretation I'

---

[544] Siehe Abschnitt 7.2.2, Funktion *Suchmethoden_zusammenstellen*.
[545] Siehe Abschnitt 7.2.1, Funktion *Interesse*.
[546] Siehe Abschnitt 6.2.1 sowie Abschnitt 7.2.1, Unterabschnitt *Die Funktionsmenge Op der Operationen*.
[547] Siehe letzte Fußnote.
[548] Ein Stil B kann als abstrakte Entität, als Menge von Regelmäßigkeiten der Auswahl unabhängig von einer konkreten Anwendungs- oder Wahrnehmungssituation beschrieben werden; in den Funktionen des hier vorgestellten Modells erscheint B jedoch stets als Zeicheninhalt eines stilistischen Zeichens, also als Anwender- oder Wahrnehmerstil.

entwickelt worden sein.⁵⁴⁹ – B und I' zusammen bilden einen „interpretierten Anwenderstil" $St := <B, I'>$.

Def. **Wahrnehmerstil:** Ein Wahrnehmerstil ist eine Menge von Merkmalsregeln B, die in einem Zeichenprozess aus einer Realisierung ausgelesen wird. Dabei wird zugleich eine Interpretation I vorgenommen, zu der alle über das Auslesen der Merkmalsregeln hinausgehenden Prozesse gehören.⁵⁵⁰ – B und I zusammen bilden einen „interpretierten Wahrnehmerstil" $St := <B, I>$.

---

[549] Ein beabsichtigter Anwenderstil bildet den Inhalt eines Senderzeichens (vgl. Fußnote 538) und jeder Anwenderstil den Inhalt eines stilistischen Zeichens (vgl. 2.16). Die Diskrepanz ergibt sich daraus, dass Senderzeichen definitionsgemäß beabsichtigt sind, stilistische Zeichen aber nicht beabsichtigt sein müssen (vgl. Fußnote 146).
[550] Ein Wahrnehmerstil bildet den Inhalt eines Empfängerzeichens (vgl. Fußnote 538), nämlich eines stilistischen Zeichens (vgl. 2.16).

Kapitel 8: Einbettung des Stilmodells

Das Stilmodell, das in Kapitel 4 bis 7 entwickelt wurde, stellt den stilistischen Zeichenprozess dar. In diesem Kapitel werden ausgehend von diesem Modell verschiedene Überlegungen zu dessen Einbettung angestellt. In Abschnitt 8.1 wird überlegt, wie bereichsspezifische Stiltheorien auf der Grundlage der vorgestellten allgemeinen Stiltheorie aussehen könnten. Abschnitt 8.2 behandelt den Umgang mit Stilen und die dazu nötigen Kompetenzen. In Abschnitt 8.3 werden Abgrenzungen zwischen verschiedenen Arten von Stilen sowie zwischen dem Begriff ‚Stil' und einigen anderen Begriffen vorgenommen. Schließlich wird in Abschnitt 8.4 die Rolle von Stil in der Gesellschaft thematisiert.

8.1 Semiotische Theorien zu einzelnen Stilbereichen

8.1.1 Semiotik als Bindeglied zwischen den Einzelwissenschaften

Die Semiotik ist eine Grundlagenwissenschaft. Ihr Gegenstandsbereich im engeren Sinn sind Zeichen, Zeichenprozesse, Zeichenbenutzer und die Kontexte von Zeichengebrauchssituationen, insofern diese für den Zeichengebrauch relevant sind. Damit ist sie interdisziplinär, da sie die traditionellen, bis heute an den Universitäten und in großen Teilen des Wissenschaftsbetriebs etablierten Disziplinengrenzen überschreitet.[551]

Im weiteren Sinn gehören zum Gegenstandsbereich der Semiotik daher alle jene Gegenstandsbereiche aus Einzelwissenschaften, in denen Zeichen und Zeichenprozesse eine Rolle spielen. Klar ist, dass die Semiotik bezogen auf diese Gegenstandsbereiche keine Gesamtbeschreibung anstrebt; viele Phänomene in diesem umfangreichen Bereich sind eindeutig nichtsemiotisch und interagieren auch nicht mit semiotischen Phänomenen, für diese ist die Semiotik nicht zuständig. Allerdings lässt sich dabei eine strenge Trennung nicht durchhalten:

---

[551] Unter „Grundlagenwissenschaft" wird hier eine Wissenschaft verstanden, welche die Grundlage und Verbindung mehrerer Einzelwissenschaften bereitstellt. Ähnlich wie die Physik für alle Wissenschaften und insbesondere die Naturwissenschaften, so bildet die Semiotik eine Grundlagenwissenschaft der Geistes- und Sozialwissenschaften. Einzelwissenschaften werden unter dem Gesichtspunkt ihrer institutionellen Verankerung auch als „Disziplinen" oder „Fächer" bezeichnet; die Semiotik ist daher interdisziplinär. Zur Semiotik als Grundlagenwissenschaft siehe Posner 1997a, zu ihrer Relation zu den Einzelwissenschaften Posner 2003b.

Dies liegt schon daran, dass die von der Semiotik untersuchten Phänomene oft in den Einzelwissenschaften gar nicht als Zeichen erkannt wurden (wären sie es, bräuchte es keine Semiotik mehr), so dass diese nicht umhin kommt, den Gegenstandsbereich vieler Einzelwissenschaften vollständig auf Zeichenphänomene zu durchmustern.[552] Oft ergeben sich auf semiotischer Grundlage ganz neue Gesichtspunkte für die Forschung.[553]

Dies heißt nicht, dass die Semiotik die Besonderheiten der von den Einzelwissenschaften untersuchten Gegenstandsbereiche leugnet. Sie klärt vielmehr die Grundlagen der semiotischen Phänomene; dass diese bereichsspezifische Eigenschaften aufweisen können, ist dabei zu berücksichtigen.[554] Allerdings kann oft beobachtet werden, dass die Perspektive, die sich aus der Disziplinentrennung ergibt, die Unterschiedlichkeiten der Gegenstandsbereiche überbetont und die Gemeinsamkeiten abschwächt oder gar nicht erkennt.

Dies gilt auch für das Phänomen Stil. Praktisch alle bislang konstruierten Stiltheorien verwenden in ihren Definitionen bereichsspezifische Terminologie; oft bauen sie dabei so grundlegend auf bereichsspezifischen Konzepten auf, dass eine Verallgemeinerung unmöglich erscheint. Es entsteht überwiegend der Eindruck, dass man sich wenig Gedanken gemacht hat, ob das, was man in einem Bereich mit dem Wort „Stil" bezeichnet, nicht vielleicht dasselbe Phänomen (oder ein ähnliches Phänomen) wie das durch „Stil" bezeichnete Phänomen in einem anderen Bereich sein könnte.[555] Diese Blindheit ist erstaunlich und spricht

---

[552] Diese Entwicklung ist noch lange nicht abgeschlossen; vgl. zum Stand der semiotischen Untersuchung einzelner Gegenstandsbereiche die Überblicksartikel in Posner 1997–2004, Bd. 3, Abschnitt XIV. „Semiotik und Einzelwissenschaften" (Artikel 132 bis 158).

[553] Als Beispiel dafür sei die von Guerino Mazzola entwickelte „mathematische Musiktheorie" genannt (Mazzola 1993 und 2002, Mazzola u.a. 1989), die zu neuen Untersuchungsfeldern geführt hat (beispielsweise der Untersuchung von Modulationen als mathematische Abbildungen; vgl. Mazzola 1985 und Muzzulini 1995) Zur semiotischen Orientierung der mathematischen Musiktheorie vgl. Noll 1996 und 2001 sowie Guerino 2003.

[554] Zur semiotischen Rekonstruktion der Einzelwissenschaften vgl. Posner 2003c.

[555] Selbst das ambitionierte, 146 Artikel auf 2500 Seiten umfassende Handbuch „Rhetorik und Stilistik" (Fix u.a. 2008–2009) überwindet dieses Manko nicht und schenkt der interdisziplinären Natur des Phänomens wenig Aufmerksamkeit. Wo dies doch geschieht, werden die nichtsprachlichen Stile mehr oder minder als Ableitung von sprachlichem Stil behandelt. So beginnt der Artikel „Rhetorik und Stilistik in der Musikwissenschaft" mit dem Satz: „Da man der Musik, und zwar auch jener ohne Text, seit jeher eine ‚Mitteilungsfunktion' beimaß, galt sie bereits in der Antike als sprachverwandte Kunst." (Krones 2009: 1933) Dies ist historisch richtig, wäre aber heute durch die Bezugnahme auf die Semiotik aufzulösen, da die Sprache für Jahrtausende als Paradigma für alle Zeichensysteme verstanden wurde, was das Handbuch unkritisch übernimmt. Zwar gibt es einen Artikel zu „Stil als Zeichen" (Nöth 2009), es wird jedoch nicht erkannt, dass dies keine isoliert abzuhandelnde Perspektive ist, sondern bei der Konzeption des Handbuchs hätte beachtet werden müssen.
Dieser Sprachzentrismus kann nicht mit dem Erscheinen in der Reihe „Handbücher zur Sprach- und Kommunikationswissenschaft" gerechtfertigt werden, handelt es sich doch bei Kommunikation um ein allgemein semiotisches Phänomen (auch mit Gesten, Musik,

Bände über die verhängnisvolle Wirkung der Disziplinentrennung in der heutigen Wissenschaft.

Diese Trennung ist mit der hier vorgelegten Stiltheorie obsolet. Es wird in Zukunft darauf zu achten sein, dass ein Stilbegriff unter Rücksichtnahme auf die Allgemeinheit des Phänomens definiert wird.[556] Das führt direkt zu der Frage, wie mit der bereichsspezifischen Terminologie, die bereits entwickelt wurde, umzugehen ist.

8.1.2 Anforderungen an bereichsspezifische Stiltheorien

Die lange Tradition der Stilforschung in bestimmten Bereichen (z.B. Textstilistik, wo der Schwerpunkt meist auf literarischen Texten lag, Kunst- und Architekturgeschichte) hat eine Fülle an Begriffen für spezielle Stilphänomene hervorgebracht. Allzu oft beschränken sich Werke zum Stil nach einer kurzen und stets ungenügenden Stildefinition darauf, diese Begriffe aufzuzählen und die damit benannten Phänomene zu beschreiben. Dabei bleibt sowohl die Frage, in welcher Relation diese verschiedenen Phänomene zueinander stehen, als auch, warum gerade diese und nur diese Phänomene zu Stil gehören sollen, unbeantwortet. – Dennoch sind solche Begriffe, ob sie nun Stilmittel, Soziolekte, Sprachebenen oder ähnliches unterscheiden, für die Beschreibung von Stilen häufig sinnvoll.

Eine bereichsspezifische semiotische Stiltheorie hat die Verbindung zu leisten zwischen

(a) der allgemeinen Ebene des Phänomens Stil, einem funktionierenden Zeichenprozess, bei dem Informationen in Realisierungen eingeschrieben und aus ihnen ausgelesen werden;

(b) bereichsspezifischer Begrifflichkeit, die auf Kompatibilität mit der allgemeinen Darstellung überprüft, gegebenenfalls geändert und auf nunmehr gesicherter Basis neu dargestellt und gegliedert werden muss.

Verkehrszeichen und anderen Zeichensystemen wird kommuniziert); tatsächlich wurde in derselben Reihe nur wenige Jahre zuvor ein vierbändiges Handbuch zur Semiotik abgeschlossen, das schon heute als Standardwerk gelten kann (Posner u.a. 1997–2004).

Selbst bei einer bewussten Konzentration auf sprachlichen Stil hätte die Frage nach dem disziplinenübergreifenden Auftreten des Begriffs ‚Stil' und des Phänomens, auf das damit referiert wird, gestellt werden müssen, bevor man sich auf gesicherter Grundlage der bereichsspezifischen Beschreibung hätte widmen können. Dass dieser unreflektierte enge Blickwinkel bei einem Werk dieser Größenordnung heute noch möglich ist, zeigt, wie die Aufrechterhaltung und sogar Verstärkung der Disziplinentrennung, die die letzten Jahrzehnte bestimmte, zu einer Tragödie der Wissenschaft wird.

[556] Wenn bereichsspezifische Stildefinitionen beibehalten werden, kann die Übertragungsleistung nicht erklärt werden, die wir vollziehen, wenn wir beispielsweise zum ersten Mal über den „Flugstil" eines Piloten lesen und diese Verwendungsweise von „-stil", eventuell nach kurzem Überlegen, verstehen.

Dies gilt unabhängig davon, ob für (a) die hier vorgeschlagene Theorie als angemessen akzeptiert oder eine andere gewählt wird. Bislang wurde dagegen immer bereichsspezifisch vorgegangen, wobei das Zugrundelegen einer allgemeinen Stiltheorie für unnötig gehalten wurde. Dieser (selten explizit benannte) Verzicht auf die Betrachtung der allgemeinen Ebene basierte wohl auf der unausgesprochenen Annahme, eine allgemeine Stiltheorie sei unmöglich, denn dass Stil ein völlig bereichsspezifisches Phänomen sei und keine allgemeinen Charakteristika aufweise, wurde kaum einmal behauptet und ist ja auch offensichtlich unplausibel. Die Annahme der Unmöglichkeit ist durch die hier vorgelegte Stiltheorie widerlegt, so dass für den Anspruch einer umfassenden Klärung eines Stilbereiches (z.B. sprachlichen Stils) in Zukunft in jedem Fall eine Darstellung für (a), also den Bereich der allgemeinen Stiltheorie, gewählt werden muss, auf die (b) dann aufgebaut werden kann.

Damit eine bereichsspezifische Stiltheorie mit der hier vorgeschlagenen allgemeinen Stiltheorie kompatibel ist, muss sie folgende Voraussetzungen erfüllen:

(1) Die Theorie muss mit der hier vorgestellten (oder einer vergleichbaren) Schemaaufteilung für Verhalten, Artefakte und Texte kompatibel sein (vgl. Abschnitt 4.2).

(2) Sie muss mit der Beschreibung von Stil als Zeichenprozess, bei dem Information in Realisierungen eingeschrieben und aus ihnen ausgelesen wird, kompatibel sein (statische Auffassungen von Stil als Eigenschaft von Realisierungen erfüllen diese Voraussetzung nicht).

(3) Sie muss eine Stilbeschreibung ermöglichen, die Stil in zwei Prozesse unterteilt: einen Prozess, in dem Merkmalsregeln in eine Realisierung eingeschrieben oder aus ihr ausgelesen werden, und einen Prozess, in dem diese Merkmalsregeln interpretiert werden.

8.1.3 Bereichsspezifische Stilphänomene

Erfüllt eine bereichsspezifische Stiltheorie die im letzten Abschnitt genannten Voraussetzungen, kann sie in diesen Punkten auf der Darstellung in der allgemeinen Stiltheorie aufbauen. Ihre Hauptaufgabe besteht nun darin, sich um bereichsspezifische Anforderungen zu kümmern: Sie muss Besonderheiten des jeweiligen Bereichs untersuchen, die von der allgemeinen Stiltheorie nicht abgedeckt werden. Beispielsweise wird
– die textwissenschaftliche Stiltheorie Unterschiede und Bezüge des mündlichen und schriftlichen Stilrepertoires in den Blick nehmen, für Gattungen beider Ausdrucksweisen wie Gespräch, Streit, Anekdote und Monolog sowie Zeitungsbericht, Erzählung, Brief und Gesetzestext nach stilistischen Besonderheiten suchen,[557] das Verhältnis von sprachlichem Stil zu systemischer Variation (etwa

---

[557] Vgl. Abschnitt 8.3.2.

bei Soziolekten und Fachsprachen) klären[558] und sich um eine präzise Beschreibung der stilistischen Auswirkungen rhetorischer Figuren kümmern;[559]
– die musikwissenschaftliche Stiltheorie die Unterscheidung zwischen Kompositionsstilen (die sich wiederum in Melodieverwendungsstile, Satztechnikstile, Harmonisierungsstile, Orchestrierungsstile usw. unterteilen lassen), Notationsstilen, Aufführungspraxen und Stilen der musikalischen Interpretation unterscheiden;
– die theaterwissenschaftliche Stiltheorie zwischen den Stilen von Theatermanuskripten, Inszenierungsstilen (also Stilen, die Theaterregisseure beim Inszenieren eines Stücks haben) und Aufführungsstilen unterscheiden (bei denen auch die individuellen und nicht vorgesehenen Aspekte der Aufführung einbezogen werden) und die Besonderheiten untersuchen, die sich für Theateraufführungen aus der Vierdimensionalität der Realisierung ergeben;
– die sozialwissenschaftliche Stiltheorie untersuchen, wie Stile des gesellschaftlichen Auftretens und der sozialen Interaktion mit verwandten Phänomenen wie Habitus zusammenhängen,[560] wie Konventionalität und individuelle Abweichung zusammenspielen, wie stilistische Normsetzungsprozesse funktionieren und welche Beschränkungen durch die materiellen Grundlagen einer Gesellschaft gegeben sind;
– die noch wenig entwickelte Stiltheorie von Verhaltensstilen (wie beispielsweise Bewegungsstilen) sich der Frage widmen, wie biologische und kulturelle Bedingungen bei der Festlegung von Verhaltensschemata interagieren, die die stilistischen Variationsmöglichkeiten bestimmen.

Dies sind nur einige Beispiele für die wesentlich größere Anzahl an Stilbereichen und darin jeweils zu beachtenden Besonderheiten. Sie zeigen jedoch die Richtung an, wie bei der Entwicklung bereichsspezifischer Stiltheorien vorgegangen werden kann. Damit soll nicht impliziert werden, dass die bisherigen Untersuchungen zu solchen Problemen nicht weiter verwendet werden können; in vielen Fällen dürfte dies möglich sein, es muss allerdings die Kompatibilität der Lösungen mit der allgemeinen Stiltheorie überprüft werden. Lösungen, die Stil auf eine bestimmte Art definieren, die nur bereichsspezifisch überhaupt Sinn macht, scheiden unter dem Blickwinkel einer allgemeinen Stiltheorie natürlich aus. Ebenso ist darauf zu achten, dass die semiotischen Grundlagen des Phänomens Stil beachtet werden;[561] eine Beschreibung, die nicht mit Merkmalen kompatibel ist, die in Form von Regeln die stilistische Information in Realisierungen einschreiben und auslesen, ist mit der hier vorgeschlagenen Stiltheorie nicht kompatibel. Sofern sie nicht auf einer anderen allgemeinen Stiltheorie aufsetzt, hängt eine solche bereichsspezifische Lösung daher ‚in der Luft'.

---

[558] Vgl. Abschnitt 8.3.4.
[559] Vgl. Abschnitt 8.3.6.
[560] Vgl. Abschnitt 8.4.2.
[561] Sofern auf der hier vorgeschlagenen Theorie aufgebaut wird; falls eine andere verwendet wird, müssen deren Grundlagen beachtet werden.

Neben diesen erhöhten Anforderungen an die bereichsspezifischen Stiltheorien ergibt sich jedoch durch die allgemeine Stiltheorie auch eine Entlastung für diese. Die grundsätzliche Funktionsweise des Phänomens braucht nicht mehr beschrieben zu werden; weder die Frage, wie Merkmalsregeln in Realisierungen eingeschrieben und (mehr oder minder korrekt) wieder ausgelesen werden können, noch die Frage, wie die oft weitgehenden Propositionsannahmen, Eindrücke und Gefühle beim Interpretieren eines Stils gebildet werden, muss in speziellen Stiltheorien geklärt werden. Daher kann die Forschung sich auf bereichsspezifische Besonderheiten konzentrieren, für die oben einige Beispiele genannt wurden.

Für Kunst-, Literatur-, Musikwissenschaft und teilweise auch die Architekturwissenschaft ergibt sich zudem die Besonderheit, dass Stil und ästhetische Wahrnehmung in ihrem Gegenstandsbereich zusammen auftreten und interagieren. Bei beiden handelt es sich um nicht-kodierte Zeichenprozesse mit den dafür charakteristischen Eigenschaften (etwa einem größeren Abweichungsgrad zwischen Sender- und Empfängerzeichen und der Rolle einer intuitiv erlernten nicht-konventionellen Wahrnehmungskompetenz); bei ästhetischen Realisierungen treten zudem Stil und ästhetische Wahrnehmung in Wechselwirkung miteinander. Die genannten Wissenschaften müssen ästhetische Aspekte der Stile in den von ihnen betrachteten Realisierungen beschreiben und umgekehrt den Anteil des Stils an den ästhetischen Eigenschaften klären (vgl. Abschnitt 8.3.7).

Durch die Kombination von ästhetischem und stilistischem Zeichenprozess ist mit besonderen Eigenschaften und möglicherweise speziellen Phänomenen zu rechnen, die bei Stilen außerhalb der Unterkategorie aller Realisierungen, die ästhetische Eigenschaften besitzen, nicht vorkommen. Bereichsspezifische Stiltheorien, deren Gegenstandsbereich ästhetische Realisierungen enthält, müssen sich mit solchen Eigenschaften oder Phänomenen beschäftigen, auf der Ebene der allgemeinen Stiltheorie können sie nicht behandelt werden, schon weil hier kein Platz für die nötige Auseinandersetzung mit der Ästhetik ist.

Für eine bereichsspezifische Beschreibung ergibt sich zudem die Möglichkeit, manche Bereiche der Theorie, die hier bewusst offen gelassen wurden, genauer zu spezifizieren. Dies betrifft beispielsweise die Schemagliederung, die in Abschnitt 2.6 eingeführt und in Abschnitt 4.2 genauer dargestellt wurde. Diese konnte hier nur allgemein vorgestellt werden; Stiltheorien für einzelne Stilbereiche – zum Beispiel sprachlichen Stil, Architekturstil oder Stil in der Musik – können hier eine wesentlich genauere Beschreibung vornehmen und mittelfristig eine Schemagliederung ihres Gegenstandsbereichs vorlegen, die die stilrelevanten Unterscheidungen als Schemata, gegebenenfalls Unterschemata und Schemaorte erfasst. Damit wird eine wesentlich genauere Modellierung möglich. Auch für andere Bereiche, etwa die Suche nach relevantem Hintergrundwissen (7.2.2), könnte eine bereichsspezifische Beschreibung möglicherweise Vorteile bringen.

Ähnlich könnte auch die Entstehung von Propositionsannahmen, Eindrücken und Gefühlen (6.2.2) den konkreten Bedingungen im jeweiligen Gegenstandsbereich angepasst werden, wobei auch empirische Untersuchungen eingebracht werden könnten. Auf der hier gewählten allgemeinen Ebene dagegen mussten für diese Bereiche stark vereinfachte, aufs Wesentliche reduzierte Theoriebausteine verwendet werden. Diese können als Platzhalter für spezifischere bereichsspezifische Theorien betrachtet werden, die an die dort jeweils bereits geleistete Forschung anschließen können.

8.1.4 Klärungsbedarf durch fehlende Grundlagen

Auch für die Einzelwissenschaften, in deren Bereich solche speziellen Stiltheorien fallen, ergeben sich gewisse Anforderungen. Insbesondere müssen einige Grundlagen der Einzelwissenschaft insoweit geklärt sein, dass eine Anknüpfung an die Semiotik als Grundlagenwissenschaft möglich wird. Ist beispielsweise nicht einmal der Gegenstandsbereich semiotisch klar definiert, kann diese Anknüpfung nicht erfolgen. Als Beispiel dafür, welche Anforderungen, aber auch welche Entwicklungsmöglichkeiten, die weit über die Entwicklung einer Stiltheorie hinausgehen, sich ergeben, sei die Bildwissenschaft herausgegriffen.

Nach Auffassung des Autors müsste dort zuerst einmal eine allgemeine Grundlegung durch eine sorgfältige und umfassende Theorie des Bildes erfolgen. Bisher ist die Relation von Zeichen zu Nicht-Zeichen bei Bildern nicht geklärt und wird immer wieder Anlass grundlegender Debatten.[562] Es besteht offenbar keine Einigkeit darüber, welche Rolle Zeichen in Bildern spielen; dabei werden allerdings die Grundlagen der Semiotik nicht ausreichend beachtet.[563]

Noch dramatischer erscheint das Fehlen einer schlüssigen Bilddefinition, die mit einer klaren Abgenzung arbeitet. So schreiben die Herausgeber eines aktuellen Sammelbands, der Begriff des Bildes sei vieldeutig, weil darunter dauerhafte Artefakte, flüchtige Erscheinungen (wie etwa Schatten) und mentale

---

[562] Vgl. Halawa 2009; Aspekte einer semiotischen Fundierung werden in Halawa 2008 diskutiert.

[563] Unter „Zeichen" werden von einigen Bildtheoretikern wie Dieter Mersch, Gernot Böhme oder Hans Belting „kodierte Zeichen" verstanden; es wird übersehen, dass es auch viele Arten von nicht-kodierten Zeichen gibt. Wenn dann in einem vermeintlichen Gegenentwurf zur Bildsemiotik von der „Materialität" und „Präsenz" eines Bildes, der „Anschauung" als Rezeptionsmodus oder der „Ereignishaftigkeit" des Rezeptionsvorgangs gesprochen wird, dann werden damit ebenfalls Zeicheneigenschaften und Zeichenprozesse benannt, etwa wenn die Pastosität des Farbauftrags ein Gefühl des Unfertigen, Großzügigen und Ungeschlachten im Betrachter erzeugt, wenn das helle Weiß eines freigelassenen Leinwandstücks auf einen Betrachter abweisend und steril wirkt oder wenn das Bild abseits aller konventionalisierten Zeicheninhalte (= Bedeutungen, Signifikate) mit der momentanen Stimmung des Rezipienten und dem Kontext des Rezeptionsvorgangs interagiert. Alle diese Prozesse lassen sich mit der Semiotik ausgehend von Charles S. Peirce beschreiben; vgl. hierzu Halawa 2008 und Halawa 2009: 80ff (Kap. 3) sowie Siefkes 2010b. Eine Übersicht über die wichtigsten Richtungen der Bildsemiotik gibt Sonesson 1993.

Bilder zählten;[564] dem ist zu entgegnen, dass gerade das Gemeinsame all dieser Phänomene ihre Zusammenfassung unter dem Begriff ‚Bild' nahelegt. Dabei ist insbesondere zu untersuchen, in welcher Relation der Bildbegriff zum Ikon (dem auf einer Ähnlichkeitsrelation beruhenden Zeichentyp von Peirce) steht und inwieweit die Loslösung des Bildbegriffs von der Bedingung der Ikonizität, die im 20. Jahrhundert nicht zuletzt durch die Entwicklung der modernen Kunst erfolgte, gerechtfertigt ist. Inzwischen sind neue Bilddefinitionen von Roland Posner und Claus Schlaberg vorgeschlagen worden, die als Grundlage einer systematischen Bildwissenschaft dienen könnten.[565]

Die zwei genannten Probleme der Bildwissenschaft – der Streit um die Rolle von Zeichen in Bildern und das Fehlen einer allgemein akzeptierten Bilddefinition – wurden hier als Beispiel für die fehlende Grundlegung vieler der Wissenschaften, in deren Gegenstandsbereich Stil auftritt, angeführt. Ohne eine solche Grundlegung ist eine systematische Erfassung der Phänomene der Objektebene aber unmöglich. Nach Auffassung des Verfassers hat hier die Postmoderne einigen Schaden angerichtet. Bevor bereichsspezifische Stiltheorien aufgestellt werden können, muss daher in vielen Fällen noch einige Grundlagenarbeit geleistet werden.

8.2 Zum Umgang mit Stilen

8.2.1 Grad der Unterschiedlichkeit von Stilen

Ein Stil wird unserer bisherigen Darstellung nach durch eine festliegende Menge von Merkmalsregeln B beschrieben. Im Alltag spricht man jedoch von einem bestimmten Stil mit einem bestimmten Namen oft auch innerhalb gewisser Variationen bezüglich der Merkmalsregeln (bzw. stilistischen Merkmale, wenn von einer konkreten Realisierung ausgegangen wird). Dies macht aus praktischen Gründen Sinn: So lassen sich selbst bei Gebäuden, die sich stilistisch so nahe stehen wie nur möglich, die etwa von demselben Architekten zur selben Zeit gebaut wurden, oft noch unterschiedliche Merkmalsregeln feststellen, etwa weil bestimmte Elemente (etwa ein Wintergarten oder ein Obergeschoss) an einem Gebäude vorhanden sind und am anderen nicht und sich daher zusätzliche Merkmalsregeln formulieren lassen, die sich speziell auf diesen Teil beziehen. Selbst wenn beide Gebäude bestimmte Elemente besitzen und diese etwas unterschiedlich ausgeführt sind, wird häufig noch vom gleichen Stil gesprochen.

Gleichheit von Stilen kann also unterschiedlich definiert werden. Im strengstmöglichen Sinn sind zwei Stile nur gleich, wenn ihre Merkmalsregelmengen B^x und B^y gleich sind. Näher am alltagssprachlichen Sprechen über Stile ist

---

[564] Nöth u.a. 2009: 9.
[565] Vgl. Posner 2010 und Schlaberg 2011.

man allerdings, wenn man für Gleichheit eine gewisse Abweichung zwischen B^x und B^y zulässt.

Die Abschätzung des Grads der Unterschiedlichkeit von Stilen, die wir im Alltag vornehmen, dürfte auf unterschiedlichen Aspekten beruhen:

(1) Grundlegend einer Abschätzung ist, welcher Anteil der Merkmalsregeln sich voneinander unterscheidet. Hat ein Stil mehr Merkmalsregeln als der andere, fließen diese Merkmalsregeln nicht unbedingt in vollem Maße in die Unterschiedlichkeitsschätzung ein: Da bei jedem Stil nur eine bestimmte Beschreibungsgenauigkeit vorliegt, können die zusätzlichen Merkmalsregeln als genauere Beschreibung des Stils erscheinen. In diesem Fall werden sie keinen oder nur einen geringen Unterschied bewirken.

(2) Allerdings haben nicht alle Merkmalsregeln die gleiche Wichtigkeit für einen Stil. Zum einen unterscheiden sie sich bezüglich ihrer Auffälligkeit; vermutlich bestimmt der Grad der Auffälligkeit einer Merkmalsregel in der Regel auch den Grad der Unterschiedlichkeit, der sich aus dem Fehlen der Merkmalsregel ergibt. Zum anderen können Merkmalsregeln auch als ‚zentral' oder ‚weniger zentral' für einen Stil empfunden werden: Beispielsweise kann eine Merkmalsregel einen geringeren Unterschied machen, als ihrem Auffälligkeitsgrad entspricht, wenn sie eine hinzugefügt wirkende, als oberflächlich betrachtete Eigenschaft spezifiziert.[566] Andere Merkmalsregeln können als sehr wichtig empfunden werden, obwohl sie wenig auffallen.[567]

(3) Der Grad der Unterschiedlichkeit der Merkmalsregeln spielt ebenfalls eine Rolle. Sind die verlangten Eigenschaften (ganz oder teilweise) gleich, kommt es oft zur Wahrnehmung einer Ähnlichkeit zwischen den Merkmalsregeln. Wie ähnlich die Merkmalsregeln wirken, hängt allerdings davon ab, wie ähnlich die Anwendungsbedingungen sind. Hier sind mehrere Fälle zu unterscheiden:

(a) Wenn die Anwendungsbedingungen gleich sind, führen Übereinstimmungen bei den verlangten Eigenschaften direkt zu einer Ähnlichkeit der Merkmalsregeln.

---

[566] Beispielsweise könnten bei einem Gebäude eine auffällige Farbgebung oder eine herausstechende Schmuckborte als weniger wichtig für den Stil erscheinen, als sie es rein ihrer Auffälligkeit nach sind; so würde man gegenüber einem Gebäude mit einer ganz anderen Farbe oder Schmuckborte sofort einen großen Unterschied erkennen, der aber stilistisch möglicherweise wenig ins Gewicht fällt.

[567] So kann beispielsweise eine auf einem Raster basierende Fassadengliederung, die zu ganzzahligen Relationen zwischen den Proportionen aller Elementen führt (beispielsweise 2 : 1 für das Verhältnis Fensterbreite : Fensterzwischenraum), als sehr relevant für den Architekturstil erscheinen, obwohl sie auf den ersten Blick gegenüber dem Fehlen eines solchen Rasters bei ansonsten ähnlicher Gestaltung kaum auffällt.

(b) Wenn die Anwendungsbedingungen denselben Schemaort, aber unterschiedliche Zusatzeigenschaften spezifizieren, wird der Effekt etwas abgeschwächt.[568]

(c) Eine noch stärkere Abschwächung ergibt sich, wenn die Anwendungsbedingungen verschiedene Schemaorte spezifizieren, die aber miteinander zusammenhängen (beispielsweise weil es sich um Schemaorte desselben Typs oder bei einem um eine Unterkategorie des anderen handelt). Der Grad der Abschwächung der Übereinstimmung der verlangten Eigenschaften hängt hier einerseits von den Relationen zwischen den beteiligten Schemaorten innerhalb des Schemas ab, andererseits davon, ob die Relationen zwischen den verlangten Eigenschaften und den jeweils spezifizierten Schemaorten unterschiedlich sind (beispielsweise können dieselben verlangten Eigenschaften für einen Schemaort als sinnvoll gelten und für den anderen nicht oder bei einem der Schemaorte üblich und beim anderen ungewöhnlich sein, wodurch sich jeweils der Abstand zwischen den Merkmalsregeln vergrößert).[569]

(c) Wenn die Anwendungsbedingungen ganz verschieden sind, können Übereinstimmungen bei den verlangten Eigenschaften ebenfalls zu einer Ähnlichkeit der Merkmalsregeln führen. Auch in diesem Fall hängt die sich ergebende Ähnlichkeit mit den Relationen zusammen, die zwischen den Anwendungsbedingungen, insbesondere zwischen den darin spezifizierten Schemaorten, bestehen.[570]

---

[568] Spielt beispielsweise ein Badmintonspieler die Schlagart ‚Smash' generell sehr schnell und hart, ein anderer nur den ‚Smash (aus aussichtsreicher Position)', dann ist zwar ein Unterschied zwischen diesen Merkmalsregeln erkennbar, aber er ist nicht allzu groß: Die zweite kann als kräftesparende Variante der ersten aufgefasst werden, so dass es auch nicht weiter verwundern würde, wenn derselbe Badmintonspieler bei unterschiedlichen Matches mal die eine, mal die andere Merkmalsregel anwendet.

[569] Spielt ein Badmintonspieler die Schlagarten „Smash" und „Drive" sehr schnell und hart, ein anderer dagegen nur den „Smash", dann werden diese beiden Stile vermutlich als relativ ähnlich empfunden werden; würde der zweite dagegen nur den „Drive" sehr schnell und hart spielen, dann wird der Unterschied deutlich größer sein, weil gerade der „Smash" sehr schnell und hart sein sollte. Spielt ein weiterer Spieler „Smash", „Drive" und „Drop" schnell und hart, dann wird dies als ein noch größerer Unterschied empfunden werden, da der „Drop" diese Spielweise praktisch ausschließt (er muss genau und möglichst kurz hinters Netz gespielt werden).

[570] Ist beispielsweise bei einer Schriftstellerin die ‚Syntax', bei einer anderen dagegen die ‚Wortwahl' ‚anspruchsvoll', so wird man eine Gemeinsamkeit zwischen den beiden Stilen erkennen, die allerdings deutlich schwächer ausfällt, als wenn beide denselben Schemaort ‚anspruchsvoll' realisieren würden. Die Ähnlichkeit fällt auch deshalb relativ groß aus, weil es sich in beiden Fällen um Schemaorte der Ausdrucksebene handelt. Eine geringere Ähnlichkeit ergibt sich, wenn die zweite stattdessen die ‚Erzählstruktur' oder die ‚Charakterisierung der Figuren' ‚anspruchsvoll' realisieren würde, da es sich hierbei um Schemaorte der Inhaltsebene handelt. Die Distanz von Schemaorten innerhalb des Schemas wirkt sich also auch auf die Distanz von Merkmalsregeln aus, die sie in ihren Anwendungsbedingungen spezifizieren.

(e) Sogar bei Stilen, die verschiedenen Schemata angehören, können Ähnlichkeiten festgestellt werden.[571] Die verlangten Eigenschaften können auch hier identisch sein; die Anwendungsbedingungen sind dagegen zwangsläufig verschieden, da Schemaorte verschiedener Schemata immer unterschiedlich intensional definiert sind. Dennoch können Übereinstimmungen bei den verlangten Eigenschaften auch hier den Eindruck von Ähnlichkeiten erzeugen. Tatsächlich gibt es zahlreiche Beschreibungen schemaübergreifender Stile, etwa bei künstlerischen Epochenstilen wie „Spätgotik" oder „Rococco", bei wiederholt auftretenden Entwicklungsphasen wie „Klassizismus", „Manierismus" oder „Realismus" und bei speziellen handwerklichen oder künstlerischen Schulen wie „Louis-seize" oder „Expressionismus". Solche Kategorisierungen von Stilen beruhen auf Übereinstimmungen von Merkmalsregeln, bei denen Gleichheit oder Ähnlichkeit der verlangten Eigenschaften vorliegt, während die Anwendungsbedingungen entweder ganz verschieden sind[572] oder vergleichbare Schemaorte der jeweiligen Schemata spezifizieren.[573]

(4) Sind die verlangten Eigenschaften zweier Merkmalsregeln der betrachteten Stile nicht (ganz oder teilweise) gleich, können dennoch Beziehungen zwischen den verlangten Eigenschaften vorliegen, die den Eindruck der Nähe erzeugen. Beispielsweise können die Eigenschaften selbst aufeinander bezogen werden[574] oder es können ihnen aufgrund von Weltbereichen, auf die sie Bezug

---

[571] Stile gehören sogar zu den wichtigsten Mitteln, mit denen unterschiedliche Schemata verbunden und damit kulturelle Bezüge und Intermedialität hergestellt werden können; siehe hierzu Motte-Haber 1977, Hess-Lüttich u.a. 1990 und Hess-Lüttich u.a. 2006.

[572] So können beispielsweise bei einem Baustil die ‚Verzierung‘, bei einem Schreibstil der ‚Satzbau‘ und bei einem Filmstil die ‚Handlung‘ jeweils ‚kompliziert, verschlungen‘ sein. Auch wenn die verlangten Eigenschaften schemaspezifisch angepasst sind, sind sie noch ausreichend ähnlich, um die drei Merkmalsregeln insgesamt als ähnlich erscheinen zu lassen: So könnte beispielsweise bei einem Baustil die ‚Verzierung‘ eines Gebäudes als ‚ornamental‘, bei einem Schreibstil der ‚Satzbau‘ als ‚hypotaktisch, mit langen Perioden‘ und bei einem Filmstil die ‚Handlung‘ als ‚mehrsträngig, ineinander verflochten‘ spezifiziert sein. In diesem Fall sind die verlangten Eigenschaften immer noch ähnlich genug, um den Merkmalsregeln trotz unterschiedlicher Schemaorte eine gewisse Ähnlichkeit zu verleihen, die sich entsprechend dem Gewicht der Merkmalsregeln in den Stilen auf diese überträgt.

[573] Etwa wenn die ‚Komposition‘ eines Bilds mit der ‚Komposition‘ eines Romans verglichen wird, die ‚Story‘ eines Comics mit der ‚Handlung‘ eines Films oder das ‚Lenkrad‘ eines Autos mit dem ‚Steuer‘ eines Schiffs.

[574] Beispielsweise kann einem Geschirr mit einem ‚Muster‘, das ‚verschnörkelt‘ ist, eine gewisse Ähnlichkeit mit einem anderen Geschirr mit einer ‚Form‘, die ‚verspielt‘ ist, zugeschrieben werden. Beide werden vermutlich als weniger unterschiedlich voneinander empfunden werden als im Vergleich mit einem dritten Stil, dessen ‚Muster‘ ‚schlicht‘ und dessen ‚Form‘ ‚funktional‘ ist.

nehmen, Entfernungen zugeordnet werden;[575] sind mehrere Weltbereiche beteiligt, kann der Abstand aufgrund einer Ontologie abgeschätzt werden.[576]

(5) Oft nehmen Merkmalsregeln mit Hilfe sowohl der Anwendungsbedingungen als auch der verlangten Eigenschaften auf einen Weltbereich Bezug;[577] auch in diesem Fall kann der Abstand verschiedener Merkmalsregeln voneinander mit Hilfe einer Ontologie aufgrund des Abstands der Weltbereiche voneinander abgeschätzt werden.

(6) In all den genannten Fällen tragen Ähnlichkeiten der Anwendungsbedingungen zusätzlich zur wahrgenommenen Ähnlichkeit der Merkmalsregeln bei, wenn ausreichend große Ähnlichkeiten der verlangten Eigenschaften gegeben sind.[578] (Ähnlichkeiten der Anwendungsbedingungen allein dagegen können zwar eine gewisse Nähe der Merkmalsregeln erzeugen, aber diese überträgt sich nicht auf die Stile und kommt daher hier nicht in Betracht.)[579]

Auf diese Weise entstehende Ähnlichkeiten zwischen einzelnen Merkmalsregeln werden dann entsprechend der Wichtigkeit der jeweiligen Merkmalsregeln in den jeweiligen Stilen – (vgl. Punkt (2) – als Ähnlichkeiten der Stile wahrgenommen.

---

[575] Bei einem Gebäude könnte der Baukörper ‚wie ein Schiffsrumpf' geformt sein, während bei einem anderen bestimmte Fenster ‚wie Bullaugen' aussehen.

[576] Ist bei einem Gebäude der Baukörper ‚wie ein Schiffsbug' geformt, während bei einem anderen der Baukörper ‚wie ein Flugzeugrumpf' erscheint, können die beiden Weltbereiche, auf die Bezug genommen wird, mit Hilfe einer Ontologie aufeinander bezogen werden; es wird festgestellt, dass es sich in beiden Fällen um Verkehrsmittel handelt, woraus sich eine gewisse Ähnlichkeit der Merkmalsregeln ergibt.

[577] Bei einem Gebäude können die ‚Terrassengeländer' ‚offen, mit horizontal verlaufenden weißlackierten runden Stäben' sein, während bei einem anderen die ‚Außenflächen' ‚weiß gestrichen' und die ‚Stockwerksgrenzen' ‚unmarkiert' sind (vgl. Abschnitt 7.1.1). In diesem Fall nehmen die verlangten Eigenschaften zwar nicht für sich genommen, aber unter Einbeziehung der Anwendungsbedingungen in beiden Fällen auf den Weltbereich ‚zivile Schiffe' Bezug. Dadurch kann den Merkmalsregeln ein (wohl relativ schwacher) Bezug zugeordnet werden.

[578] So trägt im Beispiel aus Fußnote 576 die Tatsache, dass die Bezüge auf Schiffe bzw. Flugzeuge jeweils bei einem ‚Baukörper' erfolgen, zur Ähnlichkeit bei: Die Merkmalsregeln würden wohl als weiter entfernt empfunden werden, wenn bei dem zweiten Gebäude nicht ein ‚Baukörper', sondern zum Beispiel bestimmte ‚Fensterreihen' ‚wie Kabinenfenster eines Flugzeugs' aussehen würden. Die Gleichheit der Anwendungsbedingungen vergrößert hier also die wahrgenommene Ähnlichkeit der Merkmalsregeln.

[579] Merkmalsregeln zweier Artefaktstile, die beispielsweise für die ‚Grundform' jeweils ganz verschiedene verlangte Eigenschaften spezifizieren, können zwar aufeinander bezogen werden, erzeugen aber nicht den Eindruck der Ähnlichkeit der Stile. Dies gilt unabhängig davon, ob es sich um Stile desselben Schemas oder unterschiedlicher Schemata (bei denen es aber ähnliche Schemaorte gibt, die eben jeweils die Grundform spezifizieren) handelt. Es liegt in der Natur der Sache, dass es bei verschiedenen Stilen Merkmalsregeln gibt, die sich auf dieselben Schemaorte (oder bei verschiedenen Schemata auf vergleichbare Schemaorte) beziehen. Dadurch werden die Stile sich noch nicht ähnlich.

(7) Auch die Interpretation von Stilen geht in die Betrachtung ihrer Ähnlichkeit bzw. Unterschiedlichkeit ein: Je größer die Unterschiede der Interpretation, die sich aus Stilen ergeben, desto unterschiedlicher die Stile. Dabei macht das Fehlen oder Hinzukommen eines Interpretationsergebnisses einen umso größeren Unterschied, umso wichtiger diese Interpretation für den Stil erscheint.

Allerdings können Interpretationen sehr subjektiv sein. Einige Operationen erzeugen Interpretationsergebnisse, die nur beschränkt intersubjektiv nachvollziehbar sind, etwa Assoziationen, Gefühle und Eindrücke. Zwar können auch solche Ergebnisse prinzipiell in verschiedenen Interpretationen gleich oder ähnlich erzeugt werden; es treten jedoch aufgrund der Freiheit innerhalb der Operationsanwendungen und beim Ablauf der Operation insgesamt, die sich aus der Anwendung der Funktion *Interesse* ergibt, stets Abweichungen zwischen verschiedenen Operationen auf. Diese vergrößern sich umso mehr, je weiter sich die Interpretationen von den Merkmalsregeln entfernen.

Bei der Ähnlichkeitsabschätzung können Ergebnisse von Interpretationen entsprechend ihrer vermuteten intersubjektiven Plausibilität berücksichtigt werden, wobei (a) die Anzahl der für ihre Erzeugung (ausgehend von den Merkmalsregeln) erfolgten Anwendungen von Operationen, also der ‚Abstand' der Ergebnisse von den Merkmalsregeln, und (b) die verwendeten Operationen und deren Intersubjektivität (wobei beispielsweise eine Deduktion als stärker intersubjektiv nachvollziehbar gelten wird als eine Assoziation), berücksichtigt werden können.

Zusammenfassend lässt sich sagen, dass Interpretationen zweier oder mehrerer Stile in die Schätzung des Grads der Ähnlichkeit dieser Stile eingehen können, dass sie aber sicherlich schwächer berücksichtigt werden als die Merkmalsregeln selbst.

Abschließend kann man überlegen, ob man für die Unterschiedlichkeit von Stilen eine Formel finden könnte. Oben wurden die Faktoren (1) bis (7) beschrieben; könnten diese quantifiziert und eine Gesamtwirkung ausgerechnet werden? Die Antwort ist sicherlich nein, aus folgenden Gründen:

(a) Die einzelnen Faktoren dürften schon jeder für sich genommen schwer zu quantifizieren sein. Es gibt beispielsweise sicher kein präzises Maß dafür, wie wichtig eine Merkmalsregel in einem Stil ist.

(b) Die einzelnen Faktoren können in Relation zueinander nicht quantifiziert werden. Ob eher die relative Anzahl der abweichenden Merkmalsregeln beachtet wird – also (1) – oder ob die Wichtigkeit der Merkmalsregeln stärker einbezogen wird – also (2) –, wird variieren.

(c) Es gibt keine Garantie dafür, dass stets alle sieben Faktoren beachtet werden. Beispielsweise kann nur Gleichheit zwischen verlangten Eigenschaften beachtet und weniger direkte Beziehungen – also (4) – als unzuverlässig zurückgewiesen werden, oder es wird auf die Einbeziehung von Interpretationen – also

(7) – verzichtet, wenn gar keine vorliegen oder die vorliegenden als zu subjektiv erscheinen.

(d) Für manche der genannten Faktoren gibt es Alternativen: Beispielsweise können Stile in Kategorien eingeteilt werden, die mit einer Menge von Merkmalsregeln definiert werden, die als notwendig und hinreichend angesehen werden. In diesem Fall wird eine Veränderung innerhalb der Kategorie noch als gleicher Stil gerechnet, während das Fehlen nur einer Merkmalsregel aus dieser Menge zu einem anderen Stil füht. Auch wenn dieser andere Stil nun wieder nach den Kriterien (1) bis (7) auf seine Unterschiedlichkeit vom ersten geprüft werden kann, bleibt doch die definierte Kategoriengrenze hier ein zusätzlicher Faktor, der manche Veränderungen verstärkt und andere verringert. Ebenso können bezüglich der Interpretationen – also (7) – bestimmte Interpretationsergebnisse als entscheidend für den Stil gelten; fehlen sie (möglicherweise aufgrund nur geringer Veränderungen in der Merkmalsmenge), wird der Stil als entscheidend verändert angesehen.

(e) Zweck und Kontext der Abschätzung können eine Rolle spielen. Werden beispielsweise die Stile von Gebäuden für stadtplanerische Zwecke in ihrer Unterschiedlichkeit abgeschätzt, wird möglicherweise auf bestimmte Teile der Interpretation, insbesondere auf erzeugte ästhetische Eindrücke, ein größeres Gewicht gelegt werden als auf andere Teile der Interpretation, beispielsweise auf erkennbare Unterschiede im Alter, und auf Teile der Merkmalsregeln, etwa auf die Konstruktionsweise. In diesem Fall wird die Absicht, ein einheitliches oder kontrastreiches Straßenbild zu schaffen, die Unterschiedlichkeitsschätzung beeinflussen. Umgekehrt könnte ein Wissenschaftler dazu neigen, kleine Unterschiede der Stile überzubetonen, um möglichst genaues Fachwissen zu demonstrieren; Ähnlichkeiten des Äußeren, die verschiedene Epochen oder Traditionen verbinden, wird er möglicherweise weniger berücksichtigen als der Laie.

Aus den unter (a) bis (e) genannten Gründen ist es nicht möglich, eine Formel für die Einschätzung von Gleichheit, Ähnlichkeit und allgemein für die Entfernung verschiedener Stile voneinander anzugeben. Es verwundert daher nicht, dass solche Einschätzungen auch in der normalsprachlichen Verwendung und in den Fachdiskussionen über Stil stark variieren. Es handelt sich um einen Aspekt der Stiltheorie, bei dem nicht in der Theorie selbst (etwa aufgrund fehlender empirischer Erkenntnisse), sondern im Gegenstandsbereich Vagheit herrscht.[580]

Eine Abschätzung wird jedoch umso präziser sein, je mehr der Faktoren (1) bis (7) beachtet werden.

---

[580] Vgl. Abschnitt 9.5.

8.2.2 Absichtlichkeit und Bewusstheit von Stilen

Das stilistische Zeichen wird nicht immer absichtlich und bewusst erzeugt. Häufig sind die Merkmalsregeln, die eingeschrieben werden, alles andere als ein absichtlich gesendeter Zeicheninhalt; sie können auf Gewohnheit, Erziehung, Sozialisation, Persönlichkeit oder anderen Faktoren beruhen. Damit machen sie diese jedoch auch für den Stilwahrnehmer zugänglich – nicht zuletzt deshalb ist Stil so interessant für uns und genauso relevant im Alltag wie in Kunst und Forschung.

Auch das Verhalten selbst, bei dem Stil entsteht, muss nicht bewusst oder gar absichtlich sein. Zwar treten viele Stile bei Handlungen auf, also bei absichtlichem Verhalten; dies heißt jedoch noch nicht, dass die Stile selbst absichtlich erzeugt werden, also Teil der Handlung sind. Und schließlich ist auch das Auslesen oft kein absichtlich vorgenommener Prozess; ohne es zu wollen, nehmen wir oft bei der Wahrnehmung eines Verhaltens, eines Artefakts oder eines Textes einen Stil wahr.

Dies liegt daran, dass wir bei der Wahrnehmung sowieso eine Analyse der Realisierung vornehmen müssen, um zu den Schemata und Schemaorten zu gelangen, die es bestimmen. Würden wir diesen Prozess nicht durchführen, wären wir mit einem bunten Mischmasch von Eindrücken konfrontiert, ohne zu verstehen, worum es sich handelt, wie dies etwa in einer völlig ungewohnten Umgebung für kurze Zeit der Fall sein kann. Bei diesem Ausleseprozess schließen wir automatisch aus den Eigenschaften der vorgefundenen Elemente auf die Schemata und Schemaorte, denen sie angehören. Dabei müssen wir notwendig zwischen den für die genannten Klassifikationen notwendigen Eigenschaften und zusätzlichen Eigenschaften unterscheiden, die die Elemente besitzen. Sollten diese zusätzlichen Eigenschaften sich wiederholen und somit Spuren einer regelbasierten Auswahl erkennbar werden, können wir meist gar nicht anders, als diese wahrzunehmen. Stil ist deshalb ein so natürliches Mittel des Mitteilens wie des Verstehens für uns, weil wir bei der notwendig kategorisierenden Wahrnehmung auch die nicht kategoriell notwendigen Unterschiede wahrnehmen, ja wahrnehmen müssen, um sie von den anderen trennen und damit überhaupt erst etwas Bestimmtes wahrnehmen zu können. Stil ist somit ein Zeichen, das wir bei der ganz normalen Wahrnehmung ‚mitbekommen'.

Zunächst ist zu betonen, dass Stile absichtlich oder unabsichtlich sein können, was manchmal geleugnet wird.[581] Der „bürokratische Stil" eines Bürokraten ist wohl meist nicht beabsichtigt, der Fahrstil eines Jugendlichen, der renommieren will, dagegen schon. Dazwischen gibt es aber auch Abstufungen. Beispielsweise bilden Künstler über Jahre oder Jahrzehnte ihren Stil heraus; es ist dabei oft schwer zu sagen, was davon absichtlich und unabsichtlich erfolgt, welcher Anteil auf Entscheidungen und welcher auf Anlagen, spezifischer Weltwahr-

---

[581] Beispielsweise ordnet Werner Thoma (Thoma 1976) Stil der unabsichtlich übermittelten Sekundärinformation zu (vgl. Abschnitt 3.3).

nehmung und Übernahme von Lehrern oder Kollegen beruht. Die meisten Künstler haben ihren Stil nicht bewusst erzeugt, aber eigenständige Entwicklungen ihres Stils, die sich beispielsweise aus den Einflüssen, denen sie ausgesetzt waren, ergaben, zugelassen oder gezielt gefördert. Solche Fälle können schwer als absichtlich oder unabsichtlich klassifiziert werden.

Häufig sind zudem Fälle, in denen ein Teil des Stils beabsichtigt, ein anderer unbeabsichtigt ist. Jemand kann einen Stil absichtlich erzeugen, dann aber zunehmend die Kontrolle darüber verlieren und schließlich (durch Übertreibungen oder Erstarrung in einem nicht mehr zeitgemäßen Stil) zur Karikatur seiner selbst werden.[582] Die meisten Stile sind nicht vollständig beabsichtigt.

Eine weitere Unterscheidung ist zudem relevant: Die zwischen bewussten und unbewussten Stilen (oder Bestandteilen von Stilen). Auch wenn wir selten unsere Stile völlig kontrollieren können und daher nur wenige Stile ganz beabsichtigt sind, ist es doch möglich, sich bewusst zu machen, wie die eigenen Stile auf andere wirken. Beispielsweise kann eine Schriftstellerin oder ein Schauspieler versuchen, sich des eigenen Stils und seiner Wirkung auf andere bewusst zu werden, unpassende Merkmalsregeln zu ändern oder weitere Merkmalsregeln zu ergänzen, um den Stil ‚abzurunden'. Dies gilt genauso für alltägliche Stile der Kommunikation und des Auftretens: Wenn jemand sich des unabsichtlichen Teils seines Stils nicht bewusst ist, merkt man dies oft daran, dass der absichtliche Teil seines Stils nicht dazu passt.

Welche Teile eines Stils absichtlich und unabsichtlich, bewusst und unbewusst sind, kann in der Praxis nur aus dem Stil selbst entnommen werden, da auch der Stilanwender diese Information nicht immer besitzt.[583] Sie kann in dem angewendeten Stil ganz, teilweise oder überhaupt nicht enthalten sein. Der Stilwahrnehmer wird somit innerhalb der Interpretation versuchen, über Absichtlichkeit und Unabsichtlichkeit, Bewusstheit und Unbewusstheit von Stilen und Bestandteilen von Stilen zu entscheiden, wobei der Stil Hinweise (etwa in Form von Widersprüchen) gibt und Hintergrundwissen über den Stilanwender hinzugezogen werden kann.

Auch das Wahrnehmen eines Stils kann absichtlich oder unabsichtlich erfolgen, wobei oft Mischformen vorliegen. Besitzt eine Person eine gewisse Stilkompetenz (vgl. Abschnitt 8.2.4) bezüglich eines bestimmten Schemas, kann sie meist gar nicht umhin, bei der Wahrnehmung einer Realisierung dieses Schemas einen Stil zu erkennen, und selbst Teile der Interpretation laufen meist absichtslos ab, etwa das Erkennen auffälliger Zusammenhänge zwischen den Regeln oder

---

[582] Marcel Proust schildert in der „Recherche" (Proust 1913–1927) eine solche Entwicklung bei dem aristokratischen Weltmann und Kunstkenner Charlus, der nach Robert de Montesquiou modelliert ist, jenem französischen Schriftsteller, Kunstsammler und Décadent, der auch die Hauptfigur Des Esseintes in Joris-Karl Huysmans' „À rebours" inspirierte (Huysmans 1884).

[583] Wendet er einen Stil (a) absichtlich oder (b) unabsichtlich und bewusst an, weiß er dies selbst; wendet er ihn (c) unabsichtlich und unbewusst an, weiß er dies nicht.

offensichtlicher Gründe für bestimmte Ausführungsweisen. Gleichzeitig kann der Stilwahrnehmer jedoch bestimmen, wie genau er die Merkmale zur Kenntnis nimmt (2.11) und davon ausgehend die Merkmalsregeln ausliest (2.13) und ob die Interpretation über das automatisch Bemerkte hinaus fortgeführt wird.[584]

Schwerer zu entscheiden ist die Frage, ob es unbewusstes Wahrnehmen eines Stils gibt. Plausibel ist, dass wir auch längere Zeit nach der Wahrnehmung einer Realisierung auf Aspekte von Stilen aufmerksam werden können; allerdings könnte es sein, dass in diesem Fall nur ein Wahrnehmungseindruck gespeichert wurde, den wir wieder aufrufen. Zwar können selbstverständlich Eigenschaften einer Realisierung unbewusst wahrgenommen werden (beispielsweise wenn ein Autofahrer riskant fährt und dadurch Angst bei einem Mitfahrer entsteht, noch bevor diesem das Risiko bewusst geworden ist), aber dann handelt es sich nicht um das Wahrnehmen eines Stils, sondern eben nur einer Eigenschaft der Realisierung ohne Berücksichtigung ihrer Gründe. Ob Stile zumindest teilweise unbewusst wahrgenommen werden können, muss wohl in empirischen Untersuchungen geklärt werden.

8.2.3 Stil als Betrachtungsweise

Stil kann als eine *Betrachtungsweise* verstanden werden, die man auf jeden Bereich menschlichen Verhaltens und menschlicher Erzeugnisse anwenden kann.[585] Überall, wo man Schemata finden kann, mit deren Hilfe Alternativenklassen gebildet werden, kann man Stile erzeugen (indem man nach Merkmalsregeln bezüglich dieser Alternativenklassen vorgeht) oder Stile auszulesen versuchen.

So kann prinzipiell fast überall von „Stil" gesprochen werden, je nachdem, welches Schema man annimmt (und damit auch: welche Alternativenklassen sich ergeben). Beispielsweise ist die Unterscheidung, ob etwas ein Gedicht oder ein Prosastück ist, normalerweise keine Frage des Stils, sondern eine der Gattung. Für das Schema ‚Hochzeitsansprache' kann es jedoch eine Stilentscheidung sein, welche von beiden Formen man wählt: Dazu wird der Schemaort ‚literarische Gattung der Ansprache' angenommen und es wird eine Merkmalsregel formuliert, die in den Anwendungsbedingungen diesen Schemaort angibt und in den verlangten Eigenschaften die jeweilige Gattung spezifiziert.

Ebenso ist die Unterscheidung bei einer literarischen Szene zwischen einem Gewaltexzess und einer Kindheitsschilderung normalerweise keine des Stils, sondern eine des Inhalts, während man die genaue sprachliche Gestaltung der

---

[584] Elfriede Kaul betont für sprachliche Texte: „Produktion und Rezeption [...] gemeinsam ist auf hohem Kompetenzniveau die Fähigkeit des Produzenten/Rezipienten, seine Aufmerksamkeit gezielt auf stilistische Textaspekte zu lenken im Wechsel mit automatisiert ablaufenden Rezeptions- und Produktionsleistungen." (Kaul 1990: 301f.)

[585] Dies wurde in Abschnitt 2.7 bereits einführend erläutert; dieser Abschnitt ergänzt den dortigen und stellt den Sachverhalt aufgrund der inzwischen gewonnenen theoretischen Erkenntnisse etwas technischer dar.

Szenen zum Stil zählen würde. Sie kann jedoch zu einer werden, wenn beim Schema ‚Roman' für den Schemaort ‚Eröffnungsszene' zwischen diesen beiden gewählt wird: Es kann typisch für den Erzählstil[586] einer Autorin sein, mit einer spektakulär blutigen Szene zu beginnen, und für eine andere, die Geschichte des Protagonisten in der Kindheit beginnen zu lassen. Es würde also für den Schemaort ‚Eröffnungsszene' entweder ‚spektakulär blutige Szene' oder eben ‚Kindheitsschilderung' spezifiziert.

Es kommt also, wie die Beispiele zeigen, darauf an, dass eine entsprechende Merkmalsregel formuliert werden kann. Normalerweise betrachtet man die Unterscheidung zwischen verschiedenen Textsorten (die im Bereich der Literatur auch „Gattungen" genannt werden) als funktionsabhängig mehr oder minder festgelegt, daher macht es wenig Sinn, sie über einen Schemaort des allgemeine Schemas ‚sprachlicher Text' zu spezifizieren; will man also ein so allgemeines Schema annehmen, kann man die Textsorten- oder Gattungsunterscheidung über Unterschemata spezifizieren (vgl. Abschnitt 4.2.4), oder es wird gleich zwischen ‚Gedicht' und ‚Prosatext' als verschiedenen Schemata unterschieden. Das Schema ‚Hochzeitsansprache' umfasst jedoch konventionell die Möglichkeit, zwischen verschiedenen Textsorten zu wählen, daher kann hier ein entsprechender Schemaort sinnvoll angenommen werden.

Ebenso ist die Frage, was erzählt wird, normalerweise eine des Inhalts und muss daher über inhaltliche Bedingungen spezifiziert werden. Definiert man jedoch ein Schema wie ‚Roman' (oder ‚Drama', usw.) und spezifiziert dafür einen speziellen Schemaort ‚Eröffnungsszene' (oder ‚Peripetie', usw.), dann kann, sofern keine zusätzlichen inhaltlichen Bedingungen spezifiziert werden, auch die Wahl des Inhalts in den verlangten Eigenschaften einer Merkmalsregel spezifiziert werden.

Einige weitere Beispiele: Die Unterscheidung zwischen zwei beliebigen verschiedenen Spielzügen beim Schema ‚Schach spielen' (oder einem anderen Spiel) ist normalerweise keine des Stils, sondern eine des Spielverlaufs; sie wird jedoch für den Schemaort ‚Spieleröffnung' zu einer stilistisch relevanten Entscheidung. Die exakten Unterschiede zwischen zwei Fahrtrouten ist keine des Stils einer Autofahrerin; es kann jedoch durchaus stilistisch relevant sein, ob sie die Autobahn wählt oder lieber über Landstraßen fährt, wenn es beide Möglichkeiten gibt. Die Unterscheidung zwischen den Handlungen ‚Verfassen eines Textes' und ‚mit dem Auto herumfahren' ist normalerweise keine des Stils (beides sind ganz unterschiedliche Handlungen, die selbst wiederum einen Stil aufweisen können, nämlich einen Schreib- bzw. einen Fahrstil). Wählt man jedoch den Schemaort ‚normale Tätigkeit am Wochenende' des Schemas ‚Lebensweise', dann kann es sich durchaus um eine Stilfrage handeln: Ob am Wochenende geschrie-

---

[586] Mit solchen Erzählstilen beschäftigt sich die Erzähltheorie (= Narratologie); vgl. Genette 1994 und Fludernik 2006.

ben oder mit dem Auto herumgefahren wird, kann nun zu einer Merkmalsregel eines Lebensstils werden.[587]

Für alle betrachteten Fälle gilt: Die Voraussetzung dafür, dass ein Unterschied als stilistischer Unterschied betrachtet wird, ist, dass er als Unterschied zweier Merkmalsregeln formuliert werden kann. Jede Merkmalsregel besteht aus Anwendungsbedingungen, in denen Schemaortbedingungen angegeben sein müssen und darüber hinaus kontextuelle, inhaltliche oder funktionale Bedingungen angegeben sein können, und verlangten Eigenschaften.[588] Es ist daher nötig, dass es einen Schemaort gibt, für den dann genauere Angaben gemacht werden. Es kann nicht einfach bei einem Textstil ein Teil des Inhalts, bei einer Autofahrt ein Teil der Route, bei einem Schachspiel eine Abfolge von Spielzügen in Merkmalsregeln spezifiziert werden. Schließlich wäre unklar, wie diese Spezifikationen bei anderen Realisierungen anzuwenden wären; es würde sich also gar nicht um wirkliche Regeln handeln. Was sollte man etwa mit der ‚stilistischen Information' anfangen, dass ein Schachspieler eine bestimmte Figur um zwei Felder vorsetzt, dass ein Schriftsteller einen seiner Helden sterben lässt, oder dass ein Autofahrer von der Autobahn abfährt?

Solche Informationen sind keine Merkmalsregeln, weil nicht angegeben ist, unter welchen Bedingungen die genannten Ereignisse vorkommen, und daher keine Regel entsteht. Solche Ereignisse können in einem Schachspiel, einem Roman oder einer Autofahrt vorkommen; weiß man nicht, wodurch sie verursacht wurden, kann man dennoch keine Aussage darüber machen, ob sie in der nächsten Realisierung desselben Typs wieder vorkommen werden, und wenn ja, an welcher Stelle der Realisierung dies der Fall sein wird.

Dies ändert sich, wenn sie als verlangte Eigenschaften für eine Merkmalsregel definiert werden. Dafür ist erforderlich, dass ein Schemaort des jeweils realisierten Schemas und gegebenenfalls Zusatzbedingungen angegeben werden: Dies könnte beispielsweise ‚Eröffnung' beim Schema ‚Schachspielen', ‚Schlussszene' beim Schema ‚Roman' und ‚Umgang mit Autobahnstaus (bei Ausweichmöglichkeit auf eine Landstraße)' beim Schema ‚Autofahren' sein. Nun können die oben genannten Angaben als verlangte Eigenschaften spezifiziert werden, und es entstehen Merkmalsregeln:

Verhaltensschema ‚Schachspielen'

$U(B_1)$: ‚Eröffnung', $V(B_1)$: ‚e2-e4 (Königsbauer um zwei Felder vor)'

Textschema ‚Roman'

---

[587] Zu Lebensstilen existiert mittlerweile eine umfangreiche Literatur; vgl. Lüdtke 1995, Schwenk u.a. 1996, Otte 2004 und Kimminich 2006 (vgl. auch Abschnitt 8.4.2). Lebensstile sind nur dort möglich, wo es in vielen Lebensbereichen ausreichend Auswahl gibt; da dies in modernen Gesellschaften zunehmend der Fall ist, haben Lebensstile in den letzten Jahrzehnten stark an Wichtigkeit gewonnen (vgl. Richter 2005).

[588] Vgl. Abschnitt 5.3.1.

$U(B_1)$: ‚Schlussszene', $V(B_1)$: ‚einer der Helden stirbt'

Verhaltensschema ‚Autofahren'

$U(B_1)$: ‚Umgang mit Autobahnstaus (bei Ausweichmöglichkeit auf eine Landstraße)', $V(B_1)$: ‚Abfahren von der Autobahn auf die Landstraße'

Nun können wir auf die anfängliche Überlegung zurückkommen und präzisieren, unter welchen Umständen das Auftreten einer Eigenschaft an einem Verhalten, Artefakt oder Text als stilistisch beschrieben werden kann: Dies gilt immer dann, wenn ein Schema gefunden werden kann, innerhalb dessen ein Schemaort zur Verfügung steht, für den diese Eigenschaft als verlangte Eigenschaft spezifiziert werden kann.

Aber stimmt dies auch mit dem normalsprachlichen Gebrauch des Begriffs ‚Stil' überein? Betrachten wir dazu noch einmal das Textschema ‚Hochzeitsansprache'. Dieses altehrwürdige Genre eines mündlich vorgetragenen Texts lässt zahlreiche Möglichkeiten der Variation. Wir hatten gesehen, dass es sich bei der Frage, ob in Gedichtform oder in Prosa vorgetragen wird – normalerweise eine Unterscheidung zwischen verschiedenen Genres –, nun um eine Merkmalsregel handeln kann. Interessanterweise gilt dies auch für die Frage, *worüber* gesprochen wird. Wenn die Vortragende häufiger Hochzeitsansprachen hält und gewöhnlich Anzüglichkeiten vermeidet und stattdessen auf die Familiengeschichte zu sprechen kommt, bei ihrer neuesten Hochzeitsansprache aber die Familiengeschichte völlig ausspart und stattdessen über später zu erwartende Vorgänge im Schlafzimmer spekuliert, würde man sich nicht wundern, wenn ein Hochzeitsgast sagt: „Das ist aber gar nicht ihr Stil!" Dieselbe Reaktion könnte auch erfolgen, wenn statt der Familiengeschichte die politische Großwetterlage thematisiert wird, also zwei gleichermaßen seriöse Themen, so dass es sich nicht nur um eine Frage von ‚hoher vs. niederer Stil' handeln kann. Tatsächlich kann also jeder Inhalt stilistisch relevant werden, wenn es (1) ein Schema mit geeigneten Schemaorten gibt, auf deren Grundlage Alternativenklassen gebildet werden können, und (2) Merkmalsregeln feststellbar sind, nach denen der Inhalt aus diesen Alternativenklassen ausgewählt wurde.[589]

Dass alles auf die Wahl des Schemas ankommt, zeigt sich beim allgemeinsten aller Verhaltensstile, dem Lebensstil: Hier können praktisch alle Aspekte des

---

[589] Es ist plausibel, dass die Wahl des Inhalts gerade bei Schemata mit Zeichengebrauch stilistisch relevant werden kann, bei denen die Übermittlung eines Inhalts nicht primärer Zweck ist. Schemata wie ‚Hochzeitsansprache' oder ‚Predigt' werden bei formalen Anlässen ausgeführt, die unabhängig von einem zu vermittelnden Inhalt sind, so dass der Inhalt hier durch eine Merkmalsregel ausgewählt werden kann, ohne dass die Ausführung des Schemas sinnlos wird. Ähnliches gilt für Kommunikationshandlungen wie ‚Sich vorstellen' oder ‚Flirt', bei denen die Inhalte eingeschränkt sind und dem Erreichen eines bereits bekannten Zwecks dienen, sowie bei phatischer Kommunikation wie ‚Gespräche beim Autofahren zum Wachbleiben', bei denen der Inhalt beliebig ist.

Verhaltens stilistisch relevant sein; beispielsweise kann es nun ein Frage des Stils sein, über welche Themen eine Schriftstellerin schreibt und wen sie heiratet – während es bei Betrachtung des Schreibstils oder des Stil der Hochzeit darauf ankäme, wie diese spezifischeren Schemata jeweils realisiert werden.

Ein allgemeiner Hinweis ist noch angebracht: Zu Anfang der Arbeit wurde wiederholt betont, dass Stil nicht nur ein Begriff, sondern auch ein Phänomen sei (vgl. Abschnitt 1.2), womit gemeint war, dass es empirisch feststellbare Konsequenzen hat; wird diese Aussage nun nicht wieder zurückgenommen? Kann etwas, das eine Frage der Betrachtungsweise ist, empirisch feststellbare Konsequenzen haben? – Es kann, weil die Betrachtungsweise zu neuer Informationen führt. Betrachtet man die Hochzeitsansprache unter stilistischen Gesichtspunkten, kann man möglicherweise etwas über die Vortragende und über die Besonderheiten dieser spezifischen Hochzeit erfahren. Dies gelingt einem jedoch nur, wenn man zuvor das richtige Schema und die richtigen Schemaorte zugrunde legt; sonst weiß man ja nicht, welche Alternativen sie überhaupt gehabt hätte, und glaubt vielleicht bei einer in Gedichtform vorgetragenen, mit Anzüglichkeiten versehenen Hochzeitsrede, dies sei im Schema so spezifiziert. Hier ist also die Wahl der richtigen Betrachtungsweise entscheidend, um die Information zu erhalten.

Stil ist also nicht auf der Beschreibungsebene eine Frage der Betrachtungsweise, sondern auf der Objektebene: Man kann nicht Beliebiges unter „Stil" verstehen, aber man kann viele Phänomene (mal mehr, mal weniger sinnvoll) unter dem Aspekt betrachten, was daran Stil ist.

Dafür braucht man nicht immer ein exaktes, kulturell bereits konventionalisiertes Schema, wie anhand eines letzten Beispiels illustriert werden soll. Erinnern wir uns an die Fußnote, in der anlässlich Samuel Wesleys „Style is the dress of thought" darauf hingewiesen wurde, dass natürlich auch die Wahl der Sprache eine Frage der Einkleidung des Gedankens ist, dies aber von Wesley und seinen Nachfolgern intuitiv ausgeschlossen wurde.[590] Manchem mag dort der Widerspruch eingefallen sein, dass ja unter bestimmten Umständen auch die Wahl der Sprache eine Stilfrage ist, etwa wenn man sich im Ausland befindet; dann kann es durchaus stilistisch relevant sein, ob man sich Mühe gibt, sich in der Sprache der Gastgeber auszudrücken, oder ob man darauf besteht, seine eigene Muttersprache zu sprechen. Dies ist zweifellos richtig; allerdings ist es keine Frage des Stils der jeweiligen sprachlichen Äußerung. Eine sprachliche Äußerung kann man auf ihren Stil untersuchen, ohne Informationen über die Herkunft und die derzeitige Lebenssituation ihres Produzenten besitzen zu müssen. Um die Wahl der Sprache als Merkmalsregel eines Stils darzustellen, muss man vielmehr zunächst ein Schema konstruieren, das allgemeiner ist: Dies kann beispielsweise das Schema ‚Im Ausland kommunizieren' oder auch das allgemeinere Schema ‚Sich im Ausland aufhalten' sein.

---

[590] Siehe Fußnote 140.

Diese Schemata brauchen nicht als kulturell konventionalisiert angenommen zu werden, sie können auch spontan vom Individuum konstruiert werden; man betrachtet nun das konkrete Verhalten auf der Grundlage eines (angenommenen) Schemas, das Verhaltensweisen des Kommunizierens im Ausland bzw. Verhaltensweisen beim Auslandsaufenthalt generell betrifft. Solange es möglich ist, Schemaorte für solche Schemata zu finden und mit Hilfe schemaortdefinierender Eigenschaften festzulegen, ist diese spontane Konstruktion von Schemata kein Problem. Auf ihrer Grundlage können dann ‚Stile des im Ausland Kommunizierens' oder ‚Stile des Auslandsaufenthalts' definiert werden. Bezogen auf solche Stile ist die Wahl der Sprache nun eine Merkmalsregel. Ebenso kann nun auch die Wahl von Kommunikationsthemen eine Frage des Stils sein: Wird viel über Aspekte des eigenen Lands im Vergleich zum Gastland gesprochen, und welche Meinungen äußert man bei solchen Vergleichen? Oder spricht man lieber über politisches Tagesgeschehen oder über anspruchsvolle Themen wie Philosophie? Bezogen auf eine konkrete Äußerung gehört dagegen weder das Zeichensystem, in dem sie kodiert ist (hier also die Sprache), zum Stil, noch der Inhalt, der in ihr ausgedrückt wird. Dies macht deutlich, dass dieselben Aspekte einer Realisierung als durch eine Merkmalsregel erzeugt oder nicht durch eine Merkmalsregel erzeugt betrachtet werden können – je nachdem, welches Schema zugrunde gelegt wird.

8.2.4 *Vorteile von Stilkompetenz*

Stil ist der hier vorgestellten Theorie zufolge ein bestimmter Zeichenprozesstyp, die von anderen Zeichenprozessen abgegrenzt werden kann. Nun gibt es jedoch zahlreiche Zeichenprozesstypen – warum haben wir gerade für diesen einen eigenen Begriff?

Dies hat sicherlich damit zu tun, dass mit Hilfe von Stilen zahlreiche Informationen übermittelt werden, was in dieser Arbeit an vielen Beispielen demonstriert wurde. Oft geschieht diese Übermittlung rasch, automatisch und recht zuverlässig. Eine solche Informationsquelle anzapfen zu können, verschafft einen beachtlichen Wissensvorsprung gegenüber denjenigen, die dies nicht beherrschen. Hat sich jedoch die Kompetenz der Stilwahrnehmung erst einmal durchgesetzt, gibt es kein Zurück: Sie nicht zu beherrschen, wäre nun ein erheblicher Nachteil.

Dasselbe gilt für die Anwenderseite: Stil kann man nicht abstellen. Wir alle teilen nolens volens fortwährend auf verschiedenen Kanälen stilistische Informationen mit. Es ist besser, diesen Prozess zu beeinflussen zu versuchen und die Kompetenz zu entwickeln, seine Stile entweder (a) zumindest teilweise bewusst kontrollieren zu können oder (b) durch langfristiges Training so umzuändern, dass die übermittelte Information unseren Interessen und Intentionen entspricht. Wenn dies nicht geht, ist die zweitbeste Lösung, die eigenen Stile zumindest bewusst wahrzunehmen und damit zu wissen, welche stilistischen Informationen man gerade übermittelt.

Mit Hilfe von Stilkompetenz[591] kann ein Individuum erhebliche Vorteile in der Interaktion mit anderen Individuen gewinnen. Kompetenz beim Wahrnehmen von Stilen verschafft dem Individuum zusätzliche Informationen, die es ihm ermöglichen, seine Kommunikation und sonstige Interaktion zielführender zu gestalten. Die gewonnenen Informationen sind oft auch darüber hinaus nützlich, etwa bei der Handlungsplanung, der Einschätzung zukünftiger Verhaltensweisen, der Koalitionsbildung und als wertvolles Gut, das man an andere weitergeben kann, um Informiertheit zu zeigen, seine Reputation zu vergrößern oder sie sich zu Dank zu verpflichten.

Konkreter ist der Vorteil, dass sich das Individuum bis zu einem gewissen Grad vor Gefahren – nachteiligen Absichten des Gegenübers – schützen kann; allerdings ist dies ein zweischneidiges Schwert, weil jemand, der sich auf Stile verlässt und auf ihrer Basis ein Gegenüber als vertrauenswürdig einschätzt, weniger vorsichtig sein wird; diese Bereitschaft kann daher zum Nachteil werden, wenn die eigene Kompetenz im Wahrnehmen von Stilen nicht ausreicht oder wenn das Gegenüber besser als erwartet im Manipulieren seiner Stile ist.

Nicht nur für das Individuum, sondern auch für Gruppen hat Stilkompetenz Vorteile, etwa durch Verbesserung des Gruppenzusammenhalts oder durch Einsparung von Kommunikation innerhalb der Gruppe oder mit anderen Gruppen, wenn ein Teil der auszutauschenden Information durch Stile übermittelt werden kann.[592]

Stil hat zudem den Vorteil der Individuenmarkierung und Gruppenzugehörigkeitsmarkierung: Individuen können anhand ihrer Stile (beispielsweise ihres Gehstils; vgl. Abschnitt 7.1.6) identifiziert und erinnert werden, ebenso können Gruppenmitglieder, wenn die Gruppe einen eigenen Stil erkannt haben, anhand ihres Stils erkannt werden. Über Stilwahrnehmung bei Tieren und in prähistorischen Zeiten liegen keine gesicherten Erkenntnisse vor, daher ist es müßig, über evolutionäre Vorteile von Stilkompetenz zu spekulieren. Allerdings kann vermutet werden, dass die Fähigkeit der *Zeichenerkennung*, die die Fähigkeit zur Abgrenzung verschiedener Zeichenprozesstypen und damit auch von Stil voraussetzt, evolutionär nützlich war. Außerdem ist Stil ein Zeichenprozesstyp, bei dem von Regelanwendungsspuren auf die Regeln geschlossen wird, die sie verursacht haben (vgl. Abschnitt 2.13), und fällt damit unter die allgemeine Fähigkeit zur *Regelerkennung* des Menschen, die sicherlich evolutionär relevant ist.

---

[591] Die Stilkompetenz eines Individuums ist nicht eine einheitliche Größe, sondern hängt von der Erfahrung mit verschiedenen Schemata und Stilen ab. So wird ein Architekturtheoretiker oder Musikwissenschaftler mit den Stilen in seinem Fachgebiet gut umgehen können, ohne dass dies automatisch seine Stilkompetenz in anderen Stilbereichen vergrößert.

[592] Zu weiteren Vorteilen, aber auch Nachteilen von Stilen für Gruppen und für die Gesellschaft insgesamt siehe Abschnitt 8.4.1.

8.3 Abgrenzungen

8.3.1 Gruppen- und Individualstile

Die Unterscheidung zwischen Gruppen- und Individualstilen hat einige Aufmerksamkeit auf sich gezogen.[593] Manchmal wurden Individualstile dabei als Stile aufgefasst, die eine überdurchschnittliche Eigenständigkeit aufweisen oder besonders geschlossen erscheinen.[594] Dafür muss allerdings klar definiert werden, wann der Stil einer Einzelperson diese besonderen Anforderungen erfüllt, was schwierig ist und in der Regel normative Bestandteile erhält. Hier wird der Begriff daher einfach für jeden Stil einer einzelnen Person verwendet.[595]

Aber was ist ein solcher Stil? Offensichtlich muss er aus mehreren Realisierungen eines Stilanwenders zusammengestellt werden. Es wurde bereits erwähnt,[596] dass verschiedene Realisierungen beim Wahrnehmen eines Stils zu einem Input R zusammengefasst werden können, die dann wie eine Realisierung verarbeitet wird. Auf diese Weise werden auch Individualstile, beispielsweise der Stil eines Architekten, definiert. Es gibt jedoch auch andere Möglichkeiten: Beispielsweise kann aus jeder Realisierung einzeln eine Menge von Merkmalsregeln B ausgelesen und dann ein Toleranzfaktor angenommen werden, der beispiels-

---

[593] Ein Beispiel aus der Literaturwissenschaft ist Grimm 1991, aus der Kunstgeschichte Lüsebrink 1986, aus der Soziologie Habscheid 2003. – Vgl. auch Abschnitt 3.8.

[594] Diese Konzeption wird in Breuer 2009 aufgenommen: „Die Begriffe *Stil* und *Individuum* arbeiten gleichermaßen mit einer ‚Einheitsvorentscheidung'", eröffnet dieser Artikel unter Bezug auf Heinz 1986: 47. Allerdings führt er dann eine Reihe unterschiedlicher historischer Individualstilkonzepte vor, die nicht alle eine besondere Einheit des Stils anzunehmen scheinen. Möglicherweise ist hier daher nur gemeint, dass Stilen in der Linguistik gelegentlich eine textkonstitutive Funktion zugeschrieben wird (vgl. Sowinski 1999: 10 und Fix 2005).

[595] Bereits in der Renaissance war es möglich geworden, Stil als individuelles Konzept zu denken (Pfeiffer 1986: 123), auch wenn die Poetik der Zeit normativen Konzepten verhaftet blieb (ebd.: 115). In der Kunst setzte sich „Stil" bald als Bezeichnung für die charakteristischen Eigenschaften der Werke eines Künstlers durch (vgl. Fußnote 641). Bezogen auf Schreibstile dauerte es länger, bis Individualstile allgemein akzeptiert wurden. So wollte noch Johann Christoph Adelung den Stil des einzelnen Schriftstellers von eigenständigen Innovationen freihalten, man habe sich an die in einer Nation gültigen stilistischen Konventionen zu halten (Adelung 1789, Bd. 1: 524). Dagegen betrachtete Karl Philipp Moritz den wiedererkennbaren Stil als wesentlich für die Schreibart des Einzelnen (Moritz 1793=1981: 591). Die Durchsetzung des Individualstil-Konzepts hängt mit dem aufklärerischen Ideal der ‚Natürlichkeit' in Verhalten und Ausdrucksweise, das zur Ablehnung allgemeingültiger Stilnormen führte, zusammen (Gumbrecht 1986: 750f). „In der sozialgeschichtlichen Dimension stellt sich die Stil-Revolution [der Aufklärungszeit] als die Umwandlung von einer sozialen in eine personale Identität dar; in der poetologischen Diemsnion wird sie als Transformation eines rhetorisch-handwerklichen in ein werkbezogenes Konzept faßbar." (Assmann 1986: 129)

[596] Vgl. Abschnitt 4.5, letzter Absatz.

weise festlegt, dass alle Merkmalsregeln, die in mindestens 80 % der B enthalten sind, zum Stil gerechnet werden. Es würde damit angenommen, dass eine Merkmalsregel auch dann zum Stil eines Architekten gehört, wenn es bei 2 von 10 Realisierungen nicht ausgelesen wurde.[597]

Untersucht man in dieser Weise die Realisierungen getrennt, gibt es weitere Möglichkeiten, aus den Ergebnissen einen Individualstil zusammenzustellen: Beispielsweise kann man noch die Auffälligkeit der Merkmalsregeln mit einbeziehen und für die Aufnahme in den Individualstil die Häufigkeit mit der Auffälligkeit multiplizieren; eine auffälligere Merkmalsregel würde dann in den Stil aufgenommen, auch wenn sie seltener an den Realisierungen auftritt. Solche Beschreibungen, die auf die Zusammenfassung verschiedener Realisierungen zu einem untersuchten R verzichten, haben einen Nachteil: Man erhält Verdoppelungen durch ähnliche Merkmalsregeln, während bei der Zusammenfassung zu einer Realisierung allgemeinere Merkmalsregeln gebildet werden.[598] Ein Unterschied, der aber nicht unbedingt ein Nachteil sein muss, besteht darin, dass sich für die Anwendungswahrscheinlichkeit nun Werte für die einzelnen Realisierungen ergeben, während bei der Zusammenfassung zu einer Realisierung über diese gemittelte Werte entstehen.

Was sind Gruppenstile? – Auf den ersten Blick scheint der Begriff gar nicht nötig zu sein, denn es gibt die Möglichkeiten, Stile von Gruppen wie Stile von Individuen zu behandeln:

(1) Eine Menge von Merkmalsregeln B, die in unserem Modell als Stil bezeichnet wird, kann von einer Einzelperson, von mehreren Personen oder auch von großen Gruppen angewandt werden. Allerdings ist es dann unmöglich, Varianz innerhalb des Gruppenstils zu beschreiben, die Mitglieder einer Gruppe hätten stets denselben Stil.

(2) Diese Beschreibung kann verfeinert werden, indem ein Gruppenstil als ein Stil B betrachtet wird, der die als wesentlich erachteten Merkmalsregeln des Gruppenstils enthält. Dabei wird beispielsweise „Impressionismus" als Menge B von Merkmalsregeln verstanden, die alle Impressionisten gemeinsam haben, wobei bei Bedarf in einer zusätzlichen Variablen x die Flexibiliät der Anwendung,

---

[597] Ein weiterer Vorschlag stammt von Chiu-Shui Chan; er betrachtet das Vorkommen eines Merkmals an drei Realisierungen als Grenze dafür, dass es als Bestandteil eines gemeinsamen Stils wahrgenommen wird: „The results of psychological experiments [Chan 1994] exploring the definition of style suggest that if a feature appears in three products, it can be registered as a common feature. [...] If the set of common features appears in many objects designed by the same person, it signifies an individual style. If the set appears in objects designed by a group of designers, it signifies a group style." (Chan 2000: 280f) „The present theory indicates the set of common features in objects represents a style." (Chan 2000: 287)

[598] Die Disambiguierung sorgt in diesem Fall dafür, dass allgemeinere Merkmalsregeln den Vorzug vor den spezielleren erhalten, die nur für eine der zusammengefassten Realisierungen gelten und daher entsprechend seltener angewandt werden können (vgl. Abschnitt 5.5.4, Modul 2 und Modul 4).

entweder absolut (x = erlaubte Anzahl von abweichenden Merkmalsregeln) oder relativ (x = erlaubter Anteil der abweichenden Merkmalsregeln), angegeben werden kann. Diese Methode hat den Vorteil, Gruppenstile mit derselben Variablen wie Individualstile zu beschreiben, ohne auszuschließen, dass die Gruppenmitglieder in ihrem Individualstil jeweils weitere Merkmalsregeln besitzen. Diese Beschreibung ist insofern elegant, als Individualstile von anderen Individuen übernommen werden können, wodurch sie zu Gruppenstilen werden. Wenn dabei einzelne Merkmalsregeln ‚unter den Tisch fallen', dann sind sie eben in dem gemeinsamen Gruppenstil B nicht mehr enthalten.

(3) Eine technisch aufwendigere Alternative ist, einen Gruppenstil G als Menge von B, also als Menge von Mengen von Merkmalsregeln, zu definieren. Zusätzlich muss dann allerdings ein Zusammenhang zwischen den in G enthaltenen verschiedenen Stilen B definiert werden, um zu sichern, dass es sich nicht nur um eine beliebige Menge von Stilen handelt. Dies kann statistisch erfolgen, indem ein Durchschnittsstil B und für diesen die erlaubte Standardabweichung (bezogen auf die Anzahl der sich unterscheidenden Merkmalsregeln) definiert wird. Dieses Verfahren bringt allerdings zwei Schwierigkeiten mit sich: Zum einen muss der Durchschnittsstil gefunden werden, was präzise nur dann möglich ist, wenn man bereits *alle* Stile des Gruppenstils vollständig untersucht hat. Dadurch würde der praxisrelevante Umgang mit Gruppenstilen erschwert, da es nur bei einer bereits annähernd vollständigen Bekanntheit der zum Gruppenstil gehörigen Stile möglich wäre, einen Stil relativ zuverlässig auf seine Zugehörigkeit zum Gruppenstil zu prüfen. Schwerer als dieses technische Problem wiegt die aus dieser Definition folgende theoretische Möglichkeit beliebig weiter Abweichungen vom Normstil, die intuitiv nicht mit der Vorstellung eines Gruppenstils übereinstimmt. Man könnte die Definition aber weiter verfeinern, indem man die erlaubte Abweichung begrenzt.

(4) Eine andere Möglichkeit besteht darin, notwendige Bedingungen für die Zugehörigkeit eines Stils B zu einem Gruppenstil G anzunehmen. Dazu könnte die maximale Abweichung (absolut auf die Anzahl oder relativ auf den Anteil der Merkmalsregeln bezogen) gehören, oder es könnten bestimmte Merkmalsregeln als notwendig verlangt werden. Zusammen würden diese Bedingungen als hinreichend für die Zugehörigkeit zu G gelten. Es ist allerdings eine offene Frage, ob sich für die vielen bereits beschriebenen Gruppenstile – etwa künstlerische Schulen wie den „Impressionismus" – solche Bedingungen finden lassen, oder ob Wittgensteins Hinweis auf die Familienähnlichkeiten,[599] die einen Begriff gliedern, hier eher zutrifft. Der bisherige Umgang mit Gruppenstilen scheint jedenfalls darauf hinzudeuten, dass es zwar wichtige Kriterien für die Einordnung oder auch die Ausschließung einzelner Stile gibt, notwendige und hinreichende Bedingungen im strengen Sinn dagegen wohl nur selten angewandt werden.

---

[599] Vgl. Wittgenstein 1953: § 67.

(5) Als fünfte Möglichkeit könnten also *Kriterien* definiert werden. Diese Methode kann präzise gemacht werden, indem das Vorhandensein oder Fehlen von Kriterien für einen Gruppenstil sich auf zwei Messvariablen auswirkt, die die Wahrscheinlichkeit der Zugehörigkeit und Nichtzugehörigkeit wiedergeben. Dieses in der Informatik bei statistischen Lernverfahren (im Bereich „maschinelles Lernen") bewährte Verfahren hat den Vorteil, dass es *trainierbar* ist: Indem für einige Stile die Zugehörigkeit oder Nichtzugehörigkeit zum fraglichen Gruppenstil G angegeben wird, werden die auf diese trainierten Stile zutreffenden Kriterien (die oft als „features" bezeichnet werden) mit einem Gewicht oder einem Wahrscheinlichkeitswert versehen werden, mit dem sie sich bei zukünftigem Auftreten dann auf die Messvariablen auswirken.

(6) (a) Eine weitere Möglichkeit ist, allgemeinere Merkmalsregeln für den Gruppenstil zu formulieren, die die spezifischen Merkmalsregeln der Individualstile jeweils zusammenfassen, indem auf Besonderheiten verzichtet wird und ein Stil B_G erzeugt wird, der die allgemeineren Merkmalsregeln enthält. Diese Möglichkeit erfordert es allerdings, die Merkmalsregeln der verschiedenen B der Individualstile zu verändern. (b) Eine schlichte Variante besteht darin, die verschiedenen Realisierungen bereits beim Prozess des Wahrnehmens (7.3.2) zu einer zusammenzufassen und als eine zu behandeln, wodurch von vornherein allgemeinere Merkmalsregeln für B_G entstehen.[600]

(7) Schließlich gibt es noch die Möglichkeit, auf eine präzise Definition zu verzichten, die etwa bei Gruppenstilen mit einer historisch gewachsenen Extension meist gar nicht möglich ist. Solche Stile können dann über Beispiele beschrieben werden, die sich über die Extension verteilen und versuchen, die wesentlichen Varianten ungefähr abzudecken; diese werden wiederum in G zusammengefasst. Die Wahl der Beispiele sollte sich dabei an Wahrnehmungskriterien orientieren; sie sollte so erfolgen, dass ein beliebiger gewöhnlich dem Gruppenstil zugeordneter Stil als einem der Beispiele ähnlich oder als Mischung von mehreren von ihnen empfunden wird.[601]

---

[600] Vgl. Fußnote 598.
[601] Nach diesem Prinzip arbeiten viele Stilkunden in Architektur, Kunst und Musik. Beispielsweise wird in Calloway 2005 für einen funktional spezifizierten Haustyp (Wohnhäuser) eine Stilübersicht gegeben, die für die einzelnen Gruppenstile wie „Early Georgian", „Colonial" und „Regency" jeweils für die einzelnen Schemaorte („Windows", „Walls", „Ceilings", „Fireplaces", „Stairs" usw.) Ausführungsvarianten vorstellt, wobei die Variationsbreite innerhalb des Gruppenstils durch verschiedene Abbildungen exempliziert wird. Für die Kunst sei die „Belser Stilgeschichte" (Wetzel 2004) genannt; wichtigen Gruppen- und Epochenstilen werden Einzelpublikationen gewidmet oder sie werden in Publikationsreihen wie der ebenfalls von Belser herausgegebenen Reihe „Wie erkenne ich?" (z.B. Düchting 2005) abgehandelt. Auch für die Musik gibt es Stilkunden (z.B. Riemann 1908, Adler 1911 und 1924, Kühn 1981), die Beispiele verwenden, um die Extension eines Gruppenstils abzudecken. Häufig werden solche extensionalen Darstellungen durch Angabe von Kriterien für die Einordnung in den Gruppenstil ergänzt.

8.3 Abgrenzungen

Es gibt also verschiedene Möglichkeiten, mit denen der Begriff ‚Gruppenstil' genauer ausgearbeitet werden kann. Für einfachere Anwendungen wird die Alternative (2) vorgeschlagen, die einen Gruppenstil mit Hilfe einer gewöhnlichen Merkmalsmenge B repräsentiert, ohne die Abweichungen innerhalb der Gruppe ganz zu ignorieren. In manchen Fällen kann auch die simple Möglichkeit (7b) ausreichend sein. Ist eine genauere Modellierung erforderlich, kann eine der anderen Möglichkeiten gewählt werden.

Individual- und Gruppenstile dürfen nicht als einer Person bzw. einer Gruppe fest zugehörig betrachtet werden; in vielen Fällen stehen Individuen wie auch Gruppen verschiedene Stile zur Verfügung, die sie anlassbezogen anwenden. Dies ist etwa der Fall bei den klassischen Stilebenen „hoher", „mittlerer" und „niederer Stil", die für verschiedene Anlässe, also in Abhängigkeit von der Funktion einer Realisierung oder eines Realisierungsstücks, angewandt wurden.[602] Allgemein hat die Kunst- und Architekturgeschichte lange Zeit die Einheitlichkeit der Stile von Schulen und Epochen überbetont und die kontext- und funktionsabhängige Ausdifferenzierung zu wenig beachtet;[603] sie nahm implizit eine Autonomie der Formentwicklung an und vermittelte der „interessierten Öffentlichkeit jene Geschichte der Kunst als System von Epochen und Formstilen [...], von der diese heute ungern lassen möchte" (Borggrefe 2008: 113).[604] Inzwischen hat man erkannt, dass jeder Kunst- oder Bauauftrag Kontextbedingungen (den Umständen des Auftrags), funktionalen Bedingungen (aufgrund der beabsichtigten Verwendungsweise) und oft auch inhaltlichen Bedingungen (vom Auftraggeber gewünschten Bedeutungen) unterliegt.

---

[602] Ein Beispiel dafür liefert die Gestaltung der verschiedenen Portale des Berliner Stadtschlosses durch Andreas Schlüter; der das Portal I an der Südfassade, den Zugang zum Schlossplatz, im hohen Stil, dagegen das Portal V an der Nordfassade, den Ausgang zum Hofgarten, im niederen Stil ausführte (Hoppe 2008: 75).

[603] Heiner Borggrefe schreibt dazu: „Das Erkennen der historischen Praxis des differenzierten Umgangs mit Formen und Modi blieb der Stilgeschichte ebenso wie der Ikonologie verschlossen, da beide die Formen jenseits ihrer sozialen Zwecke betrachteten." (Borggrefe 2008: 115)

[604] Tatsächlich ist es etwas komplizierter, als es sich bei Borggrefe anhört: Die Betonung der individuellen, anlassbezogenen Gestaltungsleistung und der individuen-, schulen- und epochenübergreifenden Entwicklungsprozesse wechseln sich in der Kunstgeschichte immer wieder ab. Beispielsweise schrieb Alois Riegl 1893 die Geschichte der Ornamentik als eine der Formentwicklung und polemisierte im Vorwort gegen den „siegreichen Terrorismus jene[r] Extremen", der Anhänger der „materialistischen Auffassung von dem Ursprunge alles Kunstschaffens", die technische, materielle und funktionale Bedingungen für die vorgefundenen Formen verantwortlich mache und Zusammenhänge zwischen verschiedenen Zeiten, Völkern und Traditionen nicht sehe (Riegl 1893: VI). Anfang der 1960er Jahre schwang das Pendel wieder zurück, als James S. Ackerman sich gegen geschichtliche Entwicklungstheorien wandte und künstlerischen Stil als Ausdruck der Vorstellungskraft („imagination") einzelner Künstler (Ackerman 1962: 233) in Zusammenspiel mit den jeweiligen gesellschaftlichen Bedingungen (ebd.: 235) auffasste.

8.3.2 Genre und Richtung

Häufig werden auch Genres, Textsorten (die in der Literatur „Gattungen" genannt werden) und Richtungen (die auch „Schulen" oder „Traditionen" genannt werden) mit Stilen assoziiert. Dies ist etwa in der Kunst und in der Musik üblich, wo ein bestimmter Stil manchmal (a) in Verbindung mit einem ‚Genre', einer ‚Gattung' oder einer ‚Richtung' (auch ‚Schule', ‚Tradition' usw.) in Kunst, Handwerk, Musik, Literatur oder Wissenschaft gebracht wird. Zusätzlich werden allerdings (b) praktisch immer Stile einzelner historischer Personen, also Individualstile, anerkannt. In welcher Relation steht dann die Verwendungsweise (a) zum Begriff ‚Gruppenstil'? – Hier können zwei Fälle unterschieden werden:

(1) Wenn mit der Verwendungsweise (a) ein Gruppenstil (vgl. Abschnitt 8.3.1) gemeint ist, der bei einem Genre, einer Gattung oder einer Richtung feststellbar ist, stimmt der Gebrauch von ‚Stil' mit dem hier entwickelten Modell überein. Bei dieser Gebrauchsweise muss jeweils angegeben werden, wie das Verhältnis des jeweiligen Gruppenstils zu anderen Aspekten des Genres, der Gattung oder der (künstlerischen, musikalischen usw.) Richtung ist, dem er zugeordnet wird.

(2) Wird ‚Stil' in der Verwendungsweise (a) mehr oder minder austauschbar zu ‚Genre', ‚Gattung' oder ‚Richtung' gebraucht, muss überprüft werden, wie diese Begriffe selbst gebraucht werden: In Kontexten, in denen mit ihnen nur ein Gruppenstil entsprechend Abschnitt 8.3.1 bezeichnet wird, sollte auf sie verzichtet und eben von ‚Gruppenstil' gesprochen werden. Meist werden aber bei Verwendung von ‚Genre', ‚Gattung' oder ‚Richtung' weitere Aspekte einbezogen (zeitliche oder historische Einordnung, Einflüsse, theoretische Texte zum jeweiligen Phänomen usw.), so dass eine synonyme Verwendung den Begriff ‚Stil' unscharf macht. In diesem Fall sollte ‚Stil' eingeschränkter gebraucht werden.

Der Gebrauch im Sinne von (1) scheint insgesamt der häufigere zu sein: Dabei werden Gattung, Genre, Textsorte und vergleichbare Begriffe überwiegend historisch, kulturell und/oder funktional definiert, wobei ihnen häufig, aber nicht in allen Fällen, ein bestimmter Stil zugeordnet wird. Dieser ist konventionell und kann sogar zur Norm werden, deren Erfüllung als notwendige Bedingung für das Erfüllen der Gattung, des Genres oder der Textsorte gilt. So könnte man urteilen, dass eine Äußerung die Textsorte „Trinkspruch" verfehlt, wenn sie den Stil eines wissenschaftlichen Artikels besitzt, und umgekehrt. Dennoch ist der Stil hier keine hinreichende Bedingung für die Zugehörigkeit zur Textsorte: Erfolgt die Äußerung in einem ganz unpassenden Kontext oder mit einem ganz unpassenden Inhalt, wird sie trotz passendem Stil nicht der Textsorte „Trinkspruch" zugerechnet.

Die analytische Trennung zwischen Gattungen, Genres und Textsorten, die historische, kulturelle und funktionale Aspekte einbeziehen, und einem für sie konventionellen Stil macht daher auch dann Sinn, wenn letzterer als notwendiger Bestandteil der ersteren gilt, zum einen aus analytischen Gründen, zum anderen weil dies durchaus nicht immer der Fall ist: So kann beispielsweise die Textsorte „Laudatio" von einer flapsig-fröhlichen bis zu einer ernst-wissenschaftlichen Stilebene variieren, notwendige Bedingungen sind hier (neben Anlass und Funktion) eher im Inhalt zu suchen, nämlich die positive Bezugnahme auf den Gewürdigten.

8.3.3 Verhaltensstile und Verhaltensergebnisstile

Eine weitere durchgehend mögliche Unterscheidung ist die zwischen Stilen, die sich auf ein Verhalten oder aber auf das Ergebnis dieses Verhaltens beziehen. Diese Unterscheidung ist vor allem bei Artefakten und Texten wichtig: Dort kann zwischen Stilen, die beim Artefakterzeugungsprozess bzw. beim Texterzeugungsprozess auftreten, und Stilen, die beim Artefakt bzw. beim Text selbst auftreten, unterschieden werden. Die hier vorgestellte Theorie trifft diese Unterscheidung anhand der zugrunde gelegten Schemata: Verhaltensstile basieren auf Verhaltensschemata, Verhaltensergebnisstile auf Verhaltensergebnisschemata.

In Abschnitt 4.2.2 waren drei Arten von Schemata unterschieden worden: (1) Verhaltensschemata, (2) Artefaktschemata und (3) Textschemata. Es wurde dort ferner betont, dass wir Artefakte (und damit auch die Unterkategorie Texte) gewöhnlich nach Schemata betrachten, die unabhängig vom Verhalten sind, dessen Ergebnis diese Artefakte sind. (2) ist also keine Unterkategorie von (1), da Artefaktschemata spezifisch *das Ergebnis artefakterzeugenden Verhaltens* betrachten, entsprechend Texte *das Ergebnis texterzeugenden Verhaltens*. (3) ist jedoch eine Unterkategorie von (2): Textschemata sind eine Unterkategorie von Artefaktschemata, da Texte eine Unterkategorie von Artefakten sind.

Dagegen ist artefakterzeugendes Verhalten natürlich eine Unterkategorie von Verhalten allgemein, texterzeugendes Verhalten wiederum ist eine Unterkategorie von artefakterzeugendem Verhalten. Auch artefakterzeugendes Verhalten und texterzeugendes Verhalten haben Schemata: Diese bilden Unterkategorien von (1) und stehen mit (2) und (3) in der Relation Verhaltensschemata zu Verhaltensergebnisschemata.

Die Unterscheidung zwischen Artefakten und artefakterzeugendem Verhalten sowie zwischen Texten und texterzeugendem Verhalten ist kulturell relevant. So ist die Unterscheidung zwischen dem Schreibprozess eines Textes und dem Ergebnis für die Literaturwissenschaft von einigem Interesse;[605] auch bei anderen Künsten wird der Unterscheidung zwischen dem Schaffensprozess und dessen

---

[605] Das Primat des fertigen Textes über seinen Erzeugungsprozess wurde durch die postmoderne Theoriebildung in Frage gestellt, und auch in der Kunst selbst wird seitdem nach Aufhebung der Grenze zwischen beiden Schemata gestrebt. Das Spätwerk von Friedrich Dürrenmatt, in dem er bereits verarbeitete Stoffe in neuen Versionen weiterdenkt, ohne dass auf eine gültige Version hingearbeitet wird (vgl. Dürrenmatt 1981, 1990 und 1992), sei als Beispiel für ein Werkkorpus genannt, das zum Ziel hat, die klare Trennung zwischen Erzeugungs- und Ergebnisschemata aufzuheben.

Ergebnis, dem „Kunstwerk", zunehmend Aufmerksamkeit gewidmet und die traditionelle Trennung in Frage gestellt.[606]

Zusammengefasst: Bei Verhalten kann generell zwischen Ausführung und Ergebnis unterschieden werden. Wir sprechen allerdings statt von Verhaltensausführung einfach von Verhalten; die Verhaltensschemata (1) sind also Verhaltensausführungsschemata. Zu manchen Verhaltensweisen gibt es auch Verhaltensergebnisschemata: Zu diesen gehören (2) Artefaktschemata und (3) Textschemata.

Die auf den ersten Blick simple Unterscheidung verkompliziert sich allerdings dadurch, dass das Ergebnis eines Verhaltens generell ein definitorisches Element enthält: Gewöhnlich definieren wir etwa ein Gebäude als Ergebnis eines gebäudeerzeugenden Verhaltens (Bauverhaltens) und würden bei einer genaueren Betrachtung dieses Verhaltens (etwa der Umweltbilanz eines Bauvorhabens) auch Energieverbrauch, Müllerzeugung, Arbeitsstunden, Lärmbelästigung usw. einbeziehen. Aber natürlich hat ein solches Verhalten (in diesem Fall ein aus koordiniertem Einzelverhalten vieler Individuen bestehendes Gesamtverhalten) viele weitere Folgen. Im Alltag können wir aber immer nur einige Folgen in die Abschätzung der Folgen eines Verhaltens einbeziehen, und selbst auf wissenschaftlichem Niveau wissen wir nicht genau, wie weit die Folgen eines Verhaltens reichen und unter welchen Umständen sie sich immer weiter ausweiten oder aber nach einem gewissen Zeitraum wieder geringer werden.[607]

Zudem sind Schemata, wie hier verstanden, zumindest teilweise kulturell definierte Einheiten (vgl. Abschnitt 4.2.2) und es muss daher auch das „Ergebnis" einer schemagebundenen Verhaltensausführung als teilweise kulturell definiert verstanden werden. Solche Definitionen können sich ändern; so wurden früher dem Verbrauch von Energie und der Umweltverschmutzung als Ergebnis eines Bauprojekts kaum Aufmerksamkeit gewidmet. Bei vielen Arten von Verhalten liegt jedoch keine solche kulturelle Definition vor; wir wissen nicht, was als Ergebnis des Verhaltens einer Person, eine Straße entlangzugehen, verstanden werden soll und ob dabei Weiterungen bis hin zur Ablenkung eines zufällig aus dem Fenster schauenden Anwohners einzuschließen sind. Daher macht die Definition von Ergebnisschemata bei manchem Verhalten wenig Sinn. Zudem scheint es so, als würden Verhaltensergebnisse normalerweise einzeln betrachtet und nicht nach Schemata abgehandelt, wenn man von den Artefaktschemata und Textschemata einmal absieht; im Alltag scheinen Verhaltensergebnisschemata selten vorzukommen. So betrachtet die Kriminalliteratur oft die Ergebnisse von Ausführungen des Schemas ‚Mord', aber während sich für Mord selbst ein Schema findet (es umfasst die Tötung der Person und die sogenannten „Mord-

---

[606] Etwa durch den „erweiterten Kunstbegriff" von Joseph Beuys oder durch Kunstformen wie das Happening.

[607] Dies kann formuliert werden als die Frage, ob sich die reale Welt mit dem entsprechenden Verhalten von der möglichen Welt, die sich nur im Fehlen des entsprechenden Verhaltens von der realen unterscheidet, mit zunehmender zeitlicher Distanz vom Verhalten immer weiter entfernt oder ob sie sich wieder annähert.

merkmale") und auch Unterschemata definiert werden können (‚Eifersuchtsmord', ‚politischer Mord', ‚Ehrenmord' usw.), die typischen Mordweisen zugrunde liegen, gibt es offenbar keine Schemata für die Ergebnisse.[608] Aus diesen Gründen haben wir (1) nur als Verhaltensausführungsschemata definiert, anstatt eine allgemeinere Definition zu wählen, die Verhaltensergebnisschemata einschließt.

Da wir (2) und (3) als Unterkategorien von Verhaltensergebnisschemata definieren, gleichzeitig aber aus (1) die Verhaltensergebnisschemata ausschließen, können wir (2) und (3) wie bereits erläutert nicht als Unterkategorien von (1) betrachten. Dies ist jedoch ein vergleichsweise geringer Nachteil verglichen damit, in (1) eine Unzahl an Schemata einzuschließen, die unklar definiert sind und im Alltag kaum eine Rolle spielen.

8.3.4 Soziolekte, Fachsprachen, Sprachebenen, Sprachstufen und Epochenstile

In vielen Büchern über sprachlichen Stil werden Phänomene wie Soziolekte,[609] Fachsprachen,[610] Sprachebenen (Register),[611] Sprachstufen[612] und Epochenstile[613] abgehandelt. In Lexika und Wörterbüchern werden entsprechende Zuordnungen angegeben, wie „umgangssprachlich" oder „hochsprachlich" für Sprachebenen, „Kindersprache", „Hofsprache", „gebildet", „Gaunersprache" oder „Kartenspieler-Jargon" für Soziolekte, „juristisch" oder „medizinisch" für Fachsprachen, „veraltet" oder „Neubildung" für Sprachstufen. Meist werden einige dieser Zuordnungen als „stilistische Information" gekennzeichnet. Vor allem außerhalb sprachlichen Stils finden sich Kennzeichnungen für Epochenstile wie „barock" oder „impressionistisch".

---

[608] Ein solches Verhaltensergebnisschema würde die Ergebnisse von Mord (den Zustand der Leiche, die Folgen für das soziale Umfeld, die Reaktionen der Angehörigen, die Ermittlung der Polizei, die psychischen Auswirkungen auf den Täter usw.) unabhängig vom Verhalten selbst definieren, so wie ein Artefaktschema wie ‚Wohnhaus' (ein Verhaltensergebnisschema bei artefakterzeugendem Verhalten) das Artefakt, ein Gebäude, unabhängig vom konkreten Bauvorgang definiert.

[609] Zu Soziolekten vgl. Steinig 1976 und Kubczak 1979, aus stiltheoretischer Perspektive Dittmar 2009a.

[610] Zu Fachsprachen vgl. L. Hoffmann u.a. 1998–1999 und Roelcke 1999, aus stiltheoretischer Perspektive Busch-Lauer 2009.

[611] Zu Sprachebenen (Registern) vgl. Fairclough 1988 und Hess-Lüttich 2003, aus stiltheoretischer Perspektive Gläser 1976, Spillner 1987 und Schirren 2009.

[612] Historische Sprachstufen werden dabei nicht unter Stil gerechnet, wohl aber die gleichzeitige Verwendung verschiedener Stufen der Sprachentwicklung, etwa durch verschiedene Milieus oder Altersgruppen. – Zu Sprachstufen vgl. Keller 1994; zum Zusammenhang zwischen Sprachwandel und Stilwandel Warnke 2009.

[613] Zu Epochenstilen vgl. Por 1982, Sowinski 1994 und Müller 2009.

Die vorliegende Theorie geht einen anderen Weg. Sie zählt solche Charakteristika heutiger Wörter, Sätze oder anderer Elemente zu den „intrinsischen Eigenschaften" dieser Elemente (im Gegensatz zu den „relationalen Eigenschaften", die nur im Kontext des jeweiligen Paradigmas oder Syntagmas auftreten). Die Elemente besitzen die jeweilige Eigenschaft, weil sie sich mit dem entsprechenden Phänomen in Verbindung bringen lassen. Stilistische Regeln können nun auf diesen Eigenschaften operieren, indem sie Elemente nach ihnen auswählen. Damit lässt die Theorie offen, welche der entsprechenden Phänomene ursprünglich stilistisch sind (etwa Epochenstile und Sprachebenen) und welche sinnvoller auf andere Art beschrieben werden (Soziolekte, Dialekte, Sprachstufen, Fachsprachen).[614]

Allerdings soll damit nicht geleugnet werden, dass Stile bei solchen Phänomenen eine Rolle spielen. So haben Fachsprachen (beispielsweise die Wissenschaftssprache) und Soziolekte (beispielsweise subkulturelle Sprachvarianten) mehr oder minder starke stilistische Anteile. Diese können ausgehend von dem hier vorgestellten Modell als *Gruppenstile* beschrieben werden, wofür in Abschnitt 8.3.1 verschiedene Möglichkeiten vorgeschlagen wurden. Diese Gruppenstile werden als konventionell mit einem der genannten Phänomene (also etwa einem Soziolekt) verbunden betrachtet. Diese Beschreibungsweise macht es möglich, die stilistischen Bestandteile, die bei diesen Phänomenen vorliegen, mit dem hier vorgestellten Modell zu beschreiben.

Zur Abgrenzung ist insbesondere wichtig, dass Phänomene der *Systemvariabilität* nicht unter Stil fallen. Bei Zeichensystemen gilt, dass Variationen im Zeichenrepertoire (bei einer Sprache also im Wortschatz) oder in den Verwendungsregeln (bei einer Sprache also in der Syntax) nicht stilistisch sind. Es handelt sich dann um Varianten des Zeichensystems oder, falls die Abweichung entsprechend groß ist, um ein anderes Zeichensystem. Oft sind solche Systemvarianten früher für bloße Verwendungsvarianten gehalten worden, etwa im Fall schichtspezifischer Sprachvarianten, die inzwischen als Soziolekte erkannt wurden. In solchen Fällen ist es begründet, früher unter Stil gezählte Phänomene jetzt als „-lekte", das heißt als Systemvarianten, zu beschreiben, wie Georg Michel feststellt:[615]

> Auch eine Zusammenschau der Entwicklungen in der Soziolinguistik [...] lässt die Neigung erkennen, nicht von „-stilen", sondern von „-lekten" zu sprechen: Mediolekte, Funktiolekte, Dialekte, Soziolekte usw., was sicherlich nicht einfach als modische Manie abgetan werden kann, sondern möglicherweise ein Reflex einer theoriebewußteren Unterscheidung der Arten und Ebenen sprachlicher – nicht durchweg „stilistischer" – Variabilität ist.

---

[614] Wenn sich Zeichenrepertoire und Kombinationsregeln substantiell unterscheiden, sollten diachrone oder synchrone Varianten eines Zeichensystems angenommen werden (vgl. auch Fußnote 644).

[615] Michel 1988: 291.

8.3 Abgrenzungen

Geringfügige Variation der verwendeten Zeichensysteme kann jedoch, ebenso wie solche der verwendeten Schemata,[616] durchaus noch als Stil analysiert werden. In diesem Fall wird ein beide Varianten übergreifendes Schema und/oder Zeichensystem angenommen, das beide Varianten umfasst. Nun kann die jeweils geltende Variante durch eine Merkmalsregel angegeben werden. –

Wichtig ist, dass die Annahme von Merkmalsregeln als Grundlage von Stil es ermöglicht, zwischen dem eigentlichen Phänomen und seiner stilistischen Verwendung zu unterscheiden. Eine Merkmalsregel etwa, die sogenannte gaunersprachliche Elemente wählt, kann nur dort angenommen werden, wo die Zuordnung der Elemente zum Soziolekt „Gaunersprache" möglich ist. Merkmalsregeln entstehen erst dann, wenn die Alternativenklassen Elemente mit der Eigenschaft ‚gehört zu [Dialekt/Soziolekt]' enthalten. So kann man Dialekte oder Soziolekte als Stile analysieren, wenn man sie als Ausdrucksvarianten innerhalb einer Sprache betrachtet. Wenn man sie dagegen als eigenständige Sprachen verwendet, dann entstehen keine Merkmalsregeln, die auf die Dialekt- oder Soziolektzugehörigkeit (als intrinsische Eigenschaft der ausgewählten Elemente) zurückgreifen, denn diese Zugehörigkeit wird erst aus dialektexterner Perspektive zu einer wahrnehmbaren Eigenschaft. Aus einer internen Perspektive verwendet man einfach ein bestimmtes Zeichensystem, nämlich den jeweiligen Dialekt oder Soziolekt.

Dialekte und Soziolekte sind folglich keine Stile, können aber sehr gut verwendet werden, um stilistische Effekte zu erzielen. Voraussetzung dafür ist aber das Entstehen einer Merkmalsregel, die das Element nach dem Kriterium seiner Dialektzugehörigkeit auswählt. Diese Beschreibung ermöglicht genaue Analysen, ohne Absichtlichkeit als Kriterium festzulegen.[617] So kann ein angewandter Stil entsprechende Merkmalsregeln enthalten, während bei der Wahrnehmung der Realisierung eine einfache Verwendung des Dialekts oder Soziolekts angenommen wird. Umgekehrt kann der Stilwahrnehmer entsprechende Merkmalsregeln konstruieren, auch wenn auf Anwenderseite keine vorhanden waren.[618]

---

[616] Bei allen Stilen wird ein Schema ausgeführt (siehe 5.2.2), bei Textschemata wird zudem ein Zeichensystem verwendet (siehe 4.2.2).

[617] Absichtlichkeit kann nicht als Voraussetzung für Stil betrachtet werden, da zahlreiche stilistische Phänomene nicht-absichtlich sind (etwa die Einflüsse der Erziehung, der Ausbildung oder der Persönlichkeit).

[618] Obwohl Dialekte keine bloßen Sprachstile sind, findet ihre Erkennung häufig in Form einer Stilwahrnehmung statt. Dies gilt insbesondere dann, wenn der Hörer nicht durch ungewöhnliches Vokabular, sondern durch Aussprachevarianten zuerst auf die Tatsache, dass Dialekt gesprochen wird, aufmerksam wird. Der Hörer nimmt dann die Verwendung einer bestimmten Zeichensystem-Variante, des Dialekts, zunächst als Stil des erwarteten Zeichensystems, der Standardsprache, wahr. In diesem Fall werden zunächst Merkmalsregeln ausgelesen; erst in der Interpretation wird festgestellt, dass der Grund für die Aussprachevarianten im Sprechen eines Dialekts liegt (vgl. Abschnitt 6.3.1.2, 3. Beispiel). Ist dies erkannt, kann der Hörer bei ausreichender Vertrautheit mit dem Dialekt auf den Empfang dieser Sprachvariante umstellen; ab diesem Zeitpunkt wird er/sie die dialektalen Aussprachevarianten nicht mehr als Aussprachestil der Standardsprache wahrnehmen. Bei

Dieser Effekt kann durch Erwartungen verstärkt werden, etwa wenn jemand, der beim Einschalten des Fernsehers eine Komikersendung erwartet und durch Zufall einen Dialekt sprechen hört, dies für einen Moment als stilistischen Effekt, als ein bewusst abweichendes Sprechen der Standardsprache, wahrnimmt.

Und auch dort, wo die genannten Zuordnungen eindeutig auf frühere Stile verweisen, bietet die Annahme von auf Eigenschaften operierenden Merkmalsregeln einen Vorteil: Sie macht nämlich die Unterschiede zwischen dem früheren Stil und dem heutigen deutlich. So kann die heutige Stilbezeichnung „Early American" in einem Möbelkatalog verstanden werden als Bezugnahme auf einen konventionalisierten Stil, dessen ursprüngliche Merkmalsregeln den Anwendern unter Umständen gar nicht bekannt sind. Der Stil operiert auf der verlangten Eigenschaft ‚gehört zu Early American', die bestimmten Elementen zukommt. So konnte der ursprüngliche Stil aber natürlich nicht vorgehen; er umfasste ganz andere Merkmalsregeln. Auch die ursprünglichen Interpretationsergebnisse können nicht mehr erzeugt werden, denn diese ergeben sich ja aus den Merkmalsregeln. Es entstehen ganz andere Interpretationsergebnisse, etwa der Eindruck des Historisierenden, der Traditionsbezogenheit sowie der Wertschätzung einer bestimmten Epoche und Region.

Der Stil besteht nur aus einer einfachen Merkmalsregel, die Elemente mit der Eigenschaft ‚gehört zu Early American' auswählt. Dabei bleibt offen, wie sie diese Eigenschaft erhalten haben: es kann sich auch um eine fehlerhafte Zuordnung handeln oder um eine verzerrte Variante, ein Klischee. Selbst wenn die Zuordnung der Eigenschaft zu den Elementen korrekt und vollständig ist (keinem Element wird die Eigenschaft ‚gehört zu Early American' zu Unrecht zugeordnet und keinem Element, das aus diesem Stil stammt, ist sie nicht zugeordnet), kann man nicht einfach von einem konventionalisierten Stil sprechen, da die ursprünglichen Merkmalsregeln verloren sind. Damit wird deutlich, was einen lebendigen Stil von einem Stilzitat unterscheidet: der Erhalt der Merkmalsregeln.

Das Modell erklärt aber auch, warum es schwer fällt, frühere Stile angemessen zu verstehen: Wenn ich etwa ein kubistisches Bild von Georges Braque mit einem Zeitungsfetzen sehe, dann kontrastiert die auch heute noch avantgardistisch wirkende Darstellungstechnik mit den fast schon nostalgischen Konnotationen, die das Medium Zeitung heute hat. Damals war jedoch die Zeitung das modernste Massenmedium und Braque konnte erleben, wie es für Kriegspropaganda genutzt wurde; es hatte also andere Konnotationen als heute.[619] Die damaligen Merkmalsregeln konnten sich auf die Konnotation ‚modernes Massenmedium' beziehen und damit Bezüge zu anderen Bildelementen herstellen.

---

nicht ausreichender Vertrautheit wird der Dialekt weiterhin als ein vom Üblichen abweichendes Sprechen der Standardsprache, also als ein Aussprachestil, wahrgenommen.

[619] Konnotationen zählen zu den „intrinsischen Eigenschaften" von Elementen; vgl. 4.3.2, (3).

Auch die beim Anwenden berücksichtigte Interpretation[620] kann solche Konnotationen einbeziehen, etwa wenn Braque beabsichtigte, dass seine Zeitgenossen den Zusammenhang zwischen der Überlagerung der Blickwinkel und Perspektiven, die sich im Kubismus ausdrückt, und dem raschen Wechsel der Nachrichten der Zeitung, die damals oft mehrmals am Tag kam, verstanden und sich dazu weitere Gedanken machten. Vor allem aber führen Unterschiede im Hintergrundwissen und in den Suchmethoden,[621] die neben festen kognitiven Zugriffsmöglichkeiten des menschlichen Gehirns auch kultur- und zeitspezifisch unterschiedliche Wahrnehmungs- und Denkgewohnheiten beinhalten, bei zeitlichem, kulturellem oder milieubedingtem Abstand zu erheblichen Unterschieden zwischen berücksichtigter und tatsächlicher Interpretationen. Ein angemessenes Verständnis des Stils ist somit nur möglich, wenn man auch konnotative Eigenschaften von Elementen rekonstruiert und für die Interpretation das Hintergrundwissen und die Wahrnehmungs- und Denkmuster der Zeit, der Kultur und des Milieus des Stilanwenders berücksichtigt.

8.3.5 Kodes, Techniken und Methoden

Ähnlich wie bei den im letzten Abschnitt besprochenen Phänomenen könnte es auf den ersten Blick auch bei Kodes (= Zeichensystemen), Techniken und Methoden so erscheinen, als seien sie im hier vertretenen Stilbegriff enthalten. Immer wenn etwas auf verschiedene Arten getan werden kann, aber auf eine bestimmte Art getan wird, hätten wir es dann mit einem Stil zu tun.[622] Dies wäre natürlich eine viel zu allgemeine Stildefinition: Jede Einzelsprache wäre dann nur ein bestimmter Sprach- oder Kommunikationsstil, jede Technik nur ein Problemlösungsstil, usw.

Andererseits kann die Verwendung eines bestimmten Kodes (etwa des Morsealphabets), einer bestimmten Technik (etwa der Schlagtechnik „Lop" beim Tennis) oder einer bestimmten Methode (etwa der Fahndungsmethode „Rasterfahndung") tatsächlich eine Frage des Stils sein. Wann ist sie es, wann ist sie es nicht? Und warum sind Kodes, Techniken und Stile nicht überhaupt Stil?

---

[620] Vgl. zur Berücksichtigung der Interpretation Abschnitt 7.3.1.
[621] Vgl. Funktion *Suchmethoden_zusammenstellen* (Abschnitt 7.2.2).
[622] Tatsächlich haben alle Stildefinitionen, die auf „Stil ist die Art und Weise, etwas zu tun" basieren, dieses Problem: Sie sind auf den ersten Blick einleuchtend, weil sie Stilphänomene umfassen und Stil von Inhalt und Funktion abgrenzen. Techniken und Methoden können jedoch auch als „Art und Weise, etwas zu tun" aufgefasst werden: Beispielsweise ist das Auto ein Fortbewegungsmittel und seine Verwendung eine bestimmte Art und Weise, sich fortzubewegen. Für Kodes gilt dies ebenfalls: Sie sind Mittel, um Informationen zu übertragen (semiotisch ausgedrückt: um Zeichenprozesse zu vollziehen); die Verwendung eines bestimmten Kodes kann als bestimmte Art und Weise der Informationsübertragung beschrieben werden.

Die zweite Frage ist mit dem vorliegenden Modell einfach zu beantworten: Es zeigt, dass ein Stil aus einer Menge von Merkmalsregeln besteht. Diese Regeln nehmen auf Eigenschaften Bezug (sie können also etwa die Verwendung der ‚deutschen Sprache' verlangen), aber sie definieren sie nicht. Sie können also weder Definitionen von Signifikanten und Signifikaten und deren Zuordnung leisten; noch die Beschreibungen von Spiel-, Produktions- oder anderen Techniken festlegen; noch die in Methoden enthaltenen Abläufe und Wissensrepertoires definieren. Sie können auf all dies allerdings Bezug nehmen, indem sie beispielsweise bestimmte Signifikate (= Bedeutungen), bestimmte Techniken oder bestimmte Methoden in den Merkmalsregeln spezifizieren.[623]

Stile können also nicht definieren, wie man etwas Bestimmtes in einem bestimmten Kode bezeichnet (Zeichenrepertoire) oder wie man Zeichen miteinander zu wohlgeformten Ausdrücken kombiniert (Kombinationsregeln). Sie können aber festlegen, dass dieser Kode gebraucht wird, und auch spezifizieren, dass in bestimmter Hinsicht von ihren Verwendungsregeln abgewichen wird.[624]

Dem gerade Gesagten liegt die Auffassung zugrunde, dass Kodes Zeichensysteme sind und über ein Zeichenrepertoire sowie eine Menge von Kombinationsregeln verfügen.[625] Betrachtet man bereits ein konventionalisiertes Regelsystem als Kode, wie es in manchen semiotischen Darstellungen implizit geschieht, so fallen alle konventionalisierten Stile unter diesen Kodebegriff, da Stile als Regelmengen beschreibbar sind (vgl. die Defnition in Abschnitt 2.16). Gemäß der klassischen Auffassung wird jedoch ein Zeichenrepertoire als notwendiger Bestandteil eines Kodes angesehen. Als Kodes können dann nur solche Stile aufgefasst werden, bei denen sich mit den Merkmalsregeln Bedeutungen verbinden, so dass diese selbst zu Zeichen werden (vgl. Abschnitt 6.4.5).

Zu beachten ist, dass selbst im Fall konventionalisierter Zeicheninhalte (also Bedeutungen) bei bestimmten Merkmalsregeln häufig andere Merkmalsregeln des Stils keine Bedeutungen besitzen werden; in diesem Fall muss zwischen kodierten und nicht-kodierten Bestandteilen des Stils unterschieden werden.

Bei Techniken und Methoden ist die Abgrenzung weniger eindeutig: Manche von ihnen können tatsächlich als Problemlösungsstile begonnen haben; manche können bis heute als solche aufgefasst werden. Besteht eine Technik oder Methode tatsächlich nur aus einer Spezifikation, dass bestimmte Schemaorte eines bestimmten Schemas auf eine bestimmte Weise zu tun sind, die mit Hilfe von bereits vorhandenen – nicht erst durch die Technik neu zu definierenden

---

[623] Beispielsweise kann eine Merkmalsregel für einen bestimmten Schemaort die verlangte Eigenschaft ‚Bedeutung: königlich' verlangen; in diesem Fall muss ein Element gewählt werden, das diese Bedeutung besitzt. (Vgl. Fußnote 448.) Ebenso kann eine Technik (z.B. beim Schema ‚Möbel herstellen' die Technik ‚per Hand Drechseln') oder Methode (z.B. beim Schema ‚Unterrichten' die Methode ‚Frontalunterricht') in den verlangten Eigenschaften spezifiziert sein.
[624] Vgl. Abschnitt 3.4.
[625] Vgl. Fußnote 3.

– Eigenschaften von Elementen der Alternativenklassen abgegrenzt wird, dann kann man sie tatsächlich als einen Stil beschreiben. Dies stimmt mit dem gewöhnlichen Sprachgebrauch überein: So kann man etwa eine Programmiertechnik, die keine Änderungen am Schema ‚Programmieren' oder an Programmiersprachen erfordert, durchaus als Programmierstil bezeichnen. In diesem Fall sind beide Bezeichnungen möglich.

Eine Technik oder Methode ist dann kein Stil mehr, wenn
– sie zu Änderungen am Schema führt (also beispielsweise Schemaorte neu hinzukommen oder verschwinden oder ihre Definitionen abgeändert werden);
– sie Beschreibungen umfasst, die sich nicht auf Merkmalsbeschreibungen (also Beschreibungen der Art „Schemaort x wird unter den Zusatzbedingungen y mit den Eigenschaften z ausgeführt") reduzieren lässt;
– sie neue Artefakte erzeugt oder vorhandene Artefakte verändert.

Kodes, Techniken und Methoden können auf zwei Arten mit Stil zusammenhängen:

(1) Sie können als Schema einem Stil zugrundeliegen: Produktions-, Fortbewegungs- und Kunsttechniken, um nur einige zu nennen, lassen oft genug Spielraum, um sie auf stilistisch unterschiedliche Weise durchzuführen; dasselbe gilt für Kodeverwendungen, für Problemlösungsmethoden usw.;

(2) auf sie kann in den verlangten Eigenschaften der Merkmalsregeln eines Stils Bezug genommen werden (etwa wenn bei einem Bankraubstil die ‚Flucht' ‚mit dem Auto' erfolgt oder wenn bei einem Fahndungsstil bei ‚Verbrechen mit sehr großer möglicher Verdächtigenzahl' ‚Einsatz der Rasterfahndung' erfolgt).

8.3.6 Rhetorische Figuren

In Rhetorik und Stilistik existieren seit der Antike Listen von „Stilmitteln", die auch „rhetorische Mittel", „rhetorische Figuren" oder „Tropen" genannt werden.[626] Darunter werden spezifische Verwendungsweisen von Sprache gefasst, die vom gewöhnlichen Sprachgebrauch abweichen. Meist sind sie auf der Ausdrucksebene durch spezielle, zusätzlich zu den allgemeinen syntaktischen, morphologischen und phonologischen Regeln geltende Bedingungen gekennzeichnet, mit denen bestimmte Veränderungen auf der Inhaltsseite einhergehen (etwa Abschwächung oder Verstärkung von Bedeutungen oder Entstehung von Konnotationen). Durch ihren Charakter des Abweichens vom unmarkierten Sprachgebrauch sind „Stilmittel" tatsächlich stilistisch besonders auffällig. Der hier vorgelegten Theorie zufolge gibt es aber keinen Grund, sie deshalb der Stilistik zuzurechnen; vielmehr handelt es sich um bestimmte, präzise beschreibbare

---

[626] Einen Überblick über das traditionsreiche Thema geben Knape 1996 und Gévaudan 2008; einen dem aktuellen semiotischen Forschungsstand entsprechenden Ansatz zur Figurenlehre hat Plett entwickelt (Plett 1977 und 2000).

Sprachverwendungsphänomene, die – vermutlich aufgrund ihrer kalkulierbaren Wirkung auf Leser oder Zuhörer – oft rhetorisch eingesetzt werden.

Dass rhetorische Figuren traditionell auch als „Stilmittel" bezeichnet werden, dürfte daran liegen, dass sie in der Geschichte der Stilistik eine sehr wichtige Rolle gespielt haben. Dies wiederum kann man darauf zurückführen, dass Stilmittel einfache, isoliert behandelbare Formen des Umgangs mit Sprache sind, die zudem so auffällig sind, dass ihr Einsatz oder Nicht-Einsatz eine deutliche Auswirkung auf den Stil hat. Dass gerade rhetorische Figuren als wesentlich für Stil angesehen wurden, ist wohl teilweise auf ein Beobachterproblem der Wissenschaft zurückzuführen: Auffällige und präzise beschreibbare Phänomene des Gegenstandsbereichs etablieren sich leicht als Kernbestand der Forschung zu diesem Gegenstandsbereich. Im Fall der Stilistik kommt hinzu, dass die pädagogische Praxis über Jahrtausende eng mit der Beschreibung des Phänomens Stil verbunden war; da rhetorische Figuren gut gelehrt und angewandt werden können, traten sie im Unterricht gegenüber schwerer beschreibbaren Aspekten von Stil in den Vordergrund.

8.3.7 Stil und ästhetische Phänomene

Stil ist oft in engem Zusammenhang mit ästhetischen Phänomenen diskutiert worden. Dies lag daran, dass die meisten Stiltheoretiker aus Bereichen kamen, die sich mit ästhetischen Artefakten und Texten beschäftigen, nämlich aus der Literatur-, Musik- und Kunstwissenschaft sowie der Architekturwissenschaft.[627] Stile gibt es jedoch bei allen Verhaltens-, Artefakt- und Textschemata. Da ästhetische Artefakte, ästhetische Texte und ästhetisches Verhalten (sofern man dessen Existenz annimmt, etwa in Form von Happenings) jeweils Unterkategorien der Artefakte, Texte und Verhalten sind, gibt es Stile innerhalb wie außerhalb des Bereichs ästhetischer Realisierungen (worunter Realisierungen verstanden werden sollen, die unter maßgeblicher Berücksichtigung ästhetischer Aspekte erzeugt und wahrgenommen werden).

Es ist allerdings richtig, dass Stil gerade in ästhetischen Realisierungen oft eine wichtige Rolle spielt. Künstler sowie Architekten und Handwerker mit ästhetischem Anspruch haben zu allen Zeiten neue Stile entwickelt und nicht nur eine enorme Vielfalt von Individual- und Gruppenstilen, sondern auch besonders durchdachte, interessante und informationsreiche Stile hervorgebracht. Daher kann es als berechtigt gelten, dass Stile von ästhetischen Artefakten überproportionale Aufmerksamkeit erfahren. In der wissenschaftlichen Praxis sind sie jedoch in einem Maß überrepräsentiert, das nicht als angemessen erscheint; einmal

---

[627] Deren Gegenstandsbereich enthält zwar keineswegs nur ästhetische Realisierungen – ein großer Teil der Architektur war und ist funktional orientiert –, allerdings konzentrierten sich die Architekturtheoretiker jahrhundertelang auf Architektur mit ästhetischem Anspruch (vgl. Neumeyer 2002).

abgesehen von einigen Inseln, wie den inzwischen gut erforschten Stilen nichtliterarischer sprachlicher Texte oder den Stilen gesellschaftlichen Auftretens, die in einer endlosen Ratgeberliteratur breitgetreten werden, sind nicht-ästhetische Stile meist vernachlässigt worden. Dies muss die Stilforschung ändern, wenn sie ein Bild des Phänomens Stil in seiner ganzen Breite erhalten möchte.

Was ästhetische Phänomene sind, ist aus semiotischer Sicht wiederholt untersucht worden;[628] und umgekehrt spielten Zeichenkonzeptionen in der Ästhetik stets eine wichtige Rolle.[629] Zwar ist immer wieder bestritten worden, dass die ästhetischen Eigenschaften von Kunstwerken Zeichen sind, allerdings geschah dies aufgrund einer engen Auffassung,[630] die „Zeichen" mehr oder minder mit „kodiertes Zeichen" gleichsetzt und die Existenz vieler Arten von nicht-kodierten Zeichen[631] nicht beachtet.

Tatsächlich handelt es sich bei der ästhetischen Wahrnehmung, wie bei jeder Art der Wahrnehmung, um einen Zeichenprozesstyp; die meisten ästhetischen Zeichen werden zudem auch von jemandem erzeugt (die ästhetische Wahrnehmung kann auch dort angewendet werden, wo dies nicht der Fall ist, etwa auf eine nur nach funktionalen Kriterien gebaute Industrieanlage oder auf ein Naturphänomen). Es ergeben sich einige Gemeinsamkeiten zwischen Stil und ästhetischen Phänomenen:

(1) Beide sind Zeichenprozesstypen, die durch die Angabe spezieller Bedingungen von anderen Zeichenprozesstypen abgrenzbar sind;

(2) bei beiden werden nicht-kodierte Zeichen übermittelt;

(3) für den Empfang von ästhetischen wie von stilistischen Zeichen bedarf es keines auswendiggelernten Repertoires an Zeichen und Verwendungsregeln (also Kodes/Zeichensystems), dafür aber einer gewissen Sensibilität und Erfahrung;

(4) bei beiden Phänomenen unterscheiden sich Senderzeichen und Empfängerzeichen stärker als bei kodierten (oder einfachen nicht-kodierten) Zeichenprozessen, was auch eine stärkere Varianz der zu einem bestimmten Senderzeichen gebildeten Empfängerzeichen bewirkt.

---

[628] Posner 1980b nimmt eine semiotische Rekonstruktion der Poetik (Ästhetik sprachlicher Texte) vor; Krampen 1979 untersucht die Wahrnehmung von Architekturstilen mit einer Kombination semiotischer und informationsästhetischer Ansätze. Einen Überblick über die semiotisch ausgerichtete Literatur zur Ästhetik bietet Rosenberg u.a. 2003, als Klassiker seien Arnheim 1954, Mukařovský 1974, Eco 1976: Abschnitt 3.7, Bense 1954–1960, 1969 und 1979 sowie Goodman 1973 genannt. (Weitere relevante Autoren werden in Abschnitt 3.6 zu „Stil als Struktur" erwähnt. Der Strukturalismus war stets eng auf die Semiotik bezogen und erscheint im Rückblick als ein Zweig der Semiotik des 20. Jahrhunderts; vgl. Larsen 1998 und Rudy u.a. 1998.)

[629] Vgl. zu den semiotischen Aspekten der Ästhetik Manetti 1997: 889f (für die griechische und römische Antike), Baré 1997 (für das Mittelalter), Franke 1998 (für die Renaissance bis zum frühen 19. Jahrhundert) und Hubig 1998 (für das 19. und 20. Jahrhundert).

[630] Vgl. Halawa 2009.

[631] Vgl. einführend Posner 1997b sowie die Zeichenklassifikationen in Posner 1993 und 1996.

Trotz dieser Gemeinsamkeiten sind Stil und ästhetische Eigenschaften klar unterscheidbare Phänomene. Bei einer gegebenen Realisierung sind stilistische und ästhetische Aspekte nicht deckungsgleich:

(a) Die ästhetischen Aspekte einer Realisierung umfassen nicht nur ästhetische Aspekte des Stils, sondern auch ästhetische Aspekte des Inhalts und des Ausdrucks (bei Zeichengebrauch) sowie ästhetische Aspekte, die durch die Funktion bedingt sind: Bei einer Dampfmaschine etwa können Kessel, Röhren und Gestänge sowie Materialien und Bewegungsabläufe stärker ästhetisch wirken als stilistische Aspekte der Ausführung.

(b) Bei einer Realisierung mit ästhetischen Aspekten müssen nicht alle Merkmalsregeln des Stils zu diesen ästhetischen Aspekten gehören. Es kann auch Aspekte des Stils geben, die nicht in die ästhetische Wirkung eingehen. Stil kann also auch bei künstlerischen Artefakten nicht einfach unter die ästhetischen Eigenschaften gezählt werden. Allerdings hat der Stil meist eine wichtige ästhetische Funktion; die Ästhetik muss sich daher immer auch mit dem Stil der von ihr untersuchten Realisierungen beschäftigen.

8.3.8 *Stile in der Natur?*

Bisweilen ist überlegt worden, Stil auf die Natur und ihre physikalischen, chemischen und evolutionären Gestaltungsvorgänge auszuweiten.[632] Dies führt zu einem sehr allgemeinen Stilbegriff, der jede Art von spezifischer Gestaltung als Stil betrachtet: Dann wären etwa bestimmte Typen von Gesteinsformationen, die auf bestimmte Konstellationen von Umweltbedingungen zurückgehen, ‚Gesteinsformationsstile'; bestimmte Formprinzipien bei Pflanzen und Tieren würden als unterschiedliche Stile betrachtet, etwa die Exoskelette (u.a. bei Insekten) und die Endoskelette (u.a. bei Wirbeltieren) als unterschiedliche ‚Skelettstile', und die Keplerschen Gesetze könnten als ‚Himmelskörperbewegungsstil' beschrieben werden.[633] Der alltagssprachliche Stilbegriff deckt diese Verwendungsweise nicht.

Im hier vorgestellten Stilmodell ist die Grundlage für Stilbildung das Vorhandensein von Schemata, die realisiert werden. Diese werden als Verhaltensschemata, Artefaktschemata und Textschemata definiert, wobei Artefakte als Ergebnisse artefakterzeugenden Verhaltens (und damit einer Unterkategorie des Verhaltens) und Texte als Unterkategorie von Artefakten betrachtet werden, womit auch diese beiden Kategorien eng an Verhalten angebunden sind. Stil umfasst daher nur Gestaltungsweisen bei schemabasiertem Verhalten und dessen

---

[632] Rudolf Heinz gibt einen Überblick über diese Versuche, die von Karl Christian Friedrich Krause, Karl Köstlin, Bernhard Steiner und anderen stammen (Heinz 1986: 71ff).
[633] Den Hinweis auf diese Möglichkeit verdanke ich Richard Carter (persönliche Mitteilung, Institut Jean Nicod, Paris, Juni 2009).

Ergebnissen. Für Gestaltungsweisen in der unbelebten Natur steht der von Goethe eingeführte Begriff ‚Morphologie' zur Verfügung.[634]

Akzeptiert man dieses Abgrenzungskriterium, haben auch Tiere Stile, insoweit ihr Verhalten schemagebunden ist. Dies muss allerdings ein Schemabegriff sein, der den Anforderungen des vorgestellten Stilmodells genügt, wozu insbesondere eine ausreichende Unterdeterminierung von Realisierungen durch Schemata gehört: Es müssen mit Hilfe von Schemaort-definierenden Eigenschaften Alternativenklassen gebildet werden können, innerhalb derer Variationsmöglichkeit besteht. Damit scheiden zu rigide Schemata aus, da sie die auf ihnen basierenden Realisierungen nicht ausreichend unterdeterminieren. Bei manchen Tierarten scheinen die Schemata sehr genau das Verhalten festzulegen und wenig Verhaltensspielraum zu lassen; bei anderen dagegen besteht größerer Spielraum.

Nimmt man artübergreifende Verhaltensschemata (beispielsweise ‚Fortbewegung', ‚Ernährung' oder ‚Jagdverhalten') an, kann man zudem artspezifisches Verhalten als Stil beschreiben: Es ergeben sich die charakteristischen Fortbewegungsstile der Frösche, Krebse, Enten, Antilopen oder die Ernährungsstile der Kühe, Wölfe, Bienen ...

8.3.9 Stil als normativer Begriff

Neben deskriptiven gibt es auch normative Umgangsweisen mit Stil und normative Stilbegriffe. Normativ sind beispielsweise jene Stilratgeber, die seit Jahrhunderten üblich sind; sie kamen Mitte des zwanzigsten Jahrhunderts aus der Mode, erlebten aber in den letzten Jahren eine Renaissance.[635] Sie enthalten Regeln, wie man zu welchem Anlass schreibt, wie man sich zu welcher Gelegenheit anzieht, wen man auf welche Art zu grüßen hat, wie man statusfördernd isst, welche Tänze man beherrschen sollte und zu welcher Gelegenheit man sie tanzt – also Stile, die mit einer Wertung versehen vermittelt werden. Die Normativität kann dabei explizit ausgesprochen werden; manchmal wird sie aber auch in den Stilbegriff verlegt, indem nur die als richtig behaupteten Stile überhaupt als „Stil" bezeichnet werden und die entsprechenden Ratgeber sich einfach als Werke über Stil im jeweiligen Bereich ausgeben.

Stile können als ‚richtig' oder ‚falsch' gelten oder auf einer Wertungsskala (‚gut' – ‚schlecht') angeordnet werden. Diese normative Dimension des Stils ist eine empirische Frage, die bezogen auf eine bestimmte Gesellschaft, Schicht, Subkultur oder Institution von der Soziologie untersucht wird. Auf allgemeiner Ebene kann man nur feststellen, dass es diese Wertungen gibt. Aus der Struktur von Stilen allein lassen sich keine Kriterien für die Wertung ableiten; man muss

---

[634] Heinz 1986: 73.
[635] Sie scheinen charakteristisch für die bürgerliche Gesellschaft zu sein, ähnlich wie die Weltuntergangsstimmung in den periodischen Wirtschaftskrisen und Musikhören im Sitzen.

die in der fraglichen Gesellschaft oder Menschengruppe herrschenden Bedingungen einbeziehen.[636]

Bei der Betrachtung der Alltagssprache ist darauf zu achten, dass die normative Verwendungsweise des Worts von der deskriptiven unterschieden wird, wobei dies nicht mit dem Vorliegen einer Wertung verwechselt werden darf: In „er hat Stil" liegt die normative Verwendungsweise vor, in „er hat einen guten Stil" die deskriptive, da hier die Wertung explizit im Attribut vorgenommen wird und nicht in der Bedeutung des Worts „Stil" enthalten ist.[637] Im ersten Fall handelt es sich also um einen normativen, im zweiten um einen deskriptiven Stilbegriff.

Normativer Gebrauch liegt auch vor, wenn davon die Rede ist, dass eine Realisierung „stillos" sei. Diese Bezeichnung wird manchmal verwendet, um einen Stil als schlecht zu kennzeichnen: „Das war eine stillose Bemerkung". In diesem Fall wird wiederum „Stil haben" gleich „guten Stil haben" gesetzt, woraus sich ergibt, dass schlechter oder mittelmäßiger Stil gar kein Stil ist.[638] Oft wird die Bezeichnung „stillos" aber auch wörtlich verwendet: Beispielsweise wird über ein postmodernes Haus ausgesagt, es sei „stillos" oder es „habe keinen Stil". Auch in diesem Fall werden für „Stil haben" normative Voraussetzungen gemacht: Entweder (1) die Zugehörigkeit zu einem bekannten Stil oder (2) eine gewisse Geschlossenheit des Stils. Bei (1) wird nur als Stil akzeptiert, was einer bereits beschriebenen Stilkategorie zugeordnet werden kann, und andere Ausführungsweisen (beispielsweise ein Eklektizismus, der Merkmalsregeln verschiedener früherer Stile vermischt) als „stillos" betrachtet. Bei (2) wird ein Stil nur dann als

---

[636] Der Versuch, ‚falsch' und ‚richtig' bei Stilen mit Hilfe objektiver Kriterien zu untersuchen, etwa im sprachlichen Bereich mit Hilfe der Sprechakttheorie, der Fehlerlinguistik oder der Forschung zu Versprechern, ist zwar auch gemacht worden (Ortner 2009: 1368); es muss jedoch beachtet werden, dass der falsche oder richtige Gebrauch von Zeichen- oder Regelsystemen nicht gleichzusetzen ist mit falschem oder richtigem Stil: Ein freier Gebrauch der Sprache in einem literarischen Stil oder ein regelwidriger Umgang mit Perspektive in einem bildkünstlerischen Stil lassen keine Wertung dieser Stile als ‚falsch' zu.

[637] Es handelt sich um zwei verschiedene alltagssprachliche Verwendungsweisen des Worts „Stil" (vgl. Trabant 1979: 573ff). Kennzeichnen wir die deskriptive Verwendungsweise als ‚Stil$_1$' und die normative als ‚Stil$_2$', ergibt sich die semantische Relation ‚Stil$_2$' = ‚guter Stil$_1$'.

[638] Für die beiden Verwendungsweisen ergibt sich: ‚kein Stil$_2$' = ‚kein guter Stil$_1$' (vgl. letzte Fußnote).
Der polare Gegensatz zu ‚stillos' ist ‚stilvoll'. Das legt nahe, dass hier zwei Skalen aufeinander bezogen werden: Allgemein gilt dabei ‚Quantität an Stil$_2$' = ‚qualitative Bewertung des Stil$_1$'.
Die normative Verwendungsweise kann auch noch zugespitzt werden. So nennt der amerikanische Innenarchitekt John Saladino einen Bildband über sein Schaffen schlicht „Stil" (Saladino 2001). Da das Buch nur Saladinos Stil behandelt, wird hier ‚Stil$_2$' = ‚John Saladinos Stil$_1$' gesetzt: Der Stil des Verfassers wird schon im Buchtitel normativ zum Stil an und für sich erklärt. Der Leser wundert sich dann kaum mehr über Sätze wie „Ich ließ mich bei dem Entwurf der Küche vom Pantheon in Rom inspirieren" (Saladino 2001: 202).

Stil angesehen, wenn sich ausreichend viele Verbindungen zwischen seinen Merkmalsregeln finden lassen. Wiederum wird ein Eklektizismus abgelehnt, in diesem Fall einer, der sich nicht genügend um die Kohärenz der Merkmalsregeln kümmert.

Aus Sicht der hier vorgestellten Stiltheorie gibt es natürlich auch solche eklektischen Stile. Es ist im Normalfall unmöglich, ein Schema zu realisieren, ohne dabei einen Stil zu erzeugen. (Eine Ausnahme liegt vor, wenn ein Schema seine Realisierungen nicht oder nur so geringfügig unterdeterminiert, dass es keine Varianten der Ausführung gibt oder diese nicht ausreichen, um Merkmalsregeln einzuschreiben.)

In der langen Geschichte des Nachdenkens über Stil ist immer wieder versucht worden, den Begriff für besonders schöne, harmonische oder bedeutungsvolle Realisierungen zu reservieren.[639] Oft wurde auch verlangt, der Stil müsse zur Funktion der Realisierung oder zum Kontext ihrer Erzeugungssituation passen oder diese sollten aus ihm erkennbar sein (das heißt bezogen auf unser Modell: aus Interpretationsergebnissen relativ leicht erzeugbar sein).[640] Sofern für die deskriptive Verwendung eine alternative Bezeichnung zur Verfügung stand, wie beispielsweise in der italienischen Renaissance „maniera", führte dies zu keinen besonderen Problemen, da man dann über Stil auch deskriptiv sprechen konnte, wenn auch unter einer anderen Bezeichnung.[641]

---

[639] Das berühmteste Beispiel ist wohl Goethes Unterscheidung, derzufolge „Stil" für Kunstwerke hoher Qualität reserviert bleiben sollte, während bloße individuelle Ausführungsweisen „Manier" zu nennen seien (Goethe 1789). Diese Unterscheidung, die auf die Verwendungsweise des Begriffs in der italienischen Renaissance zurückgeht (siehe Fußnote 641), rechtfertigt noch bei Gadamer die Auffassung, Stil nur als normativen Begriff gelten zu lassen; vgl. Gadamer 1960: 466-469 („Exkurs I: Stil").

[640] Beispielsweise bei Viollet-le-Duc: „Wenn ein Bauwerk die Nutzung, für die es bestimmt ist, deutlich kundtut, ist es nahe daran, Stil zu haben; wenn aber der Bau darüberhinaus mit den Bauten seiner Zeit ein harmonisches Ganzes bildet, muß man geradezu von Stil sprechen." (Viollet-le-Duc 1854–1868=2002: 246.) Gottfried Semper dagegen verlangte vom Stil, dass er sich sichtbar aus den Eigenschaften des Rohstoffs (Semper 1860–1863, Bd. 1: 95ff (§ 24)) und dessen Verarbeitung (ebd.: 177ff) ergeben solle, beschreibt aber zugleich objektive Prinzipien der Stilentwicklung (etwa das „Prinzip der Bekleidung", das aus den textilen Künsten kommend die Baukunst beeinflusst habe; ebd.: 217ff (§ 59)). Aus den vielen unvereinbaren und teilweise normativen Stildefinitionen folgte schließlich, dass Stil von der Moderne ganz abgelehnt wurde, so schrieb Mies van der Rohe: „Ebensowenig erstreben wir einen Stil. Auch der Wille zum Stil ist formalistisch. Wir haben andere Sorgen." (Mies van der Rohe 1923=2002: 408)

[641] Vgl. zur Konkurrenz der beiden Bezeichnungen Link-Heer 1986 und Heinz 1986: 231-257. – Nach der Renaissance begann dann die Ausbreitung der deskriptiven Verwendungsweise von „Stil": „Die ganz persönliche, individuelle Arbeitsweise jedes Künstlers wurde zunächst *maniera* genannt; dann wurde im selben Sinne das Wort *stile* benutzt, das zuerst in dieser Weise verstanden, bei Lomazzo erscheint [...]. Nach Lomazzo erscheint der *Stile*-Begriff in den von Bellori veröffentlichten Notizen Poussins über Kunst, um dann allgemeiner zu werden. In dieser Auffassung bezeichnet der Stil alle charakteristi-

8.4 Stil in der Gesellschaft

Stil hat vielfältige Auswirkungen in Gesellschaften. Hier wird zunächst überlegt, warum Stil gesellschaftlich gesehen so wichtig ist (8.4.1), in der Folge werden einige Aspekte der Wirkung von Stil in der Gesellschaft diskutiert (8.4.2) und abschließend wird überlegt, welche Rolle Stil im Kapitalismus spielt (8.4.3).

8.4.1 Die Wichtigkeit von Stil in der Gesellschaft

Wir hatten in Abschnitt 8.2.4 gesehen, dass Stil für das Individuum wichtig ist: Die Fähigkeit zum Umgang mit Stilen verschafft ihm Informationen über andere und ermöglicht es ihm, seine Informationsabgabe an andere besser einzuschätzen und teilweise zu kontrollieren. Darüber hinaus gewinnt Stil jedoch auch eine gesellschaftliche Wichtigkeit: Diese ergibt sich zum einen direkt aus der Relevanz des Umgangs mit Stilen und der Tatsache, dass diese Kompetenz nicht allen gleichermaßen zur Verfügung steht. Noch wichtiger ist jedoch die Funktion, die Stile zur Anzeige gesellschaftlicher Unterscheidungen und Markierung von Gruppenzugehörigkeit haben,[642] wobei sie gleichzeitig der Identitätsbildung und der Angleichung von Verhaltenskonventionen dienen: Nicht mit allen Stilen kann man alles gleich gut machen, und wer die Stile einer Gruppe lernt, lernt dabei meist auch die Verhaltensweisen, für die diese Stile geeignet sind.

Werden Stile flexibel gehandhabt, können sie daher auch zur Annäherung und Abgrenzung eingesetzt werden: Hierarchien und Konkurrenzkämpfe innerhalb von Gruppen können über Stile gesetzt bzw. ausgetragen werden (etwa wenn ältere Mitglieder einer Jugendgruppe den jüngeren ‚zeigen, wie man's richtig macht'), Annäherung oder Abgrenzung zwischen Gruppen durch Übernahme von Merkmalsregeln der jeweils anderen Gruppe oder Einführung kontrastierender Merkmalsregeln vollzogen werden.

Gunther Kress[643] betont die Rolle, die mit Institutionen verbundene Soziolekte und Gruppenstile[644] (Kress spricht von ‚Genres') in sozialen Ein- und Ausschlussprozessen spielen: Wer den Stil einer bestimmten Gruppe, Institution, Schicht, Subkultur usw. beherrscht (etwa der Wissenschaft, der Medizin oder einer Jugendkultur), wird als Insider dieser Gruppe betrachtet. Wer einen Text schreibt und sich als Insider oder Spezialist ausweisen will, tut daher gut daran,

---

    schen Eigenschaften, die die Werke eines Schriftstellers oder Künstlers auszeichnen" (Białostocki 1961: 129).
[642] Eine Übersicht hierzu bietet Dittmar 2009.
[643] Vgl. Kress 1988.
[644] Soziolekte und Gruppenstile gehören häufig eng zusammen. Substantielle Veränderungen in Zeichenrepertoire und Kombinationsregeln eines Zeichensystems (Wortschatz und Syntax bei Sprachen) sollten als Soziolekte beschrieben werden. „Jargon" kann für eine milieuspezifische Kombination von Soziolekt und Gruppenstil verwendet werden.

den jeweiligen Soziolekt und Gruppenstil anzuwenden, der vermutlich nicht zuletzt aus diesem gesellschaftlichen Kennzeichnungsbedarf entsteht. In der Literatur wird daher seit einigen Jahrzehnten häufig mit Soziolekten, Gruppenstilen und Fachdiskursen gearbeitet, um den Autor als fachkundig auszuweisen und dem Leser das Gefühl zu geben, einen authentischen Einblick zu erhalten.[645]

Zwischen Stilistik und Soziolinguistik besteht ein systematischer Zusammenhang, dem einige Aufmerksamkeit gewidmet wurde;[646] Soziolekte, Register, Fachsprachen, institutionenspezifische Ausdruckweisen, Gruppenstile und Subkultur-Jargon sind nur einige Sprachverwendungsphänomene, die ganz oder teilweise unter Stil fallen und nur in Bezug auf eine Gesellschaft und ihre Strukturen analysiert werden können. Ein zentraler Aspekt von Stil ist also die Erzeugung von Gruppenzusammengehörigkeit, die Identitätsbildung sowohl in Gruppen als auch für das Individuum: Je vielfältiger und pluralistischer eine Gesellschaft ist, desto wichtiger ist es, mit Stilen eigenen (faktischen oder gewünschten) Zugehörigkeiten zu signalisieren. So kann sich ein Jugendlicher, wenn er die Stile beherrscht, gleichzeitig auf der Straße als Angehöriger einer Subkultur (z.B. des Hiphop), in der Schule als Angehöriger der Bildungsschicht und in Familie und Bekanntenkreis als Angehöriger seiner Generation (in Abgrenzung zu den Erwachsenen) markieren.

Stil kann zudem auf die Unterscheidung zwischen etablierten Konventionen der Schemaausführung und der Abweichung von diesen Konventionen bezogen werden. Theodor Adorno verwendet diese Eigenschaft von Stil in der „Ästhetischen Theorie" sogar zu einer Definition: „Konventionen im Stande ihrer wie

---

[645] Dies wird von Ewald Lang (1980) für die Imitation der Jugendsprache in Ulrich Plenzdorfs „Die neuen Leiden des jungen W." (Plenzdorf 1973) analysiert, die für den deutschsprachigen Raum den Trend zu Gruppenstil-Imitationen im Theater begründete; zunehmend musste sich nun ein Theaterautor durch die Kenntnis der Soziolekte und Gruppenstile der von ihm beschriebenen Milieus legitimieren; vgl. als Beispiel Mark Ravenhills „Shopping and Fucking" (Ravenhill 1996), bei dem bereits der Titel entsprechend kodiert ist: „Shoppen" bedeutet hier nämlich die Drogenbeschaffung und verweist damit auf das Thema des im Drogenmilieu spielenden Stücks. Lang betont die Rolle der Stilisierung (Lang 1980: 227), also der Abstraktion des Prinzips von den empirisch feststellbaren Ausprägungen, die zu einem „fingierten Jargon" führt; sie dient möglicherweise als Nachweis einer über bloße Nachahmung hinausgehenden literarischen Verwendungskompetenz.
Für die Jugendsprache kann postuliert werden, dass sie sich zunehmend von einem Sprachstil zu einem Soziolekt (also zu einer von einer bestimmten Gruppe gesprochenen Sprachvariante mit substantiellen Eigenheiten in Wortschatz und Syntax; vgl. letzte Fußnote) entwickelt.

[646] Siehe beispielsweise Beneš u.a. 1971, Hess-Lüttich 1976 und Eckert 2001. Den Zusammenhang zwischen Lebensstil und Gesellschaft analysieren Sobel 1981 und Michailow 1990, zwischen Kommunikationsstil und Sozialisation Wildgen 1977. Stil in Fachsprachen wird in Spillner 1989 und in Hess-Lüttich 2003, Stilwechsel in alltäglichen Gesprächen in Hess-Lüttich 2000 untersucht.

immer schon schwanken Ausgleichung mit dem Subjekt heißen Stil."[647] Helmut Viebrock erläutert dazu mit Blick auf die Abweichungsstilistik:[648]

> Dieser dialektische Stilbegriff besticht als Theorem, indem er zwei gegensätzliche Stilkonzeptionen der Gegenwart, Stil als beschreibbare Verfahrensweise allgemeiner Art (die für Adorno an der Musik orientiert ist), und die eigentlich nur als Negation konzipierte Opposition zu ihr miteinander verbindet, Aspekte, denen die Begriffe Norm und Derivation homolog sind.

Stil ist insofern gesellschaftlich relevant, als sich auf diesem Terrain viele Kämpfe um Erneuerung abspielen und manchmal vermittelt werden; häufig gehen solche Arten, bereits bekannte Schemata anders zu realisieren, größeren Veränderungen voraus, die auch die Schemata selbst betreffen oder gar neue erzeugen. Beispielsweise fand der Willen zum grundsätzlichen gesellschaftlichen Neuaufbau der Moderne (verstanden als die von etwa 1910 bis 1965 dominierende Periode) über die unterschiedlichen Erneuerungskonzepte hinweg ihren Ausdruck in einem klar erkennbaren Stil,[649] während die danach beginnende Postmoderne ihre

---

[647] Adorno 1970: 305.
[648] Viebrock 1977: 31.
[649] Dieser Stil definierte sich gerade durch die Ablehnung der vorigen Historismus-Phase, in der auf zahlreiche Stile Bezug genommen und diese auch gemischt worden waren. Diese Art der Bezugnahme lehnte die Moderne ab; dennoch kann nur metaphorisch von einem „stillosen Stil" die Rede sein, wie Anders Munch (2005: 32) formuliert: „Von der Stilkrise in der Kunst ausgehend, meinten viele, auch der Lebensstil und Denkstil des modernen Menschen seien in der Krise und hätten nie eine feste Form gefunden. [...] Ich versuche denjenigen Stil, der sich trotz aller Skepsis durchgesetzt hat, als stillosen Stil zu charakterisieren." Munch spielt in dieser Kennzeichnung des Stils der Moderne, dessen Prägung durch Adolf Loos er untersucht, auf jene kulturkritische Diskussion der Jahrhundertwende an, die es als Symptom einer schweren Krise ansah, dass die Kulturentwicklung in den letzten Jahrzehnten des 19. Jahrhunderts keinen als allgemeingültig empfundenen Stil mehr hervorgebracht hatte. Seit Nietzsches Warnung vor dem Historismus (Nietzsche 1874) hatte sich eine Debatte entwickelt, die bei denjenigen, die das scheinbare Ende der Epochenstile, die als Ausdruck des Geists einer Zeit angesehen wurden, nicht akzeptieren konnten, zum Kulturpessimismus führte (z.B. Spengler 1918-1922). Andere zogen daraus die Konsequenz eines radikalen Bruchs mit der Stilorientierung und propagierten die Funktionsorientierung (z.B. Loos 1908=1962; Mies van der Rohe 1923=2002: 408); ironischerweise schufen sie dadurch erneut einen epochemachenden Stil, der in der Architektur ab den 1940er Jahren als „Internationaler Stil" weltweit prägend wurde (vgl. Hitchcock u.a. 1932; Schäfers 2006: 125ff).
Interessant ist, dass diese Stildiskussion wie selbstverständlich die unterschiedlichsten Stilbereiche – Stil in Kunst, Musik, Architektur, aber auch Lebensstil, Denkstil, Gesellschaftsstil und alltägliche Verhaltensstile – miteinander in Verbindung setzte, während nach dem Zweiten Weltkrieg eine Trennung nach akademische Disziplinen üblich wurde. Diese führte zu unfruchtbaren fachinternen Diskursen, die die Allgemeinheit des mit „Stil" bezeichneten Phänomens völlig verkannten und daher auch keine bereichsspezifisch überzeugenden Stildefinitionen fanden.

Betonung der Heteronomie ausdrückte, indem sie den Stilmix praktizierte und sich eklektisch und rekombinierend bei früheren Stilen bediente.[650]

Auch für die Unterscheidung zwischen ‚Originalen' und ‚Fälschungen' bei Artefakten oder Texten ist Stil oft von erheblicher Wichtigkeit. Originale sind dadurch gekennzeichnet, dass sie einem bestimmten Produzenten oder einer durch bestimmte Merkmalsregeln gekennzeichneten Produzentengruppe (einem einzelnen Künstler, einer bestimmten Tradition oder Zeitepoche oder einem Unternehmen) zuzuordnen sind, während Fälschungen den Eindruck erwecken möchten, von diesem Produzenten oder dieser Produzentengruppe zu stammen. Da es sehr schwierig ist, Stile exakt nachzumachen, können Experten für das jeweilige Gebiet häufig Fälschungen von Originalen anhand von kleinen Stilabweichungen unterscheiden, die der Fälschende übersehen hat oder deren Nachahmung ihm nicht gelang.[651]

Je vielfältiger und pluralistischer eine Gesellschaft ist, desto wichtiger werden Stile, sowohl als individualisierende Ausführungsmuster von allgemeinen Schemata, mit dem das Individuum dem Allgemeinen seine persönlichen Interessen und Vorlieben aufprägen kann, sowie auch als Ausdruck von Ansichten und zur Identifikation mit oder Abgrenzung von Individuen und Gruppen. Es ist daher ganz sicher verfrüht,[652] aufgrund der ebenfalls beobachtbaren globalen Hybridisierung das Ende der Stile zu verkünden.

Zwei weitere Aspekte sind weniger offensichtlich, beeinflussen aber ebenfalls die Rolle von Stil in der Gesellschaft:

(1) Stil entsteht in der Umgangsweise von Individuen mit einem Repertoire an Verhaltens-, Artefakt- und Textschemata. Daher ermöglichen Stilvorgänge auch Veränderung dieser Schemata, und damit gesellschaftliche Veränderung insgesamt. Im Bereich des Stils ist es möglich, individuelle Lösungen zu finden, seine Haltung zum ausgeführten Schema auszudrücken, Hinweise auf Veränderungspotentiale zu geben, usw. Stellt sich etwas als erfolgreich heraus, kann oft das Schema entsprechend angepasst werden. Auch Schemata untereinander können mit Hilfe der auf ihrer Basis entwickelten Stile gegeneinander antreten; ist es beispielsweise möglich, beim Autofahren lässiger auszusehen als beim Benutzen einer Pferdedroschke, kann das Autofahren (sobald der Anfangswiderstand gegen das neue Schema überwunden ist) davon profitieren.

---

[650] Dabei schuf sie ironischerweise einen klar erkennbaren Stil, der entsprechend den Notwendigkeiten seiner Zeit gleichermaßen unterhalten und repräsentieren soll; indem er wirtschaftlichen Imperativen gehorchte, drückte er eine einheitliche Norm aus.

[651] Vgl. zur semiotischen Analyse von Fälschungen in Kunst und Handwerk Eco 2004. Stilfälschungen spielen in der Kunstgeschichte eine wichtige Rolle, sie werden dort „Falsifikate" genannt und von anderen Fälschungsarten (etwa Identfälschungen, bei denen die Kopie eines Werks als Original ausgegeben wird, und Plagiaten, bei denen ein fremdes Werk als eigenes ausgegeben wird) unterschieden. Das Fälschermuseum Wien hat Beispiele zusammengetragen (http://www.faelschermuseum.com; Einsicht am 14.07.2010).

[652] Ljungberg 2006: 9f.

Diese Effekte machen Stil bezogen auf die verwendeten Schemata – und damit prinzipiell auf alle Bereiche des Verhaltens, der Artefakte und Texte einer Gesellschaft, soweit sie schemabasiert sind – zu einer Metaebene, auf der Reflexion stattfinden und Innovation geprüft werden kann. Dies erklärt auch, wieso gesellschaftliche Innovation oft über Stile erprobt, ausgehandelt und von Avantgarden an den Rest der Gesellschaft vermittelt wird; dies gilt für Kultur, Kunst und Politik ebenso wie für alltägliches Verhalten wie Kleidung oder Interaktion. Stile ermöglichen somit ein rasches und, da nicht gleich eine Schemaänderung erfolgt, spielerisches Durchsuchen des Möglichkeitsraums nach neuen Varianten von Verhaltens-, Artefakt- und Textschemata und fördern damit die Veränderungsfähigkeit einer Gesellschaft.

(2) Relevant ist auch, dass Stil (als die individuelle Seite der Anwendung von Schemata) nur dort überhaupt als Phänomen wahrgenommen werden kann, wo akzeptiert wird, dass es verschiedene Möglichkeiten gibt, Schemata anzuwenden.[653] In Gesellschaften, die den Individuen wenig Geltung zusprechen, sondern in denen nur die Schemata selbst als wichtig gelten, können unterschiedliche Arten der Schemaausführung nur in ‚richtig' und ‚falsch' unterteilt werden. Höchstens kann eine graduelle Wertung danach erfolgen, ob die individuelle Ausführung dem Schema, das als Maß aller Dinge gilt, mehr oder minder gerecht wird. Wo individueller Spielraum bei der Schemaausführung und der Kodeverwendung nicht gedacht werden kann, können auch keine Stile wahrgenommen und unterschieden werden. Die Ausbreitung von Stilkompetenz und von individuellen Stilen bedingen sich daher gegenseitig und tragen gemeinsam zu einer individuellen Ausdifferenzierung von Gesellschaften bei.

8.4.2 Habitus und Identitätsbildung

In vielen Gesellschaften gibt es unterschiedliche gesellschaftliche Schichten, die über unterschiedlich viel Macht, Einfluss und Handlungsmöglichkeiten verfügen. In solchen Gesellschaften spielen Stile oft eine wichtige Rolle bei der Zuordnung zu einer sozialen Schicht. Stile bilden in diesem Fall Teil des Habitus, mit dem Klassen-, Geschlechts- und Gruppenzugehörigkeit markiert wird.[654]

Der Begriff ‚Habitus' wird in der Soziologie schon lange verwendet, beispielsweise von Émile Durkheim, Max Weber, Marcel Mauss und Norbert Elias;[655] Pierre Bourdieu war es jedoch, der die zentrale Rolle des Habitus in stratifizierten Gesellschaften in ihren unterschiedlichen Aspekten hervorhob und dem Begriff einen systematischen Status in seiner soziologischen Theorie gab.[656]

---

[653] Diese Idee stammt von Christian Siefkes (persönliche Mitteilung, Juli 2007).
[654] Einen Überblick zu dieser Markierungsfunktion gibt Dittmar 2009; zu Stil und Habitus vgl. U. Abraham 2009. 1359ff.
[655] Krais u.a. 2002: 5.
[656] Bourdieu 1978 und Bourdieu u.a. 1992. Vgl. zum Begriff ‚Habitus' auch Nickl 2001.

Bourdieu fasst Habitus als System dauerhafter Dispositionen auf, die allerdings weniger als feste Verhaltensdispositionen aufzufassen sind, sondern vielmehr eine Art generative Grammatik bilden, die es dem Individuum ermöglichen, auch auf neue Situationen in einer habitusspezifischen Weise zu reagieren.[657] Der Habitus ist ein Produktionssystem für klassen-, geschlechts- und gruppenspezifisches Verhalten des Individuums: Daher kann das Ergebnis des Habitus, das auf der Oberfläche beobachtete Verhalten, nicht einfach nachgeahmt werden. Menschen, die sich durch angenommene Verhaltensweisen als zugehörig ausweisen wollen (z.B. soziale Aufsteiger), werden als ‚soziale Fälschung' erkannt, während die derselben Schicht Zugehörigen dadurch, dass sie auf neuartige Situationen in der habitusspezifischen Weise reagieren, als solche identifiziert werden, ohne dass dies explizit kommuniziert werden muss.

Habitus hat daher einiges mit Stil gemeinsam: Auch dieser besteht aus Regeln, mit denen auf neue Situationen reagiert werden kann. Allerdings kann der hier vorgestellten Theorie zufolge ein Stil nur bei der Realisierung eines bestimmten Schemas angewandt werden, während Habitus schemaübergreifend auf unterschiedliche Verhaltensbereiche wirkt. Ein weiterer Unterschied besteht darin, dass Stile oft übernommen oder gelernt werden können, da sie aus einer begrenzten Menge von Merkmalsregeln bestehen, die durchaus erkennbar sind. (Wären sie es nicht, könnten sie nicht vom Stilanwender und Stilwahrnehmer übermittelt werden.)

Dagegen kann Habitus nicht einfach gelernt werden, da er als Prägung durch alle bisherigen sozialen Erfahrungen entsteht: Habitus ist eine Art ‚komprimierte Geschichte' der Erfahrungen des Individuums. Gleichartiger Habitus entsteht durch vergleichbare Lebensweise und soziales Umfeld und kann als komprimierte und vermutlich verschlüsselte Speicherung all dieser Erfahrungen im Gehirn aufgefasst werden. Aufgrund der neurologischen Plastizität des Gehirns ist es sogar sehr wahrscheinlich, dass das Gehirn selbst durch diese Prägungen verändert wird. Eine Übernahme des Habitus ist daher normalerweise nicht möglich. Verglichen damit ist Stil ein relativ einfaches Phänomen, das bestimmte Regeln der Auswahl für einen bestimmten Schematyp beinhaltet.

Gemeinsamkeiten bestehen darin, dass auch Stile häufig die Prägung durch frühere Erfahrungen, durch soziale Zugehörigkeiten und das sich daraus ergebende Selbstbild ausdrücken. Wir hatten ja bei der Betrachtung des Interpretationsprozesses (Kapitel 6 und 7) gesehen, dass solche Informationen aus Stilen gewonnen werden können, wenn der Stilwahrnehmer das nötige Hintergrundwissen besitzt. Dabei kann die Information auf unterschiedliche Art in den Merkmalsregeln enthalten sein; es kann sich auch um Prägungen und komplexe Verhaltensmuster handeln, die nur indirekt, aber doch noch erkennbar, mit ihren Ursachen zusammenhängen. Daher können Stile durchaus die zusammenfassen-

---

[657] Krais u.a. 2002: 31ff.

de Speicherung und Verschlüsselung bisheriger Erfahrungen ausdrücken, die für den Habitus konstitutiv sind.

Stile sind jedoch nur Regelmäßigkeiten in konkreten Verhaltensmustern; sie können daher nur die Oberfläche, das Ergebnis des Habitus sein. Diesen Zusammenhang betont auch Bourdieu, bezieht sich dabei aber auch Lebensstile, also auf Stile bei einem sehr allgemeinen Schema: Für ihn drückt wird der Habitus durch die Strukturen einer Gesellschaft, insbesondere die Klassenstruktur, bestimmt und drückt sich selbst wiederum in verschiedenen Lebensstilen aus. Diese haben eine Rückwirkung auf die gesellschaftlichen Strukturen; sie machen diese sichtbar und grenzen die Klassen voneinander in Aktivitäten, Interessen und Sichtweisen ab. Damit verfestigen die durch den Habitus erzeugten Lebensstile wiederum die Strukturen der Gesellschaft.[658] Es ergibt sich eine Kreislauf, in dem die gesellschaftliche Struktur den Habitus, der Habitus die Lebensstile und diese wiederum die gesellschaftliche Struktur bestimmen.[659]

Während Bourdieu vor allem auf Klasse und Geschlecht abhob, wurde später versucht, Lebensstile nach anderen Kriterien gesellschaftlich zuzuordnen: So wurden Schemata entwickelt, die Lebensstile, neben der meistens beibehaltenen Achse der vertikalen gesellschaftlichen Gliederung, nach Kriterien wie Modernitätsgrad und biographischer Perspektive[660] oder Häuslichkeit[661] unterschieden. Wenig überraschend ist, dass Alter und Familienkontext (Single oder Partnerschaft, mit oder ohne Kinder) den Lebensstil stark beeinflussen.[662]

Was für Lebensstile gesagt wurde, gilt in geringerem Maß auch für speziellere Stile: Diese schreiben zahlreiche Informationen über Schichtzugehörigkeit, soziales Milieu, sexuelle Zuschreibungen, familiäre Verhältnisse und das vorherrschende Weltbild in die Verhaltensweisen eines Menschen ein. Solche spezielleren Stile sind vermutlich weniger stark durch den Habitus determiniert als Lebensstile – beispielsweise enthalten sie mehr individuelle Elemente, darunter auch solche, die bewusst festgelegt sind –, enthalten aber auch manche durch den Habitus bestimmten Merkmalsregeln. Selbst Merkmalsregeln, die nicht durch den Habitus bestimmt sind, können dazu beitragen, die schicht- oder milieuspezifische Prägung mitzuteilen, wodurch sie zur Verfestigung dieser Strukturen in der Gesellschaft beitragen können.

Stile spielen also eine sehr wichtige Rolle bei der Markierung gesellschaftlicher Unterschiede; ohne sie wäre es kaum möglich, die Trennung der Schichten, Geschlechter, Sphären usw. im Alltag durchzuhalten. Wachleute würden nicht

---

[658] Aufgrund von Habitusunterschieden sind über Klassengrenzen hinweg tiefergehende Gespräche oft schwierig. Die unterschiedlichen Kommunikationsstile, Verhaltensweisen, Interessen, Hobbys und Lebensauffassungen erschweren Freundschaften, Partnerschaften und Ehen und führen damit zu einer Abgrenzung der Gesellschaftsschichten.
[659] Rössel 2009: 310.
[660] Vgl. Otte 2004 und Otte u.a. 2008.
[661] Vgl. Spellerberg 1996: 122.
[662] Rössel 2009: 324f., vgl. auch Katz-Gerro u.a. 2007.

wissen, wenn sie kritisch zu beäugen haben; Türsteher nicht, wer milieufremd ist und draußen bleiben muss; Vermieter nicht, wem sie die Wohnung lieber nicht geben, schon um keinen Protest von anderen Mietern hervorzurufen; Eltern nicht, welchen potentiellen Schwiegersohn oder Schwiegertochter sie schon beim ersten Treffen lieber abweisend behandeln sollten; Berufungskommissionen nicht, wem sie die Stelle getrost geben können, weil (abseits konkreter Leistungen, die ja auch durch Tagesform und andere Zufälle beeinflusst sein können) der bildungsbürgerliche Hintergrund gegeben ist. In stark stratifizierten Gesellschaften spielen solche Fragen eine große Rolle; Stile spielen dann eine wichtige Rolle in der Lösung alltäglicher Orientierungs-, Zuordnungs- und Verteilungsfragen.

Daraus ergibt sich: Je größer die Unterschiede innerhalb einer Gesellschaft sind, desto wichtiger werden Stile, die diese Unterschiede markieren, damit ihre Erkennung und Festigung ermöglichen und „Betrug", ein gezieltes Übertreten der Unterscheidungen,[663] verhindern. Dies hat allerdings auch eine Kehrseite: Ist der Stil als allgegenwärtiges Unterscheidungskennzeichen etabliert, verlässt sich die Gesellschaft in erheblichem Maß auf ihn. Wer nun in der Lage ist, einen anderen Stil überzeugend anzunehmen, kann die Angehörigkeit zu einer gesellschaftlichen Klasse oder Gruppe simulieren, wie eine Reihe von klassischen Hochstaplergeschichten[664] zeigen. Sobald die gesellschaftlichen Unterschiede geringer und/oder durchlässiger werden, verliert der Stil als Zuordnungs- und Unterscheidungsmerkmal an Relevanz. Kann etwa ein Arbeiterkind zum Arzt aufsteigen, kann ein Bewerber für eine Arztstelle nicht bereits aufgrund seines/ihres nicht-bürgerlichen Habitus als vermutlicher Hochstapler erkannt werden. Es muss dann stärker auf Dokumente und Nachweise zurückgegriffen werden.

Ein weiterer Faktor, der Einfluss auf die Wichtigkeit von Stil in einer Gesellschaft hat, sind die vorherrschenden Kommunikationstypen und die dafür geltenden Konventionen. Wird das gesellschaftliche Aufeinandertreffen von festgelegten Höflichkeitsfloskeln oder leerem Small-Talk bestimmt, spielen Stile als Informationsträger über das Gegenüber eine große Rolle. Ist es dagegen üblich, sich selbst beim ersten Gespräch über die jeweiligen Ansichten und Absich-

---

[663] Betrug besteht oft nur darin, sich nicht an die vorgeschriebenen Grenzen zu halten oder von vornherein nicht in sie hineinzupassen. So wurden jahrzehntelang Intersexuelle im Hochleistungssport als Betrüger behandelt, wenn sie im Frauensport antraten, aber Kennzeichen eines männlichen Körperbaus, Hormonsystems oder Genoms zeigten. (Vgl. Oliver Tolmein, „XXY ungelöst". *Jungle World Nr. 2*, 14.01.2010. Online unter: http://jungle-world.com/artikel/2010/02/40151.html; Einsicht am 15.02.2010.)

[664] Klassische Beispiele sind Carl Zuckmayers „Der Hauptmann von Köpenick" (Zuckmayer 1931) und Thomas Manns „Felix Krull" (Mann 1954). In neuerer Zeit haben Hochstapler wie Gerd Postel (vgl. Postel 2001) oder das von Steven Spielberg in „Catch Me If You Can" (2002) verfilmte Leben des Frank Abagnale, der sich erfolgreich als Pilot, Oberarzt und Staatsanwalt ausgab, gezeigt, dass sich die Gesellschaft – gerade die ‚bessere' – nach wie vor durch Stilsicherheit in die Irre führen lässt.

ten auszutauschen (gehören also beispielsweise Fragen wie „Was studierst du?", „Wo wohnst du?" und, falls dies weiter weg ist, „Wie kommst du zur Uni?" zum Standardrepertoire der ersten fünf Gesprächsminuten), dann sind Stile weniger wichtig, weil man sowieso rasch zu einer ersten sozioökonomischen und psychologischen Einschätzung des Gegenübers kommt. Dies ist in Deutschland derzeit der Fall; daher wird Stil hier eher als ein Aspekt der Persönlichkeitsinszenierung eingesetzt, wenn sich beispielsweise ein Ingenieursstudent beim abendlichen Ausgehen im abgerissenen Punk- oder im düsteren Gothic-Look präsentiert und damit seinen Musikgeschmack, aber auch etwas von seiner Weltanschauung und seiner Persönlichkeit übermitteln möchte. Seinen Beruf und den damit einhergehenden Status möchte er damit nicht verbergen, sondern durch weitere Facetten ergänzen, die das Gegenüber an ihm wahrnehmen soll.

Eine wichtige Rolle spielen Stile daher bei der Abgrenzung verschiedener Milieus, Szenen, Subkulturen usw. voneinander; aber auch unterhalb dieser Strukturebene, in Freundschaftsgruppen, Familien und sogar Partnerschaften können Stile (beispielsweise Kommunikations- und Kleidungsstile) zur Identitätsbildung verwendet werden. Umgekehrt können Stile auch oberhalb der Ebene der sozialen Schicht eine Rolle spielen; auch Verhaltensweisen, die mehr oder minder einer ganzen Gesellschaft zukommen, können durch Stile bestimmt sein; oft werden solche Stile auch verstärkt, entlang gewünschter Abgrenzungen definiert und intern vereinheitlicht, um für die Markierung nationaler oder ‚völkischer' Zugehörigkeit verwendbar zu sein. So wurden von der Völkerpsychologie[665] völkertypische Verhaltensstile konstruiert, um nationale oder völkische Identitäten zu stiften. Stil spielt also eine Rolle von der gesamtgesellschaftlichen Ebene durch alle Strukturebenen hinunter bis zur individuellen Ebene.

8.4.3 Stil und Kapitalismus

Bei der Produktion für den Markt kommt es nicht auf den Gebrauchswert einer Ware an, solange dieser nur vorhanden ist, sondern auf den Tauschwert. Es macht für die Besitzer eines Unternehmens keinen Unterschied, was es produziert, was sich bei der Wahl von Investmentmöglichkeiten zeigt, die den produzierten Warentyp nicht berücksichtigen, sondern sich an erwarteten Rückflüssen und Diversifizierung innerhalb des Portfolios orientieren sollte.[666] Gleichzeitig ist es erforderlich, dass die Gebrauchswerte von Gütern unterschiedlich sind, damit diese als Waren ausgetauscht werden können.[667] Zudem sollten die Güter

---

[665] Vgl. Wundt 1900–1920 und Lazarus 2003; eine Zusammenstellung grundlegender Texte von Lazarus, Steinthal und Wundt bietet Eckardt 1997.

[666] Dies zeigt die von Harry M. Markowitz entwickelte Theorie der Portfolioanalyse (vgl. Markowitz 2007).

[667] „Gebrauchswerte können sich nicht als Waren gegenübertreten, wenn nicht qualitativ verschiedne nützliche Arbeiten in ihnen stecken" (Marx 1867=1974: 57).

in der Ausführung unterschiedlich sein, da dies ihre Wiedererkennbarkeit verbessert und wirksames Marketing ermöglicht. Der Verwendungszweck und die Funktion von Artefakten verlieren somit innerhalb der Produktionsssphäre an Wichtigkeit, während die Diversität und Wiedererkennbarkeit in den Vordergrund treten.

Hier kann eine Analogie zur Stilentwicklung gesehen werden. Es ist eine auffällige Parallele, dass in Handwerk, Design und Kunst des kapitalistischen Zeitalters, das mit dem ausgehenden 18. Jahrhundert beginnt, zunehmend die Funktion (etwa die Nutzbarkeit von Möbeln und Gebäuden)[668] an Relevanz verliert und durch den persönlichen Stil des Künstlers oder der Schule – etwa „Bauhaus", „Abstrakter Expressionismus" usw. – als wichtigstes Kriterium ersetzt wird.[669]

Eine Repräsentationsfunktion üben Artefakte und Texte heute oft weniger durch ihre prächtige Ausführung oder ihren technischen Anspruch als durch ihren Stil aus, durch den sie einer Marke zugeordnet werden.[670] Diese Marke kann nun entwickelt werden und macht oft einen erheblichen Teil des Werts aus. Dies gilt für Kleider oder Autos ebenso wie für Kunstwerke.

In der Kunst, Architektur und Musik führte dies zu einer Auffassung, derzufolge möglichst jeder kreativ Arbeitende seinen eigenen Stil haben sollte. Im 19. Jahrhundert trat dieser Stilpluralismus zunächst in Form des Historismus auf, der frühere Epochen nach eigenen Auffassungen neu interpretierte.[671] Wurde der Historismus von den Zeitgenossen noch heftig als Orientierungslosigkeit und bloße Nachahmung früherer Stile kritisiert, begann mit dem Impressionismus die ‚Parade der Stile', die einander in immer rascherer Folge ablösten und die Entwicklung in Kunst, Musik, Literatur und Architektur des 20. Jahrhunderts bestimmten. Konkurrierten Anfang des 20. Jahrhunderts einige oft weltanschaulich begründete Avantgarde-Stile miteinander, kam es mit dem Siegeszug der Moderne zu einer immer stärkeren Individualisierung der Stile einzelner Künstler.[672] In der Postmoderne drehte sich diese Spirale weiter: Nun wurde die souveräne Beherrschung vieler Stile durch einen Künstler zum Ideal, der diese in einzelnen Werken stets neu kombinierte und hybridisierte (mischte). Hatte Pi-

---

[668] Vgl. das Beispiel in Fußnote 102.
[669] Interessant ist in diesem Zusammenhang, dass die Beachtung der künstlerischen Individualstile in den Stadtstaaten im Italien der Renaissance begann (vgl. Fußnote 641), wo sich gleichzeitig auch der moderne Kaufmannskapitalismus herausbildete (Christian Siefkes, persönliche Mitteilung, September 2010).
[670] Ein teures Kunstwerk wird in vielen Fällen gekauft, um eine Repräsentationsfunktion auszuüben, was nur möglich ist, wenn auch durchschnittlich bewanderte Laien den Künstler erkennen können.
[671] Als Beispiel seien die französischen Architekten Viollet-le-Duc (vor allem Restaurierungen) und Théodore Ballu (Kirche St-Ambroise, Paris und Glockenturm von Saint-Germain-l'Auxerrois, Paris) genannt.
[672] Stilvielfalt kann man als wesentliches Merkmal der künstlerischen Moderne auffassen (Leder 2002: 24).

casso (der prototypische „moderne Künstler") in seiner künstlerischen Entwicklung nacheinander eine Abfolge von Stilen durchlaufen, die er selbst mit entwickelte, so wurde in der Postmoderne die rasche Aneignung vieler Stile üblich, die in derselben Arbeitsperiode und oft sogar in einem Werk angewandt wurden, und deren Kombination und Hybridisierung neue künstlerische Wirkungen hervorbrachten. Die Eigenständigkeit eines Künstlers besteht nun nicht mehr in einem individuellen Stil, sondern in neuen Ideen zur Kombination verschiedener Stile: Diese Kombinationen müssen jedoch ebenso eigenständig sein, um nicht als derivativ zu gelten, wie zuvor die Individualstile, und können daher als „Meta-Stile" bezeichnet werden.

Zu entscheidenden Wertungskriterien werden also zunehmend die Eigenständigkeit und Wiedererkennbarkeit. Dies lässt sich auf die Relevanz der Markenbildung und die Notwendigkeiten der Konkurrenz auf dem Markt beziehen, ebenso wie auf den Kampf um das sogenannte geistige Eigentum,[673] das auf der Behauptung der Abgrenzbarkeit der individuellen geistigen Schöpfung beruht.

---

[673] Vgl. Nuss 2006.

Kapitel 9: Wissenschaftstheoretische Überlegungen

Die hier vorgestellte Theorie fasst Stil als ein Phänomen auf, das mit Hilfe des natürlichsprachlichen Begriffs ‚Stil' ungefähr richtig erfasst wird (vgl. Abschnitt 1.2). Sie modelliert das Phänomen, wobei sie sich bei der Konstruktion des Modells an alltagssprachlichen Beispielen orientiert und gelangt dabei zu einer Modellierung, die für einen Begriffsinhalt (= Intension) ungewöhnlich komplex erscheint. Sofern sich die Theorie als angemessene Beschreibung des Phänomens Stil erweist, könnte dies Konsequenzen für die Theoriebildung in den Kultur- und Geisteswissenschaften haben. Darüber wird in diesem Kapitel nachgedacht; es ist jedoch stärker spekulativ als die bisherigen und kann keine gesicherten Ergebnisse vorweisen.

9.1 Begriff und Phänomen

Die für diese Arbeit gewählte Methode bestand darin, einen natürlichsprachlichen Begriff zu nehmen, für den die Bezugnahme auf ein Phänomen angenommen wird, und ein Modell dieses Phänomens zu konstruieren, das nun mit Hilfe von präzise konstruierten Beispielen auf die Übereinstimmung seiner Abgrenzung des Phänomens mit den Grenzen des natürlichsprachlichen Begriffs überprüft wird.[674]

Ein ähnliches Vorgehen wählen Dan Sperber und Deirdre Wilson in ihrem Buch „Relevance", in dem sie eine Theorie der Relevanz entwickeln. Ihre Begründung dafür passt mutatis mutandis auch für die hier angewandte Methode:[675]

> [W]e would like to make clear what we are trying, and what we are not trying to do. We are not trying to define the ordinary English word 'relevance'. 'Relevance' is a fuzzy term, used differently by different people, or by the same people at different times. It does not have a translation in every human lan-

---

[674] Vgl. Abschnitt 1.2; der Bezug zwischen Begriff und Phänomen wird dort in Annahme (A) formuliert.
Als weiteres Beispiel für dieses Vorgehen sei Georg Meggles Dissertation genannt (Meggle 1981), die eine Theorie der Kommunikation entwirft und dabei in der Tradition der analytischen Philosophie die Richtigkeit der aufgestellten Formeln mit Hilfe von abgrenzenden Beispielen überprüft, die sich auf den natürlichsprachlichen Begriff ‚Kommunikation' beziehen.

[675] Sperber u.a. 1986: 119.

> guage. There is no reason to think that a proper semantic analysis of the English word 'relevance' would also characterise a concept of scientific psychology.
> We do believe, though, that scientific psychology needs a concept which is close enough to the ordinary language notion of relevance; in other words, we believe that there is an important psychological property – a property of mental processes – which the ordinary notion of relevance roughly approximates, and which it is therefore appropriate to call relevance too, using the term now in a technical sense. What we are trying to do is to describe this property: that is, to define *relevance* as a useful theoretical concept.

Der erste Absatz des Zitats betont, dass eine Definition des englischen Worts „relevance" nicht beabsichtigt sei: Dessen semantische Analyse sei nicht mit dem gleichnamigen psychologischen Konzept gleichzusetzen. Im zweiten Absatz wird jedoch darauf hingewiesen, dass der gewöhnliche Begriff von Relevanz („ordinary notion of relevance"), die Bedeutung des natürlichsprachlichen Worts, eine Eigenschaft mentaler Prozesse ungefähr annähere („roughly approximates").

Dies erscheint plausibel. Dass Relevanz oder eben auch Stil als Phänomene existieren, lässt sich damit begründen, dass sie reale Auswirkungen haben.[676] Wenn die Begriffe ‚Relevanz' und ‚Stil' oft unscharf („fuzzy") in ihrer Verwendung sind, dann liegt das vermutlich daran, dass es sich um komplizierte, schwer zu erfassende Phänomene handelt, worauf auch die Tatsache hinweist, dass sie mit einer einfachen Definition nur provisorisch beschrieben werden können und es zu einer sorgfältigen Explikation aufwendiger Theorien bedarf.

Über die intensionale Repräsentation dieser Begriffe im Kopf ihrer Benutzer kann nach derzeitigem Wissensstand nur spekuliert werden, dass sie wohl einfacher sind, als die hier vorgeschlagene Stiltheorie oder die von Sperber/Wilson vorgeschlagene Relevanztheorie. Sofern diese Theorien nicht überkomplex geraten sind – wogegen immerhin spricht, dass die reichlich vorhandenen einfachen Definitionen diese Probleme bislang nicht befriedigend erklären konnten –, dann ist zu erwarten, dass die natürlichsprachlichen Begriffe mittels einer gegenüber einer vollständigen Definition vereinfachten Intension (die etwa mit gespeicherten Beispielen, prototypischen Fällen, einigen notwendigen Bedingungen und ein paar zusätzlichen Aussagen über die jeweiligen Phänomene arbeiten könnte) auf diese Phänomene zugreifen. Eine präzise Erfassung der Phänomene durch die Begriffe ist somit nicht zu erwarten.

---

[676] Die Relevanz wird Sperber und Wilson zufolge in einem automatischen Prozess festgestellt, der im normalen Äußerungsverstehen eine wichtige Rolle spielt; dieser existiert auch in Kulturen, die den Begriff ‚Relevanz' nicht kennen. ‚Stil' ist ebenfalls ein Begriff, den es nicht in allen Kulturen gibt, der aber ein Phänomen beschreibt, das zumindest in seiner grundlegenden Form wohl nicht kulturspezifisch ist. Wer etwa mit jemandem diskutiert hat, der beim Diskutieren lange Sätze verwendet, weiß sicher auch dann, dass er bei der nächsten Diskussion mit dieser Person mit langen Sätzen zu rechnen hat, wenn seine/ihre Kultur keinen Stilbegriff zur Verfügung stellt. Die grundsätzliche Vorhersagekraft von Stil ist also auch dann gegeben.

Orientiert man sich an den im Umlauf befindlichen alltagssprachlichen Stildefinitionen (etwa derjenigen, Stil sei die „Art und Weise ist, etwas zu tun") und der Art ihrer Verwendung, so kann man – wiederum spekulativ – vermuten, dass die Intension des Begriffs ähnlich wie diese Definitionen mehr als eine heuristische Zugriffshilfe gebraucht wird, die gewissermaßen einen Eindruck vom Phänomen gibt und dabei hilft, es zu erkennen, wenn man darauf stößt. So hält sich niemand genau an die Definition der „Art und Weise, etwas zu tun", die etwa jegliche Technologie mit einschließen würde. Bei Definitionen dieser Art zeigt sich, dass sie meist intuitiv treffender gebraucht werden, als sie es bei wörtlicher Anwendung werden müssten. Dies ist ein Hinweis darauf, dass sie die Funktion von ‚Zeigern' auf das tatsächliche Phänomen einnehmen, indem sie eine gewisse Intuition ausdrücken, die sie allerdings nicht genau zu explizieren vermögen. Sie leisten damit eine Verständnishilfe, während sie die Abgrenzung von anderen Phänomenen (wie Technologien) nicht leisten; da diese im Weltmodell der Sprachverwender weit genug von Stil entfernt sind, um sowieso nicht damit durcheinander gebracht zu werden, fällt dies meist gar nicht auf.

Wenn eine semiotische Erklärung von Begriffen wie ‚Stil', ‚Relevanz' oder auch ‚Macht'[677] versucht wird, die auch in der Alltagssprache verwendet werden, dann handelt es sich zunächst um eine Begriffsexplikation:[678] Die Inhaltsseite eines sprachlichen Begriffs soll geklärt werden. Andererseits wird jedoch semiotische Grundlagenforschung betrieben,[679] da es sich dabei um Zeichenphänomene (oder im Fall von Macht um ein teilweise aus Zeichenphänomenen bestehendes Phänomen) handelt.

Die modelltheoretische Semantik[680] nimmt an, dass die Bedeutung eines Satzes in den Wahrheitsbedingungen besteht, die in einer beliebigen möglichen Welt notwendig und hinreichend dafür sind, dass er für diese Welt wahr ist.[681] Bezogen auf den Begriff ‚Stil' setzt dies eine genaue und vollständige Theorie voraus; andernfalls kann nicht jeder Satz, der diesen Begriff enthält, über alle möglichen Welten hinweg in seinem Wahrheitsgehalt überprüft werden. Angesichts des Wirrwarrs von Definitionen und der Tatsache, dass auch die besten bisher gefundenen Definitionen die Extension des natürlichsprachlichen Begriffs verfehlten (vgl. Abschnitt 2.1), kann davon nicht die Rede sein. Insofern ist die modelltheoretische Theorie der Semantik ihrem Gehalt nach utopisch: Sie kann zwar definiert werden, tatsächlich könnte sie die Bedeutung von Sätzen aber nur dann korrekt wiedergeben, wenn für jeden Begriff der natürlichen Sprache eine Definition vorläge, die seinen Inhalt befriedigend zu klären vermöchte. Auch den Begriff ‚Macht' könnte ich, wenn die modelltheoretische Semantik recht

---

[677] Vgl. Siefkes 2010a.
[678] Vgl. zur Begriffsexplikation Abschnitt 1.2.
[679] Vgl. zum Verhältnis der hier vorgestellten Stiltheorie zur Semiotik Abschnitt 1.1.
[680] Vgl. Tarski 1935 und 1944, Montague 1970 und 1973, Link 1979, einführend Lyons 1977, Bd. 1: 167ff.
[681] Lyons 1977, Bd. 1: 169.

hätte, nur dann richtig gebrauchen, wenn ich für alle möglichen Welten sagen könnte, was Macht ist und was nicht, was voraussetzt, dass ich eine exakte und nicht von Voraussetzungen der beobachtbaren Welt, die in anderen Welten eventuell nicht gegeben sind, abhängige Machtdefinition besäße. Dies könnten also keine ungefähren heuristischen Definitionen sein; sie kämen in ihrem Anspruch vollständigen Theorien gleich, die selbst Möglichkeiten einbeziehen, die in unserer konkreten Welt nicht gegeben sind. Solch anspruchsvolle Definitionen sind jedoch für zahlreiche natürlichsprachliche Begriffe der natürlichen Sprache nicht vorhanden.

Wir benutzen also ständig Wörter wie „Stil", „Relevanz" oder „Macht", deren Bedeutungen natürlichsprachliche Begriffe sind, für die wir keine genaue Definition haben. Wenn wir Theorien zu solchen Begriffen bilden und uns dabei an die Verwendung in der natürlichen Sprache halten, das heißt im Grunde eine Begriffsexplikation vornehmen, versuchen wir etwas zu erreichen, das wir eigentlich bereits besitzen müssten, um die Wörter angemessen verwenden und verstehen zu können. Dass wir dies tun, zeigt sich darin, dass wir uns mit ihrer Hilfe verständigen können: Zwar funktioniert diese Kommunikation nicht reibungslos, hätten wir aber keine funktionierenden Begriffe, könnten wir uns auch nicht über Stil oder Macht unterhalten.

Nun könnte man annehmen, dass ein Wort der natürlichen Sprache, dessen Inhalt ein Begriff ist, zu jedem Zeitpunkt nur so genau verwendet wird, wie die besten verfügbaren Definitionen diesen Begriff klären. Der Versuch, Begriffe wie ‚Stil' oder ‚Macht' über natürlichsprachliche Beispiele zu klären, wäre dann zirkulär. Die natürliche Sprache würde kein Wissen enthalten, das wir nicht schon in Form von Begriffsdefinitionen in sie hineingesteckt hätten.

Unterschiedliche Stildefinitionen würden zu ständigen Missverständnissen führen, insbesondere müsste die Wahl der Beispiele ständig angefochten werden. Schon ein oberflächlicher Einblick in die immense Literatur der Stilforschung zeigt, dass die Auffassungen und Definitionen von ‚Stil', die dort gegeben werden, so unterschiedlich sind, dass ihre konsequente Beachtung durch diejenigen, die sie vertreten, zu höchst unterschiedlichen Extensionen führen würde. Die Stiltheoretiker könnten sich dann kaum mehr verstehen, zumal sie ja vermutlich andere Begriffe entsprechend in ihrer Verwendung anpassen müssten, um Überlappungen zwischen den Begriffsextensionen zu vermeiden oder Lücken zu schließen. Dies würde zu großen Problemen beim Reden über Stil führen, da man einander ständig missverstehen würde. Dennoch reden Stiltheoretiker miteinander über Stil anhand von Beispielen, ohne dass stets die Hälfte aufspringt und ruft: „Das ist doch gar kein Stil!"

Diese Probleme zeigen, dass bestimmte Wörter der natürlichen Sprache offenbar Zeichen für Konzepte oder Ideen sind, die hochkomplex sind, wenn man sie genau zu explizieren versucht, trotzdem jedoch von gewöhnlich befähigten Menschen fehlerfrei benutzt werden können. Dies ist ein Paradox, das oft nicht in seiner Tragweite erkannt wird. Tatsächlich handelt es sich um ein kognitives

Problem: Wir sind in der Lage, schwierige und abstrakte Begriffe korrekt anzuwenden, auch wenn wir von einem analytisch genauen Verständnis ihres Begriffsinhalts weit entfernt sind.

9.2 Überlegungen zur mentalen Repräsentation

In Abschnitt 2.2 hatten wir drei Beispiele für Fälle gegeben, die unter viele bisherige Stildefinitionen fallen würden, aber in der alltagssprachlichen Gebrauchsweise des Begriffs offensichtlich nicht eingerechnet würden. Dies wird von den entsprechenden Stiltheorien jedoch nicht als Abweichung vom natürlichsprachlichen Begriff ‚Stil' erkannt und in Kauf genommen. Vielmehr werden die Beispiele, anhand derer über Stil gesprochen wird, durchgehend so gewählt, dass die unliebsamen Fälle gar nicht auftreten. Gerade diese (unbewusste) Auswahl der passenden Beispiele lässt vermuten, dass der Einschluss von solchen Beispielen keine Absicht war.

Man definiert den Begriff ‚Stil' auf eine Weise, aber benutzt ihn auf eine andere, *die intersubjektiv übereinstimmt*. Wohl kaum jemand würde in den in Abschnitt 2.2 gegebenen Beispielen den Positionen des Begleiters zustimmen und damit inhaltlich, funktional oder durch das Ziel bedingte Regelmäßigkeiten der Ausführungsweise unter ‚Stil' rechnen. Dennoch machen sich sehr viele Stildefinitionen nicht die Mühe, diese Fälle auszuschließen, wenn sie Stil über Muster, Regelmäßigkeiten, Häufigkeiten usw. beschreiben wollen.

Somit gelangen selbst Stiltheoretiker, die im Vergleich mit anderen Sprachbenutzern ein umfangreiches Fachwissen über dieses Phänomen besitzen, nach jahrelanger Forschung zu Definitionen, die gegenüber der von ihnen selbst täglich gezeigten Anwendungskompetenz stark zurückfallen.[682] Es erscheint jedoch unplausibel, dass wir eine Definition von Stil als Intension im Kopf haben, die erheblich komplexer und genauer ist als das, was uns selbst durch sorgfältige Überlegung zugänglich ist. Der Begriff ‚Stil' führt daher zu Problemen für jede Art von Semantik, die annimmt, dass wir die Bedeutung von Begriffen in Form von Intensionen mental speichern, die uns die korrekte Anwendung des Begriffs (das heißt das Erkennen der Phänomene, auf die er zutrifft, also der Extension) ermöglichen.

Sofern die hier vorgestellte Theorie die Komplexität des mit „Stil" bezeichneten Phänomens richtig erfasst und sich nicht eine wesentlich einfachere Darstellung finden lässt, die ausreichend präzise ist, um die normalsprachlich gezeigte Anwendungskompetenz zu erklären, so entstehen Probleme für Semantiktheorien, die die vollständige Begriffsintension eines Worts wie „Stil" mental speichern wollen. Ob man nun eine Intension annimmt, die den korrekten Zugriff auf die Extension des Begriffs ermöglicht, oder eine Definition mit seman-

---

[682] Vgl. Fußnote 140.

tischen Merkmalen, die den Begriff durch Abgrenzung von Nachbarbegriffen festlegt: Man müsste zeigen, wie die Komplexität des Phänomens für solche Zwecke reduziert werden könnte, oder sich mit der Postulierung enorm komplexer Intensionen oder semantischer Merkmale abfinden. Auch die kognitive Semantik, die die Erzeugung der Bedeutung teilweise aus der sprachlichen Ebene auf eine postulierte grundlegende Ebene kognitiver Schemata verschiebt, steht nicht viel besser da, denn sie müsste ein Schema postulieren, das ungefähr die Komplexität der in dieser Arbeit vorgestellten Stiltheorie hat, was wenig plausibel erscheint.[683]

Damit spricht einiges dafür, umgekehrt die Wirklichkeit (als die von uns erfassbaren Aspekte der Welt) zum bestimmenden Faktor der Semantik zu machen. Die Wortinhalte spiegeln unsere Wirklichkeit wider, nicht: Die Wirklichkeit wird durch unsere Sprache erst konstruiert. Zwar ist diese Wirklichkeit nicht die Welt; die objektive Realität ist uns nur insofern zugänglich, als wir sie durch unsere Sinne, durch verbesserte Wahrnehmungsinstrumente und durch wissenschaftlichen Erkenntnisgewinn erfassen können. Zusätzlich wird unsere Wahrnehmung durch Einflüsse aus Gesellschaft und Kultur erheblich beeinflusst.

Dennoch scheint es zumindest einige Begriffe zu geben, die recht präzise mit tatsächlichen Phänomenen korrespondieren und bei denen man davon ausgehen kann, dass keine Begriffsintension im Kopf der Sprachbenutzer gespeichert ist, die alleine bereits für die feststellbare Anwendungskompetenz ausreicht. Vermutlich funktioniert ein Begriff wie ‚Stil' daher eher wie ein Marker, der auf ein bestimmtes Phänomen zeigt. Dies heißt nicht, dass wir dieses Phänomen richtig und unverzerrt wahrnehmen, wohl aber, dass wir uns intersubjektiv über seine Extension verständigen können; wie gezeigt wurde, gibt es im alltagssprachlichen Gebrauch viel weniger Zweifel daran, bei welchen Phänomenen es sich um Stil handelt, als in wissenschaftlichen Untersuchungen.

Wir können den Begriff ‚Stil' deshalb richtig gebrauchen, weil Stil ein bestimmter, klar von anderen unterscheidbarer Zeichenprozesstyp ist; in vielen Sprachen gibt es für diesen Zeichenprozesstyp (im Gegensatz zu manch anderem, der abgegrenzt werden kann) eigene Bezeichnungen (dt. „Stil", engl. „style", ital. „stile" usw.), weil er in den entsprechenden Gesellschaften eine große Wichtigkeit erlangt hat.[684] Damit ist nicht gesagt, dass sich nicht andere Bereiche der sprachlichen Inhaltsebene gut mit Hilfe von Merkmalssemantik, modelltheoretischer Semantik oder kognitiver Semantik beschreiben lassen. Zumindest bei einigen Begriffen wie ‚Stil' ist es jedoch plausibler, sie als komplexe Phänomene der außersprachlichen Realität zu erklären, die wir in der Wahrnehmung abgren-

---

[683] Die hier angestellten Überlegungen bestätigen damit die These Hilary Putnams, dass Bedeutung nicht im Kopf konstituiert wird (vgl. Putnam 1975).

[684] Dies hängt mit gesellschaftlichen (vgl. Abschnitt 8.4.1) und wirtschaftlichen (vgl. Abschnitt 8.4.3) Bedingungen zusammen; in Gesellschaften, die weniger stark stratifiziert und untergliedert sind und die nicht vorwiegend kapitalistisch wirtschaften, scheint Stil nicht dieselbe Relevanz zu haben wie bei uns.

9.2 Überlegungen zur mentalen Repräsentation

zen können, ohne ihre Funktionsweise zu verstehen, also ohne eine Definition oder Beschreibung zu besitzen. Der Begriff selbst ist hier als eine Art Marker zu verstehen, der einem bestimmten wahrgenommenen Phänomen zugeordnet wird.

Natürlich wird eingewandt werden, nun müsse man ja der Wahrnehmung die komplexe Abgrenzungsaufgabe zuschreiben, die man einer semantischen Repräsentation des Wortinhalts nicht zutraue. Dies ist richtig; dennoch ist diese Beschreibung besser zu begründen als die zurückgewiesenen. Zum einen muss die Wahrnehmung nicht die abstrakte Abgrenzungsaufgabe einer Begriffsintension leisten. Sie braucht keine Theorie zu enthalten, sondern kann sich an bestimmten Kennzeichen des konkret Vorgefundenen orientieren und in verschiedenen Situationen unterschiedlich vorgehen, um das Phänomen zu erfassen. Sie steht in Interaktion mit der Welt und kann daher auf den Vorteil zurückgreifen, dass Dinge, die kompliziert zu repräsentieren sind, nicht immer kompliziert aussehen; sie braucht Stil nicht zu verstehen, sondern nur zu erkennen.

Die Wahrnehmung leistet die Abgrenzung vermutlich deshalb so präzise, weil sie viele verschiedene Eigenschaften berücksichtigt, Parallelfälle heranzieht und nicht die Fehler macht, die sich aus einer zu kurz greifenden Interpretation der Welt – etwa einer nicht-semiotischen – für wissenschaftliche Theorien ergeben. Während wir in den Geisteswissenschaften immer noch nicht soweit sind, dass verschiedene Arten von Zeichenprozessen und deren Kombination als grundlegend für den Gegenstandsbereich allgemein anerkannt wären, geht unser Wahrnehmungssystem schon seit Jahrtausenden selbstverständlich mit Zeichenphänomenen um. Dass es dabei inzwischen ausreichend präzise ist, um auch komplexe Phänomene wie Stil richtig abzugrenzen, könnte insofern ein Ergebnis der Evolution sein, als eine genaue Wahrnehmung und Abgrenzung von verschiedenen Zeichenprozesstypen einen Vorteil dargestellt haben dürfte (vgl. Abschnitt 8.2.4). Dies gilt zumindest in für uns wichtigen Bereichen, sofern die Eigenschaften und Konsequenzen des entsprechenden Zeichenprozesstyps anderer Art sind als die anderer Zeichenprozesstypen. Nur wenn man Stil korrekt erkennt, kann man die enthaltenen Informationen über Verhalten, Einstellungen, Herkunft, Herangehensweise, frühere Einflüsse und vermutliches zukünftiges Verhalten von Menschen gewinnen; die Nützlichkeit dieser Erkenntnisse ist offensichtlich.

Wie aber gelingt es der Wahrnehmung, die Abgrenzung vorzunehmen, wenn sie weder auf Intensionen noch auf semantische Merkmale oder Schemata zurückgreifen kann, die diese Abgrenzung explizieren? Vermutlich werden verschiedene Eigenschaften des Phänomens – etwa die Art von Informationen, die man aus Stil typischerweise erhält, die Kontexte, in denen er vorkommt, sowie spezifische Eigenschaften von stilistischen Zeichen wie ihre Auswahlbezogenheit – gespeichert und ergeben einen (möglicherweise holistisch zu verstehenden) Eindruck des Phänomens. Wenn ein beobachteter Zeichenprozess einen ähnlichen Eindruck erzeugt, wird es in einem Vergleichsprozess (matching) mit dem bisher gespeicherten abstrakten Eindrucksmuster ‚Stil' abgeglichen. Dies könnte zunächst wie eine Intension, eine Definition über semantische Merkmale oder ein Schema erscheinen. Doch dieser Vorgang setzt keine grundlegende Analyse voraus (wie sie in der vorliegenden Theorie vorgenommen wird), was auch daraus deutlich wird, dass man sich über Randbereiche durchaus streiten kann. Zu betonen ist dagegen, dass die grundsätzlich falschen Definitionen – wie diejenige, die Stil als Regelmäßigkeiten auf der Ausdrucksebene betrachtet, vgl. Abschnitt 2.1 – in der Praxis des Stilgebrauchs nicht vorkommen.

Diese Überlegungen können hier nicht weiter verfolgt werden, sie haben somit einen vorläufigen Charakter, können aber vielleicht als Anregung für an der Semantik Interessierte dienen.

9.3 Sind genauere Stilanalysen möglich?

In der wissenschaftlichen Beschäftigung mit Stil gibt es, neben den hier nicht relevanten normativen Konzeptionen (vgl. 8.3.9), zwei Herangehensweisen:

(1) Die Stilforschung oder Stilistik als die „Wissenschaft vom Stil", die sich mit den Grundlagen, der Funktionsweise und den Eigenschaften von Stil beschäftigt;

(2) Die Stilanalyse, die sich zum Ziel setzt, für die Untersuchung von Stilen ein Instrumentarium zur Verfügung zu stellen.[685] Die Stilanalyse ist dabei häufig ambivalent: Sie kann als Wissenschaft aufgefasst werden, wenn sie untersucht, worauf Interpretationsergebnisse beruhen, indem sie Strukturen in Realisierungen mit erzeugten Zeicheninhalten oder anderen Reaktionen des Stilwahrnehmers in Zusammenhang bringt.[686] Leicht wird daraus jedoch eine Methode für die Wahrnehmung von Stilen (vgl. Abschnitt 7.3.2), bei der demonstriert wird, wie Merkmalsregeln erkannt werden können und wie daraus in einer Interpretation weitergehende Erkenntnisse zu gewinnen sind.[687] In diesem Fall macht die Stilanalyse Aussagen auf der Objektebene: Wie Stile interpretiert werden, ist Teil des Gegenstandsbereichs von Stilforschung oder Stilistik. Es ist daher nicht Aufgabe der wissenschaftlichen Beschäftigung mit Stil, Methoden für das Wahrnehmen von Stilen vorzuschlagen, bei denen der wahrgenommene Stil möglichst nahe am angewendeten Stil ist oder möglichst wenig situations- und individuenabhängig variiert.

Die Stilanalyse bewegt sich also auf einem schmalen Grat zwischen Untersuchung der Reaktionen beim Wahrnehmen von Stilen (Rezeptionsanalyse) und Vorschlag zum besseren Wahrnehmen von Stilen. Im ersten Fall befindet sie sich

---

[685] Vgl. Spillner 1974a: 76-95, 1984 und 2009, Frey 1975, Sanders 1977, Zimmer 1978, Püschel 1983 und Sowinski 1999.
[686] Dies versuchen beispielsweise die strukturalistische Textanalyse (vgl. Abschnitt 3.6) und fragebogenbasierte Ansätze (vgl. Spillner 1978: 88ff).
[687] Als Beispiele seien Fucks 1955, Goldmann 1970 und Bureau 1976 genannt.

auf der Beschreibungsebene und kann wissenschaftlich sein, im zweiten Fall befindet sie sich auf der Gegenstands- bzw. Objektebene und kann nicht wissenschaftlich sein, auch wenn sie präzise ist und gute Argumente für das vorgeschlagene Vorgehen hat. Bedingt durch die Funktionsweise des stilistischen Zeichenprozesses kommt es notwendigerweise zu Unterschieden zwischen Anwenderstil und Wahrnehmerstil sowie zwischen dem Wahrnehmerstil verschiedener Personen oder derselben Person in verschiedenen Wahrnehmungssituationen (vgl. Abschnitt 7.3.6).

Die hier vorgestellte Theorie wurde daher nicht mit der Absicht entwickelt, genauere Stilbeschreibungen zu ermöglichen, als sie bisher üblich waren. Sie soll nicht einmal vorhandene Stilbeschreibungen überprüfbar machen. Sie will vielmehr beschreiben, was wir schon immer getan haben, wenn wir Stile anwenden oder wahrnehmen. Würde eine mit ihrer Hilfe durchgeführte Analyse in jedem Fall[688] zu genaueren Ergebnissen kommen als bisherige Stilwahrnehmungen, hätte sie ihr Ziel verfehlt: Sie würde etwas anderes beschreiben als den Prozess des Wahrnehmens von Stilen.

Tatsächlich ist die Vagheit von Stil und die Schwierigkeit, sich über Stile und ihre Interpretation zu einigen, eine der interessantesten Eigenschaften dieses Phänomens und eine der größten Herausforderungen bei seiner Beschreibung. Damit ist es in gewisser Weise typisch für die Geisteswissenschaften, wie in einem kurzen Exkurs gezeigt werden soll.

Eine Zeitlang wurden in den Geisteswissenschaften Theorien umso höher bewertet, je präziser ihre Beschreibung des Phänomens war. Das geschah aus der richtigen Überlegung heraus, dass die Wissenschaft Präzision verlangt. Je genauer eine wissenschaftliche Theorie ist, desto größer ist ihr Erklärungspotential und desto genauer sind auch ihre Vorhersagen, so dass es leichter wird, sie zu widerlegen, und desto ernster muss man die Theorie nehmen, wenn eine solche Widerlegung nicht gelingt.

Doch in den Geisteswissenschaften sieht die Lage etwas anders aus. Genaue Theorien geraten oft mit den beobachtbaren Phänomenen in einen Widerspruch, der jedoch durch die Postulierung zukünftiger Modifikationen als provisorisch angesehen wird. So nehmen etwa generative Grammatik-Modelle eine syntaktische Tiefenstruktur an, aus der sich durch Transformationsregeln alle Oberflächenstrukturen einer Sprache erzeugen lassen sollen. Bislang scheint es jedoch noch nicht gelungen zu sein, für eine Sprache eine Tiefenstruktur und eine Menge an Transformationsregeln zu formulieren, die tatsächlich zur korrekten und

---

[688] Genaue Stilinterpretationen sind auf Grundlage des vorgestellten Interpretationsprozesses möglich; die Überprüfbarkeit kann man erhöhen, indem man die verwendeten Operationen einschränkt (im Extremfall auf die Deduktion) und die durch die Funktion *Interesse* getroffenen Entscheidungen begründet.

vollständigen Menge der empirisch beobachtbaren Oberflächenstrukturen dieser Sprache führen.[689]

Das gilt jedoch nicht als Widerlegung der Theorie, an der immer weiter gearbeitet wird – grundsätzlich zu Recht, denn die vorhandenen Modelle können zahlreiche Phänomene der Syntax erklären. Allerdings wissen wir natürlich nicht, ob sie sie richtig erklären. Sollte es auf Dauer nicht gelingen, die Grundannahmen der Theorie zu bestätigen und die tatsächliche Menge der Oberflächenstrukturen korrekt und vollständig zu erzeugen, wird der Status solcher Theorien problematisch: Einerseits wird man ungern auf sie verzichten wollen; andererseits stimmen ihre Vorhersagen nicht genau mit der Wirklichkeit überein.

Der wissenschaftstheoretische Vorteil der leichten Widerlegbarkeit geht also teilweise verloren, wenn diese in der Praxis keine Konsequenzen hat. Eine andere Art von Genauigkeit scheint angemessen, nämlich höchstmögliche Annäherung an die Eigenschaften des Gegenstandsbereichs. Das mag als eine Binsenweisheit erscheinen. Doch in den Geisteswissenschaften ist der spezifische Charakter des Gegenstandsbereichs, die dort anzutreffende Verbindung aus Präzision und Vagheit,[690] selten ganz ernst genommen worden. Die meisten Theorien neigen dazu, entweder die Präzision oder die Vagheit überzubetonen.

Über den grundsätzlichen Charakter der in den Geisteswissenschaften beschriebenen Phänomene ist wenig bekannt.[691] Deshalb sind nach wie vor die verschiedensten Vorgehensweisen anzutreffen. Es ist möglich, eine Beschreibung zu liefern, die zwar empirisch genau ist, aber kaum über eine Konstatierung beobachtbarer Phänomene hinausgeht; es können aber auch präzise Klassifikationen mit genauen Erzeugungsregeln postuliert werden, die dann jedoch in der Praxis mit einiger Großzügigkeit angewandt werden. Überhaupt ist die intuitive Korrektur, der kreative Umgang mit Theorien bei deren Anwendung üblich. Dabei werden alle möglichen Theorien auf alles Mögliche angewandt; die Anwendung einer Theorie kann geradezu als Kunststück gelten. Doch eine Theorie,

---

[689] Ein Beispiel für Konstruktionen, die für die generative Grammatik problematisch sind, weil ihre Syntax nicht unabhängig von der Semantik beschreibbar ist, liefert George Lakoff mit einer Fallstudie über die „there"-Konstruktionen im Englischen (vgl. Lakoff 1987: 462-585).

[690] Eine Einführung in den Begriff der ‚Vagheit' und seine wissenschaftliche Beschreibung bietet Williamson 1994. Einige geisteswissenschaftliche Phänomene sind bereits auf die Rolle untersucht worden, die Vagheit in ihnen spielt, vgl. etwa Williamson 1992 und 2000, Raffman 2000 und Shapiro 2003. Eine formale Behandlung von vagem Wissen im Zusammenhang mit Introspektion – einem von der Präzisionshypothese lange Zeit als anrüchig empfundenen und von der wissenschaftlichen Untersuchung ausgeschlossenen Phänomen – liefern Bonnay u.a. 2006 und 2007.

[691] Meiner Vermutung nach spielen komplexe Phänomene oder einfache Phänomene, die auf komplexe Art interagieren, eine wichtige Rolle. Der spezifische Charakter des geisteswissenschaftlichen Gegenstandsbereichs dürfte sich aus dem Charakter des menschlichen Gehirns und Denkens ergeben, da die beschriebenen Phänomene – von der Gesellschaft über die Sprache bis hin zum Handeln – auf unserem Denken beruhen oder doch zumindest durch es geformt werden. (Vgl. dazu auch Siefkes 2005.)

deren Anwendung mit allzuviel Kreativität und intuitiven Entscheidungen verbunden ist, ist aus wissenschaftstheoretischer Sicht problematisch.

Um zum Stil zurückzukommen: Bei der Beschreibung dieses Phänomens bestünde grundsätzlich die Möglichkeit, eine Theorie so zu gestalten, dass sie über jeden einzelnen Stil präzise Aussagen macht. Eine solche Theorie könnte dann etwa gebraucht werden, einzelne Stile zu analysieren und dabei genauer zu sein als dies bisher der Fall war. Sie würde entscheiden, welche Merkmale ein Stil besitzt und welche Ergebnisse in einer richtig durchgeführten Interpretation daraus ableitbar sind. Die vorliegende Theorie will dies nicht, obwohl man mit ihrer Hilfe durchaus plausiblere von weniger plausiblen Stilbeschreibungen unterscheiden kann.[692]

Die Theorie versucht dabei aber, der beobachtbaren Variabilität der Stilbeschreibungen gerecht zu werden. So kann man im Merkmalsprozess theoretisch eine gewaltige Menge von Merkmalsregeln erzeugen, die noch die kleinsten Regelmäßigkeiten (sofern sie bei der Auswahl entstehen) beschreiben. Erst im Interpretationsprozess wird klar, welche davon stilistisch relevant sind. Dort gibt es jedoch auch große Variabilität in der Erzeugung von Interpretationsergebnissen. Auf diese Art wird eine präzise Beschreibung vorgenommen, wo sie möglich ist: Nämlich im Merkmalsprozess, wo der Aufbau der Merkmalsregeln sowie die Vorgänge bei ihrem Einschreiben und Auslesen präzise die Möglichkeiten und Grenzen für den Interpretationsprozess abstecken. Damit kann erstmals genau angegeben werden, was stilistisch relevant werden kann und was nicht, und damit insbesondere stilistische Eigenschaften von anderen wie inhaltlich oder funktional bedingten Eigenschaften abgegrenzt werden, was bislang nicht hinreichend gelungen ist (vgl. Abschnitt 2.2). Die Vorgänge im Interpretationsprozess lassen dagegen genügend Spielraum, um die beobachtete Vielfalt zu erklären. Hier gibt es keine ‚richtige Lösung'.

Um zusammenzufassen: Die Theorie strebt keine genaueren Stilbeschreibungen an, als sie bislang von Menschen beim Wahrnehmen von Stilen und beim Austausch über diese vorgenommen wurden. Sie möchte jedoch so genau wie möglich explizieren, *in welcher Weise* Stilbeschreibungen und allgemein die Beschäftigung mit Stilen ablaufen. Sie will also nicht nur intersubjektiv nachvollziehbare Stilwahrnehmungs- und Beschreibungsweisen, sondern das ganze Spektrum der Wahrnehmungsweisen von Stil beschreiben. Dabei betrachtet sie Stil, wie im vorigen Abschnitt erläutert, als ein Phänomen, das nicht erst durch

---

[692] Es ist möglich, Interpretationen genau nachzuvollziehen und dabei Lücken in der Argumentation, implizite Voraussetzungen, fehlerhafte Herleitungen usw. zu erkennen. So wird beispielsweise in der Liszt'schen Interpretation der Zigeunermusik (vgl. Abschnitt 7.1.5) durch den Nachvollzug deutlich erkennbar, dass Liszt seine Überlegungen auf Vorurteilen seiner Zeit aufbaute, die als Hintergrundwissen eingebracht werden, dass er oft ausgehend von wenigen Merkmalsregeln weitreichende Überlegungen anstellt, dass er überwiegend Assoziationen und Abduktionen (also sehr freie Operationen) verwendet, usw.

den Begriff konstituiert wird, sondern auch unabhängig davon existiert; daher ist es unnötig, zum Verständnis des heute mit dem Begriff ‚Stil' bezeichneten Phänomens die Begriffsgeschichte zu untersuchen. Die Theorie geht von der Prämisse aus, dass wir Phänomene wie beispielsweise bestimmte Arten von Zeichenprozessen, die logisch von anderen abgrenzbar sind, ungefähr richtig wahrnehmen können und dass die Sprache ein geeignetes Mittel ist, um uns über diese Phänomene auszutauschen – und nicht etwa das Mittel, mit dessen Hilfe wir die uns umgebende Wirklichkeit erst erzeugen.

9.4 Vagheit und Präzision in den Geisteswissenschaften

Wie im letzten Abschnitt betont wurde, gab es bisher zwei methodische Hauptströmungen in den Geisteswissenschaften, die die Vagheit oder die Präzision der Phänomene im Gegenstandsbereich betonten. Beide basieren auf Hypothesen über den Charakter des Gegenstandsbereichs, die allerdings nicht immer explizit gemacht wurden.

Die Vagheitshypothese besagt, dass wir in den Geisteswissenschaften von ganz anderen Funktionsweisen im Gegenstandsbereich ausgehen müssen als in den Naturwissenschaften; dies impliziert natürlich auch einen anderen Charakter der Theorien. Die Präzisionshypothese antwortet darauf, dass Wissenschaft möglichst hohe Genauigkeit voraussetzt und die scheinbare Vagheit nur durch den mangelnden Forschungsstand bedingt ist. Beide Hypothesen wurden manchmal explizit erläutert – oft in Abgrenzung zur gegenteiligen Position, gegen die Argumente angeführt wurden –, manchmal blieben sie als Grundlage der Wissenschaftsauffassung implizit.[693] Welche Hypothese ein Wissenschaftler annimmt, hängt häufig stark von der wissenschaftlichen Schule ab, durch die er geprägt wurde.

In der vorliegenden Theorie wird der andersartige Charakter des geisteswissenschaftlichen Gegenstandsbereichs aus der Vagheitshypothese ernst genommen. Nicht alles in diesem Bereich lässt sich mit Regeln beschreiben, an manchen Stellen gibt es Spielraum und eine mehr oder minder große Variationsbreite.[694] Für die Beschreibung reicht es auch nicht aus, präzise Regeln zu formu-

---

[693] Für die Vagheitshypothese seien die hermeneutische (z.B. Ast 1808, Schleiermacher 1838, Heidegger 1943 und Gadamer 1960) und die postmoderne Schule (z.B. Foucault 1966, Derrida 1967 und Lyotard 1979) der Geisteswissenschaften genannt, für die Präzisionshypothese können Carnap 1934 und 1947, Chomsky 1957, Minsky 1986 und Lieb 1983 als Beispiele dienen.

[694] Allerdings gibt es auch im Gegenstandsbereich der Geisteswissenschaften viele Phänomene, die nicht vage sind. Es wäre also falsch, den Spieß umzudrehen und etwa – wie es aus poststrukturalistischen Kontexten bekannt ist – einen pauschalen Vorwurf gegen prä-

lieren und nur für ihre Anwendung eine gewisse Toleranz zu postulieren (vergleichbar etwa der „fuzzy logic"), da dies keine grundsätzlich andersartigen Theorien ergibt. So versagten bisherige Stiltheorien aus dem Bereich der Präzisionshypothese, weil sie einfache Mechanismen formulieren wollten, die die enorme Bandbreite von Stilphänomenen nicht angemessen beschreiben konnten. Auch die beliebten Klassifikationssysteme, bei denen die Vagheit durch eine (manchmal vielfach untergliederte)[695] Aufteilung ‚erledigt' wird, schaffen keine Abhilfe, sofern das zu beschreibende Phänomen nicht zufällig entsprechend gegliedert ist.[696]

Aus der Präzisionshypothese wird die Erkenntnis übernommen, dass eine angemessene Theorie genau sein muss. Sie darf nicht auf intuitiven Unterscheidungen aufbauen, insbesondere solchen, die in der Sprache gespeichert sind. So sind manche stilistischen Definitionen zu weit gefasst, dies wird aber nicht bemerkt, weil die Beispiele nicht die gesamte Extension der Definition abdecken, sondern intuitiv nur aus jenem Teilbereich der Extension genommen werden, den wir auch alltagssprachlich als „Stil" bezeichnen.

Die Verbindung beider Hypothesen ist möglich, wenn man einerseits die Anforderungen wissenschaftlichen Denkens auch in den Geisteswissenschaften

---

zise Ansätze (etwa formale Theorien oder andere analytische Herangehensweisen) zu konstruieren.

[695] Bei manchen geisteswissenschaftlichen Arbeiten (gerade in Deutschland) drückt bereits das Inhaltsverzeichnis anschaulich den Glauben aus, durch eine vielfach geschachtelte Klassifikation eine genaue Beschreibung zu erhalten. Dass der eigentliche Charakter des zu beschreibenden Phänomens durch diese hierarchisch-klassifizierende Methode oft nicht angemessen erfasst wird, wird angesichts der scheinbaren Klarheit der Analyse hingenommen.

[696] Evolutionär entstandene Phänomenbereiche lassen sich häufig auf diese Weise beschreiben, sei es die biologische Evolution (vgl. die Linnésche Taxonomie) oder die kulturelle Evolution (vgl. künstlerische Schulen und Gattungen). Das hängt damit zusammen, dass die Evolution Verzweigungen hervorbringt, die sich weiter verzweigen. Weite Bereiche des geisteswissenschaftlichen Gegenstandsbereichs sind jedoch nicht so gegliedert. Dazu gehört auch das mit „Stil" bezeichnete Phänomen, dem mit einer simplen Klassifikation nicht beizukommen ist.

Als Beispiel für einen Klassifikationsversuch sei Spillner 2009: 1743 genannt. Dort wird beispielsweise die deskriptive Stilistik unterteilt in „individuell" (mit dem einzigen Unterpunkt „Stilanalyse") und „kollektiv", letzteres wird in „systembezogen" („Sprachstile", „Funktionalstilistik" usw.) und „subsystembezogen" („Epochenstil", „Gattungsstil", „Altersstil" usw.) unterteilt. Diese Auffteilung stellt sich auf Grundlage des hier vorgestellten Modells als wenig sinnvoll heraus: Gruppenstile, also kollektiv angewandte Stile, können genauso als Menge von Merkmalsregeln beschrieben werden wie Individualstile, was schon daraus hervorgeht, dass Individualstile von Gruppen übernommen werden können. Die unter „Stilanalyse" gefassten Verfahren können auf Individual- wie Gruppenstile gleichermaßen angewandt werden. Die Unterscheidung in „systembezogen" und „subsystembezogen" als Schwesterknoten lässt sich ebenfalls nicht durchhalten. – Dies ist nur ein Beispiel dafür, dass man einem Phänomen, das man nicht grundlegend versteht, mit einer Klassifikation nicht beikommt.

berücksichtigt (dies war eine der zentralen Errungenschaften des Strukturalismus und der analytischen Philosophie, die jedoch von der Postmoderne wieder aufgegeben wurde). Zugleich muss man den andersartigen Charakter des Gegenstandsbereichs berücksichtigen, indem man Modelle entwickelt, die an den entsprechenden Stellen die ‚Vagheit', die empirisch feststellbar ist, auch berücksichtigt.[697]

Dabei ergibt sich, dass diese scheinbare Vagheit oft als Variationsphänomen präzise gefasst werden kann: Wird die Beschreibung auf einer hinreichend grundlegenden Ebene gewählt, kann dennoch eine genaue Beschreibung gegeben werden. Technisch gesprochen ist die (scheinbare) Vagheit eines Phänomens oft Ergebnis einer großen Anzahl von Variablen, die an unterschiedlichen Stellen, oft auch auf unterschiedlichen Ebenen, ineinander greifen. Der menschliche Geist ist offenbar in der Lage, mit solchen Vagheitsphänomenen hervorragend umzugehen; er sieht selbst ein so komplexes Phänomen wie Stil relativ deutlich und ist in der Lage, darüber zu reflektieren, ohne die Funktionsweise im Einzelnen nachvollzogen zu haben.

---

[697] Explizit formuliert wurde ein solcher Ansatz bereits von Dan Sperber und Deirdre Wilson, die in „Relevance" die frühere Pragmatik-Literatur dafür kritisieren, die Vagheit in der Kommunikation ignoriert zu haben: „The only difference between the explicit content of an utterance and its implicatures is supposed to be that the explicit content is decoded, while the implicatures are inferred. Now we all know as speakers and hearers, that what is implicitly conveyed by an utterance is generally much vaguer than what is explicitly expressed, and that when the implicit import of an utterance is explicitly spelled out, it tends to be distorted by the elimination of this often intentional vagueness." (Sperber u.a. 1986: 56) Der Irrtum sei entstanden, weil man im Gegenstandsbereich nur jene Phänomene sehen wollte, die man präzise erklären konnte: „There is a very good reason for anyone concerned with the role of inference in communication to assume that what is communicated is propositional: it is relatively easy to say what propositions are, and how inference might operate over propositions. No one has any clear idea how inference might operate over non-propositional objects" (ebd.: 57). In der oben vorgeschlagenen Terminologie ausgedrückt, hatten die kritisierten Pragmatiker die Präzisionshypothese angewandt: Sie modellierten alle Phänomene ihres Gegenstandsbereichs als präzise Phänomene und nahmen in Kauf, dass ihre Beschreibung wesentliche Aspekte des Gegenstandsbereichs, nämlich die größere Vagheit des implizit Mitgeteilten, nicht erfasste. So präzise ihre Beschreibung also war, sie passte nicht präzise zum Gegenstandsbereich.
Aber Sperber und Wilson kritisieren auch die Anhänger der Vagheitshypothese: „The only people who have been quite consistently concerned with the vaguer aspects of communication are the Romantics, from the Schlegel brothers and Coleridge to I.A. Richards, and their many acknowledged or unacknowledged followers, including many semioticians such as Roman Jakobson in some of his writings, Victor Turner, or Roland Barthes. However, they have all dealt with vagueness in vague terms, with metaphors in metaphorical terms, and used the term 'meaning' so broadly that it becomes quite meaningless." (ebd.) Diese Ansätze nahmen also die Vagheit des Gegenstandsbereichs ernst, aber sie übernahmen sie dabei auf die Beschreibungsebene.
Sperber und Wilson betonen die Notwendigkeit einer präzisen Beschreibung auch der Vagheitsphänomene: „We see it as a major challenge for any account of human communication to give a precise description and explanation of its vaguer effects." (ebd.)

Ein Ergebnis der hier geschilderten Herangehensweise sind Theorien, bei denen verschiedene Vorgänge, die eine Reihe von Variablen enthalten, ineinander greifen (im vorliegenden Fall ist dies beispielsweise bei den beiden separat beschreibbaren Prozessen, Merkmalsprozess und Interpretationsprozess, der Fall, die erst zusammen genommen ein angemessenes Stilmodell ergeben). Oft können die einzelnen Vorgänge dann als Zeichenprozesse oder als regelhafte Prozesse beschrieben werden. Für die Interaktion solcher Prozesse lassen sich häufig zwar Bedingungen angeben, die sich aus den Prozessen selbst oder durch äußere Anforderungen ergeben, aber kein präziser Ablauf (‚vage' Bereiche). Dazu gehören in der hier vorgestellten Stiltheorie beispielsweise die Suche nach relevantem Hintergrundwissen (vgl. Abschnitt 7.2.2) und die Steuerung der Interpretation durch die Funktion *Interesse* (vgl. Abschnitt 7.2.1).

Für die Theoriebildung bieten sich Prozesstypen an, die sich als präzise Beschreibungselemente in den Geisteswissenschaften bewährt haben (neben Zeichenprozessen sind dies beispielsweise generative Modelle, die Grundstrukturen mit einem die beobachtbaren Phänomene generierenden Regelapparat postulieren, oder Abbildungsvorgänge, wie in der kognitiven Semantik). Von intuitiven, sich auf das hermeneutische Potential der natürlichen Sprache stützenden Beschreibungen sollte Abstand genommen werden.

Zudem muss angegeben sein, wie die verschiedenen postulierten Prozesse ineinander greifen; dabei kann verbleibende Vagheit erklärt werden.[698] Es ergibt sich für scheinbar grundlegende Phänomene eine verblüffende Komplexität des Aufbaus. Dagegen „Occams razor" – die Forderung nach größtmöglicher Einfachheit – in Stellung zu bringen ist berechtigt; doch die Theorie wird nur dann ‚über die Klinge springen', wenn eine einfachere Theorie dasselbe leistet.

9.5 Vagheit und Präzision bei Stil

Aus dem oben Beschriebenen folgt die Forderung nach einer neuen ‚Theoriebildungskultur' in den Geisteswissenschaften. Diese verbindet den Anspruch möglichst weitgehender Beschreibung mit der Aufmerksamkeit auf die Angemessenheit der Beschreibung für den Gegenstandsbereich.

Das Ziel besteht darin, möglichst tiefgehend und genau den Gegenstandsbereich beschreibende Theorien zu entwickeln, die aber nicht die Vagheit im Ge-

---

[698] Etwa durch die Annahme einer (häufig wohl prototypisch organisierten) Klasse von Verbindungsmöglichkeiten, die durch bestimmte Bedingungen gebildet wird. Die einzelne Verbindungsmöglichkeiten können damit innerhalb dieser – durch die Logik der Verknüpfung gegebenen – Bedingungen erweitert werden.
Tatsächlich findet eine solche Erweiterung wohl häufig auch im Gegenstandsbereich statt, wo erprobte Prozesse immer wieder neu kombiniert und aufeinander angewandt werden, wobei, abgesehen von den durch die Logik der Verknüpfung gegebenen Bedingungen, nur die Experimentierfreude der Menschen Grenzen setzt – und die ist beträchtlich!

genstandsbereich übersehen oder glattbügeln. Dafür muss man zum einen genau hinschauen, welche Beschreibungsweise jeweils angemessen ist. Zum anderen braucht man Instrumente, um mit Vagheit umzugehen.

In der hier vorgestellten Theorie wurde als ein solches Instrument die Darstellung der Abläufe mit Hilfe von Programmfunktionen benutzt. Dabei gibt es Funktionen, die als Algorithmus dargestellt werden, aber auch solche, die vage (in der Praxis heißt dies oft: offene, in vielen Varianten auftretende) Prozesse darstellen. Dadurch werden solche Bereiche aus der formalen Darstellung ausgelagert und es kann natürlichsprachlich beschrieben werden, welche Bedingungen gelten und welche Varianten es dabei vermutlich gibt. Diese Funktionen bekommen Parameter übergeben und liefern Werte zurück, genau wie präzise definierte Funktionen. Sie binden somit Vagheitsphänomene – etwa solche Bereiche eines Prozesses, in denen es viele Möglichkeiten des Ablaufs gibt, oder solche, bei denen sich nicht analytisch nachvollziehen lässt, wie sie ablaufen – in die formale Darstellung des Interpretationsprozesses ein.

Dieses Vorgehen sollte nicht bloß als ein Eingrenzen des Unverstandenen oder ein Abtrennen des nicht in die gewählte formale Darstellungsform Passenden verstanden werden. Vielmehr sind die entsprechenden Phänomene als Vagheitsphänomene ernst zu nehmen. Dies schließlich natürlich nicht aus, dass sich in Zukunft präzise Darstellungen dafür finden lassen; vielleicht stellt sich heraus, dass die für die entsprechende Stelle angenommene Vagheit überschätzt wurde und es sich genauer klären lässt, was dort geschieht. Stellen, bei denen dies vermutet wird, sollten als nur provisorisch ‚vage' gekennzeichnet werden. Andere Stellen dagegen werden aufgrund theoretischer Überlegungen oder betrachteter Beispiele als vage eingestuft werden; hier handelt es sich somit bei der beschriebenen Vorgehensweise nicht um ein Eingrenzen des noch Unverstandenen, sondern um eine angemessene Beschreibung.[699]

Welche Rolle spielt Vagheit beim Phänomen Stil? Einerseits ist Stil bestimmten allgemeinen Bedingungen unterworfen, die durch das Modell dargestellt werden sollen. Wo diese Bedingungen Spielraum lassen, können die Stilanwender weitere Möglichkeiten finden. Dies gilt etwa für die Sorten von Ableitungen, die mit Stilen erzeugt werden können.[700] Wenn das Modell Offenheit zulässt, ist damit zwar die Vermutung, aber nicht die Behauptung tatsächlicher weiterer Möglichkeiten verbunden. In manchen Fällen könnten andere Einschränkungen (möglicherweise solche, die nur auf empirischer Ebene festzustellen sind, oder auch solche, die durch theoretische Erwägungen unabhängig vom hier vorgestellten Stilmodell festgestellt werden können) dafür sorgen, dass in

---

[699] Es kann zwischen epistemischer Vagheit und ontologischer Vagheit unterschieden werden. Die erste ist ein Problem unzureichenden Verständnisses und soll durch die Wissenschaft minimiert werden; die zweite befindet sich im Gegenstandsbereich und muss angemessen dargestellt werden. Formalisierungen erkaufen häufig die Minimierung der epistemischen Vagheit auf Kosten der Darstellung ontologischer Vagheit.

[700] Vgl. Abschnitt 6.2.2.

der Praxis keine solchen Erweiterungsmöglichkeiten existieren; dies ist dann jedoch vom Standpunkt des konstruierten allgemeinen Modells aus ein kontingenter Sachverhalt. Es wird allerdings angenommen, dass in der Regel dort, wo das Modell Offenheit postuliert, auch tatsächliche Möglichkeiten für Kreativität gegeben sind.

Der Beschreibungsirrtum, nicht die genaue Beschreibung eines Phänomens, sondern die Beschreibung eines möglichst genauen Phänomens zu fordern, ist im Bereich der Stilinterpretation besonders verbreitet. Häufig wird gefordert, den Umgang mit Stilen auf eine ‚wissenschaftliche Basis' zu stellen, indem man intersubjektiv überprüfbare Methoden der Stilanalyse angibt. So schreibt Bernd Spillner:[701]

> Die Anwendbarkeit solcher Methoden [der konkreten Stilanalyse] an einem größeren Corpus unterschiedlicher Texte könnte überzeugender für die vertretene Stilkonzeption sein als theoretische Distinktionen über den Status des Stils. So hätten die Anhänger der Konzeption von Stil als *„Auswahl"* („Choice", „Choix") Verfahren vorschlagen können, wie die konkurrierenden Möglichkeiten von Grammatik und Lexik zusammengestellt werden können, die dem Autor bei der Abfassung eines Textes vom Sprachsystem her (potentiell) zur Verfügung standen. Sie hätten dem Textinterpreten dann methodische Wege zeigen müssen, wie die stilistischen Markierungen der potentiellen Varianten zu ermitteln sind, wie sie im *Vergleich* zu bewerten sind und welche Hypothesen die „gewählte" Textfassung im Hinblick auf Intentionen des Autors, mögliche Stileffekte, Wirkungen auf den zeitgenössischen Leser etc. nahelegt. Die Anhänger der Auffassung von Stil als *Abweichung* von einer sprachlichen Norm („déviance", „écart") hätten dem Stilinterpreten mitteilen sollen, wie man *die* zeitgenössische Norm mithilfe von Grammatiken und Wörterbüchern ermittelt, wie man mit solchen Wortlisten und Strukturbeschreibungen des *Sprachsystems* im Vergleich eine Abweichung im *Text* feststellt (!?), wie man die stilistische Differenzqualität einer Abweichung bestimmt usw.

Spillner stellt die Forderung auf, dass die Vertreter einer bestimmten Stiltheorie zum Nachweis der Richtigkeit ihrer Theorie sehr präzise Methoden angeben sollen, mit denen sich auf Basis dieser Theorien bestimmte Stileffekte erzeugen lassen. Diese Methoden müssen zu intersubjektiv überprüfbaren Ergebnissen führen. Dieser Anspruch ist normativ: Es wird angenommen, dass diejenige Stiltheorie besser ist, die zu einer präzisen Methodik der Stilinterpretation führt. Beschreibungs- und Objektebene werden dabei verwechselt. Tatsächlich muss von einer Stiltheorie wie von jeder Theorie gefordert werden, dass sie das untersuchte Phänomen möglichst präzise beschreibt. Wenn sie jedoch für alle aus Stilen ‚korrekterweise' ableitbaren Interpretationsergebnisse eine präzise Methode angeben will, während der wirkliche Umgang mit Stilen im Interpretationsprozess vielfältig ist und keine feste Methode aufweist, dann passt eine solche Stiltheorie nicht präzise zum Gegenstandsbereich.

---

[701] Spillner 1984: 226.

Spillner stellt mehrere Methoden der Stilanalyse kurz vor: Die hermeneutische Methode Spitzers,[702] über die sich Spillner mokiert, sie bestehe darin, „gläubig auf eine metaphysische Eingebung zu warten",[703] die Stilanalyse innerhalb der „Explication de texte",[704] Stilvergleiche[705] und quantitative Methoden.[706] Spillner stellt fest, dass die Ergebnisse dieser Methoden in sehr unterschiedlichem Maß intersubjektiv gültig oder auch nur nachvollziehbar sind. Aus Sicht einer theoretischen Beschreibung des Phänomens Stil sind sie jedoch nur verschiedene Arten, Merkmalsregeln aus einem Stilträger auszulesen und daraus Interpretationsergebnisse abzuleiten. Eine allgemeine Stiltheorie muss eine Grundlage liefern, auf deren Basis sich alle denkbaren Arten, Stile auszulesen (hier als Merkmalsprozess modelliert) und Ergebnisse aus ihren Merkmalsregeln zu erzeugen (hier als Interpretationsprozess modelliert), beschreiben lassen. Es handelt sich bei jeder Methode nur um eine bestimmte Art, dies zu tun. Eine Sonderrolle nimmt hier die Leserbefragung[707] ein, die Spillner ebenfalls als Methode der Stilanalyse nennt; sie kann zu wissenschaftlich relevanten empirischen Ergebnissen über die Wahrnehmung und insbesondere die Interpretation eines oder mehrerer Stile durch eine bestimmte Personengruppe führen, wenn auf Repräsentativität der Probanden für diese Personengruppe geachtet wird.

In der hier entwickelten Theorie wird eine Modellierung der mit Stil zusammenhängenden Zeichenprozesse durch Algorithmen vorgenommen. Dadurch können Bereiche, in denen Vagheit vorliegt oder die Funktionsweise schlicht noch unklar ist, sprachlich beschrieben werden. Diese Beschreibungen sollen durch Angabe der Bedingungen, die an den jeweiligen Stellen jeweils zu gelten haben, die Möglichkeiten eingrenzen. Sie sagen also nur, was gemacht wird, aber nicht, wie es gemacht wird, und weisen explizit auf Variationsmöglichkeiten hin, sofern diese bekannt sind.

Für die vorliegende Theorie gilt somit:

---

[702] Spitzer 1928, 1949 und 1960. Ein weiteres Beispiel hermeneutischer Stilinterpretation ist Vossler 1923.
[703] Spillner 1984: 228.
[704] Vgl. beispielsweise Rudler 1902, Vianney 1914 und Delaisement 1968. Für den deutschen Sprachraum wurde die Methode beispielsweise durch Hatzfeld 1957 und Michel 1968 adaptiert.
[705] Vgl. beispielsweise Adelson 1943, Hayes 1968, Ortega 1972, Antoine 1973 und Ardat 1980.
[706] Vgl. für die quantitative Stilistik Fußnote 329; Spillner betont, dass es hier zahlreiche Einzeluntersuchungen gibt, die aber nur einen gewissen Bereich der Stilmerkmale erfassen können. Dies gilt nach wie vor; größer ist allerdings das Problem, dass diese Analysen inhaltlich bedingte Häufigkeiten nicht von stilistisch bedingten trennen können (vgl. 2.1) und somit nur durch provisorische Verfahren zur Minimierung der ersteren – etwa durch die Wahl inhaltlich ähnlicher Texte – überhaupt als Stilanalysen gelten können; die von Spillner konstatierte „Objektivität der Überprüfung" ist bei diesen Verfahren also nicht gegeben.
[707] Vgl. Fußnote 332.

9.5 Vagheit und Präzision bei Stil

- Präzision liegt dort vor, wo Prozesse durch Algorithmen genau dargestellt werden;[708]
- Vagheit liegt dort vor, wo Prozesse als Funktionen aufgerufen werden, die natürlichsprachlich ausgedrückt sind.[709] Für die Funktionen, die den Input des Modells liefern, gilt dies in geringerem Maß: Diese sind zwar natürlichsprachlich formuliert, könnten aber beim Vorliegen einer richtig spezifizierten Inputmenge (beispielsweise von Schemata oder Merkmalsregeln) diese einfach übergeben.[710]

Die hier entwickelte Methode, ein Modell mit der Hilfe von Algorithmen zu konstruieren, die einen Vorgang darstellen, und für die unklaren oder vagen Teile Funktionen einzusetzen, die nicht formal spezifiziert sind, kann auch auf andere Probleme angewandt werden. Eine denkbare Anwendung wäre die Konstruktion einer allgemeinen Interpretationstheorie.[711]

---

[708] Beispiele sind das Einschreiben (Abschnitt 5.4) und Auslesen (5.5.3) von Merkmalsregeln sowie die Disambiguierung (5.5.4).

[709] Beispiele sind die Funktion *Auswahl* (Abschnitt 5.2.2), die Funktion *Interesse* (Abschnitt 7.2.1), die Funktion *Merkmalsregeln_anpassen* (Abschnitt 7.3.1) sowie die meisten der Operationsfunktionen (vgl. Abschnitt 7.2.1).

[710] Für die Inputfunktionen des Modells (beispielsweise *Schemata_zusammenstellen* in Abschnitt 5.2.2, *Hintergrundwissen_zusammenstellen* in Abschnitt 7.2.1 und *Suchmethoden_zusammenstellen* in Abschnitt 7.2.2) liegt jeweils eine Spezifikation des Inputs vor, manche Anforderungen können aber nur sprachlich formuliert werden (vgl. beispielsweise für die Suchmethoden die Erläuterungen in Abschnitt 7.2.2). Durch Ausprobieren können hier geeignete Inputmengen konstruiert werden.

[711] Vgl. auch Fußnote 427.

Ausblick

In der vorliegenden Arbeit wurde das Phänomen Stil als Zeichenprozess untersucht; die Funktionsweise dieses Prozesses wurde in einem Modell dargestellt und es wurden Beispiele für Stilinterpretation in unterschiedlichen Bereichen gegeben. Auf der Grundlage dieses Modells wurden dann Abgrenzungen von ‚Stil' zu anderen geistes- und sozialwissenschaftlichen Begriffen (wie ‚Gattung' oder ‚Habitus') vorgenommen, die Rolle von Stil in der Gesellschaft beleuchtet und einige wissenschaftstheoretische Überlegungen angestellt. Es wurde betont, dass die allgemeine semiotische Stiltheorie, die hier entwickelt wurde, zwar den Anspruch hat, für alle Stilbereiche den grundlegenden Zeichenprozess korrekt zu erfassen, es aber auf dieser Basis bereichsspezifische Phänomene gibt, die in entsprechenden Stiltheorien behandelt werden. Bisherige bereichsspezifische Stiltheorien sollen also nicht durch die vorgestellte Theorie ersetzt werden, allerdings dürften in manchen Fällen Anpassungen erforderlich sein.

In der in Kapitel 3 vorgenommenen Auseinandersetzung mit der Forschungsliteratur wurden Ansätze der Stilforschung vorgestellt, die mit verschiedenen Stilbegriffen verbunden sind. Einige dieser Ansätze, beispielsweise „Stil als Abweichung" oder „Stil als Häufigkeit" (Abschnitt 3.4), greifen offensichtlich zu kurz: Es gibt auch Stile, die nicht auf Abweichungen basieren, und Häufigkeiten können nicht allein dem Stil zugeschrieben werden, weil auch andere Faktoren (etwa Funktion und Inhalt) sie beeinflussen.

Andere Konzeptionen können auf das hier vorgelegte Modell bezogen werden, wobei sie jeweils unterschiedliche Aspekte von Stil erfassen. So lässt sich „Stil als Auswahl" (3.1) – sofern man „Auswahl" als abstrakten Prozess und nicht als willentliche Entscheidung versteht – auf den Vorgang beziehen, in dem bei der Ausführung eines Schemas von den verschiedenen zur Verfügung stehenden Möglichkeiten jeweils eine realisiert wird. Dieser Auswahlvorgang wird im Interpretationsprozess zum Ausgangspunkt weitergehender Erkenntnisse; daher macht auch die Redeweise von „Stil als Information" (3.3) durchaus Sinn. Es ist jedoch zu beachten, dass die entstehende „Information" nicht nur Propositionsannahmen beinhaltet, sondern auch Eindrücke oder Gefühle. Will man Stil über Information beschreiben, sollte man daher einen weiten Informationsbegriff[712] zugrunde legen.

Auch „Stil als Zeichen" (3.2) trifft einen wesentlichen Aspekt der hier vorgestellten Theorie: Der Merkmalsprozess wurde als indexikalischer Zeichenprozess analysiert, während der Interpretationsprozess – sofern man Charles S. Peirce folgt und logische Schlussverfahren zu den Zeichenprozessen zählt – aus

---

[712] Vgl. Fußnote 118.

einer Reihe unterschiedlicher und miteinander interagierender Zeichenprozesse besteht. Der Ansatz „Stil als Struktur" (3.6) eignet sich, um stilistische Merkmale im engeren Sinn, das heißt die in der Realisierung durch die Anwendung von Merkmalsregeln entstandenen Regelmäßigkeiten (2.11), die den Zeichenträger im Merkmalsprozess bilden, zu untersuchen.

Wer das hier vorgestellte Stilmodell als angemessene Beschreibung dessen akzeptiert, was beim Anwenden und Wahrnehmen von Stilen geschieht, wird daher nicht einen der genannten Ansätze für den allein richtigen halten, sondern ihre jeweiligen Stärken, aber auch Begrenzungen erkennen.

Was bleibt noch zu sagen? – Ein allgemeiner Punkt betrifft die Wichtigkeit der Semiotik für die hier vorgestellte Stiltheorie und für die Geistes- und Sozialwissenschaften insgesamt. Eine allgemeine Stiltheorie mit dem Anspruch, alle alltagssprachlich als „Stil" bezeichneten Phänomene abzugrenzen und in ihrer Funktionsweise zu erklären, wurde nach Kenntnis des Verfassers – die angesichts der Menge an Literatur allerdings notwendigerweise lückenhaft ist – nicht entwickelt. Die Suche nach einer präzisen und vollständigen Definition wurde in der Stilistik[713] nach manchen misslungenen Versuchen praktisch aufgegeben und durch die Gewohnheit ersetzt, inkommensurable Definitionen aneinanderzureihen und dann zur Tagesordnung überzugehen.[714]

Warum war eine allgemeine Stiltheorie nun doch möglich?

Der Ausgangspunkt für die hier entwickelte Theorie war, Stil als einen bestimmten Zeichenprozesstyp zu verstehen, der definiert und modelliert werden kann. Damit konnte auf die Theorie der Zeichenprozesse, die *Semiotik*, zurückgegriffen werden: Sie stellte die Grundlage für die Untersuchung bereit. Nun konnten die Bedingungen, die einen Zeichenprozess zu einem stilistischen Zeichenprozess machen, untersucht werden.

---

[713] Es gibt spannende Versuche außerhalb der Stilistik (im engeren Sinn), Stil als allgemeines Phänomen zu erklären. Als Beispiel sei der Ansatz von Jane Gear (Gear 1989) genannt; vgl. Fußnote 150.

[714] Willie van Peer hat diesen Zustand treffend beschrieben: „Standardlehrbücher der Stilistik gehen immer noch von einer Liste von Versuchen [der konzeptuellen Klärung] aus und präsentieren ihren Lesern lediglich eine Zusammenfassung von dem, was über Stil als Abweichung von einer Norm, Stil als individuelle Charakteristik, Stil-als-Wahl, Stil-als-Prozeß und so weiter behauptet worden ist. Natürlich spricht nichts dagegen, Leser in die Theorien der Stilistik und ihrer Geschichte einzuführen. Problematisch wird es allerdings, wenn man feststellen muß, daß es zwischen den unterschiedlichen Entwürfen gravierende Differenzen oder teilweise sogar widersprüchliche Definitionen des Stilbegriffs gibt. Überdies ist bisher unklar geblieben, wie es möglich wäre, zwischen den verschiedenen Stilbegriffen erfolgreich Brücken zu schlagen. Sicherlich ist die Suche nach Aufklärung in Sachen des Stilbegriffs auf interessante und wichtige Aspekte gestoßen, die ohne ein solches Unternehmen wahrscheinlich undurchsichtig und unfruchtbar geblieben wären. Trotz aller Bemühungen und Teilerfolge glaube ich jedoch, daß wir bezüglich der grundsätzlichen Frage, was Stil wirklich ist, unser Versagen eingestehen müssen." (Peer 2001: 38f)

Wie man gesehen hat, ist das immer noch einige Arbeit: Stil ist ein relativ komplizierter Zeichenprozesstyp. Er kann jedoch allgemein beschrieben werden. Ohne semiotische Grundlegung ist das aber unmöglich. Die bisherige Stilliteratur vermittelt einen lebhaften Eindruck davon, wie man sich in Detailfragen verirren kann, wenn die Grundlagen, die man zur Lösung eines wissenschaftlichen Problems braucht, nicht vorhanden oder nicht zugänglich sind.

Damit hat sich – nicht zum ersten Mal – die Leistungsfähigkeit der Semiotik als Grundlagenwissenschaft der Geistes- und Sozialwissenschaften sowie bestimmter Naturwissenschaften[715] erwiesen. Die Geschichte der Stilforschung zeigt nach Auffassung des Autors, dass eine allgemeine Stiltheorie nur auf Grundlage der Semiotik möglich war. Vermutlich ist Stil hier nicht die Ausnahme: Viele Probleme des geisteswissenschaftlichen Gegenstandsbereichs können ohne die Semiotik als Grundlagenwissenschaft (und nicht als eine bloße Methode, deren Begrifflichkeit hier und da oberflächlich angewandt wird) nicht geklärt werden. Die Folge ist eine weitgehende Stagnation und sogar eine Reaktionsbewegung, die sich auf überwunden geglaubte vage Begrifflichkeiten und fachinterne Perspektiven zurückzieht, oder die Flucht in einen Empirismus, der aufgrund unzureichender Theorien gar nicht weiß, was für Effekte er misst.

Die Semiotik sollte allerdings bedarfsbezogen mit anderen Theorien und Ansätzen kombiniert werden; hier stellt sie beispielsweise nur das allgemeine Modell eines Zeichenprozesses bereit, während die konkreten Prozesse, aus denen Merkmalsprozess und Interpretationsprozess bestehen, mit Mitteln der Informatik modelliert werden. Beschränkt sich die Semiotik immer wieder auf dieselben Unterscheidungen von Zeichentypen und Modelle von Zeichenprozessen, wie dies manchmal der Fall ist, kann sie ihr Potential nicht ausspielen. Umgekehrt darf es aber auch keine Verdrängung der Semiotik aus den Universitäten und dem Wissenschaftsbetrieb geben, wie sie sich heute andeutet;[716] dies würde insbesondere für die Geistes- und Sozialwissenschaften zu einem Verlust einer ihrer wichtigsten Grundlagenwissenschaften führen.

---

[715] Vgl. Posner 2003b: 2366ff (Abschnitt 4).
[716] Vgl. hierzu auch Siefkes 2010b.

Abbildungen

Abb. 1	Zeichenprozesse beim Anwenden und Wahrnehmen von Stil	91
Abb. 2	Der Merkmalsprozess	170
Abb. 3	Atheneum, New Harmony, IN, USA (1975–1979)	289
Abb. 4	Westchester House, Westchester County, NY, USA (1984–1986)	293
Abb. 5	Das Obergeschoss der Ste-Chapelle, Paris (1244–1248)	299

Bildnachweis

Abb. 3 © Mary Ann Sullivan, Bluffton University. http://www.bluffton.edu/~sullivanm/meier/athwhole12.jpg; Einsicht am 13.05.2011. Alle Rechte vorbehalten.

Abb. 4 © Wolfgang Hoyt/Esto. Alle Rechte vorbehalten.

Abb. 5 © Didier B, http://commons.wikimedia.org/wiki/File:Sainte_chapelle_-_Upper_level.jpg; Einsicht am 13.05.2011. Lizensiert unter Creative Commons Namensnennung-Weitergabe unter gleichen Bedingungen-Lizenz in der Version 2.5 (CC BY-SA 2.5); der Text der Lizenz ist erhältlich unter http://creativecommons.org/licenses/by-sa/2.5/deed.de.

Abkürzungen

Abkürzung	steht für	eingeführt in Abschnitt
SN	Stilanwender	6.1.1
SW	Stilwahrnehmer	6.1.1
Ded	Deduktion [Operation]	6.2.1
Ind	Induktion [Operation]	6.2.1
Abd	Abduktion [Operation]	6.2.1
Ass	Assoziation [Operation]	6.2.1
Bed	Bedeutungssuche [Operation]	6.2.1
Gfr	Gefühlsreaktion [Operation]	6.2.1
Edr	Eindrucksreaktion [Operation]	6.2.1
p	Propositionsannahme [Ergebnissorte]	6.2.2
g	Gefühl [Ergebnissorte]	6.2.2
e	Eindruck [Ergebnissorte]	6.2.2

Literatur

Abraham, Ulf (2009), „Stil als ganzheitliche Kategorie. Gestalthaftigkeit". In: Fix u.a. 2008–2009, Bd. 2: 1348-1367.
Abraham, Werner (1971), „Stil, Pragmatik und Abweichungsgrammatik". In: Arnim von Stechow (Hg.), *Beiträge zur generativen Grammatik. Referate des 5. Linguistischen Kolloquiums Regensburg, 1970.* Braunschweig: Vieweg. 1-13.
Abraham, Werner und Kurt Braunmüller (1971), „Stil, Metapher und Pragmatik". *Lingua* 28: 1-47.
Ackerman, James S. (1962), „A Theory of Style". *Journal of Aesthetics and Art Criticism* 20: 227-237.
Ackerman, James S. (1963), „Western Art History". In: Ders. und Rhys Carpenter (Hg.), *Art and Archaeology.* Englewood Cliffs N.J.: Prentice Hall.
Adelson, Dorothy (1943), „Proust's Earlier and Later Styles: A Textual Comparison". *The Romanic Review* 34: 127-138.
Adelung, Johann Christoph (1789), *Ueber den deutschen Styl.* 3., verm. und verb. Aufl. 2 Bde. Berlin: Voß.
Adler, Guido (1911), *Der Stil in der Musik.* Leipzig: Breitkopf & Härtel.
Adler, Guido (1924), *Handbuch der Musikgeschichte.* Frankfurt a.M.: Frankfurter Verlags-Anstalt.
Adorno, Theodor W. (1970), *Ästhetische Theorie.* Frankfurt a.M.: Suhrkamp.
Albrecht, Jörn (2000), *Europäischer Strukturalismus.* 2., völlig überarb. Auflage. Tübingen u.a.: Francke.
Anderegg, Johannes (1977), *Literaturwissenschaftliche Stiltheorie.* Göttingen: Vandenhoeck & Ruprecht.
Antoine, Gérald (1973), „Pour une stylistique comparative des deux ‚Bérénice'". *Travaux de Linguistique et de Littérature de Strasbourg* 11, 1: 445-461.
Arbib, Michael (2003), „Schema Theory". In: Ders. (Hg.), *The Handbook of Brain Theory and Neural Networks.* 2. Aufl. Cambridge, MA: MIT Press. 993-998.
Arbib, Michael, Jeffrey Conklin und Jane Hill (1987), *From Schema Theory to Language.* Oxford: Oxford University Press.
Ardat, Ahmad K. (1980), „The Prose Style of Selected Works by Ernest Hemingway, Sherwood Anderson, and Gertrude Stein". *Style* 14: 1-21.
Arnheim, Rudolf (1954), *Art and Visual Perception. A Psychology of the Creative Eye.* Berkeley u.a.: University of California Press.
Arnheim, Rudolf (1970), *Visual Thinking.* London: Faber.

Asmuth, Bernhard und Luise Berg-Ehlers (1974), *Stilistik*. Düsseldorf: Bertelsmann-Universitätsverlag.
Assmann, Aleida (1986), „‚Opting in' und ‚opting out'. Konformität und Individualität in den poetologischen Debatten der englischen Aufklärung". In: Gumbrecht u.a. 1986: 127-143.
Ast, Friedrich (1808), *Grundlinien der Grammatik, Hermeneutik und Kritik*. Landshut: Thomann.
Backus, John (1978), „Can Programming Be Liberated from the von Neumann Style? A Functional Style and Its Algebra of Programs". *Communications of the ACM* 21, 8: 613-641. Online unter: http://dl.acm.org/citation.cfm?id =1283933; Einsicht am 16.04.2012.
Bailey, Richard und Dolores Burton (1968), *English Stylistics. A Bibliography*. Cambridge, MA: MIT Press.
Bally, Charles (1909), *Traité de stylistique française*. 2 Bde. Heidelberg: Winter.
Balzac, Honoré de (1833), *Pathologie de la vie sociale*. Essay 2: *Théorie de la demarche*. In: Ders. (1981), *Comédie Humaine*, Bd. 12. Paris: Gallimard. Deutsch von Alma Vallazza: *Theorie des Gehens*. Wien: Edition per procura 1997.
Balzer, Wolfgang (1997), „Methodenprobleme der Semiotik". In: Posner u.a. 1997-2004, Bd. 1: 592-603.
Balzer, Wolfgang (1982), *Empirische Theorien. Modelle, Strukturen, Beispiele*. Braunschweig: Vieweg.
Balzer, Wolfgang (1997), *Die Wissenschaft und ihre Methoden. Grundsätze der Wissenschaftstheorie. Ein Lehrbuch*. Freiburg: Alber.
Bar-Hillel, Yehoshua und Rudolf Carnap (1953), „Semantic Information". *British Journal for the Philosophy of Science* 4: 147-157.
Barsalou, Lawrence W. (1999), „Perceptual Symbol Systems". *Behavioral and Brain Sciences* 22: 577-660.
Baré, Françoise (1997), „Sign Conceptions in Aesthetics in the Latin Middle Ages". In: Posner u.a. 1997-2004, Bd. 1: 1022-1029.
Bayer, Udo (1989), „Der Begriff des Stils in semiotischer Sicht". *Semiosis* 14,2: 15-26.
Beneš, Eduard und Josef Vachek (Hg.) (1971), *Stilistik und Soziolinguistik. Beiträge der Prager Schule zur strukturellen Sprachbetrachtung und Spracherziehung*. 2. Aufl. München: List.
Bennett, James R. (1986), *A Bibliography of Stylistics and Related Criticism, 1967-83*. New York: Modern Language Association.
Bense, Max (1954-1960), *Aesthetica*. Bd. 1 (1954): *Metaphysische Beobachtungen am Schönen*. Stuttgart: Deutsche Verlags-Anstalt. Bd. 2 (1956): *Aesthetische Information*. Baden-Baden: Agis. Bd. 3 (1958): *Ästhetik und Zivilisation. Theorie der ästhetischen Zivilisation*. Baden-Baden: Agis. Bd. 4 (1960): *Programmierung des Schönen. Allgemeine Texttheorie und Textästhetik*. Baden-Baden: Agis.

Bense, Max (1969), *Einführung in die informationstheoretische Ästhetik. Grundlegung und Anwendung in der Texttheorie*. Reinbek: Rowohlt.
Bense, Max (1979), *Die Unwahrscheinlichkeit des Ästhetischen und die semiotische Konzeption der Kunst*. Baden-Baden: Agis.
Bergenholtz, Henning und Joachim Mugdan (1979), *Einführung in die Morphologie*. Stuttgart u.a.: Kohlhammer.
Bezzel, Chris (1970), „Grundprobleme einer poetischen Grammatik". *Linguistische Berichte* 9: 1-17.
Białostocki, Jan (1961), „Das Modusproblem in den bildenden Künsten. Zur Vorgeschichte und zum Nachleben des ‚Modusbriefes' von Nicolas Poussin". *Zeitschrift für Kunstgeschichte* 24: 128-141.
Białostocki, Jan (1981), *Stil und Ikonographie. Studien zur Kunstwissenschaft*. Köln: DuMont.
Bierwisch, Manfred (1965), „Poetik und Linguistik". *Sprache im technischen Zeitalter* 15: 1258-1273. Erneut in: Gunzenhäuser u.a. 1965: 49-65.
Birch, David und Michael O'Toole (Hg.) (1988), *Functions of Style*. London u.a.: Pinter.
Bloch, Bernard (1953), „Linguistic Structure and Linguistic Analysis". In: Archibald Hill (Hg.), *Report of the Fourth Annual Round Table Meeting on Linguistics and Language Teaching*. Washington D.C.: Georgetown University Press. 40-44.
Bloomfield, Leonard (1933), *Language*. New York: Henry Holt.
Blumensath, Heinz (Hg.) (1972), *Strukturalismus in der Literaturwissenschaft*. Köln: Kiepenheuer & Witsch.
Böhme-Dürr, Karin (1997), „Technische Medien der Semiose". In: Posner u.a. 1997–2004, Bd. 1: 357-384.
Bolinger, Dwight (1975), *Aspects of Language*. 2., internat. Aufl. New York: Harcourt Brace Jovanovich.
Bonnay, Denis und Paul Égré (2006), *A Non-Standard Semantics for Inexact Knowledge with Introspection*. In: Sergei Artemov und Rohit Parikh (Hg.), *Proceedings of the ESSLLI 2006 Workshop on Rationality and Knowledge, Málaga, Spain*. Online unter: http://paulegre.free.fr/Papers/main_egrebonnay_3.pdf; Einsicht am 18.01.2012.
Bonnay, Denis und Paul Égré (2007), *Vagueness and Introspection*. Online unter: http://jeannicod.ccsd.cnrs.fr/docs/00/14/14/15/PDF/main_be_vi_1.pdf; Einsicht am 18.01.2012.
Boom, Holger van den (1983), „Systemhaftigkeit und Kodierung". *Zeitschrift für Semiotik* 5: 420-423.
Borggrefe, Heiner (2008), „Stil – Identität – Repräsentation – Kontext". In: Hoppe u.a. 2008: 104-132.
Bourdieu, Pierre (1970), *Zur Soziologie der symbolischen Formen*. Frankfurt a.M.: Suhrkamp.

Bourdieu, Pierre (1976), *Entwurf einer Theorie der Praxis auf der ethnologischen Grundlage der kabylischen Gesellschaft*. Frankfurt a.M.: Suhrkamp.
Bourdieu, Pierre (1978), *La distinction. Critique sociale du jugement*. Paris: Minuit.
Bourdieu, Pierre (1992), *Les règles de l'art. Genèse et structure du champ littéraire*. Paris: Seuil. Deutsch von Bernd Schwibs und Achim Russer: *Die Regeln der Kunst. Genese und Struktur des literarischen Feldes*. Frankfurt a.M.: Suhrkamp 2001.
Bourdieu, Pierre und Loïc J. D. Wacquant (1992), *Réponses. Pour une anthropologie réflexive*. Paris: Seuil.
Braunfels, Wolfgang (1968–1976), *Lexikon der christlichen Ikonographie*. 8 Bde. Freiburg i.Br. u.a.: Herder.
Breuer, Ulrich (2009), „Stil und Individuum (Individualstil)". In: Fix u.a. 2008–2009, Bd. 2: 1230-1244.
Brooks, Cleanth (1947), *The Well Wrought Urn. Studies in the Structure of Poetry*. New York: Harcourt Brace.
Brückner, Tobias (1990), „Verrät der Text den Verfasser? Die Frage nach dem ‚philologischen Fingerabdruck'. Textvergleich als Beweismittel". *Kriminalistik* 44: 13-38.
Buffon, Georges-Louis Leclerc Comte de (1753), „Discours prononcé à l'Académie française, le jour de sa réception (le samedi 25 août 1753". In: Ders. (1954), *Œuvres philosophiques de Buffon*. Hg. von Jean Piveteau. Paris: Presses Universitaires de France. 500-504.
Bühler, Karl (1960), *Das Gestaltprinzip im Leben der Menschen und der Tiere*. Bern u.a.: Huber.
Bureau, Conrad (1976), *Linguistique fonctionnelle et stylistique objective*. Paris: Presses Universitaires de France.
Busch-Lauer, Ines-Andrea (2009), „Fach- und gruppensprachliche Varietäten und Stil". In: Fix u.a. 2008–2009, Bd. 2: 1706-1721.
Calloway, Stephen (Hg.) (2005), *The Elements of Style. An Encyclopedia of Domestic Architectural Detail*. London: Beazley.
Carnap, Rudolf (1934), *Logische Syntax der Sprache*. Wien u.a.: Springer.
Carnap, Rudolf (1947), *Meaning and Necessity. A Study in Semantics and Modal Logic*. Chicago: University of Chicago Press.
Carnap, Rudolf (1959a), *Introduction to Semantics and Formalization of Logic*. Cambridge, MA: Harvard University Press.
Carnap, Rudolf (1959b), *Induktive Logik und Wahrscheinlichkeit*. Bearbeitet von Wolfgang Stegmüller. Wien: Springer.
Carqué, Bernd (2004), *Stil und Erinnerung. Französische Hofkunst im Jahrhundert Karls V. und im Zeitalter ihrer Deutung*. Göttingen: Vandenhoeck & Ruprecht. Zugl.: Berlin, Technische Univ., Diss.
Carstensen, Broder (1970), „Stil und Norm. Zur Situation der linguistischen Stilistik". *Zeitschrift für Dialektologie und Linguistik* 37: 258-279.

Chan, Chiu-Shui (1994), „Operational Definitions of Style". *Environment and Plannung B: Planning and Design* 21, 2: 223-246.
Chan, Chiu-Shui (2000), „Can Style Be Measured?" *Design Studies* 21: 277-291.
Chatman, Seymour (1971), „The Semantics of Style". In: Julia Kristeva u.a. (Hg.), *Essays in Semiotics*. Den Haag u.a.: Mouton. 399-422.
Chloupek, Jan und Jiří Nekvapil (Hg.) (1993), *Studies in Functional Stylistics*. Amsterdam: Benjamins.
Chomsky, Noam (1957), *Syntactic Structures*. Den Haag u.a.: Mouton.
Coseriu, Eugenio (1973), *Probleme der strukturellen Semantik. Vorlesung gehalten im Wintersemester 1965/66 an der Universität Tübingen*. Tübingen: Universitätsverlag.
Coseriu, Eugenio (1992), *Einführung in die Allgemeine Sprachwissenschaft*. 2. Aufl. Tübingen: Francke (UTB).
Coseriu, Eugenio (1994), *Textlinguistik. Eine Einführung*. 3., überarb. und erw. Aufl. Tübingen u.a.: Francke (UTB).
Coseriu, Eugenio und Horst Geckeler (1981), *Trends in Structural Semantics*. Tübingen: Narr.
Cressot, Marcel (1947), *Le style et ses techniques. Précis d'analyse stylistique*. Paris: Presses Universitaires de France.
Croce, Benedetto (1902), *L'Estetica come scienza dell'espressione e linguistica generale*. Bd. 1: *Teoria*. Bd. 2: *Storia*. Milano: Sandron.
Croce, Benedetto (1937), *La poesia. Introduzione alla critica e storia della poesia e della letteratura*. Bari: Laterza.
Delaisement, Gérard (1968), *Les techniques de l'explication de textes*. Paris: Didier.
Derrida, Jacques (1967), *L'écriture et la différence*. Paris: Seuil. Deutsch von Rodolphe Gasché und Ulrich Köppen: *Die Schrift und die Differenz*. Frankfurt a.M.: Suhrkamp 1972.
Devoto, Giacomo (1950), *Studi di stilistica*. Florenz: Le Monnier.
Devoto, Giacomo (1962), *Nuovi studi di stilistica*. Florenz: Le Monnier.
Dittgen, Andrea M. (1989), *Regeln für Abweichungen. Funktionale sprachspielerische Abweichungen in Zeitungsüberschriften, Werbeschlagzeilen, Werbeslogans, Wandsprüchen und Titeln*. Frankfurt a.M.: Lang. Zugl.: Saarbrücken, Univ., Diss.
Dittmar, Norbert (2009a), „Stil und Sozialität (Gruppe, Geschlecht, Alter)". In: Fix u.a. 2008–2009, Bd. 2: 1245-1270.
Dittmar, Norbert (2009b), „Varietäten und Stil". In: Fix u.a. 2008–2009, Bd. 2: 1669-1690.
Doležel, Lubomir (1967), „The Prague School and the Statistical Theory of Poetic Language". *Prague Studies in Mathematical Linguistics* 2: 97-104.
Doležel, Lubomir and Richard W. Bailey (Hg.) (1969), *Statistics and Style*. New York: Elsevier.

Doležel, Lubomir und Jiří Kraus (1972), „Prague School Stylistics". In: Braj B. Kachru und Herbert F. Stahlke (Hg), *Current Trends in Stylistics*. Edmonton: Linguistic Research. 37-48.

Dubský, Josef (1972), „The Prague Conception of Functional Style". In: Vilém Fried (Hg.), *The Prague School of Linguistics and Language Teaching*. Oxford: Oxford University Press. 112-127.

Düchting, Hajo (2005), *Wie erkenne ich? Die Kunst des Expressionismus*. Stuttgart: Belser.

Dürrenmatt, Friedrich (1981), *Labyrinth. Stoffe I–III*. Zürich: Diogenes.

Dürrenmatt, Friedrich (1990), *Turmbau. Stoffe IV–IX*. Zürich: Diogenes.

Dürrenmatt, Friedrich (1992), *Gedankenfuge*. Zürich: Diogenes.

Eckardt, Georg (Hg.) (1997), *Völkerpsychologie. Versuch einer Neuentdeckung*. Texte von Lazarus, Steinthal und Wundt. Weinheim: Beltz.

Eckert, Penelope und John R. Rickford (Hg.) (2001), *Style and sociolinguistic variation*. Cambridge GB: Cambridge University Press.

Eco, Umberto (1976), *A Theory of Semiotics*. Bloomington u.a.: Indiana University Press.

Eco, Umberto (2004), „Fakes in Arts and Crafts". In: Posner u.a. 1997–2004, Bd. 4: 3571-3580.

Edelman, Gerald M. and Giulio Tononi (2000), *A Universe of Consciousness. How Matter Becomes Imagination*. New York: Basic Books.

Eder, Alois (1979), „Perseveration als Stilmittel moderner Prosa. Thonmas Bernhard und seine Nachfolger in der österreichischen Literatur". *Istituto Universitario Orientale. Sezione Germanica. Studi Tedeschi* 22, 1: 65-100.

Ehrenfels, Christian von (1890), „Über Gestaltqualitäten". *Vierteljahrsschrift für wissenschaftliche Philosophie* 14: 249-292.

Elias, Norbert (1939), *Über den Prozess der Zivilisation. Soziogenetische und psychogenetische Untersuchungen*. Bd. 1: *Wandlungen des Verhaltens in den weltlichen Oberschichten des Abendlandes*. Bd. 2: *Wandlungen der Gesellschaft. Entwurf zu einer Theorie der Zivilisation*. Basel: Haus zum Falken.

Ellis, Bret Easton (1991), *American Psycho*. London: Picador.

Ellis, Bret Easton (1998), *Glamorama*. London: Picador.

Engel, Andreas und Michael Möhring (1995), „Der Beitrag der Sozialwissenschaftlichen Informatik zur sozialwissenschaftlichen Modellbildung und Simulation". In: Gsänger u.a. 1995: 39-59.

Enkvist, Nils E. (1964), „Versuche zu einer Bestimmung des Sprachstils". In: John Spencer (Hg.), *Linguistik und Stil*. Heidelberg: Quelle & Meyer. 8-54.

Enkvist, Nils E. (1973), *Linguistic Stylistics*. Den Haag u.a.: Mouton.

Eyckeler, Franz (1995), *Reflexionspoesie, Sprachskepsis, Rhetorik und Poetik in der Prosa Thomas Bernhards*. Berlin: Schmidt.

Fairclough, Norman (1988), „Register, Power and Socio-Semantic Change". In: Birch u.a. 1988: 111-125.

Finke, Ronald A. (1989), *Principles of Mental Imagery*. Cambridge, MA: MIT Press.

Fix, Ulla (1988), „Die Kategorien ‚kommunikativ adäquat' und ‚stilistisch adäquat'. Zur Spezifik des Stilistischen in der Kommunikation". *Zeitschrift für Germanistik* 9, 3: 332-337.

Fix, Ulla (1996), „Gestalt und Gestalten. Von der Notwendigkeit der Gestaltkategorie für eine das Ästhetische berücksichtigende pragmatische Stilistik". *Zeitschrift für Germanistik, Neue Folge* 6, 2: 308-323.

Fix, Ulla (2005), „Die stilistische Einheit von Texten – auch ein Textualitätskriterium?" In: Ewald Reuter und Tiina Sorvali (Hg.), *Satz – Text – Kulturkontrast. Festschrift für Marja-Leena Piitulainen*. Frankfurt a.M.: Lang. 35-50.

Fix, Ulla (2007), „Texte zwischen Musterbefolgen und Kreativität". In: Dies., *Stil – ein sprachliches und soziales Phänomen. Beiträge zur Stilistik*. Berlin: Frank & Timme. 409-427.

Fix, Ulla (2009), „Muster und Abweichung in Rhetorik und Stilistik". In: Fix u.a. 2008–2009, Bd. 2: 1300-1315.

Fix, Ulla, Andreas Gardt und Joachim Knape (Hg.) (2008–2009), *Rhetorik und Stylistik / Rhetoric and Stylistics. Ein internationales Handbuch historischer und systematischer Forschung*. 2 Bde. Berlin u.a.: de Gruyter.

Fludernik, Monika (2006), *Einführung in die Erzähltheorie*. Darmstadt: Wissenschaftliche Buchgesellschaft.

Fowler, Roger (1977), *Linguistics and the Novel*. London: Methuen.

Foucault, Michel (1966), *Les mots et les choses. Une archéologie des sciences humaines*. Paris: Gallimard. Deutsch von Ulrich Köppen: *Die Ordnung der Dinge: Eine Archäologie der Humanwissenschaften*. Frankfurt a.M: Suhrkamp 1971.

Frank, Helmar (2003), „Semiotik und Informationstheorie". In: Posner u.a. 1997–2004, Bd. 3: 2418-2437.

Franke, Ursula (1998), „Zeichenkonzeptionen in der Kunstphilosophie und Asthetik von der Renaissance bis zum fruhen 19. Jahrhundert". In: Posner u.a. 1997–2004, Bd. 2: 1232-1262.

Frankl, Paul (1988), *Zu Fragen des Stils*. Leipzig: E.A.Seemann.

Freeman, William T., Joshua B. Tenenbaum und Egon Pasztor (2003), „Learning Style Translation for the Lines of a Drawing". *ACM Transactions on Graphics (TOG)* 22, 1: 33-46. Online unter: http://yuwing.kaist.ac.kr/courses/CS770/reading/line-translation_freeman.pdf; Einsicht am 18.01.2012.

Frege, Gottlob (1892), „Über Sinn und Bedeutung". *Zeitschrift fur Philosophie und philosophische Kritik* 100: 25-50. Erneut (mit Originalpaginierung) in: Ders. (1990), *Kleine Schriften*. Hg. von Ignacio Angelelli. 2. Aufl. Hildesheim: Olms. 143-162.

Frey, Eberhard (1970), *Franz Kafkas Erzählstil. Eine Demonstration neuer stilanalytischer Methoden an Kafkas Erzählung „Ein Hungerkünstler"*. Bern u.a.: Lang.

Frey, Eberhard (1974), „Rezeption literarischer Stilmittel. Beobachtungen am ‚Durchschnittsleser'". *LiLi. Zeitschrift für Literaturwissenschaft und Linguistik* 4, 15: 80-94.

Frey, Eberhard (1975), *Theoretische und praktische Ansätze zur wissenschaftlichen Stilanalyse*. Bern u.a.: Lang.

Friebel, Volker (2000), *Innere Bilder. Imaginative Techniken in der Psychotherapie*. Düsseldorf: Walter.

Fucks, Wilhelm (1955), *Mathematische Analyse von Sprachelementen, Sprachstil und Sprachen*. Köln u.a.: Westdeutscher Verlag.

Gadamer, Hans-Georg (1960), *Wahrheit und Methode. Grundzüge einer philosophischen Hermeneutik*. Tübingen: Mohr.

Gardt, Andreas (2009), „Stil und Bedeutung". In: Fix u.a. 2008–2009, Bd. 2: 1196-1210.

Gear, Jane (1989), *Perception and the Evolution of Style. A New Model of Mind*. London: Routledge.

Geckeler, Horst (Hg.) (1978), *Strukturelle Bedeutungslehre*. Darmstadt: Wissenschaftliche Buchgesellschaft.

Genette, Gérard (1994), *Die Erzählung*. München: Fink.

Gévaudan, Paul (2008), „Tropen und Figuren". In: Fix u.a. 2008–2009, Bd. 1: 728-742.

Gläser, Rosemarie (1976), „Die Stilkategorie ‚register' in soziolinguistischer Sicht". *Zeitschrift für Phonetik, Sprachwissenschaft und Kommunikationsforschung* 31: 159-169.

Goethe, Johann Wolfgang von (1789), „Einfache Nachahmung der Natur, Manier, Stil". *Teutscher Merkur*, Februar 1789: 113-120.

Goldmann, Lucien (1970), „Structuralisme génétique et analyse stylistique". In: Bruno Visentini (Hg.), *Linguaggi nella società e nella tecnica*. Mailand: Edizioni di Comunità. 143-161.

Gombrich, Ernst H. (1985), „Norm und Form. Die Stilkategorien der Kunstgeschichte und ihr Ursprung in den Idealen der Renaissance". In: Ders., *Die Kunst der Renaissance*, Bd. 1: *Norm und Form*. Stuttgart: Klett-Cotta. 108-129.

Goodman, Nelson (1969), *Languages of Art. An Approach to a Theory of Symbols*. Oxford: Oxford University Press. Deutsch von Bernd Philippi: *Sprachen der Kunst. Entwurf einer Symboltheorie*. Frankfurt a.M.: Suhrkamp 1995.

Goodman, Nelson (1978), *Ways of Worldmaking*. Indianapolis: Hackett. Deutsch von Max Looser: *Weisen der Welterzeugung*. Frankfurt a.M.: Suhrkamp 1984.

Göttert, Karl-Heinz und Oliver Jungen (2004), *Einführung in die Stilistik*. München: Fink.

Göttner, Heide (1973), *Logik der Interpretation. Analyse einer literaturwissenschaftlichen Methode unter kritischer Betrachtung der Hermeneutik.* München: Fink.
Granger, Gilles-Gaston (1969), *Essai d'une philosophie du style.* Paris: Armand Colin.
Gray, Bennison (1969), *Style. The Problem and Its Solution.* Den Haag u.a.: Mouton.
Grice, H. Paul (1969), „Utterer's Meaning and Intentions". *Philosophical Review* 78: 147-177.
Grice, H. Paul (1993), *Studies in the Way of Words.* Cambridge, MA: Harvard University Press.
Grimm, Christian (1991), *Zum Mythos Individualstil. Mikrostilistische Untersuchungen zu Thomas Mann.* Würzburg: Königshausen und Neumann. Zugl.: Würzburg, Univ., Diss., 1989.
Gsänger, Matthias und Jörg Klawitter (Hg.) (1995), *Modellbildung und Simulation in den Sozialwissenschaften.* Dettelbach: Röll.
Guiraud, Pierre (1970), *Problèmes et méthodes de la stylistique.* Paris: Presses Universitaires de France.
Gumbrecht, Hans Ulrich (1986), „Schwindende Stabilität der Wirklichkeit. Eine Geschichte des Stilbegriffs". In: Ders. u.a. 1986: 726-788.
Gumbrecht, Hans Ulrich und K. Ludwig Pfeiffer (Hg.) (1986), *Stil. Geschichten und Funktionen eines kulturwissenschaftlichen Diskurselements.* Frankfurt a.M.: Suhrkamp.
Gunzenhäuser, Rul und Helmut Kreuzer (Hg.) (1965), *Mathematik und Dichtung.* München: Nymphenburger.
Habscheid, Stephan (2003) (Hg.), *Gruppenstile. Zur sprachlichen Inszenierung sozialer Zugehörigkeit.* Bern u.a.: Lang.
Hahn, Alois (1986), „Soziologische Relevanzen des Stilbegriffs". In: Gumbrecht u.a. 1986: 603-611.
Halawa, Mark A. (2008), *Wie sind Bilder möglich? Argumente für eine semiotische Fundierung des Bildbegriffs.* Köln: Halem.
Halawa, Mark A. (2009), „Widerständigkeit als Quellpunkt der Semiose. Materialität, Präsenz und Ereignis in der Semiotik von C.S. Peirce". *Kodikas/Code. Ars Semeiotica 32,* 1-2 (Themenheft *Zeichenmaterialität, Körpersinn und (sub-)kulturelle Identität*): 11-24.
Halliday, Michael A. K. (1971), „Linguistic Function and Literary Style. An Inquiry into the Language of William Golding's ‚The Inheritors'". In: Seymour Chatman (Hg.) (1971), *Literary Style. A Symposium.* Oxford: Oxford University Press. 330-365.
Halliday, Michael A. K. (1985), *An Introduction to Functional Grammar.* London: Arnold.

Hatzfeld, Helmut (1953), *A Critical Bibliography of the New Stylistics Applied to the Romance Literatures (1900-1952)*. Chapel Hill: University of North Carolina Press.

Hatzfeld, Helmut (1957), *Initiation à l'explication de textes français*. München: Hueber.

Hatzfeld, Helmut (1966), *A Critical Bibliography of the New Stylistics Applied to the Romance Literatures (1953-1965)*. University of North Carolina Press: Chapel Hill.

Hayes, Curtis W. (1968), „A Transformational-Generative Approach to Style. Samuel Johnson and Edward Gibbon". *Language and Style* 1: 39-48.

Heidegger, Martin (1943), *Vom Wesen der Wahrheit*. Frankfurt a.M.: Klostermann.

Heinz, Rudolf (1986), *Stil als geisteswissenschaftliche Kategorie. Problemgeschichtliche Untersuchungen zum Stilbegriff im 19. und 20. Jahrhundert*. Würzburg: Königshausen und Neumann.

Held, Jutta und Norbert Schneider (2007), *Grundzüge der Kunstwissenschaft. Gegenstandsbereiche – Institutionen – Problemfelder*. Köln u.a.: Böhlau.

Hess-Lüttich, Ernest W.B. (1976), *Texttheorie und Soziolinguistik – eine pragmatische Synthese. Entwürfe zur Anwendung linguistischer Literaturanalyse*. Bonn, Univ., Diss.

Hess-Lüttich, Ernest W.B. (1980), „Stiltheorie. Zur Verständigung über ‚Stil' in der Angewandten Linguistik". In: Wolfgang Kühlwein und Albert Raasch (Hg.), *Angewandte Linguistik. Positionen – Wege – Perspektiven*. Tübingen: Narr. 91-112.

Hess-Lüttich, Ernest W.B. (2000), „Textsorten alltäglicher Gespräche. Kritische Überlegungen zur Dialogtypologie". In: Kirsten Adamzik (Hg.), *Textsorten. Reflexionen und Analysen*, Tübingen: Stauffenburg. 129-153.

Hess-Lüttich, Ernest W.B. (2003), „Fachsprachen als Register". In: Jianhua Zhu und Thomas Zimmer (Hg.), *Fachsprachenlinguistik, Fachsprachendidaktik und interkulturelle Kommunikation. Wirtschaft – Technik – Medien*. Frankfurt a.M.: Lang.

Hess-Lüttich, Ernest W.B. (2006), „Textbegriffe der Sprach-, Literatur- und Medienwissenschaften im Zeichen technischer Umbrüche". In: Franciszek Grucza (Hg.), *Texte. Gegenstände germanistischer Forschung und Lehre* (= Materialien der Jahrestagung des Verbandes Polnischer Germanisten in Torun 2006). Warszawa: Wydawnictwo Euro-Edukacja. 177-191.

Hess-Lüttich, Ernest W.B. und Roland Posner (Hg.) (1990), *Code-Wechsel. Texte im Medienvergleich*. Opladen: Westdeutscher Verlag.

Hess-Lüttich, Ernest W.B. und Karin Wenz (Hg.) (2006), *Stile des Intermedialen. Zur Semiotik des Übergangs*. (= Kodikas/Code. Ars Semeiotica 29, 1-3). Tübingen: Narr.

Hill, Archibald A. (1958), *Introduction to Linguistic Structures. From Sound to Sentence in English*. New York: Harcourt Brace.

Hitchcock, Henry-Russell und Philip Johnson (1932), *The International Style. Architecture since 1922*. New York: Norton.
Hjelmslev, Louis (1936), *An Outline of Glossematics*. Kopenhagen: Levin og Munksgaard.
Hjelmslev, Louis (1974), *Prolegomena zu einer Sprachtheorie*. München: Hueber.
Hockett, Charles F. (1958), *A Course in Modern Linguistics*. New York: Macmillan.
Hoffmann, Lothar, Hartwig Kalverkämper und Herbert Ernst Wiegand (Hg.) (1998–1999), *Fachsprachen / Languages for Special Purposes. Ein internationales Handbuch zur Fachsprachenforschung und Terminologiewissenschaft*. Berlin u.a.: de Gruyter.
Hoffmann, Michael (1987), „Zum pragmatischen und operationalen Aspekt der Textkategorie Stil". *Zeitschrift für Phonetik, Sprachwissenschaft und Kommunikationsforschung* 40, 1: 68-81.
Hoffmann, Michael (1988), „Kommunikativ orientierte linguistische Konzepte in der Stilistik seit der kommunikativ-pragmatischen Wende". *Zeitschrift für Germanistik* 9, 3: 321-332.
Hoffmann, Michael (2009), „Situation als Kategorie von Rhetorik und Stilistik". In: Fix u.a. 2008–2009, Bd. 2: 1316-1335.
Hoover, David L. (2002), „Frequent Word Sequences and Statistical Stylistics". *Literary & Linguistic Computing* 17, 2: 157-180.
Hoppe, Stephan (2008), „Stil als *Dünne* oder *Dichte* Beschreibung. Eine konstruktivistische Perspektive auf kunstbezogene Stilbeobachtungen uner Berücksichtigung der Bedeutungsdimension". In: Hoppe u.a. 2008: 48-103.
Hoppe. Stephan u.a. (Hg.) (2008), *Stil als Bedeutung in der nordalpinen Renaissance. Wiederentdeckung einer methodischen Nachbarschaft*. 2. Sigurd-Greven-Kolloquium zur Renaissanceforschung. Regensburg: Schnell & Steiner.
Hubig, Christoph (1998), „Zeichenkonzeptionen in der Ästhetik vom 19. Jahrhundert bis zur Gegenwart". In: Posner u.a. 1997–2004, Bd. 2: 1466-1482.
Huysmans, Joris-Karl (1884), *À rebours*. Paris: Charpentier.
Irvine, Judith (2001), „,Style' as Distinctiveness: The Culture and Ideology of Linguistic Differentiation". In: Eckert u.a. 2001: 21-43.
Jakobson, Roman (1960), „Linguistics and Poetics". In: Sebeok 1960: 350-377.
Jakobson, Roman (1965), „Poesie der Grammatik und Grammatik der Poesie". In: Gunzenhäuser u.a. 1965: 21-32.
Jakobson, Roman und Morris Halle (1956), *Fundamentals of Language*. Den Haag u.a.: Mouton.
Jakobson, Roman und Claude Lévi-Strauss (1962), „,Les Chats' de Charles Baudelaire". In: *L'Homme – Revue française d'anthropologie* 2, 1: 5-21. Erneut in: Ders. (1981), *Selected Writings*, Bd. 3: *Poetry of Grammar and Grammar of Poetry*. Den Haag u.a.: Mouton. 447-464. Deutsch als: „,Les Chats' von Charles Baudelaire". *Sprache im Technischen Zeitalter* 29 (1969): 2-19. Er-

neut in: Roman Jakobson (1992), *Semiotik. Ausgewählte Texte 1919–1982.* Frankfurt a.M.: Suhrkamp. 206-232.

Jodidio, Philip (1995), *Richard Meier.* Köln u.a.: Taschen.

Johansen, Jørgen Dines (1998), „Hjelmslev and Glossematics". In: Posner u.a. 1997–2004, Bd. 2: 2272-2289.

Jöns, Dietrich (1982), „Der philologische Steckbrief". In: Rektorat der Universität Mannheim (Hg.), *Gesellschaft und Universität: Probleme und Perspektiven. Festschrift zur 75-Jahr-Feier der Universität Mannheim.* Mannheim: Südwestdeutsche Verlagsanstalt. 273-287.

Kant, Immanuel (1800), *Logik. Ein Handbuch zu Vorlesungen.* Königsberg: Nicolovius. Online unter: http://www.textlog.de/kant-logik.html; Einsicht am 18.01.2012.

Kastens, Uwe und Hans Kleine Büning (Hg.) (2005), *Modellierung. Grundlagen und formale Methoden.* München u.a.: Hanser.

Katz-Gerro, Tally, Sharon Raz und Meir Yaish (2007), „Class, Status and Intergenerational Transmission of Musical Tastes in Israel". *Poetics* 35: 152-167.

Kaul, Elfriede C. (1990), *Stilproduktion und Stilrezeption.* Regensburg: Roderer. Zugl.: Gießen, Univ., Diss.

Kayser, Wolfgang (1948), *Das sprachliche Kunstwerk. Eine Einführung in die Literaturwissenschaft.* Bern: Francke.

Keller, Rudi (1994), *Sprachwandel. Von der unsichtbaren Hand in der Sprache.* 2., überarb. und erw. Aufl. Tübingen u.a.: Francke.

Kimminich, Eva (2006), „Jugend + Kultur = Lebensstil. Reflexionen über neue Dimensionen des Zeichengebrauchs". In: *Stil als Zeichen. Funktionen – Brüche – Inszenierungen. Beiträge des 11. Internationalen Kongresses der Deutschen Gesellschaft für Semiotik (DGS) vom 24.-26. Juni 2005 an der Europa-Universität Viadrina.* Frankfurt (Oder): Universitätsschriften. CD-ROM.

Knape, Joachim (1996), „Figurenlehre". In: Ueding 1992–2009, Bd. 3: Sp. 289-342.

Kniffka, Hannes (1992), „Sprachwissenschaftliche Hilfe bei der Täterermittlung". In: Günther Grewendorf (Hg.), *Rechtskultur als Sprachkultur. Zur forensischen Funktion der Sprachanalyse.* Frankfurt a.M.: Suhrkamp. 157-193.

Koffka, Kurt (1935), *Principles of Gestalt Psychology.* New York: Harcourt Brace.

Köhler, Reinhard, Gabriel Altmann und Rajmund G. Piotrowski (Hg.) (2005), *Quantitative Linguistik. Ein internationales Handbuch.* Berlin u.a.: de Gruyter.

Köhler, Wolfgang (1920), *Die physischen Gestalten in Ruhe und im stationären Zustand.* Braunschweig: Vieweg.

Kolmogorov, Andrei N. (1998), „On Tables of Random Numbers". *Theoretical Computer Science* 207, 2: 387-395. Zuvor als: „On Tables of Random Numbers". *Sankhyā Series A*, 25 (1963): 369-376.

Kosslyn, Stephen M. (1983), *Ghosts in the Mind's Machine. Creating and Using Images in the Brain.* New York: Norton.
Krais, Beate und Gunter Gebauer (2002), *Habitus.* Bielefeld: transcript.
Krämer, Sybille (1988), *Symbolische Maschinen. Die Idee der Formalisierung im geschichtlichen Abriß.* Darmstadt: Wissenschaftliche Buchgesellschaft.
Krampen, Martin (1979), *Meaning in the Urban Environment.* London: Pion. 2. Aufl. London: Routledge 2007.
Krampen, Martin (1997), „Models of Semiosis". In: Posner u.a. 1997–2004, Bd. 1: 247-287.
Krámský, Jiří (1983), „A Stylostatistical Examination of Conjunctions in Modern English". *Prague Studies in Mathematical Linguistics* 8: 81-92.
Kraus, Jiří (1987), „On the Sociolinguistic Aspects of the Notion of Functional Style". In: Jan Chloupek und Jiří Nekvapil (Hg.), *Reader in Czech Sociolinguistics.* Amsterdam: Benjamins. 83-93.
Kraus, Jiří (2008), „Structuralist Conceptions of Style". In: Fix u.a. 2008–2009, Bd. 1: 1010-1023.
Kress, Gunther (1988), „Textual Matters. The Social Effectiveness of Style". In: Birch u.a. 1988: 126-141.
Kroeber, Alfred L. (1957), *Style and Civilizations.* Ithaca, NY: Cornell University Press.
Krones, Hartmut (2009), „Rhetorik und Stilistik in der Musikwissenschaft". In: Fix u.a. 2008–2009, Bd. 2: 1932-1949.
Kubczak, Hartmut (1979), *Was ist ein Soziolekt? Überlegungen zur Symptomfunktion sprachlicher Zeichen unter besonderer Berücksichtigung der diastratischen Dimension.* Heidelberg: Winter.
Kühn, Clemens (1981), *Musiklehre. Grundlagen und Erscheinungsformen der abendländischen Musik.* Köln: Laaber.
Lakoff, George (1987), *Women, Fire, and Dangerous Things. What Categories Reveal about the Mind.* Chicago: University of Chicago Press.
Lang, Ewald (1980), „Die Sprache Edgar Wibeaus: Gestus, Stil, fingierter Jargon. Eine Studie über Ulrich Plenzdorfs ‚Die neuen Leiden des jungen W.'". *Studia poetica* 3 (separatum): 183-241.
Larsen, Svend Erik (1998), „Ferdinand de Saussure und seine Nachfolger". In: Posner u.a. 1997–2004, Bd. 2: 2040-2073.
Lausberg, Heinrich (1971), *Elemente der literarischen Rhetorik.* 4. Aufl. München: Hueber.
Lazarus, Moritz (2003), *Grundzüge der Völkerpsychologie und Kulturwissenschaft.* Hamburg: Meiner.
Leder, Helmut (2002), *Explorationen in der Bildästhetik. Vertrautheit, künstlerischer Stil und der Einfluss von Wissen als Determinanten von Präferenzen bei der Kunstbetrachtung.* Lengerich: Pabst.
Leech, Geoffrey N. and Michael H. Short (1981), *Style in Fiction. A Linguistic Introduction to English Fictional Prose.* London u.a.: Longman.

Leeuwen, Jan van (1990), *Handbook of Theoretical Computer Science*. Bd. 2: *Formal Models and Semantics*. München: Elsevier.
Lenk, Hans (1995), *Schemaspiele. Über Schemainterpretationen und Interpretationskonstrukte*. Frankfurt a.M.: Suhrkamp.
Lenk, Hans (2004), *Bewusstsein als Schemainterpretation. Ein methodologischer Integrationsansatz*. Paderborn: mentis.
Lerchner, Gotthard (1981), „Stilistisches und Stil. Ansätze für eine kommunikative Stiltheorie". *Beiträge zur Erforschung der deutschen Sprache* 1: 85-109.
Lerchner, Gotthard (1984b), „Konnotative Textpotenz". *Beiträge zur Erforschung der deutschen Sprache* 4: 39-48.
Lerchner, Gotthard (2002), *Schriften zum Stil*. Leipzig: Universitäts-Verlag.
Levin, Samuel R. (1963), „Deviation – Statistical and Determinate – in Poetic Language". *Lingua* 12: 276-290. Deutsch als: „Statistische und determinierte Abweichung in poetischer Sprache". In: Gunzenhäuser u.a. 1965: 33-47.
Levin, Samuel R. (1971), „Die Analyse des ‚Komprimierten' Stils in der Poesie". *LiLi – Zeitschrift für Literaturwissenschaft und Linguistik* 1, 3: 59-80.
Lewin, Kurt (1963), *Feldtheorie in den Sozialwissenschaften. Ausgewählte theoretische Schriften*. Huber: Bern.
Lieb, Hans-Heinrich (1983), *Integrational Linguistics*. Bd. 1: *General Outline*. Amsterdam u.a.: Benjamins.
Linke, Angelika (2009), „Stil und Kultur". In: Fix u.a. 2008–2009, Bd. 2: 1131-1144.
Link, Godehard (1979), *Montague-Grammatik. Die logischen Grundlagen*. München: Fink.
Link-Heer, Ursula (1986), „Maniera. Überlegungen zur Konkurrenz von Manier und Stil (Vasari, Diderot, Goethe)". In: Gumbrecht u.a. 1986: 93-114.
Liszt, Franz (1978), *Die Zigeuner und ihre Musik in Ungarn*. Nachdruck der Ausgabe Leipzig 1883. Hildesheim: Olms.
Ljungberg, Christina (2006), „The End of Style?" In: *Stil als Zeichen. Funktionen – Brüche – Inszenierungen. Beiträge des 11. Internationalen Kongresses der Deutschen Gesellschaft für Semiotik (DGS) vom 24.-26. Juni 2005 an der Europa-Universität Viadrina*. Frankfurt (Oder): Universitätsschriften. CD-ROM.
Lodge, David (1966), *Language of Fiction: Essays in Criticism and Verbal Analysis of the English Novel*. London: Routledge & Kegan Paul.
Loos, Adolf (1908), „Ornament und Verbrechen". In: Ders. (1962), *Sämtliche Schriften in zwei Bänden*. Bd. 1: *Ins Leere gesprochen. 1897–1900. Trotzdem. 1900–1930*. Hg. von Franz Glück. Wien u.a.: Herold. 276-288.
Lotman, Juri M. (1972), *Die Struktur literarischer Texte*. München: Fink.
Lotman, Juri M. (1981), *Kunst als Sprache*. Leipzig: Reclam.
Lotman, Juri und Alexander M. Pjatigorskij (1969), „Le texte et la fonction". *Semiotica* 1, 2: 1969: 205-217.

Lowe, David und Robert Matthews (1995), „A Stylometric Analysis by Radial Basis Functions". *Computers and the Humanities* 29: 449-461.
Lüdtke, Hartmut (2000), *Zeitverwendung und Lebensstile. Empirische Analysen zum Freizeitverhalten, expressiver Ungleichheit und Lebensqualität in Westdeutschland*. Münster: Lit.
Lüsebrink, Hans-Jürgen (1986), „Leonardo da Vinci – ein Individualstil?" In: Gumbrecht u.a. 1986: 447-462.
Lyons, John (1977), *Semantics*. 2 Bde. Cambridge GB: Cambridge University Press.
Lyotard, Jean-François (1979), *La Condition postmoderne. Rapport sur le savoir*. Paris: Minuit. Deutsch von Otto Pfersmann: *Das postmoderne Wissen. Ein Bericht*. Graz: Böhlau 1986.
Madden, Matt (2005), *99 Ways to Tell A Story. Exercises in style*. New York: Chamberlain Bros.
Mahr, Bernd (2006), *Stil und Modell. Über den Zusammenhang von Stil und Modell in der Bildenden Kunst und der Programmierung*. KIT-Report 152. Berlin: Technische Universität Berlin. Online unter: http://www.flp.tu-berlin.de/fileadmin/fg53/KIT-Reports/r152.pdf; Einsicht am 18.01.2012.
Manetti, Giovanni (1997), „Sign Conceptions in Grammar, Rhetoric, and Poetics in Ancient Greece and Rome". In: Posner u.a. 1997–2004, Bd. 1: 876-892.
Mangasser-Wahl, Martina (Hg.) (2000), *Prototypentheorie in der Linguistik. Anwendungsbeispiele, Methodenreflexion, Perspektiven*. Tübingen: Stauffenburg.
Mann, Thomas (1933–1943), *Joseph und seine Brüder*. 4 Bde. Berlin u.a.: Bermann-Fischer.
Mann, Thomas (1954), *Bekenntnisse des Hochstaplers Felix Krull. Der Memoiren erster Teil*. Frankfurt a.M.: Fischer.
Markowitz, Harry M. (2007), *Portfolioanalyse*. Aus dem Englischen übersetzt von Martin Siefkes und Reno Basner. München: Finanzbuch.
Marouzeau, Jules (1941), *Précis de stylistique française*. Paris: Masson.
Marx, Karl (1867), *Das Kapital. Kritik der politischen Ökonomie*. Erneut als: Ders. (1974), *Das Kapital*. Bd. 1: *Der Produktionsprozess des Kapitals*. (= MEW 23) Berlin: Dietz.
Mazzola, Guerino (1985), *Gruppen und Kategorien in der Musik*. Berlin: Heldermann.
Mazzola, Guerino (1993), *Mathematical Music Theory. An Informal Survey*. Locarno: Edizioni Cerfim.
Mazzola, Guerino (2002), *The Topos of Music. Geometric Logic of Concepts, Theory, and Performance*. Basel: Birkhäuser.
Mazzola, Guerino (2003), „Semiotic Aspects of Musicology. Semiotics of Music". In: Posner u.a. 1997–2004, Bd. 3: 3119-3188.

Mazzola, Guerino, Heinz-Gregor Wieser, V. Brunner und Daniel Muzzulini (1989), „A Symmetry-Oriented Mathematical Model of Classical Counterpoint and Related Neurophysiological Investigations by Depth-EEG". In: István Hargittai (Hg.), *Symmetry 2. Unifying Human Understanding.* New York: Pergamon Press. 539-594.
Meggle, Georg (1981), *Grundbegriffe der Kommunikation.* Berlin u.a.: de Gruyter. Zugl.: Regensburg, Univ., Diss., 1979.
Metz-Göckel, Hellmuth (Hg.) (2008), *Gestalttheorie aktuell. Handbuch zur Gestalttheorie.* Bd. 1. Wien: Krammer.
Meyer, Leonard B. (1987), „Toward a Theory of Style". In: Berel Lang (Hg.), *The Concept of Style.* 2., überarb. und erw. Aufl. Ithaca, NY: Cornell University Press. 21-71.
Meyer, Leonard B. (1989), *Style and Music. Theory, History, and Ideology.* Chicago: University of Chicago Press.
Michailow, Matthias (1990), *Lebensstil. Konzeptualisierung einer neuen sozialen Integrationsform.* Aachen, Technische Hochschule, Diss.
Michel, Georg (1968), *Einführung in die Methodik der Stiluntersuchung. Ein Lehr- und Übungsbuch für Studierende.* Berlin: Volk und Wissen.
Michel, Georg (1988), „Aktuelle Probleme der Linguostilistik". *Zeitschrift für Germanistik* 9, 3: 291-306.
Mies van der Rohe, Ludwig (1923), *Bauen.* In: Neumeyer 2002: 408-409.
Milic, Louis T. (1967), *Style and Stylistics. An Analytical Bibliography.* New York: The Free Press.
Minsky, Marvin (1986), *The Society of Mind.* New York: Simon & Schuster.
Möbius, Friedrich (1984), „Stil als Kategorie der Kunsthistoriographie". In: Ders. (Hg.), *Stil und Gesellschaft. Ein Problemaufriss.* Dresden: VEB Verlag der Kunst. 8-50.
Möbius, Friedrich (1989), „Die Zeit in der Kunst – Kunst in der Zeit. Zur Methodologie der Kunstgeschichtsschreibung". In: Ders. und Helga Sciurie (Hg.), *Stil und Epoche. Periodisierungsfragen.* Dresden: Verlag der Kunst. 13-66.
Montague, Richard (1970), „Universal Grammar". *Theoria* 36: 373-398.
Montague, Richard (1973), „The Proper Treatment of Quantification in Ordinary English". In. Hintikka, Jaakko u.a. (Hg.), *Approaches to Natural Language. Proceedings of the 1970 Standford Workshop on Grammar and Semantics.* Dordrecht u.a.: Reidel. 221-242.
Montague, Richard (1974), *Formal Philosophy. Selected Papers of Richard Montague.* Edited and with an introduction by R.H. Thomason. New Haven: Yale University Press.
Moritz, Karl Philipp (1793), „Vorlesungen über den Stil. Erster Teil". In: Ders. (1981), *Werke.* Hg. von Horst Günther. Bd. 3: *Erfahrung, Sprache, Denken.* Frankfurt a.M.: Insel. 585-699.

Morris, Charles W. (1946), *Signs, Language, and Behavior*. New York: Prentice Hall. (2. Aufl. 1955: New York: Braziller.)

Morris, Charles W. (1971), *Writings on the General Theory of Signs*. Hg. von Thomas A. Sebeok. Den Haag u.a.: Mouton.

Motte-Haber, Helga de la (1977), „Komplementarität von Sprache, Bild und Musik – am Beispiel des Spielfilms". In: Roland Posner und Hans-Peter Reinecke (Hg.), *Zeichenprozesse. Semiotische Forschung in den Einzelwissenschaften*. Wiesbaden: Athenaion. 146-154.

Mukařovský, Jan (1974), *Studien zur strukturalistischen Ästhetik und Poetik*. München: Hanser.

Müller, Wolfgang G. (1981), *Topik des Stilbegriffs. Zur Geschichte des Stilverständnisses von der Antike bis zur Gegenwart*. Darmstadt: Wissenschaftliche Buchgesellschaft.

Müller, Wolfgang G. (2009), „Epochenstil/Zeitstil". Fix u.a. 2008–2009, Bd. 2: 1271-1285.

Munch, Anders V. (2005), *Der stillose Stil. Adolf Loos*. München: Fink.

Muzzulini, Daniel (1995), „Musical Modulation by Symmetries". *Journal of Music Theory* 39: 311-325.

Naur, Peter (1975), „Programming Languages, Natural Languages, and Mathematics". *Communications of the ACM* 18, 12: 676-683. Online unter: http://dl.acm.org/citation.cfm?doid=361227.361229; Einsicht am 16.04.2012.

Naur, Peter (1985), „Programming as Theory Building". *Microprocessing and Microprogramming* 15: 253-261. Erneut in: Ders. (1992), *Computing. A Human Activity*. New York: ACM. 37-49.

Neumeyer, Fritz (Hg.) (2002), *Quellentexte zur Architekturtheorie*. München u.a.: Prestel.

Nickl, Peter (2001), *Ordnung der Gefühle. Studien zum Begriff des Habitus*. Hamburg: Meiner.

Nietzsche, Friedrich (1874), *Unzeitgemässe Betrachtungen. Zweites Stück: Vom Nutzen und Nachtheil der Historie für das Leben*. Leipzig: Fritzsch. Online unter: http://gutenberg.spiegel.de/buch/3244/14; Einsicht am 18.01.2012.

Nischik, Reingard M. (1991), *Mentalstilistik. Ein Beitrag zu Stiltheorie und Narrativik, dargestellt am Erzählwerk Margaret Atwoods*. Tübingen: Narr. Zugl.: Köln, Univ., Habil.

Noll, Thomas (1996), „Music as a Subject of Semiotic Analysis". In: Eero Tarasti (Hg.), *Musical Semiotics in Growth*. Bloomington: Indiana University Press. 163-194.

Noll, Thomas (2001), *Computergestützte Repräsentation, Analyse und Vermittlung musikalischer und musiktheoretischer Strukturen*. Zwischenbericht des Projektes KIT-MaMuTh (Kommunikations- und Informationstechnologie – Mathematische Musiktheorie). Berlin: Technische Universität Berlin. Online unter: http://user.cs.tu-berlin.de/~noll/KITReport146.pdf; Einsicht am 18.01.2012.

Nöth, Winfried (2009), „Stil als Zeichen". In: Fix u.a. 2008–2009, Bd. 2: 1178-1196.

Nöth, Winfried und Peter Seibert (Hg.) (2009), *Bilder beSchreiben. Intersemiotische Transformationen.* Kassel: Kassel University Press.

Nuss, Sabine (2006), *Copyright & Copyriot. Aneignungskonflikte um geistiges Eigentum im informationellen Kapitalismus.* Münster: Westfälisches Dampfboot.

Oberschelp, Arnold (1997), *Logik für Philosophen.* Mannheim u.a.: BI-Wissenschaftsverlag.

Oberschelp, Arnold (1994), *Allgemeine Mengenlehre.* Mannheim u.a.: Spektrum.

Ohmann, Richard M. (1959), „Prolegomena to the Analysis of Prose Style". In: Harold C. Martin (Hg.), *Style in Prose Fiction.* New York: Columbia University Press. 1-24.

Ohmann, Richard (1964), „Generative Grammars and the Concept of Literary Style". *Word* 20: 423-439. Deutsch als: Ohmann 1971.

Ohmann, Richard (1971), „Generative Grammatik und der Begriff ‚Literarischer Stil'". In: Jens Ihwe (Hg.), *Literaturwissenschaft und Linguistik. Ergebnisse und Perspektiven.* Bd.1: *Grundlagen und Voraussetzungen.* Frankfurt a.M.: Athenäum. 213-233. Erneut in: Blumensath 1972: 89-105.

Ortega, Mary Jane (1972), „A Linguistic Study of Two Styles". *Philippine Journal of Linguistics* 3, 2: 25-36.

Ortner, Hanspeter (2009), *Fehlformen rhetorisch-stilistischen Handelns.* In: Fix u.a. 2008–2009, Bd. 2: 1367-1381.

Otte, Gunnar (2004), *Sozialstrukturanalyse mit Lebensstilen. Eine Studie zur theoretischen und methodischen Neuorientierung der Lebensstilforschung.* Wiesbaden: Verlag für Sozialwissenschaften. Zugl.: Mannheim, Univ., Diss.

Otte, Gunnar und Nina Baur (2008), „Urbanism as a Way of Life? Räumliche Variationen der Lebensführung in Deutschland". *Zeitschrift für Soziologie* 37: 93-116.

Pankow, Christiane (1998), „Zeichenkonzeptionen in Rhetorik, Stilistik und Poetik vom 19. Jahrhundert bis zur Gegenwart". In: Posner u.a. 1997–2004, Bd. 2: 1601-1625.

Panofsky, Erwin (1924), *Idea. Ein Beitrag zur Begriffsgeschichte der älteren Kunsttheorie.* Leipzig: Teubner.

Panofsky, Erwin (1955), *Meaning in the Visual Arts.* New York: Doubleday. Deutsch von Wilhelm Höck: *Sinn und Deutung in der bildenden Kunst.* Köln: Dumont 1978.

Panofsky, Erwin (1964), *Aufsätze zu Grundfragen der Kunstwissenschaft.* Berlin: Hessling.

Peer, Willie van (1986), *Stylistics and Psychology. Investigations of Foregrounding.* London u.a.: Croom Helm.

Peer, Willie van (2001), „Über den Ursprung des Stils". In: Eva-Maria Jakobs und Annely Rothkegel (Hg.), *Perspektiven auf Stil.* Tübingen: Niemeyer. 35-52.
Pelc, Jerzy (1997), „Theory Formation in Semiotics". In: Posner u.a. 1997-2004, Bd. 1: 617-643.
Pfeiffer, Helmut (1986), „Stil und Differenz. Zur Poetik der französischen Renaissance". In: Gumbrecht u.a. 1986: 115-126.
Pfisterer, Ulrich (2002), *Donatello und die Entdeckung der Stile 1430-1445.* München: Hirmer.
Pike, Kenneth L. (1967), *Language in Relation to a Unified Theory of Structure of Human Behavior.* 2. Aufl. Den Haag u.a.: Mouton.
Pjatigorskij, Alexander M. (1962), „Quelques remarques générales à propos du texte considéré en tant que variante du signal". In: Académie des Sciences de l'URSS (Hg.), *Recherches de typologie structurale.* Moskau.
Plenzdorf, Ulrich (1973), *Die neuen Leiden des jungen W.* Rostock: Hinstorff.
Plett, Heinrich F. (1977), „Die Rhetorik der Figuren". In: Ders. (Hg.), *Rhetorik. Kritische Positionen zum Stand der Forschung.* München: Fink. 125-165.
Plett, Heinrich F. (2000), *Systematische Rhetorik. Konzepte und Analysen.* München: Fink.
Popper, Karl (1934), *Logik der Forschung.* Berlin u.a.: Springer.
Por, Peter (1982), *Epochenstil. Plädoyer für einen umstrittenen Begriff.* Heidelberg: Winter.
Posner, Roland (1972), „Strukturalismus in der Gedichtinterpretation. Textdeskription und Rezeptionsanalyse am Beispiel von Baudelaires ‚Les Chats'". In: Blumensath 1972: 202-242. Englisch als: Posner 1982.
Posner, Roland (1980a), *Theorie des Kommentierens. Eine Grundlagenstudie zur Semantik und Pragmatik.* 2., verb. und erw. Aufl. Wiesbaden: Athenaion.
Posner, Roland (1980b), „Linguistische Poetik". In: Hans P. Althaus, Helmut Henne und Herbert E. Wiegand, *Lexikon der Germanistischen Linguistik.* 2. Aufl. Tübingen: Niemeyer. 687-697.
Posner, Roland (1980c), „Linguistic Tools of Literary Interpretation – as Exemplified in the Two Centuries of Goethe-Criticism". In: Béla Köpeczi und György M. Vajda (Hg.), *Actes du VIIIe congrès de l'Association Internationale de Littérature Comparée.* Stuttgart: Bieber. 805-826. Deutsch als: Posner 1984.
Posner, Roland (1982), „Structuralism in the Interpretation of Poetry – Text Description and Reader Response. Baudelaire's *Les chats*". In: Ders., *Rational Discourse and Poetic Communication.* Den Haag u.a.: Mouton. 129-159.
Posner, Roland (1983), „Kodes als Zeichen". *Zeitschrift für Semiotik* 5: 401-408.
Posner, Roland (1984), „Sprachliche Mittel literarischer Interpretation. Zweihundert Jahre Goethe-Philologie". In: Hans-Werner Eroms und Hartmut Laufhütte (Hg.), *Vielfalt der Perspektiven. Wissenschaft und Kunst in der*

Auseinandersetzung mit Goethes Werk. Passau: Passavia Universitätsverlag. 179-206.
Posner, Roland (1986), „Zur Systematik der Beschreibung verbaler und nonverbaler Kommunikation. Semiotik als Propädeutik der Medienanalyse". In: Hans-Georg Bosshardt (Hg.), *Perspektiven auf Sprache. Interdisziplinäre Beiträge zum Gedenken an Hans Hörmann.* Berlin u.a.: de Gruyter. 267-314.
Posner, Roland (1992), „Was ist Kultur? Zur semiotischen Explikation anthropologischer Grundbegriffe". In: Marlene Landsch u.a. (Hg.), *Kultur-Evolution. Fallstudien und Synthese.* Frankfurt a.M.: Lang. 1-65.
Posner, Roland (1993), „Believing, Causing, Intending. The Basis for a Hierarchy of Sign Concepts in the Reconstruction of Communication". In: René J. Jorna, Barend van Heusden und Roland Posner (Hg.): *Signs, Search and Communication. Semiotic Aspects of Artificial Intelligence.* Berlin u.a.: de Gruyter. 215-270.
Posner, Roland (1996), „Sprachphilosophie und Semiotik". In: Marcelo Dascal u.a. (Hg.): *Sprachphilosophie. Ein internationales Handbuch zeitgenössischer Forschung.* Berlin u.a.: de Gruyter. 1658-1685.
Posner, Roland (1997a), „Semiotics and Its Presentation in This Handbook". In: Posner u.a. 1997–2004, Bd. 1: 1-14.
Posner, Roland (1997b), „Pragmatics". In: Posner u.a. 1997–2004, Bd. 1: 219-246.
Posner, Roland (2003a), „Kultursemiotik". In: Ansgar Nünning und Vera Nünning (Hg.), *Konzepte der Kulturwissenschaften. Theoretische Grundlagen – Ansätze – Perspektiven.* Stuttgart u.a.: Metzler. 39-66.
Posner, Roland (2003b), „The Relationship between Individual Disciplines and Interdisciplinary Approaches". In: Posner u.a. 1997–2004, Bd. 3: 2341-2374.
Posner, Roland (2003c), „The Semiotic Reconstruction of Individual Disciplines". In: Posner u.a. 1997–2004, Bd. 3: 2562-2569.
Posner, Roland (2010), „Die Wahrnehmung von Bildern als Zeichenprozess". In: Dieter Maurer und Claudia Riboni (Hg.), *Bild und Bildgenese.* Bern u.a.: Lang. 139-184.
Posner, Roland, Klaus Robering und Thomas A. Sebeok (Hg.) (1997–2004), *Semiotik / Semiotics. Ein Handbuch zu den zeichentheoretischen Grundlagen von Natur und Kultur.* 4 Bde. Berlin u.a.: de Gruyter.
Postel, Gert (2001), *Doktorspiele. Geständnisse eines Hochstaplers.* Frankfurt a.M.: Eichborn.
Proust, Marcel (1913–1927), *À la recherche du temps perdu.* 7 Bde. Paris: Grasset/Gallimard. Deutsch von Eva Rechel-Mertens: *Auf der Suche nach der verlorenen Zeit.* Hg. von Luzius Keller. 7 Bde. Frankfurt a.M: Suhrkamp 1994–2002.

Püschel, Ulrich (1983), „Stilanalyse als Stilverstehen". In: Barbara Sandig (Hg.), *Stilistik*. Bd. 1: *Probleme der Stilistik*. Hildesheim u.a.: Olms. 97-126.
Püschel, Ulrich (1985), „Das Stilmuster ‚Abweichen'. Sprachpragmatische Überlegungen zur Abweichungsstilistik". *Sprache und Literatur in Wissenschaft und Unterricht* 16, 1: 9-24.
Püschel, Ulrich (1991), „Stilistik: Nicht Goldmarie – nicht Pechmarie. Ein Sammelbericht". *Deutsche Sprache* 1: 50-67.
Püschel, Ulrich (2008), „Kommunikativ-pragmatische Stilauffassungen". In: Fix u.a. 2008–2009, Bd. 1: 1023-1037.
Putnam, Hilary (1975), „The Meaning of ‚Meaning'". In: Keith Gunderson (Hg.), *Language, Mind, and Knowledge*. Minneapolis: University of Minnesota Press. 131-193. Erneut in: Hilary Putnam (1975), *Philosophical Papers*. Bd. 2: *Mind, Language, and Reality*. Cambridge GB: Cambridge University Press. 215-271.
Queneau, Robert (1947), *Exercices de style*. Paris: Gallimard.
Quine, Willard van Orman (1953), *From a Logical Point of View*. Cambridge, MA: Harvard University Press.
Quine, Willard van Orman (1969), *Ontological Relativity and Other Essays*. New York: Columbia University Press.
Raffman, Diana (2000), „Is Perceptual Indiscriminability Nontransitive?" *Philosophical Topics* 28, 1 (Themenheft *Vagueness*): 153-175. Online unter: http://philosophy.utoronto.ca/people/faculty/Is Perceptual Indiscriminability Nontransitive.pdf; Einsicht am 18.01.2012.
Ravenhill, Mark (1996), *Shopping and Fucking*. Theatermanuskript. Erschienen als: *Shopping and Fucking*. London: Methuen 2001.
Revzin, Isaak O. (1970), „Generative Grammars, Stylistics and Poetics". In: Algirdas Greimas, Roman Jakobson u.a. (Hg.), *Sign – Language – Culture*. Den Haag u.a.: Mouton. 558-569.
Richards, Ivor A. (1929), *Practical Criticism. A Study of Literary Judgment*. London: Routledge and Kegan Paul.
Richardson, Lewis F. (1960), *Arms and Insecurity. A Mathematical Study of the Causes and Origins of War*. Pittsburgh u.a.: The Boxwood Press.
Richter, Rudolf (2005), *Die Lebensstilgesellschaft*. Wiesbaden: Verlag für Sozialwissenschaften.
Riegl, Alois (1893), *Stilfragen. Grundlegungen zu einer Geschichte der Ornamentik*. Berlin: Siemens.
Riegl, Alois (1927), *Spätrömische Kunstindustrie*. Wien: Österreichische Staatsdruckerei. Erneut in: Weissert 2009: 40-63.
Riemann, Hugo (1908), *Kleines Handbuch der Musikgeschichte mit Periodisierung nach Stilprinzipien und Formen*. Leipzig: Breitkopf & Härtel.
Riesel, Elise (1963), *Stilistik der deutschen Sprache*. 2., durchges. Aufl. Moskau: Hochschulverlag.

Riesel, Elise und Evgenia Schendels (1975), *Deutsche Stilistik*. Moskau: Hochschulverlag.
Riffaterre, Michael (1957), *Le style des Pléiades de Gobineau. Essai d'application d'une méthode stylistique*. Genf: Droz/Paris: Minard.
Riffaterre, Michael (1959), „Criteria for Style Analysis". *Word* 15, 1: 154-174.
Riffaterre, Michael (1960), „Stylistic Context". *Word* 16, 2: 207-218.
Riffaterre, Michael (1964), „The Stylistic Function". In: *Proceedings of the Ninth International Congress of Linguists, Cambridge, MA, Aug. 27-31, 1962*. Den Haag u.a.: Mouton. 316-23. Deutsch von Wilhelm Bolle: „Die stilistische Funktion". In: Riffaterre 1973: 124-136.
Riffaterre, Michael (1966), „Describing Poetic Structures. Two Approaches to Baudelaire's ‚Les Chats'". *Yale French Studies 36/37:* 200-242. Deutsch als: „Die Beschreibung poetischer Strukturen. Zwei Versuche zu Baudelaires Gedicht ‚Les Chats'". In: Riffaterre 1973: 232-282.
Riffaterre, Michael (1973), *Strukturale Stilistik*. München: List.
Riffaterre, Michael (1978), *Semiotics of Poetry*. Bloomington u.a.: Indiana University Press.
Robering, Klaus (1997), „Semantik". In: Posner u.a. 1997–2004, Bd. 1: 83-219.
Robering, Klaus (2003), „Semiotik und Wissenschaftstheorie". In: Posner u.a. 1997–2004, Bd. 3: 2375-2417.
Roche, Jean (1972), „Les appels électoraux du général de Gaulle. Etude de stylistique quantitative". *Travaux de linguistique et de littérature de Strasbourg* 10, 1: 141-168.
Roelcke, Thorsten (1999), *Fachsprachen*. Berlin: Schmidt.
Rosch, Eleanor (1975), „Cognitive Representations of Semantic Categories". *Journal of Experimental Psychology: General* 104, 3: 192-233.
Rosenberg, Rainer, Wolfgang Brückle, Hans-Georg Soeffner und Jürgen Raab (2003), „Stil". In: Karlheinz Barck u.a. (Hg.) (2000–2005), *Ästhetische Grundbegriffe*. Bd. 5. Stuttgart und Weimar: Metzler. 641-703.
Rössel, Jörg (2009), *Sozialstrukturanalyse. Eine kompakte Einführung*. Wiesbaden: Verlag für Sozialwissenschaften.
Roy, Deb (2005), „Semiotic Schemas. A Framework for Grounding Language in Action and Perception". *Artificial Intelligence* 167: 170-205. Online unter: http://www.cs.utexas.edu/users/kuipers/readings/Roy-aij-05.pdf; Einsicht am 18.01.2012.
Rück, Heribert (1978), „Stilanalyse mit Hilfe des theoretischen Ansatzes von Michael Riffaterre". In: Gerhard Nickel (Hg.), *Rhetoric and Stylistics*. Stuttgart: HochschulVerlag. 109-121.
Rudler, Gustave (1902), *L'explication française. Principes et applications*. Paris: Colin.
Rudy, Stephen und Linda Waugh (1998), „Jakobson and Structuralism". In: Posner u.a. 1997–2004, Bd. 2: 2256-2271.
Russell, William M. (1971), „Linguistic Stylistics". *Linguistics* 65: 75-82.

Saladino, John (2001), *Stil.* Hildesheim: Gerstenberg.
Sanders, Willy (1973), *Linguistische Stiltheorie. Probleme, Prinzipien und moderne Perspektiven des Sprachstils.* Göttingen: Vandenhoeck & Ruprecht.
Sanders, Willy (1977), *Linguistische Stilistik. Grundzüge der Stilanalyse sprachlicher Kommunikation.* Göttingen: Vandenhoeck & Ruprecht.
Sanders, Willy (1995), *Stil und Stilistik.* Heidelberg: Groos.
Sandig, Barbara (1978), *Stilistik. Sprachpragmatische Grundlegung der Stilbeschreibung.* Berlin u.a.: de Gruyter. Zugl.: Heidelberg, Univ., Habil., 1976 (unter dem Titel: *Zur Beschreibung von konventionellen Stilen der deutschen Gegenwartssprache*).
Sandig, Barbara (1986), *Stilistik der deutschen Sprache.* Berlin u.a.: de Gruyter.
Sandig, Barbara (2006), *Textstilistik des Deutschen.* 2., völlig neu bearb. und erw. Aufl. Berlin u.a.: de Gruyter.
Sandig, Barbara (2009), „Handlung (Intention, Botschaft, Rezeption) als Kategorie der Stilistik". In: Fix u.a. 2008–2009, Bd. 2: 1335-1347.
Saporta, Sol (1960), „The Application of Linguistics to the Study of Poetic Language". In: Sebeok 1960: 82-93.
Saussure, Ferdinand de (1916), *Cours de linguistique générale.* Hg. von Charles Bally und Albert Sechehaye. Lausanne: Payot. Deutsch von Hermann Lommel: *Grundfragen der allgemeinen Sprachwissenschaft.* 3. Aufl. Berlin: de Gruyter 2001.
Sayce, Richard A. (1953), *Style in French Prose. A Method of Analysis.* Oxford: Clarendon Press.
Schäfers, Bernhard (2006), *Architektursoziologie. Grundlagen, Epochen, Themen.* 2., durchges. Aufl. Wiesbaden: Verlag für Sozialwissenschaft.
Schank, Roger C. und Robert P. Abelson (1977), *Scripts, Plans, Goals, and Understanding. An Inquiry into Human Knowledge Structures.* Hillsdale, NJ: Erlbaum.
Schapiro, Meyer (1961), „Style". In: Morris Philipson (Hg.), *Aesthetics Today.* Cleveland u.a.: Meridian. 81-113.
Scheffler, Karl (1908), „Akademische Baukunst. Monumentalaufgaben und Stilrenommisten". In: Ders. (1993), *Der Architekt und andere Essays über Baukunst, Kultur und Stil.* Basel u.a.: Birkhäuser.
Schiller, Gertrud (1968–1991), *Ikonographie der christlichen Kunst.* 5 Bde. Gütersloh: Mohn.
Schirren, Thomas (2009), „Niveau der Textgestaltung (Dreistillehre/genera dicendi)". In: Fix u.a. 2008–2009, Bd. 2: 1425-1444.
Schlaberg, Claus (2011), *Der Aufbau von Bildbegriffen auf Zeichenbegriffen. Mit einem Ausblick auf zentrale Eigenschaften Bildender Kunst.* Frankfurt a.M.: Lang. Zugl.: Berlin, Technische Univ., Diss., 2010.
Schleiermacher, Friedrich (1838), *Sämmtliche Werke.* Abteilung 1: *Zur Theologie.* Bd. 7: *Hermeneutik und Kritik mit besonderer Beziehung auf das Neue Testament.* Berlin: Reimer.

Schmid, Herta (1970), „Zum Begriff der ästhetischen Konkretisation im tschechischen Strukturalismus". *Sprache im technischen Zeitalter* 36: 290-318.
Schwenk, Otto G. (1996), *Lebensstil zwischen Sozialstrukturanalyse und Kulturwissenschaft*. Opladen: Leske + Budrich.
Sebeok, Thomas A. (Hg.) (1960), *Style in Language*. Cambridge, MA: MIT Press.
Sedelow, Sally Y. und Walter A. Sedelow (1966), „A Preface to Computational Stylistics". In: Jacob Leed (Hg.), *The Computer and Literary Style*. Kent OH: Kent State University Press. 1-13.
Sedelow, Sally Y. und Walter A. Sedelow (1972), „Models, Computing, and Stylistics". In: Braj B. Kachru and Herbert F. Stahlke (Hg.), *Current Trends in Stylistics*. Edmonton u.a.: Linguistic Research. 275-286.
Semino, Elena und Jonathan Culpeper (Hg.) (2002), *Cognitive Stylistics. Language and Cognition in Text Analysis*. Amsterdam u.a.: John Benjamins.
Semper, Gottfried (1860–1863), *Der Stil in den technischen und tektonischen Künsten, oder praktische Aesthetik. Ein Handbuch für Techniker, Künstler und Kunstfreunde*. Bd. 1: *Die Textile Kunst für sich betrachtet und in Beziehung zur Baukunst*. Frankfurt a.M.: Verlag für Kunst und Wissenschaft 1860. Online unter: http://diglit.ub.uni-heidelberg.de/diglit/semper1860. Bd. 2: *Keramik, Tektonik, Stereotomie, Metallotechnik für sich betrachtet und in Beziehung zur Baukunst*. München: Bruckmann 1863. Online unter: http://diglit.ub.uni-heidelberg.de/diglit/semper1863; Einsicht am 18.01.2012.
Shannon, Claude E. und Warren Weaver (1949), *The Mathematical Theory of Communication*. Urbana: University of Illinois Press.
Shapiro, Stewart (2003), *Vagueness and Conversation*. In J.C. Beall (Hg.), *Liars and Heaps*. Oxford: Oxford University Press. 39-72.
Siefkes, Martin (2005), „Logik und Freiheit. Ein semiotisches Modell des Denkens im Anschluss an C.S. Peirce". *Kodikas/Code. Ars Semeiotica* 28, 3-4 (2005): 211-242.
Siefkes, Martin (2009), „Zeichenmaterialität und Zeichenträger bei stilistischen Zeichen". *Kodikas/Code. Ars Semeiotica 32, 1-2* (Themenheft *Zeichenmaterialität, Körpersinn und (sub-)kulturelle Identität*): 63-83.
Siefkes, Martin (2010a), „Power in Society, Economy, and Mentality. Towards a Semiotic Theory of Power". *Semiotica* 181, 1/4: 225-261.
Siefkes, Martin (2010b), „Rezension von Winfried Nöth und Peter Seibert (Hg.), ,Bilder beSchreiben. Intersemiotische Transformationen'". *r:k:m -- Rezensionen:Kommunikation:Medien*, 19.08.2010. Online unter: http://www.rkm-journal.de/archives/3625; Einsicht am 18.01.2012.
Siefkes, Martin (2011), „Style. A New Semiotic View on an Old Problem". In: *Kodikas/Code. Ars Semeiotica* 34, 1-2: 15-25.
Simmel, Georg (1908), „Das Problem des Stiles". *Dekorative Kunst. Illustrierte Zeitschrift für Angewandte Kunst* 11, 7 (Bd. 16): 307-316. Online unter:

http://www.modetheorie.de/fileadmin/Texte/s/Simmel-Das_Problem_des_Stiles_1907.pdf; Einsicht am 18.01.2012.
Simon, Herbert A. (1952), „A Formal Theory of Interaction in Social Groups". *American Sociological Review* 17: 202-211.
Singer, Jerome L. und Kenneth S. Pope (Hg.) (1986), *Imaginative Verfahren in der Psychotherapie*. Paderborn: Junfermann.
Sneed, Joseph D. (1971), *The Logical Structure of Mathematical Physics*. Dordrecht: Reidel.
Sobel, Michael E. (1981), *Lifestyle and Social Structure. Concepts, Definitions, Analyses*. New York u.a.: Academic Press.
Sonesson, Göran (1993), „Die Semiotik des Bildes. Zum Forschungsstand am Anfang der 90er Jahre". *Zeitschrift für Semiotik* 15, 1-2: 127-160.
Sowinski, Bernhard (1994), „Epochenstil". In: Ueding 1992–2009, Bd. 2: Sp. 1319-1325.
Sowinski, Bernhard (1999), *Stilistik. Stiltheorien und Stilanalysen*. 2. überarb.. und aktual. Aufl. Stuttgart: Metzler.
Spellerberg, Annette (1996), *Soziale Differenzierung durch Lebensstile. Eine empirische Untersuchung zur Lebensqualität in West- und Ostdeutschland*. Berlin: Sigma.
Spengler, Oswald (1918-1922), *Der Untergang des Abendlandes. Umrisse einer Morphologie der Weltgeschichte*. Bd. 1 (1918): *Gestalt und Wirklichkeit*. Wien: Braunmüller. Bd. 2 (1922): *Welthistorische Perspektiven*. München: C.H. Beck.
Sperber, Dan and Deirdre Wilson (1986), *Relevance. Communication and Cognition*. Cambridge, MA: Harvard University Press.
Spillner, Bernd (1974a), *Linguistik und Literaturwissenschaft. Stilforschung, Rhetorik, Textlinguistik*. Stuttgart u.a.: Kohlhammer.
Spillner, Bernd (1974b), „Zur Objektivierung stilistischer und rhetorischer Analysemethoden". In: Gerhard Nickel und Albert Raasch (Hg.), *Kongressbericht der 5. Jahrestagung der Gesellschaft für angewandte Linguistik*. Heidelberg: Groos. 281-290.
Spillner, Bernd (1976), „Empirische Verfahren in der Stilforschung". *LiLi. Zeitschrift für Literaturwissenschaft und Linguistik* 6, 22: 16-34.
Spillner, Bernd (1984) (Hg.), *Methoden der Stilanalyse*. Tübingen: Narr.
Spillner, Bernd (1987), „Style and Register". In: Ulrich Ammon u.a. (Hg.), *Sociolinguistics / Soziolinguistik. An International Handbook of the Science of Language and Society*. Bd. 1. Berlin u.a.: de Gruyter. 273-285.
Spillner, Bernd (1989), „Stilelemente im fachsprachlichen Diskurs". In: Wolfgang Dahmen u.a. (Hg.), *Technische Sprache und Technolekte in der Romania. Romanistisches Kolloquium II*. Tübingen: Narr. 2-19.
Spillner, Bernd (1995), „Stilsemiotik". In: Gerhard Stickel (Hg.), *Stilfragen*. Berlin u.a.: de Gruyter. 62-93.

Spillner, Bernd (2009), „Verfahren stilistischer Textanalyse". In: Fix u.a. 2008–2009, Bd. 2: 1739-1782.
Spitzer, Leo (1928), *Stilstudien.* Bd. 1: *Sprachstile.* Bd. 2: *Stilsprachen.* München: Hueber.
Spitzer, Leo (1949), *A Method of Interpreting Literature.* Northampton, MA: Smith College.
Spitzer, Leo (1960), „Sviluppo di un metodo". *Cultura Neolatina* 20: 109-128.
Stachowiak, Herbert (1973), *Allgemeine Modelltheorie.* Wien u.a.: Springer.
Stadler, Michael und Wolfgang Wildgen (2003), „Semiotik und Gestalttheorie". In: Posner u.a. 1997–2004, Bd. 4: 2473-2483.
Stegmüller, Wolfgang (1979), *The Structuralist View of Theories. A Possible Analogue of the Bourbaki Programme in Physical Science.* Berlin u.a.: Springer.
Stegmüller, Wolfgang (1986), *Probleme und Resultate der Wissenschaftstheorie und Analytischen Philosophie.* Bd. 3: *Die Entwicklung des Strukturalismus seit 1973.* Berlin u.a.: Springer.
Steinbrenner, Jakob (1996), *Kognitivismus in der Ästhetik.* Würzburg: Königshausen und Neumann. Zugl.: München, Univ., Diss., 1994.
Steinig, Wolfgang (1976), *Soziolekt und soziale Rolle. Untersuchungen zu Bedingungen und Wirkungen von Sprachverhalten unterschiedlicher gesellschaftlicher Gruppen in verschiedenen sozialen Situationen.* Düsseldorf: Schwann.
Steube, Anita (1968), „Gradation der Grammatikalität". In: Rudolf Růžička (Hg.), *Probleme der strukturellen Grammatik und Semantik.* Leipzig: Karl-Marx-Universität. 87-113.
Strube, Werner (1979), „Zur Struktur der Stilinterpretation". *Deutsche Vierteljahresschrift für Literaturwissenschaft und Geistesgeschichte* 53: 567-579.
Suckale, Robert (2003), „Peter Parler und das Problem der Stillagen". In: Ders. und Peter Schmidt (Hg.), *Stil und Funktion. Ausgewählte Schriften zur Kunst des Mittelalters.* München u.a.: Deutscher Kunstverlag. 257-286.
Suckale, Robert (2006), „Stilgeschichte zu Beginn des 21. Jahrhunderts. Probleme und Möglichkeiten". In: Bruno Klein und Bruno Boerner (Hg.), *Stilfragen zur Kunst des Mittelalters. Eine Einführung.* Berlin: Reimer. 271-281. Erneut in: Weissert 2009: 142-153.
Tarski, Alfred (1935), „Der Wahrheitsbegriff in den formalisierten Sprachen". *Studia Philosophica* 1: 261-405.
Tarski, Alfred (1944), „The Semantic Conception of Truth". *Philosophy and Phenomenological Research* 4: 341-375.
Tenenbaum, Joshua B. und William T. Freeman (2000), „Separating Style and Content with Bilinear Models". *Neural Computation* 12, 6: 1247-1283. Online unter: http://web.mit.edu/cocosci/Papers/NC120601.pdf; Einsicht am 18.01.2012.
Thoma, Werner (1976), „Ansätze zu einer sprachfunktional-semiotisch orientierten Stilistik". *Zeitschrift für Literaturwissenschaft und Linguistik* 22: 117-141.

Thomas, Nigel J. (1999), „Are Theories of Imagery Theories of Imagination? An Active Perception Approach to Conscious Mental Content". *Cognitive Science* 23: 207-245. Online unter: http://www.imagery-imagination.com/imim/im-im.pdf; Einsicht am 18.01.2012.
Thorne, James P. (1965), „Stylistics and Generative Grammars". *Journal of Linguistics* 1: 49-59.
Thorne, James P. (1970), „Generative Grammar and Stylistic Analysis". In: John Lyons (Hg.), *New Horizons in Linguistics.* Harmondsworth: Penguin. 185-197.
Titzmann, Manfred (1977), *Strukturale Textanalyse. Theorie und Praxis der Interpretation.* München: Fink.
Todorov, Tzvetan (1970), „Les études du style. Bibliographie sélective". *Poétique* 1: 224-232.
Trabant, Jürgen (1979), „Vorüberlegungen zu einem wissenschaftlichen Sprechen über den Stil sprachlichen Handelns". In: Rolf Kloepfer u.a. (Hg.), *Bildung und Ausbildung in der Romania.* Bd. 1: *Literaturgeschichte und Texttheorie.* München: Fink. 569-593.
Trabant, Jürgen (1986), „Der Totaleindruck. Stil der Texte und Charakter der Sprachen". In: Gumbrecht u.a. 1986: 169-188.
Troitzsch, Klaus G. (1995), „Mathematische Kalküle zur Bildung dynamischer Modelle in den Sozialwissenschaften". In: Gsänger u.a. 1995: 9-38.
Tschauder, Gerhard (1979), „Vorbereitende Bemerkungen zu einer linguistischen Stiltheorie". In: Ders. und Edda Weigand (Hg.), *Perspektive: textextern. Akten des 14. Linguistischen Kolloquiums Bochum 1979*, Bd. 2: 149-160.
Tuldava, Juhan (2005), „Stylistics, Author Identification". In: Reinhard Köhler u.a. 2005: 368-387.
Tweedie, Fiona J. (2005), „Statistical Models in Stylistics and Forensic Linguistics". In: Reinhard Köhler u.a. 2005: 387-397.
Ueding, Gerd (Hg.) (1992–2009), *Historisches Wörterbuch der Rhetorik.* 9 Bde. Tübingen: Niemeyer.
Ullmann, Stephen (1957), *Style in the French Novel.* Cambridge GB: Cambridge University Press.
Vianney, Joseph (1914), *L'explication française.* Paris: Hatier.
Viebrock, Helmut (1977), *Theorie und Praxis der Stilanalyse. Die Leistung der Sprache für den Stil, dargestellt an Texten der englischen Literatur der Gegenwart.* Heidelberg: Winter.
Vinogradov, Viktor V. (1963), *Stilistika, teorija poétičeskoj reči, poétika.* Moskau: Akademie.
Viollet-le-Duc, Eugène-Emmanuel (1854–1868), „Dictionnaire raisonné de l'architecture française du XIe auf XVIe siècle, 1854–1868". (Systematisches Lexikon der französischen Architektur vom 11. bis 16. Jahrhundert.) Arti-

kel „Style".) Deutsch von Marianne Uhl (gekürzt) als: „Stil". In: Neumeyer 2002: 233-247.

Vitányi, Paul und Ming Li (1993), *An Introduction to Kolmogorov Complexity and Its Applications.* New York: Springer.

Vossler, Karl (1923), *Gesammelte Aufsätze zur Sprachphilosophie.* München: Hueber.

Wackernagel, Wilhelm (1888), *Poetik, Rhetorik und Stilistik. Academische Vorlesungen.* Halle: Verlag der Buchhandlung des Waisenhauses.

Walzel, Oskar (1923), *Gehalt und Gestalt im Kunstwerk des Dichters.* Berlin: Athenaion.

Warburg, Aby (1932), *Die Erneuerung der heidnischen Antike. Kulturwissenschaftliche Beiträge zur Geschichte der europäischen Renaissance.* Erneut in: Ders. (1998), *Gesammelte Schriften.* Bd. I, 1 und I,2. Hg. von Horst Bredekamp und Michael Diers. Berlin: Akademie.

Warburg, Aby (2000), *Gesammelte Schriften.* Bd. II, 1: *Der Bilderatlas MNEMOSYNE.* Hg. von Martin Warnke und Claudia Brink. Berlin: Akademie.

Warnke, Ingo H. (2009), „Stilwandel und Sprachwandel". In: Fix u.a. 2008–2009, Bd. 2: 1381-1395.

Watt, William C. und Gavin T. Watt (1997), „Codes". In: Posner u.a. 1997–2004, Bd. 1: 404-414.

Watt, William C. (1983), „Grade der Systemhaftigkeit". *Zeitschrift für Semiotik* 5: 371-399.

Weidlé, Wladimir (1962), „Über die kunstgeschichtlichen Begriffe ‚Sprache' und ‚Stil'". In: Karl Oettinger (Hg.), *Festschrift für Hans Sedlmayr.* München: C.H.Beck. 102-115.

Wertheimer, Max (1925), *Über Gestalttheorie.* Vortrag vor der Kant-Gesellschaft, Berlin, 17. Dezember 1924. Erlangen: Verlag der Philosophischen Akademie.

Wetzel, Christoph (Hg.) (2004), *Belser Stilgeschichte. Studienausgabe in drei Bänden.* (Bd. 1: *Altertum.* Bd. 2: *Mittelalter.* Bd. 3: *Neuzeit.*) Stuttgart: Belser.

Weissert, Caecilie (2009) (Hg.), *Stil in der Kunstgeschichte. Neue Wege der Forschung.* Darmstadt: Wissenschaftliche Buchgesellschaft.

Wesley, Samuel (1700), *An Epistle to a Friend Concerning Poetry.* London: Charles Harper.

Wildgen, Wolfgang (1977), *Kommunikativer Stil und Sozialisation. Ergebnisse einer empirischen Untersuchung.* Tübingen: Niemeyer. Zugl.: Regensburg, Univ., Diss.

Wille, Uta (1991), „Eine Axiomatisierung bilinearer Kontexte". In: Dieter Gaier und Franz Georg Timmesfeld (Hg.), *Mitteilungen aus dem mathematischen Seminar Giessen.* Gießen: Selbstverlag des mathematischen Instituts. 72-112. Englisch gekürzt als: „An Axiomatization for Bilinear Models". In: Gerhard H. Fischer und Donald Laming (Hg.) (1994), *Contributions to*

Mathematical Psychology, Psychometrics, and Methodology. Berlin u.a.: Springer. 239-247.
Williamson, Timothy (1992), „Inexact Knowledge". *Mind* 101: 217-42.
Williamson, Timothy (1994), *Vagueness.* London: Routledge.
Williamson, Timothy (2000), *Knowledge and Its Limits.* Oxford: Oxford University Press.
Wilpert, Gero von (1989), *Sachwörterbuch der Literatur.* 7., verb. und erw. Aufl. Stuttgart: Kröner.
Wimsatt, William K. (1941), *The Prose Style of Samuel Johnson.* New Haven: Yale University Press.
Wimsatt, William K. (1967), „Style as Meaning". In: Seymour Chatman und Samuel R. Levin (Hg.), *Essays on the Language of Literature.* Boston: Houghton. 362-373.
Winckelmann, Johann Joachim (1764), *Geschichte der Kunst des Altertums.* Dresden: Waltherische Hof-Buchhandlung.
Winner, Thomas G. (1998), „Prague Functionalism". In: Posner u.a. 1997–2004, Bd. 2: 2248-2255.
Winter, Werner (1964), „Styles as Dialects". In: Horace G. Lunt (Hg.), *Proceedings of the 9th International Congress of Linguists, Cambridge, MA, August 27-31, 1962.* Den Haag u.a.: Mouton. 324-330.
Wittgenstein, Ludwig (1953), *Philosophical Investigations.* Oxford: Blackwell.
Wölfflin, Heinrich (1888), *Renaissance und Barock. Eine Untersuchung über Wesen und Entstehung des Barockstils in Italien.* München: Ackermann.
Wölfflin, Heinrich (1912), „Zum Problem des Stils in der bildenden Kunst". *Sitzungsberichte der Kgl. Preußischen Akademie der Wissenschaften* 31: 572-578.
Wölfflin, Heinrich (1915), *Kunstgeschichtliche Grundbegriffe. Das Problem der Stilentwicklung in der neueren Kunst.* München: Bruckmann.
Wolf, Norbert Richard (1989), „Erfahrungen mit Individualstil oder Stilistik im Strafprozess". In: Klaus Matzel und Hans-Gert Roloff (Hg.), *Festschrift für Herbert Kolb.* Bern u.a.: Lang. 781-789.
Wundt, Wilhelm (1900–1920), *Völkerpsychologie. Eine Untersuchung der Entwicklungsgesetze von Sprache, Mythus und Sitte.* 10 Bde. Leipzig: Engelmann.
Zeki, Semir (1999), *Inner Vision. An Exploration of Art and the Brain.* Oxford: Oxford University Press.
Ziegler, Rolf (1972), *Theorie und Modell. Der Beitrag der Formalisierung zur soziologischen Theorienbildung.* München u.a.: Oldenbourg.
Zinserling, Gerhard (1984), „Stilwenden in der Antike. Auftraggeber und Stil". In: Friedrich Möbius (Hg.), *Stil und Gesellschaft. Ein Problemaufriss.* Dresden: VEB Verlag der Kunst. 106-122.
Zuckmayer, Carl (1931), *Der Hauptmann von Köpenick. Ein deutsches Märchen in drei Akten.* Berlin: Propyläen.

Zwisler, Rainer (1997), „Axiomatisierung der bilinearen Modelle (Wille, 1994)".
  Online unter: http://alphageek.de/scripts/bilinear/bilinear.html; Einsicht
  am 18.01.2012.

Index

A

À la recherche du temps perdu (Roman) 399
À rebours (Roman) 399
Abagnale, Frank 435
Abduktion 239–41, 273–75, 344–46, *et passim*
Absichtlichkeit von Stil 398–400
Abweichungsstilistik 107, 113–15, 153, 430
Achse der Kombination 119, 170
Achse der Selektion 119, 170
Adorno, Theodor 429
ägyptische Malerei 329–31
Algorithmus 33, 134, 162, 175–76, 195, 206, 244, 343, 454, 456–57
Allerheiligenkapelle (Regensburg) 299–305
Alternativenbedingungen 54–59, 150–51, *et passim*
  Definition 160
Alternativenklasse 52–54, 159–61, *et passim*
  Definition 159
American Psycho (Roman) 295–98
Anführungszeichen (Verwendungsweise) 23, 242–44, 249–50, 281, 283, 340, 358–60, 364
  Konvention in der Semiotik 23
Anordnung von Alternativenklassen 80, 143, 162, 169, 173–74, 177, 181, 183, 188
Anwenden eines Stils 97–98, *et passim*

Abbildung 91
  Definition 97
  Funktion 367–72
Anwenderstil 372, 380–83, 447
  beabsichtigter 383
  Definition 382
  interpretierter 372, 380–83
Anwendungsbedingungen 182–86
Anwendungswahrscheinlichkeit 182–86
Anzeichen 21, 88–89, 95–96, 168, 232–33
Apagoge 273
Äquivalenz, Prinzip der 119–20
Äquivalenzklasse 38, 49, 119–24
Äquivalenzkriterien 38, 49–51, 54–55, 57, 121
Archäologie 109, 112
Architekturstil 111, 392, *siehe auch* Baustil
Architekturtheorie 32, 422
Architekturwissenschaft 389, 422
Argumentationsstil 49
Aristoteles 273, 323
Artefaktschema 134–40, 413–15, *et passim*
Assoziation 239–41, 275–78, 344–46, *et passim*
Ast, Friedrich 450
Ästhetik 422–24
Atheneum (Richard Meier) 289–91, 293
  Abbildung 289
Aufführungspraxis 313, 388
Ausdrucksebene 37–43, 46, 64, 107, 115, 127, 393, 421, 446

Ausgabe (der Interpretation) 242–43, 247–48
  Funktion 354–66
Auslesen von Merkmalsregeln 87–89, *et passim*
  Definition 89
  Funktion 199–206
Autoridentifikation 127, 156

B

Badminton 143, 393
Ballu, Théodore 437
Balzac, Honoré de 321
Bankraubstil 74, 331–37, 421
Baudelaire, Charles 120
Baustil 43–48, 70, 90, 137, 228, 250, 279, 394, *siehe auch* Architekturstil
Bedeutung 18, 23, 25–26, 50, 65, 94, 105, 113, 128, 279–80, 420, 426, 440–41, 443–44
Bedeutungssuche 239–41, 279–80, 344–46, *et passim*
Begriff 439–43
Begriff, natürlichsprachlicher 23–25, 94–95, 442
Begriffsexplikation 22–29, 94, 441–42
Bense, Max 106, 423
bereichsspezifische Stiltheorien 18–19, 162, 384, 386–91, 458
Berliner Dom 63
Berliner Stadtschloss 411
Bernhard, Thomas 42, 114, 126
Beschreibungsebene 54, 113, 120, 131, 138, 141, 162, 214, 452
Beschreibungsebene (Wissenschaftstheorie) 300, 346, 404, 446
Beschreibungsirrtum 243, 300, 455
Besetzung (Musik) 313, 320
Beuys, Joseph 414

Bewegungsstil 321–29
Bewusstheit von Stil 398–400
Bilddefinition 93, 390
Bilder 54, 157, 167, 304, 390
  darstellende 45, 68, 140, 262, 331
  mentale 284, 327, 391
Bildsemiotik 390
Bildstil 43–48, 329–31
Bildwissenschaft 93, 390–91
bilineare Modelle 111–12
Bloomfield, Leonard 131
Botschaft 65, 71, 106–7, 111, 380
  kodierte 121, 138, 380
Bourdieu, Pierre 116, 125, 432–34
Braque, Georges 381, 418
Buchstaben 111
Buffon, Comte de 26, 37, 93, 128

C

Carnap, Rudolf 23, 29, 450
Catch Me If You Can (Film) 435
Chomsky, Noam 52, 119, 450
Computerprogramm 24, 30, 32, 147
Coseriu, Eugenio 249, 323

D

Deduktion 239–41, 268–71, 344–46, *et passim*
Denkstil 49, 430
Der Hauptmann von Köpenick (Theaterstück) 435
Derrida, Jaques 450
Dialekt 254–55, 263, 282, 416–18
Dialektik 39, 430
Dichotomie (Saussure) 21, 52–53, 103, 119
Die neuen Leiden des jungen W. (Theaterstück) 429
Disambiguierung 33, 195, 200–1, 206–25, 408, 457

Diskursuniversum 134
Distribution 54–55, 120
dress of thought (Wesley) 26, 65, 93, 105, 404
Dualismus (Stilauffassung) 36, 105
Durkheim, Émile 432
Dürrenmatt, Friedrich 413

E

Eigenschaften
 horizontal-relationale 83, 155–59, 184, 192, 193
  Definition 155
 intrinsische 83, 152, 156, 184, 186
  Definition 152
 Schemaort-definierende 82, 141, 147, 150, 160
  Definition 150
 vertikal-relationale 83, 152–55, 157
  Definition 152
 Zusatzeigenschaften 83, 139, 147, 150, 160, 177, 180, 185, 247, 250, 308–9, 393
  Definition 150
Eindrucksreaktion 239–41, 283–87, 344–46, *et passim*
Einschreiben von Merkmalsregeln 87–89, *et passim*
 Definition 88
 Funktion 188–90
Einzelwissenschaft 21, 384–91
Elias, Norbert 125, 432
Ellis, Bret Easton 295–98
-emik 131
Empfängerzeichen 383, 389, 423
 Definition 381
Epoche 17
Epochenstil 415–19
Ergebnisse (der Interpretation) 241–44, 246–67, *et passim*

Funktion 352–54
Ernährungsstil 425
Ersetzungsprobe 119, 323
Erzählstil 401
-etik 131
Extension 23–26, 56–57, 191, 410, 441, 443–44, 451

F

Fachsprache 415–19
Fahrplan (Textsorte) 47
Fahrstil 18, 37, 43–48, 52, 57, 64, 75, 90, 234, 263, 398, 401
Fälschung 431, 433
Falsifikat 431
Familienähnlichkeit (Wittgenstein) 409
Fantasy-Literatur 108
Farnsworth-Haus (Mies van der Rohe) 58
Fassade 59, 86, 88, 161, 183, 194, 218, 227, 230–31, 262, 286, 292
Fehlerlinguistik 426
Felix Krull (Roman) 435
Filme 54, 167
 mentale 327
Fingerabdruck, sprachlicher 128
Flugstil 55, 386
forensische Linguistik 127, 156
Formalisierung 24, 29–31, 371, 454
Formalismus (Ästhetik) *siehe* Russischer Formalismus
Fortbewegungsstil 65, 321–29, 425
Foucault, Michel 450
Frankl, Paul 102, 299–305, 325
funktionale Bedingungen 42, 47, 52, 63, 68, 79, 101, 129, 139–40, 150, 160, 168, 222–23, 275, 330, 402, 411
funktionale Programmierung 31
Funktionalstilistik 47, 451

G

Gadamer, Hans-Georg 427, 450
Gattung 20, 128, 132, 400, 412–13, 458
Gattungskonventionen 114
Gefühlsreaktion 239–41, 281–83, 344–46, *et passim*
Gegenstandsbereich 19, 90, 108, 162, 249, 384–85, 389–91, 397, 422, 448, 450, 452–55
Gehirn 278, 419, 433, 448
Gehstil 18, 71, 88, 242, 250, 321–29, 368, 406
Geisteswissenschaften 29, 138, 300, 445, 447, 448, 450–53, 458–60
generative Grammatik 433, 447
Genre 412–13
Gesellschaft 20, 126, 133, 148, 174, 194, 271, 274, 296–298, 384, 388, 406, 425, 428–38, 444, 448, 458
Gestalttheorie 323
Glamorama (Roman) 295–98
globale Häufigkeit 225–29
Goethe, Johann Wolfgang von 323, 425, 427
Goodman, Nelson 67–69, 106, 243, 423
Gotik 299–305
Gottfried von Straßburg 42
Graph 131
Graphem 131
Graphemik 156
Graphetik 111, 131
Grundlagenwissenschaft 21, 384–91, 460
Gruppenstil 407–11

H

Habitus 432–36
Handlungstheorie 20, 116–17
Happening 414, 422
Harmonik 313, 388
Heidegger, Martin 450
Heine, Heinrich 126
Hemingway, Ernest 126
Hermeneutik 115, 450, 453, 456
Hintergrundwissen 245, *et passim*
  Funktion 349–52
Hjelmslev 37, 52, 131
Holismus 278, 323, 335, 371, 445
Hume, David 272
Hundertwasser, Friedensreich 109
Huysmans, Joris-Karl 399

I

Identfälschung 431
Identitätsbildung 432–36
Ikon (Peirce) 24, 45, 232, 262, 282, 391
Ikonographie 68, 341
Ikonologie 68, 411
Index (Peirce) *siehe* Anzeichen
Individualstil 126–30, 407–11
Induktion 239–41, 272–73, 344–46, *et passim*
Informatik 22, 31, 410, 460
Information 71–78, 109–12, *et passim*
  in Realisierungen 71–76
Informationsbegriff 71, 109, 458
inhaltliche Bedingungen 43, 46, 52, 63, 65, 68, 82, 87, 101, 129, 140, 145, 150, 160, 174, 220, 262, 298, 401
Inhaltsebene 107, 108, 393, 444
Intension 23–26, 56, 57, 85, 160, 191, 198, 439–41, 443, 446
Interpretation 236–38, *et passim*
  Definition 236
  Funktion 338–49
Interpretation, musikalische 388

Interpretationsprozess 89–93, 288–383, *et passim*
　Abbildung 91

J

Jakobson, Roman 37, 49, 108, 119–20, 452
Joseph und seine Brüder (Roman) 101

K

Kant, Immanuel 272
Kapitalismus 436–38
Klasse, gesellschaftliche 432–36
Kleidungsstil 264, 279–80, 436
Kode 17, 18, 53, 103, 105, 137, 279, 380, 419–21, *siehe auch* Zeichensystem
Kollokation 119, 158
Kombinationsregeln 17, 56, 105, 113, 119, 142, 143, 248, 279, 380, 416, 420, 428
Kommunikation 100, 111, 120, 324, 331–33, 344, 385, 399, 406, 439, 442, 452
　phatische 403
Kommunikationsstil 419, 429, 434, 436
Kommutationsprobe *siehe* Ersetzungsprobe
Komponentenname (einer Tupel-Variablen) 177–79, 204, 339, 357–58, 369
Kompositionsstil 388
Konnotation 24, 83, 286, 381, 418–19, 421
konstitutive Regeln 117–18
Kontextbedingungen 42–43, 46, 49, 52, 62–63, 101, 117, 129, 139, 140, 145, 150–51, 160, 168, 285, 411

Kontiguität, Prinzip der 119
Kontraststilistik 107, 153, 158
Konventionalisierung 17, 279, 324
Kreativität 148–49, 155, 251, 268, 273, 448, 455
Kriminalistik 331, 336–37
Kriminalliteratur 414
Kultur 69, 71, 77, 81, 83–84, 126, 138, 169, 194, 244, 254, 279, 325, 419, 432, 439–40, 444
Kunstführer 17
Kunstgeschichte 17, 109, 110, 112, 125, 267, 407, 411, 431
Kunstwissenschaft 23, 32, 120, 187, 327, 389, 422

L

Laudatio (Textsorte) 413
Laufstil 49, 88, 136, 250, 321–29
Lebensstil 49–51, 65, 402–3, 430, 434
Lévi-Strauss, Claude 119–21
Lieb, Hans-Heinrich 450
Liebesroman (Textsorte) 47
Linguistik 104, 116, 119, 131, 407
Liszt, Franz 312–21
Literaturwissenschaft 32, 109, 120, 389, 407, 422
Logik 22, 24, 32, 86, 248, 272, 453, *siehe auch* Schlussverfahren, logische
Loos, Adolf 430
Lotman, Juri Michailowitsch 116, 138
Lyons, John 52
Lyotard, Jean-François 450

M

Manier (Goethe) 427
maniera 427
Mann, Thomas 101, 126–27, 435

Marke 84, 257, 296, 437
Massenmedium 418
Mauss, Marcel 432
Meier, Richard 60, 109, 238, 288–94
Melodik 313, 323, 388
Menge, geordnete 147, 179, 345, 365
mentale Repräsentation 281, 283, 443–46
  nicht-propositionale 236, 242, 252, 283–84, 316, 321, 326
  propositionale 236, 239, 244, 285, 327
Merkmal (bei Stil) *siehe* stilistisches Merkmal
Merkmalsprozess 89–91, 166–233, *et passim*
  Abbildung 91, 170
Merkmalsregel 81–89, 181–206, *et passim*
  Definition 82
Merkmalssemantik 249, 444
Methode 419–21
Metrik 120
Mies van der Rohe, Ludwig 58, 427, 430
Milieu 77, 81, 128, 265, 415, 419, 428–29, 434, 436
Minsky, Marvin 450
Modellierung 18, 22–29, 79, 80, 94, 169, 198, 242, 250, 295, 346, 389, 411, 439, 456
Moderne 43, 90, 108, 238, 283, 289, 291–94, 341, 427, 430, 437
  künstlerische 391
  literarische 283
Möglichkeitsraum 34, 50, 60, 78, 133–34, 137, 169, 176, 179, 200–1, 205
  Definition 134
Monismus (Stilauffassung) 36, 105
Montesquiou, Robert de 399

Morph 131
Morphem 39, 131, 142, 171
  Allomorph 38
Morphetik 131
Morphologie (Goethe) 323, 425
Morphologie (Linguistik) 138, 141, 163, 421
Musikwissenschaft 385, 389, 422
musikwissenschaftliche Stiltheorie 388

N

Nachricht 65, 71, 107, 167
Namensdefinition 178
Narratologie 401
Natur 424–25
Naturwissenschaften 450, 460
Nofretete (Grab) 329–31
Norm 81, 108, 112–15, 126, 152–53, 259, 280, 412, 430, 455
normative Stilbegriffe 425–27
Notation (Musik) 388

O

Objektebene (Wissenschaftstheorie) 300, 346, 391, 404, 446–47, 455
Occams razor 453
Ontologie 34, 84, 147, 249, 395
Operationen (der Interpretation) 239–41, 267–87, *et passim*
Orchestrierung 388
Original 431
Ornament 43, 314, 394, 411

P

Paarvariable 177, 372–73, 378, 380
Paradigma 21, 52–53, 55, 103, 119, 122, 159, 385
Parler, Peter 63

Peirce, Charles S. 21, 232, 273, 390, 458
Perspektive (Bild) 419, 426
Phänomen 439–43
Phon 131
Phonem 131, 138, 142, 254
Phonetik 113, 131
Phonologie 38, 120, 138, 141, 156, 163, 421
Picasso, Pablo 438
Pike, Kenneth L. 131
Plagiat 431
Plenzdorf, Ulrich 429
poetische Funktion (Jakobson) 120, 121
Pope, Alexander 26
Popper, Karl 268, 272
Postel, Gerd 435
Postmoderne 145, 289, 291–294, 391, 430, 437, 451
Potenzmenge 199, 202–3, 338, 340, 342
Prädikat 134, 149, 160, 248
Prager Strukturalismus 47, 107–8, *siehe auch* Strukturalismus
Präsupposition 24
Präzision 446–57
Präzisionshypothese 448, 450–52
Priorisierung 123, 171, 182–88, 195, 225–29, 240, 310, 311
Programmiersprache 30, 32, 34, 343
Programmierstil 31, 421
Prosodie 120
Prototypentheorie 140, 153, 214
Proust, Marcel 399
Pseudocode 33, 176
Psychologie 99, 271, 334–35
Putnam, Hilary 444

Q

quantitative Stilistik 40, 113–15, 127–28, 153, 156, 456
Queneau, Raymond 57

R

Raschdorff, Julius 63
Rasterfahndung 419, 421
Ravenhill, Mark 429
Realisierung 52–54, 161–65, *et passim*
  Definition 161
Realisierungsstelle 52–54, 61, 161–65, *et passim*
  Definition 161
Referenz 23, 56–57, 120
Register 415–19
regulative Regeln 117, 118
Relationen zwischen Merkmalsregeln 305–12
Relevanztheorie 440
Renaissance 407, 423, 427, 437
Rezeptionsanalyse 119, 121, 446
Rhetorik 105, 110, 385, 421–22
Rhetorische Figur 421–22
Rhythmik 313, 316
Richtung (Kunst) 412–13
Richtung (Musik) 312–21
Riegl, Alois 125, 411
Riffaterre, Michael 18, 37, 49, 94, 119, 121, 158, 300
Roma, Musik der 312–21
Romanik 299–305
Russischer Formalismus 107–08

S

Satztechnik 388
Saussure, Ferdinand de 21, 52, 119
Schach 118, 143, 401

Schema 59–71, 134–40, 146–49, *et passim*
   Definition 134
   Funktion 374–76
Schemaausführung 32–33, *et passim*
   Funktion 173–81
Schemagliederung 21, 27, 31, 62, 389
Schemaort 141–44, 146–48, *et passim*
   Definition 141
Schematheorie 21, 134, 143
Schicht, gesellschaftliche 432–36
Schlagart (Tennis, Badminton) 117–18, 393
Schleiermacher, Friedrich 450
Schlussverfahren, logische 124, 235, 239–41, 268, 273, 323, 382, 458
Schlüter, Andreas 411
Schreibstil 186, 295, 298, 394
Schriftart 111
Schule (Kunst, Handwerk) 412–13
Science fiction-Literatur 108
Sekundärinformation 110–11, 398
Selbstmordstil 66
Selektionsbeschränkungen 113, 119
Sem 131
Semantik 36, 54, 56, 104, 113, 119–20, 142, 156, 163, 249, 297, 443–44, 446–47
   kognitive 444, 453
   modelltheoretische 23, 441, 444
Semem 131
Semiotik 17, 21–22, 30, 65, 71, 103–4, 384–91, 423, 441, 458–60
Senderzeichen 383, 389, 423
   Definition 381
Shelley, Mary 108
Shopping and Fucking (Theaterstück) 429
Signifikant 18, 420
Signifikat 18, 65, 420

Simmel, Georg 128, 130
Skifahren 151, 255–56, 263
Sozialwissenschaften 29, 458–60
sozialwissenschaftliche Stiltheorie 388
Soziolekt 115, 283, 386, 415–19, 428–29
Soziologie 29, 407, 425, 432
Spielberg, Steven 435
Spielstil 305–12
Sportstil 321–29
Sprachebene 415–19
sprachpragmatische Stilistik 114, 116
Sprachstufe 415–19
Sprachsystem 100, 113–14, 455
Sprachwissenschaft *siehe* Linguistik
Sprachzentrismus 104, 385
Sprechakttheorie 116, 426
Statistik 193, 195–99, 409
   statistische Lernverfahren 410
statistische Stilistik *siehe* quantitative Stilistik
Ste-Chapelle (Paris) 267, 299–305, 325
   Abbildung 299
Stein, Gertude 126
Stil
   als Abweichung 112–15
   als Auswahl 38–52, 100–103
   als Betrachtungsweise 65–71, 400–405
   als Häufigkeit 112–15
   als Information 109–12
   als Muster 115–18
   als normativer Begriff 425–27
   als Regel 115–18
   als Struktur 119
   als Zeichen 103–8
   als Zeichenprozesstyp 18, 23, 93–97, 232–33, 423, 459
   Definition 93–97, 378–83
Stilanalyse 446–50

Stildefinition 20, 67, 81, 93–94, 99, 386, 419
Stilebene 39, 411, 413
Stilforschung 21–22, 25, 27, 36, 64–65, 99, 109, 235, 295, 346, 386, 423, 442, 446, 458, 460, *siehe auch* Stilistik
Stilisierung 429
Stilistik 21–23, 99, 103–5, 111–12, 158, 385, 421–22, 429, 446, 451, 458–60, *siehe auch* Stilforschung
stilistisches Merkmal 80–87, *et passim*
 Definition 82
stilistisches Zeichen 81–82, 88–89, 93–97, 107, 182, 190, 232, 373, 381, 382, 383
 Definition 96
Stilkompetenz 165, 405–6
Stillage *siehe* Stilebene
Stilmittel 421–22
Stilmodell 22–35, 131–383
 Übersicht 131–33
Stilratgeber 425
Stilwechsel 39, 40, 42, 44, 123, 171–72, 429
Strategie (Spiel) 305–12
Strukturalismus 52, 55, 108, 119, 120, 170–71, 312, 423, 451, *siehe auch* Prager Strukturalismus
Subkultur 416, 425, 428–29, 436
Symbol (Peirce) 232, 282
Syntagma 21, 52–53, 55, 103, 119, 122, 161
Syntax 31, 33–34, 54, 56, 71, 113, 119–20, 142, 163, 178–79, 203–4, 339, 342–43, 358, 393, 416, 421, 428–29, 447–48
System 23, 29–30, 323, 411, 433

T

Technik 419–21

Tennis 117–18, 368, 419
Textanalyse 38
 strukturalistische 49, 108, 119, 122, 446
Textschema 134–40, 413–15, *et passim*
Textsorte 47, 128, 401, 412–13, *siehe auch* Gattung
textwissenschaftliche Stiltheorie 387
theaterwissenschaftliche Stiltheorie 388
Theorie des Gehens (Balzac) 321
Transformationsregel 113, 447
Transponieren (Musik) 323
Trinkspruch (Textsorte) 412
Trope 421–22
Tupel-Variable 177–78, 339, 364, 375

U

Ungarische Rhapsodien (Liszt) 312
Ungarische Tänze (Liszt) 312
Unterschema 135, 144, 389, 401, 415
 Definition 144
Unterschiedlichkeit von Stilen 391–97

V

Vagheit 446–57
 epistemische 454
 ontologische 454
Vagheitshypothese 450, 452
Verhaltensergebnisschema 139–40, 413–15
Verhaltensergebnisstil 413–15
Verhaltensschema 134–40, 413–15, *et passim*
Verhaltensstil 413–15

Verhaltensstil (Beispiele) 305–12, 321–29, 331–37
Verlangte Eigenschaften 182–86
Verne, Jules 108
Verstehen (einer Realisierung) 165
Viollet-le-Duc, Eugène-Emmanuel 427, 437
Völkerpsychologie 436

W

Wahrnehmen eines Stils 97–98, *et passim*
  Abbildung 91
  Definition 98
  Funktion 372–76
Wahrnehmerstil 374, 380–83, 447
  Definition 383
  interpretierter 374, 380–83
Wahrnehmungspsychologie 327
Weber, Max 432
Wells, H.G. 108
Wesley, Samuel 26, 37, 93, 404
Westchester House (Richard Meier) 291–93
  Abbildung 293
Wichtigkeit von Stil
  für Individuen und Gruppen 405–6
  in der Gesellschaft 428–32
Winckelmann, Johann Joachim 125
Wittgenstein, Ludwig 409
Wohlgeformtheit 52, 55, 120, 143
Wölfflin, Heinrich 125

Z

Zeicheninhalt 82, 93–97, 166–72, 232–33, 380–83
Zeichenkette 54, 244, 364
Zeichenkomplex 37, 53, 380
Zeichenmaterie 167, 171
  Definition 167
Zeichenproduktion 18
Zeichenrezeption 18
Zeichensystem 17, 53, 138, 145, 279, 380, 385, 417, 420, *siehe auch* Kode
Zeichenträger 82, 93–97, 166–72, 232–33
  Definition 167
Zigeunermusik 312–21
Zuckmayer, Carl 435
zufällige Wahrscheinlichkeit 193, 195–99, 211, 214, 220